MANUEL

DES

ANTIQUITÉS ROMAINES

VIII

IMPRIMERIE GÉNÉRALE DE CHATILLON-SUR-SEINE. — A. PICHAT.

ORGANISATION

DE

L'EMPIRE ROMAIN

PAR

JOACHIM MARQUARDT

TRADUIT DE L'ALLEMAND AVEC L'AUTORISATION DE L'ÉDITEUR

PAR

<table>
<tr><td>ANDRÉ WEISS
De la Société nationale des Antiquaires
de France
et de l'Institut de droit international</td><td>PAUL LOUIS-LUCAS
De la Société nationale des Antiquaires
de France
et de la Société de l'histoire de France</td></tr>
</table>

PROFESSEURS AGRÉGÉS À LA FACULTÉ DE DROIT DE LYON

TOME PREMIER

PARIS

ERNEST THORIN, ÉDITEUR
LIBRAIRE DES ÉCOLES FRANÇAISES D'ATHÈNES ET DE ROME,
DU COLLÈGE DE FRANCE, DE L'ÉCOLE NORMALE SUPÉRIEURE
ET DE LA SOCIÉTÉ DES ÉTUDES HISTORIQUES
7, RUE DE MÉDICIS, 7
—
1889

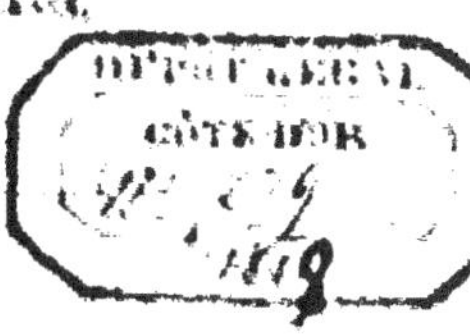

MANUEL

DES

ANTIQUITÉS ROMAINES

PAR

THÉODORE MOMMSEN & JOACHIM MARQUARDT

TRADUIT DE L'ALLEMAND SOUS LA DIRECTION DE

M. Gustave HUMBERT

Professeur honoraire à la Faculté de Droit de Toulouse, ancien Procureur Général
près la Cour des Comptes, ancien Garde des Sceaux, Vice-Président du Sénat.

TOME HUITIÈME

ORGANISATION DE L'EMPIRE ROMAIN

Par JOACHIM MARQUARDT

TRADUIT DE L'ALLEMAND, AVEC L'AUTORISATION DE L'ÉDITEUR

PAR

A. WEISS et P. LOUIS-LUCAS

PROFESSEURS AGRÉGÉS À LA FACULTÉ DE DROIT DE DIJON

TOME PREMIER

PARIS

ERNEST THORIN

LIBRAIRE DU COLLÉGE DE FRANCE, DE L'ÉCOLE NORMALE SUPÉRIEURE
DES ÉCOLES FRANÇAISES D'ATHÈNES ET DE ROME
DE LA SOCIÉTÉ DES ÉTUDES HISTORIQUES

7, RUE DE MÉDICIS, 7

1889

ORGANISATION

L'EMPIRE ROMAIN

Par J. MARQUARDT

I

L'ADMINISTRATION ROMAINE

PAR

JOACHIM MARQUARDT

PREMIÈRE PARTIE

ORGANISATION DE L'EMPIRE ROMAIN

TRADUITE SUR LA DEUXIÈME ÉDITION ALLEMANDE, AVEC L'AUTORISATION
DE L'ÉDITEUR

PAR

ANDRÉ WEISS
De la Société nationale des Antiquaires
de France
et de l'Institut de Droit international

PAUL LOUIS-LUCAS
De la Société nationale des Antiquaires
de France
et de la Société de l'Histoire de France

PROFESSEURS AGRÉGÉS A LA FACULTÉ DE DROIT DE DIJON

TOME PREMIER

PARIS

ERNEST THORIN, ÉDITEUR

LIBRAIRE DU COLLÈGE DE FRANCE, DE L'ÉCOLE NORMALE SUPÉRIEURE
DES ÉCOLES FRANÇAISES D'ATHÈNES ET DE ROME
DE LA SOCIÉTÉ DES ÉTUDES HISTORIQUES

7, RUE DE MÉDICIS, 7

1880

PRÉFACE DES TRADUCTEURS.

Notre but, en livrant au public français la traduction de « *L'organisation administrative de l'Empire romain* », par J. Marquardt, a été de rendre accessible à nos compatriotes, peu familiers avec la langue allemande, une œuvre dont l'Europe savante a depuis longtemps affirmé le succès.

Les travaux si remarquables que MM. Willems, Mispoulet, Bouché-Leclercq, Daremberg et Saglio ont, dans ces dernières années, consacrés, avec tant d'autres, à l'étude des institutions politiques romaines, attestent l'opportunité de notre entreprise.

L'accueil flatteur et mérité qu'ils ont reçu montre que notre patrie, fidèle à ses traditions, ne veut pas se désintéresser des grands problèmes d'archéologie juridique, auxquels les magnifiques conquêtes de la science moderne donnent tous les jours un attrait plus puissant et des aliments plus nombreux.

Mais, à côté de ces études originales, dont la seule ambition a été de faire participer leurs lecteurs, dans une certaine mesure, aux trésors de l'érudition étrangère, sans toutefois leur en livrer tous les secrets, il y a place pour des traductions intégrales qui, découvrant la pensée tout entière de savants ingénieux et féconds, tels que les Marquardt et les Mommsen, font assister à toutes les investigations, à tous les tâtonnements, et aussi à toutes les conjectures de ces hardis explorateurs de l'antiquité. De là l'idée première de l'édition française du *Manuel*, que M. Gustave Humbert a bien voulu prendre sous son haut patronage et couvrir de l'autorité de son nom.

Il ne nous appartient pas d'énumérer les difficultés de tout genre auxquelles notre travail s'est heurté. Dates parfois erronées ; citations souvent incomplètes ou inexactes : nous avons tout contrôlé, tout soumis à une révision attentive, et d'autant plus nécessaire, que la deuxième et dernière édition du tome I de Marquardt (Leipzig, 1881), dont nous nous sommes servis, présente, à cet égard, de surprenantes lacunes. Nous avons dû, notamment, rétablir à maintes reprises les titres ou tomaisons des ouvrages, oubliés par l'auteur, indiquer leurs éditions et traductions postérieures à 1881, vérifier, avec un soin tout particulier, les sources juridiques, littéraires et épigraphiques, que Marquardt a mises à profit, en nous aidant des travaux les plus autorisés.

Les excellentes versions de Reitz, Haenel, Studemund, Mommsen, Krueger, Schoell, Bruns, Ferrini (1), Cogliolo (2) et Otto Lenel (3), ont été, pour le texte des lois romaines citées, le point de départ du contrôle rigoureux auquel nous les avons soumises.

En ce qui concerne les inscriptions, nous nous sommes fait une loi de renvoyer, à défaut du texte allemand lui-même, à tous les tomes, parus jusqu'à ce jour, du *Corpus inscriptionum latinarum*, où elles ont été publiées, soit depuis, soit même avant sa dernière révision, et d'indiquer la partie exacte du volume où elles se trouvent reproduites ; pour les inscriptions non encore rapportées au *Corpus* (4) nous nous sommes référés aux recueils les plus récents.

---

(1) *Institutionum græca paraphrasis Theophilo antecessori vulgo tributa.* Berlin, 1884-1888, XXII — 352 pages parues.

(2) *Manuale delle fonti del diritto romano.* Roma et Napoli 1885-1887, 2 vol. parus sur trois.

(3) *Palingenesia juris civilis:* Leipzig, 1888, 5 fasc. parus.

(4) Restent à paraître, avec les *Indices* généraux, les tomes XI. 2. XIII et XV, qui doivent comprendre les inscriptions de l'Ombrie; — des trois Gaules et des deux Germanies; — enfin les *inscriptiones instrumenti domestici Urbis.* Du tome VI, nous avons déjà les parties I. II. III et V, sur six qu'il doit réunir.

Tout en serrant le texte d'aussi près que possible, nous nous sommes efforcés de donner toujours une forme française à la pensée de l'auteur allemand ; grâce aux révisions multiples que ce travail a nécessitées, nous avons pu nous mettre d'accord sur tous les passages obscurs ou ambigus de l'original : des crochets [ ] indiquent les nombreuses additions et rectifications, dont il a été l'objet de notre part, et qui sont destinées à le mettre au courant des dernières données acquises à la science. Enfin, diverses tables des matières et un index bibliographique termineront l'ouvrage et le compléteront.

Arrivés au premier terme de la collaboration quotidienne qui a resserré les liens d'une amitié déjà ancienne et qui nous laissera à tous deux un cher et durable souvenir, nous sommes heureux de rendre hommage au concours bienveillant que MM. Gustave Humbert et l'Abbé H. Thédenat ne nous ont pas ménagé. Nous les prions d'agréer le témoignage de notre respectueuse gratitude.

Dijon, 31 juillet 1888.

ANDRÉ WEISS.   PAUL LOUIS-LUCAS.

AVANT-PROPOS DE L'AUTEUR.

Du jour où, en 1851, je me suis occupé pour la première fois de recueillir, dans la troisième partie du *Manuel des Antiquités romaines* de Becker*, les matériaux de ce volume, j'ai compris l'étendue des difficultés que la rareté des sources et l'insuffisance des travaux antérieurs accumulaient sur ma route. J'ai pu renouveler ma tentative en 1873, avec une confiance plus entière dans le succès, en présence de l'intérêt empressé et fécond qu'avaient excité dans l'intervalle, parmi le monde savant, les questions dont nous poursuivons l'étude. Aussi est-ce avec une profonde reconnaissance que j'ai utilisé pour mon œuvre les sources et les informations nouvelles que nous devons à l'activité infatigable et bénie d'un Mommsen, aux magistrales études d'un Waddington. Grâce à eux, j'ai pu revoir, j'ai pu compléter mes premiers travaux, apporter des éléments nouveaux à la solution des problèmes qui n'ont pas encore livré leur dernier secret à la science.

* [Le *Manuel des Antiquités romaines*, auquel Marquardt a attaché son nom, a paru à Leipzig de 1843 à 1867 : il se compose de 3 vol. in-8, et porte pour titre : *Handbuch der römischen Alterthümer von Wilhelm Adolph Becks und Joachim Marquardt*.]

En présentant une fois encore — et c'est la troisième — à tous ceux qu'intéresse l'antiquité romaine le résultat de mes recherches, je me suis proposé surtout de faciliter la lecture de mon livre par une distribution plus méthodique des matières qui y ont trouvé place, mais aussi de le faire profiter, dans la mesure du possible, des documents si nombreux que ces dernières années ont mis au jour en différents pays, ainsi que des monographies récentes qu'elles ont vu éclore. Il n'a reçu d'ailleurs que très peu de développements nouveaux : je pense, en effet, qu'un *Manuel* doit se borner à offrir un aperçu de l'état actuel de la science et à servir de base à des travaux plus approfondis : du moins le mien a-t-il été revu et corrigé dans toutes ses parties.

C'est pour moi un bien vif regret de n'avoir pu attendre l'achèvement prochain du *Corpus inscriptionum latinarum* ; mais n'est-ce pas une fatalité commune à tous les *Manuels*, que de ne pouvoir arriver à une forme définitive, tant que la science elle-même vivra et progressera?

Je remercie sincèrement tous les savants qui, par l'envoi gracieux de leurs écrits, ont facilité ma tâche, ainsi que mon collègue, M. le professeur de Kampen, qui m'a prêté, pour la correction des épreuves de ce livre, le concours de son inépuisable dévouement.

Gotha, le 20 mars 1881.

J. MARQUARDT.

LISTE DES PRINCIPAUX OUVRAGES

DONT LE TITRE EST CITÉ EN ABRÉGE.

Annali = *Annali dell' instituto di corrispondenza archeologica*, in-8, Rome, 1829 et ann. ss.

Bull. = *Bullettino dell' instituto di corrispondenza archeologica*, in-8, Rome, 1829 et ann. ss.

C. I. Att. = *Corpus inscriptionum Atticarum consilio et auctoritate academiæ litterarum borussicæ editum*, 3 vol. in-folio, Berlin, 1873 et ann. ss.

C. I. Gr. = *Corpus inscriptionum Græcarum auctoritate et impensis academiæ litterarum regiæ borussicæ editum*, 4 vol. in-folio, Berlin, 1828-1877.

C. I. L. = *Corpus inscriptionum Latinarum consilio et auctoritate academiæ litterarum regiæ borussicæ editum*, in-folio, Berlin, 1863 et ann. ss.

C. I. Rhen. = *Corpus inscriptionum Rhenanarum consilio et auctoritate societatis antiquariorum rhenanæ edidit Guill. Brambach*, in-4, Elberfeld, 1867.

Cohen, méd. consul. = *Description générale des monnaies de la République romaine communément appelées Médailles consulaires, par Henry Cohen*, in-4, Paris, 1857.

Cohen, méd. imp. = *Description historique des monnaies frappées sous l'Empire romain communément appelées Médailles impériales, par Henry Cohen*, 7 vol. in-8, Paris, 1859-1868. La 2e édition de cet ouvrage est en cours de publication.

Donat. Voir Mcr.

Drumann = *Geschichte Roms in seinem Uebergange von der republikanischen zur monarchischen Verfassung, von W. Drumann*, 6 vol. in-8, Kœnigsberg, 1834-1844.

ECKHEL = *Doctrina numorum veterum conscripta a Josepho Eckhel*, 8 vol. petit in-4, Vienne, 1792-1798.

Eph. ep. = *Ephemeris epigraphica, corporis inscriptionum latinarum supplementum, edita jussu instituti archæologici romani*, gr. in-8, Berlin et Rome, 1873 et ann. ss.

FABRETT. = *Raphaelis Fabretti, inscriptionum antiquarum quæ in ædibus paternis asservantur explicatio*, in-folio, Rome, 1702.

FRIEDLAENDER, Sittengesch. = *Darstellungen aus der Sittengeschichte Roms in der Zeit von August bis zum Ausgang der Antonine von Ludwig Friedländer*. Cet ouvrage est aujourd'hui parvenu à sa 5e édition (Leipzig, 1881, 3 vol. in-8); la 4e a été publiée en 1873-1874; il en existe une traduction française *libre*, due à M. Vogel et éditée sous le titre : *Mœurs romaines du règne d'Auguste à la fin des Antonins*, 4 vol. in-8, Paris, 1865-1874.

GRUT. = *Inscriptiones antiquæ totius orbis romani in absolutissimum corpus redactæ, curis Jani Gruteri*; 2e éd., 2 vol. in-4, Amsterdam, 1707.

Handb. = *Handbuch der römischen Alterthümer von Wilhelm Adolph Becker und Joachim Marquardt*, 5 vol. in-8, Leipzig, 1843-1867.

HENZEN. Voir ORELLI.

HIRSCHFELD, Untersuch. = *Untersuchungen auf dem Gebiete der römischen Verwaltungsgeschichte, von Otto Hirschfeld*, I, in-8, Berlin 1876.

Hermes = *Hermes, Zeitschrift für classische Philologie*, in-8, Berlin, 1866, et ann. ss.

I. R. N. = *Inscriptiones regni Neapolitani latinæ. Edidit Th. Mommsen*, in-folio, Leipzig, 1852.

Inscr. Helv. = *Inscriptiones confœderationis Helveticæ latinæ. Edidit Th. Mommsen, (Mittheilungen der antiquarischen Gesellschaft in Zurich)* in-4, Zurich, 1854.

LEBAS-WADDINGTON = *Voyage archéologique en Grèce et en Asie Mineure par Ph. Lebas*, ouvrage continué sous la direction de W. H. Waddington, in-4, Paris, 1847 et ann. ss.

MAFFEI, M. V. = *Museum Veronense. Descripsit Scipio Maffei*, in-folio, Vérone 1749.

MARINI, Atti. = *Gli atti e monumenti de' fratelli arvali scolpiti gia, in tavole di marmo ed ora raccolti, diciferati e commentati (da Gaetano Marini)*. 2 vol. in-4, Rome, 1795.

MARINI, Arv. Voy. ci-dessus.

MUR. = *Novus thesaurus veterum inscriptionum. Collector L. A. Muratorio*, 4 vol. in-folio, Milan, 1739-1742. — *Ad novum thesaurum veterum inscriptionum L. A. Muratorii supplementum collect. Sebastiano Donato*. 2 vol. in-folio, Lucques, 1765-1775.

NIEBUHR, Röm. Gesch. = *Römische Geschichte von B. G. Niebuhr*; 3e éd.,

3 vol. in-8, Berlin, 1828-1832. Traduit par M. de Golbéry sous le titre : *Histoire romaine*, 7 vol. in-8, Paris, 1830-1810.

N. R. Mus. = *Rheinisches Museum für philologie, neue Folge*, in-8, Francfort-sur-le-Mein, 1842 et ann. ss.

ORELLI. = *Inscriptionum latinarum amplissima collectio. Edidit J. Casp. Orellius*, 2 vol. gr. in-8, Zurich, 1828. — *Volumen tertium collectionis Orellianæ supplementa emendationesque exhibens. Edidit Guill. Henzen*, 1 vol. gr. in-8, Zurich, 1856.

— Des renvois relatifs à Cicéron et à ses scoliastes sont aussi faits à l'éd. des œuvres de Cicéron, publiée à Zurich par Orelli, Baiter et Halm.

RENIER. = *Inscriptions romaines de l'Algérie recueillies et publiées par M. Léon Renier*, in-folio, Paris, 1855 et ann. ss. — Des tables détaillées ont été récemment ajoutées à cet excellent recueil.

Res Gestæ = *Res gestæ divi Augusti ex monumentis Ancyrano et Apolloniensi. Edidit Th. Mommsen*, gr. in-8, Berlin, 1865. 2e éd., Berlin, 1883.

R. M. V. = *Geschichte des römischen Münzwesens von Th. Mommsen*, in-8, Berlin, 1860. Nous renvoyons en même temps à la traduction française publiée par MM. de Blacas et de Witte, sous le titre: *Histoire de la monnaie romaine*, 4 vol. in-8, Paris, 1865-1875.

Röm. Forsch. = *Römische Forschungen von Theodor Mommsen*, 2 vol. in-8, Berlin, 1864-1879.

Röm. Gesch. = *Römische Geschichte von Theodor Mommsen*, I, II, III, V, 4 vol. in-8, Berlin. Nos renvois se rapportent pour les trois premiers volumes à la 7e édition, publiée en 1881-1882. — Nous avons noté les passages correspondants de la traduction des trois premiers volumes donnée par M. Alexandre (*Histoire romaine par Théodore Mommsen, traduite par C. A. Alexandre*, 8 vol. in-8, Paris, 1863-1872).

SCHWEGLER = *Römische Geschichte von A. Schwegler;* 2e éd., 3 vol. in-8, Tubingue, 1867-1872.

WILMANNS = *G. Wilmanns. Exempla inscriptionum latinarum*, 2 vol. in-8, Berlin, 1873.

SYSTÈME ADMINISTRATIF
DE L'ÉTAT ROMAIN

—

I

ORGANISATION DE L'EMPIRE ROMAIN

ORGANISATION DE L'EMPIRE ROMAIN

CHAPITRE PREMIER

LES COMMUNES URBAINES.

L'organisation administrative de l'État romain reposait, dans Développement des communes urbaines. la période sur laquelle portera tout d'abord cette étude, c'est-à-dire à la fin de la République et pendant les premiers siècles de l'Empire, sur les communes urbaines. Alors, en effet, l'Italie, d'une part, était composée d'un amalgame de circonscriptions urbaines, dont chacune formait une unité administrative (1) ; la plupart des provinces, de l'autre, se divisaient en communes indépendantes (*civitates*), dont le nombre avait été exactement déterminé par l'organisation de ces mêmes provinces : tout le sol italien, et tout au moins une grande partie du sol provincial étaient ainsi compris dans le territoire de ces villes. Il ne faut pas croire cependant que ce système ait été appliqué en Italie dès l'origine, ou qu'il ait été introduit d'une manière uniforme dans les provinces dès l'instant de

______

(1) Voy. de Savigny, *System des heutigen römischen Rechts*, t. II, pp. 248 et suiv., et les citations (= dans la trad. française de M. Ch. Guenoux (*Traité de droit romain*, par M. F. C. de Savigny, Paris, Firmin Didot frères, 1855-1860, 8 vol. in-8), t. II, pp. 211 et suiv., et les notes (comp. p. 235)].

leur constitution; j'inclinerais plutôt à penser qu'il ne s'est établi qu'au fur et à mesure du développement des villes elles-mêmes; aussi ce développement appelle-t-il quelques observations préliminaires (1).

Les peuplées de l'Italie primitive n'habitaient pas des villes (2), mais vivaient, soit en tribus, soit dans des cantons (*pagi*) (3), où se trouvaient épars des huttes et des enclos (*vici*, οἶκοι), sous la protection d'un fort (*arx*, *castellum*) qui, en cas de guerre, servait de lieu de refuge aux habitants et à leurs objets sacrés (4). Ce fort portait aussi le nom de *pagus* (5). Peut-être faut-il chercher là l'origine de cette appellation donnée au canton qui entourait le fort et qui s'était formé auprès de lui par des alluvions successives. Les anciens auteurs la faisaient dériver de πηγή, et la traduisent

---

(1) Ce sujet est traité par E. Kuhn, *Die städtische und bürgerliche Verfassung des Röm. Reichs*, Leipzig, 1864-1865, 2 vol. in-8, et *Ueber die Entstehung der Städte der Alten. Komenverfassung und Synoikismus*, Leipzig, 1818, in-8.

(2) Tit. Liv., II. 63, sur l'année 291 = 410 : *Incendiis deinde non villarum modo, sed etiam vicorum, quibus frequenter habitabatur, Sabini exciti.*

(3) Sur les *pagi* et les *vici*, voy. Mazochi, *Commentariorum in Regii Herculanensis musei æneas tabulas Heracleenses*, P. I. II., Neapoli, 1754-1755, in-fol., pp. 397 et suiv.; — Bimard, dans le *Thesaurus de Muratori*, t. I, pp. 13 et suiv.; — Avellino, *Opuscoli*, Napoli, 1836-37, in-8, vol. III, pp. 5 et suiv.; — Henzen, *Tabula alimentaria Bæbianorum*, Romæ. 1845, in-8, pp. 73 et suiv.; — Rudorff, *Röm. Feldmesser*, t. II, p. 236; — M. Voigt, *Drei epigraphische Constitutionen Constantins des Gr.*, Leipzig. 1860, in-8; — A. Jacobs, *Géographie de Grégoire de Tours. [Le pagus et l'administration en Gaule*, Paris, Furne. 1858, broch. in-8°, pp. 37 et suiv. — Cette brochure a été reproduite dans l'édition de l'*Histoire des Francs* de Grégoire de Tours, donnée à Paris, chez Didier, en 1861, par M. Jacobs, 2 vol. in-8; c'est celle que cite Marquardt de la façon suivante:]. Paris. 1861. in-8, pp. 43 et suiv. — (Voy. aussi Dott. Luigi Gatti. *Le comunità politiche di Roma antica. Il pagus*, dans l'*Archivio giuridico*, vol. XXXVIII. fascie. 3 6, Pisa. 1887, pp. 111-188.]

(4) Mommsen, *Röm. Gesch.*, t. I, 3e éd., Berlin. 1861. pp. 36 et suiv. (= trad. franç. de M. C. A. Alexandre *Hist. rom.* par Théodore Mommsen, 2 vol. in-8, Paris, 1863 1872, t. I, pp. 51 et suiv.]

(5) Dionys, *Halic.*, IV, 15 : Διεῖλεν δ' οὖν ὁ Τύλλιος εἰς ἀγροὺς ἅπασαν μοῖραν τὴν γῆν κατὰ τοὺς ὀρεινούς, καὶ καθ' ὃ ἀσφαλὲς τοῖς γεωργοῖς ἐτύγχανεν ἑκασταχοῦ τοὺς ὄχθους κρησφύγετα κατασκευάσαν, Ἑλληνικὰς ἐπῆγεν αὐτὰ καλῶν πάγους, ὅθεν συνέφερον ἐκ τῶν ἀγρῶν ἅπαντες, ὁπότε γένοιτο πολεμίων ἔφοδος. On trouve plus tard une analogie de cet état de choses primitif en Numidie, où nous voyons Alexandre Sévère faire réparer les murailles de son *pagus* (*muros pagenkenses*) à une tribu indigène (voy. Renier, *Comptes-rendus*, 1865, p. 361 [= C. I. L., t. VIII, 2, n° 8828]).

par communau.. d'eaux (1) ; d'autres, plus récents, tirent le mot *pagus* du verbe πήγνυμι, *pago, pango*, et l'expliquent par une association juridique de communes rurales, dans laquelle entraient les habitants du canton (2). Quoi qu'il en soit, plus tard encore, le mot *pagus* revêtit une double acception : il désigna d'abord une circonscription territoriale (3) ; en second lieu, la localité qui en marquait le centre. Cependant, même dans les temps les plus reculés, il est impossible de voir dans le *pagus* italien une commune pourvue d'une organisation propre, mais seulement une dépendance d'une commune plus importante (*civitas, populus*) (4), ayant des marchés, des audiences de justice, des assemblées, des sacrifices, communs à tous les *pagi* qui la composaient. Car la concentration en certains points de cette grande commune de la vie publique des cantons y ressortissant (*fora* ou *conciliabula*) (5) finit par amener la naissance de villes ; et si les *pagi* ne disparaissent pas toujours entièrement de leur territoire, ils n'y figurent plus désormais qu'à titre de divisions géographiques ou comme des districts d'importance secondaire. Cette transformation est facile à suivre aussi bien dans l'histoire de la ville de Rome que dans celle du reste de l'Italie.

Communes
des colonies.

---

(1) Festus, *Epitome*, éd. Müller, p. 221 : *pagi dicti a fontibus, quod eadem aqua uterentur ;* — Servius, *ad Vergil. Georg.*, II, 381 : *pagi ἀπὸ τῶν πηγῶν appellantur — — unde et pagani dicti sunt quasi ex uno fonte potantes.*

(2) Rudorff, *Feldmesser*, t. II, p. 239.

(3) Le mot *regio* est employé dans le même sens que le mot *pagus :* voy. Siculus Flaccus, dans les *Gromatici*, éd. Lachmann, t. I, p. 163, ligne 8 ; — Acronius, *ad Horat. Carm.*, II, 13, 1. — A la ville de Nola ressortissent, indépendamment de trois *pagi*, deux *regiones* ; comme on voit prendre des décisions par ces *regiones*, elles ne peuvent être que des communes rurales, des *pagi* (voy. Mommsen, *I. R. N.*, n°° 1989 et 1990 [= *C. I. L.*, t. X, 1, n°° 1255 et 1274]). La traduction grecque du mot *pagus* est πάγος ; (voy. Festus, *Epit.*, p. 72, éd. Müller) ; on trouve aussi κώμη et νομός dans les glossaires (voy., en particulier, le *Thesaurus Graecæ linguæ* d'Henri Estienne, h. v.).

(4) Telle est l'opinion de M. Mommsen (voy. *Röm. Gesch.*, t. I, 1re éd., p. 36 [= trad. fr. d'Alexandre, t. I, p 31] ; *C. I. L.*, t. I, n° 801), et cette manière de voir me paraît également exacte en ce qui concerne les cantons italiens. — Volg (*op. sup. cit.*) et Detlefsen (*Bull.*, 1861, p. 51) se prononcent en sens contraire.

(5) Voy. Kuhn, *Die städt. u. bürg. Verf.*, t. II, p. 8, et Niebuhr, *Römische Geschichte*, t. II, pp. 27 et suiv. [= trad. fr. de M. P. A. de Golbéry (*Histoire romaine de M. B. G. Niebuhr*, Paris, 1830-1840, 7 vol. in-8), t. III, pp. 21 et suiv. ; comp. t. VI, p. 284].

Pagi à Rome. Les premiers habitants de Rome se divisaient en *montani* et en *pagani*. Le nom de *montani* désignait ceux de la vieille ville, du *Septimontium* ; celui de *pagani* était donné aux habitants des campagnes en dépendant (1). De ces deux éléments Servius forma les quatre tribus urbaines (2) ; au temps même de Cicéron, il subsistait encore des *montani* et des *pagani*, à l'état de collèges religieux (3), et jusqu'à l'année 747 = 7, époque à laquelle Auguste procéda à une nouvelle distribution de la ville en *regiones* et en *vici* (4), deux de ces anciens *pagi* tout au moins s'étaient conservés : le *pagus Janicolensis* (5) et le *pagus Aventinensis* (6). De même, il n'est pas douteux que les tribus rurales procèdent de *pagi*, dont elles ont souvent emprunté jusqu'au nom : c'est ainsi que la *tribus Lemonia* doit sa dénomination au *pagus Lemonius* (7) ; la *tribus Claudia* doit la sienne au *pagus Claudius* (8), et les noms génériques des *tribus Æmilia, Cornelia, Fabia, Horatia, Menenia, Papiria, Sergia, Veturia*, dérivent également de *pagi gentilicii* de même nom.

Pagi en Italie. Les *pagi* eurent une existence beaucoup plus longue en Italie et dans la Gaule cisalpine. Néanmoins, dès avant la fin de la République, ils y avaient passé au rang d'antiquités et cessé d'être un élément organique de l'État. Dans quelques

(1) Festus, *Epit.*, éd. Müller, p. 340, 15 ; — Varro, *De ling. lat.*, V, 41 ; VI, 24 ; — Mommsen : *Die Röm. Tribus*, pp. 13-20. 211-213 ; *Röm. Gesch.*, t. I, 7e éd., p. 102 [= trad. fr. d'Alexandre, t. I, p. 143 ; comp. p. 71] ; C. I. L., t. I, n° 801.

(2) La *tribus Suburana* ou *Succusana* tire sa dénomination du *pagus Succusanus* (voy. Festus, *Epit.*, éd. Müller, p. 309, 5, et Varro, *De ling. lat.*, V, 48). — [Comp. M. Bloch, *Textes épigraphiques relatifs à la tribu Succusane*, dans le *Journal officiel* du 6 novembre 1886.]

(3) Cicero, *Pro domo*, XXVIII, 74 : *Nullum est in hac urbe collegium, nulli pagani aut montani (quoniam plebei quoque urbanæ majores nostri conventicula et quasi concilia quædam esse voluerunt), qui non amplissime non modo de salute mea, sed etiam de dignitate decreverint ;* — Cicero, *De petit. consul.*, VIII, 30 : *deinde habeto rationem urbis totius, collegiorum omnium, pagorum, vicinitatum.*

(4) Dio Cass., LV, 8 ; — Suet., *Aug.*, 30 ; — Preller, *Die Regionen der Stadt Rom*, p. 83.

(5) C. I. L., t. I, n° 801 ; — Detlefsen, *Bull.*, 1861, pp. 48 et suiv.

(6) Henzen, *Collectionis Orellianæ supplementa*, n° 6010 [= C. I. L., t. XIV, n° 2105].

(7) Festus, *Epit.*, éd. Müller, p. 115, 10.

(8) Dionys. Halic., V, 40 ; — Tit. Liv., II, 16 ; — Mommsen, *Röm. Trib.*, p. 8.

contrées, leur délimitation était devenue incertaine ; car elle ne
pourait être prouvée que par la procession accomplie tous les
ans, conformément à l'ancienne coutume, lors de la *lustratio
pagi* (1). Ailleurs, ils avaient été morcelés par la fondation de
villes nouvelles : ainsi, le *pagus Romanus et Neptunus* avait été
attribué pour partie à Bénévent, pour partie à la colonie des
Ligures Bæbiani (2)° ; le *pagus Minervius*, pour partie à Lucques, pour partie à Plaisance ; le *pagus Salvius*, pour partie à
Veleia, pour partie à Parme ; le *pagus Salutaris, Valerius, Ve-
nerius*, pour partie à Veleia, pour partie à Plaisance (3). Et
dans aucune des deux lois consacrées par César à l'organisation municipale de l'Italie et de la Gaule cisalpine, ni dans la
lex Rubria de civitate Galliæ cisalpinæ (703 = 49), ni dans la
lex Julia municipalis (709 = 45), il n'est fait mention des
pagi. Après ces lois, on ne trouve plus en Italie que sept espèces de localités : les *municipia*, les *coloniæ*, les *præfecturæ*,
les *fora*, les *conciliabula*, les *vici*, les *castella* (4), et on peut les
ramener à trois classes.

Les *municipia*, les *coloniæ* et les *præfecturæ*, auxquels on
donne l'appellation générale d'*oppida*, sont des communes urbaines (5), ayant chez elles leur administration et leur justice.
A ces communes se rattache une circonscription territoriale
(*territorium* (6), *regio* (7)), dont les limites étaient déterminées

---

(1) Siculus Flaccus, dans les *Gromatici*, éd. Lachmann, t. I, pp. 161 *in
fine et suiv.* : *Sed et pagi sæpe significanter finiuntur. De quibus non puto quæs-
tionem futuram, quorum territoriorum ipsi pagi sint, sed quatenus territoria.
Quod tamen intelligi potest vel ex hoc, magistri pagorum quod pagos lustrare
soliti sunt, uti trahemus, quatenus lustrarent.*

(2)° [Voy. Mommsen, dans le *C. I. L.*, t. IX, p. 129.]

(3) Henzen, *Tab. alim. Bæb.*, p. 76.

(4) *Lex Rubria* (*C. I. L.*, t. I, n° 205), II, lin. 3. 26. 33. 56. 58 ; — *Lex Julia municipalis* (*C. I. L.*, t. I, n° 206), lin. 83. 103. 121. 126, 128.

(5) Siculus Flaccus, dans les *Gromatici*, éd. Lachmann, t. I, p. 163 : *inter
civitates, id est inter municipia et coloniæ et præfecturas.*

(6) *Gromatici*, éd. Lachmann, t. I, p. 19, lin. 20 ; p. 114, lin. 30 ; p. 161, lin.
26 ; — Pomponius, L. 239, § 8, *De verb. signif.*, D., L, 16 : *Territorium est
universitas agrorum intra fines cujusque civitatis.*

(7) Siculus Flaccus, dans les *Gromatici*, éd. Lachm., t. I, p. 135, lin. 4 :
*regiones autem dicimus, intra quarum fines singularum coloniarum aut mu-
nicipiorum magistratibus jus dicendi coercendique est libera potestas;* — Rudorff, *Feldmesser*, t. II, pp. 223 et 231. C'est ainsi que, dans la *regio* de

dans les colonies par des bornes ou par des documents officiels, tels que des plans (*æs, forma*) (1); ailleurs, soit par la tradition, soit, en cas de doute, par une commission sénatoriale (2).

Compris dans cette circonscription urbaine, se trouvent les *vici* et les *castella*, qui sont *attribuli* (3) ou *contribu-*

Ficulea, près de Rome, se trouvent trois *pagi* (Orelli, *Inscript. latin. select. amplis. collectio*, n° 111 [= *C. I. L.*, t. XIV. n° 4013; — sur Ficulea, voy. M. H. Dessau, *eod.*, p. 417]), et que l'inscription n° 6519 du recueil de Henzen [= G. Wilmanns, *Exempla inscr. lat.*, n° 1291] mentionne la *regio Ariminensium*.

(1) Siculus Flaccus, dans les *Gromatici*, éd. Lachm., t. I, p. 134, lin. 19; — Hyginus, *eod.*, p. 203, lin. 11; — Rudorff, *Feldmesser*, t. II, p. 405; — Mommsen, dans *Hermes*, t. II, p. 132.

(2) Ce n'est pas seulement lors de la première organisation des territoires conquis par les Romains qu'intéressaient ces délimitations, mais encore chaque fois que la nécessité s'en fit sentir, sous la République comme sous l'Empire, en Italie comme dans les provinces. Ainsi, en 619 = 133, furent régularisées *ex S. C.* les limites des territoires d'Ateste et de Vicetia (*C. I. L.*, t. V, 1, n° 2490), et peut-être vers la même époque celles d'Ateste et de Patavium (*C. I. L.*, t. I, n°s 547. 548 = t. V, 1, n° 2491); en l'an 637 = 117, ce fut le tour du territoire de Genua (*C. I. L.*, t. I, n° 199); mais, sous l'Empire, c'est par voie de décision impériale que furent tranchés plusieurs différends relatifs aux limites entre les Falerienses et les Firmani, dans le Picenum (Orelli, n° 3118 [= *C. I. L.*, t. IX, n° 5420]); entre les Vanacini et la ville de Mariana, en Corse (Orelli, n° 1631 [= *C. I. L.*, t. X, 2, n° 8038]); entre les Patulcenses et les Galillenses, en Sardaigne (Mommsen, dans *Hermes*, t. II, pp. 103 et suiv. [= *C. I. L.*, t. X, 2, n° 7852]); entre les Vienenses et les Ceutrones, en Gaule (Renier, *Revue archéol.*, année XVI (1859), vol. I, pp. 353 et suiv.; Wilmanns, *Exempla inscript. latin.*, n° 867); entre les communes dalmates des Nedita et des Corinienses (*C. I. L.*, t. III, 1, n° 2882), des Asseriates et des Alveritæ (*Ephemeris epigraphica*, t. II, p. 369); entre les Dienses et les Olossonii, en Macédoine (*C. I. L.*, t. III, 1, n° 591); entre les villes de Lamia et d'Hypata, en Thessalie (Henzen, *Bull. dell' Inst.*, 1856, p. 78: *C. I. L.*, t. III, 1, n° 586); entre les villes de Delphes et d'Anticyra (Orelli, n° 2611; *C. I. L.*, t. III, 1, n° 567; C. Wescher, dans les *Mémoires présentés par divers savants à l'Académie*, première série, t. VIII, pp. 1 et suiv.); entre la ville d'Æzani, en Phrygie, et le territoire du temple de Jupiter (*C. I. Gr.*, n° 3835); entre les villes de Cæsarea ad Libanum et de Gigarta, en Syrie (*C. I. L.*, t. III, 1, n° 183). — Sur les formalités de ces délimitations, voy. Mommsen, dans *Hermes*, t. II, pp. 103 et suiv. (et sur les n°s sus-indiqués des t. IX, et X, 2, du *C. I. L.*).

(3) Isidor., *Orig.*, XV, 2, 11: *Vici et castella et pagi sunt, quæ nulla dignitate civitalis ornantur, sed vulgari hominum conventu incoluntur et propter parvitatem sui majoribus civitatibus attribuuntur;* — Plin., *Nat. hist.*: III, 134: *Comani compluresque similes finitimis attributi municipiis;* III, 138: *civitates — — attributæ municipiis lege Pompeia;* III, 31: *oppida vero ignobilia XXIIII Nemausiensibus attributa;* — *Decretum Tergestinum* (*C. I. L.*, t. V, 1, n° 532), col. 2, lin. 5: *Carni Catalique attributi a divo Augusto rei publicæ nostræ;* — Édit de Claude, dans le *C. I. L.*, t. V, 1, n° 5050 = Mommsen, dans *Hermes*, t. IV, p. 103, lin. 23: *quorum (Anaunorum) partem delator ad-*

ti (1) à la ville ; ce qui revient à dire qu'ils relèvent de son administration et de sa justice (2). Un *vicus* est une agglomération de maisons (3) ; dans la ville, c'est une rue (4) ou un quartier (5) ; hors de ville, c'est un village, différant du *pagus*, en

---

tributum Tridentinis — erguntur dicitur, — Lorsque les *oppida* sont attribués, ils perdent, ainsi que nous le verrons plus loin, leur administration autonome, et tombent dans la catégorie des *vici*. Et telle est la raison pour laquelle Strabon (IV, p. 186, *in fine*) donne à ... localités attribuées à Nîmes le nom de κῶμαι.

(1) César, *De bell. civ.*, I, 60 : *Calagurritani, qui erant cum Oscensibus contributi;* — Plin., *Nat. hist.*, IV, 111 : *Contributa sunt in eam (coloniam Narbonensem) Castra Servilia, Castra Caecilia;* III, 18 : *civitates provincia ipsa (Tarraconensis) praeter contributas aliis CCXCIII continet;* III, 20 : *in eam (coloniam Ilici) contribuuntur Icositani;* XIV, 63 : *coloniam Sullanam nuper Capuae contributam.*

(2) Isidor., *Orig.*, XV, 2, 11 ; — Ulpien, L. 30, *Ad municip. et de incol.*, D., L, 1 : *Qui ex vico ortus est, eam patriam intelligitur habere, cui reipublicae vicus ille respondet;* — C. Just. : Const. 3, *De natural. lib.*, V, 37 : *...ejus civitatis — sub qua vicus ille vel possessio censeatur;* Const. 8, *De exactor. tribut.*, X, 19 : *...ejusdem civitatis, sub qua vici siti sunt;* Const. 23, § 4, *De episc. et cleric.*, I, 3 : *...illius civitatis, — — sub qua vicus vel territorium esse dignoscitur;* — Tacit., *Hist.*, III, 9 : *Caecina inter Hostiliam, vicum Veronensium, et paludes Tartari fluminis castra permuniit.* — Une inscription, de l'an 227 de l'ère chrétienne, mentionne 17 *vici* comme dépendants de la ville de Philippopolis, en Thrace (voy. *Bull. della commissione municipale*, 1875, p. 87). — [Sur les *castella attributa* ou *contributa*, voy. encore M. G. Humbert, dans le *Dictionnaire des Antiquités grecques et romaines* de MM. Ch. Daremberg et Edm. Saglio, 6ᵉ fascic., Paris, 1879, mot *Castellum*, p. 936, coll. 1 *in fine* et suiv.]

(3) Isidor., *Orig.*, XV, 2, 12 : *Vicus autem dictus a vicinis tantum habitatoribus, vel quod vias habeat tantum sine muris;* — *Placidi gloss.* in Mai *Class. Auct.*, t. VI, p. 571 : *...vicatim, castellatim. Sunt enim loca, quae ab ingenuis habitantur et quia nec villae nec civitates possunt appellari, vici dicuntur.*

(4) Varro, *De ling. lat.*, V, 145 : *In oppido vici a via, quod ex utraque parte viae sunt aedificia;* — Festus, p. 371 (éd. Müller), d'après la version de Mommsen (*Abhandl. d. Berlin. Acad.*, 1864, p. 77) : *[vici] accipiuntur — — altero, cum id genus aedificiorum definitur, quae continentia sunt his oppidis, quae... itineribus regionibusque distributa inter se distant nominibusque dissimilibus discriminis causa sunt dispartita.* — Voy. Jordan, *De vicis urbis Romae*, dans les *Nuove memorie dell' Instituto*, Lips., 1865, in-8, pp. 237 et suiv.

(5) Rome avait, d'après Pline (*Nat. hist.*, III, 66) : *compita Larum CCLXV*, c'est-à-dire 265 *vici* (voy. Jordan, *op. cit.*, p. 221) ; Ariminum en avait sept (voy. Tonini, *Rimini avanti il principio dell' era volgare*, Rimini, 1848, pp. 263 et suiv. ; — Orelli, nᵒˢ 80, 3116, 3177 ; — [voy. aussi Wilmanns, nᵒˢ 2118, 2119, 2121, 2123]) : Alexandria Troas en comptait dix (Henzen, n. 5970 = *C. I. L.*, t. III, 1, nᵒ 331). De même, on trouve des *vici* à Antiochia Pisidiae (Henzen, nᵒˢ 6136, 6981 [= *C. I. L.*, t. III, 1, nᵒˢ 296 et 289 ; cf. ibid., nᵒˢ 290 et 297]) ; à Atella (Orelli, nᵒ 4130 [= *C. I. L.*, t. X, 1, nᵒ 3750]) : à Luceria

ce que les fermes qui le composent se joignent et ne sont pas éparses (1). Quelques villages étaient la propriété exclusive d'une seule personne (2); mais, le plus souvent, ils se divisaient en plusieurs domaines (*fundi*) (3), dont les propriétaires (*possessores*) résidaient pour la plupart à la ville, se contentant de laisser sur leurs terres des paysans (*coloni*), des esclaves et des affranchis (4). Ces villageois (*vicani*) formaient une commune rurale (5); ils avaient leurs *sacra*, leurs temples et leurs autels (6); ils possédaient un patrimoine communal (7), sur les res-

---

(Henzen, n° 6931 [=C. I. L., t. IX, n° 845]); à Mediolanum (Orelli, n° 713 [= C. I. L., t. V, 2, n° 5801]); à Moguntiacum (Orelli, n° 1093, 1973 [= Brambach, C. I. Rhen., n° 1133 et 993]).

(1) Varro, *De re rust.*, III, 1: *Fuit tempus, cum rura colerent homines atque urbem haberent*; et plus loin, il parle du temps, *quo agri coli sunt coepti atque in casis et luguriis habitabant, nec muros nec porta quod esset, sciebant*. Ammien Marcellin (XXXI, 2, 17) fait éclater, d'une manière encore plus saisissante, cette différence entre le *pagus* et le *vicus*, en disant: *Alani — per pagos, ut nomades, regantur immensos*; et, dans la langue usuelle, on opposait, sous le nom d'*oppidani* et de *pagani*, les habitants des villes à ceux des campagnes (voy. Hirt., *Bell. Alex.*, 36).

(2) Cicero, *Ad famil.*, XIV, 1, 3: *Scribis te vicum venditurum*. Frontin (dans les *Gromatici*, éd. Lachm., t. I, p. 53) dit, en parlant de la province d'Afrique: *habent autem in saltibus privati non exiguum populum plebeium et vicos circa villam in modum munitionum*. Le *vicus Spurianus*, près de Pouzzoles, que A. Plautius Eabolus affecte à l'entretien de son monument funèbre, paraît avoir été formé d'une seule maison (Mommsen, *I. R. N.*, n° 3513 [= C. I. L., t. X, 1, n° 3750]).

(3) Dans la *Tabula alimentaria* de Veleia, les *fundi* sont désignés tantôt par rapport au *vicus* et au *pagus*, tantôt par rapport à ce dernier seulement; ainsi, tandis que l'on y lit, d'une part, I, 63: *debet obligare fundos II, Antonianum et Cornelianum qui sunt in Veleiate pag(o) Albense, vico Serenia*, par contre, on y trouve, de l'autre, I, 6: *debet obligare fundum Plasianum, qui est in Veleiate pago Junonio*. — Voy. Desjardins, *De tabulis alim.*, pp. xliii et suiv.

(4) Ulpian., l. 1, § 2, *De vacat. et excus. mun.*, D., L, 5; — Kuhn, *Die städt. und bürg. Verf.*, t. I, p. 32.

(5) Const. 5, *De patrocin. vic.*, C. Th., XI, 24: *agricolis vel vicanis*; ibiq. Gothofr.

(6) Les divinités particulières des *vici* sont les *Lares* (voy.: Arnobius, *Adv. nat.*, III, 41; — Marini, dans le *Museo Pio Clem.* de Visconti, t. IV, tab. 43, pp. 313 et suiv. de l'éd. de Milan). Cependant, on trouve encore dans les *vici* des cultes différents: c'est ainsi, par exemple, qu'il y avait dans le *vicus Furfo*, près de Peltuinum, un temple de *Jupiter liber* (C. I. L., t. I, n° 603, [adde Mommsen, dans le C. I. L., t. IX, p. 333, et n° 3513]), et que, dans le *vicus Novanensis*, près de Suessula, on trouve un *sacerdos matris magnae* (Mommsen, *I. R. N.*, n° 3553 [= C. I. L., t. X, 1, n° 3761]).

(7) Le *vicus* achète et vend (C. I. L., t. I, n° 603 [= t. IX, n° 3513]); — Mommsen, *Inscr. Helv.*, n° 36, et surtout Voigt, *op. cit.*, p. 311); il reçoit des

sources duquel ils élevaient et entretenaient des édifices et des
monuments (1); ils votaient des résolutions dans leurs comices (2) et y nommaient tous les ans des magistrats (*magistri* (3), *ædiles* (4)), chargés de veiller au culte, aux travaux publics,
à la police locale (5). La situation des *castella* ou *castra* n'était
pas différente (6). Ainsi, — cela résulte d'un document remarquable arrivé jusqu'à nous (7), — en l'an 637 = 117, le territoire

Castra

---

donations et est autorisé à accepter des legs (Gaius, L. 73, § 1, *De legat. I,
D.*, XXX; — *C. I. L.*, t. V, 2, n° 5303; — Voigt, *op. cit.*, p. 215).

(1) Voy. Voigt, *op. cit.*, p. 216.

(2) D'après l'inscription de Furfo (*C. I. L.*, t. I, n° 603 [= t. IX, n° 3513]),
ces comices élisent le magistrat local (lin. 9: *venditio localis ædilis esto,
quemquomque veikus Furfensis fecerint*), et constituent une juridiction connaissant en appel de ses décisions (lin. 15: *sei qui heic sacrum suruperit,
ædilis multatio esto quanti volet. Idque veikus Furfensis maio(r) pars... sei ab-
solvere volent sive condemnare, liceto*).

(2*. Festus, *Epit.*, p. 371, 21, éd. Müller: *magistri vici — quotannis fiunt*;
— Festus, *Epit.*, p. 156, 6, éd. Müller. Nous ne savons rien de certain relativement au nombre des *magistri*, parce qu'une grande partie des inscriptions
qui les concernent paraissent se rapporter aux *vici* urbains. Tout ainsi qu'à
Rome même chaque *vicus* comptait quatre *magistri* (voy. Egger, *Examen critique des historiens anciens*, Paris, 1844, in-8, p. 363), nous rencontrons quatre *magistri vici* dans le *vicus Furfo* (*C. I. L.*, t. I, n° 1285 [= t. IX, n° 3521])
et à Concordia (*C. I. L.*, t. V, 1, n° 1890), qui, avant de devenir colonie,
doit avoir été un *vicus*; par contre, on n'en trouve que trois à Vérone (*C. I. L.*,
t. V, 1, n° 3231), à Pisaurum (Olivieri, *Marm. Pisaur.*, n°s IX, X, XI), à Se-
nagallia (Mur., p. 693, 1), et je les considère avec Borghesi (dans Furlanetto,
Museo di Este, p. 13), comme des *magistri* urbains; il n'y en a que deux à Julium Carnicum, *vicus* qui, plus tard, fut élevé au rang de colonie (*C. I. L.*, t.
V, 1, n°s 1829, 1830), à Nauportus, l'Oberlaibach d'aujourd'hui (*C. I. L.*, t. I,
n°s 1466, 1467), à Salonæ et à Narona (*C. I. L.*, t. III, 1, pp. 291, 341 et 433, et
Mommsen, dans *Hermes*, t. VII, p. 321). — Cf. *C. I. L.*, t. XIV, n° 2853.]

(4) Le *vicus Furfo* a un édile (*C. I. L.*, t. I, n° 603 [= t. IX, n° 3513]); un
autre *ædilis* est mentionné à Genava (Mommsen, *Inscr. Helvet.*, n° 81). Comme
à Furfo on trouve aussi quatre *magistri vici* (voy. la note précédente). Voigt
(*op. cit.*, p. 70) conjecture que, parmi eux, deux auraient été des édiles.

(5) Nous ne possédons à cet égard qu'un seul témoignage, l'inscription de
Furfo (*C. I. L.*, t. I, n° 603 [= t. IX, n° 3513]), d'après laquelle l'édile n'est
investi des fonctions indiquées au texte que par rapport au temple.

(6) Il est souvent fait mention de ces *castra* : par exemple, Tite-Live
(XXXV, 9) cite le *castrum Frentinum*, près de Thurium (voy. Mommsen,
dans le *C. I. L.*, t. X, 1, p. 17, X), et le *castrum novum*, dans le Picenum,
qui, plus tard, devint une colonie (Tit. Liv., *Epit.*, XI (voy. surtout *C. I.
L.*, t. IX, n° 5016, et, *eod.*, p. 491)). — [A propos des *castella*, voy. M. G.
Humbert, dans le *Dict. des antiq. grecq. et rom.* de MM. Daremberg et Saglio,
6e fascic., Paris, 1879, mot *Castellani*, p. 936.]

(7) *C. I. L.*, t. I, n° 199. — Voy., outre Mommsen sur cette inscription, Rudorff,
Sententia Q. M. Minuciorum inter Genuales et Viturios dicta, Berolini, 1842, in-4.

de Genua, qui n'était encore qu'une *civitas fœderata* extra-
italique, se composait de cinq *castella*, qui payaient leurs contributions à la caisse de la ville (1) et relevaient de sa juridiction (2), quoique d'ailleurs leurs assemblées populaires con-
nussent de leurs intérêts particuliers (3), qu'ils eussent leurs
magistrats locaux (4), et que la solution de leurs différends
avec l'administration de la ville fût de la compétence du Sénat
romain. Il n'était pas rare qu'une ville eût des possessions en
dehors de son territoire : par exemple, que des terres fussent assignées, sur le sol dépendant d'une ville voisine ou même éloignée, aux colonies auxquelles ne suffisaient pas les limites actuelles de la circonscription urbaine (5). Ces *vici* échappant à
la juridiction du municipe dans le ressort duquel ils se trouvaient placés, et empêchés par la distance de recourir à celle de
la colonie à laquelle ils étaient *attributi*, recevaient, à ce qu'il
semble, de leur ville un *præfectus jure dicundo*, et portaient le
nom de *præfecturæ* (6), ainsi que les communes urbaines de ce

Præfecturæ (communes rurales).

----

(1) C. I. L., t. I, n° 199, lin. 23 : *pro eo agro vectigal Langenses Veituris in poblicum Genuam dent in annos singulos vic(toriatos) n(ummos) CCCC.*

(2) Ibid., lin. 13 : *Vituries quei controversias Genuensium ob iniourias iudicati aut damnati sunt, sei quis in vinculeis ob eas res est, eis omneis solvei millei leiberareique Genuenses videtur oportere.*

(3) Ibid., lin. 30 : *praeterea in eo agro ni quis posideto nisi de maiore parte Langensium veituriorum sententia.* Cf. lin. 32.

(4) Les *possessores agri publici* payent leurs contributions aux *Langenses*, c'est-à-dire à la caisse du *castellum*, et cette caisse verse ensuite la somme totale, qui doit être comptée au *castellum*, à la ville de Genua; ce qui fait supposer l'intervention d'un magistrat local (voy. lin. 29).

(5) On en trouvera des exemples dans Kuhn, *Die städt. u. bürg. Verf.*, t. I, p. 69.

(6) Frontinus, dans les *Gromatici*, éd. Lachm., t. I, p. 49 : *... coloniae quoque loca quaedam habeat adsignata in alienis finibus, quae loca solemus praefecturas appellare;* — Siculus Flaccus, eod., pp. 159 et suiv. : *Illud praeterea comperimus, deficiente numero militum veteranorum agro, qui territorio ejus loci continetur, in quo veterani milites deducebantur, sumptos agros ex vicinis territoriis divisisse et assignasse. Illorum etiam agrorum, qui ex vicinis populis sumpti sunt, proprias facies esse formas, id est suis limitibus quaeque regio divisa est et non ab uno puncto omnes limites acti sunt, sed, ut supra dictum est, suam quaeque regio formam habet. Quae singulae praefecturae appellantur — ex eo quod in diversis regionibus magistratus coloniarum juris dictionem mittere soliti sunt.* — Comp. *Gromatici*, éd. Lachm., t. I, pp. 26, lin. 8; 53, lin. 18; 80, lin. 3; 171, lin. 5; — Mommsen, *Die libri coloniarum*, dans les *Feldmesser*, éd. Rudorff, t. II, p. 155; — Mommsen, dans *Hermes*, t. I, p. 62.

nom, avec lesquelles il ne faut pas les confondre, et dont il sera question plus loin.

Si, à côté des villes, à côté des villages compris dans leur territoire, qui sans doute auraient suffi à assurer le fonctionnement de l'administration romaine, on trouve encore deux autres classes de localités, les *fora* et les *conciliabula*, cela tient à ce que, au temps de César, le système urbain n'avait pas encore absorbé toutes les bourgades de l'Italie. Le *conciliabulum* est à proprement parler un lieu de rassemblement (1), non pas tant pour les habitants d'un seul *pagus* (2), que pour tous les *pagi* ressortissant à un même *populus*.

C'est là que, jusqu'à la fondation d'une ville, toute la communauté du *populus* tient ses marchés (3), lève ses troupes (4), rend la justice (5), accomplit ses cérémonies religieuses (6); c'est là que siège l'administration. Le *conciliabulum* ou *forum*

---

(1) Festus, *Epit.*, p. 38, éd. Müller : *Conciliabulum locus, ubi in concilium conrenitur.* — [Sur les *conciliabula*, voy. M. G. Humbert, dans le *Dict. des Antiq. grecq. et rom.* de MM. Daremberg et Saglio, 9e fascic., Paris, 1881, mot *Conciliabulum*, p. 1432, *in init.*]

(2) Cette assertion d'Isidore (*Orig.*, XV, 2, 11), que : *pagi sunt apta ædificiis loca inter agros habitantibus. Haec et conciliabula dicta a conventu et societate multorum in unum*, est exacte en ce seul sens que le *conciliabulum* est avant tout un lieu de réunion; mais les *pagani* se réunissaient dans des *compita*, c'est-à-dire au point de jonction des rues du *pagus* (Philarg., ad Verg. *Georg.*, II, 382 : *compita locus — — ubi pagani agrestes buccina conrocati solent certa inire consilia*); ils y célébraient aussi leurs fêtes (Verg., *loc. cit.*; — Propert., V, 1, 23; V, 3, 57; — Mommsen, *I. R. N.*, n° 1343 [= *C. I. L.*, t. IX, n° 1618]).

(3) Tit. Liv., VII, 15 : *hominum — qui nundinas et conciliabula obire soliti erant.*

(4) Tite-Live (XXV, 5) dit, sur l'année 542 = 212 : *senatus — triumviros binos creari jussit, alteros, qui citra, alteros, qui ultra quinquagesimum lapidem in pagis forisque et conciliabulis omnem copiam ingenuorum inspicerent.*

(5) C'est ainsi qu'en l'année 571 = 180 le sénat romain fait tenir par deux préteurs une *quaestio veneficii per fora conciliabulaque* (Tit. Liv., XL, 37), et lorsque Festus (*Epit.*, p. 371, éd. Müller) distingue deux espèces de *vici*, en disant : *ex vicis partim habent rem publicam et jus dicitur partim nihil eorum et tamen ibi nundinae aguntur negotii gerendi causa et magistri vici item magistri pagi quotannis fiunt*, il comprend dans la première classe les *fora* et les *conciliabula*.

(6) Tit. Liv., XL, 37 : *decemviri supplicationem in biduum valetudinis causa et per omnia fora conciliabulaque edixerunt, maiores duodecim annis omnes coronati et lauream in manu tenentes supplicarerunt.*

a donc, comme la ville, un territoire déterminé (1); il a des décurions (2), élus dans les *pagi*, et des magistrats, qui disent le
droit au nom du *populus* tout entier. Un *conciliabulum* vient-il,
à un moment donné, à être attribué à une ville voisine (3), le
territoire de cette dernière comprend désormais deux éléments
distincts : le territoire proprement dit de la ville et le territoire du *conciliabulum*; et c'est par les magistrats de la ville que
la justice est rendue aux habitants de celui-ci (4). Nous n'avons
d'ailleurs aucun autre renseignement sur les *fora* et les conci-

(1) Les *Manilia* (*Mamilia*), dans les *Gromatici*, éd. Lachm., t. I, p. 263 : *Quae
colonia hac lege deducta quodve municipium praefectura forum conciliabulum
constitutum erit, qui ager intra fines eorum erit, qui termini in eo agro sta-
tuti erunt, quae in hoc terminus non stabit, in eo loco is, cuius is ager erit,
terminum restituendum curato, uti quod recte factum esse velet. idque magistratus qui in ea colonia municipio praefectura foro conciliabulo iure dicundo
praeerit facito uti fiat ; — eod., p. 265 : Cum curator hac lege non erit, tum
quicumque magistratus in ea colonia municipio praefectura foro conciliabulo
iure dicundo praeerit, eius magistratus de e a re iuris dictio iudiciisque datio ad-
dictio esto.*

(2) C'est ce qui ressort de la *lex Julia municipalis* (C. I. L., t. I, n° 206),
qui, dans les passages où elle traite des conditions requises pour le doumvi-
rat et le quatuorvirat, ne mentionne que les municipes, les colonies et les
préfectures (voy. lin. 89 et suiv., 93 et suiv., 113 et suiv.) et qui, par contre,
parlant de l'aptitude au décurionat, y joint les *fora* et les *conciliabula* (voy.
lin. 83 et suiv., 104 et suiv., 125. 126. 135). De même, nous trouverons plus tard
des *castella*, qui ont des décurions : tel, par exemple, le *castellum Arsaculi-
tanum* (Renier, *Inscr. de l'Algérie*, n° 2361 [= C. I. L., t. VIII, 1, n° 6041]). Au
v° siècle, il est même fait une fois mention des *curiales vicorum* : Salvian.,
De gub. Dei, V, 4 : *quae enim sunt non modo urbes, sed etiam municipia atque
vici, ubi non, quot curiales fuerint, tot tyranni sint?*

(3) Ce qui prouve que les *conciliabula*, qui existaient à l'époque de la *lex
Julia municipalis*, n'étaient pas des communes urbaines autonomes, c'est que
le cens ne s'y pratiquait pas, mais se faisait seulement dans les municipes,
dans les colonies et dans les préfectures (voy. lin. 113 et suiv., 157; — von
Savigny, *Verm. Schriften*, t. III, p. 333).

(4) Aussi ne faudrait-il pas conclure du passage suivant de la *lex Julia
munic.*, lin. 83 : *quicumque in municipiis coloneis praefectureis foreis conciliabuleis civium Romanorum II viri IIII viri erunt alivve quo nomine magistratum potestatemve sufragio eorum, quei quoiusque municipi coloniae praefecturae fori conciliabuli erunt, habebunt, nei quis eorum — —, que les *fora* et les
conciliabula aient eu des IIviri ou des IIIIviri; c'est plutôt à eux que se
rapporte la proposition : *alivve quo nomine magistratum potestatemve — habebunt*; car leurs fonctionnaires devaient s'appeler *magistri*. — Comp.
Dirksen, *Observ. ad Tabulae Heracleensis partem alteram*, Berol., 1817, in-4,
p. 8; — Savigny, *Verm. Schriften*, t. III, p. 333.

tiabula (1); ce qu'expliquent leur existence éphémère et leur érection finale en villes indépendantes (2).

Après ces transformations, les anciens *pagi* se conservèrent encore pendant des siècles; mais ils avaient perdu toute importance au point de vue administratif (3). Sous l'empire, le

Pagi des villes.

---

(1) Les conjectures, ici, manquent même complètement de base. — Zumpt (*Comment. epigr.*, t. I, p. 91) admet, il est vrai, que chaque *forum* ou *conciliabulum* devait élire un nombre déterminé de personnes pour la curie du chef-lieu, et que ces décurions auraient en même temps formé un sénat spécial à leur localité; il invoque l'exemple du *vicus Augustinorum*, qui paraît avoir fourni des décurions à la commune urbaine de Lavinium dont il dépendait (Grüter, p. 313, 6 = 398, 7: *decuriones Laurentium vici Aug.*; Murat., p. 158, . : *dec. Laur. vic. Aug.*). Il convient toutefois de remarquer que, si telle est la conclusion qui ressort en réalité des deux inscriptions citées, dont l'authenticité est très douteuse, du moins le *vicus Augustinus* n'avait-il pas de sénat propre et que, par suite, il ne fournit aucun argument d'analogie relativement aux *conciliabula*. — [Sur les *decuriones Laur. vic. Aug.*, voy. C. I. L., t. XIV, nos 301, 311, 317, 332, 431; — sur le *Vicus Augusteus* et sur Lavinium, voy. M. H. Dessau, dans le C. I. L., col. pp. 183, 186 et suiv., et 446, II et IV. — L'authenticité des deux inscriptions publiées par Grüter et par Muratori, et qui sont reproduites sous les nos 311 et 332 sus-indiqués, est aujourd'hui incontestable.]

(2) Un grand nombre de villes en Italie et en Gaule ont conservé le nom de *forum*, par exemple: *forum Clodii, Licii, Popilii, Truentinorum, Cornelii, Licinii* (Plin., *Nat. hist.*, III, 116); *Appii* (III, 64); *Decii* (III, 107); *Fulvii* (III, 49); *forum novum* (III, 107); *f. Flaminii*, en Ombrie (Henzen, n° 6111); *f. Julii*, dans le Samnium (Mommsen, *I. R. N.*, n° 4628 [= C. I. L., t. X, 1, n° 4855]); *f. Julium*, près d'Aquileia (C. I. L., t. V, 1, p. 163); *f. Julium* ou *colonia Pacensis*, dans la *Gallia Narbonensis* (Henzen, n° 5231). — [Cf. sur plusieurs de ces *fora*; et d'autres, les *Indices* d'Orelli — Henzen et de G. Wilmanns, et le C. I. L., t. IX, p. 731, et t. X, 2, p. 1113, v° *Forum*; voy. encore *forum Julii*, dans le Latium, C. I. L., t. XIV, n° 3602.] — De même, *Julium Carnicum* était un *forum* ou un *vicus*, avant de devenir colonie (C. I. L., t. V, 1, nos 1829, 1830). Les *fora* étaient créés par des magistrats romains, qui leur donnaient leur nom, surtout à la suite de l'établissement de voies : c'est ainsi, par exemple, que le *forum Appii*, dans le pays des Volsques, dut sa naissance à la construction de la *Via Appia*. Aussi Beloch (*Der italische Bund*, Berlin, 1880, in-8°, p. 109) est-il d'avis que ces *fora* auraient été peuplés au moyen d'une assignation de terres faite par portions viriles à des citoyens romains, et auraient été destinés à servir de centres pour l'entretien des routes. — Sur les *conciliabula*, voy. Frontin, dans les *Gromat.*, éd. Lachm., t. I, p. 53 : *Sunt autem loca publica coloniarum, ubi prius fuere conciliabula et postea sunt in municipii ius relata.* Cf. ibid., p. 21, lin. 18 *in fine* et suiv.; p. 19 : *hoc (oppidum Interamantium Praetuttianorum in Piceno) conciliabulum fuisse fertur et postea in municipii ius relatum.* [Cf. C. I. L., t. IX, p. 483.] Pareillement, le *vicus Censurglacensis*, près de Camerinum, qui porte le nom de *municipium* sous Antonin-le-Pieux (Orelli, n° 391), doit avoir été un *conciliabulum*.

(3) M. Desjardins (*De tabulis alimentariis*, p. 50) dit avec raison que les

canton lui-même est devenu une division géographique (1),
comprise dans le territoire d'une ville, et contenant des villages
(*vici*), des domaines (*villæ*) et des fermes (*fundi, prædia*). Mais,
tant qu'il n'a pas été transformé en *conciliabulum* ou enfin en
ville indépendante (2), son lieu de rassemblement continue à être
un village, ayant, malgré le nom de *pagus* qu'il porte encore,
tout à fait l'organisation du *vicus*. Il dépend d'une *civitas* (3) :
mais il statue, dans des comices, sur ses intérêts particuliers (4);

---

pagi soient devenus des circonscriptions administratives et se soient subdi-
visés en plus petits centres d'administration (*vici*. — Voy. Voigt, *op. cit.*,
p. 80). A l'époque de Trajan, un nombre très minime de fonds de terre se
trouvaient dans des *vici* ; la majeure partie était éparse dans des *pagi*, sans
appartenir à un *vicus* déterminé (voy. Desjardins, pp. xxm et suiv.).

(1) Ulpian., L. 4 pr., *De censibus*, D., L, 15 : *Forma censuali cavetur, ut
agri sic in censum referantur. Nomen fundi cujusque : et in qua civitale et in
quo pago sit : et quos duos vicinos proximos habeat;* — Siculus Flaccus, dans
les *Gromat.*, éd. Lachm., t. I, p. 160, lin. 13 et suiv. La même règle est suivie dans les deux *tabulæ alimentariæ* (voy. *supra*, p. 10, note 3) et dans un
autre document rapporté par M. Mommsen (*I. R. N.*, n° 216 [= *C. I. L.*, t. X,
1, n° 407]). Cf. Paul., L. 12, *De ann. leg. et fideic.*, D., XXXIII, 1 : *Gaius
Seius prædia diversis pagis Mæriæ et Seiæ legavit...*

(2) On peut citer comme exemple le *pagus Condatus*, qui a été remplacé par la
colonie de Lugdunum (voy. de Boissieu, *Inscr. antiq. de Lyon*, pp. 19 et suiv.).

(3) Siculus Flaccus, dans les *Grom.*, éd. Lachm., t. I, p. 161, lin. 23 : —
Isidor., *Orig.*, XV, 2, 11 : *pagi ii sunt qui nulla dignitate civitatis ornantur* — *et
propter parvitalem sui majoribus civitatibus attribuuntur.* C'est ainsi que nous
connaissons 13 *pagi* dépendant de la *Colonia Cornelianorum Ligurum* (voy.
Desjardins, *op. cit.*, p. 72). 11 *pagi* dépendant de Bénévent, savoir, en dehors
de ceux qui sont mentionnés dans la *tabula Ligurum Bæbianorum* (voy. Desjardins, *loc. cit.* [= *C. I. L.*, t. IX, pp. 125 et suiv. et 122]) : le *pagus Lucullia-
nus*) (Mommsen, *I. R. N.*, n° 1504 [= *C. I. L.*, t. IX, n° 1418]) et *Veianus*
(*ibid.*, n° 1487 [= *C. I. L.*, t. IX, n° 1503]); trois *pagi* et deux *regiones* dépendant de Nola (Mommsen, *I. R. N.*, n°° 1931. 1932. 1933. 1939. 1940 [= *C.
I. L.*, t. X, 1, n°° 1278. 1279. 1280. 1253. 1256]); un *pagus Aug. Felix Sub-
urbanus* dépendant de Pompéi (*ibid.*, n°° 2203. 2232. 2290. 2233. 2378 [= *C.
I. L.*, t. X, 1, n° 814. 853 ad 857. 924. 816. 1076]); un *pagus Fabianus* dépendant de Sulmo (Pline, *Nat. hist.*, XVII, 250 [Cf. *C. I. L.*, t. IX, p. 290]); trois
pagi dépendant de Ficulea, dans le voisinage de Rome (Orelli, n° 111 [= *C.
I. L.*, t. XIV, n° 4012; voy. *supra*, p. 7, note 7]); 20 de Veleia, 13 de Placentia, 3 de Parme, 3 de Libarna (voy. Desjardins, *op. cit.*, p. 56); de Vérone, enfin, le *pagus Arusnatium* (*C. I. L.*, t. V, 1, p. 390).

(4) De là les formules suivantes : *Pagus Herculaneus scivit* (*C. I. L.*, t. I,
n° 571 [= t. X, 1, n° 3772]); *ex pagi scitu* (*ibid.*, n° 573 [= t. X, 1, n° 3781*];
ex scitu pagi paganorum Farraticanorum (*C. I. L.*, t. V, 1, n° 4148 = Henzen,
n° 6133); *de pagi sententia* (Mommsen, *I. R. N.*, n° 6021 = Orelli, n° 4945 [=
C. I. L., t. IX, n° 3523]); *ex pagi decreto* (Henzen, n° 6594 [= *C. I. L.*, t. IX,
n° 3137]; — Mommsen, *I. R. N.*, n° 5415 [= *C. I. L.*, t. IX, n° 2318; voy.

il y élit, tous les ans (1), une autorité qui, d'une part, exerce des attributions sacerdotales (2), de l'autre veille à la police locale (3), et qui est représentée, dans le Latium, probablement par un *magister* unique (4), ailleurs par plusieurs *magistri* (5) ou *ædiles* (6); il dispose des biens de la commune (7),

---

aussi *ibid.*, n° 3175 = *C. I. L.*, t. IX, n° 3316]); *l(ocus) d(atus) d(ecreto) p(agi) Cond(ati)* (de Boissieu, *Inscr. antiq. de Lyon*, p. 19). — [Voy. au surplus, *C. I. L.*, *Indices*, XI, *Res municipalis*, A : t. V, 2, p. 1196, col. 1; t. IX, p. 789, col. 1; t. X, 2, p. 1156, col. 1.]

(1) Festus, *Epit.*, p. 371, éd. Müller : *magistri pagi quotannis sunt.*

(2) Le caractère sacerdotal du *magister pagi* ressort spécialement de ce fait que sa femme figure dans les sacrifices en qualité de *magistra* (Orelli, n° 1193). — [Bien que trouvée à Rome, d'après Orelli, cette inscription ne figure ni au t. VI, 1, ni au t. VI, 5, du *C. I. L.*, parmi les *inscriptiones sacræ Urbis Romæ* authentiques ou fausses.]

(3) Il a en particulier la *cura viarum*. Siculus Flaccus, dans les *Gromatici*, éd. Lachm., t. I, p. 146 : *Vicinales autem [viæ], de publicis quæ deverluntur — — muniuntur, per pagos, id est per magistros pagorum, qui operas a possessoribus ad eas tuendas exigere soliti sunt, aut, ut comperimus, uni cuique possessori per singulos agros certa spatia adsignantur, quæ suis inpensis tueantur.* Comp. le passage extrait *ex libris Magonis, ibid.*, p. 313, lin. 22.

(4) Dionys. Halic., II, 76 : (Numa) διεῖλε τὴν χώραν ἅπασαν εἰς τοὺς καλουμένους πάγους καὶ κατέστησεν ἐφ' ἑκάστου τῶν πάγων ἄρχοντα. Cf. IV, 15. En Campanie, le *pagus Herculaneus* paraît avoir eu un *magister* (*C. I. L.*, t. I, n° 571, et Mommsen, sur le n° 801 [voy. encore *ibid.*, t. X, 1, p. 367, col. 2, et n° 3772]).

(5) Plutarque (*Numa*, 16) dit, en effet, de Numa : ...εἰς μέρη τὴν χώραν ἑαυτῶν, ἃ πάγους προσηγόρευσαι καὶ καθ' ἕκαστον ἐπιστάτην ἔταξε καὶ περίπολον. Le *pagus Laverni*, près de Sulmo, a quatre *magistri* (Orelli, n° 4911 = Mommsen, *I. R. N.*, n° 5331 [= *C. I. L.*, t. IX, n° 3138]); dans une autre inscription, qui paraît se rapporter au même *pagus*, on n'en trouve que trois (Henzen, n° 6591 [= *C. I. L.*, t. IX, n° 3137]); ce sont également des *magistri pagi*, par conséquent au pluriel, que mentionne Festus (p. 371, lin. 21, éd. Müller); quant aux passages dans lesquels il est fait allusion d'une manière générale à des *magistri pagorum* (Festus, *Epit.*, p. 126, lin. 6, éd. Müller; — Siculus Flaccus, dans les *Gromat.*, éd. Lachm., t. I, p. 146, lin. 8; p. 164, lin. 28), et quant à la mention d'un seul *magister pagi* (Mommsen, *I. R. N.*, n° 3209. 2232. 2335. 2373 [= *C. I. L.*, t. X, 1, n° 814. 853 ad 857. 1053. 1074]), on n'en peut tirer aucune conclusion touchant le nombre des *magistri*.

(6) On trouve trois *ædiles* d'un *pagus* dans Mommsen (*I. R. N.*, n° 5171. 5173 [= *C. I. L.*, t. IX, n° 3312. 3316. 3317. 3332]); un dans Orelli (n° 3931). Un *ædilis pagi* se rencontre aussi dans la *Gallia Narbonensis* (Mommsen, *Annali*, 1851, p. 43) et dans le *pagus Genera* (Genève) (Mommsen, *Inscr. Helv.*, n° 37). — [Comp. Herzog, *Gall. Narb. prov. rom. hist.*, Lips., 1864, in-8, pp. 173 et suiv., 215 et 226.]

(7) Ainsi nous voyons un *pagus* recevoir une fondation à administrer (Orelli, n° 4119).

à l'aide desquels il pourvoit aux frais des bâtiments et des monuments honorifiques (1), et il célèbre toujours encore ses vieux *sacra paganalia*, auxquels se rattache la *lustratio pagi* annuelle (2).

La ville considérée comme organe administratif,

Pendant la période où se placent les développements qui précèdent, Rome avait pris conseil de ses seuls intérêts, dans l'œuvre d'appropriation et d'organisation qu'elle s'était proposée; et, à mesure que sa domination s'étendait sur la péninsule italique, elle avait créé dans les colonies envoyées par elle, dans

en Italie,

les municipes et les villes alliées fidèles, auxquels elle attribuait les territoires conquis, des centres administratifs, sans lesquels il eût été impossible de gouverner le pays tout entier depuis

dans la *Gallia cisalpina*,

la capitale. De même, lorsque plus tard la *Gallia cisalpina* tomba en son pouvoir, le premier soin de l'administration romaine fut d'y fonder des communes urbaines, dont les tribus gauloises firent partie, non pas tout d'abord avec une égalité parfaite de droits, mais à titre de sujets. C'est ainsi que la *lex Pompeia* (665-89), qui a régularisé la situation de la Gaule transpadane, soumit les tribus alpines aux villes latines de Tridentum, Verona, Brixia, Cremona, Mediolanum (3); les Anauni, les Tulliasses et les Sinduni, qui avaient été attribués à Tridentum, reçurent sous Claude seulement le droit de cité romaine, et avec lui le droit de cité dans le *municipium* (4); les Carni et les Catali, assignés par Octave à la colonie de Tergeste (Trieste) (5), ne furent investis que sous Antonin le

(1) Orelli, n⁰ˢ 197. 202 [= Herzog. *Gall. Narb.*, n⁰ˢ 123. 358]; — Henzen, n⁰ 5177 ª [= *C. I. L.*, t. IX, n⁰ 3311]; — Mommsen, *I. R. N.*, n⁰ˢ 5331. 5472. 5786. 6021. 7235 [= *C. I. L.*, t. IX : n⁰ˢ 3133. 3305. 4206. 3523; t. X, 1, n⁰ 5172].

(2) Siculus Flaccus, dans les *Gromat.*, éd. Lachm., t. I, p. 165. Il sera plus longuement question de ces fêtes dans le volume consacré aux antiquités religieuses. [Voy. *Handbuch*, t. VI (t. 3 de J. Marquardt), 2ᵉ éd., donné par M. G. Wissowa, en 1885, les renvois de la table; la traduction de ce volume, confiée à M. Brissaud, n'a pas encore paru.]

(3) Plin., *Nat. hist.*, III, 138 : *Non sunt adjectæ Collinæ civitates XII, quæ non fuerunt hostiles, item attributæ municipiis lege Pompeia.*

(4) Édit de Claude, dans le *C. I. L.*, t. V, 1, n⁰ 5050, lin. 23.

(5) Henzen, n⁰ 7163 = *C. I. L.*, t. V, 1, n⁰ 532, col. 2, lin. 4 : *Carni Catalique attributi a divo Augusto rei publicæ nostræ.*

Pieux du *jus Latii*, mais n'obtinrent pas encore à cette époque la *civitas* (1). Dans ce système, les autorités de la ville joignaient à leurs attributions municipales des fonctions importantes exercées pour le compte de l'État ; elles s'occupaient de l'enrôlement des recrues fournies par les *vici*, veillaient au logement et à l'entretien des employés et des soldats, au transport des chevaux et des vivres (2), à la construction et à la conservation des chemins publics (3) ; dans les provinces, elles procédaient même à la perception des impôts (*tributa*) et des prestations en nature (*annona*), dont elles étaient tenues de combler le déficit sur leurs propres ressources (4).

(1) *Eod.*, col. 2, lin. 6, *ibiq.* Mommsen, p. 53.— [Sur les *civitales adtributæ*, voy. M. Ettore de Ruggiero, *Dizionario epigrafico di Antichità romane*, v° *Adtributio*, b) *Civitas adtributa*, fascic. 4 ; Roma, 1886, pp. 112 (col. 1) et suiv.]

(2) Frontin., dans les *Gromat.*, éd. Lachm., t. I, p. 53 : *Tum res publicæ controversias de iure territorii solent movere, quod aut indicere munera dicant oportere in ea parte soli, aut legere tironem ex vico, aut vecturas aut copias devehendas indicere eis locis, quæ loca res publicæ adserere conantur ;* — Siculus Flaccus, *eod.*, p. 165 : *Nam et quotiens militi pretereunti aliive cui comitatui annona publica prestanda est, siligna aut stramenta deportanda, quærendum quæ civitates quibus pagis huius modi munera prebere solitæ sint.* — C. Gracchus (dans A. Gellius, *Noct. att.*, X, 3) nous montre déjà à quelle responsabilité les magistrats ambulants astreignaient les autorités urbaines : *Nuper Teanum Sidicinum consul venit. Uxor ejus dixit, se in balneis virilibus lavari velle. Quæstori Sidicino a M. Mario datum est negotium, uti balneis exigerentur, qui lavabantur. Uxor renuntiat viro, parum cito sibi balneas traditas esse et parum lautas fuisse. Idcirco palus destitutus est in foro eoque adductus suæ civitatis nobilissimus homo M. Marius. Vestimenta detracta sunt, virgis cæsus est.* — — *Ferentini ob eandem causam prætor noster quæstores arripi jussit......*

(3) Siculus Flaccus, dans les *Gromat.*, éd. Lachm., t. I, p. 146, lin. 4 et suiv :.... *et in quarundam* (*viarum publicarum*) *tutelam a possessoribus per tempora summa certa exigitur ;* — Celsus, L. 30, *De leg. II*, D., XXXI : *Quidam in testamento ita scripsit : rei publicæ Graviscanorum lego in tutelam viæ reficiendæ, quæ est in colonia eorum usque ad viam Aureliam ;* — Hermogen., L. 1 § 2, *De muner. et honor.*, D., L. 1 ; — Arcad. Charis., L. 18 §§ 1 et 15, D., *eod..* — De même, en Syrie, une route est construite aux frais de la ville d'Abila (*impendiis Abilenorum* : Orelli, n° 4997 = Waddington, *Fastes des provinces asiatiq. de l'empire rom.*, etc., dans Le Bas et Waddington, *Voyage archéol. Explic. des inscr.*, t. III, pp. 633 et suiv., ou tirage à part, Paris, 1872, in-8, n° 1874 [= *C. I. L.*, t. III, 1, n° 199]) ; un fait analogue se rencontre en Afrique au sujet d'une série de ponts jetés sur la route qui menait de la ville de Cirta à Rusicade (Renier, *Inscr. d'Alg.*, n° 2226 [= *C. I. L.*, t. VIII, 2, n° 10296]). — Sur les constructions de chemins en Suisse, voy. Mommsen, *Inscr. conf. Helv.*, p. 63.

(4) Arcad. Charis., L. 18 §§ 26 et 27, *De muner. et honor.*, D., L, 4. — Kuhn (*Die städt. u. bürg. Verf.*, t. I, pp. 49-67) traite le sujet en détail.

Il est évident que les raisons ci-dessus déduites imposaient également la création de circonscriptions urbaines dans les provinces : toutefois, les conditions de cette création ne s'y présentaient pas partout avec les mêmes caractères. Dans les pays de culture grecque et phénicienne, c'est-à-dire dans la Grèce proprement dite, en Sicile, dans les parties occidentale et méridionale de l'Asie mineure, et dans l'Afrique carthaginoise, les résidences éparses dans les districts ruraux, dont l'Attique avait encore conservé d'anciens vestiges (1), avaient, de bonne heure, fait place à la vie des villes ; et partout les Romains trouvèrent à leur arrivée des communes ayant une organisation complète. Chaque ville a son territoire déterminé

(regio (2), διοίκησις (3), ὅρια (4), fines), et le nom qu'elle porte ne sert pas seulement à désigner la πόλις elle-même, mais

---

(1) Tite-Live (XXXI, 30) fait dire aux Athéniens : *Delubra sibi fuisse, quæ quondam pagatim habitantes in partis illis castellis vicisque consecrata ne in unam urbem quidem contributi majores sui deserta reliquerint.*

(2) *C. I. Gr.*, n° 3536 : βοηθὸς [illegible] ῥεγεῶνος Οὐαλεντινῆς ; — Grüter, p. 321, n° 7 : *nat. Mysia superiore reg(ione) Ratiarese* (c'est-à-dire dans le territoire de la colonie *Ulpia Ratiaria*) *vico Cinisco* : — Grüter, p. 337, n° 7 : *natus ex provincia Mœsia inferiore, regione Nicopolitanæ vico Saprisara* ; — Grüter, p. 526, n° 3 : *nat. Bessus natus reg. Serdica, vico Magari.* — Voy. d'autres exemples dans Marini, *Arv.*, p. 476, et dans Mommsen, *Hermes*, t. IV, p. 163. — A l'époque byzantine, la κώμη elle-même s'appelle ῥεγεών (voy. Kuhn, *op. sup. cit.*, t. II, p. 239 ; — *Collect. Concil.*, éd. Harduin, t. II, p. 563 : ἐγὼ ἐκ ῥεγεῶνος Βαρδουλίκολιν ἀπὸ τῆς Νικαίας γνωρίζων· καὶ γὰρ ἐν ῥεγεῶνι αὐτῆς), et, dans Hiéroklès, on trouve des κῶμαι dont le nom est composé du mot ῥεγεών, comme Ῥεγεσλαύθη, Ῥεγεθάγα, Ῥεγεμαυκεσός (pp. 699. 700. 701, éd. Wess.).

(3) Le mot διοίκησις revêt des acceptions différentes et désigne notamment le *contentus juridicus* ; mais, dans Cicéron (*Ad famil.*, XIII, 53 : *præcipue autem tibi commendo negotia ejus, quæ sunt in Hellesponto, primum, ut obtineat id juris in agris, quod ei Pariana civitas decrevit, — deinde, si quid habebit cum aliquo Hellespontio controversiæ, ut in illam διοίκησιν rejicias*), il signifie une circonscription urbaine, par ce motif que le *contentus* de l'Hellespont n'était pas à Parium, mais à Cyzicus.

(4) *C. I. Gr.*, n° 9893 : ἐπὶ τῆς κώμης Ἀγρίας Σύρης κώμης Καχριζαβαλαίων, ὅρων Ἀπαμέων ; — *Bull. dell'Inst.*, 1876, p. 83 : Αὐρ. Γεμέλλης Σύρης νεοφώτιστος Ἰούδα κατοικία κώμης Ἀλαυῶν, ὅρων Ἀπαμέων ; — *C. I. L.*, t. V, 2, n° 8723 : Αὐρ. Ἀλέξανδρος Σύρης κώμης Μεζανῶν, ὅρων Ἀπαμέων. Ces villages se rattachaient tous trois à Apamea en Syrie, ainsi que la κώμη Ζωρίων (*C. I. L.*, t. V, 2, n° 8723), la κώμη Μελιτηνῶν (*ibid.*, n° 8729), la κώμη Μαγαρατσιγχῶν (*ibid.*, n° 8732), et la κώμη Σιγχῶν (*ibid.*, n° 8733) se rattachait à Epiphanea sur l'Oronte.

encore le district géographique qui en dépend (1), et où l'on trouve des communes rurales dépourvues de constitution autonome, κῶμαι (*vici*) (2) et φρούρια (*castella*) (3). Ces communes ne sont pas toujours des villages sans importance; ce sont tantôt des bourgs, ayant eu autrefois la qualité de ville (4), mais ayant perdu leur autonomie par suite de leur dépopulation (5), ou sous la pression des événements politiques (6); tantôt aussi des localités qui, devenues prospères grâce à leur situation avantageuse, finirent par être élevées au rang de villes (7). Toutes les komes ont, comme les *vici* romains, un patri-

Localités attribuées.

---

(1) Stephanus Byz., p. 10, éd. Mein. : [illegible Greek]; — p. 151 : [illegible Greek]; — p. 226 : [illegible Greek]; — p. 366 : [illegible Greek]; — p. 413 : [illegible Greek].

(2) Voy. Kuhn, *Die Griech. Komenverfassung*, dans le *Rheinisches Museum*, 1860, pp. 20 et suiv.

(3) Stephan. Byz., v. Ἀντιόχεια… [illegible Greek]; voy. aussi les passages rapportés par Kuhn, *Die städt. u. bürg. Verf.*, t. II, p. 251.

(4) Strabo, 9, p. 436 : [illegible Greek].

(5) Strabo, 11, p. 636 : [illegible Greek].

(6) Ce fait s'était produit en partie avant l'époque romaine, en partie sous l'action des Romains. Pour ne citer que quelques-uns des exemples réunis par Kuhn (*Die städt. u. bürg. Verf. des R. Reichs*, t. II, pp. 41 et suiv.), je me bornerai à rappeler que les Romains attribuèrent successivement à Athènes la ville d'Haliartus en Béotie et les îles de Skyros, d'Imbros, de Lemnos, de Délos, d'Aegina, de Keos, de Skiathus, de Peparethus et de Kephalenia (Polyb., XXX, 21 (18); — Appian., *Bell. civ.*, v, 7; — Dio Cass., LXIX, 16), et que l'empereur Sévère ne se contenta pas d'enlever son indépendance à la ville de Byzance, qui avait embrassé le parti de Niger, mais qu'il la priva encore de son droit de ville (τὸ ἀξίωμα τὸ πολιτικόν), qu'il la réduisit à l'état de κώμη et la donna en propriété à la ville de Perinth (Dio Cass., LXXIV, 14). — [Sur les îles de Délos et de Kephalenia, consulter en particulier MM. J.-A. Lebègue, *Recherches sur Délos*, Paris, 1876, in-8; — Othon Riemann, *Recherches archéologiques sur les îles Ioniennes; II. Céphalonie*, dans la *Bibliothèq. des Écoles françaises d'Athènes et de Rome*, 1re série, format gr. in-8, fascic. 12e, et surtout Biedermann, *Die Insel Kephallenia im Altertum*, 1887.]

(7) C'est ainsi, par exemple, que les localités d'Ancyra, de Synaus, de Cadi, dans la Phrygia Epictetus, ont été, au premier siècle avant l'ère chrétienne, transformées de κῶμαι en villes (voy. Waddington, dans *Le Bas, Voyage… Explic. des inscr.*, t. III, p. 253).

moine communal (κωμή) (1) ; elles statuent (2) sur l'érection des édifices et des monuments (3) ; elles élisent les fonctionnaires de la commune (κωμάρχαι) (4) ; mais elles payent l'impôt à la ville et relèvent de ses tribunaux (5).

Plus tard, on définit en Grèce la province un ensemble de circonscriptions urbaines (6). Ainsi, la formation des provinces dans cette contrée supposait en premier lieu la détermination des villes auxquelles devait être reconnue l'autonomie, et celle des localités qui devaient leur être attribuées ; en un mot, la fixation d'un certain nombre de territoires urbains, qui, pour une partie des provinces, est connue, soit exactement, soit d'une manière approximative.

Cependant, on jugeait parfois utile d'accorder à une kome le droit de ville ou de réunir plusieurs petites localités voisines

---

(1) C'est à cette caisse de village que sont comptées les amendes dans les komes de Lesa, en Bithynie, et dans la κώμη Ἀφροδισιῶν (Waddington, n° 1171 ; — C. I. Gr., n° 3753).

(2) Waddington, n° 2363 : [illegible] τοῖς ἀπὸ Κυ[β]ίσσων κώμης ἐκ κοινῆς α[ὐτῶν] εἰσφο[ρᾶς], μελέτω τῶν αὐτῶν κωμητῶν... ἐπὶ κοινῷ τόπῳ κ. τ. λ.

(3) Une kome ordonne une construction ἐκ κοινῶν ἀναλωμάτων τῆς κώμης (Waddington, n° 1963), ou [illegible] (ibid., n° 2399), ou bien encore en ces termes : οἱ ἀπὸ κώμης Ἔγλω θεῷ αὐτῶν ἀνέστησαν ἐργασίαν τὴν ἀκόλουθον (ibid., n° 2209) ; ἡ κώμη ἀνέστησεν (ibid., n° 2160) ; τὸ κοινὸν Ἀγραίων ἐποίησεν θεῷ Ἀζιζῳ (ibid., n° 2535) ; ἐκτίσθη † [illegible] διὰ κοινοῦ τῆς κώμης (ibid., n° 2545) : [illegible] [illegible] κώμης — — ἐκ προνοίας καὶ σπουδῆς [illegible] ἐπισκόπων (suivent trois noms) : [illegible] εἰσιν ἐπισκόποις κώμης ἐπιβλέπειν [illegible] (Wetzstein, Gr. u. Lat. Inschr., dans les Abhandl. der Berliner Academie, 1863, p. 308, n° 151).

(4) La κώμη Μολμῶν, près de Philadelphia, sur le chemin de Sardes, a deux κωμάρχαι (Waddington, n° 1669). A Batanea, en Syrie, les komes ont un [illegible] (Waddington, n° 2399) ; en Égypte, elles ont un κωμογραμμα-τεύς.

(5) Theodoret., Hist. relig., c. 2, t. III, vol. II, p. 1126, éd. Schulz : ἐν τοῖς περὶ τὴν Ἀπάμειαν χωρίοις, κώμη δέ αὕτη, μεγίστη τελεῖν ὑπὸ τὴν Ἀντιόχειαν συνταγμένη ; — Justinian., Nov. LXXXIX, c. 2 § 2 : εἴ, κώμη — ὑφ' ἣν τὸ χωρίον ἢ εἰς τῆς κώμης τελεῖν. — Dion Chrysostome dit dans un discours prononcé à Prusa, II, p. 163, éd. R. : οὐ γὰρ ἴσως [illegible] καὶ τοῖς οἰκοδομήμασι καὶ ταῖς ἐσχάταις καὶ τῇ ἐκτίσει αὐτοῦ καὶ τῷ μὴ καθ' ἑτέρως ἐκτίζεσθαι μηδὲ συντελεῖν ὅλως, καθάπερ εἶναι κώμην, εἶτα τούτους συναίρεσθαι εἴρηται τὸ φρόνημα τῶν πόλεων.

(6) Cicero, Ad Q. fr., I, 1, 8, 23 : tributa civitatum (c'est-à-dire les impôts provinciaux) ab omnibus, qui earum civitatum fines incolant, tolerari æquabiliter. — Voy. sur ce point J. Marquardt, Röm. Staatsverw., t. II (ou t. V. de l'Handb. der röm. Alterth., éd. allemande], p. 179 [Leipzig, S. Hirzel, 1876 = dans la trad. franç. de M. Albert Vigié, De l'organisation financière chez les Romains, Paris, E. Thorin, 1888, p. 235].

en une commune, où chacune était investie d'un droit égal, et
dont l'une d'elles formait le chef-lieu administratif.

Orcistus, dans la *Phrygia salutaris*, nous présente un exemple du premier cas appartenant, il est vrai, à une époque postérieure, mais dont l'existence est attestée par des textes. Il y avait eu là autrefois une ville et, à l'époque de Marc-Aurèle (171-180), on y trouvait encore quatre archontes (1), une gérousie et un δῆμος (2); mais Orcistus vint à perdre le *jus civitatis* et fut réduit au rang d'une κώμη dépendant de la ville voisine de Nacolia, où ses propriétaires fonciers durent payer l'impôt désormais. C'est en 331 seulement que Constantin le Grand, par une Constitution où il s'engage à fonder des villes nouvelles, à conserver et à restaurer les anciennes (3), lui rendit le rang de ville; en conséquence, ses habitants cessèrent d'acquitter l'impôt à Nacolia et répartirent eux-mêmes le *tributum* entre les *possessores*, pratique plus équitable que celle suivie sous le régime étranger.

Le second cas se rencontre en Lycie, où les quatre localités d'Aperlæ, de Simena, d'Apollonia et d'Isinda avaient été réunies en une commune unique, avaient une βουλή et formaient un δῆμος (4).

L'organisation des autres provinces avait à faire face à une situation toute différente. L'une d'elles, l'Égypte, était, depuis les temps les plus reculés, en possession d'une administration fortement centralisée; elle la conserva sous la domination romaine. Mais le plus grand nombre avait à parcourir les diverses étapes du développement qu'avaient depuis longtemps atteint les pays de population italique, grecque et carthaginoise, et que

Villes nouvelles fondées par le Gouvernement.

---

(1) *C. I. Gr.*, n° 3823 b 2.

(2) *C. I. Gr.*, n° 3822 b.

(3) *C. I. L.*, t. III, 1, n° 352. Malgré ses lacunes, le document indiqué est néanmoins clair au fond : *incolæ Orcisti, iam nunc oppidi et civitatis, iucundam munificentiæ nostræ materiem præbuerunt. Quibus enim studium est, urbes vel novas condere vel longævas erudire vel intermortuas reparare.* — La fin de la phrase manque.

(4) Voy. Waddington, sur le n° 1290. Comp. n° 1291 : Ἀπερλιτῶν τῶν ἐν τῷ Σιμηνέων καὶ ὁ δῆμος. Le n° 1296 montre qu'Aperlæ était le siège du gouvernement : δεκάπρωτος, Ἀπολλωνιέων Ἀπερλιτῶν τοῦ Σιμηνέων.

les Romains considéraient comme un devoir de favoriser dans l'intérêt de l'administration. Le système des cantons ruraux dominait encore dans les provinces espagnoles, lors de leur formation : cependant, alors qu'Agrippa, si l'on en croit ses relevés statistiques, dont Pline s'est autorisé, avait trouvé dans l'*Hispania Tarraconensis* 293 communes (*populi, civitates*), sur lesquelles 179 avaient pour centre une ville (*oppidum*), tandis que les 114 autres n'en possédaient aucune, Ptolémée, qui écrivait à l'époque d'Antonin le Pieux, compte dans la même province 248 villes et 27 communes rurales (1). De même, les provinces gauloises ne se composèrent pas à l'origine de circonscriptions urbaines ; elles comprenaient des tribus, appelées *civitates* et distribuées dans des cantons. C'est surtout dans la Gaule narbonnaise que la fondation des villes prit un développement rapide : dans les provinces de l'Est, en Galatie, en Cappadoce et dans les parties de la Syrie qui n'avaient pas été grécisées, de nouvelles communes se formèrent, lentement il est vrai, mais d'une manière suivie ; et même dans les contrées riveraines du Rhin et du Danube, en Numidie et en Mauritanie, l'occupation militaire eut pour conséquence directe la création de villes nombreuses (2). L'armée permanente organisée par Auguste ne prenait pas ses quartiers dans les grandes villes (3), mais dans des camps retranchés, soumis à la juridiction militaire et dont la population ne comprenait aucun élément civil. Seulement, de même que

---

(1) Voy. Detlefsen, dans le *Philologus*, t. XXXII, pp. 601 et suiv.

(2) Voy. J. Vetter, *Ueber das röm. Ansiedlungs — und Befestigungswesen — sowie über den Ursprung der Städte und Burgen — im südwestlichen Deutschland*, Karlsruhe, 1863, in-4 ; — Renier, *Rapport sur les inscriptions de Troesmis*, dans les *Comptes-rendus*, 1865, pp. 283 et suiv.: — J. P. Joergensen, *De municipiis coloniis ætate imperatorum Rom. ex canabis legionum ortis*, Berolini, 1871, in-8 ; — Mommsen, *Die römische Lagerstädte*, dans *Hermes*, t. VII, pp. 299-326. — [Voy. aussi Maximilien Ring, *Mémoire sur les établissements romains du Rhin et du Danube, principalement dans le sud-ouest de l'Allemagne*; Paris et Strasbourg, 1852-1853, 2 vol. in-8, avec cartes.]

(3) Rome, Lyon et Alexandrie faisaient exception à cette règle ; des raisons particulières rendaient nécessaire la présence d'une garnison dans ces villes (voy. Mommsen, *ubi supra*, p. 301).

toute armée traînait à sa suite des vivandiers (*lixæ*) et des dé-
bitants (*mercatores*), de même aussi de petits marchands ven-
daient leurs denrées, à la porte du camp, dans des boutiques,
désignées sous le nom technique de *canabæ* (1). Peu à peu, ces
boutiques se transformèrent en maisons d'habitation, ce marché
en une bourgade, que l'on appelle *canabæ legionis* (2) et qui
constitue une nouvelle catégorie d'établissements, où l'on peut
voir des communes naissantes, mais non encore organisées.
Les habitants des *canabæ* sont des citoyens romains : d'une
part, les marchands qui y résident (*consistunt ad canabas legionis* (3) ou *ad legionem* (4)), sans y avoir leur domicile légal (5) ; de l'autre, des vétérans (6), soit de la légion voisine (7),
soit d'autres légions (8), ou même du corps auxiliaire (9) ; mais
il n'y a là à l'origine ni ville, ni village ; car si l'on rencontre la dénomination de *vicus canabarum* (10), cette dénomi-

Canabæ.

---

(1) Ordinairement *canaba* ou *kanaba* ; dans l'italien moderne, *canova* ; anciennement *cannaba* et *canapa* (voy. Mommsen, *loc. sup. cit.*, p. 303, note 4).
A Lyon, les échoppes de marchands de vin s'appelaient *canabæ* (Orelli-Henzen, n°° 4077. 4007), et à Rome il y avait une place, qui portait le nom de
canaparia (voy. O. Keller, *Die canaparia in Rom*, dans les *Fleckeisens
Jahrbücher*, CVII (1873), p. 773). — [Sur les *canabæ*, voy. l'article de M. E.
Saglio, dans le *Dictionnaire des antiquités grecques et romaines* de MM. Ch. Daremberg et Edm. Saglio, mot *Canaba*, 6° fasc., p. 861, col. 1, Paris, Hachette,
1879. Voy. aussi M. Ed. Engelhardt, *Les canabenses et l'origine de Strasbourg.
Argentoratum-Troesmis*, dans la *Revue Alsacienne*, juin 1886, et Paris, 1886,
in-8 ; voy. enfin M. l'abbé Thédenat, dans le *Bulletin de la Société nationale
des Antiquaires de France*, 1886, pp. 226 *in fine* et suiv.]

(2) Les tablettes de cire publiées dans le *C. I. L.*, t. III, 2, pp. 950. 959, portent : *Act(um) Kanab(is) leg(ionis) XIII g(eminæ)*, et, dans l'inscription de Viru-
num (*ibid.*, 2, n° 4850), on lit : *in canapa leg(ionis) interfectus a barbaris*.
Outre les *Canabæ leg. XIII gem.*, on rencontre aussi les *Canabæ legionis V
Macedonicæ* (*C. I. L.*, t. III, 1, n° 1100).

(3) *C. I. L.*, t. III, 2, n° 6166.

(4) *C. I. L.*, t. III, 1, n° 3505.

(5) Voy. sur ce point Mommsen, *loc. sup. cit.*, pp. 309 et suiv.

(6) Inscription de Troesmis (*C. I. L.*, t. III, 2, n° 6166) : *D(onum) d(ede-
runt) vet(erani) et c(ives) R(omani) cons(istentes) ad canab(as) leg(ionis) V Macedonicæ* ; — Inscription d'Aquincum (*C. I. L.*, t. III, 1, n° 3505) : *Volcano
sacrum vet(erani) et [cives] R(omani) cons(istentes) at leg(ionem) II ad (iutricem)*.

(7) *C. I. L.*, t. III, 1, n° 1093 ; 2, n° 6166, et beaucoup d'autres exemples.

(8) *C. I. L.*, t. III, 1, n° 1138.

(9) *C. I. L.*, t. III, 1, n° 1100.

(10) A Argentoratum (Strasbourg) : voy. Brambach, *C. I. Rh.*, n° 1891.

nation manque d'exactitude : un *vicus*, en effet, ressortit à la juridiction de la ville à laquelle il est *attributus* (1); or, les *canabæ* ne sont pas placées sous la juridiction des *castra*. L'organisation de ces *canabæ* était donc à l'origine celle de corporations, nommant une assemblée (*ordo*) (2) de décurions (3), et un chef militaire, *curator veteranorum* (4) ou *curator civium romanorum* (5), dont le titre complet est peut-être *curator veteranorum et civium romanorum, qui consistunt ad canabas legionis* (6), et à côté duquel on trouve un *quæstor veteranorum* (7). A la fin du premier siècle, le curateur militaire fit place à une magistrature civile, à deux *magistri* qui, comme les *magistri pagorum*, dont il a été question ci-dessus (p. 11), sont les prêtres des *sacra* locaux (8), et à un *ædilis* (9). Puis, dans la période qui s'étend de Trajan à Sévère, les *canabæ* s'élevèrent peu à peu au rang de villes, et furent transformées en municipes ou en colonies (10). De ces débuts obscurs sont sorties une foule de cités florissantes, dont nous pouvons suivre avec certitude le développement à Moguntiacum (Mayence) (11), à Argentoratum (Strasbourg) (12), à Vindobona (Vienne) (13), à Aquincum (Alt-Ofen) (14), à Troesmis (Iglit-

---

(1) Voy. *supra*, p. 8 *in fine*.

(2) Brambach, *C. I. Rh.*, n° 1067.

(3) *C. I. L.*, t. III, 1, n°² 1093. 1160. 1214; — Brambach, *C. I. Rh.*, n° 1130.

(4) Brambach, *C. I. Rh.*, n°² 717. 1019; — *C. I. L.*, t. III, 1, n° 2733; V : 1, n° 3373; 2. n°² 5332. 7003.

(5) Orelli, n° 4976; — Brambach, *C. I. Rh.*, n° 936; — *C. I. L.*, t. V, 2, n° 5747.

(6) Voy. Mommsen, *loc. sup. cit.*, pp. 316. 319.

(7) Brambach, *C. I. Rh.*, n° 956; — *C. I. L.*, t. III, 2, n° 4338.

(8) *C. I. L.*, t. II, n° 2636; t. III, 1, n°² 1003. 4298; 2, n°² 6162. 6166.

(9) *C. I. L.*, t. III, 2, n°² 6162. 6166.

(10) Voy. Mommsen, *loc. sup. cit.*, p. 323 et suiv.

(11) Voy. Hübner, dans les *Jahrbücher des Vereins von Alterthumsfreunden im Rheinlande*, t. LXIV (1878), pp. 39 et suiv., et t. LXVII (1879), pp. 1 et suiv.

(12) Brambach, *C. I. Rh.*, n° 1891.

(13) Voy. O. Kaemmel, *Römische Standlager und Lagerstädte an der östreichischen Donau*, dans les *Grenzboten*, 1880, pp. 21 et suiv.

(14) Voy. Mommsen, dans le *C. I. L.*, t. III, p. 439.

za) (1), à Apulum (Carlsbourg) (2) et à Lambæsis en Numidie (3).

---

(1) Voy. Mommsen, dans *C. I. L.*, t. III, p. 999.
(2) Voy. Mommsen, dans le *C. I. L.*, t. III, p. 182.
(3) Voy. G. Wilmanns, *Die Römische Lagerstadt Africas*, dans les *Comment. phil. in hon. Th. Mommseni scr.*, Berol., 1877, pp. 190 et suiv. [Traduct. française par M. l'abbé Thélenat, sous ce titre : *Étude sur le camp et la ville de Lambèse*, par G. Wilmanns, traduite des *Mémoires philologiques en l'honneur de Th. Mommsen* et augmentée de notes et d'un appendice épigraphique, par M. Thélenat, membre résidant de la Société nationale des Antiquaires de France (Extrait du *Bulletin des Antiquités africaines*); Paris, E. Thorin, éd., 1881, broch. in-8° de 75 pp.].

SITUATION POLITIQUE DES VILLES ITALIENNES AVANT LA *LEX JULIA* (664 = 90) (1).

Extension de la commune de Rome.

Le territoire dépendant de la ville de Rome avait, dès ses premiers agrandissements, totalement absorbé les cantons

---

(1) La solution des questions de droit public, que ce chapitre a pour objet de trancher, rencontre de graves difficultés aussi bien en raison de la pauvreté et de l'insuffisance des sources que du grand nombre des recherches nouvelles: souvent, en effet, bien que conduites en partie avec une sagacité surprenante, ces dernières n'en ont pas moins abouti à des résultats absolument disparates. Il était impossible de se livrer, dans les limites étroites d'un *Manuel*, à la critique de ces théories, et il m'a paru plus conforme à son but de présenter l'ensemble des faits, tels que je les comprends, sous une forme affirmative et peut-être un peu exclusive, que d'égarer le débutant, qui veut s'orienter au milieu de ces problèmes, par un exposé contradictoire des opinions les plus opposées. Je renvoie ceux qui désireraient entreprendre une étude plus approfondie, aux auteurs suivants : Sigonius, *De antiquo jure populi Romani*, Lips. et Halæ, 1715, in-8, vol. I, pp. 312 et suiv. ; — Spanhemius, *Orbis Romanus*, éd. Heineccius, Hal. et Lips., 1728, in-4, I, c. 7 ;— J. Wasteau, *De jure et jurisd. municip.*, Lugd. Bat., 1717, et dans Oelrichs, *Thes.*, diss. II, 2, pp. 233 et suiv. ; — Trekell, *Selectarum antiquitatum pars prima*, Hagæ Comit., 1744, in-8 ;— Mazochi, *Commentariorum in æneas tabulas Heracleenses*, P. I et II, Neapol., 1755, in-fol., pp. 399 et suiv. ; — Niebuhr, *Röm. Gesch.*, 3e éd., t. II, pp. 56 et suiv. [= trad. fr. de M. P. A. de Golbéry, t. III, pp. 69 et suiv.]; — Madvig, *De jure et condicione coloniarum populi Romani*, dans ses *Opusc.*, Havniæ, 1834, pp. 263 et suiv.; — C. G. Zumpt, *Ueber den Unterschied der Benennungen Municipium, Colonia, Præfectura in röm. Staatsrecht*, dans les *Abh. der Berliner Acad.*, Hist. phil. Classe, 1839, tiré aussi à part avec l'étude : *Ueber die Ritter*, 1840, in-4; — Chr. N. Grauer, *De re municipali Romanorum particula*, dans le *Programm der Kieler Universität*, 1840 ; — Peter, *Das Verhältniss Roms zu den besiegten italischen Städten und Völkern bis zur lex Julia im I. 90 v. Chr.*, dans la *Zeitschr. für Alterthumswiss.*, 1841, n. 23-28; — Rubino, *Ueber die Bedeutung der Ausdrücke municipium und municeps*, dans la *Zeitschr. f. Alterthumswiss.*, 1844, nᵒˢ 103-111 ; 121-124. 1845, nᵒˢ 86. 87. 100. 101. 121-123; — Kiene, *Der röm. Bundesgenossenkrieg*, Leipz., 1845, in-8; — Rein, *Diss. de Romanorum municipiis*, Eisenach, 1847, in-4, et dans la *Pauly's Realencycl.*, t. V, pp. 212 et suiv.; — Kiene, dans la *Zeitschr. f. Alterthumswiss.*, 1849, pp. 219 et

voisins ; et, soit que les habitants annexés aient pu s'établir

---

suiv. ; — Kuhn, dans le compte-rendu d'une importance capitale qu'il a consacré à la première édition de ce volume, dans la *Zeitschr. f. Alterthumswiss.*, 1854, nos 57-59 ; 61-69 : j'en utilise avec reconnaissance les conclusions en plus d'un point spécial, sans pouvoir toutefois m'associer à sa manière de voir sur les municipes ; — Voigt, *Das jus civile und jus gentium der Römer*, Leipzig, 1858, in-8, p. 230 ; — Walter, *Gesch. des Röm. Rechts*, §§ 80 et suiv. [3e éd., Bonn, 1860, t. I, pp. 114 et suiv.] ; — Puchta, *Institutionen*, §§ 60 et suiv. ; — A. W. Zumpt, *De propagatione civitatis Rom.*, dans ses *Studia Romana*, Berol., 1859, in-8, pp. 361 et suiv. ; — Mommsen : *Die röm. Tribus*, p. 151 ; *Röm. Gesch.*, t. I, 1re éd., pp. 340 et suiv. [= trad. fr. de M. Alexandre, t. II, pp. 132 et suiv.], et surtout *Gesch. d. Röm. Münzwesens*, Berlin, 1860, in-8, pp. 303 et suiv. [= trad. fr. de MM. de Blacas et de Witte, *Hist. de la monnaie romaine*, 4 vol. gr. in-8, Paris, 1865-1875, t. III, pp. 196 et suiv.] ; — Hæckermann, *Sententiarum aliquot de municipiis Romanorum post Niebuhrium propositarum examinatio*, Stolp., 1861, in-4 ; — Dubois, *Essai sur les municipes dans le droit romain*, Paris, 1862, in-8 ; — Zœller, *De civitate sine suffragio et municipio Romanorum*, Heidelberg, 1866, in-4 ; — Vilatte, *De propagatisme civ. Rom.*, Bonn, 1870, in-8 ; — H. Rudert, *De jure municipum Romanorum belli Latini temporibus Campanis dato*, dans les *Leipziger Studien*, t. II, pp. 73-115. —[Aux auteurs indiqués par Marquardt, on pourra joindre les suivants : Roth, *De re municipali Romanorum*, libri II, Stuttgart, 1801, in-8 ; — Hopfensack, *Le droit public des peuples soumis à Rome* (en allemand), Dusseldorf, 1839, in-8 ; — Mignerel, *Essai sur l'administration municipale des Romains*, Paris, 1856, in-8 ; — Béchard, *Le droit municipal dans l'antiquité*, Paris, 1860, in-8 ; — Solaini, *Du municipe romain* (en italien), dans l'*Archivio giuridico*, XXV, 3 ; — Kuhn, *Die städtische und bürgerliche Verfassung des Röm. Reichs bis auf die Zeiten Justinians*, 2 vol. in-8, Leipzig, 1864-1865 ; — Durand, *Du régime municipal*, Paris, 1876, in-8 ; — R.-J.-Armand Houdoy, *Le droit municipal*. Première partie (seule parue) : *De la condition et de l'administration des villes chez les Romains*, Paris, A. Durand et Pedone-Lauriel, 1876, gr. in-8, pp. 54 et suiv. ; — L. Gréry, *Des municipes en droit romain*, Versailles, 1878, in-8 : — V. Duruy, *Histoire des Romains*, nouv. éd. (illustrée), Paris, Hachette, 1879 et ann. suiv., 7 vol. gr. in-8, t. I, pp. 361 et suiv. ; — J. Beloch, *Der italische Bund unter Roms Hegemonie. Staatsrechtliche und statistische Forschungen*, Leipzig, 1880, in-8, en particulier pp. 117-131 ; — J. N. Madvig, *Die Verfassung und Verwaltung des römischen Staates*, Leipzig, 1881 et ann. suiv., in-8, chap. I, *passim*, et surtout chap. VII, §§ 1 et suiv. (trad. en français par M. Ch. Morel, sous ce titre : *L'État romain, sa constitution et son administration* Paris, F. Vieweg, 1882-84, 4 vol. in-8 actuellement parus, t. I, pp. 23 et suiv., et t. III, pp. 1 et suiv.) ; — Kubitschek, *De Romanorum tribuum origine ac propagatione*, Wien, 1882, in-8 ; — J.-B. Mispoulet, *Les institutions politiques des Romains*, Paris, G. Pedone-Lauriel, 1882-1883, 2 vol. in-8, t. II, pp. 39 et suiv. ; comp., du même auteur, *Études d'institutions romaines*, Paris, G. Pedone-Lauriel, 1887, in-8, pp. 13, 13, 21, 30, 41 et suiv. ; — G. Bloch, *Les origines du sénat romain. Recherches sur la formation et la dissolution du sénat patricien*, dans la *Bibliothèque des Écoles françaises d'Athènes et de Rome*, fascic. XXIX, Paris, E. Thorin, 1883, in-8, pp. 8 et suiv. ; — P. Willems, *Le droit public romain*, 5e éd., Paris, E. Thorin, 1883, gr. in-8, pp. 367 et suiv., et pp. 375 et

à Rome (1) ou conserver leur demeure primitive, la population de la ville s'en trouva augmentée; les nouveaux venus eurent à l'origine la qualité de clients du roi, puis celle de plébéiens romains (2); sous la royauté et dans les premiers temps de la République, les patriciens ouvrirent même leurs rangs à un certain nombre de familles transplantées à Rome (3).

---

suiv.; le même, *Le sénat de la République romaine*, 2e éd., Louvain, Ch. Peeters, et Paris, E. Thorin, 1883, 3 vol. gr. in-8, t. II, pp. 687-702. — Otto Karlowa, *Römische Rechtsgeschichte*, Leipzig, 1885, gr. in-8, t. I (seul paru), § 66, pp. 293 et suiv.; — A. Bouché-Leclercq, *Manuel des institutions romaines*, Paris, Hachette, 1886, gr. in-8, pp. 171 et suiv. Voir encore : Tjalling-Petrus Tresling, *Disputationes : De via ac ratione qua Romani ab initio civitatis imperium suum propagaverunt, et De conditione qua diversi populi in imperium Rom. morum recepti usi sint*, Groningae, 1831, in-8; — Zœller, *Das Senatusconsultum über Capua in Jahr 211 und dessen Ausführung*, Mühlhausen, 1873, in-8; — Beloch, *Campanien*, Leipzig, 1879, in-8. — Enfin, on consultera avec fruit les ouvrages généraux de MM. Naudet, *Des changemens opérés dans toutes les parties de l'administration de l'empire romain*, Paris, 1817, 2 vol. in-8, t. I, Ire partie; — Baron, *Geschichte des röm. Rechts*, 1884, in-8; — Guido Padelletti et Pietro Cogliolo, *Storia del Diritto romano*, 2e ediz., Firenze, 1886, in-8; — Émile Morlot, *Précis des institutions politiques de Rome*, Paris, 1886, in-16; — Ernst Herzog, *Geschichte und System der römischen Staatsverfassung*, Leipzig, 1884-1887, in-8, t. I et t. II, 1, seuls parus; — Lando Landucci, *Storia del Diritto romano*, Padova, 1886-57, in-8, 8 fasc. actuellement parus. — Sur le droit de cité, sa propagation et ses concessions successives, il convient de signaler en particulier les auteurs suivants : W. Eisenlecher, *Ueber die Entstehung, Entwickelung und Ausbildung des Bürgerrechts im alten Rom.*, Hamburg, 1829; — H. Lesterpt de Beaurais, *Du droit de cité à Rome*, etc., Paris, 1883; — G. Grenouillet, *De la condition des personnes au point de vue de la cité*, etc., en droit romain, Paris, 1883; — G. de Letourville, *Étude sur le droit de cité à Rome*, etc., Paris, 1883; — A. Bouché-Leclercq, op. sup. cit., pp. 319 et suiv.; — A. Gasquy, *De M. Tullii Ciceronis pro L. Cornelio Balbo oratione, sive de civitatis jure ex Ciceronianis libris*, thèse pour le Doct. ès-Lettres, Paris, 1886, broch. gr. in-8. — Comp. Beaujon, *De variis modis quibus variis temporibus jus civitatis romanae acquiri potuerit*, Lugd. Batav., 1883; — P. Lindet, *De l'acquisition et de la perte du droit de cité romaine*, Paris, 1879; — N.-Henry Michel, *Du droit de cité romaine*, Paris, 1885, in-8; — L. Pinvert, *Du droit de cité*, en droit romain, thèse, Fac. de Droit de Paris, — 1885; L. Mayeras, *De la cité romaine et des manières de l'acquérir*, id., Paris, 1881; — J. Astor, *De la cité romaine*, id., Paris, 1887.]

(1) C'est ce que firent, par exemple, les Albains, sous le règne de Tullus Hostilius (Tit. Liv., I, 29, 30; — Dionys. Halic., III, 31), et les habitants de Politorium, sous celui d'Ancus (Tit. Liv., I, 33).

(2) Mommsen, *Röm. Gesch.*, t. I, 7e éd., pp. 85 et suiv. [= trad. fr. de M. Alexandre, t. I, pp. 113 et suiv.], et *Röm. Forschungen*, t. I, p. 338.

(3) Tit. Liv., I, 30 : *principes Albanorum in patres — legit, Tullios, Servilios, Quinctios, Geganios, Curiatios, Cloelios*. En l'année 250 = 504, le Sabin

Après la prise d'*Alba longa*, Rome conclut un *æquum fœdus* avec les Latins, qui formaient alors une Confédération de trente villes (2), ayant Albe pour chef-lieu (3). Prenant la place de cette dernière, Rome prétendit dès le premier jour à l'hégémonie de la Confédération : les Latins résistèrent et leurs résistances aboutirent à une guerre (4), qui se prolongea jusque sous Tarquin l'Ancien, et dont le résultat fut de réduire en fait les Latins à la dépendance du peuple romain, tout en leur laissant la qualité nominale de σύμμαχοι (5). En édifiant sur le mont Aventin un sanctuaire commun, destiné à remplacer l'ancien lieu de réunion des confédérés, qui était situé à la source de la Ferentina, dans les montagnes albaines (6), Servius Tullius affirma pour la première fois cette suprématie nouvelle (7), et Tarquin le Superbe en fit une domination absolue (8). Cependant, l'humiliation infligée à Rome par Porsenna (247 = 507) parut aux Latins une occasion favorable pour secouer leur joug ; et la guerre allumée en l'an 258 = 496, bien qu'ayant tourné d'abord à l'avantage des armes ro-

Confédération
latine. (1.°

Attus Clausus fut admis parmi les patriciens (Tit. Liv., II, 16 ; — Dionys. Halic., V, 40 ; — Plutarch., *Publ.*, XXI ; — Suet., *Tib.*, I ; — Tacit., *Ann.*, IV, 9 ; XI, 23).

(1) [Voy. sur ce sujet : M. Zöller, *Latium und Rom*, Leipzig, 1878 ; — J. Beloch, *Der italische Bund*, Leipzig, 1880 ; — O. Seeck, *Urkundenstudien zur älteren römischen Geschichte*, dans le *Rhein. Mus.*, t. XXXVIII, 1882, pp. 1-23 ; — Th. Mommsen, *Die untergegangenen Ortschaften im eigentlichen Latium*, dans *Hermes*, t. XVII, 1882, pp. 42-58.]

(2) Dionys. Halic., V, 61 ; — Mommsen, *Röm. Gesch.*, t. I, 1° éd., p. 346 note [= trad. fr. de M. Alexandre, t. II, pp. 139 et suiv., note].

(3) Dionys. Halic., III, 10. 11. 31 ; — Tit. Liv., I, 32, 2 ; — Festus, *Epit.*, éd. Müller, p. 241, lin. 10. — [Comp. E. Osenbrüggen, *De jure belli et pacis Romanorum*, Lips., 1836 ; — Nägele, *Studien über altitalisches Staats — und Rechtsleben*, Schaffhausen, 1849.]

(4) Dionys. Halic., III, 31.

(5) Ἔθει φίλων· Ῥωμαίων καὶ συμμάχων· ὥστε ἐπίτασσα· ὅτι ἐν ἴσῃ με-λίσσῃ, dit Denys d'Halicarnasse (III, 51. — Cf. Tit. Liv., I, 33-35).

(6) Dionys. Halic., III, 34. 51. — [Comp. M. H. Dessau, dans le *C. I. L.*, t. XIV, pp. 213. 216 et suiv., et 490, VIII.]

(7) Tit. Liv., I, 45 : *ea erat confessio, caput rerum Romam esse, de quo toties armis certatum fuerat.*

(8) Cicero, *De rep.*, II, 24, 44 : *omne Latium bello devicit ;* — Tit. Liv., I, 52 ; — Dionys. Halic., IV, 49. — Cf. Tit. Liv., I, 50-53 ; — Dionys. Halic., IV, 45-48.

maines dans la bataille du Lac Régille, finit cependant par amener, en 261 = 493, le rétablissement de l'alliance (1). Le pacte conclu par Spurius Cassius stipulait une paix perpétuelle entre les parties contractantes, une assistance réciproque en cas de guerre, le partage égal du butin, l'exercice alternatif du commandement supérieur de l'armée par chacun des deux peuples (2), une réglementation des prêts d'argent et des opérations sur gage (3), et l'établissement d'une procédure pour le jugement des litiges auxquels l'exécution des contrats donnerait naissance. Tels sont les caractères de l'*æquum fœdus*; Denys y voit un traité d'isopolitie (4), et ce nom désigne le rapport juridique, en vertu duquel il est permis aux sujets de deux ou plusieurs États indépendants et autonomes d'acquérir des immeubles et des biens mobiliers (*commercium*), de con-

Pacte d'alliance de Spurius Cassius.

Isopolitie.

---

(1) Tit. Liv., II, 33; — Cicero, *Pro Balbo*, XXIII, 53; — Dionys. Halic., VI, 95. — Le traité est ainsi conçu : Ῥωμαίοις καὶ ταῖς Λατίνων πόλεσιν ἁπάσαις εἰρήνη πρὸς ἀλλήλους ἔστω μέχρις ἂν οὐρανός τε καὶ γῆ τὴν αὐτὴν στάσιν ἔχωσι· καὶ μήτ' αὐτοὶ πολεμείτωσαν πρὸς ἀλλήλους, μήτ' ἄλλοθεν πολεμίους ἐπαγέτωσαν, μήτε τοῖς ἐπιφέρουσι πόλεμον ὁδοὺς παρεχέτωσαν ἀσφαλεῖς, βοηθείτωσάν τε τοῖς πολεμουμένοις ἁπάσῃ δυνάμει, λαφύρων τε καὶ λείας τῆς ἐκ πολέμων κοινῶν τὸ ἴσον λαγχανέτωσαν μέρος ἑκάτεροι· τῶν τε ἰδιωτικῶν συμβολαίων αἱ κρίσεις ἐν ἡμέραις γιγνέσθωσαν δέκα, παρ' οἷς ἂν γένηται τὸ συμβόλαιον.

(2) Festus, *Epit.*, p. 241, d'après la leçon de Müller : *prætor ad portam nunc salutatur is, qui in provinciam pro prætore aut pro consule exit : cujus rei morem ait fuisse Cincius in libro de consulum potestate talem : Albanos rerum potitos usque ad Tullum regem; Alba deinde diruta usque ad P. Decium Murem cos. populos Latinos ad caput Ferentinæ, quod est sub monte Albano, consulere solitos et imperium communi consilio administrare. Itaque quo anno Romanos imperatores ad exercitum mittere oporteret jussu nominis Latini, complures nostros in Capitolio a sole oriente auspiciis operam dare solitos ubi aves addixissent, militem illum, qui a communi Latio missus esset, illum, quem aves addixerant, prætorem salutare solitum, qui eam provinciam optineret prætoris nomine.*

(3) Festus, *Epit.*, p. 166 b, lin. 24, éd. Müller : *item in fœdere Latino* : « *pecuniam quis nancitor, habeto* » et : « *si quid pignoris nanciscitur, sibi habeto* »

(4) Dionys. Halic., VIII, 70 : Λατίνους — εἰς φιλότητα συνήγαγε τῆς ἰσοπολιτείας μεταδούς; — VIII, 74 : Ἕρνικας μὲν γὰρ καὶ Λατίνους, οἷς νεωστὶ δεδώκαμεν τὴν ἰσοπολιτείαν; — VIII, 76 : τοῖς δὲ ἰσοπολίταις; — Il faut lire de même VIII, 77, avec Sylburg et Niebuhr (*Röm. Gesch.*, II, 56 [= trad. fr. de M. de Golbéry, t. III, p. 69]) : Λατίνους μὲν πρῶτον, οἷς ἀπέχρη πολιτείας κοινῆς ἀξιωθῆναι, μέγα εὐτύχημα ἡγουμένους, εἰ καὶ ταύτης τύχοιεν, οὐ μόνον ἣν ᾔτουν ἰσοπολιτείαν (le Cod. Urbinas porte πολιτείαν) ἑκατέροις ὧν ἐχαρίσατο, ἀλλ' ἔτι καὶ τῶν ἐκ τοῦ πολέμου λαφύρων ὧν κοινῇ γένηται στρατείᾳ τὴν τρίτην ἐψηφίσατο δίδοσθαι. — Cf. VII, 53; VI, 63.

tracter mariage (*connubium*), et de s'établir sur le territoire de chacune des cités confédérées (1). Les Latins ont eu, cela n'est pas douteux, le *commercium* aussi bien dans leurs rapports entre eux que dans leurs relations avec Rome (2). Quant au *connubium*, il existait également entre les villes latines (3), et il a dû aussi être établi entre Rome et le Latium, sous les conditions auxquelles devait être subordonné son exercice, à une époque où la législation romaine interdisait aussi le mariage même entre patriciens et plébéiens (4). Nous aurons plus tard à revenir sur l'établissement des Latins à Rome; bornons-nous à dire, quant à présent, que les émigrés Latins y avaient obtenu même un droit de suffrage limité dans les *comitia tributa*, et que ce droit de suffrage, ils l'exerçaient dans une tribu qui leur était spécialement assignée par le sort (5). L'al-

Droits électoraux des Latins à Rome.

----

(1) La source principale pour la définition de l'isopolitie est le traité conclu entre les cités crétoises des Ἱεραπύτνιοι et des Πριάνσιοι; *C. I. Gr.*, n° 2556: Ἱεραπυτνίοις καὶ Πριανσίοις ἦμεν καθ' ἀλλάλως ἐπιγαμίαν καὶ ἐπιγαμίας (*connubium*) καὶ ἔμπασιν (*commercium*) [...] — Comp. le traité analogue conclu entre Alloria et Creta et Paros (*ibid.*, n° 2557). L'isopolitie est accordée beaucoup plus fréquemment à des individus.

(2) Voy. Walter, *Gesch. des Röm. Rechts*, § 227.

(3) Le *connubium* leur ayant été retiré en l'an 338, il faut qu'il ait antérieurement existé (voy. Tit. Liv., VIII, 14; IX, 43).

(4) Mommsen (*Röm. Gesch.*, t. I, 7ᵉ éd., pp. 39, 103) admet « que tout citoyen d'une ville latine contractait de *justæ noces* en épousant une femme, citoyenne d'une autre ville aussi latine » [trad. fr. de M. Alexandre, t. I, pp. 55 et 111]. Comp. Walter, *op. sup. cit.*, § 57, note 21; — Voigt, *Das jus civile und jus gentium der Römer*, pp. 116 et suiv.

(5) Sur ce point très discuté, voy. les auteurs cités par Rein dans la *Pauly's Realencyclopädie*, t. IV, p. 817. — Denys d'Halicarnasse (VIII, 72) parle du droit de suffrage des Latins établis à Rome, dès l'an 263 = 486: καὶ μετέδωκαν (ὁ Κάσσιος) Λατίνων τε καὶ Ἑρνίκων (ceux-ci venaient précisément d'être admis dans la Confédération latine) [...] — plus tard (542 = 212), Tit. Liv., XXIII, 3, 16: *testibus datis tribuni populum summoverunt, sitellaque lata est, ut cirirentur, ubi Latini suffragium ferrent*; — et plus tard encore, Appian., *Bell. civ.*, I, 23: καὶ τοὺς Λατίνους ἐπὶ πᾶντα ἐκάλει ὁ Ῥωμαίων (ὁ Γράκχος), [...] τῶν δὲ τρίαν σφαζόμενοι, οἷς οὐκ ἔδιν ψῆφον ἐν τοῖς Ῥωμαίων χειροτονίαις

liance, renouvelée par le traité qu'avait conclu Cassius, et élargie par l'admission en tiers des Herniques en l'an 268 = 486 (1), vécut environ cent années. Latins et Herniques en sortirent en 365 = 389, pour se liguer avec les Volsques contre le peuple romain (2). Elle se releva encore une fois en 396 = 358 (3), et il semble bien que, lors de la première guerre contre les Samnites (441 = 313), les Latins prirent tout d'abord fait et cause pour Rome. Lorsque, deux ans après, cette dernière conclut sa paix particulière avec le Samnium, les Latins continuèrent la lutte pour leur propre compte, prenant en même temps une attitude hostile aux Romains. Enfin, leur prétention d'obtenir pour eux l'un des deux consulats fit éclater la guerre latine (444 = 310) (4). Ce n'est qu'après la victoire des Romains, par laquelle cette guerre se termina en 416 = 338, qu'il nous est possible de nous rendre compte de la politique qui, désormais, va systématiquement présider à l'organisation de leurs conquêtes soit en Italie, soit à l'extérieur, et qu'ils n'avaient pu jusqu'alors appliquer qu'à des cas isolés, et seulement en dehors des obligations que leur imposaient les traités. La Confédération latine disparut en tant que corps politique et ne survécut que comme association religieuse. Les villes conquises cessèrent d'être unies l'une à l'autre ; elles perdirent le droit de tenir des assemblées communes (*concilia*), et, dans

Disparition de la Confédération latine.

εἶχεν, [illegible] — [illegible] μάλιστα ἡ [illegible] ἐπιτρέψαντας τοὺς Λατίνους [illegible], μᾶλλον τῶν ἐν [illegible] ἔχειν ἐπιτρέπειν τῇ πόλει. — Comp. Niebuhr, *Röm. Gesch.*, t. II, pp. 86. 89 [= trad. fr. de M. de Golbéry, t. III, pp. 103 et 108]; — Walter, *op. cit.*, § 227; — Mommsen, *Röm. Gesch.*, t. I, 7e éd., pp. 310 *in fine* et suiv. [= trad. fr. de M. Alexandre, t. II, pp. 132 *in fine* et suiv.]; — Zumpt. *Stud. Rom.*, pp. 291-293. 311 et suiv.

(1) Denys d'Halic., VIII, 69. 72. 74; IX, 2. Aussi les voit-on servir à côté des Latins dans l'armée romaine (Denys d'Halic., IX, 13. 16; — Tit. Liv., II, 64. 3. 4. 5. 6. 22) et le butin est-il désormais partagé en trois parts (Denys d'Halic., *loc. cit.*; — Plin., *Nat. Hist.*, XXXIV, 20 : *Latinis, quibus ex fœdere tertias prædæ populus Romanus præstabat*).

(2) Tit. Liv., VI, 2. 10 et suiv.

(3) Tit. Liv., VII, 12; VIII, 2 — Niebuhr, *Röm. Gesch.*, t. III, pp. 102 et suiv. [= trad. fr. de M. de Golbéry, t. V, pp. 121 et suiv.].

(4) Je renvoie aux développements donnés par Mommsen à cette matière (*Röm. Gesch.*, t. I, 7e éd., pp. 333 et suiv. [= trad. fr. de M. Alexandre, t. II, pp. 129 et suiv.]).

leurs rapports mutuels, le *connubium* et le *commercium* (1).
La situation juridique de chacune par rapport à Rome fut dé-
finie avec exactitude, mais fut loin d'être la même pour toutes ;
et cette inégalité politique eut pour but d'empêcher entre elles
toute coalition d'intérêts. Dès lors, on distingua deux grandes État de l'Italie après cette expansion.
classes de cités italiques : d'une part, celles qui ont obtenu,
en tout ou en partie, le droit de cité romaine ; de l'autre, celles
dont l'indépendance a été reconnue par un *fœdus*, et qui ne
sont assujetties qu'à certaines prestations, notamment en matière militaire. La première classe comprend les *municipia* et
les colonies de citoyens romains ; la seconde, les *civitates fœderatæ*, et en particulier les *coloniæ latinæ* qu'il faut y rattacher. Le régime intérieur de ces quatre catégories de cités trouvera plus loin son explication ; contentons-nous pour l'instant
de les étudier dans leurs rapports avec Rome.

1. *Municipia.* — Qu'est-ce qu'un *municipium*, dans le droit Municipia.
public romain ? La réponse à cette question ne résulte clairement ni de l'étymologie du mot *municeps*, qu'on a fait anciennement dériver de *munus capere* ou *capessere* (dans le sens de
munere fungi) (2), plus tard de *munus capere* (recevoir un présent) (3), par allusion au *jus hospitii*, qui existait entre Rome
et les cités italiques (4), ni des définitions incomplètes qui nous

---

(1) Tit. Liv., VIII, 14 : *Principes senatus relationem consulis de rebus
rerum laudare, sed quum aliarum causæ alia esset, ita expediri posse consilium
dicere, ut pro merito cujusque statueretur, si de singulis nominatim referrent
populis* (suivent les conditions spéciales faites à chacun d'eux). *Ceteris Latinis populis connubia commerciaque et concilia inter se ademerunt.* Les Anagnini eurent le même sort en 448 = 306 : Tit. Liv., IX, 43, 24 : *Hernicorum
tribus populis, Aletrinati, Verulano, Ferentinati, quia maluerunt quam civitatem, suæ leges redditæ* (c'est-à-dire qu'elles restèrent des *civitates fœderatæ*),
*connubiumque inter ipsos, quod aliquamdiu soli Hernicorum habuerant, per-
missum. Anagninis quique arma Romanis intulerant, civitas sine suffragii latione data ; concilia connubiaque adempta.*

(2) Aul. Gell., XVI, 13 : *Municipes ergo sunt cives Romani ex municipiis,
legibus suis et suo jure utentes, muneris tantum cum populo Romano honorarii
principes, a quo munere capessendo appellati videntur ;* — Varro, *De ling. lat.*,
V, § 179, 61. Müller ; — Ulpian., L 1 § 1, *Ad municip. et de inc.*, D., L, 1 ;
Paul., L 18, *De verb. signif.*, D., L, 16.

(3) Voy. Rudorff, dans le *Berliner Lectionscatalog*, hiver 1818-19.

(4) De même que l'hospitalité privée entraîne un *tessera* au moment du
départ, de même les *hospites publici* et les *legati* reçoivent à Rome, outre le

ont été transmises. Aussi n'avons-nous d'autre moyen, pour nous renseigner, que d'analyser les divers éléments dont le *municipium* se compose.

Jusqu'au milieu du quatrième siècle de l'ère romaine, les villes conquises avaient été tantôt annexées par Rome à son propre territoire, tantôt associées à la Confédération latine. Il ne pouvait plus en être ainsi à l'avenir. La réunion des communes ou, pour parler grec, le Synoikismos, a ses limites naturelles, et l'égalité politique garantie aux membres de la Confédération latine en était venue à opposer au développement de la puissance romaine une barrière si gênante, que dans tous les cas elle devait être brisée. Un changement de politique était donc commandé ; c'est vers l'an 370 = 484 qu'on le voit se produire, et c'est en l'an 416 = 338 qu'il arriva à sa complète réalisation : il consistait, d'une part, à restreindre à Rome seule les rapports d'alliance des villes non admises au droit de cité, avec interdiction de tout rapport entre elles (1); de l'autre, à ne plus transplanter à Rome les habitants de celles qui avaient reçu le droit de cité ; mais on les laissa former, en dehors d'elle, des communes urbaines ou rurales, soumises à sa

---

bsement et l'entretien (*tutela*), un présent d'adieu (voy. les sources indiquées par Rudorff, *ubi supra*; — Tit. Liv., XXVIII, 39; XXX, 17; XXXIII, 21; XXXV, 21; XLII, 6. 19; XLIII, 3. 6. 8; XLIV, 11; XLV, 42, et le SCtum de Asclepiade Clazomenio, dans le C. I. L., t. I, n° 203. Comp. Mommsen, *Die röm. Tribus*, p. 179, et le même, *Das röm. Gastrecht und die röm. Clientel*, dans v. Sybel, *Histor. Zeitschr.*, I, 2, pp. 232 et suiv. — [Voy. aussi M. G. Humbert, dans le *Dict. des Antiq. grecq. et rom.* de MM. Daremberg et Saglio, 8e fascic., Paris, 1882, mot *Cliens*, pp. 1216, col. 2, et suiv.; — Bouché-Leclercq, *Manuel des instit. rom.*, Paris, 1886, p. 9, et les nombreuses sources bibliographiq... indiquées par ces deux auteurs; — Jhering, *Das Gastfreundschaft im Alterthum*, dans la *Deutsche Rundschau*, 1887]). Une allusion à ces présents semble être faite dans cette définition d'Isidore de Séville (*Orig.*, IX, 4, 21) : *municipes sunt in eodem municipio nati, ab officio munerum dicti, eo quod publica munia accipiunt*, bien qu'il continue en disant : *munia enim officia sunt, unde et immunes dicuntur, qui nullum gerunt officium*, ce qui ressort de l'explication contenue en la note 2 de la page précédente.

(1) Ce fait ressort notamment de ce que les colonies latines fondées avant 379 = 334 figurent dans la liste des membres de la Confédération dressée par Denys d'Halicarnasse (V, 61), tandis que les colonies fondées plus tard ne s'y trouvent pas. Voy. Mommsen, *Röm. Gesch.*, t. I, 7e éd., p. 316, note [= dans la trad. fr. de M. Alexandre, t. II, pp. 139 et suiv., note].

dépendance. Dès cette époque, on commença à suivre, pour la concession du *jus civitatis*, les règles que nous trouvons plus tard usitées dans les provinces (1). Les nouveaux citoyens furent assujettis à toutes les charges civiques, notamment aux impôts et au service militaire ; en retour, on leur accorda les droits privés dont jouissent les citoyens, le *connubium* et le *commercium*, mais on leur refusa la participation aux comices romains (*jus suffragii*) et l'aptitude aux fonctions publiques romaines (*jus honorum*) (2). Ils reçurent ainsi un droit de cité passif, auquel les historiens appliquent l'appellation, à coup sûr dépourvue de caractère officiel et dans tous les cas insuffisante, de *civitas sine suffragio*. Leur condition trouve dans le mot *municipium* une dénomination beaucoup plus technique. Ce mot, comme ceux de *mancipium* et de *civitas*, est suscep- tible de deux acceptions : pris dans un sens abstrait, il désigne le droit de cité incomplet ; dans une signification concrète, il s'applique à la ville qui en est investie. Si les historiens ne l'emploient pas ordinairement dans son premier sens, la raison en est que, à l'époque où se placent leurs écrits, le droit de cité avait cessé d'être incomplet en Italie, et que la notion primitive du *municipium* s'était modifiée (3) ; en effet, de même que Cicéron était à la fois *civis Romanus* et *municeps Arpinas*, tous les *municipes* italiens étaient alors investis de la pléni-

---

(1) On sait qu'en l'an 48 après J.-C., sous l'empereur Claude, les citoyens romains de la *Gallia comata* ne possédaient pas encore le *jus honorum*. (Tacit., *Ann.*, XI, 23 : *A. Vitellio L. Vipstano consulibus cum de supplendo senatu ageretur, primoresque Galliæ, quæ Comata appellatur, fœdera et civitatem Romanam pridem assecuti, jus adipiscendorum in urbe honorum expeterent, multus ea super re variusque rumor...*, et c. 25 : *primi Ædui senatorum in urbe jus adepti sunt.*) — Voy. sur ce point Zumpt, *Stud. Rom.*, pp. 332 et suiv.

(2) Festus, *Epit.*, p. 142, éd. Müller : *at Servius filius aiebat (municipes) initio fuisse, qui ea conditione cives Romani fuissent, ut semper rem publicam separatim a populo Romano haberent, Cumanos, Acerranos, Atellanos, qui æque cives Romani erant et in legione merebant, sed dignitates non capiebant.*

(3) Ce changement est attesté formellement par Ulpien (L. 1 § 1, *Ad municip. et de inc.*, D., L, 1) : *Et proprie quidem municipes appellantur muneris participes, recepti in civitatem, ut munera nobiscum facerent : sed nunc abusive municipes dicimus suæ cujusque civitatis cives, ut puta Campanos, Puteolanos.*

tude du droit de cité romaine (1). Mais ou continua à donner au lieu de leur résidence le nom de *municipium*, par le motif que ce lieu, tout en constituant à vrai dire une *respublica*, c'est-à-dire une commune urbaine, ne pouvait pourtant être désigné sous l'appellation de *civitas*, dans le sens d'État autonome (2).

Division des municipes en deux classes.

Cependant, tous les municipes n'eurent pas, dès les premiers temps, une constitution communale ; ils se divisaient en deux classes, suivant que cette constitution leur avait été octroyée ou retirée. A la première se rattachaient, déjà en 373 = 381, Tusculum (3) ; depuis 401 = 353, Cœre, qui reçut la *civitas sine suffragio* (4) et paraît avoir conservé son existence com-

---

(1) Cicero, *De Leg.*, II, 2, 5 : ego mehercule et illi (Catoni) et omnibus municipibus duas esse censeo patrias, unam naturæ, alteram civitatis. Ut ille Cato, quum esset Tusculi natus, in populi Romani civitatem susceptus est, itaque, quum ortu Tusculanus esset, civitate Romanus, habuit alteram loci patriam, alteram juris.

(2) Il est vrai que Festus et Ulpien appellent aussi le *municipium* une *civitas* ; mais, dans son sens juridique, *civitas* désigne une commune jouissant de son indépendance politique, et ce caractère n'appartient ni à la colonie, ni au *municipium*. C'est ce que Rubino a bien démontré dans la *Zeitschr. f. Alterthumswiss.*, 1844, p. 812 ; 1847, p. 684.

(3) La tradition, relativement à Tusculum, est très incertaine. Cicéron (*Pro Plancio*, VIII, 19) l'appelle *municipium antiquissimum*, et Festus (*Epit.*, p. 131, éd. Müller) le compte au nombre des villes, qui auraient reçu la *civitas sine suffragio*. Ce fait n'a rien que de naturel ; car, ainsi que le remarque Peter, le *jus civitatis* leur avait été concédé à titre de peine et non de récompense. Seul, Tite-Live (VI, 26 ; VI, 26, 3 ; VIII, 14, 4) rapporte que Tusculum reçut la *civitas* sans aucune limitation, et le fait rentrer, en l'an 431 = 323 dans la *tribus Papiria* ; Denys d'Halicarnasse (XIV, 6, 9, éd. Kiessling) dit expressément : πολιτείαν ἔδωκαν ταῖς ἀρχαιρέσίαις χαρίσασθαι, κἀτααν μεταθέντες ὡς τοὺς φύσει Ῥωμαίους μετρίῳ, et Aulu-Gelle, dans un passage rapporté en la note suivante, cite Cœre comme la première ville qui ait reçu la *civitas sine suffragio*. Dans l'opinion de ces auteurs, Tusculum fut donc bien la première ville, qui entra dans la *civitas romana*, sans perdre sa constitution communale ; mais ce ne fut pas la première ville, à laquelle fut imposée la *civitas sine suffragio*. — [Sur Tusculum, voy. M. H. Dessau, dans le *C. I. L.*, t. XIV, pp. 232, XV, et suiv., et p. 193, XV.]

(4) Aul. Gell., XVI, 13 : *Primos autem municipes sine suffragii jure Cærites esse factos accepimus concessumque illis, ut civitatis honorem quidem caperent, sed negotiis tamen atque oneribus vacarent. — Hinc tabulæ Cærites appellatæ versa vice, in quas censores referri jubebant, quos notæ causa suffragiis privabant.* — Le scholiaste Cruquianus, *Ad Horat. epist.*, I, 6, 62 : *quæ (sacra) quum servassent integra, pro eo benefcio Cærites civitate donati sunt municipesque facti. At posteaquam sunt ausi Romanis rebellare, eis dejectis iterumque civitate donatis jus suffragiorum ademtum est, censusque eorum in tabulas relati et a ceterorum censibus remoti sunt.* — Strabo, V, p. 220 : ταῦτα τῆς

munale propre (1); depuis 416 = 338, Cumæ, Fundi, Formiæ, Suessula (2), et peut-être dès la même époque Atella (3) et Calatia (4); depuis 422 = 332, Acerræ (5); depuis 451 = 303, Arpinum et Trebula (6). A la seconde classe appartenaient Anagnia (7) et une grande partie des localités dont il sera question plus tard, sous le nom de *praefecturæ* (8). C'est à cette distinction que se réfère le passage souvent cité de Festus (*Epit.*, p. 127, éd. Müller) : *municipium id genus hominum dicitur qui, quum*

ζιον; εἰς ἐπιγραφὰς τὰς παλιας, ἀλλὰ καὶ τοὺς Δίους, τοὺς μὴ μετέχοντας τῆς ἰσοπολιτείας εἰς τὰς ἄλλας ἤγδικεν τὰς Καμπανῶν. — Sur l'époque, voy. Tit. Liv., VII, 30; Dio Cass., fr. 112.

(1) Voy. Rubino, *loc. cit.*, p. 383; — Mommsen, *Röm. Münzw.*, p. 333 [= trad. fr. de MM. de Blacas et de Witte, t. III, p. 212]. Il faut admettre que le *dictator* et l'*ædilis*, que l'on rencontre encore à Cære sous l'empire (Orelli, n° 3787 = Mommsen, *I. R. N.*, n° 6123 [cette inscription est *aliena*; voy. C. I. L., t. IX, p. 832; et t. X, 2, p. 1211, où les *I. R. N.* 6321-6343 sont déclarées *alienæ*]. sont les anciennes autorités du *municipium*. Ce point de vue, toutefois, est en contradiction avec un passage de Festus (*Epit.*, p. 127, éd. Müller), qui fait rentrer Cære dans la seconde classe.

(2) Tite-Live (VIII, 14) en fait mention. Cf. Vell. Paterc., I, 14, 3. Le *senatus Fundanorum* se retrouve encore après cette époque (Tit. Liv., VIII, 19). — [Sur Cumæ, Fundi, Formiæ, Suessula, voy. Mommsen, dans le C. I. L., t. X, 1, pp. 370 (cf. p. 603 adn.); — 617; — 603; — 363.]

(3) Festus, *Epit.*, pp. 131. 113, éd. Müller. — [Sur Atella, voy. Mommsen, dans le C. I. L., t. X, 1, p. 359.]

(4) Voy. Mommsen, *Röm. Münzw.*, p. 333, note 123 [= dans la trad. fr. de MM. de Blacas et de Witte, t. III, p. 213, note 1]. — [Sur Calatia, voy. Mommsen, dans le C. I. L., t. X, 1, pp. 359 et 369, 10; cf. Calatia, exd., p. 114.]

(5) Tit. Liv., VIII, 17; — Vell. Paterc., I, 14, 4. — [Sur la ville campanienne d'Acerræ (Acerra), voy. Mommsen, dans le C. I. L., t. X, 1, pp. 362 et 603 adnot.; — Beloch, *Campanien*, pp. 383 et suiv., et Ettore de Ruggiero, *Dizionario epigrafico di Antichità Romane*, fasc. 1, Roma, 1886, pp. 23 et suiv.]

(6) Tit. Liv., X, 1. — Les *ædiles*, à Arpinum (Cicero, *Ad famil.*, XIII, 11, 3; — Orelli, n° 571; [— cf. Mommsen, dans le C. I. L., t. X, 1, p. 356]), doivent être considérés, ainsi que les *dictatores* de Tusculum et de Lanuvium, comme les anciennes autorités urbaines. — [Sur Trebula, voy. Mommsen, dans le C. I. L., t. X, 1, p. 112; — sur Tusculum et Lanuvium, voy. M. H. Dessau, dans le C. I. L., t. XIV, *loc. cit.* p. 38, note 3 in fine, *supra*, et pp. 191 et suiv., 456 et suiv.]

(7) Tite-Live (IX, 43, 24) dit, sur l'année 449 = 306 : *Anagninis, quique arma Romanis intulerant, civitas sine suffragii latione data : concilia conubiumque* (avec les autres villes herniques) *ademta et magistratibus praeterquam sacrorum curatione interdictum.* — [Sur Anagnia, voy. Mommsen, dans le C. I. L., t. X, 1, p. 531.]

(8) Festus, *Epit.*, p. 233, éd. Müller : *Praefecturæ eæ appellabantur in Italia, in quibus et ius dicebatur et nundinæ agebantur, et erat quædam earum respublica, neque tamen magistratus suos habebant.*

Romam venissent, neque cives Romani essent (c'est-à-dire ceux qui ne figuraient pas dans les listes des tribus, car les *municipes* n'étaient pas compris dans une *tribus*) (1), *participes tamen fuerunt omnium rerum ad munus fungendum una cum Romanis civibus* (2), *præterquam de suffragio ferendo aut magistratu capiendo, sicut fuerunt Fundani, Formiani, Cumani, Acerrani, Lanuvini, Tusculani, qui post aliquot annos cives Romani effecti sunt. Alio modo, quum id genus hominum definitur, quorum civitas universa in civitatem Romanam venit, ut Aricini, Cerites, Anagnini* (3). Les deux espèces de municipes que ce texte met en présence ont ce caractère commun, que les citoyens de l'un comme de l'autre sont des *cives Romani sine suffragio* ; mais ces municipes diffèrent, en ce que ceux de la première classe ont le privilège de former une commune particulière (*ut semper rempublicam separatim a populo romano haberent*, ainsi qu'on lit dans un autre passage de Festus, *Epit.*, p. 142, éd. Müller), tandis que ceux de la seconde ne possèdent ni sénat, ni magistrats, ni assemblée populaire, mais sont gouvernés depuis Rome, comme des *vici*. En dehors des villes énumérées dans la citation qui précède, Capoue constitue, pour les deux classes, un exemple, que Festus a, volontairement sans doute, passé sous silence, mais qui a occasionné, dans les travaux récents, une confusion inextricable. Capoue reçut, en l'an 416=338, la *civitas sine suffragio* (4), et, comme elle ne

----

(1) C'est d'eux que Strabon dit (V, p. 220) : πολιτείαν γὰρ ὕστερον οὐκ ἀπέγραφον εἰς τοὺς πολίτας.

(2) A ce *munus* se rattache notamment le service militaire dans l'armée romaine, ainsi que Festus (*Epit.*, p. 142, éd. Müller) le dit en toutes lettres des *municipes : æque cives Romani erant et in legione merebant, sed dignitates non capiebant.*

(3) De ces trois exemples, le dernier est confirmé par Tite-Live (IX, 43) ; mais, en ce qui concerne Aricia, cet historien (VIII, 14) émet une opinion contraire : *Aricini — — eodem jure quo Lanuvini in civitatem recepti*; et de même Cære ne paraît pas non plus appartenir à cette classe (voy. *supra*, p. 39, note 1). — [Sur Aricia, voy. M. H. Dessau, dans le *C. I. L.*, t. XIV, pp. 203 et suiv. et 447.]

(4) Tit. Liv., VIII, 14; — Vell. Patere., I, 14; ce dernier auteur place en 423 = 331 la concession dont il est parlé au texte. — [Sur Capua, voy. Mommsen, dans le *C. I. L.*, t. X. 1, pp. 365 et suiv. — *Adde* : M. Zöller, *Die staatsrechtlichen Beziehungen Roms zu Capua*, dans les *Jahrb. f. Philol.*, t. CIX,

cessa pas d'être une commune, il faut dire qu'elle appartint alors à la première classe. Mais, séparée de Rome après la bataille de Cannes et de nouveau soumise en 543 = 211, elle passa, en 544 = 210 (1), dans la seconde classe; et dès lors, privée de ses magistrats et de son sénat, elle en vint à ne plus être qu'un *receptaculum aratorum* et un *locus condendis fructibus* (2). Le territoire campanien se divisa en *pagi*, placés sous l'autorité de *magistri pagi*, et l'ancienne ville, toujours opulente, fut de même réduite au rang d'un *pagus* ou d'un *conciliabulum*, soumis à la juridiction d'un *præfectus jure dicundo* romain (3). La dernière situation, dans laquelle Capoue se trouva placée vis-à-vis de Rome, est établie avec certitude; au contraire, son premier état est sujet à controverse. Même après 416 = 338, nos sources font de la ville, qui incontestablement était en possession du droit de cité, une *fœderata civitas* (4); et nous sommes obligés d'admettre, ou bien qu'il s'est

---

1874, pp. 713-716, et *Das Senatusconsultum über Capua im Jahr 211 und dessen Ausführung*, Mühlhausen, 1873; — H. Rubert, *De jure municipum Romanor. bell. Ital. temp. Camp. dato*, dans *Leipziger Studien*, t. II, 1879, pp. 73-113; — J. Beloch, *Campanien*, Leipzig, 1879.]

(1) Tit. Liv., XXVI, 33.

(2) Cicero, *De leg. agrar.*, II, 33, 89; — Tit. Liv., XXVI, 16 : *ceterum habitari tantum, tanquam urbem, Capuam frequentarique placuit : corpus nullum civitatis nec senatum nec plebis concilium nec magistratus esse : sine consilio publico, sine imperio multitudinem, nullius rei inter se sociam, ad consensum inhabilem fore : præfectum ad jura reddenda ab Roma quotannis missuros;* — XXXI, 29, 11 : *Capua quidem, sepulcrum ac monumentum Campani populi, elato et exturri ejecto ipso populo, superest, urbs trunca, sine senatu, sine plebe, sine magistratibus.* — Cicéron (*loc. sup. cit.*, 33, 85) dépeint cet état de choses d'une façon plus exacte : *statuerunt homines sapientes, si agrum Campanis ademissent, magistratus, publicum et illa urbe consilium sustulissent, imaginem reipublicæ nullam reliquissent, nihil fore, quod Capuam timeremus.* Et depuis cette époque, ajoute-t-il, Capoue est toujours demeurée tranquille. 33, 91 : *neque enim contionandi potestas erat cuiquam nec consilii capiendi publici; non gloriæ cupiditate efferebantur propterea quod, ubi honor publice non est, ibi gloriæ cupiditas esse non potest.*

(3) Sur les *pagi* campaniens, dont nombre d'inscriptions nous entretiennent, voy. Mommsen, dans le *C. I. L.*, t. I, pp. 139 et suiv.

(4) Tite-Live (IX, 6, 5; XXIII, 5, 1; XXIII, 16, 1; XXV, 18, 19) donne le titre de *socii* aux Campaniens; il ne paraît cependant pas s'être dissimulé à lui-même que, à l'époque à laquelle il l'emploie, cette expression est inexacte. Car, lorsqu'il dit (XXIII, 5, 9) : *adjicite ad hæc, quod fœdus æquum dedistis, quod leges vestras, quod ad extremum — — civitatem nostram magnæ parti vestrum dedimus communicavimusque vobiscum,* et lorsqu'il ajoute (XXXI, 31, 10) :

formé sur ce point une tradition double et contradictoire (1),
ou bien qu'il s'est glissé dans la rédaction de nos documents
une obscurité, facile à comprendre après tout. En effet, la condition des communes dont les habitants sont investis d'un demi-
droit de cité, n'est que transitoire. Ceux-ci portent le nom
de Romains (2) et ils le sont au point de vue du droit privé;
mais, comme ils ne font pas partie des tribus romaines (3) et
forment une *respublica* particulière (4), on dit d'eux qu'ils
sont citoyens dans leur ville (5), mais non à Rome (6). Ils ne
jouissent pas de l'autonomie législative (*suas leges*) (7), comme
les *civitates fœderatæ*, mais chaque ville a son régime particulier (8) et ses magistrats indigènes ; par exemple Capoue, son

quum — — ipsos (*Campanos*) *fœdere primum, deinde connubiis atque cognatio-*
nibus, postremo civitate nobis conjunxissemus, il distingue nettement l'époque
où ils reçurent l'*æquum fœdus*, après leur *deditio*, en l'an 411 = 343, et celle
où ils reçurent la *civitas*, en 416 = 338. — Comp. Rubino, dans la *Zeitschr.*
f. Alterthumswiss., 1811, p. 972.

(1) Voy. Mommsen, *Gesch. d. Röm. Münzw.*, p. 335, note 122 (= dans la
trad. fr. de MM. de Blacas et de Witte, t. III, p. 216, note 3].

(2) Ennius, *Ann.*, 174, éd. Vahlen : *cives Romani tunc facti sunt Campani;*
— Tit. Liv., VIII, 11; XXVI, 33, 10 : *per senatum agi de Campanis, qui*
cives Romani sunt, injussu populi non videri posse. Polybe (I, 6. 7. 8) appelle
'Ρωμαίους les troupes campaniennes, et (II, 24) il les distingue, ainsi que
Tite-Live (X, 38, 11), des *socii*, et Festus (*Epit.*, p. 112, éd. Müller) dit, d'une
manière générale : *Cumanos, Acerranos, Atellanos, qui æque cives Romani*
erant et in legione merebant. — Tit. Liv., VIII, 17 : *Romani facti Acerrani*
lege ab L. Papirio prætore lata, qua civitas sine suffragio data.

(3) Strabo, V, p. 230. Formiæ, Fundi et Arpinum ne furent inscrits dans
les tribus qu'en 566 = 188, lorsqu'elles reçurent la plénitude du droit de cité.
Tit. Liv., XXXVIII, 36 : *rogatio perlata est, ut in Æmilia tribu Formiani et*
Fundani, in Cornelia Arpinates ferrent, atque in his tribubus tum primum ex
Valerio plebiscito censi sunt. — [Sur Arpinum, voy. Mommsen, dans le *C.*
I. L., t. X, 1, p. 556.]

(4) Festus, *Epit.*, p. 112, éd. Müller.

(5) Il faut toutefois remarquer que, lorsque Tite-Live (XXIII, 7; XXIII,
44; XXVI, 12; XXVI, 16; XXVIII, 46) dit *civis Campanus*, cette expression
se réfère à l'époque de la défection, c'est-à-dire au temps où Capoue avait son
autonomie (*suas leges* : Tit. Liv., XXIII, 7, 1) et était alliée aux Carthaginois.

(6) Festus, *Epit.*, p. 127, éd. Müller.

(7) Tit. Liv., IX, 43. 22. 21 ; IX, 45, 7.

(8) Tit. Liv., IX, 20. Il n'est pas douteux que les municipes qui renon-
çaient à leurs lois particulières (Tit. Liv., *loc. cit.*), se voyaient appliquer le
droit romain ; mais cela se faisait dans une forme qui ménageait pratique-
ment la transition entre leur ancien et leur nouvel état juridique (voy.
Mommsen, *Gesch. d. Röm. Münzw.*, p. 339 [= dans la trad. fr. de MM. de
Blacas et de Witte, t. III, p. 222]).

Meddix (1). Leurs habitants ne remplissent pas leur devoir militaire, comme les *fœderati*, dans des cohortes commandées par
des *præfecti*, mais, comme les Romains, dans des légions placées sous les ordres de tribuns, et l'incorporation ne se faisant
pas pour eux d'après les listes de tribus, ils forment des légions
particulières (2); enfin, l'usage de leur idiôme national leur
est conservé; c'est ainsi que les Campaniens parlent osque (3).
Partant de là, Niebuhr et son École sont arrivés à comprendre dans la première classe des municipes mentionnés par
Festus, des États autonomes, qui auraient été rattachés à Rome
par les liens d'un droit de cité réciproque, c'est-à-dire de l'isopolitie (4). Dans l'opinion de l'illustre historien, voici en quoi
consistait le *municipium*, suivant la formule qu'en a donnée
Walter (5) : « L'étranger présent ou résidant à Rome, d'une
part, et, de l'autre, le Romain, présent ou résidant dans la ville
de ce dernier, jouissaient, l'un et l'autre, au lieu de leur habitation, de toutes les prérogatives et étaient assujettis à toutes
les charges comprises dans le droit de cité ou établies par la
loi locale, sauf le droit de vote et l'aptitude aux fonctions publiques ; mais ils ne devenaient pas pour cela citoyens et conservaient le *jus civitatis* au lieu de leur origine. » Cette définition n'est d'accord ni avec le passage de Festus, dont sa dernière partie méconnaît le sens véritable (6), ni avec l'idée qui

---

(1) Tit. Liv., XXIV, 19; XXVII, 6; — Schœmann, dans le *Progr. der
Greifswalder Univers.*, été de 1840; — Mommsen, *Die unteritalischen Dialekte*,
Leipzig, 1850, p. 273.

(2) La *legio Campana* est mentionnée par Tite-Live (*Epit.*, XII. XV);
Polyb., I, 7; II, 21. Cf. Tit. Liv., XXVIII, 28; Frontin., *Strat.*, IV, 1, 38;
Grauer, *loc. cit.*, pp. 11. 13.

(3) Voy. Mommsen, *Die unteritalischen Dialekte*, pp. 101 et suiv.; — J.
Friedländer, *Die oskischen Münzen*, Leipzig, 1850, pp. 7 et suiv.

(4) Voy. Niebuhr, *Röm. Gesch.*, t. II, p. 63 [= dans la trad. fr. de M. de
Golbéry, t. III, pp. 79 et suiv.].

(5) Walter, *Gesch. d. Röm. Rechts*, § 85 [3e éd., Bonn, 1860, t. I, p. 130].

(6) Les mots *neque cives essent* (Festus, *Epit.*, p. 127, éd. Müller) ne signifient pas : l'absence générale et totale de toute espèce de droit de cité,
ainsi que le pense Walter, mais bien la privation de la plénitude du droit
de cité. Les *municipes*, en effet, étaient *cives Romani*, d'après les témoignages
rapportés ci-dessus (p. 33, note 1, et p. 40, note 2).

préside à l'isopolitie grecque (1), ni enfin avec le principe plus tard admis par la législation romaine, et en vertu duquel la qualité de citoyen romain ne peut être cumulée avec celle de membre d'une autre cité indépendante (2). En effet, l'interprétation très claire que Cicéron donne en maints endroits à ce texte ne permet pas de douter que l'isopolitie grecque ait été en opposition avec les lois romaines de son temps.

Si, jusqu'à la guerre latine, il a existé un droit de cité réciproque dans les rapports de Rome avec d'autres États, et si plus tard ce droit n'a pas été législativement reconnu, cela tient à ce qu'un principe différent a dû prévaloir, en cette matière, dans le droit public romain; et l'adoption de ce principe s'explique naturellement par la lutte que Rome a soutenue contre la Confédération latine. En effet, le droit municipal nous apparaît, non pas comme résultant de l'*æquum fœdus* conclu avec les Latins, mais comme étant en opposition avec lui : Tusculum, l'une des trente villes latines, fut, par cela seul qu'elle

----

(1) Kuhn (*Zeitschr. f. Alterthumwiss.*, 1855, p. 466) paraît partager également cette opinion, lorsqu'il écrit que le mot *civitas* revêt trois acceptions : 1° la plénitude du droit de cité (*civitas optimo jure*); 2° le droit de cité sans droit de suffrage (*civitas sine suffragio*); 3° l'isopolitie; et qu'il trouve cette dernière signification dans Tite-Live (XXXI, 15, 7), où, par les mots *civitasque Rhodiis data, quemadmodum Rhodii prius Atheniensibus dederant*, il est fait allusion à la concession du droit de cité réciproque, que Walter n'admet pas. Au surplus, il me semble résulter seulement du passage de Tite-Live que les Romains n'ont pas de terme pour désigner l'isopolitie; à l'époque de la Confédération latine, ils l'appellent *æquum fœdus*; plus tard, ἰσοπολιτεία n'est pas autre chose que *civitas*, droit de cité, ainsi qu'on le voit dans ce passage de Strabon, par exemple, V, p. 210 : ὅτι δὲ τοῦτο, ἀφ' οὗ πολίτας Ῥωμαῖοι τοὺς Ἰταλιώτας τῆς ἰσοπολιτείας, Ῥώμῃ καὶ τοῖς Λατίνοις καὶ Ἕρνικοις τὴν αὐτὴν ἀπονείμας τιμήν, συναγορεῦσαι τε καὶ Ἰταλιῶτας πάντας καὶ Ῥωμαίους.

(2) Cicero, *Pro Balbo*, XI, 28 : *Duarum civitatum civis noster esse jure civili nemo potest*; — XII, 29 : *Atqui ceteræ civitates omnes non dubitarent nostros homines recipere in suas civitates, si idem nos juris haberemus, quod ceteri. Sed nos non possumus et hujus esse civitatis et cujusvis præterea, ceteris concessum est. Itaque in Græcis civitatibus videmus Athenis Rhodios, Lacedæmonios, ceteros undique adscribi multarum esse eosdem homines civitatum. Quo errore ductos vidi egomet nonnullos imperitos homines, nostros cives, Athenis in numero judicum atque Areopagitarum certa tribu, certo numero, cum ignorarent, si illam civitatem essent adepti, hanc se perdidisse. — Peritus vero nostri moris ac juris nemo unquam, qui hanc civitatem retinere vellet, in aliam se civitatem dicavit*; — XIII, 31; — *Pro Cæcina*, XXXIV, 100.

obtint le *jus municipii*, retranchée de la Confédération latine et incorporée à l'État romain (1). Aulu-Gelle nous dit que le premier *municipium* fut Cære; il place ainsi en 401 = 353 la formation de cette classe de villes (2); et Festus (*loco citato*) n'emprunte pas ses exemples aux communes latines, mais à celles qui avaient été érigées en municipes après l'an 370 = 384, notamment en l'an 416 = 338. Nous devons donc considérer le *municipium* comme une institution nouvelle, opposée à l'ancien droit des Latins; il fallut, dans les premiers temps, l'accommoder, par de nombreux ménagements, à la législation antérieure des villes qui en recueillirent le bénéfice, et si les informations qui nous sont parvenues relativement au *municipium* sont aussi incomplètes, c'est que, à l'époque à laquelle elles se rapportent, il n'existait plus que de nom. En effet, sous la double influence des progrès insensibles que la démocratie avait réalisés à Rome, et des justes revendications par lesquelles les villes qui avaient partagé les périls et les fatigues des conquêtes romaines réclamaient l'amélioration de leur sort (3), ces dernières reçurent l'une après l'autre le *plenum jus civitatis,* et cela à une époque où les villes confédérées d'Italie n'osaient pas encore afficher de semblables prétentions. Fundi et Formiae, qui, depuis 416 = 338, étaient en possession de la *civitas sine suffragio* (4), en furent investies en 566 = 188 (5); les Sabini, en 486 = 268 (6); Arpinum, en 566 = 188 (7); Atina, avant 652 = 102 (8); et, dès un siècle avant la guerre sociale, la plupart des villes sabines et latines, jusqu'au Liris et au Volturnus supérieur, paraissent avoir obtenu la plénitude du droit

---

(1) Tit. Liv., VI, 23. 26.
(2) Aul. Gell., *Noct. att.*, XVI, 13.
(3) Voy. Peter, dans la *Zeitschr. f. Alterthumswiss.*, 1848, p. 217.
(4) Tit. Liv., VIII, 14, 10.
(5) Tit. Liv., XXXVIII, 36, 7.
(6) Vellei. Pater., I, 14, 7. — [Voy. surtout Mommsen, dans le *C. I. L.*, t. IX, p. 336.]
(7) Tit. Liv., XXXVIII, 36, 7. — [Voy. Mommsen, dans le *C. I. L.*, t. X, 1, p. 536.]
(8) Elle avait la plénitude du droit de cité en 652 = 102 (Plin., *Nat. hist.*, XXII, 11. — [Cf. Mommsen, dans le *C. I. L.*, t. X, 1, pp. 37 et 499]).

de cité (1). A ce changement de régime correspond aussi un changement dans la manière de comprendre les *municipes* : Désormais, en effet, on donne ce nom à des personnes, qui, bien que ne se rattachant pas à la ville de Rome par leur naissance, n'en sont pas moins *cives optimo jure*, faisant à ce titre partie d'une tribu romaine (2). C'est ainsi qu'il faut entendre la troisième définition donnée par Paul diacre (3), dans le passage suivant : « *tertio, quum id genus hominum definitur, qui ad civitatem Romanam ita venerunt, ut municipes essent suæ cujusque civitatis* (4) *et coloniæ, ut Tiburtes, Prænestini, Pisani, Urbinates, Nolani, Bononienses, Placentini, Nepesini, Sutrini, Lucenses* » Les villes ici mentionnées à titre d'exemples ne sont toutes, à ce qu'il semble, devenues des municipes que par l'effet de la *lex Julia* (5); elles avaient donc le droit de cité complet; nous traiterons plus loin de l'organisation de ces municipes qui survécurent seuls à la *lex Julia*.

2. *Colonies romaines* (6). — Les Romains enlevaient ordinaire-

Colonies romaines.

---

(1) Cicero, *Pro Balbo*, XIII, 31 ; *De offic.*, I, 11, 35. — Sur ces villes, voy. *Mommseni epistola* dans *T. Livii periochæ*, éd. Jahn, pp. XXII et suiv.—[Comp. aussi M. H. Dessau, dans le *C. I. L.*, t. XIV.]

(2) Le passage suivant de Festus, dans le *Cod. Vatic.* (apud Mommsen, *Festi codicis quaternio XVI*, dans les *Abh. d. Berl. Acad.*, 1861, p. 61), distingue les *municipes* de l'époque originaire et les *municipes* de l'époque postérieure : *municeps* [est], *ut ait Ælius Gallus, qui in municipio liber natus est; item qui ex alio genere hominum munus functus est; item qui in municipio ex servitute se liberavit a municipe* (c'est-à-dire, par conséquent, qu'on devient maintenant *municeps* : 1° par la naissance; 2° par l'admission ; 3° par l'affranchissement). *At Ser. filius aiebat, initio fuisse, qui ea conditione cives fuissent, ut semper rempublicam separatim a populo Romano haberent* [videlicet] *Cumanos, Acerranos, Atellanos*.

(3) Paulus, p. 127, éd. Müller.

(4) Ainsi lisent Niebuhr et Madvig, au lieu de la leçon du manuscrit : *uti municipia essent sui cuiusque civitatis*.

(5) Voy. Savigny, dans la *Zeitschr. f. geschichtl. Rechtswiss.*, IX, 3, p. 221; — C. G. Zumpt, *loc. cit.*; — Peter, *loc. cit.*, p. 220. — [Sur Præneste, voy. M. Emm. Fernique, *Étude sur Préneste, ville du Latium*, dans la *Bibliothèq. des Écoles françaises d'Athènes et de Rome*, fascic. XVIIe, Paris, E. Thorin, 1880, in-8; — sur Tibur et Præneste, voy. M. H. Dessau, dans le *C. I. L.*, t. XIV, pp. 363 et suiv.; 493 et suiv.; 239 et suiv., et 491; — sur Nola, voy. Mommsen, dans le *C. I. L.*, t. X, 1, pp. 142 et suiv.]

(6) C'est dans Madvig (*De jure et conditione coloniarum populi Rom.*, dans ses *Opusc.*, pp. 208 et suiv.), que se trouvent les renseignements les plus complets sur les colonies. Traitent en outre la matière : Sigonius, *De ant.*

ment aux peuples soumis une portion de leur territoire, alors
même que d'autre part ils respectaient leur autonomie ou leur
concédaient la *civitas sine suffragio*; et cette portion, qui, en
règle générale, était d'un tiers (1), tantôt demeurait comprise
dans l'*ager publicus*, tantôt était vendue (2), tantôt enfin était
attribuée à des colons romains. Les habitants expropriés se
réfugiaient à Rome, lorsqu'on ne leur permettait pas de rester

---

jure Italiæ, II, c. 2-5; — Spanheim, *Orb. Rom.*, I, c. 9; — Trekell, *loc. cit.*,
pp. 137 et suiv.; — Heyne : *De cett. colon. jure*, Opusc., I, pp. 290 et suiv.;
De Romanorum prudentia in colon. regendis, Opusc., III, pp. 79 et suiv.;
— Niebuhr, *Röm. Gesch.*, t. II, pp. 48-56 [= dans la trad. fr. de M. de
Golbéry, t. III, pp. 59-69]; — Weiland, *De bello Marsico*, Berol., 1831, c. 2;
— Ruperti, *De coloniis Romanorum*, Romæ, 1831, in-4; — C. Dumont, *Essai
sur les colonies Romaines*, Bruxelles, 1844, in-8; — Schmidt, *Das Colonialwesen der Römer*, Postdam, 1847, in-4; — Sambeth, *De Romanorum coloniis*, Tübingen, Pars I. 2, 1861-62, in-4; — Rudorff, *Röm. Feldmesser*, t. II, pp. 323 et
suiv.; — Voigt, *Jus natur.*, t. II, p. 337 et suiv. — [*Ville :* J. Naudet, *Des
changemens opérés dans toutes les parties de l'administration de l'empire rom.*,
Paris, 1817, t. I, pp. 44 et suiv.; — Rud. Help. Eyss. Wichers, *De coloniis
veterum Dissertatio*, Groningæ, 1827, in-8; — Rein, *Colonia*, dans la *Pauly's
R-a'encycl.*; — Zumpt, *De coloniis Romanorum militaribus libri quatuor*, dans
ses *Commentationes epigr.*, t. I, pp. 195-491; — Walter, *Gesch. d. Röm.
Rechts*, 3e éd., Bonn, 1860, t. I, §§ 217-223. 225. 243. 253. 265-270; — Hou-
doy, *Le droit munic.*, t. I, Paris, 1836, pp. 49-49; — Firmani, *I comuni
doppii nella costituzione di Roma*, Torino, 1877; — Beloch, *Der ital. Bund*,
Leipzig, 1880, pp. 111-119; — Th. Mommsen, *Die italischen Bürgercolonien von
Sulla bis Vespasian*, dans *Hermes*, t. XVIII, 1883, pp. 161 et suiv.; — Madvig,
Verf., t. II, ch. 7, § 4 = dans la trad. fr. de M. Ch. Morel, *L'État romain*,
t. III, Paris, 1883, pp. 25 et suiv.; — P. Willems, *Le droit public romain*, 5e éd.,
Paris, 1884, pp. 369 et suiv., et *Le Sénat de la Rép. rom.*, t. II, Louvain et
Paris, 1883, p. 675 et suiv.; — les deux dissertations remarquables et d'une
importance capitale de MM. G. Humbert et F. Lenormant, dans le *Dict. des
Antiq. grecq. et rom.* de MM. Ch. Daremberg et Edm. Saglio, 9e fasc., Paris,
1884, mots *Colonies romaines* et *Monnaies des colonies romaines*, pp. 1303 et
suiv., et 1319 et suiv.; — Otto Karlowa, *Röm. Rechtsgesch.*, t. I, Leipzig,
1885, § 17, pp. 391 et suiv.; — A. Bouché-Leclercq, *Manuel des Instit. Rom.*,
Paris, 1886, pp. 171 et suiv.; — J.-B. Mispoulet, *Les instit. politiq. des Rom.*,
t. II, Paris, 1883, pp. 31 et suiv., et *Étude sur les tribus romaines*, dans ses
Études d'instit. rom., Paris, 1887, *passim*, et spécialement pp. 9 et suiv., et
41 et suiv. — Comp. *infra*.]

(1) Dionys. Halic., II, 25. 50. 53; — Tit. Liv., X, 1.

(2) Hygin., dans les *Gromat.*, éd. Lachm., t. I, p. 115 : *Quæstorii autem
dicuntur agri, quæ populus Romanus deciclis pulsisque hostibus possedit man-
davitque quæstoribus, ut eos venderent.* Cf. eod., pp. 116. 117. 131. 136. 137.
151. 152.

chez eux (1). L'établissement de citoyens romains sur le sol
conquis avait pour but d'y maintenir la domination romaine;
il se justifiait ainsi dans les premiers temps par des considéra-
tions militaires, puisqu'il n'y avait pas d'armée permanente
pour tenir garnison dans les territoires annexés (2). Ce n'est qu'à
l'époque des Gracques que la fondation des colonies eut pour
objet de venir en aide à la fraction la plus nécessiteuse de la
population urbaine (3). Comme d'ordinaire l'émigration était
dirigée vers des régions déjà habitées, vers des communes
déjà existantes (4), il faut distinguer dans la colonie deux

---

(1) Voy. ci-dessus, p. 36. Dionys. Halic., II, 35 : ὁ δὲ Ῥωμύλος ἐπιλεξάμενος μὲν ἄνδρας, τὰς ἐπιφανεστέρας ἀποικίας ἀπέστειλεν, οἷς θᾶττον αἱ πόλεις τρέφειν ἐλαχίστην μοῖραν τῆς ἑαυτῶν γῆς. Καππαδὼ δὲ καὶ Ἀντεμνάτων τοὺς βουλομένους μεταβῆναι τὴν οἴκησιν εἰς Ῥώμην γενέσθαι ἅμα καὶ τίμιος μετέγραφε.

(2) Cicero, *De leg. agrar.*, II, 27, 73 : *Est operæ pretium diligentiam majorum recordari qui colonias sic idoneis in locis contra suspicionem periculi collocarunt, ut esse non oppida Italiæ, sed propugnacula imperii viderentur.* Et telle est la raison pour laquelle la colonie s'appelle φυλακή ou φρουρά (Dionys. Halic., II, 53. 54), les colons φρουροί (Dionys. Halic., VI, 32. 34), et pourquoi il est dit de *Crustumerium*, dans Denys d'Halicarnasse (III, 49) : τοῦ δὲ πλήθους τὴν καταλειφθεῖσαν χώραν ἐπέλαχον αὐτοῖς κατέθεσαν Ῥωμαῖοι. Cf. VII, 13; — Tit. Liv., I, 56, 3; II, 34, 6; IV, 11, 3; — Appian., *Bell. civ.*, I, 7.

(3) L'opinion que les colonies auraient eu pour but de secourir la lie de la *plebs* romaine (Roth, *De re municipali*, Stuttgart, 1801, p. 5, note), a été vivement combattue par Madvig (*De jure et condic. colon.*, p. 215) : il cite l'exemple de la colonisation de Velitræ (262 = 492), à propos de laquelle, à défaut de colons volontaires, des colons furent désignés par le sort dans l'ensemble du peuple romain tout entier et furent astreints, sous des peines sévères, de prendre part à la fondation de la colonie. (Dionys. Halic., VII, 13; — Plutarch., *Coriol.*, 13.) Sans doute, les colonies servaient bien déjà, dans la lutte entre les patriciens et les plébéiens, à apaiser la *plebs* et à en éloigner une partie (Tit. Liv., V, 24; VI, 16), ou, comme le dit Tite-Live (VIII, 16) : *ut beneficio prævenirent desiderium plebis;* mais, comme la colonie s'établissait sur un territoire précisément conquis, elle répondait ainsi au but qui lui était propre.

(4) La remarque de Niebuhr (*Röm. Gesch.*, t. II, p. 49 [= dans la trad. fr. de M. de Golbéry, t. III, p. 59]), que les colonies grecques auraient été en général des villes bâties tout exprès, à la différence des colonies romaines, souffre, quant à ces dernières, quelques exceptions, puisque Ostia (Tit. Liv., I, 33) et Signia (Dionys. Halic., IV, 63) ont été de création nouvelle [sur Ostia, voy. M. H. Dessau, dans le *C. I. L.*, t. XIV, pp. 1 et suiv., et 481, et, sur Signia, Mommsen, *eod.*, t. X, 1, p. 591]. Mais elle paraît avoir servi de règle dans les anciennes définitions de la colonie. Siculus Flaccus, dans les *Gromat.*, éd. Lachm., t. I, p. 135 : *Coloniæ autem inde dictæ sunt, quod Romani in ea municipia miserint colonos, vel ad ipsos priores municipiorum populos coercendos, vel ad hostium incursus repellendos;* — Serv., *Ad*

éléments différents : d'une part, les colons ; de l'autre, les indigènes, les habitants vaincus. Les colons, dont le nombre s'é-
levait la plupart du temps à 300 (1), réminiscence des 300
gentes romaines (2), formaient entre eux une commune, à
l'image de la métropole (3). Ils constituaient dans la colonie
un ordre privilégié, comme les patriciens à Rome (4) ; ils
possédaient le tiers de son territoire ; ils élisaient dans leurs
rangs leur sénat et leurs magistrats, et continuaient, semble-
t-il, même après leur émigration, à jouir de l'intégralité de la
civitas cum suffragio et jure honorum (5). A eux seuls s'applique à l'origine l'appellation de colonie, qui n'embrasse pas les
habitants vaincus (6). Ces derniers cherchaient souvent, en revanche, à reconquérir leur liberté par l'expulsion ou par le meurtre des *coloni* (7), ce qui donne à penser que leur condition

---

Verg. .En., I, 12 : *Sane veteres colonias ita definiunt. Colonia est certus eorum
hominum, qui universi deducti sunt in locum certum ædificiis munitum, quem
certo jure obtinerent. Alii : colonia est, quæ Græce ἀποικία vocatur : dicta autem est a colendo : est autem pars civium aut sociorum missa, ubi rempublicam
habeant ex consensu suæ civitatis aut publico ejus populi, unde profecti sunt,
consilio. Illæ autem coloniæ sunt, quæ ex consilio publico, non ex secessione sunt
conditæ.* — Dionys. Halic., II, 16.

(1) Voy Madvig, *De jure et condic. colon.*, p. 226, et les sources par lui
indiquées ; — Dionys. Halic., II, 33. 53 ; — Tit. Liv., VII, 21 ; XXXII, 29 ;
XXXIV, 43. Cependant, il y a eu des exceptions ; c'est ainsi, par exemple,
que Laviei reçut 1300 *coloni* (Tit. Liv., IV, 47). — [Sur Laviei ou Labici,
voy. M. H. Dessau, dans le *C. I. L.*, t. XIV, pp. 271 et suiv., et p. 493, XVI.]

(2) Voy. Niebuhr, *Röm. Gesch.*, t. II, p. 53 [= dans la trad. fr. de M. de
Golbéry, t. III, p. 61] ; — Madvig, *op. cit.*, p. 223.

(3) Aul. Gell., *Noct. att.*, XVI, 13 : *quasi effigies parva simulacraque populi
Romani.*

(4) Voy. Niebuhr, *op. et loc. sup. citt.*

(5) Ce système, que Madvig (*op. cit.*, pp. 211-235) développe en détail, et
en faveur duquel se prononcent Peter (*Zeitschr. f. Alterth.*, 1841, p. 199), Rein
(dans la *Pauly's Realenc.*, t. II, p. 506) et Walter (*Gesch. d. Röm. Rechts*, t. I,
§ 219), ne s'appuie sur aucun témoignage direct ; mais la doctrine opposée,
adoptée par Kuhn (*Zeitschr. f. Alterth.*, 1845, n. 67. 68) et par A. W. Zumpt
(*Studia Rom.*, p. 367), ne peut pas en invoquer davantage.

(6) Dionys. Halic., VIII, 14 : ἐπὶ Κοριόλων πόλιν ἣν ἐν ᾗ κληρούχοι 'Ρωμαίων
ἦσαν ἅμα τοῖς ἐπιχωρίοις κατοικοῦντες ; — Niebuhr, *Röm. Gesch.*, t. II, p. 52
[= dans la trad. fr. de M. de Golbéry, t. III, p. 63].

(7) Voy. Madvig, *op. cit.*, p. 227. Ainsi Denys d'Halicarnasse (II, 51) dit
de Cameria : τοὺς μὲν ἀπέκτειναν τῶν ἐποίκων τοὺς δ' ἐξέβαλον. Ainsi encore
Sora se donna aux Samnites (444 = 310) *interfectis colonis Romanorum* (Tit.
Liv., IX, 23 ; — Diodor. XIV, 102) et Alba se souleva en 452 = 302 (Tit.

était des plus défavorables. Nous n'avons sur leur compte aucun renseignement plus précis. Néanmoins, parmi les divers systèmes auxquels leur condition a donné lieu, la préférence nous paraît devoir être accordée à celui de Madvig, suivant lequel ils jouissaient, comme les anciens *municipia*, de la *civitas sine suffragio* (1). Tout d'abord, en effet, les textes affirment qu'ils devenaient citoyens (2), et, quand il s'agit de localités à peine conquises, ce mot ne peut évidemment revêtir que le sens ci-dessus indiqué de sujétion, privée de droit politique. D'autre part, les habitants indigènes étaient placés sous l'autorité des magistrats de la colonie et obéissaient au même droit que les colons romains eux-mêmes (3); ils ne formaient donc, à aucun point de vue, une commune distincte de ceux-ci. Enfin, s'ils avaient conservé la qualité de *peregrini*, nul doute que la fusion entre les deux éléments des colonies, fusion depuis longtemps opérée lors de la *lex Julia*, et dont l'effet fut de comprendre sous le nom de *colonia* la totalité de leurs habitants (4), n'eût été beaucoup moins aisée. Tandis que les indigènes

---

Liv., X, 1, 7). — [Sur Sora et sur Alba, voy. Mommsen, dans le *C. I. L.*, t. X, 1, p. 560, et t. IX, pp. 370 et suiv. Cf., sur l'Ager Albanus, M. H. Dessau, *eod.*, t. XIV, p. 216.]

(1) Voy. Madvig, *op. cit.*, pp. 232-241.

(2) Niebuhr, *Röm. Gesch.*, t. II, p. 56 [= dans la trad. fr. de M. de Golbéry, t. III, p. 69]. Voy. Dionys. Halic., II, 35. 54; III, 49; — Tit. Liv., VIII, 14; cf. VI, 17; IX, 16, et sur ces passages Rein, *loc. sup. cit.*, pp. 506 et suiv.

(3) Voy. *infra*, ce qui est dit au sujet des préfectures, p. 55.

(4) Niebuhr, *Röm. Gesch.*, t. II, p. 52 : « Néanmoins l'usage du discours [l'idiôme] changea, comme cela devait être, quand colons et habitans se confondaient en une seule bourgeoisie, comme à Rome les citoyens et la commune s'étaient réunis en un seul *populus*, le peuple romain. Avant qu'on en fût venu là dans Rome, cette fusion était sans doute impossible pour les colonies, et tant que les patriciens ne reconnurent aucun effet civil aux mariages mixtes, ils n'auront pas toléré de *connubium* dans les colonies formulées selon l'ancien Droit; ils n'auront souffert, avec les habitans primitifs, qu'un simple *commercium*. » [Trad. fr. de M. de Golbéry, t. III, pp. 63 *in fine* et 64.] La dernière observation se réfère aux plus anciennes colonies, antérieures à Servius Tullius, dans lesquelles n'entraient que des patriciens; c'est à dessein que je n'en parle pas ici, parce que nous ne possédons aucun renseignement sur leur organisation. Pour les colonies des premiers temps de la République, l'organisation des municipes d'alors est la seule analogie que l'on puisse invoquer avec certitude.

reçurent peu à peu, comme les *municipes*, le *plenum jus civita-tis*, les colons perdirent le caractère d'une garnison militaire, que la soumission de l'Italie rendait inutile. L'ancien système, consistant à protéger les nouvelles conquêtes par l'établisse-ment de colons citoyens, ne fut plus appliqué par les Romains qu'à la *Gallia cisalpina*, dont il sera question plus loin. A par-tir des Gracques, le rôle primitivement joué par les colonies se modifie profondément, et les nouvelles fondations de colonies sont inspirées uniquement par la nécessité d'améliorer le sort des classes pauvres. Plus tard enfin, après l'an 654=100 (1), les colonies reçoivent encore une autre destination : elles ser-vent à récompenser, par des concessions de terres, les soldats congédiés. Ainsi, dans la dernière période de leur histoire, les colonies, désormais exclusivement militaires, se rapprochent de nouveau de leur fonction première, qui les appelait à veiller à la conservation des territoires conquis.

Voici quelle est, d'après Madvig et Mommsen, la liste des colonies de citoyens en Italie; nous y joignons, dès à présent, pour nous y reporter par la suite, les rares colonies fondées hors d'Italie jusqu'en 654=100 (2).

Liste des colonies romaines.

---

(1) Vellei. Palerc., I, 13, 5 : *In Bagiennis Eporedia (deducta colonia est) Ma-rio sextum Valerioque Flacco consulibus. Neque facile memoriæ mandaverim, quæ, nisi militaris, post hoc tempus deducta sit.* Comp. Zumpt, *Comment. epigr.*, t. I, p. 205.

(2) Voy. Madvig, *op. cit.*, pp. 265. 295 et suiv. ; — Mommsen, *Röm. Münzw.*, pp. 332 et suiv. [=dans la trad. fr. de MM. de Blacas et de Witte, t. III, pp. 210 et suiv.]. — Si le passage d'Asconius (p. 3 [*In Pisonianam*, dans les *M. Tullii Ciceronis opera*, éd. Orelli, J. G. Baiterus et Car. Halmius, vol. V, pars II, Turici, 1833]) doit être lu de la manière suivante : *Eamque coloniam (Pla-centiam)LIII deductam esse invenimus*, il en résulterait que cette colonie, fondée en 536=218, serait la 53e, tandis que, jusqu'à cette année, nous ne connaissons que 11 colonies de citoyens et 31 colonies latines, soit, au total, 43 colonies. La liste serait donc incomplète, et c'est ce qu'admettent Savigny (*Verm. Schr.*, t. III, p. 290, note 1) et Mommsen (*Röm. Münzw.*, p. 360 [= dans la trad. fr. de MM. de Blacas et de Witte, t. III, p. 131, note 2 *in fine*]). Cependant O. Hirsch-feld (*Zur Geschichte des latinischen Rechts*, dans la *Festschrift zur 50jährigen Gründungsfeier des archäologischen Institutes in Rom.*, Wien, 1879, in-4, p. 5 [= dans la trad. franç. de M. l'abbé H. Thédenat, *Contribution à l'histoire du droit Latin*, par Otto Hirschfeld, etc., dans la *Revue gén. du droit*, 1880, p. 296, note 4, et tirage à part, Paris, E. Thorin, 1880, gr. in-8, p. 8, note 4]) tient le passage d'Asconius pour obscur et lit : *Placentiam autem sex milia hominum novi coloni deducti sunt... Eamque coloniam LIII (annis post civitate*

1. Ostia, fondée sous Ancus Martius (1).
   [Labici (336 = 418)] (2).

2. Antium (416 = 338) (3).

3. Anxur ou Terracina (425 = 329) (4).

4. Minturnae, en Campanie ⎫
5. Sinuessa, en Campanie ⎬ (458 = 296) (5).

6. Sena Gallica, en Ombrie ⎫
7. Castrum novum, dans le Picenum ⎬ (vers 471 = 283) (6).

8. Æsium, en Ombrie (aujourd'hui Jesi) (507 = 247) (7).

9. Alsium, en Étrurie (507 = 247) (8).

10. Fregenae, en Étrurie (509 = 245) (9).

Romana] d[ona]tam esse invenimus : deducta est autem Latina. Cette version me paraît digne de considération.

(1) Tit. Liv., I, 33; XXVII, 38; — Dionys. Halic., III, 44; — Polyb., VI, 2, 9; — Cicero, *De rep.*, II, 18, 33. — [Sur Ostia, voy. M. H. Dessau, dans le *C. I. L.*, t. XIV, pp. 1 et suiv., et 431.]

(2) Tit. Liv., IV, 47, 7. Toutefois le renseignement est douteux, et Mommsen (*Röm. Gesch.*, t. I, 7e éd., p. 348, texte et note [= dans la trad. fr. de M. Alexandre, t. II, p. 111, texte et note 1]) croit qu'il n'y est question que d'une assignation de terres. — Comp. Madvig, *op. cit.*, p. 251. — [Sur Labici, voy. M. H. Dessau, *loc. sup. cit.*, p. 49, note 1 *in fine*.]

(3) Tit. Liv., VIII, 14; XXVII, 38; XXXVI, 3. Dès 287 = 467, Antium était devenue colonie (Tit. Liv., III, 1; — Dionys. Halic., IX, 59), mais vraisemblablement colonie latine. Voy. Madvig, *op. cit.*, p. 260; — Mommsen, *Röm. Münzw.*, p. 311, note 63 [= dans la trad. fr. de MM. de Blacas et de Witte, t. III, p. 131, note 1]. — [*Adde* Mommsen, dans le *C. I. L.*, t. X, 1, p. 660.]

(4) Tit. Liv., VIII, 21; XXVII, 38; XXXVI, 3. Velleius Paterculus (I, 14) la place en l'an 427 = 327. — [Voy. Mommsen, dans le *C. I. L.*, t. X, 1, p. 623. — Voy. aussi M. R. de La Blanchère, *Terracine, Essai d'histoire locale;* Paris, 1883, in-8, avec cartes et p.]

(5) Tit. Liv., X, 21; XXVII, 38, XXXVI, 3. — [Voy. Mommsen, dans le *C. I. L.*, t. X, 1, p. 595 et p. 463.]

(6) L'année ne nous est pas indiquée avec certitude. Pour *Sena Gallica*, elle résulte de Polybe (II, 19, 13); Castrum, — et il faut sans doute entendre par là *Castrum novum Piceni*, — est mentionné par Tite-Live (*Epit.*, XI), en même temps que Sena et Hadria, tandis que Velleius Paterculus (I, 14. 8) le place au début de la première guerre punique, 490 = 264. Tite-Live (XXXVI. 3) donne à la colonie le nom de *Castrum novum*. — [Voy. Mommsen, dans le *C. I. L.*, t. IX, p. 491.]

(7) Vellei. Paterc., I, 14, 8, où on lit Æsulum. Voy. Mommsen, *Röm. Münzw.*, p. 332, note 113 [= dans la trad. fr. de MM. de Blacas et de Witte, t. III, p. 211, note 1].

(8) Vellei. Paterc., I, 14, 8; — Tit. Liv., XXVII, 38.

(9) Vellei. Paterc., *loc. cit.*; — Tit. Liv., *Epit.*, XIX; — Tit. Liv., XXXVI, 3.

11. Pyrgi, en Étrurie (563 = 191) (1).

12. Puteoli, en Campanie

13. Volturnum, en Campanie

14. Liternum, en Campanie

15. Salernum, en Campanie

16. Buxentum, en Lucanie   } (560 = 194) (2).

17. Sipontum, en Apulie

18. Tempsa, dans le Bruttium

19. Croton, dans le Bruttium

20. Potentia, dans le Picenum

21. Pisaurum, en Ombrie   } (570 = 184) (3).

22. Parma, dans la Gallia cispadana

23. Mutina, dans la Gallia cispadana   } (571 = 183) (4).

24. Saturnia, en Étrurie

25. Graviscae, en Étrurie (573 = 181) (5).

26. Luna, en Étrurie (574 = 180), et de nouveau (577 = 177) (6).

27. Auximum, dans le Picenum (597 = 157) (7).

28. Fabrateria, dans le Latium (630 = 124) (8).

29. Minervia, anciennement Scylacium,
      dans le Bruttium   } (632 = 122) (9).

30. Neptunia, anciennement Tarente

---

(1) Tit. Liv., XXXVI, 3.

(2) Tit. Liv., XXXIV, 45. — [Voy. sur ces villes Mommsen, dans le *C. I. L.*, t. X, 1, pp. 132. — 377. — 356. — 64. — 51 ; — t. IX, p. 63 ; — t. X, 1 p. 14. — Il n'y a que Tempsa sur laquelle nous n'avons trouvé aucun renseignement.]

(3) Tit. Liv., XXXIX, 44 ; — Hieron., *Ad Ol.*, 160, 2. — [Sur Potentia, voy. Mommsen, dans le *C. I. L.*, t. IX, p. 556.]

(4) Tit. Liv., XXXIX, 55.

(5) Tit. Liv., XL, 29.

(6) Tit. Liv., XLI, 13 ; — Mommsen, *C. I. L.*, t. I, ad n. 539.

(7) Vellei. Paterc., I, 15, 3. — [Voy. Mommsen, dans le *C. I. L.*, t. IX, p. 559.]

(8) Vellei. Paterc., I, 15, 4.

(9) Vellei. Paterc., I, 15, 4 ; — Appian., *Bell. civ.*, II, 23. — Voy. Mommsen, *Ueber zwei röm. Colonien bei Velleius*, dans les *Berichte der sächs. Gesellsch. d. Wiss. Philol. histor. Classe*, 1849, pp. 49 et suiv. — Le camp, c'est-à-dire *castra Hannibalis*, le port de Scylacium, fut, suivant Tite-Live (XXXII, 7), colonisé déjà en l'an 555 = 199 par 300 colons ; mais, dans l'opinion de Mommsen, il demeura d'abord un *pagus*, et ce n'est qu'en 632 = 122 qu'il fut réuni en commune urbaine avec la colonie de Scylacium qui fut alors fondée. — [*Adde* Mommsen, dans le *C. I. L.*, t. X, 1, p. 12, IV, Scolacium (*Squillace*).]

31. Dertona, en Ligurie ? (1).

32. Eporedia, dans la Gallia Transpadana (654 = 100) (2).

Enfin, hors d'Italie :

Colonia Junonia Carthago, qui n'eut qu'une existence éphémère, et

Narbo Martius (636 = 118) (3).

Conséquences de l'extension de la commune.

Nous nous sommes, jusqu'à présent, occupés des deux procédés employés par les Romains pour détacher une partie des populations italiques, au prix d'une admission immédiate dans la cité, de leurs anciens intérêts et de leurs anciennes alliances, et pour les incorporer définitivement, à des titres divers, dans la commune romaine. Avant de passer à l'étude de la politique qu'ils observèrent à l'égard des cités italiennes, demeurées indépendantes, indiquons en quelques mots les conséquences qui résultèrent de ce régime, aussi bien pour l'État romain, que pour les communes qu'il s'était annexées. Il en résulta, pour Rome, que, les colons émigrés continuant à figurer dans les tribus et les indigènes des colonies et des municipes eux-mêmes obtenant de leur côté peu à peu le droit de cité complet, qui emportait leur admission dans une tribu (4), le nombre

Nouvelle composition des tribus.

des tribus, désignées à l'avenir non plus par le nom des familles patriciennes, mais par celui des villes conquises (5), fut porté à 35, en 513 = 241, et que, à cette époque, les 35 tribus comprenaient déjà une grande partie de l'Italie, en attendant qu'elles

---

(1) Vellei. Paterc., I, 15, 5. On ignore si c'était une colonie de citoyens.

(2) Vellei. Paterc., I, 15, 4.

(3) Il en sera encore question à propos des provinces d'Afrique et de la Gaule Narbonnaise. — [Voy., quant à présent, G. Wilmanns, dans le C. I. L., t. VIII, 1, p. 133, et Ern. Herzog, *Gall. Narb. hist.*, Lips., 1864, pp. 31 et suiv.]

(4) La concession de la *civitas optimo jure* à une commune résultait d'un plébiscite, qui désignait la tribu à laquelle elle appartiendrait désormais (Tit. Liv., XXXVIII, 36).

(5) La *tribus Crustumina* tire son nom de Crustumeria, que les Romains conquirent en l'an 253 = 499 (Tit. Liv., II, 19), et elle a dû être organisée en 259 = 495 (Tit. Liv., II, 21) ; la *tribus Mæcia* et la *tribus Scaptia*, créées en 421 = 333 (Tit. Liv., VIII, 17), doivent leur nom, la première à un *castrum*, la seconde à une *urbs Scaptia*. Festus, *Epit.*, pp. 136. 343, éd. Müller ; le nom de la *tribus Teretina* vient du fleuve Teres, le Sacco d'aujourd'hui. — Voy. là dessus Grotefend, p. 4 de l'ouvrage cité en la note 2 de la page suivante.

la comprissent tout entière, après la *Lex Julia* (de l'an 90).

Les tribus, ainsi que l'attestent leur division en *tribus urbanæ* et *tribus rusticæ* et leurs appellations locales, ont été, à l'origine, des circonscriptions géographiques ; elles n'ont pas, il est vrai, conservé ce caractère ; mais de bonne heure on semble avoir partagé entre plusieurs tribus les villes nouvellement conquises d'une même région, en vue d'empêcher que les tribus les plus rapprochées de la ville n'eussent dans les comices plus d'influence que les tribus plus éloignées. Toutefois, après la fixation définitive du nombre des tribus (513 = 241), on fut obligé d'inscrire proportionnellement, dans les tribus déjà existantes, la grande masse des citoyens nouveaux. La dénomination d'*Italia tributim descripta* (1) ne désigne donc pas un tableau cartographique, mais une liste où figurait chaque ville d'Italie, en regard de la tribu, à laquelle elle ressortissait (2). Cependant, malgré la distribution proportionnelle des habitants de l'Italie entre toutes les tribus, on ne put faire que l'extension à la péninsule tout entière de la *civitas cum suffragio* ne rendit absolument impossible à un grand nombre l'exercice du droit de vote, et n'empêchât désormais la participation intégrale de tous les *cives* à la réunion des comices (3).

Italia tributim descripta.

L'extension de la cité g*ne l'exercice du droit de vote.

Quant aux municipes et aux colonies, entrant dans la *civitas romana*, ils cessaient eux-mêmes d'être des *civitates* (4) ; et l'application du droit romain sur leur territoire entraînait leur soumission à la juridiction du *prætor urbanus*. A vrai dire, le préteur n'y disait pas le droit en personne, mais il dé-

Præfecturæ.

---

(1) Q. Cicero, *De petit. cons.*, VIII, 30.

(2) C'est cette description que se propose l'excellent ouvrage de Grotefend, *Imperium Romanum tributim descriptum*, Hannover, 1863, in-8.

(3) On n'a commencé que sous l'empire à rattacher à une tribu unique des provinces tout entières. C'est ainsi que, depuis Auguste, toutes les nouvelles colonies et tous les nouveaux municipes de Lusitanie et d'Espagne appartiennent à la *tribus Quirina* et à la *tribus Galeria*: ceux de la Gaule Narbonnaise, à la *tribus Voltinia*; ceux de Grèce, d'Asie-Mineure et d'Afrique, à la *tribus Quirina*. — Voy. Grotefend, *op. cit.*, p. 7.

(4) Voy. *supra*, p. 39, note 2. C'est ainsi que Cicéron dit de Placentia, dans Asconius (*In Pisonianam*, p. 4, éd. Orelli) : *hic (Pisonis avus) — — in eam civitatem (nam tum erat civitas) adscendit.*

léguait sa juridiction à des lieutenants (1) (*præfecti jure dicundo*), auxquels les *præfecturæ*, dont il nous faut maintenant parler, doivent leur nom (2).

Les *præfecti jure dicundo* appartiennent à cette classe de fonctionnaires qui, à l'origine, ne procédaient pas de l'élection, mais étaient nommés (3); et, dans le cas particulier, c'est le *prætor urbanus* qui les désignait. Cependant, plus tard, quatre d'entre eux seulement, qui exerçaient leurs fonctions dans les dix villes campaniennes de Capua, Cumæ, Casilinum, Volturnum, Liternum, Puteoli, Acerræ, Suessula, Atella, Calatia, portaient le titre de *IIIIviri præfecti jure dicundo Capuæ Cumis*, et faisaient partie du collège de *XXVIviri*, en vinrent à être élus par les *comitia tributa*, sur la proposition du préteur ; les autres continuèrent à être nommés directement par lui (4). Il n'y a doute que sur

---

(1) Voy. Mommsen, *Staatsrecht*, t. I. 2e éd., pp. 187. 216 [= dans la trad. fr. de M. Paul Frédéric Girard, *Manuel des antiquités romaines par Th. Mommsen et J. Marquardt*, I, *Le droit public romain par Théodore Mommsen*, traduit sur la deuxième édition allemande, avec l'autorisation de l'auteur, t. I. Paris, E. Thorin, 1887, gr. in-8, pp. 229 et 251]. — [M. Mommsen a tout récemment publié une 3e édit. de ce volume, 1888.]

(2) Voy. Rein, dans la *Pauly's Realencycl.*, t. VI, pp. 4-8; — A. W. Zumpt, *Comment. epigr.*, t. I, pp. 50-66; — Mommsen, *C. I. L.*, t. I, n° 637.

(3) Tous les *præfecti*, quels qu'ils soient, sont nommés et non élus; par exemple : le *præfectus prætorio*, le *præf. urbi*, le *præf. annonæ*. De même, les commandants de la flotte, aussi longtemps qu'ils furent élus par le peuple, portent le nom de *II viri navales* (Tit. Liv., IX, 30; XL, 18. 26; XLI, 1) : depuis qu'ils sont nommés, ce qui eut lieu dès les guerres civiles et plus tard sous l'empire, on les appelle *præfecti*. — Voy. Zumpt, *loc. sup. cit.* [Comp. Ermanno Ferrero, *L'ordinamento delle armate romane*; Roma, Torino, Firenze, 1878 et 1884, fratelli Bocca; comp. aussi le même. *Iscrizioni e ricerche nuove intorno all' ordinamento delle armate dell' impero romano.* Torino, Ermanno Loescher, 1886, in-4; Breusing, *Die Nautik der Alten*, Brème, Schünemann, et C. de la Berge, *Étude sur l'organisation des flottes romaines*, publiée avec un supplément par M. Robert Mowat.]

(4) Tit. Liv., IX, 20 : *eodem anno (436 = 318) primum præfecti Capuam creari cœpti, legibus ab L. Fu io prætore datis, quum utrumque ipsi pro remedio ægris rebus discordia intestina petissent.* Si Tite-Live veut dire que les *præfecti* auraient, déjà à cette époque, été élus par le peuple, c'est une inexactitude. Voy. Mommsen, *Röm. Gesch.*, t. I, 7e éd., p. 419 [= dans la trad. fr. de M. Alexandre, t. II, p. 243, texte et note 1]. Festus, *Epit.*, p. 233. éd. Müller : *Præfecturæ ex appellabantur in Italia, in quibus et jus dicebatur et nundinæ agebantur, et erat quædam earum res publica, neque tamen magistratus suos habebant, in quas legibus præfecti mittebantur quotannis qui jus dicerent. Quorum genera fuerant duo : alterum, in quas solebant ire præfecti quattuor e viginti sex virum numero populi suffragio creati in hæc oppida : Ca-*

le point de savoir si toutes les colonies et tous les municipes, ou quelques-uns seulement, reçurent à l'origine ces *præfecti*; si, par conséquent, le nom de *præfectura* s'applique au début à tous les pays de droit romain, ou s'il ne désigne que certaines communes soumises à un régime particulier, de même qu'après la *lex Julia*, on distingua trois espèces de villes romaines: les *coloniæ*, les *municipia*, les *præfecturæ* (1). Les exemples cités par Festus, à l'endroit où il traite principalement des préfectures (*Epit.*, p. 233, éd. Müller), permettent d'en distinguer trois classes: d'abord les municipes, qui n'ont ni droit de vote, ni existence communale; à cette classe se rattachaient Anagnia, depuis 448 = 306 (2), et Capua, depuis 544 = 210; en second lieu, les municipes qui n'ont pas le droit de vote, mais qui ont conservé leur existence communale: telle était Capua, depuis 416 = 338, lorsqu'elle devint préfecture en 436 = 318 (3) : tels étaient encore Cumæ (4), Acerræ (5), Suessula (6), Atella, Calatia (7), Fundi, For-

---

puam, Cumas, Casilinum, Volturnum, Liternum, Puteolos, Acerras, Suessulam, Atellam, Calatiam: alterum, in quas ibant, quos prætor urbanus quotannis in quæque loca miserat legibus, ut Fundos, Formias, Cære, Venafrum, Allifas, Priternum, Anagniam, Frusinonem, Reate, Saturniam, Nursiam, Arpinum aliaque complura. — Dio Cass., LIV, 26, dit au sujet de l'an . . . 741 = 13 : οἳ τε ἐξ ἀπαντε ὅτεν λόγου ἐν τῶν τε καὶ ἀπαντε εἶεν" — — — ἐ γὰρ ἔτι, ὅτε οὐ τὰς Ῥωμαῖ πέμψου Ὠοὺς ἔγγυς ἥματο, οἳ τε τίσσαρις οἷ ἐ; τὰς Καπαιοΐν παρπάρνται παρπ̀ὶανε (d'après Mommsen, 731 = 20. Dio Cass., LIV, 8). Dans les inscriptions, on relève les titres suivants : IIII VIRI PRæfecti (C. I. L., t. I, n° 617); PRAEF. CAPuæ CVMis (Henzen, n° 6163). Voy. Mommsen, *Staatsrecht*, t. II, 2e éd., pp. 573. 593-595. [La trad. fr. de cette partie par M. P. F. Girard n'a pas encore paru.]

(1) Cicero, *Pro Sext.*, XIV, 32: *Nullum erat Italiæ municipium, nulla colonia, nulla præfectura, — nullum collegium — quod tum non honorificentissime decrevisset de mea salute;* — *In Pison.*, XXII, 51 : *neque enim regio fuit ulla nec municipium neque præfectura aut colonia, ex qua non publice ad me venerint gratulatum;* — *Phil.*, IV, 3, 7 : *Quid? Municipia, colonias, præfecturas num aliter judicare censetis?* — Comp. supra, p. 7.

(2) Tit. Liv., IX, 43, 24. — [Voy. Mommsen, C. I. L., t. X, 1, p. 584.]

(3) Tit. Liv., IX, 20. — [Voy. Mommsen, C. I. L., t. X, 1, pp. 365 et suiv.]

(4) Tit. Liv., VIII, 14, 11; — Festus, *Epit.*, p. 142, éd. Müller. — [Voy. Mommsen, C. I. L., t. X, 1, pp. 359 et suiv.; cf. p. 662 adn.]

(5) Tit. Liv., VIII, 17, 12. — [Voy. Mommsen, C. I. L., t. X, 1, p. 362; cf. P. 662 adn., et supra, les renvois de la p. 32, note 5.]

(6) Tit. Liv., VIII, 14, 11. — [Voy. Mommsen, C. I. L., t. X, 1, p. 364.]

(7) Festus, *Epit.*, p. 142, éd. Müller. Elles perdirent leur droit en même temps que Capoue, en 544 = 210 (Tit. Liv., XXVI, 34, 6). — [Voy. Mommsen, C. I. L., t. X, 1, p. 352 et p. 362, 10.]

miæ (1), Alifæ (2), Privernum (3), Frusino (4), Arpinum (5); enfin, les colonies, telles que Liternum, Volturnum, Puteoli, Saturnia (6)*, où il fallait dire le droit, non seulement pour les colons, mais encore pour les indigènes, auxquels n'avait pas été conféré le *plenum jus civitatis*. Festus semble donc croire que, dans les premiers temps, tous les municipes et toutes les colonies ressortissaient à la juridiction du préteur romain, qui l'exerçait par des préfets tenant de lui leur nomination. L'absence d'autres sources ne nous permet pas de contrôler cette assertion; il est cependant certain que les préfectures ne subsistèrent dans les communes ci-dessus mentionnées que jusqu'au jour où elles obtinrent la plénitude du droit de cité : alors il fut permis aux colonies, désormais ramenées à une seule catégorie d'habitants, et aux municipes d'élire eux-mêmes leurs magistrats judiciaires (7). Après la *lex Julia*, on ne trouve plus qu'un petit nombre de *præfecturæ* (8); et celles-ci même devinrent par la suite de plus en plus rares (9). Et partout où, même après la *lex Julia* (90), les *præfecturæ* ont été conservées, pour des raisons qui nous sont inconnues, elles ont

Disparition des præfecturæ.

---

(1) Tit. Liv., VIII, 11, 10. — [Voy. Mommsen, *C. I. L.*, t. X, 1, pp. 602 et suiv., sur Formiæ; et p. 617, sur Fundi.]

(2) Depuis 444 = 310. Tit. Liv., IX, 38, 1. — [Sur Allifæ et non Alifæ, voy. Mommsen, *C. I. L.*, t. IX, pp. 211 et suiv.]

(3) Depuis 425 = 329. Tit. Liv. VIII, 21. — [Voy. Mommsen, *C. I. L.*, t. X, 1, p. 637.]

(4) Sans doute depuis 431 = 303. Tit. Liv., X, 1. — [Voy. Mommsen, *C. I. L.*, t. X, 1, p. 554.]

(5) Depuis 431 = 303. Tit. Liv., X, 1. — [Voy. Mommsen. *C. I. L.*, t. X, 1, p. 556.]

(6)* [Sur Puteoli, Liternum et Volturnum, voy. Mommsen. *C. I. L.*, t. X, 1, pp. 182 et suiv., 356 et 357. — Sur la *colonia Saturnia*, voy. Mommsen, *I. R. N.*, n° 4321 = *C. I. L.*, t. X, 1, n° 4832.]

(7) Puteoli avait cessé d'être une préfecture en 619 = 103 et était placée sous la jurididiction de *Heiri* (*C. I. L.*, t. I, n° 577 [= t. X, 1, n° 1781]) et la charte (*tessera*) constituant Fundi en préfecture (*C. I. L.*, t. I, n° 532 [= t. X, 1, n° 6231]), et dont Mommsen fixe la rédaction entre les années 533 et 602, doit avoir été rédigée avant 566 = 188, année où Fundi reçut le *plenum jus civitatis* (Tit. Liv., XXXVIII, 36). — [Sur Puteoli et Fundi, voy. les renvois des notes 1 et 6*, *supra*.]

(8) Voy. Beloch, *Der italische Bund*, p. 131.

(9) Il en résulta que les *IIIIprǽfecti Capuam Cumas* cessèrent d'exister sous Auguste, vers l'an 734 = 20. — Voy. Mommsen, *Staatsrecht*, t. II, 2⁰ éd., p. 893; *C. I. L.*, t. I, n° 637.

changé de caractère : en effet, tandis que, primitivement, elles comprenaient soit des *municipia*, privés du *jus suffragii* et du *jus honorum*, soit des colonies, dont la population autochthone n'avait pas encore reçu le droit de cité complet, les préfectures des derniers temps sont toutes des villes investies du *plenum jus civitatis*, et la seule différence qui les distingue des municipes et des colonies, c'est que, au lieu de ressortir à des *IIviri* ou à des *IVviri jure dicundo*, élus par la commune, elles possèdent un *præfectus jure dicundo*, nommé à Rome.

3. *Civitates fœderatæ.* — Les relations internationales paraissent d'abord avoir été inconnues des anciens. Chez les Romains comme chez les Grecs, l'étranger vit en dehors de toute communauté de droit et de mœurs; les uns l'appellent βάρβαρος, les autres *hostis* (1). Ce n'est que petit à petit qu'il s'est formé un *jus gentium*, dont l'inviolabilité reconnue aux ambassadeurs nous présente les premières traces (2). Il ne peut donc exister de rapport juridique entre deux États indépendants, en dehors d'un traité formel; et c'est par de semblables actes que, de bonne heure, les Romains ont contracté alliance soit avec des cités italiennes, soit avec des nations du dehors; on peut les ramener à trois variétés principales (3):

Cités alliées.

---

(1) Varro, *De ling. Lat.*, V, 3 : *Multa verba aliud nunc ostendunt, aliud ante significabant, ut hostis : nam tum eo verbo dicebant peregrinum, qui suis legibus uteretur, nunc dicunt eum, quem tum dicebant perduellem;* — Festus, *Epit.*, p. 314, éd. Müller : *Status dies vocatur qui judici causa est constitutus cum peregrino. Ejus enim generis ab antiquis hostis appellabantur, quod erant pari jure cum populo R. atque hostire ponebatur pro æquare;* — Festus, *Epit.*, p. 83, éd. Müller, s. v. *exesto;* — Cicero, *De off.*, I, 12, 37 : *Hostis enim apud majores nostros is dicebatur, quem nunc peregrinum dicimus. — Quanquam id nomen durius effecit jam vetustas : a peregrino exim recessit et proprie in eo, qui arma contra ferret, remansit;* — Pomponius, *L. 5 § 2, De captiv. et de postlim.*, D., XLIX 13:.... *nam si cum gente aliqua neque amicitiam neque hospitium neque fœdus amicitiæ causa factum habemus, hi hostes quidem non sunt, quod autem ex nostro ad eos pervenit, illorum fit, et liber homo noster ab eis captus servus fit eorum : idemque est, si ab illis ad nos aliquid perveniat. — Osenbrüggen, De jure belli et pacis*, Lips., 1836, in-8, pp. 8 et suiv.

(2) Voy. Voigt, *Das jus civile und jus gentium der Römer*, p. 26, et les passages qui s'y trouvent rapportés; — Cicero, *Acc. in Verr.*, I, 33, 83; — Cæs., *Bell. Gall.*, III, 9; — Nepos, *Pelop.*, 5; — Tacit., *Hist.*, III, 60; — Cicero, *De off.*, III, 29, les.

(3) Pomponius, *L. 5 § 2, De captiv. et de postlim.*, D., XLIX, 15.

Traités d'amitié.　1° Les traités généraux d'amitié, qui se bornent à garantir entre les deux parties contractantes le maintien de la paix et de relations amicales, ainsi que l'ont fait le traité conclu par Romulus avec Alba (1), et les deux premiers traités d'amitié intervenus entre Rome et Carthage (406 = 348 et 418 = 306) (2); 2° les traités d'*hospitium publicum*.

Hospitium publicum.　L'*hospitium publicum* fut accordé, après l'invasion gauloise, à la ville de Cære (3). A ce qu'il semble, il emportait pour tous les habitants d'une commune la concession de droits que, pris individuellement, certains étrangers tenaient parfois d'un privilège particulier; et il consistait notamment à être honorablement reçu, à être entretenu aux frais de l'État, à assister aux sacrifices et aux jeux, à recevoir un présent d'hospitalité, et surtout à pouvoir valablement acheter, vendre, et ester en justice en personne, à la suite d'opérations de cet ordre, sans recourir à l'intermédiaire d'un citoyen romain (4);

Fœdus.　3° enfin certains traités qui, tout en stipulant des droits et des obligations déterminés, subordonnent l'alliance à des clauses qui ne sont pas toujours les mêmes. Un trait commun à toutes les *civitates fœderatæ*, c'est qu'elles forment des États autonomes, nous dirions aujourd'hui souverains, et qu'à ce titre, elles ont le droit de battre monnaie (5), elles sont affranchies de tout service militaire dans les légions, à la condition de fournir des troupes auxiliaires, ou des navires et des ma-

---

(1) Dionys. Halic., III, 1.

(2) Polyb., III, 22, 24. Le premier commence par ces mots: ἐπὶ τοῖσδε φιλίαν εἶναι 'Ρωμαίοις καὶ τοῖς 'Ρωμαίων συμμάχοις καὶ Καρχηδονίοις καὶ τοῖς Καρχηδονίων συμμάχοις. Sur la date de ces deux traités, voy. Mommsen, *Röm. Chronologie*, 2e éd., p. 320.

(3) Tit. Liv., V, 50 : *rettulit — cum Cæritibus hospitium publice fieret, quod sacra populi Romani ac sacerdotes recepissent.*

(4) Voy. Mommsen, dans v. Sybel, *Hist. Zeitschr.*, t. I, 2, pp. 332 et suiv., et aussi *Röm. Forschungen*, t. I, 2e éd., pp. 313 et suiv.; — Walter, *Gesch. d. Röm. Rechts*, t. I, § 83. — [Comp. X. Garnot, *Aperçu sur la condition des étrangers à Rome*, Paris, 1881. — Comp. aussi *supra*, p. 25, note 4.]

(5) Dans l'antiquité, comme aujourd'hui, c'est là une prérogative des États souverains. (Voy. Mommsen, *Gesch. d. Röm. Münze.*, p. 399 [= dans la trad. fr. de MM. de Blacas et de Witte, t. III, pp. 177 et suiv. — *Adde* François Lenormant, *Essai sur l'organisation politiq. et économiq. de la monnaie dans l'antiquité*, Paris, 1863, in-8, pp. 17 et suiv., et *La monnaie dans l'antiquité*, Paris, 1878, t. II, pp. 3, 110 et suiv., 231.])

telots (1), et possèdent une administration urbaine, ainsi que des tribunaux particuliers : au reste, leur souveraineté peut être reconnue par Rome d'une manière complète, ou limitée par les stipulations du *fœdus* (2)*.

La souveraineté complète apparaît notamment dans le *droit d'exil* : on entend par là la reconnaissance réciproque de l'autonomie politique, telle qu'elle existait entre Tibur, Préneste, Neapolis (3), Tarquinii (4), d'une part, et Rome, de l'autre : d'où il résultait qu'un *exul* romain pouvait s'établir dans ces villes, et remplacer, par leur droit de cité, celui qu'il avait perdu à Rome (5).

Les villes qu'un semblable lien rattachait à Rome tenaient leur situation pour si avantageuse que, tout en ayant prouvé leur fidélité aux Romains, lors des guerres que ces derniers soutinrent contre Annibal (6), elles montrèrent peu d'empressement à accepter le droit de cité romaine, après la guerre sociale (7).

----

(1) Voy. les citations dans Mommsen, *op. et loc. sup. cit.*, p. 323 [= dans la trad. fr. de MM. de Blacas et de Witte, t. III, p. 197.]

(2) [Consultez, sur ce qui précède, M. A. Bouché-Leclercq, *Manuel des instit. rom.*, pp. 343 et suiv., et les auteurs par lui cités.]

(3) Polyb., VI, 14, 8 : Ἔστι δ' ἀπηθεῖα τοῖς φεύγουσιν ἔν τε τῇ Νεαπολιτῶν καὶ Πραινεστίνων ἔτι δὲ Τιβουρίνων πόλει καὶ ταῖς ἄλλαις, πρὸς ἃς ἔχουσιν ὅρκια.

(4) Tit. Liv., XXVI, 3, 12; III, 58, 11; XLIII, 2, 10.

(5) Cicero, *Pro Balbo*, XI, 28 : *duarum civitatum civis noster esse jure civili nemo potest : non esse hujus civitatis, qui se alii civitati dicarit, potest : neque solum dicatione, quod in calamitate clarissimis viris Q. Maximo, C. Lænati, Q. Philippo Nuceriæ, C. Catoni Tarracone, Q. Cæpioni, P. Rutilio Zmyrnæ videmus accidisse, ut earum civitatum fierent cives, — — — sed etiam postliminio potest civitatis fieri mutatio ; — Ibid., XII, 29 : civi Romano licet esse Gaditanum sive exilio sive postliminio sive rejectione hujus civitatis. — [Comp. L. M. Hartmann, De exilio apud Romanos, 1887.]*

(6) Ainsi Neapolis (Tit. Liv., XXIII, 1; XXIV, 13); Petelia (Tit. Liv., XXIII, 30); Croton, Rhegium (Tit. Liv., XXIII, 30). — [Sur Croto, voy. Mommsen, *C. I. L.*, t. X, 1, p. 11. — Sur Neapolis, Petelia et Rhegium, voy. les renvois faits *infra*, p. 64, notes 4, 11 et 13.]

(7) Telles Heraclea et Neapolis (Cicero, *Pro Balbo* VIII, 21 — [Sur Heraclea, voy. le renvoi fait *infra*, p. 64, note 9). Tite Live (IX, 43, 23) signale déjà, en l'an 448 = 306, un exemple semblable : *Hernicorum tribus populis, Aletrinati, Verulano, Ferentinati, quia maluerunt quam civitatem, suæ leges redditæ* (cf. c. 45, 7), et derechef, en l'année 538 = 216, le même Tite-Live (XXIII, 20, 2) mentionne un fait analogue : (*Præstini*) *civitate cum donarentur ob virtutem, non mutarunt.*

Cités alliées, limitées dans leur souveraineté.

La souveraineté d'un État allié peut être limitée par la clause suivante, insérée dans le traité : *Ut is populus alterius populi majestatem comiter conservaret.* Cette clause signifie que l'État admis à l'alliance de Rome ne lui est pas uni par un *æquum fœdus*, mais qu'il est placé relativement à elle dans des rapports de dépendance ou de clientèle (1). Son infériorité ne tient donc pas à la suprématie de fait que Rome acquit avec le temps sur toutes les villes alliées (2), mais à un système juridiquement réglementé dès le début, et auquel il est probable que la plupart des *civitates fœderatæ* durent se soumettre.

Tableau des cités alliées.

En effet, l'alliance romaine absorba l'une après l'autre toutes les villes du centre et du midi de l'Italie, qui n'avaient obtenu ni droit de cité actif, ni droit de cité passif, ou qui avaient été réduites, à titre de peine, à un état de servitude politique, comme Tarente, dans la seconde guerre punique (3), et, après la même guerre, les habitants du Bruttium (4). Mais les cir-

---

(1) Tit. Liv., IX, 20, 8 : *Id audacter spondendo (Teates Apuli) impetravere, ut fœdus daretur, neque ut æquo tamen fœdere, sed ut in dicione populi Romani essent;* — Proculus, L. 7 § 1, De captiv. et postlim., D., XLIX, 15: *Liber autem populus est is, qui nullius alterius populi potestati est subjectus: is fœderatus est item, sive æquo fœdere in amicitiam venit sive fœdere comprehensum est, ut is populus alterius populi majestatem comiter conservaret. Hoc enim adjicitur, ut intellegatur alterum populum superiorem esse, non ut intellegatur alterum non esse liberum: et quemadmodum clientes nostros intellegimus liberos esse, etiamsi neque auctoritate neque dignitate — — nobis præsunt, sic eos, qui majestatem nostram comiter conservare debent, liberos esse intellegendum est. At sunt apud nos rei et civitalibus fœderatis et in eos damnatos animadvertimus.*

(2) C'est ainsi que le droit pour les *civitates fœderatæ* de frapper monnaie fut limité pour elles ou leur fut complètement supprimé à partir de 488 = 265 (voy. Mommsen, *loc. sup. cit.*, p. 322 [= dans la trad. fr. de MM. de Blacas et de Witte, t. III, p. 191]); c'est ainsi encore que les lois romaines relatives aux prêts d'argent furent étendues à toute l'Italie par le plébiscite Sempronien de l'an 561 = 193 (Tit. Liv., XXXV, 7), et que la fête des Bacchanales fut interdite dans l'Italie tout entière en 568 = 186 (Tit. Liv., XXXIX, 18, 7).

(3) Strabo, VI, p. 281 : περὶ τε τὰ Ἀννίβαν καὶ τὴν Πύρρον ἐκπεσόντων; — Tit. Liv., XXVII, 25, — [Voy. Mommsen, *C. I. L.*, t. IX, pp. 21 et suiv.]

(4) Aul. Gell., *Noct. att.*, X, 3, 19 : *Romani — Bruttios ignominiæ causa non milites scribebant nec pro sociis habebant, sed magistratibus in provincias euntibus parere et præministrare servorum vicem jusserunt.*

constances dans lesquelles le *fœdus* intervenait ne nous éclairent que rarement sur ses stipulations. Les plus anciens *socii* sont les villes latines qui, après avoir au début fait partie de la Confédération latine, conclurent plus tard avec Rome une alliance particulière : tels furent Tibur, Præneste (1), Lavinium (2), et les villes herniques d'Aletrium, de Ferentinum, de Verulæ (3); vinrent ensuite (4), l'une après l'autre, les villes étrusques (5), notamment Populonia (6), Tarquinii, Volaterræ, Arretium, Perusia, Clusium, Rusellæ (7); puis, en Ombrie, Iguvium (8), Camerinum (9), Ocriculum (10); les tribus samni-

----

(1) Polyb., VI, 14, 8; — Tit. Liv., XLIII, 2, 10 : *Furius Præneste, Malienus Tibur exulatum abierunt* (ann. 583 = 171). Ces deux villes restèrent alliées jusqu'à la *lex Julia* (90; — Appian., *Bell. civ.*, I, 65). Mais je doute qu'elles aient été régies par les clauses de l'ancien traité d'alliance de Cassius, ainsi qu'on l'a conclu d'un passage de Cicéron (*Pro Bal'* XXIII, 53), par cette unique raison que le droit d'exil ne me paraît pas compatible avec le droit de cité réciproque. De même, dans les colonies italiques, le droit d'exil n'est jamais mentionné. — [Sur Tibur et Præneste, voy. les renvois faits ci-dessus, p. 46, note 5.]

(2) En l'année 411 = 340. — Tit. Liv., VIII, 11, 13; — Orelli, n° 2276 [= C. I. L., t. X, 1, n° 797]; — Zumpt, *De Latinis et Laurentibus Latinalibus*, p. 12. — [Sur Lavinium, voy. M. H. Dessau, dans le C. I. L., t. XIV, pp. 156 et suiv.; voy. aussi sur les *Laurentes vico Augustano*, eod., p. 183. *Adde* p. 486, II et IV.]

(3) Tit. Liv., IX, 43. C'est pourquoi Tite-Live (XXXIV, 42, 5) donne le nom de *Latini* aux *Ferentinates*. — [Sur Verulæ, Aletrium et Ferentinum, voy. Mommsen, C. I. L., t. X, 1, pp. 563, 566 et 572.]

(4) Sur les indications qui suivent, voy. les documents monétaires dans Mommsen, *Gesch. d. Röm Münzw.*, pp. 322 et suiv. [= dans la trad. fr. de MM. de Blacas et de Witte, t. III, pp. 197 et suiv.]; — Voigt, *Das jus civile und jus gentium*, pp. 211 et suiv.

(5) Depuis 471 = 283 (Polyb., II, 20, 5). Elles fournissent des troupes auxiliaires dans la seconde guerre punique (Polyb., II, 24, 5; — Tit. Liv., XXVII, 26, 11).

(6) Tit. Liv., XXVIII, 45, 13. Sur les monnaies, voy. Mommsen, *op. sup. cit.*, pp. 216. 283 [= dans la trad. fr. de MM. de Blacas et de Witte, t. I, pp. 213 et suiv. et p. 373, et t. II, p. 5].

(7) Tit. Liv., XXVIII, 45; — Mommsen, *op. sup. cit.*, pp. 219-222 [= dans la trad. fr., t. I, pp. 220-223].

(8) Cicero, *Pro Balbo*, XX, 47.

(9) Tit. Liv., IX, 36, 7; XXVIII, 45, 20; — Val. Max., VI, 5, 4; — Cicero, *Pro Balbo*, XX, 46.

(10) Tit. Liv., IX, 41.

tes des Picentes (1), des Vestini (2), des Marrucini, des Marsi, des Peligni, des Frentani (3); dans la Campanie, Neapolis (4), Nola (5), Nuceria (6), Teanum Sidicinum (7); dans la Lucanie, Velia (8), Heraclea (9), Thurii (10); dans le pays des Bruttii, Rhegium (11), Locri (12), Petelia (13). A côté de ces cités alliées, et des autres sur lesquelles nous n'avons pas d'informations particulières, il convient enfin de faire figurer les colonies latines, que l'on comptait expressément au nombre des *civitates fœderatæ* (14). L'usage guerrier d'enlever aux peuples vaincus un tiers de leur territoire et d'y envoyer des colons, n'était pas particulier aux Romains (15); il était commun à toutes les nations italiques (16). Les Latins, eux aussi, ont fondé des colonies,

Colonies latines.

Fondées par la Confédération latine,

---

(1) Tit. Liv., X, 10, 12. — [Cf. Mommsen, dans le *C. I. L.*, t. IX, pp. 439 et 317.]

(2) Tit. Liv., X, 3, 1; cf. XLIV, 40, 6. — [Voy. Mommsen, *C. I. L.*, t. IX, p. 317.]

(3) Tit. Liv., IX, 45, 13; cf. XXV, 14, 4; XXXIII, 36, 10; XLIV, 40, 5. — [Voy. Mommsen, *C. I. L.*, t. IX, pp. 232. 313. 293. 263.]

(4) Depuis 423 = 325. Tit. Liv., VIII, 26; cf. XXIII, 15; XXIX, 21; XXXV, 16; XXXVI, 42; — Polyb., I, 20; VI, 14; — Cicero, *Pro Balbo*, VIII, 21; XXIV, 55. — [Voy. Mommsen, *C. I. L.*, t. X, 1, pp. 170 et suiv.]

(5) Tit. Liv., VIII, 26; IX, 28; XXIII, 14, XXIII, 44; — Festus, *Epit.*, p. 127, éd. Müller. — [Voy. Mommsen, *C. I. L.*, t X, 1, pp. 142 et suiv.]

(6) Cicero, *Pro Balbo*, XI, 28. — [Voy. Mommsen, *C. I. L.* t. X, 1, p. 124.]

(7) Tit. Liv., XXII, 57; XXIII, 24; XXVI, 14. — [Voy. Mommsen, *C. I. L.*, t. X, 1, p. 471.]

(8) Cicero, *Pro Balbo*, XXIV, 55; — cf. Polyb., I, 20, 14; — Tit. Liv., XXVI, 39, 5. — [Voy. Mommsen, *C. I. L.*, t. X, 1, p. 51.]

(9) Cicero, *Pro Balbo*, VIII, 21. — [Voy. Mommsen, *C. I. L.*, t. X, 1, p. 21, XL.]

(10) A partir de 452 = 262. Tit. Liv., X, 2; *Epit.*, XI; — Plin., *Nat. Hist.*, XXXIV, 32; — Appian., *Samnit.*, VII, 1. 2. En l'année 560 = 194, Thurii devint colonie latine (Tit. Liv., XXXIV, 53). — [Voy. Mommsen, *C. I. L.*, t. X, 1, pp. 17. X, et suiv.]

(11) Polyb., I, 7; — Tit. Liv., XXVI, 39; XXXI, 31; XXXV, 16; XXXVI, 42; XLII, 48. — [Voy. Mommsen, *C. I. L.*, t. X, 1, pp. 3 et suiv.]

(12) Polyb., I, 20, 14; — Tit. Liv., XXIX, 13 sqq.; XXXVI, 42; XLII, 48. — [Voy Mommsen, *C. I. L.*, t. X, 1, p. 3.]

(13) Appian., *De bello Hannibalico*, 20. 57; — Mommsen, *op. sup. cit.*, p. 321 [= dans la trad. fr., t. III, p. 190]. — [Aide Mommsen, *C. I. L.*, t. X, 1, 13.]

(14) Cicero, *Pro Balbo*, XXIV, 54 : *Latinis, id est fœderatis*.

(15) Denys d'Halicarnasse (II, 16) fait, il est vrai, de Romulus l'inventeur des colonies.

(16) C'est ainsi que l'on trouve des colonies des Samnites (Tit. Liv., IV,

et il est probable que, puisqu'elles émanaient de la Confédération, elles y conservèrent leur place. Après le renouvellement de l'alliance opéré par Spurius Cassius et l'admission des Herniques à son bénéfice, la population de ces colonies se composait encore de Romains, de Latins et d'Herniques (1) ; mais la dénomination de *Latini* s'étendait à tous les colons, de même qu'elle désignait la Confédération elle-même. Les dissensions qui éclatèrent en 365 = 389 entre les confédérés rendirent désormais impossible une œuvre de colonisation commune ; et les colonies latines de Sutrium, de Nepete et de Setia, fondées après cette époque, doivent être de création romaine.

fondées par
Rome.

Lorsque, après la fin de la guerre contre les Latins (416 = 338) et de celle contre les Herniques (448 = 306), l'alliance fut définitivement rompue, les Romains continuèrent à envoyer, dans les terres qu'ils avaient acquises en dehors du Latium, des colonies, non pas composées de citoyens romains, mais investies du droit qui, jusqu'alors, avait appartenu aux colonies latines. On peut donc distinguer trois périodes dans l'histoire des colonies latines : celle correspondant à l'ancienne Confédération latine, antérieure à 261 = 493 ; celle correspondant à l'alliance des trois peuples, jusqu'en 365 = 389 ; enfin, celle correspondant aux fondations romaines.

Liste des
colonies latines.

Voici, d'après Madvig et M. Mommsen, la liste des colonies latines :

1. Signia 2. Circeii	toutes deux attribuées à Tarquinius Superbus (2) ; et toutes deux rétablies : la première, en 239 = 495, la seconde, en 361 = 393 (3).

---

37), des Èques (Tit. Liv., IV, 49), des Étrusques (Hadria : Tit. Liv., V, 33), des Antiates (Satricum : Tit. Liv., VII, 27), des Ombriens (Strabo, V, p. 216), des Lucaniens (Posidonia : Strabo, VI, p. 234 ; — Athenæus, XIV, 31, éd. Schweigh.), tous exemples rapportés par Walter (*Gesch. d. Röm. Rechts*, t. I, § 217).

(1) Denys d'Halicarnasse (IX, 59) dit de la colonie d'Antium : ἐλίγων τε ἀποσπογγισμένων Ῥώμα τῇ βουλῇ — Ἰσοπολίτην Ἀντίων τε καὶ Ἐκριτων τοῖς βουλομένοις τῆς ἀποικίας μετέχων.

(2) Tit. Liv., I, 56 ; — Dionys. Halic., IV, 63.

(3) Tit. Liv., II, 21 ; — Diodor., XIV, 102 ; — et Tit. Liv., VI, 21. — [Voy. sur elles Mommsen, C. I. L., t. X, 1, pp. 591 et 633.]

<table>
<tr><td>

3. Suessa Pometia, au pays des Volsques

4. Cora, au même pays

</td><td>

remontant toutes deux peut-être également à la royauté (1).

</td></tr>
</table>

5. Velitræ, au pays des Volsques, fondée en 260 = 494, mais supprimée en 416 = 338 (2).

—————

6. Norba, au pays des Volsques (262 = 492) (3).

7. Antium (287 = 467) (4), qui fut ensuite transformée en colonie romaine en 416 = 338 (5).

8. Ardea, au pays des Rutules (312 = 442) (6).

9. Satricum, au pays des Volsques (369 = 385) (7).

———————————————————

(1) Tit. Liv., II, 16; — Niebuhr, *Röm. Gesch.*, t. II, p. 123 [= dans la trad. fr. de M. de Golbéry, t. III, p. 119]; — Madvig, *De jure et condic. colon. pop. Rom.*, p. 259; — Mommsen, *Röm. Münzw.*, p. 311 [= dans la trad. fr. de MM. de Blacas et de Witte, t. III, pp. 182 et 183]. — [*Adde* Mommsen, *C. I. L.*, t. X, 1, p. 615.]

(2) Tit. Liv., II, 30. 31; — Dionys. Halic., VI, 42. 43; elle fut renforcée en 262 = 492 (Tit. Liv., II, 31 ; — Dionys. Halic., VII, 13) et de nouveau en 350 = 404 (Diodor., XIV, 34); mais il n'en est plus fait mention après 416 = 338 et il est probable qu'à partir de cette époque elle a reçu la *civitas sine suffragio* (Madvig, *op. cit.*, p. 293 : — Mommsen, *op. cit.*, p. 312 [= dans la trad. fr., t. III, pp. 182 et 184]). — [*Adde* Mommsen, *C. I. L.*, t. X, 1, pp. 651 et suiv.]

(3) Tit. Liv., II, 34; — Dionys. Halic., VII, 13. — [Voy. Mommsen, *C. I. L.*, t. X, 1, p. 642.]

(4) Tit. Liv., III, 1; — Dionys. Halic., IX, 59.

(5) Tit. Liv., VIII, 14. — [Voy. Mommsen, *C. I. L.*, t. X, 1, pp. 660 et suiv.]

(6) Tit. Liv., IV, 11 ; — Diodor., XII, 34. — [Voy. Mommsen, *C. I. L.*, t. X, 1, p. 675]. — La colonie Vitellia, mentionnée par Suétone (*Vitell.*, 1), et fondée probablement en 359 = 395, a péri en 361 = 393 (Tit. Liv., V, 29, 3 ; — Mommsen, *Gesch. d. Röm. Münzw.*, p. 311, note 63 [= dans la trad. fr. de MM. de Blacas et de Witte, t. III, p. 181, note 1]); nous la passons ici à dessein sous silence.

(7) Tite-Live (VI, 16) dit, il est vrai : *senatus — Satricum coloniam duo millia civium Romanorum deduci jussit*; seulement, Satricum fait partie des trente cités latines (Dionys. Halic., V, 61 ; — Mommsen, *Röm. Gesch.*, t. I, 7e éd., p. 316, note, p. 317, note, et p. 319 [= dans la trad. fr. de M. Alexandre, t. II, p. 119, note, p. 111, suite de la note, et p. 112]) et ne peut avoir reçu que plus tard le droit de cité. Après avoir passé du côté des Samnites, elle fut complètement supprimée en 435 = 319 (Tit. Liv., IX, 16; — Mommsen, *Gesch. d. Röm. Münzw.*, p. 313 [= dans la trad. fr., t. III, pp. 182 et 183]. — [*Adde* Mommsen, *C. I. L.*, t. X, 1, p. 661].

10. Sutrium, en Étrurie (371 = 383) (1).

11. Nepete, en Étrurie (371 = 383) (2).

12. Setia, au pays des Volsques (372 = 382) (3).

13. Cales, en Campanie (420 = 334) (4).

14. Fregellae, au pays des Volsques (426 = 328) (5); elle fut détruite en 629 = 125 (6).

15. Luceria, en Apulie (440 = 314) (7).

16. Suessa, sur le territoire des Aurunques (441 = 313).

17. Pontiæ, île des Volsques (441 = 313) (8).

18. Saticula, dans le Samnium (441 = 313) (9).

19. Interamna Lirinas, au pays des Volsques (442=312) (10).

20. Sora, au pays des Volsques (451 = 303) (11).

21. Alba, sur le lac Fucinus (451 = 303) (12).

22. Narnia, en Ombrie (455 = 299) (13).

23. Carseoli, au pays des Æqui (456 = 298) (14).

---

(1) Vellei. Patere., I, 14.

(2) Tit. Liv., VI, 21. — Velleius Paterculus en place la fondation dix ans après Sutrium, par conséquent en 381 = 373.

(3) Vellei. Patere., I, 14; — Tit. Liv., VI. 30. — [Voy. Mommsen, C. I. L., t. X, 1, p. 640.]

(4) Tit. Liv., VIII, 16; — Vellei. Patere., I, 14. — [Voy. Mommsen, C. I. L., t. X, 1, p. 431.]

(5) Tit. Liv.. VIII, 22.

(6) Tit. Liv., Epit., LX. Obsequens, c. 30 (90); — Auct. ad Herenn., IV, 15, 22, et sæpius. — [Voy. Mommsen, C. I. L., t. X, 1, pp. 566 et suiv.]

(7) Tit. Liv., IX. 26; — d'après Diodore (XIX, 72), en l'an 439 = 315; d'après Velleius Paterculus, en 431 = 323. — [Voy. Mommsen, C. I. L., t. IX, pp. 74 et suiv.]

(8) Sur l'une et l'autre, voy. Tit. Liv., IX, 28. — [Adde Mommsen, C. I. L., t. X, 1, pp. 465 et 677.]

(9) Festus, Epit., p. 340, éd. Müller; — Tit. Liv., IX, 22; — Vellei. Patere., I, 14. — [Voy. Mommsen, C. I. L., t. IX, p. 196.]

(10) Tit. Liv., IX. 28; — Vellei. Patere., I, 14; — Diodor., XIX, 105. — [Voy. Mommsen. C. I. L., t. X, 1, p. 523.]

(11) Tit. Liv., X, 1; — Vellei. Patere., I, 14. Tite-Live (IX, 23. 24; — cf. Diodor., XIX, 72) mentionne bien déjà en 439 = 315 des colons, qui furent mis à mort, lors de la défection de la ville du côté des Samnites; mais on ne sait rien de plus sur cette colonie. — [Voy. Mommsen, C. I. L., t. X, 1, p. 560.]

(12) Tit. Liv., X, 1; — Vellei. Patere., I, 14. Sur la ville, voy. Plin., Nat. Hist., III, 107. — [Adde Mommsen, C. I. L., t. IX. p. 370.]

(13) Tit. Liv., X, 10.

(14) Tit. Liv., X, 13. — [Voy. Mommsen, C. I. L., t. IX, pp. 382 et suiv.]

24. Venusia, en Apulie (463 = 291) (1).

25. Hatria, dans le Picenum (465 = 289) (2).

26. Cosa, (en Campanie?) (481 = 273) (3).

27. Pæstum, en Lucanie (481 = 273) (4).

28. Ariminum, dans l'*ager gallicus* (486 = 268).

29. Beneventum, dans le Samnium (486 = 268) (5).

30. Firmum, dans le Picenum (490 = 264) (6).

31. Æsernia, dans le Samnium (491 = 263) (7).

32. Brundisium, en Calabre (510 = 244) (8).

33. Spoletium, en Ombrie (513 = 241) (9).

34. Cremona, en Gaule (10), et

35. Placentia, en Gaule (536 = 218) (11).

36. Copia (Thurii), en Lucanie (561 = 193) (12).

37. Valentia (Vibo), au pays des Bruttii (562 = 192) (13).

---

(1) Dionys. Halic., *Exc.*, p. 2335 ; — Vell. Paterc., I, 14. — [Voy. Mommsen, *C. I. L.*, t. IX, pp. 44 et suiv.]

(2) Tit. Liv., *Epit.*, XI. — [Sur Hatria, voy. Mommsen, *C. I. L.*, t. IX, pp. 480 et suiv.]

(3) Tit. Liv., *Epit.*, XIV ; — Vellei. Paterc., I, 14. La situation est inconnue. Voy. sur ce point Mommsen, *Gesch. d. Röm. Münzw.*, p. 315 [= dans la trad. fr. de MM. de Blacas et de Witte, t. III, pp. 182 et 186.] — [Comp. Mommsen, *C. I. L.*, t. IX, p. 88, XXXVIII, et t. X, 1, p. 18, note 1.]

(4) Vellei. Paterc. et Tit. Liv., *locc. sup. citt.* — [Voy. Mommsen, *C. I. L.*, t. X, 1, pp. 52, XXVII, et suiv.]

(5) Voy. sur tous les deux : Vellei. Paterc., I, 14 ; — Tit. Liv., *Epit.*, XV ; — Eutrop., II, 16. — [*Adde*, sur Beneventum, Mommsen, *C. I. L.*, t. IX, pp. 136 et suiv.]

(6) Vellei. Paterc., I, 14. — [Voy. Mommsen, *C. I. L.*, t. IX, pp. 508 et suiv.]

(7) Vellei. Paterc., I, 14 ; — Tit. Liv., *Epit.*, XVI. — [Voy. Mommsen, *C. I. L.*, t. IX, p. 213.]

(8) Vellei. Paterc., I, 14 ; — Tit. Liv., *Epit.*, XIX. — [Voy. Mommsen, *C. I. L.*, t. IX, p. 8.]

(9) Vellei. Paterc., I, 14 ; — Tit. Liv., *Epit.*, XX.

(10) Tacit., *Hist.*, III, 33.

(11) Asconius, *In Cic. Pisonianam*, p. 3, éd. Orelli ; — Polyb., III, 40 ; — Tit. Liv., *Epit.*, XX ; — Vellei. Paterc., I, 14, 8.

(12) Tit. Liv., XXXIV, 53. Ce paraît être la même colonie, qui fut fondée dans le *castrum Frentianum* (Tit. Liv., XXXV, 9 ; — Mommsen, *Gesch. d. Röm. Münzw.*, p. 316 [= dans la trad. fr. de MM. de Blacas et de Witte, t. III, pp. 182 et 183]). — [Voy. Mommsen, *C. I. L.*, t. X, 1, pp. 17, X, et suiv.]

(13) Tit. Liv., XXXV, 40 ; cf. XXXIV, 53. Velleius Paterculus la place déjà en 515 = 239. — [Voy. Mommsen, *C. I. L.*, t. X, 1, pp. 7 et suiv.]

38. Bononia, en Gaule (565 = 189) (1).
39. Aquileia, en Gaule (573 = 181) (2).

***

Si l'on compare la liste des colonies latines depuis 416 = 338 à celle des colonies de citoyens dans la même période, on remarque que, jusqu'à la fin de la deuxième guerre punique, ces dernières furent toujours envoyées pour défendre les deux littoraux de l'Italie (3), et continuèrent à jouir de la *vacatio militiæ* (4), que les anciennes colonies de citoyens n'avaient obtenue, que parce qu'on les considérait comme placées à un poste de guerre (5). Au contraire, pour occuper les pays conquis en dehors du Latium, les Romains recouraient ordinairement non plus à des citoyens, mais à des colons appartenant à des tribus alliées de même origine, qui, n'ayant plus désormais de lien entre eux et placés au milieu de peuples étrangers et à peine soumis, se trouvaient amenés par leur situation même à resserrer leur union avec Rome et acceptaient comme un bienfait l'assignation de terres qui leur était faite ; pendant ce temps, Rome conservait l'intégralité de ses citoyens et, parmi eux, les plus pauvres seulement usaient de la faculté qui leur était laissée d'entrer dans une colonie latine, moyennant une concession de terres, mais aussi moyennant l'abandon de leur droit de cité (6).

---

(1) Tit. Liv., XXXVII, 57 ; — Vellei. Patere., I, 15.

(2) Tit. Liv., XL, 31 ; — Vellei. Patere., I, 15 ; — Mommsen, *C. I. L.*, t. I, n° 513 ; t. V, I, p. 83. — [Voy. encore M. G. Karschulin, *Aquileja*, dans *Jahresbericht des Vereins Mittelschule in Wien*, 1886.]

(3) Madvig (*op. cit.*, p. 265) conclut que toutes les colonies appelées *coloniæ maritimæ* sont des colonies de citoyens, de ce que Tite-Live (XXVII, 9. 10) ne les mentionne pas en énumérant les colonies latines existant en 543 = 209 ; de ce que, dans le même auteur (XXXVI, 3), on voit les *coloniæ maritimæ* implorer l'*auxilium tribunicium*, et de ce que ce sont des magistrats romains qui y procèdent aux levées de troupes.

(4) Tit. Liv., XXVII, 23 ; XXXVI, 3.

(5) Voy. Huschke, *Die Verf. des Servius Tullius*, pp. 441 et suiv.

(6) Le *civis Romanus*, qui se faisait incorporer dans une colonie latine, encourait une *capitis deminutio minor*. Gaius, III, 56 : *Latinos ideo (appellatos esse), quia lex eos liberos perinde esse voluit atque (si essent cives Romani inge-*

Les temps postérieurs ne nous présentent plus que deux exemples de colonies de citoyens, créées pour défendre un pays conquis : 1° Après la seconde guerre punique, les contrées de l'Italie méridionale, qu'Annibal avait longtemps occupées et dont les habitants furent soumis à une répression sévère, reçurent plusieurs *coloniæ maritimæ* sur le littoral, tandis que deux colonies latines étaient établies à l'intérieur du pays (1). 2° D'autres colonies de citoyens eurent pour mission d'affermir la domination romaine sur le sol gaulois.

Nombre des colons.

Les colonies latines, appartenant à la dernière des trois périodes que nous avons distinguées ci-dessus, étaient, ainsi que les colonies de citoyens, *deductæ* par des *triumviri*, en vertu d'une résolution votée par le peuple (2); mais elles en différaient profondément, en ce qu'elles ne consistaient pas, comme ces dernières, en une poignée de colons, placés, à titre de *præsidia*, dans des villes déjà habitées, mais en une émigration considérable, ayant pour but l'établissement de villes nouvelles. Cales, par exemple, reçut 2.500 colons; Luceria, le même nombre; Alba, 6.000; Sora, 4.000 (3)* ; et, si l'on y ajoute les femmes et les enfants, on voit que ces chiffres suffisaient à peupler une ville. La commune ainsi formée constitue un État souve-

Droits des Latini coloniarii.

---

nd] *qui ex urbe Roma in Latinas colonias deducti, Latini coloniarii esse cœperunt;* — I, 131, d'après la lecture de Studemund : *olim quoque, quo tempore populus Romanus in Latinas regiones colonias deducebat, qui jussu parentis in coloniam Latinam nomen dedissent, desinebant in potestate parentis esse, quia efficerentur alterius civitatis cives;* — Boethius, *In Cic. Topica,* p. 302, éd. Orelli : *media vero (capitis deminutio) est, in qua civitas amittitur, retinetur libertas, ut in Latinas colonias transmigratio;* — Cicero, *Pro Cæcina,* XXXIII, 98 : *certe quæri hoc solere me non præterit* — *quemadmodum, si civitas adimi non possit, in colonias Latinas sæpe nostri cives profecti sint. Aut sua voluntate, aut legis multa profecti sunt : quam multam si sufferre voluissent, tum manere in civitate potuissent;* — Cicero, *Pro domo,* XXX, 78 : *qui cives Romani in colonias Latinas proficiscebantur, fieri non poterant Latini, qui non etiam auctores facti nomenque dedérunt.*

(1) Sur les *Bruttii,* voy. Aul. Gell., *Noct. att.,* X,3; — Festus, *Epit.,* s. v. *Bruttiani,* p. 31, éd. Müller; — Tit. Liv., XXXIV, 53. — [Comp. Mommsen, *C. I. L.,* t. X, 1, pp. 1-3.]

(2) Tit. Liv., XXXIV, 53.

(3) [Sur Luceria et Alba Fucens, voy. Mommsen, *C. I. L.,* t. IX, pp. 71 et suiv., et p. 310; sur Cales et Sora, voy. Mommsen, *C. I. L.,* t. X, 1, pp. 451 et 560.]

rain; elle n'est pas tenue d'accepter les lois romaines; et même, lorsqu'elle s'y soumet expressément (*fundus fit*) (1), elle échappe à la juridiction des magistrats romains (2) et possède le droit de battre monnaie, dont sont privées les colonies de citoyens, puisqu'elles dépendent de la *civitas romana*; ceux qui la composent sont *peregrini* (3); en conséquence, ils servent, non pas dans les légions, mais, comme les autres confédérés, dans des *alæ* et des *cohortes*. D'ailleurs, les colonies latines reçurent aussi, après 416 = 338, les droits qu'avaient conservés jusque-là les villes de la Confédération primitive, telles que Tibur et Præneste : les unes comme les autres furent comprises sous le *nomen latinum* (4), qui désigne, non pas une unité politique, mais une classe privilégiée de *socii*, qui se trouvait encore en possession d'une partie des avantages assurés aux villes latines par la Confédération cassienne (5), notamment du *commercium* (6), du *connubium* (7), et du droit d'établissement à Rome. Mais ces

---

(1) *Fundus* est synonyme d'*auctor*. Plautus, *Trin.*, V, 1, 6 (1123) : *nunc mi ispropere conveniundust, ut, quæ cum eius filio egi, ei rei fundus pater sit potior*; — Aul. Gell., *Noct. att.*, XVI, 13 : *municipes sunt cives Romani ex municipiis, — — nulla populi Romani lege adstricti, ni in quam populos eorum fundus factus est*; XIX, 8 : *non ut hujus sententiæ legisque fundus subscriptorque fierem*; — Cicero, *Pro Balbo*, VIII, 21 : *tulit apud majores nostros legem C. Furius de testamentis, tulit Q. Voconius de mulierum hereditatibus, innumerabiles aliæ leges de civili jure sunt latæ; quas Latini voluerunt, adsciverunt; ipsa denique lege Julia, qua lege civitas est sociis et Latinis data, qui fundi populi facti non essent, civitatem non haberent*. C'est ainsi que les villes latines avaient un *jus sponsaliorum* propre, inconnu des Romains (Aul. Gell., IV, 4).

(2) Strabon (IV, p. 187) dit de Nemausus (Nîmes), en Gaule, qui était une ville latine : ἀλλ' ἔτι τούτω αὐΘ' ὑπὸ τοῖς ἀριστάρχαισι τῶν ἐκ τῆς Ῥώμης στρατηγῶν ἐστι τὸ Ῥῶς τοῦτο.

(3) Gaius, I, 79 : *sed ad alios Latinos pertinet, qui proprios populos propriasque civitates habebant et erant peregrinorum numero*; — Tit. Liv., XLIII, 13 : *duo non suscepta prodigia sunt — — alterum, quod in loco peregrino (factum esset) : Fregellis — hasta — arsisse — dicebatur.*

(4) Elles s'appellent *socii Latini nominis*. — Voy. les citations dans Kiene, *Röm. Bundesgenossenkrieg*, pp. 112 et suiv.

(5) C'est à cela que Cicéron (*Pro Balbo*, XXIII, 53) ramène encore le droit de Tibur et de Præneste. Voy. cependant ci-dessus, p. 61, note 3.

(6) Cette donnée ressort notamment de ce fait qu'un Latin pouvait manciper ses enfants à un Romain (Tit. Liv., XLI, 8). — Voy. Walter, *Gesch. d. Röm. Rechts*, t. I, §§ 35. 37. 227, note 29.

(7) Nous n'avons pas sur ce point d'indication certaine et les opinions sont partagées (voy. Walter, *op. cit.*, t. I, § 227, note 30). Aussi bien tout

avantages subirent par la suite des restrictions importantes (1).
En effet, de même que la dissolution de la Confédération
latine eut pour conséquence de dépouiller les villes latines de
quelques-unes de leurs prérogatives, notamment du droit de
former entre elles des associations politiques, du *jus connubii*
et du *jus commercii* réciproques, de même la soumission de
l'Italie tout entière a eu pour effet d'accroître sans cesse l'inégalité de conditions entre le peuple vainqueur et ses alliés, de
rendre plus difficile l'accès du droit de cité romaine, et de sus-
pendre la concession du vieux *jus Latii* à des communes nouvelles. Nous n'avons, sur ce point, que le témoignage isolé de
Cicéron, mais il est formel; — il nous rapporte que Sylla enleva,

Limitation de ces droits.

Nouveau régime des douze colonies.

---

ce que l'on peut dire à cet égard, c'est que la concession du *connubium* est
probable (Mommsen, *Röm. Gesch.*, t. I, 1re éd., pp. 39, 103. [*Aide* 319.] 421,
note [= dans la trad. fr. de M. Alexandre, t. I, pp. 53 et 141; t. II, pp. 113
et 211, note], étant donné surtout qu'il fut plus tard encore également octroyé à des *peregrini* (voy. dans Mommsen les passages cités de Diodore; —
Excerpta de virt., p. 550, 62. 61. Wess.; — *Fragm. Vatic.*, p. 130, éd. Dindorf).

(1) Sur la condition juridique des *Latini*, voy. Savigny, *Ueber die Entstehung und Fortbildung der Latinität*, publié d'abord dans les *Abh. d. Berliner Acad.*, 1812, 1813, puis dans la *Zeitschr. f. gesch. Rechtswiss.*, t. V, 3,
1822, pp. 239-311, enfin dans les *Savigny's Verm. Schriften*, Berlin, 1850,
in-8, t. I, pp. 11-23; — Savigny, *Der röm. Volksbeschluss der Tafel von
Heraclea*, dans la *Zeitschr. f. gesch. Rechtswiss.*, t. IX, 3, pp. 300-318; *Verm.
Schrift.*, t. III, pp. 279-412; — Madvig, *loc. cit.*; — Walter, *op. cit.*, t. I,
§ 237; — Rein, dans la *Pauly's Realenc.*, t. IV, pp. 318 et suiv.; — Rudorff, *Röm. Rechtsgesch.*, t. I, § 11; — Zumpt, *Stud. Rom.*, p. 311, et dans le
Philologus, t. XVII, 1 (1860), pp. 111 et suiv.; — Huschke, *Gaius, Beiträge
zur Kritik und zum Verständniss seiner Institutionen*, Leipzig, 1855, in-8,
pp. 3 et suiv.; — O. Hirschfeld, *Zur Geschichte des latinischen Rechts*, dans la
*Festschrift zur fünfzigjährigen Gründungsfeier des archäologischen Instituts in
Rom.*, Wien, 1879, in-4 (traduit en français par M. l'abbé H. Thédenat, sous
le titre : *Contribution à l'histoire du droit Latin par Otto Hirschfeld*, etc., dans la
Revue gén. du dr., 1880, pp. 333-349, et tirage à part, Paris, E. Thorin, 1880,
in-8]. — (Joindre Otto Hirschfeld, *Die Verbreitung des latinischen Rechts im
römischen Reich*, dans les *Sitzungsber. der Wiener Akad. der Wiss.*, t. CIII,
1883, pp. 319-328; traduit en français par M. l'abbé H. Thédenat, sous le titre :
La diffusion du droit Latin dans l'Empire Romain, Vienne, E.-J. Savigné;
Paris, Champion, 1885, gr. in-8; — P. Willems, *Le droit public Romain*, 5e éd.,
Paris, E. Thorin, 1884, gr. in-8, pp. 129 et suiv.; — A. Bouché-Leclercq,
Manuel des inst. rom., Paris, Hachette, 1886, gr. in-8 : voir les renvois de
l'*Index analytique*, p. 636, aux mots *Latii* (*jus*), et *Latins*, assimilés par collation du *jus Latii*; — Otto Karlowa, *Röm. Rechtsgesch.*, t. I, Leipzig, 1885,
§ 47, pp. 361 et suiv.]

par une *lex Cornelia*, le droit de cité à Volaterra et aux autres
municipes (1), et ne leur laissa que le *commercium*, en les faisant passer dans la classe des douze colonies latines, dont la
condition était analogue à celle d'Ariminum (2).

Ce passage vise, ainsi que l'a fait pour la première fois observer M. Mommsen (3), après nombre d'essais infructueux
d'interprétation (4), les douze colonies auxquelles l'ordre chronologique assigne le dernier rang dans notre liste : Ariminum,
Beneventum, Firmum, Æsernia, Brundisium, Spoletium, Cremona, Placentia, Copia, Valentia, Bononia, Aquileia; il en résulte que, à partir de 486 = 268, les privilèges jusque-là reconnus aux colonies latines cessèrent de leur être accordés, et
qu'en revanche elles furent soumises à un nouveau régime,
que nous verrons plus tard appliqué à la Gaule Transpadane, à
diverses villes siciliennes, et, sous l'Empire, à toutes les provinces. Il est impossible d'indiquer d'une manière complète toutes
les différences qui séparent les anciennes et les nouvelles com-

(1) Cicero, *Pro domo*, XXX, 79 : *populus Romanus L. Sulla dictature ferente
comitiis centuriatis municipiis civitatem ademit;* — Sallust., *Hist.*, I, fr. 11,
p. 12, 6, éd. Dietsch.

(2) Cicero, *Pro Cæcina*, XXXV, 102 : *jubet enim (Sulla Volaterranos) eodem jure esse, quo fuerint Ariminenses, quos quis ignorat duodecim coloniarum
fuisse, et a civibus Romanis hereditates capere potuisse?*

(3) Voy. Mommsen, *Gesch. d. Röm. Münze.*, pp. 317 et suiv. [= dans la
trad. fr. de MM. de Blacas et de Witte, t. III, pp. 190 et suiv.]; *Röm. Gesch.*,
t. I, 7ᵉ éd., p. 131, note [= dans la trad. fr. de M. Alexandre, t. II, p. 319,
note]. Voy. dans le même sens Rudorff, *Röm. Rechtsg.*, t. I, p. 34; — Lange,
Römische Alterthümer. 3ᵉ éd., t. II, Berlin, 1879, p. 136 [= dans la trad. fr.
de MM. Berthelot et Didier, *Histoire intérieure de Rome jusqu'à la bataille
d'Actium*, t. I, Paris, E. Leroux, 1883, p. 369]; — Voigt, *Das jus civile und
jus gentium der Römer*, pp. 319 et suiv.

(4) Voy. sur ce passage : Savigny, *Verm. Schrift.*, t. I, pp. 20-24 ; t. III,
pp. 301-302 (Savigny le rapporte aux douze colonies latines, qui se séparent de Rome pendant la seconde guerre punique (Tit. Liv., XXVII, 9. 10 ;
XXIX, 15), tandis que dix-huit lui demeurèrent fidèles. Ce serait de ces dernières, suivant lui, que parlerait Cicéron, de telle sorte qu'il faudrait, dans le
passage indiqué, changer XII en XIIX) ; — Vangerow, *Latini Juniani*, § 19 ;
— Madvig, *loc. cit.*, pp. 232. 233 ; — Huschke, *Servius Tullius*, p. 371 ; —
C. G. Zumpt, *Ueber den Stand der Bevölkerung im Alterthum*, p. 26 ; — A. W.
Zumpt, *Comm. epigr.*, t. I, pp. 230-239. — Walter (*Gesch. d. Röm. Rechts*, t. I,
§ 233, note 81) présente la critique des différentes opinions.

munes latines (1) ; cependant elles apparaissent clairement à trois points de vue.

En premier lieu, les nouvelles villes latines étaient privées de tout ou partie d'un attribut essentiel de la souveraineté, du droit de battre monnaie : sur les douze colonies, cinq, Spoletium, Bononia, Placentia, Cremona, Aquileia, en étaient absolument dépourvues ; les sept autres ne pouvaient frapper que des monnaies de cuivre (2). D'autre part, si elles possédaient le *commercium* avec les Romains (3), le *connubium* leur faisait défaut (4). Enfin, des règles nouvelles et rigoureuses vinrent compliquer pour leurs ressortissants l'acquisition du droit de cité romaine (5)'.

Les Latins, qui se trouvaient encore en possession des anciens privilèges, avaient le droit de s'établir à Rome, d'y exercer un droit de cité passif et même de prendre part aux comices dans une certaine mesure (comp. *suprà*, p. 33) ; une loi allait jusqu'à leur conférer la plénitude du droit de cité, dans le cas où ils auraient laissé un fils sur le sol de la colonie (6). Mais, plus les

---

(1) Les passages, qui distinguent un ancien et un nouveau Latium (*Latium vetus*, *Latium novum*), ne donnent aucune solution à la question posée. En effet, lorsque Tacite (*Ann.*, IV, 5) dit que les *coloniœ urbanœ et prætoriæ* ont été levées *Etruria ferme Umbriaque ac vetere Latio et coloniis antiquitus Romanis*, il fait allusion, ainsi que Nipperdey l'établit avec raison, aux villes qui, avant la *lex Julia*, possédaient le *jus Latii* ; et quand Pline mentionne en Espagne des *oppidani Latii veteris* (III, 25), des *municipia Latii antiqui* (IV, 117), des *oppida Latio antiquitus donata* (III, 3), des *oppida Latinorum veterum*, il entend parler des villes qui, avant Vespasien, ont reçu le *jus Latii*. — Voy. Rudorff., *De majore ac minore Latio*, p. 22.

(2) Voy. Mommsen, *Gesch. d. Röm. Münze.*, p. 319 [= dans la trad. fr. de MM. de Blacas et de Witte, t. III, pp. 190 et 191].

(3) Ulpian., *fr.* XIX, 4 : *Mancipatio locum habet inter cives Romanos et Latinos coloniarios Latinosque Junianos eosque peregrinos, quibus commercium datum est.* — M. Mommsen traite ce point en détail dans *Die Stadtrechte*, p. 401, note 27.

(4) Ulpian., *fr.* V, 4 : *Connubium habent cives Romani cum civibus Romanis ; cum Latinis autem et peregrinis ita, si concessum sit.* — Dans les tables de Salpensa et de Malaca, il n'est fait aucune mention du *connubium*.

(5)' [Voy., sur ce qui précède, M. A. Bouché-Leclercq, *Manuel des Inst. rom.*, p. 173, note 2.]

(6) Tit. Liv., XLI, 8, 9, sur l'année 577=177 : *Les sociis nominis Latini, qui stirpem ex sese domi relinquerent, dabat, ut cives Romani fierent.* — Lange (op. cit., 3e édit., t. II, p. 127 la fin [= dans la trad. fr. de MM. Berthelot et Didier, t. I, p. 370]) conjecture que ce fait a dû se produire lors de la fon-

Latins montraient d'empressement à invoquer ce bénéfice, même en éludant la condition à laquelle le subordonnait la loi (1), et au détriment de leur commune d'origine (2), moins à Rome on était disposé à accorder toujours de nouveau à des Latins l'égalité de droits, et à les admettre notamment aux *honores* (3). En 567 = 187, on expulsa de Rome 12.000 Latins (4), et cette mesure fut renouvelée dix ans après (5). Mais le mal dura jusqu'à la fin de cette période (6), et il faut évidemment y rattacher ce fait que, depuis 486 = 268, les facilités dont il vient d'être parlé cessèrent d'être offertes aux *Latini coloniarii*, et que la naturalisation ne leur fut plus accordée qu'à titre de récompense personnelle, et dans des cas particuliers. On peut citer deux de ces cas :

1° La *civitas romana* est acquise aux *Latini juniores*, qui ont été revêtus dans leur commune d'un *honor*, c'est-à-dire des fonctions de *duumvir*, d'*ædilis* ou de *quæstor* (7).

du droit de s'établir librement à Rome,

et du droit d'acquérir la cité romaine.

---

dation de Cales (132=331) et de Fregellæ (125=328), pour engager les citoyens à entrer dans les colonies latines.

(1) Tit. Liv., XLI, 8, 10, 1547. Huschke, *Gaius*, p. 8.

(2) Tite-Live (XLI, 8) fait dire aux envoyés des *socii nominis Latini* : *perpauci lustris futurum, ut deserta oppida, deserti agri nullum militem dare possint.*

(3) Tit. Liv., XXIII, 22; XXXIV, 42.

(4) Tit. Liv., XXXIX, 3.

(5) Tit. Liv., XLI, 8, 9.

(6) La dernière loi qui s'occupe de ce point, est la *lex Livinia et Mucia de civibus regundis*, de l'an 659 = 95. Asconius, p. 67, éd. Orelli : *Cum summa cupiditate civitatis Romanæ Italici populi tenerentur, et ob id magna pars eorum pro civibus Romanis se gereret, necessaria lex visa est, ut in suæ quisque civitatis jus redigeretur. Verum ea lege ita alienati animi sunt principum Italicorum populorum, ut ea vel maxima causa belli Italici — — fuerit.* — Cicero, *Pro Sest.*, XIII, 30; — Schol. Bobiens., p. 296, éd. Orelli.

(7) Ce droit fut concédé en 665 = 89 par le consul Cn. Pompeius Strabo aux cités transpadanes, ainsi que l'avaient possédé jusque-là les autres villes latines. Asconius, *in Pisonianam*, p. 3, éd. Orelli : *Pompeius enim non novis colonis eas (colonias) constituit, sed veteribus incolis manentibus jus dedit Latii, ut possent habere* (Rudorff lit : *ut postea haberent*) *jus, quod ceteræ Latinæ coloniæ, id est, ut gerendo magistratus civitatem Romanam adipiscerentur.* Appien (*Bell. civ.*, II, 26) dit de Comum, qui devint colonie latine en 695=59 et s'appelle depuis lors Novum Comum (voy. Madvig. *op. cit.*, p. 291; — Zumpt, *Comm. epig.*, t. I, p. 398): [illegible Greek] — Cicero, *Ad Att.*, V, 11, 2; — Strabo, IV, p. 187: [illegible Greek] — —

2° La *lex Servilia repetundarum* (613=111)(1) avait restreint
aux seuls Latins (2) le bénéfice de la *lex Acilia repetundarum*
(631 ou 632 = 123 ou 122), qui assurait, comme récompense,
à tout pérégrin qui intenterait une action basée sur ses dispositions, ou bien le droit de cité romaine (3), ou tout au moins,

---

ἴγοντα καὶ τὰ ναλούμενα Λἴτια, ὥστε τὰς ἐλευθέρας ἀγορραφίας καὶ ταμίας·
ὁ Νεαρίας Ῥωμαῖος ἐτάχχει· — *Les municipii Salpensani* (Mommsen, *Die
Stadtrechte*, p. 371 = C. I. L., t. II, n° 1963. = Bruns, *Fontes juris rom. ant.*,
Al. 5°, 1857, pp. 135 *in fine et suiv.*), d'après la restitution de Mommsen :
[*Rubrica. Ut magistratus civitatem Romanam consequantur*, XXI... *Qui II vir
aediles quaestor ex hac lege factus erit, cives Romani sunto cum post annum
magistratu abierint, cum parentibus conjugibusque ac liberis*; cf. capp. XXII.
XXIII. XXV; — Inscription de Tergeste, de l'époque d'Antonin le Pieux
(C. I. L., t. V, 1, n° 532, col. 2, 3) : *impetrando, uti Carni Catalique attributi
a divo Augusto rei publicae nostrae — per aedilitatis gradum in curiam nostram
admitterentur ac per hac civitatem Romanam apiscerentur, et aerarium nostrum
d'tuit et curiam complevit et universam rempublicam nostram cum foenalis ampliavit admittendos ad honorum communionem et usurpationem Romanae civitatis et optimum et locupletissimum quemque*; — C. I. L., t. II, n° 1631 : *L. Junius
Faustinus, L. Junius L. f. Manius Faustinus c(ivitatem) R(omanam) per honorem consec(utus)*; — *ibid.*, n° 3996 :..., m(unicipes) m(unicipii) Aen(obrix) Aug.
Caesaris Aug. *Vespasiani — — c(ivitatem) R(omanam) consecuti cum u(x)or(e)
et liberis) per hon(orem) IIvir(atus)*. Il résulte de là que tout ancien IIvir
fait figurer parmi ses noms l'indication de la tribu. — Inscr. d'Astigi, en
Bétique (C. I. L., t. II, n° 1173). — On ne trouve nulle part dit expressément
par les sources que le droit de cité était accordé non pas à l'entrée de la
charge, mais seulement à l'expiration de sa durée annuelle; mais on peut
le déduire des explications de Mommsen (*Stadtrechte*, p. 405) et d'Hirschfeld
(*op. sup. cit.*, p. 8).

(1) Voy. Mommsen, *C. I. L.*, t. I, p. 55.

(2) Cicero, *Pro Balbo*, XXIII, 53 : *Quomodo L. Cossinius Tiburs — — damnato T. Caelio, quomodo ex eadem civitate T. Coponius — damnato C. Massone
civis Romanus est factus? — XXIV, 54 : Quod si acerbissime lege Servilia principes viri et gravissimi cives huic Latinis, id est foederatis, viam ad civitatem
populi jussu patere passi sunt — — cum praesertim genus ipsum accusationis et
nomen ei ejusmodi praemium, quod nemo assequi posset nisi ex senatoris calamitate, neque senatori, neque bono cuiquam nimis jucundum esse posset, dubitan-
dum fuit, quia qui in genere judicum praemia rata essent, in eodem judicia
imperatorum valerent? Non fundus igitur factus populus Latinos arbitramur
aut Serviliae legi aut ceteris, quibus Latinis hominibus erat propositum aliqua ex
re praemium civitatis?*

(3) C. I. L., t. I, n° 198, lin. 76 : *de civitate danda. Sei quis eorum, quei
ceivis Romanus non erit, ex hace lege alterei nomen.......[ad praetor]em, quoius
ex hace lege quaesitio erit, detolerit, et is [eo] judicio hace lege condemnatus erit,
Cum eis, quei eius nomen detolerit, quoius eorum opera maxime unius eum con-
demnatum esse ei judicio constiterit, sei volet.......ipse filiusque quei ei gnatei
erunt, cum] ceivis Romanus ex hace lege fiet, nepotesque [tu]m ciei filio gnateis
ceivis, Romanei iustei sunto, (et in qua tribu, quoius is nomen ex hace lege detolerit, sufragium tulerit, in ea tribu sufragium ferunto inque eam tribum censento.*

s'il le préférait, le *jus provocationis* appartenant aux citoyens romains (1). Ce second mode d'acquérir le droit de cité ne pouvait être que d'une application assez rare ; le premier était le droit commun, et c'est à lui que se réfère la formule *per Latium* ou *Latii jure venire in civitatem* (2). Cependant, à l'époque impériale, le *jus Latii* reparaît sous une double forme : le *Latium minus* et le *Latium majus*. On en a été réduit à de simples conjectures sur les différences qui séparent ces deux formes du *jus Latii* (3), jusqu'à ce que Studemund, en déchiffrant heureusement le seul texte de Gaius qui soit relatif à cette question, nous ait permis de la résoudre (4). Il ressort de ce texte (5) que les *Latini* arrivaient à la cité romaine, dans les

Majus Latium et minus Latium.

(1) *Ibid.*, lin. 13, 14. Mommsen, p. 71. Ce privilège assurait au Latin le bénéfice de la *lex Valeria* (Tit. Liv., X, 9) et celui des trois *leges Porciæ*, c'est-à-dire le *jus provocationis* contre les peines corporelles, qui n'appartenait pas au *Latinus* ordinaire ; Sallust., *Jug.*, LXIX : *Turpilius — — condemnatus verberatusque capite pœnas solvit : nam is civis ex Latio erat ;* — Rudorff, *op. sup. cit.*, pp. 13 et suiv. — [Sur la *lex Acilia*, voy. Mommsen, *C. I. L.*, t. I, pp. 49-71 ; — Rudorff, *Ad legem Aciliam de pecuniis repetundis* ; — Huschke, dans la *Zeitschrift für Rechtsgeschichte*, t. V, pp. 61 et suiv. ; — Zumpt, *Criminalrecht*, t. II, 1, pp. 100 et suiv. ; — Ettore de Ruggiero, *Dizionario epigrafico di antichità romane*, fascic. 3, Roma, 1886, pp. 11 (col. 2, in init.) — 11 : — Bruns, *Fontes*, éd. 5e, [p. 51 *in fine* et suiv. — Voy., au surplus, d'une manière générale, sur les lois romaines, A. Laya, *Lois romaines sous la République*, Paris et Genève, 1851, in-8, et Bouché-Leclercq, *op. cit.*, renvois de l'*Index analytique*, mot *lex*, pp. 637 (col. 2) et suiv.]

(2) Plin., *Paneg.*, XXXVII ; — Gaius, I, 95.

(3) Voy. Rudorff, *De minore ac majore Latio ad Gaium I, 95, 96, disputatio critica* ; Berol., 1860, in 4.

(4) Voy. Studemund, *Mittheilungen antiquarischen Inhalts aus dem Palimpseste des Gaius. Vortrag, gehalten auf der Würzburger Philologenversammlung 1868* ; Leipzig, 1869, in-4, p. 12.

(5) Gaius, I, 96, d'après la lecture de Studemund : *Aut majus est Latium aut minus : majus est Latium, cum et hi qui decuriones leguntur et ei qui honorem aliquem aut magistratum gerunt, civitatem Romanam consecuntur ; minus Latium est, cum et hi tantum qui magistratum vel honorem gerunt, ad civitatem Romanam perveniunt : idque compluribus epistulis principum significatur.* Ce passage ne présente d'autre difficulté que la tautologie, d'ailleurs très fréquente, *magistratus et honor.* — Voy., à cet égard, Mommsen, *Staatsrecht*, t. I, 3e éd., p. 8, note 4 [=dans la trad. fr. de M. P. F. Girard, t. I, p. 7, note 4] ; — O. Hirschfeld, *op. sup. cit.*, pp. 2 et suiv. [=dans la trad. fr. de M. l'abbé Thédenat, *Revue gén. du droit*, 1880, pp. 231 et suiv., et tirage à part, pp. 6 et suiv.]. La dissertation de E. Beaudouin, *Le majus et le minus Latium*, dans la *Nouvelle Revue historique de droit français et étranger*, t. III (1879), pp. 1-30, et pp. 111-169, ne m'est connue que par Hirschfeld, *op. sup. cit.*, p. 2, note 2 [=dans la trad. fr. de M. l'abbé Thédenat,

villes de *minus Latium*, par l'exercice d'une fonction communale, dans celles de *majus Latium*, en outre par la seule entrée dans la curie (1). Le *majus Latium* est donc une extension du privilège dont il a été question jusqu'ici, et, comme il y avait beaucoup plus de décurions que de ci-devant fonctionnaires communaux (2), il ouvrait la *civitas* romaine à un plus grand nombre de *Latini*. Il est permis de croire que ce privilège ainsi élargi ne commença à être accordé qu'à une époque où le régime municipal était en décadence, et où l'acceptation du décurionat, cessant d'être volontaire, avait besoin d'un stimulant particulier, c'est-à-dire, au plus tôt, sous Trajan (3), mais vraisemblablement plus tard. Quant à nous, rien ne nous prouve qu'avant Gaius, dont le premier ouvrage fut écrit sous Antonin le Pieux (qui mourut en 161), un *decurio* ait pu devenir citoyen romain, sans avoir exercé aucune fonction (4). Le *majus Latium* n'a donc été usité que pendant peu de temps; car c'est sous Caracalla, ainsi que nous le verrons ci-dessous, que disparut la classe des *Latini coloniarii*.

Rev. gén. du dr., 1889, p. 391, note 2, et tirage à part, p. 6, note 2. La monographie de M. F. Baudouin, dont il est ici question, a aussi fait l'objet d'un tirage à part, Paris, Larose, 1879. — Sur le *majus* et le *minus Latium*, voy. encore MM. Ernest Dubois, *Institutes de Gaius*, Paris, 1881, pp. 59 et suiv. et les auteurs cités; — G. Accarias, *Précis de Dr. Rom.*, t. I, 4e éd., Paris, 1886, n° 40 bis a, pp. 136 *in fine* et suiv., ibiq. H. Monnier, dans la *Revue critiq. de Législ. et de Jurispr.*, 1887, pp. 123 et suiv., et, d'une manière générale, les auteurs cités *infra*, au sujet des *Latini Juniani*.]

(1) [Voy. un exemple curieux en Afrique, C. I. L., t. VIII, 1, n° 1369: *decurione cives Romani et municipes Chisiducenses.* — Cf. Gaius, I, 96: *Majus est Latium cum et hi qui decuriones leguntur..... civitatem Romanam consequantur.*]

(2) Voy. le chapitre consacré à l'organisation municipale.

(3) C'est dans Pline (*Ep. ad Trajan.*, 113 (114)) qu'il est pour la première fois question de gens, *qui tariti sunt decuriones.*

(4) Ce point est établi *in extenso* par Hirschfeld, *op. sup. cit.*, pp. 6-13 [=dans la trad. fr. de M. l'abbé Thédenat, *Rev. gén. du dr.*, 1884, pp. 299-304, et tirage à part, pp. 11-29.]

SITUATION POLITIQUE DES VILLES D'ITALIE
APRÈS LA *LEX JULIA*.

La puissance croissante de Rome avait, dès la seconde guerre Mécontentement des Italiens. punique, aggravé la condition des villes alliées, dont nous venons de parler, de telle sorte que, tandis qu'elles supportaient en grande partie la charge de ses guerres continuelles, les Romains seuls recueillaient le fruit de ses conquêtes (1). Quoique depuis 536 = 218, les *socii* eussent fourni deux fois plus de troupes que les Romains (2) et rétribué, sur leurs propres ressources, leur contingent militaire (3), ils ne reçurent, lors du triomphe de C. Claudius Pulcher sur les Liguriens (577 = 177), que la moitié du présent triomphal attribué aux soldats romains (4), et, sur l'assignation de terres faite en Ligurie (581 = 173),

(1) Vellei. Paterc., II, 15 : *Petebant enim (Italici) eam civitatem, cujus imperium armis tuebantur, per omnes annos atque omnia bella duplici numero se militum equitumque fungi, neque in ejus civitatis jus recipi, qua per eos in id ipsum pervenisset fastigium, et quo homines ejusdem et gentis et sanguinis ut externos alienosque fastidire posset.*

(2) C'est ainsi qu'en 536 = 218 les Romains mirent en ligne 24 000 hommes d'infanterie et 1.800 de cavalerie, tandis que les *socii* fournirent un contingent de 40.000 fantassins et de 4.400 cavaliers. (Tit.-Liv., XXI, 17 ; — cf. Polyb., II, 24.)

(3) Tit.-Liv., XXVII, 9, 13.

(4) Tit.-Liv., XLI, 13.

les Latins n'eurent à prétendre que trois *jugera*, au lieu des dix concédés aux Romains (1). Ce ne sont là que des exemples, qui permettent de se rendre compte des procédés humiliants auxquels Rome avait systématiquement recours (2) contre les Italiens; ces procédés finirent par exciter chez ceux-ci un ressentiment aussi vif (3), que leur exclusion de la protection légale, qu'avaient conquise les citoyens romains, dans l'intérêt de la sécurité de leurs personnes, à l'encontre de l'arbitraire des autorités (4). Ajoutons, d'une part, que, plus l'administration propre de chaque cité était désarmée contre les entreprises incessantes de l'omnipotence romaine, plus elle perdait de son prix; d'autre part, que les idées démocratiques, de jour en jour plus puissantes à Rome, avaient fini par gagner les Italiens et par les amener à cette conviction que, seul, l'établissement d'une égalité absolue de droits entre eux et les Romains pourrait remédier aux maux dont ils souffraient. Le consul M. Fulvius Flaccus proposa, pour la première fois, en 629 = 125, d'accorder le droit de cité à tous les confédérés italiques (5); mais ses efforts, de même que trois ans plus tard ceux de C. Gracchus (6), se brisèrent contre la résistance de l'aristocratie. L'expulsion rigoureuse prononcée par la *lex Licinia Mucia* (659 = 95) contre tous les Italiens qui cherchaient à usurper à Rome le droit de cité (7), et l'avortement des espérances qu'avait fait pour la troisième fois concevoir aux Italiens le tribun M. Livius Drusus,

---

(1) Tit.-Liv., XLII, 4.

(2) Voy. les développements dans Mommsen, *Röm. Gesch.*, t. I, 7e éd., pp. 794 et suiv. [= dans la trad. fr. de M. Alexandre, t. IV, pp. 67 et suiv.]; — Lange, *Röm. Alterth.*, t. III, 2e éd., Berlin, 1876, pp. 85 et suiv. [= dans la trad. fr. de MM. Berthelot et Didier, t. II, pp. 101 et suiv.].

(3) Tit.-Liv., XLII, 13, 8; — Asconius, p. 61, éd. Orelli.

(4) Voy. ci-dessus, p. 77, note 1.

(5) Appian., *Bell. civ.*, I, 21. 31; — Val., Max., IX, 5, 1.

(6) Appian., *Bell. civ.*, I, 23. 31; — Plut., *C. Gracch.*, V, 8. 9; — Vell. Paterc., II, 6 : *dabat civitatem omnibus Italicis, extendebat eam pæne usque Alpes.*

(7) Voy. ci-dessus p. 75, note 6, et Rudorff, *Röm. Rechtsgesch.*, t. I, p. 30. — Lange, op. cit., t. III, 2e éd., pp. 89 et suiv. [= dans la trad. fr., t. II, p. 103].

en 663 = 91 (1), amenèrent enfin la guerre sociale, dont l'issue, rapide et meurtrière, réalisa leurs vœux. Dès la fin de l'année 664 = 90, une loi, proposée par le consul L. Julius Cæsar (*lex Julia*), vint conférer le droit de cité aux villes confédérées d'Italie, demeurées jusque-là fidèles, et notamment aux villes latines, dans le cas où elles voudraient l'accepter (*si ei legi fundi facti essent*) (2). Et aussitôt après, soit en décembre 664 = 90, soit en janvier 665 = 89 (3), une deuxième loi, proposée par les tribuns de la plèbe M. Plautius Silvanus et C. Papirius Carbo, la *lex Plautia Papiria*, décida que tous les *cives* et *incolæ* des cités confédérées, ayant leur domicile en Italie au jour de sa promulgation, recevraient le droit de cité romaine, à la condition de s'adresser dans les soixante jours au préteur urbain à Rome (4). Toutefois, l'application de ces lois soulevait plusieurs difficultés. La première avait trait à l'inscription des nouveaux citoyens dans les tribus. En vue de les empêcher d'arriver à la suprématie dans les comices, on résolut de les distribuer entre huit tribus (5), de même que les affranchis votaient dans quatre. Mais cette demi-mesure ne fut mise en vigueur ni lors

Guerre sociale.

Les Julia

Les Plautia Papiria.

---

(1) Appian., *Bell. civ.*, I, 35; — Tit.-Liv., *Epit.*, LXXI; — Vellei. Patere., II, 14.

(2) Appian., *Bell. civ.*, I, 49 : [texte grec]. — Cicero, *Pro Balbo*, VIII, 21 : *ipsa denique (lege Julia), qua lege civitas est sociis et Latinis data, qui fundi populi facti non essent, civitatem non haberent;* — Aul. Gell., *Noct. att.*, IV, 4, 3; — Vellei. Patere., II, 16.

(3) Voy. Mommsen, *Röm. Gesch.*, t. II, 3e éd., p. 233, note (= dans la trad. fr. de M. Alexandre, t. V, p. 223, note).

(4) Cicero, *Pro Arch.*, IV, 7 : *Data est civitas Silvani lege et Carbonis « si qui federatis civitatibus adscripti fuissent; si tum, quam lex ferebatur, in Italia domicilium habuissent; et si sexaginta diebus apud prætorem essent professi »;* — Schol. Bob., p. 353, éd. Orelli; — Cicero, *Ad famil.*, XIII, 30.

(5) Vellei. Patere., II, 20 : *Itaque quum ita civitas Italiæ data est, ut in octo tribus contribuerentur novi cives, ne potentia eorum et multitudo veterum civium dignitatem frangeret, plusque possent recepti in beneficium, quam auctores beneficii. Cinna in omnibus tribubus eos se distributurum pollicitus est.* Appien (I, 49) dit au contraire que de nouvelles tribus devaient être formées. Toutefois, le sens de ce passage est douteux. Voy. Mommsen, *Die Röm. Tribus*, p. 11.

du recensement suivant, en 665 = 89 (1), ni à aucune autre
époque. En effet, après une première tentative infructueuse du
tribun P. Sulpicius, en 666 = 88, pour faire abroger par une
loi nouvelle cette disposition restrictive (2), le sénat finit par
reconnaître aux nouveaux citoyens, par un sénatus-consulte de
l'an 670 = 84, le droit de prendre part au vote dans toutes
les tribus (3). Mais, tous les confédérés n'ayant pas immédiatement accepté la cité romaine qui leur était offerte (4), et d'autres l'ayant de nouveau perdue par l'effet de la *lex Cornelia
de civitate* (673 = 81), qui fut proposée par Sylla (5), il fallut
encore quelque temps, jusqu'à ce que toute l'Italie eût été appelée à jouir du droit de cité (6).

La Gaule cisalpine qui, pendant la guerre sociale, était demeurée fidèle à Rome, finit aussi par être admise au bénéfice
de la *lex Julia*. Elle comptait sept colonies : trois *coloniæ civium Romanorum*, Mutina, Parma et Eporedia, et quatre colonies latines, Placentia et Bononia, au sud du Pô; Cremona et
Aquileia, au nord de ce fleuve. Les premières conservèrent leur
condition antérieure; les dernières reçurent la *civitas* et furent transformées en *municipia* (7). Pour les autres villes confédérées, il faut distinguer entre la région cispadane, en grande
partie déjà romanisée, et la région transpadane, qui, jusque
sous l'Empire, renferma des éléments barbares, de race cel-

---

(1) Cicero, *Pro Arch.*, V, 11 : *Est enim obscurum, — primis (censoribus)
Julio et Crasso, nullam populi partem esse censam.*

(2) Tit.-Liv., *Epit.* LXXVII; — Appian., *Bell. civ.*, I, 53, 54.

(3) Tit.-Liv., *Epit.*, LXXXIV.

(4) Tels les Lucaniens et les Samnites. — Appian., *Bell. civ.*, I, 53; — Dio
Cass., *fr.* 103, 10, éd. Bekk.

(5) Sallust., *Hist.*, I, *fr.* 11, p. 13, 6, éd. Dietsch; — Cicero, *Pro domo*, XXX,
79; *De lege agr.*, III, 2, 3; — Appian., *Bell. civ.*, I, 100.

(6) Vellei. Patere., II, 16 : *Paulatim deinde recipiendo in civitatem qui arma
aut non ceperant aut deposuerant maturius vires refectæ sunt.*

(7) C'est pourquoi Cicéron, dans la *Pisoniana* (apud Asconius, p. 3, éd.
Orelli), appelle Placentia un *municipium*, et ce n'est que par ignorance qu'Asconius ajoute cette remarque : *Magno opere me hæsitare confiteor, quid sit
quare Cicero Placentiam municipium esse dicat. Video enim in annalibus eorum, qui Punicum bellum secundum scripserunt, tradi, Placentiam coloniam
deductam.* De même, Aquileia porte le nom de *municipium*. — Vitruv., I,
4, 11; *C. I. L.*, I. V, 1, n°° 903, 963, *ibiq.* Mommsen, p. 83.

tique. L'une paraît avoir reçu à cette époque, par mesure générale, le droit de cité (1); quant au régime de l'autre, il fut
organisé, en 665 = 89, par le consul Cn. Pompeius Strabo. La
loi qui porte son nom, la *lex Pompeia* (2), divisa cette région
en un certain nombre de circonscriptions urbaines, donna
aux villes une constitution analogue à celle des villes italiennes, leur accorda, à défaut du droit de cité romaine, les
privilèges reconnus aux dernières colonies latines, et incor-
pora dans leurs territoires les tribus celtiques, demeurées
jusque-là tout à fait étrangères à Rome, non pas sur un pied
d'égalité avec les autres membres de la cité, mais à titre de pérégrins soumis et tributaires (3). Pour les habitants de la Gaule
transpadane eux-mêmes, cette organisation n'avait qu'un caractère provisoire; et, s'ils appelaient de leurs vœux sa dispa-

exclue du droit de cité.

La Gaule transpadane reçoit le droit des dernières colonies latines.

---

(1) Nous n'avons pas sur ce point de preuve directe : on peut seulement tirer argument des mesures particulières que les Transpadans rendirent nécessaires vis-à-vis d'eux. En l'année 659 = 65, les Cispadans avaient déjà le droit de cité. En effet, Cicéron (*Ad Att.*, I, 1, 2) écrit cette même année : *Videtur in suffragiis multum posse Gallis*, et Dion Cassius (XXXVII, 9) dit des censeurs de la même année : καὶ οἱ τιμηταὶ περὶ τῶν ἐκ τῆς Ἱσπανίας ἐλασσόνων ἐκπρέψαντες (τῷ μὲν γὰρ [ἑ] τῶν πολιτικῶν πάντας ἐσήγειν θέλων, τῷ δὲ οὐ) οὐδὲ τῶν ἄλλων ἐπράξεν, ἀλλ' καὶ τὴν ἀρχὴν ἐπέλιπεν. — Toute cette question est traitée en détail par Savigny (*Verm. Schr.*, t. III, pp. 301 et suiv.), par Mommsen (*Röm. Gesch.*, t. II, 7e éd., p. 316 et suiv. [= dans la trad. fr. de M. Alexandre, t. V, pp. 233 et suiv.] et, en sens contraire de Savigny, par Zumpt (*Stud. Rom.*, pp. 32-42).

(2) Pline (*Nat. Hist.*, III, 138) donne la liste des peuples Alpins soumis par Auguste et ajoute : *Non sunt adjectæ Cottianæ civitates XII, quæ non fuerunt hostiles, item attributæ municipiis lege Pompeia.* — Asconius (*In Pisonianam*, p. 3, éd. Orelli) : *Neque illud dici potest, sic eam coloniam esse deductam* (c'est-à-dire Placentia), *quemadmodum post plures ætates Cn. Pompeius Strabo, pater Cn. Pompeii Magni, Transpadanas colonias deduxerit. Pompeius enim non novis colonis eas constituit, sed veteribus incolis manentibus jus dedit Latii, ut possent habere [ut post ea haberent, lit Rudorff] jus, quod cetera Latinæ coloniæ, id est, ut gerendo magistratus, civitatem Romanam adipiscerentur.*

(3) Voy. ci-dessus, pp. 18 et suiv.; — Mommsen, dans *Hermes*, t. IV, pp. 112 et suiv. — Ces Romains *attributi* paraissent avoir été vis-à-vis des *municipia* dans une situation analogue à celle que les *cives sine suffragio* occupaient dans l'ancien temps vis-à-vis des citoyens Romains ayant le *plenum jus civitatis*. (Voy. à cet égard, Th. Mommsen, *Römisches Staatsrecht*, t. III, 1re partie, Leipzig, 1887, pp. 570 et suiv.] Tacite (*Hist.*, III, 34) dit, en effet, de Cremona : *Adnexu conubiisque gentium adolevit fortuitque.* Ils avaient donc le *conubium* et probablement le *commercium* avec les *municipes*; mais l'accès de la curie et des fonctions municipales leur était refusé.

puis le droit de cité

rition prochaine, les autorités romaines se montrèrent, dès les premiers jours, disposées à les satisfaire (1). En l'an 705 = 49, César leur octroya le droit de cité et le régime municipal romain (2); après la bataille de Philippes (712 = 42), le pays fut définitivement réuni à l'Italie (3); et dès lors, il n'y eut plus en Italie de villes latines. Néanmoins, le régime que Cn. Pompeius Strabo avait inauguré, en attribuant, en dehors de toute émigration, à des communes déjà existantes le droit fictif de *coloni Latini*, survécut, comme un nouveau *jus Latii* ou *Latium* (4); et son bénéfice fut concédé, d'une part, sous certaines restrictions, par la *lex Junia Norbana* (772 = 19 ap. J.-C.), à une classe spéciale d'affranchis (5); de l'autre, à

Jus Latii des provinces.

---

(1) En l'année 688 = 66, Suétone (*Cæs.*, VIII) nous dit de César : *Decedens ergo ante tempus colonias Latinas de petenda civitate agitantes ediit*, et il ne peut faire allusion par là qu'aux habitants de la Gaule Transpadane (voy. Savigny, *Verm. Schr.*, t. III, p. 309); l'année suivante, l'un des censeurs eut l'intention d'incorporer les Transpadans dans les tribus (Dio Cass., XXXVII, 9); César les faisait servir dans les légions dès avant 705 = 49 (Cæs., *Bell. civ.*, III, 87 : *Hæ copiæ, quas videtis, ex dilectibus horum annorum in citeriore Gallia sunt refectæ; et plerique sunt ex coloniis Transpadanis*); en 703 = 51, Cicéron (*Ad Att.*, V. 2, 3) écrit : *eratque rumor de Transpadanis, eos jussos IIIviros creare*. Cf. *Ad famil.*, VIII, 1, 2, et Mommsen, *Röm. Gesch.*, t. III, 7e éd., pp. 324. 325, texte et note (= dans la trad. fr. de M. Alexandre, t. VII, p. 119, texte et note].

(2) Dio Cass., XLI, 36 : καὶ Γαλάταις τοὺς ἐντὸς τῶν Ἄλπεων ὑπὲρ τὸν Ἠριδανὸν οἰκοῦντας τὴν πολιτείαν — ἔδωκεν.

(3) Appian., *Bell. civ.*, V, 3 : τήν τε γὰρ Κελτικὴν τὴν ἐντὸς Ἄλπεων ὕδατι, Καίσαρος ἐπ' αὐτοῖς, εὐθρύπτους ἀφιέναι, πρὸς τῶν σφετέρων Καίσαρος. Cf. c. 22; — Dio Cass., XLVIII, 12. Cela avait déjà été projeté auparavant. Appian., *Bell. civ.*, III, 30 : ἔστω δ' εἰ καὶ τὸ ἔθνος ὥσπερ Ἰταλικὰν ἡγεμονίας ἐλευθέρως οὕτως Ἰταλιώτας ἔχοντα τὴν Κελτικὴν εἶναι. — Voy. Drumann, t. I, p. 337; — Mommsen, *C. I. L.*, t. I, p. 112.

(4) Sur les dénominations *jus Latii* (Tacit., *Ann.*, XV. 32), *Antius Latius* (Appian., *Bell. civ.*, II, 26), *Latium* (Tacit., *Hist.*, III, 55; — Plin., *Nat. Hist.*, III, 7, et beaucoup d'autres), voy. Rüdorff, *De majore et minore Latio*, p. 21, note.

(5) Voy. Vangerow, *Ueber die Latini Juniani*, Marburg, 1833, in-8; — Rüdorff, *Röm. Rechtsgesch.*, t. I, p. 62. — [Adde : R. Portel, *Des Latins Juniens*, Évreux, 1883; — L. Cantarelli, *I Latini Juniani*, Bologna, 1882; — Schneider, *Die Lex Junia Norbana*, dans la *Zeitschr. der Savigny Stiftung f. Rechtsg.*, V, 1 (t. XVIII, 1884), pp. 223-236; — P. Willems, *Le Droit public romain*, 5e éd., pp. 412 et suiv., 816 in fine et suiv.; — P. Roblou et D. Delaunay, *Les Institutions de l'ancienne Rome*, t. II, Paris, 1883, pp. 157 et suiv.; — Th. Mommsen, *Römisches Staatsrecht*, t. III, 1re partie, pp. 626 et suiv. (La partie de ce remarquable ouvrage, intitulée *Der latinische Stammbund*, pp. 607-611, est du reste à consulter tout entière. Paru seulement au cours de l'impression de cette feuille, il nous a été impossible de citer plus tôt ce volume.)—Comp.

une foule de villes provinciales. César le conféra à un grand nombre de communes siciliennes, peut-être même à toutes (1), et à différentes villes de la Gallia Narbonensis (2); Auguste, à plusieurs localités de la Gallia Narbonensis (3), dans les *Alpes Cottiæ* (4) et les *Alpes Maritimæ* (5), de l'Aquitaine (6) et de la

A. von Brinz, *Die Freigelassenen der lex Ælia Sentia und das Berliner Fragment aus den Deliciæ*, Freiburg, 1885 ; — Huhler, *Rapports réciproques des lois Ælia Sentia et Junia Norbana*, dans la *Zeitsch. d. Savigny Stift. f. Rechtsgesch.*, VI, 1, pp. 156-225; VII, pp. 31-45; — J. Astor, *sur la cité romaine*, Thèse de Doct., Fac. de Droit de Paris, 1887, pp. 107 et suiv.; — H. Lemonnier, *Étude historique sur la condition privée des affranchis à Rome durant les trois premiers siècles de l'Empire*, Paris, 1887, in-8.] — Sur la date de la *lex Junia Norbana*, voy. Borghesi, (Œuvres, t. V, p. 214. — [Aide : Roman et du Caillaud, *Sur la date de la loi Junia Norbana*, dans les *Comptes-rendus de l'Acad. des Inscr. et Bell. Lett.*, 1882; — L. Cantarelli, *La data della legge Junia Norbana. Nuovi studie nuove osservazioni*, dans l'*Archivio giuridico*, t. XXIX, p. 34, et t. XXX, p. 113, et également tiré à part. Bologna, 1883; — A. Bouché-Leclercq, *Manuel des Instit. rom.*, pp. 173, note 3, et 347; — C. Accarias, *Précis de dr. Romain*, t. I, 1re éd., Paris, 1886, p. 130, note 1, fin; H. Monnier, dans la *Revue critiq. de législ. et de jurisp.*, 1887, pp. 125 et suiv. — Comp. enfin, sur la loi *Junia Norbana*, *Instit. græca paraphr. Theophili* culpit. Gaia, éd. Ferrini, pars prior, Berlin, 1884, l. 3, § 3, pp. 21 et suiv., et les notes de Meermann, Fabrot, etc., dans l'éd. de Reitz, Hagæ Comitis, 1751, t. I, pp. 53 et suiv.] — [Consulter au surplus, sur le contenu de cette note : Ortolan, *Inst. de Justinien*, 12e éd. par M. J.-E. Labbé, 1883-84; — Ch. Demangeat, *Cours élém. d. dr. rom.*, 3e éd., 1876; — Warnkœnig, *Commentar. jur. rom. priv.*, 1825-29; — Puchta, *Cursus der Inst.*; — v. Vangerow, *Lehrb. der Pand.*, 7e éd., 1861-69; — Windscheid, *Lehrb. der Pand.*, 6e éd., 1887; — J. Baron, *Pand.*, 6e éd., 1887; — Kuntze, *Cursus des röm. Rechts, et Excurse*, 2e éd., 1879-1880; — L. Arndts, *Lehrb. der Pand.*, 13e éd. par L. Pfaff et P. Hofmann (cet ouvrage est traduit en Italien par M. Serafini); — Ed. Hölder, *Inst. des röm. Rechts*, 3e éd., 1883, et *Pand.*, 1854 et ann. suiv.; — Dernburg, *Pand.*, 1884-87; — C. Salkowski, *Lehrb. der Inst.*, 5e éd.; — R. Sohm, *Inst. des röm. Rechts*, 3e éd., 1884; — H. von Ihering, *L'esprit du dr. rom.*, trad. par O. de Meulenaere, 3e éd., 1886-88; — Brinz, *Lehrb. der Pand.*; — Scheurl, *Weitere Beiträge zur Bearbeitung des röm. Rechts*; — Ch. Maynz, *Cours de dr. rom.*, 4e éd., 1876-77; — P. Namur, *Cours d'Inst.*, 3e éd., 1888; — van Wetter, *Cours élém. de dr. rom.*, 2e éd., 1875-76; — F. Serafini, *Istituz. di Diritto rom.*, 3e éd., Firenze, 1881, Comp. enfin : M. Mommsen, *Römisches Staatsrecht*, t. III, 1re partie, pp. 120-157; — F. Pagès, *De l'infériorité sociale des affranchis à Rome*, et F. Nègre, *Condition des affranchis*, en droit romain, Thèses de Doct., Fac. de Droit de Paris, 1886 et 1887.]

(1) Voy. ci-dessous la partie relative à cette province.

(2) Voy. la partie consacrée aux provinces gauloises.

(3) Parmi elles se trouvent Augusta Tricastinorum et Lucus Augusti. — Voy. Herzog, *Galliæ Narbonensis historia*, p. 93.

(4) Voy. Mommsen, C. I. L., t. V, 2, p. 810.

(5) Voy. Mommsen, C. I. L., t. V, 2, p. 903.

(6) Strabo, IV, p. 191 : [illegible Greek].

Bétique (1); Néron, à tout le territoire des *Alpes Maritimæ* (2); enfin Vespasien, à l'Espagne tout entière (3). La classe des *Latini coloniarii* prit fin sous Caracalla (4), dont la Constitution célèbre admit au droit de cité tous les habitants de l'Empire romain (5)'; ils avaient donc disparu depuis longtemps, lorsque Justinien supprima également les *Latini Juniani* (6).

Conséquences de l'extension du droit de cité à toute l'Italie. L'extension du droit de cité modifia profondément la situation de l'Italie, comme celle de la Gaule cisalpine. Avec elle, la langue romaine devint la langue officielle, et se répandit au loin, chassant devant elle les dialectes locaux : par exemple, en Campanie, l'idiome osque. Le droit de battre monnaie disparut de toute l'Italie; le vieux droit privé des villes confédérées fit place

---

(1) Strabo, III, p. 131. Otto Hirschfeld (*op. cit.*, p. 9 [= dans la trad. fr. de M. l'abbé Thédenat : *Rev. gén. du dr.*, 1890, p. 301; tirage à part, p. 13] admet avec vraisemblance que ces concessions doivent être attribuées à Auguste.

(2) Tacit., *Ann.*, XIII, 32; — Mommsen, *C. I. L.*, t. V, 2, p. 903.

(3) Plin., *Nat. hist.*, III, 34.

(4) La dernière mention qui en soit faite se trouve dans Ulpien — elle date, par conséquent, du règne de Caracalla [voy. Hermann Heinrich Fitting, *Ueber das Alter der Schriften Römischer Juristen von Hadrian bis Alexander*, Basel, 1860, in-4, p. 33, 13, et H. J. Roby, *An Introduction to the Study of Iustinian's Digest*, etc., London, Cambridge Warehouse, 1883; cette excellente monographie a fait l'objet d'une traduction italienne, sous ce titre : *Introduzione allo studio del Digesto Giustinianeo*, etc., per John Roby, traduzione dall' Inglese di Giovanni Pacchioni, con prefazione di Pietro Cogliolo, Firenze, 1887, in-8; voy. pp. 204 et suiv. de cette trad.] —, fr. XIX, 4 : *Mancipatio locum habet inter cives Romanos et Latinos coloniarios Latinosque Junianos*, et dans Dosithée qui, de même, écrivait à l'époque de Sévère et de Caracalla. *De manumiss.*, § 6, p. 59, 61. Böcking : *Sed nunc habent propriam libertatem inter amicos manumissi et fiunt Latini Iuniani, quoniam lex Iunia, quæ libertatem eis dedit, exæquavit eos Latinis coloniariis, qui cum essent cives Romani liberti, nomen suum in coloniam dedissent.*

(5)' [Sur la constitution Caracalla, voy. notamment Haubold, *De Constitutione Imp. Antonini quomodo qui in orbe Romano essent cives Romani effecti sint*, dans ses *Opusc. academ.*, t. II, pp. 319 et suiv., Leipzig, 1825; — P. Louis-Lucas, *Étude sur la vénalité des charges et fonctions publiq.*, t. I, Paris, 1882, p. 456; P. Godefroy, *Condition juridique des pérégrins à Rome*, Thèse de Doct., Fac. de Droit de Paris, 1881, pp. 33 et suiv., et les auteurs cités p. 81, note 3, supra.]

(6) Const. unic., § 1, *De latina libertate tollenda*, C. Just., VII, 6 : *Cum enim Latini liberti ad similitudinem antiquæ Latinitatis, quæ in coloniis missa est, videantur esse introducti, ex qua nihil aliud rei publicæ nisi bellum accessit civile, satis absurdum est ipsa origine rei sublata imaginem ejus derelinqui.* — Voy. O. Hirschfeld, *op. cit.*, p. 16 [= dans la trad. fr. : *Rev. gén. du dr.*, 1890, p. 308; tirage à part, p. 20].

au droit romain; le costume romain, les mœurs romaines, les prénoms romains, la manière de compter le temps s'imposèrent aussi à l'usage de l'Italie inférieure, et peu d'années suffirent à effacer entièrement les souvenirs de la période qui avait précédé la domination de Rome (1). La conséquence la plus importante de cette révolution a été la formation du régime municipal romain. La confusion opérée par l'antiquité tout entière entre l'idée de ville et l'idée d'État avait été jusqu'à ce jour acceptée par les Romains, en ce sens que, seul, l'État romain formait une commune, alors que les municipes romains et les colonies romaines ne constituaient pas des *civitates* autonomes, mais n'étaient que des fractions de la *civitas* romaine; au contraire, les villes confédérées, auxquelles ressortissaient les colonies latines, étaient considérées comme des États indépendants, étrangers à la *civitas* romaine. Désormais, les anciens municipes (v. ci-dessus, pp. 35 et suiv.), aussi bien que les cités confédérées, devenant des communes romaines, admises à la plénitude du droit de cité, toute différence entre les villes italiques s'effaçait, et il semblait impossible de rattacher à une seule commune urbaine la population de l'Italie tout entière (2). La République urbaine s'était transformée en un grand État républicain; et il s'agissait de faire entrer dans cet organisme les nouvelles communes investies du droit de cité, sur le pied de l'égalité (3). Les Romains n'y arrivèrent jamais complètement; en particulier, ils n'ont pas trouvé le moyen de faciliter l'exercice du droit de vote aux *municipes* dont la résidence était éloignée. Lors de la réunion des *comitia centuriata* qui devaient, le 4 *sextilis* (août) de l'année 697 = 57, mettre fin à l'exil de Cicéron, il fallut une invitation écrite, adressée par le consul Lentulus aux colonies et aux municipes

____

(1) Voy. Mommsen, *Unteritalische Dialekte*, p. 113.

(2) A cet égard, Tibère, dans Tacite (*Ann.*, III, 50), divise l'histoire romaine en trois périodes. Il dit de la première : *nuius urbis cives eramus;* il appelle la seconde, c'est-à-dire celle qui s'étend après la guerre sociale, *Romanorum intra Italiam dominatio:* la troisième est celle où Rome est devenue la maîtresse du monde.

(3) Voy. Mommsen, *Röm. Gesch.*, t. II, 1re éd., pp. 361 et suiv. (= dans la trad. fr. de M. Alexandre, t. V, pp. 312 et suiv.).

italiens (1), et une intervention personnelle de Pompée (2), pour y amener en foule les habitants de l'Italie (3); mais il n'y eut là qu'un fait tout exceptionnel (4), dont Cicéron se montre fier (5). En général, les citoyens de Rome prenaient seuls part aux comices : ceux qui avaient leur domicile en Italie n'y venaient pas. On se contenta donc, d'une part, de donner l'autonomie aux communes nouvellement appelées au droit de cité, en leur réservant l'élection de leurs magistrats d'ordre administratif ou judiciaire; de l'autre, de les rattacher par un certain lien de dépendance au gouvernement central de l'État, en délimitant, par des lois spéciales (*leges municipales*), les attributions respectives des autorités de la ville, et de celles de l'État.

et rattachés au Gouvernement par un lien nouveau. Leges municipales.

L'expression *lex municipalis* revêt une double acception (6). D'une part, toute colonie romaine (7), tout *municipium* romain, toute ville latine (8), enfin toute commune pro-

---

(1) Cicero, *Orat. cum populo gratias egit*, VI, 13; *Pro Sestio*, LX, 128; *in Pison.*, XV, 34; — Drumann, t. II, p. 294.

(2) Cicero, *De domo*, XII, 30; *De harusp. resp.*, XXII, 46; *Pro Mil.*, XV, 39.

(3) Cicero, *Post red. in senatu*, X, 23; *Pro Sestio*, LXI et suiv.; *in Pison.*, XV, 34.

(4) Cicero, *Pro Sestio*, LX, 128 : *In una mea causa post Romam conditam factum est, ut litteris consularibus ex senatus consulto cuncta ex Italia omnes, qui rem publicam salvam vellent, convocarentur. Quod nunquam senatus in universa reipublicæ periculo decrevit, id in unius mea salute conservanda decernendum putavit.*

(5) Cicero, *Post red. in sen.*, IX, 24; X, 25; *De domo*, XXVIII, 73.

(6) Voy. Savigny, *Verm. Schrift.*, t. III, p. 334; — Mommsen, *Stadtrechte von Salpensa und Malaca*, p. 392.

(7) Frontin., dans les *Gromatici*, éd. Lachm., t. I, p. 19, 4 : *quidquid enim ad coloniæ municipiive privilegium pertinet, territorii juris appellant;* — Hygin., eod., p. 118, 9 : *sed et hæc meminerimus in legibus sæpe inveniri* — — *inscriptum :* « *Quos agros — intra fines — dedero assignavero, in iis agris jurisdictio coercitioque esto coloniæ illius »;* — p. 133, 14 : *de jure territoriorum, — — quid possumus aliud malere, quam ut leges — perlegamus et ut interpretemur secundum singula momenta.* Sylla donna des lois à la ville de Puteoli (Dikœarchia), qui était déjà alors une colonie militaire (Plutarch., *Sull.*, XXXVII), et Fronto (*Ad amicos*, II, 7, p. 193, éd. Naber) dit de la *Colonia Julia Concordia* (C. I. L., t. V, 1, p. 178) : *estne lege Concordiensium cautum, ne quis scribam facit nisi eum, quem decurionem quoque recte facere possit ?* Il sera traité ci-dessous en détail de la *lex coloniæ Genetivæ*, en Bétique.

(8) Pline (*Nat. hist.*, III, 37) mentionne la *formula* de Nemausus (Nîmes), et les inscriptions de Salpensa et de Malaca contiennent deux *leges municipales*.

vinciale autonome (1) a sa loi particulière (*lex municipalis*) (2), *lex municipii* (3), *lex civitatis* (4), *lex loci* (5) : et par là il faut entendre, non pas une résolution votée par le peuple romain, ou une décision émanée de la commune elle-même, mais la Constitution qui lui avait été octroyée par un commissaire, muni des pleins pouvoirs du peuple romain : ce commissaire était un *magistratus cum imperio*, ordinairement un chef militaire (6). Sa mis-

---

(1) Voy. sur ce point la partie relative aux provinces. On peut citer, à titre d'exemples, Amisus, en Bithynie, dont des *leges* sont mentionnées dans Pline (*Ep. ad Trojan.*, XCIII), et Antiochia en Syrie. Papinian., L. 37, *De rebus auctor. jud. possid.*, D., XLII, 5 : *Antiochensium Cœlæ Syriæ civitati, quod lege sua privilegium in bonis defuncti debitoris accepit, jus persequendi pignoris durare constitit.* Ce passage se réfère à l'époque où Antiochia n'était pas encore une colonie. — La *lex Antonia de Termessibus*, de l'an 653=71 (*C. I. L.*, t. I, nº 201 et Bruns, *Fontes juris rom. ant.*, ed. 3ᵉ, Frib. in Brisg., 1857, pp. 91 et suiv.), nous est également parvenue. En Sicile, chaque ville avait sa *lex*. Cicero. *Act. in Verr.*, II, 49, 120 : *legati Centuripini, Halesini, Catinenses, Panormitanique dixerunt — —, neminem ulla in civitate senatorem factum esse gratis, neminem, ut leges eorum sunt, suffragiis.* Cf. § 122.

(2) Ulpian. : L. 3 § 4, *Quod vi aut clam*, D., XLIII, 24 : ..... *Hoc ita verum est, si non lex municipalis curatori rei publicæ amplius concedat :* L. 3 § 5, *De sepulchro violato*, D., XLVII, 12 : ..... *Quid tamen, si lex municipalis permittat in civitate sepeliri ? ;* L. 23. *Ad municip. et de incolis*, D., L, 1 : *Magistratus municipales cum unum magistratum administrent, etiam unius hominis vicem sustinent. Et hoc plerumque quidem lege municipali eis datur : verum et si non sit datum, dummodo non denegatum, moribus competit ;* L. 1 pr., *De albo scrib.*, D., L, 3 : *Decuriones in albo ita scriptos esse oportet, ut lege municipali præcipitur ;* — Modestin. L. 11 § 1, *De muner. et honor.*, D., L, 4 : *Etsi lege municipali caventur, ut præferantur in honoribus certæ conditionis homines : attamen sciendum est hoc esse observandum, si idonei sint.*

(3) Paul., L. 6 pr., *Quod cujusq. univers.*, D., III, 4 : ... *Quod et in honorum petitione erit servandum, nisi lex municipii — — prohibeat :* — Const. 1, *De emancip. liber.*, C. Just., VIII, 48 [49] ; — et Scævola (L. 6, *De decret. ab ord. facient.*, D., L, 9) nous dit d'une ville grecque, *Municipii lege ita cautum erat :* ἦν τε ᾖ τῷ τῆς πόλεως ἀξιώματι κ. τ. λ.

(4) Arcad. Charis., L. 18 § 21, *De muner. et honor.*, D., L, 4 ; — Const. 4, *De jure rei publ.*, C. Just., XI, 30 [29] ; — Plin., *Ep. ad Trajan.*, CXIII (CXIV).

(5) Callistrat., L. 6 [5] § 1, *De jure immun.*, D., L, 6 ; cf. Ulpian., L. 3 § 1, *De muner. et honor.*, D., L, 4 : ... *Cæteri autem — legibus patriæ suæ et provinciæ obœdire debeat.*

(6) M. Mommsen (*op. sup. cit.*, p. 393) traite de cette acception du mot *lex*. Comme exemples, on peut citer : la Constitution, que L. Æmilius Paulus donna en 587 = 167 à la Macédoine. Elle consistait en une *formula* (Tit. Liv., XLIV, 31), qui établissait les frontières des quatre parties de la Macédoine, et en *leges* concernant soit ces quatre parties, soit les villes considérées isolément (Tit. Liv., XLV, 32, 7 : *leges Macedoniæ dedit ;* — Justin., XXXIII, 2 : *Legesque, quibus adhuc utitur, a Paulo accepit) ;* — la Cons-

sion consistait, suivant la formule consacrée, à *legem dare* (1),
c'est-à-dire à promulguer, de sa propre autorité, une loi spéciale à telle ville ou à telle province, tandis que les lois romaines
proprement dites étaient proposées à l'acceptation du peuple (*legem rogare*) et devaient être votées par lui. On ne voit pas que
de semblables lois municipales spéciales aient été concédées fréquemment à l'origine (2); mais elles furent nécessaires, dès que
l'on en vint à reconnaître successivement la *plena civitas* aux
municipes qui en avaient été privés, et qu'on remplaça pour eux
les *præfecti jure dicundo* envoyés de Rome par des magistrats
locaux (3): il est hors de doute qu'il existait des *leges municipales* particulières de ce genre longtemps avant la guerre sociale.

Au contraire, après la *lex Julia*, le besoin d'une législation
générale et uniforme pour un grand nombre de municipes investis à nouveau de la plénitude du droit de cité se fit sentir;
et c'est en vue d'y pourvoir qu'on proposa, à Rome même, des
leges municipales, destinées à gouverner leur organisation par

---

titation de Mummius pour l'Achaïe (Polyb., XI, 9, 10; — Pausan., VII, 16,
6; — Zonar., IX, 31); — la *lex Pompeia*, de 691 = 63, pour la Bithynie et le
Pont (Plin., *Ep. ad Trajan.*, LXXIX (LXXXIII), LXXX (LXXXIV)); — la
lex Scipionis de Agrigentinorum senatu cooptando (549 = 205; — Cicero, *Acc.
in Verr.*, II, 50, 123). La *lex Rupilia* (623 = 131), pour la Sicile, ne fut pro-
mulguée que par l'ordre du sénat (Cicero, *Acc. in Verr.*, II, 16, 40 ; II, 37,
90), et, par conséquent, ne pourrait pas, à proprement parler, être qualifiée
de *lex* : Cicero, *Acc. in Verr.*, II, 13, 32 : *ex Rupilii decreto, quod is de decem
legatorum sententia statuit, quam illi legem Rupiliam vocant.* — Sur les *leges
coloniæ*, voy. Mommsen et Rudorff. *Feldmesser*, t. II, pp. 184, 232, et, en
particulier, Hygin, dans les *Gromat.*, éd. Lachm., t. I, p. 111, 15 : *Ai agri
leges accipiunt ab his, qui veteranos deducunt et ita propriam observationem eorum
lex data praestat.*

(1) Voy. Mommsen, *Stadtr. v. Salp. u. Mal.*, p. 394. C'est ainsi qu'on lit
dans la *lex Julia municip.*, lin. 159 : *quei lege plebeive scito permissus est fuit,
utei leges in municipio fundano municipibusque eius municipi daret ;* — dans
la *lex de Salpensa*, § 28 [p. 368, éd. Mommsen] : *post h(unc) l(egem) dat(am) ;*
— de même encore il est dit de la *lex Æmilia*, pour la Macédoine : *leges se
daturum (ostendit)* (Tit. Liv., XLV, 31 : *leges dedit; ibid.*, XLV, 32. Voy.
d'autres passages dans Mommsen). Pareillement, la *lex coloniæ Genetivæ* est
désignée, au chap. CXXXII, comme *lex data.*

(2) Tite-Live (IX, 20) mentionne seulement une Constitution exceptionnelle
de ce genre en l'année 435 = 319 : *eodem anno primum præfecti Capuam
creari coepti, legibus a L. Furio prætore datis, quum utrumque ipsi pro remedio
agris rebus discordia intestina petissent.*

(3) Telle est aussi l'opinion de Mommsen (*op. sup. cit.*, p. 392, note 10).

des règles communes. Les plus anciennes de ces lois nous sont demeurées inconnues; mais on en a conservé, partiellement tout au moins, deux, qui sont contemporaines de César.

L'une est la *lex Rubria* (1). Inspirée par César et portée, en l'an 703 = 49 (2), par un tribun Rubrius, qui est d'ailleurs

Lex Rubria.

(1) Parmi les nombreuses tables de bronze, où se trouvait gravée cette loi, l'une, la quatrième, a été découverte en 1760 dans les ruines de Veleia et a été publiée pour la première fois dans Carli, *Antichità Italiche*, t. I, 1788, p. 133, et ensuite dans le *C. I. L.*, t. I, n° 205 (en dernier lieu dans Bruns, *Fontes jur. rom. ant.*, ed. 5a, 1887, pp. 93 et suiv.). Sur l'explication de ce texte, voy. Hugo, dans le *Civilistisch. Magazin*, t. II (3e éd., 1812), pp. 431-496; — Dirksen, *Obss. ad rubeta legis Galliæ Cisalpinæ capita*, Berol., 1812, in-4; — Huschke, *Griun.* pp. 203-212; — Huschke et Ritschl, dans le *Rhein. Museum*, Neue Folge, t. VIII, p. 113; — Mommsen, *Ueber den Inhalt des rubrischen Gesetzes*, dans Bekker u. Muther, *Jahrbuch des Deutschen Rechts*, t. II, pp. 319-331, et dans le *C. I. L.*, t. I, n° 205. (Voy. encore M. Schrutka, *Lex Rubria Galliæ Cisalpinæ*, dans *Akad. d. Wissenschaft.*, t. CV.) C'est à Puchta que revient l'honneur d'avoir trouvé le nom de la loi. — [Un nouveau fragment de loi a été trouvé en 1880 à Ateste (Este), dans la Gaule transpadane. Il a été publié pour la première fois par M. Fiorelli, dans les *Notizie degli scavi di antichità Rom.*, 1880, p. 213. Suivant M. I. Alibrandi (*Di un frammento di legge Romana sopra la giurisdizione municipale scoperto presso la città di Este nel maggio 1880*, dans les *Studi e Documenti di Storia e Diritto*, t. II, 1881, pp. 3 et suiv., 61 et suiv.), ce fragment appartiendrait à une loi portée en l'an 59 av. J.-Chr., par le consul César, pour régler la juridiction municipale en Italie; M. Mommsen (*Ein zweites Bruchstück des Rubrischen Gesetzes vom Jahre 705 Roms*, dans *Hermes*, t. XVI, 1881, pp. 24-41) estime, au contraire, que c'est un fragment de la *lex Rubria* de l'an 49 a. Chr. — Cf. Bruns, *Fontes juris Romani antiqui*, ed. 4a, Frib. in Brisg., 1879-1881, p. 5, Rubr., et ed. 5a, 1887, p. 100, 11, note 3. — Voy. aussi M. Esmein. *Un fragment de loi municipale romaine*, dans le *Journal des Savants*. 1881, pp. 117-130, et *Un fragment de loi sur la juridiction des magistrats municipaux*, dans ses *Mélanges d'histoire du droit et de critique*. — *Droit Romain*, Paris. 1886, in-8, pp. 269-292. Ce dernier auteur admet, p. 277, avec M. Alibrandi. « que ce texte législatif était général et applicable à toute l'Italie. »]

(2) Il est certain que notre loi n'est pas antérieure à 705 = 49, ni postérieure à 712 = 42. (Voy. en ce sens, Bruns. *Fontes*. ed. 5a, p. 95, note 9.) Cette dernière date est adoptée par Savigny (*Verm. Schriften*, t. III, p. 319) et par Puchta (*Institutionen*, § 9)); la première, par Mommsen et Rudorff (*Röm. Rechtsg.*, t. I. p. 31). En faveur de l'an 705 = 49 plaide notamment ce fait que le pays est nommé dans la loi *Galliæ cis Alpeis* (col. II, lin. 26. 27). *Gallia Cisalpeina* (lin. 51), et que, dans la formule extrêmement fréquente (col. II, lin. 53) *queiqonque in eorum quo oppido) municipio) colonia) praefectura) foro) vico) conciliabulo) castello) territorio ve — — iure) dicundo) praerit*, après le mot *territorioque* on ne trouve pas ajoutés les termes *civium) Romanorum)*, d'où il résulte que les localités ne sont pas encore désignées comme des communes jouissant du droit de cité, ainsi que cela a lieu dans la *lex Julia municipalis*.

inconnu, cette loi établit pour les municipes cisalpins une organisation judiciaire qui se rattache à celle de Rome, c'est-à-dire
à l'Édit du préteur; elle dispose, dans le fragment qui en est
parvenu jusqu'à nous, que les magistrats municipaux seront
maîtres de soumettre au jugement de jurés tous les litiges
dont l'objet ne dépassera pas 15.000 sesterces, et en outre certaines affaires d'une nature particulière, quelle que soit la valeur de l'intérêt engagé ; mais que, dans les procès placés en
dehors de leur compétence, leur rôle se borne à accomplir des
actes d'instruction préparatoire et à renvoyer les parties devant
le préteur romain (1).

La *lex Julia*
municipalis.

L'autre loi est la *lex Julia municipalis* (2), que César lui-même
a proposée en l'an 709 = 45 (3); elle nous a été conservée, au
moins en partie, dans deux tables de bronze, découvertes en
1732 sur l'emplacement de l'ancienne Heraclea ; et c'est à cette
origine qu'elle doit d'avoir été connue d'abord sous le nom de
Tabula Heracleensis (4). On trouve dans la *lex Julia* un règlement d'organisation communale, général et complet, aussi bien
pour la capitale que pour les municipes italiens et pour ceux
du dehors; il demeura en vigueur à l'époque impériale (5).

---

(1) Voy. Mommsen, dans Bekker u. Muther, *Jahrbuch des gemeinen Deutschen Rechts*, t. II, p. 326.

(2) *C. I. L.*, t. I, n° 206, ibiq. Mommsen. [Voy. aussi Bruns, *Fontes*, éd.
3°, pp. 101 et suiv.] — Sur cette loi, voy. Mazochi, *Commentariorum in
Regii Herculanensis musei æneas tabulas Heracleenses*, P. I—II, Neap., 1754,
1755, In-f° ; — Marezoll, *Fragmentum legis Romanæ in aversa tabulæ Heracleensis parte*, Gott., 1816, in-8 ; — Dirksen, *Obss. ad tab. Heracl. partem
alteram*, Berol., 1817, In-3, et dans les *Civilistiche Abhandl.*, Berlin, 1820,
in-8, t. II. pp. 113 et suiv.; — mais surtout Savigny, *Verm. Schrift*, t.
III. pp. 279-412. [Ce dernier travail est une réédition, avec additions, de
l'étude publiée par Savigny en 1838 dans le t. IX de la *Zeitschr. f. gesch.
Rechtswiss.*, pp. 300-373.] Le nom de *lex Julia municipalis* donné à cette
loi, déjà conjecturé par Mazochi (*op. sup. cit.*, p. 192), fut établi démons-
trativement par Savigny (*op. sup. cit.*, pp. 363 et suiv. et pp. 403 et suiv.).
Il se trouve dans l'inscription de Padoue (*C. I. L.*, t. V, 1, n. 2865).

(3) Cette date ressort d'un passage de Cicéron (*Ad famil.*, VI, 18, 1).

(4) Des trois tables qui ont été découvertes et sur lesquelles se trouve une
inscription grecque éditée dans le *C. I. Gr.*, n°° 5774, 5775, Il y en a deux
gravées au verso, et qui contiennent la majeure partie de la *l. Julia mun.*

(5) Les jurisconsultes classiques ne l'appellent que *lex municipalis*. Voy.
Savigny, *op. sup. cit.*, p. 356 ; — Ulpian., L. 3, *De decr. ab ord. fac.*, D., L, 9.

L'ensemble des dispositions très disparates de cette loi, notamment celles comprises dans la première partie, qui est relative aux distributions de grains et à la police des rues à Rome, ont donné lieu à des interprétations diverses (1). Suivant M. Mommsen (2), César affirmait tout d'abord, dans la *lex Julia*, le résultat de l'œuvre jusqu'alors poursuivie, en traitant Rome, qui avait cessé de réunir tous les citoyens dans son sein, comme une simple ville municipale d'Italie, la première de toutes, il est vrai. Il ne pouvait en être autrement dans un texte, dont le but principal était d'affranchir toutes les villes *juris romani* de leur subordination à la ville de Rome et de leur reconnaître une certaine autonomie, à côté de cette dernière. Cette autonomie se manifestait surtout à trois points de vue :

1° Toutes les villes reçoivent une constitution communale, instituant chez elles une assemblée populaire, un sénat, des magistrats particuliers (3), dont l'autorité s'étend sur tout leur territoire, ainsi que sur les *conciliabula* et les *vici* qui s'y trouvent;

2° La tenue des registres du cens, jusqu'alors centralisée à Rome pour tous les citoyens romains, passe aux magistrats municipaux supérieurs, en ce sens qu'ils dressent les listes dans leurs communes et les envoient à Rome (4);

3° Enfin, chaque ville reçoit une juridiction particulière qui est confiée à des *IVviri* où à des *IIviri jure dicundo;* et, bien que cette juridiction n'entraîne pas les mêmes pouvoirs que ceux qui résultent pour le préteur de l'*imperium* dont il est in-

— Dig., L, 1, Rubr. : *Ad municipalem*; — Const. 1, *De servis rei publ. manumill.*, C. Just., VII, 9.

(1) Voy. Savigny, *op. sup. cit.*, p. 328.

(2) Voy. Mommsen, *C. I. L.*, t. I, p. 121. Comp. Bethmann-Hollweg, *Röm. Civilprocess*, t. II, p. 21. — Zumpt (*Comment. epigr.*, t. I, pp. 82 et suiv.) et Nipperdey (*Die leges annales*, Leipzig, 1865, in-8, pp. 11-19) sont d'un sentiment contraire.

(3) Voy., sur ce point, ci-dessous la section relative à l'organisation municipale.

(4) *Lex Julia municipalis*, lin. 142 et suiv; — Mommsen, *Röm. Gesch.*, t. III, 7e éd., p. 339 (= dans la trad. fr. de M. Alexandre, t. VIII, pp. 111 et suiv.].

vesti par le peuple (1), elle se rapproche de la juridiction pré-
torienne, en ce qu'elle n'est pas déléguée, mais, comme cette
dernière, exercée directement (2); elle connaît aussi bien des
affaires civiles (3), dont le taux est inférieur à un certain chif-
fre, que des affaires criminelles concernant les esclaves (4) et
même les hommes libres, à l'exception de celles que les *leges
judiciorum publicorum* réservent à une *quæstio* romaine (5).

(1) Paulus, L. 26, *Ad municip.*, D., L, 1 : *Ea, quæ magis imperii sunt quam
juris dictionis, magistratus municipalis facere non potest. Magistratibus municipalibus non permittitur in integrum restituere aut bona rei servandæ causa
jubere possideri aut dotis servandæ causa vel legatorum servandorum causa.* —
Voy. là-dessus Mommsen, dans le *Jahrbuch des gemeinen deutschen Rechts* de
Bekker et Muther, t. II, pp. 325 et suiv., et *Staatsrecht*, t. 1, 2e éd., pp. 22
et suiv. [= dans la trad. fr. de M. P. F. Girard, t. 1, pp. 21 et suiv.].

(2) Voy. Mommsen, *Jahrbuch*, loc. sup. cit., p. 332.

(3) *Lex Julia municipalis*, lin. 116-115. — Bethmann-Hollweg, *Röm. Civil-
prozess*, t. II, p. 23.

(4) Cicero, *Pro Cluent.*, LXIV-LXVI ; ce passage nous parle d'un esclave
mis en croix à Larinum. Sous l'empire, cette juridiction fut pareillement
limitée. Ulpian., L. 12, *De jurisd.*, D., II, 1 : *Magistratibus municipalibus
supplicium a servo sumere non licet, modica autem castigatio eis non est dene-
ganda.*

(5) Voy. Bethmann-Hollweg, op. sup. cit., p. 23, note 32.

SITUATION POLITIQUE DES VILLES PROVINCIALES.

Villes de conditions diverses.

L'organisation des provinces, sur laquelle nous aurons à re.
venir, débuta par la délimitation des territoires des villes, et
se continua par la détermination de leur régime politique et
financier. Les villes conquises par la force furent détruites (1);
les terres en dépendant furent réunies au domaine romain et affermées dans Rome par les censeurs, à de simples particuliers,
moyennant une redevance (2). Les anciens domaines royaux,
que l'on trouve, par exemple, à Syracuse (3), en Macédoine, à
Pergame, en Bithynie et à Cyrène, devinrent également *ager
publicus populi Romani* (4), et leur population laborieuse fut
groupée en communes rurales, ainsi que cela s'était fait, après
513 = 211, sur le territoire de Capoue (voy. pp. 40 et suiv.).
Au contraire, les communes qui, sans pousser jusqu'au bout la

---

(1) La plupart des villes subjuguées partagèrent le sort de Carthage, de
Corinthe et de Numance. C'est ainsi qu'Appien (*Pun.*, 135) dit des mesures
prises par les 10 *legati* en Afrique, en 648 = 116 : [illegible].

(2) C'est en Afrique que nous apprenons le mieux à connaître cette organisation.

(3) Tit. Liv., XXV, 23, 2.

(4) Cicero, *De leg. agrar.*, II, c. 19. c. 51; — Tacit., *Ann.*, XIV, 18. Les
biens royaux en Égypte échurent à l'empereur. Franz, *C. I. Gr.*, t. III,
p. 296 b.

résistance, avaient effectué leur soumission par une *deditio*, livraient bien à l'absolue discrétion du vainqueur — ce sont les termes mêmes de la formule employée — la ville et la campagne, les hommes, les femmes, les enfants, les fleuves, les ports, les sanctuaires et les tombeaux (1); mais on garantissait, en général, aux habitants et à leurs familles le respect de leur liberté individuelle et de leurs propriétés; à la ville, la conservation de son territoire et de son droit : toutefois, les terres appartenant soit aux particuliers soit à la ville étaient toutes frappées ou bien d'une redevance en nature (*vectigal*) ou bien d'une contribution importante (*tributum, stipendium*) (2); et, partout où l'utilité s'en faisait sentir, on instituait une douane romaine (*portorium*) (3). Ces communes forment la classe des *civitates vectigales* (4) ou *stipendiariæ* (5), dans laquelle rentrent la plupart des villes provinciales : en dehors de cette classe, on trouve un petit nombre de communes jouissant de privilèges particuliers, savoir :

1° celles dont les libertés ont été garanties soit par un traité antérieur, soit en récompense de la fidélité dont elles ont fait preuve;

2° celles que les Romains eux-mêmes ont constituées, à titre de colonies ou de municipes romains.

Ainsi, on peut ramener à trois classes principales les commu-

(1) Pompon., L. 36, *De relig. et sumpt. fun.*, D., XI, 7 : *Cum loca capta sunt ab hostibus, omnia desinunt religiosa vel sacra esse, sicut homines liberi in servitutem perveniunt : quod si ab hac calamitate fuerint liberata, quasi quodam postliminio reversa pristino statui restituuntur.*

(2) Appian., *Bell. civ.*, II, 140 : Σύλλας δὲ καὶ Καῖσαρ — — τὴν Ἰταλίαν — καθάπερ νέην καὶ ἑτέρην νέην τῆς τε γῆς ἀγροικίαν καὶ οἰκίας καὶ τέμενη καὶ λαχὼν ἐν σφίσι τοῖς ἐθελοῦσιν καθίστας ἀγροικίαν, ἀλλὰ ἑκάστω σίτου μῖραν καραρίων ἐπιγράψαντο. — Hygin., dans les *Gromatici*, éd. Lachm., t. I, p. 205.

(3) Il en sera traité en détail dans la partie consacrée aux finances (voy. *Staatsrecht.*, t. II, pp. 251 et suiv. [= dans la trad. fr. de M. A. Vigié, *De l'organisation financière chez les Romains*, pp. 319 et suiv.].

(4) Cicero, *Act. II. in Verr.*, III. 6, 12 sqq.; IV, 60, 134; *De prov. cons.*, V, 10; — Tit. Liv., XXI, 41, 7; XXXI, 31, 9; XXXIV, 4, 9.

(5) Schol. Bobiens., *Ad Cic. or. pr. Scauro*, p. 373, éd. Orelli : *Aliæ civitates sunt stipendiariæ, aliæ liberæ* ; — Serv., *Ad Verg. Aen.*, III, 20; — Tit. Liv., XXXIV, 57, 10.

nes situées dans les provinces : *a*) les villes ayant une organisation libre autonome ; *b*) les villes sujettes proprement dites ; *c*) enfin, les villes d'organisation romaine. — Nous parlerons successivement des unes et des autres.

Villes libres.

Il est évident qu'à l'origine la dénomination de *libera civitas* s'applique à tout État souverain, qui n'est pas encore entré en relations avec Rome, ou dont l'égalité politique et l'indépendance ont été reconnues par elle ; mais il est bien plus difficile de donner une définition inattaquable de la liberté politique de ces cités, à l'époque où la domination romaine commença à s'étendre sur tout le vieux monde. Il n'y avait alors, à part certains royaumes tout à fait éloignés, comme, par exemple, celui des Parthes, aucun État qui fût à même de traiter avec les Romains sur un pied d'égalité : tous subissaient l'influence politique de Rome (1) et ne conservaient leur indépendance vis-à-vis d'elle que dans la mesure où le comportait son intérêt. Par la force des choses, cette influence se fit particulièrement sentir dans les villes libres, situées sur le sol provincial ; leurs libertés étaient à la merci des entreprises arbitraires du Gouverneur ; et la précarité de ces libertés, aussi bien en temps de paix (2)

(1) Il est inutile de fournir ici beaucoup de détails à cet égard. Je me borne à rappeler la conduite de Popilius Lænas envers le roi Antiochus de Syrie, en 586 = 168. Polyb., XXIX, 11 ; — Cicero, *Phil.*, VIII, 8, 23 ; — Tit. Liv., XLV, 12. — Le sujet est traité en détail par Lange (*Röm. Alterth.*, t. II, 2ᵉ éd., pp. 303 et suiv. [= dans la trad. fr. de MM. Berthelot et Didier, t. I, pp. 359 et suiv.]. — [Voy. surtout, sur ce qui va suivre, M. Th. Mommsen, *Römisches Staatsrecht*, t. III, 1ʳᵉ partie, Leipzig, 1887, pp. 645 et suiv., et comp. M. V. Duruy, *Hist. des Romains*, t. II, nouv. éd., Paris, 1880, pp. 140 et suiv.]

(2) C'est ainsi que Cicéron (*De prov. cons.*, IV, 7) dit de Pison, alors Gouverneur de Macédoine : *Te imperatore — — civitas libera (Byzantium) sic spoliata atque nudata est, ut, nisi C. Vergilius legatus — intervenisset, unum signum Byzantii ex maximo numero nullam haberent*, et qu'il signale la rapacité dont il fit preuve contre Dyrrhachium, une *libera civitas* (*Ad famil.*, XIV, 1, 7), contre Athènes et d'autres localités (*In Pison.*, XI, 36), et ailleurs les exactions de Verrès contre les villes libres de Sicile (Cicero, *In Verr.*, II, 5, 19, 50). Kuhn (*op. cit.*, t. II, pp. 28 et suiv.) mentionne d'autres cas de ce genre.

que pendant la guerre (1), nous est clairement attestée non seulement par des témoignages isolés, mais encore par divers sénatus-consultes et par diverses lois, qui consacrent des dispositions aux rapports des villes libres avec le Gouverneur (2). Si donc les *liberæ civitates* ne se présentent pas à nous comme des États entièrement souverains et indépendants, cela tient sans doute à la prépondérance de fait exercée par l'État romain; mais, d'autre part, la question de savoir si, *en droit*, toutes les villes libres étaient indépendantes, ou s'il existait entre elles des différences de conditions, demeure entière; et cette question réclame une étude d'autant plus sérieuse, que les termes juridiques employés pour désigner la situation faite aux sujets étaient volontairement euphémiques. La seule dénomination officielle appliquée par la langue latine aux sujets est *stipendiarii*, et on fait entre eux et les *socii*, dans l'Empire romain (3), la même distinction qu'à Athènes entre οἱ ἀπὸ συμμαχίας ἀτελεῖς et οἱ ὑπήκοοι (4).

Mais le nom de *socius*, exclusivement réservé dans les premiers temps aux confédérés italiens (5), fut si largement étendu

---

(1) Appian., *Bell. civ.*, I, 102; — Plutarch., *Pomp.*, X.

(2) Cicero, *Pro domo*, IX, 23: *Quid? — L. Pisoni nonne nominatim populos liberos, multis senatusconsultis, etiam recenti lege generi ipsius liberatos, vinctos et constrictos tradidisti?* — Cicero, *De prov. cons.*, IV, 1: *A fœdissimo tribuno — — emisti grandi pecunia, ut tibi de pecuniis creditis jus in liberos populos contra senatusconsulta et contra legem generi tui dicere liceret;* — Cicero, *In Pison.*, XVI, 37: *Obtinuisti provinciam consularem finibus iis, quos lex cupiditatis tuæ, non quos lex generi tui pepigerat. Nam lege Cæsaris justissima atque optima populi liberi plane et vere liberi, lege autem tua, quam nemo legem præter te et collegam tuum putavit, omnis erat tibi Achaia, Thessalia, Athenæ, cuncta Græcia addita:* — *ibid.*, XXXVII, 90: *Mitto ereptam libertatem populis ac singulis, qui erant affecti præmiis nominatim, quorum nihil est, quod non sit lege Julia sancitum diligenter:* — Hirt., *Bell. Afr.*, LXXXVII. — Les senatusconsulta mentionnés dans ces passages sont inconnus; quant aux *leges*, ce sont: la *lex Julia repetundarum*, de 699 = 59 (voy. Rudorff, *Rechtsgeschichte*, t. I, § 31; — Zumpt, *Comm. epigr.*, t. II, p. 193), et la *lex Clodia de provinciis consularibus*, de 696 = 58. — Voy. Drumann, t. II, p. 281.

(3) Cicero, *Pro Balbo*, IX, 24: *Contumeliosum est, iis præmiis et iis honoribus exclusos esse fidelissimos et conjunctissimos socios, quæ pateant stipendiariis.*

(4) Thucydid., VII, 57, 2; VI, 22; VIII, 2, 2.

(5) On sait qu'avant la guerre sociale, l'armée romaine se composait de deux parties, des légions romaines et des *socii*.

par la suite aux populations étrangères à l'Italie, qu'on en vint à l'appliquer non seulement à des villes *foederatæ*, mais même à des communes libres, n'ayant aucun traité avec Rome et ne comptant pas dans la province (1), enfin à tous les provinciaux (2).

On dit d'un peuple vaincu, qui se rend à la discrétion du peuple romain : *in deditionem venit* (3), tandis que, s'il obtient des conditions meilleures, on dit de lui : *in fidem populi Romani venit* (4); d'ailleurs, cette dernière formule adoucie est très habituellement appliquée même à l'autre hypothèse, celle moins favorable d'une *deditio* (5); enfin, la condition d'obéissance

---

(1) Suet., *Cæs.*, XXV : *Omnem Galliam — præter socias ac bene meritas civitates in provinciæ formam redegit :* — Tacit., *Ann.*, XV, 45 : *Provinciæ, socii populi, civitates liberæ.* — Kuhn (*op. cit.*, t. II, p. 14), fait un plus grand nombre de citations.

(2) Lorsque Cicéron parle de *socii et externæ nationes* (*Verr.*, II, 1, 27, 69), ce n'est là qu'une manière de désigner, par l'emploi d'un autre terme, les *provinciæ et externæ nationes* (*ibid.*, 31, 79). C'est ainsi qu'il dit (*Verr.*, II, 2, 6, 15) : *In hac quæstione de pecuniis repetundis, quæ sociorum causa constituta est, lege judicioque sociali, sociorum querimonias audire oportet;* que (*De prov. cons.*, VI, 13) il appelle Pison, proconsul de Macédoine, et Gabinias, proconsul de Syrie, *duplices pestes sociorum,* et (*Verr.*, II, 1, 39, 76) les habitants de Lampsacus, *socii,* encore bien que Lampsacus ne fût point ville libre, mais un *oppidum provinciæ* (*ibid.*, 24, 63), et que ses habitants fussent *condicione socii, fortuna servi* (*ibid.*, 32, 81). Suétone dit de même (*Aug.*, XXIII) : *Præsidibus provinciarum prorogavit imperium, ut a peritis et assuetis socii continerentur.* — Kuhn (*op. cit.*, t. II, pp. 21 et suiv.) traite le sujet à fond.

(3) Voy. les citations dans Voigt, *Jus nat.*, t. II, p. 253. — [Voy. aussi MM. Mat. Kohn, *Ueber das neue Fragment de dediticiis,* dans la *Zeitschrift der Savigny-Stiftung,* t. II, 1881, partie romaine, p. 90; — G. Gayet et G. Humbert, dans le *Dict. des Antiq. grecq. et rom.,* de MM. Daremberg et Saglio, mot *Dediticii,* I°, t. II, pp. 45 et suiv., 11° fascic., Paris, 1887, et les nombreux auteurs par eux cités; — Th. Mommsen, *Röm. Staatsr.,* t. III, 1, pp. 123 et suiv.]

(4) Tit.-Liv., VIII, 25, 3 : *Lucani atque Apuli — in fidem venerunt, arma virosque ad bellum pollicentes. Fœdere ergo in amicitiam accepti.* Sur cette différence, voy. Drakenb., *Ad Liv.*, VIII, 1, 10 : XXXVI, 39, 4 : — Duker., *Ad Flor.*, III, 1, 3.

(5) Cicero, *De off.*, I, 11, 35 : *Tantopere apud nostros justitia culta est, ut ii, qui civitates aut nationes devictas bello in fidem recepissent, earum patroni essent more majorum :* — Tit. Liv., VIII, 2, 13 : *Campanorum aliam conditionem esse, qui non fœdere, sed per deditionem, in fidem venissent;* — Sallust., *Jug.*, LXII : *Mittuntur ad imperatorem legati, qui Jugurtham imperata facturum dicerent ac sine ulla pactione sese regnumque suum in illius fidem tradere.* Sur la double signification de cette formule, Polybe (XX, 9) dit, à propos de la *deditio*

absolue imposée par les clauses rigoureuses d'un traité s'exprime par la formule courtoise : *Majestatem populi Romani comiter conservanto* (1), sur le sens véritable de laquelle les Romains n'hésitaient pas (2). — Après les indications qui précèdent, il est bon que nous cherchions à déterminer, par l'examen des faits qui nous sont connus, ce que c'est que la *libertas*.

Au premier rang des villes libres (3), nous trouvons les *civitates fœderatæ*. Soit que le traité fût un *æquum fœdus*, soit qu'il eût été conclu sous des conditions plus dures (4), il garantissait toujours vis-à-vis de Rome l'indépendance de l'autre cité qui y était intervenue; il était ratifié et juré par toutes deux, et on le constatait par un acte, gravé sur l'airain, dont un exemplaire était déposé au Capitole romain, et un double dans l'autre ville contractante (5). Il fallait une guerre pour le

des Étoliens à M. Acilius Glabrio, en 563 = 191 : Οἱ δὲ Αἰτωλοὶ — — Ἐρρίψαν ἑαυτοὺς εἰς τὴν Μανίου. Μάνιος αὐτοὺς εἰς τὴν Ῥωμαίων πίστιν, οὐκ εἰδότες, τίνα δύναμιν ἔχει τοῦτο, τῇ δὲ τῆς πίστεως ἐπηγγέλλοντο, ὡς ἐν ἑξ τοῦτο πιστεύσαντες σφᾶς Δίων ἐξέβαλον. Παρὰ δὲ Ῥωμαίοις ἰσοδύναμόν ἐστι τῇ τὴν πίστιν αὐτῶν ἐγχειρίσαι καὶ τὸ τὴν ἐπιτροπὴν ἑαυτῶν καὶ αὐτὸ τῷ κρατοῦντι. Cf. XXI, 3, et Til.-Liv., XXXVI, 34, qui rapporte ces faits d'après Polybe.

(1) Cicero, *Pro Balbo*, XVI, 35; — Proculus, L. 7 § 1, *De captiv. et postlim.*, D., XLIX, 15. Cicéron traduit expressément le mot *comiter* par les termes *benigne, non gravate*.

(2) Til.-Liv., XXXIX, 37, 19 : *Tum Appius suadere se magnopere Achæis dixit, ut, dum liceret voluntate sua facere, gratiam inirent, ne mox inviti et coacti facerent.*

(3) Sur les villes libres, voy. : Sigonius, *De jure prov.*, I, c. 10; — Cujacius, *Observ.*, XXVII, 33; — Spanheim, *Orb. Rom.*, II, c. 9, pp. 193 et suiv., éd. d'Heineccius, Hal., 1728, in-4; — Eckhel, *Doct. num.*, t. IV, pp. 363 et suiv.; — Dirksen, *Bemerkungen über das plebiscitum de Termensibus*, dans ses *Versuche zur Kritik und Auslegung der Quellen des röm. Rechts*, Leipz., 1823, in-8, pp. 137 et suiv.; — Bergfeld, *op. sup. cit.*, pp. 29 et suiv.; — Höck, *Röm. Geschichte*, t. I, 2, pp. 212-249; — Zumpt, *Comm. epigr.*, t. II, pp. 136, 196; — Voigt, *Jus nat.*, t. II, pp. 263 et suiv.; et spécialement Kuhn, *op. sup. cit.*, t. II, pp. 16-41. — [Voy. surtout Th. Mommsen, *Röm. Staatsr.*, t. III, 1, pp. 655 et suiv., et comp. Du Pal, *De jure provinciarum imperii Romani*, Lugd. Batav., 1801; — Fontein, *De provinciis romanis*, Traj. ad Rhen., 1853; — Bohn, *Quo conditione juris reges exstiterint populi Romani fuerint*, Berol., 1876; — A. Bouché-Leclercq, *Manuel des inst. rom.*, pp. 196 et suiv.]

(4) Sur les différentes formes du *fœdus*, voy. ci-dessus pp. 59 et suiv., et Til.-Liv., XXXIV, 57.

(5) A l'époque de Vespasien, se trouvaient au Capitole romain 3,000 tables d'airain (Suet., *Vesp.*, VIII), contenant : les unes, des *fœdera* avec d'autres

mettre à néant (1); parfois aussi, sous l'Empire, un acte unilatéral du Gouvernement romain produisait cet effet (2). La situation des *civitates fœderatæ*, correspondant à celle qui était
faite aux villes confédérées italiques, avant la *lex Julia* de l'an
664 = 90 (3), était la plus favorable ; mais leur nombre était
peu considérable et se limitait aux anciennes provinces, puisque
l'indépendance, supposée par le *fœdus* chez les deux parties,
devenait tous les jours plus rare, au regard de Rome. Nous ne
connaissons pas de *civitas fœderata* en Sardaigne; nous en rencontrons une seule dans l'Hispania Tarraconensis; trois dans la
Bétique; en Gaule, en dehors de Marseille (4), ce titre appartient à plusieurs peuplades indigènes (5); dans l'Achaïe, à Athè-

---

États; les autres, des privilèges reconnus à des villes ou à des particuliers
(voy. Mommsen, *Annali*, 1858, pp. 198 et suiv.; *C. I. L.*, t. I, p. 112). Il nous
reste encore deux de ces dernières, le *plebiscitum de Termessibus*, de l'an 683
= 71 (*C. I. L.*, t. I, n° 201 [et Bruns, *Fontes*, ed. 5a, pp. 91 *in fine* et suiv.]),
et le *senatusconsultum de Asclepiade Polystrato Meniseo*, de 676 = 78 (*C. I. L.*,
t. I, n° 203 [et Bruns, *op. cit.*, pp. 155 et suiv.]), tandis que nous possédons
plusieurs textes exclusivement grecs de ces actes. A l'époque de Polybe, les
traités avec Carthage étaient déposés ἐν χαλκώμασι παρὰ τὸν Δία τὸν Καπιτώλιον ἐν τῷ τῶν ἀγορανόμων ταμιείῳ (Polyb., III, 26), c'est-à-dire dans l'*ædes
thensarum in Capitolio* (Henzen, n° 5197); — Mommsen, *C. I. L.*, t. I, p. 112 ;
on lit dans le *SCtum de Asclepiade*, lin. 23 : τούτους τε πόλεις χρήσεις φίλας ἐν
τῷ Καπιτωλίῳ ἀνατεθὲν 1½, et dans le *SCtum* sur le renouvellement du *fœdus*
avec Astypalæa, de l'année 649 = 105 (*C. I. Gr.*, n° 2485), I, lin. 6 : 'Περὶ ὧν
ἔπαινος χάλκωμα συγγραφείς [η] Καπιτώλιῳ κατ[αθεῖναι ἐγνώτας], et II, lin. 23 :
[ἀνατεθὲν εἶ] ἀνάτιγμα ἐν μὲν 'Ρωμαίων ἐν τῷ Καπιτωλίῳ καὶ τοῦ Διός, ἐν δὲ
'Αστυπαλαίων ἐν τῷ ἱερῷ τῆς 'Αθηνᾶς καὶ τοῦ 'Ασκληπιοῦ κ. τ. λ. Cf. Joseph.,
Ant., XII, 10, 6 : συνέταξε δὲ καὶ τούτου δέλτοις εἰγχαλκαῖς τὸ μὲν ἀντίγραφον
εἰς τὴν 'Ρωμαίων ἀνέστειλα, αὐτὸ δ' εἰς τὸ Καπιτώλιον εἰς χάλκας ἐγγράψαντες
δέλτους ἔθεσαν. Appien (*Bell. civ.*, I, 103; IV, 65; *Hispan.*, XLIII) mentionne
le serment; et le *SCtum* relatif à Astypalæa (I, lin. 11) mentionne en outre
un sacrifice.

(1) Tel fut le cas pour Massilia (Marseille), en 703 = 49 ; César, il est vrai,
lui laissa la liberté, mais il lui prit le vaste territoire que l'ancien *fœdus*
lui avait concédé (Dio Cass., XLI, 25). En général, toutefois, en cas de
guerre civile, toutes les villes confédérées étaient tenues de fournir des
prestations (Appian., *Bell. civ.*, I, 103).

(2) Suet., *Aug.*, XLVII : *Urbium quasdam fœderatas, sed ad exitium licentia
præcipites, libertate privavit.*

(3) Voy. ci-dessus, pp. 59 et suiv.

(4) Justin., XLIII, 5.

(5) Les Llagones (Tacit., *Hist.*, IV, 67), les Ælai (Tacit., *Ann.*, XI, 25),
les Vocontii (Plin., *Nat. Hist.*, III, 37), les Remi (Orelli, n° 3811), et d'autres.
— Voy. Kuhn, *op. cit.*, t. II, p. 15.

nes (1); dans les provinces asiatiques, à l'île d'Astypalæa (2);
à Amisus, en Bithynie (3); à Mopsuestia, en Cilicie (4); à Saga-
lassus, en Pisidie (5); à Rhodus (6) et à Tyrus (7). Le *fœdus*
même limitait la souveraineté de toutes ces communes, en ce
sens que toute politique extérieure propre leur était interdite (8);
mais, d'autre part, cette souveraineté demeurait entière, relativement au *jus exilii* et au droit de battre monnaie (9); leurs
affaires intérieures étaient si bien affranchies de l'action des
autorités romaines (10), qu'en arrivant sur leur territoire, les
magistrats en tournée déposaient les insignes de leurs fonc-

---

(1) Tacit., *Ann.*, II, 53.
(2) *C. I. Gr.*, n° 2483.
(3) Plin., *Epist.*, X, 92. 93.
(4) *C. I. Gr.*, n° 4033; — Waddington, n° 1194.
(5) *C. I. Gr.*, n° 4369; — Eckhel, *Doct. numm.*, t. IV, p. 871.
(6) Appian., *Bell. civ.*, IV, 64. 67. 68.
(7) Ulpian., L. 1 pr., *De censibus.* D., L, 15.
(8) Dans tous les traités on trouve la formule : *ut eosdem, quos populus
Romanus, amicos atque hostes habeant* (Tit.-Liv., XXXVIII. 8, 10); elle se
rencontre en toutes lettres dans le traité conclu avec Astypalæa (*C. I. G.*,
n° 2483, II, lin. 25); Strabon (XIV, p. 663) dit de la Confédération lycienne
qui, sans aucun doute, avait un *fœdus* : [illegible grec]; et, lorsque Cassius demanda aux Rhodiens de combattre à ses
côtés, ils lui répondirent (Appian., *Bell. civ.*, IV, 66) : [illegible grec].
(9) Voy. ci-dessus, pp. 60 et suiv., et, en particulier, Polyb., VI, 14, 4.
Avaient le *jus exilii*, par exemple : Athènes (Cicero, *Tusc.*, V, 37, 105), Gades
(Cicero, *Pro Balbo.* XII, 29), Marseille (Asconius, *In Milon.*, p. 51, éd. Orelli;
— Tacit., *Ann.*, IV, 43; XIII, 47).
(10) Strabo (IV, p. 181) écrit, à propos de Marseille : [illegible grec]. Ce passage est confirmé par
une lettre de Trajan (dans Plin., *Epist.*, X, 93) : *Amisenos, quorum libellum
epistulæ tuæ junxeris, si legibus istorum, quibus de officio fœderis utuntur,
concessum est, eranum habere, possumus quo minus habeant non impedire. In
ceteris civitatibus, quæ nostro jure obstrictæ sunt, res hujusmodi prohibenda est.*
De même, Cicéron (*Accus. in Verr.*, II, 64, 160) : *Tauromenitani, quorum est
civitas fœderata —, qui maxime ab injuriis nostrorum magistratuum remoti con-
sueverunt esse præsidio fœderis.* Plutarque enfin (*Pomp.*, X) dit de Messana, qui
était également une *civitas fœderata* (Cicero, *Accus. in Verr.*, III, 6, 13): [illegible grec].

tions (1); le droit de juridiction des *civitates fœderatæ* ne se limitait pas à leurs citoyens, soustraits à la compétence des tribunaux étrangers (2); elle s'étendait même, [illegible] au moins pour les contestations civiles, sur les Romains résidant dans leur territoire (3). Communes et particuliers avaient la propriété de leurs terres; ils ne payaient de ce chef aucun impôt (4), et n'étaient assujettis, en général, qu'aux prestations formellement imposées par le *fœdus*; ces dernières consistaient ordinairement à équiper des navires ou des troupes (5), à fournir des grains, à prix d'argent (6), à recevoir les fonctionnaires et les soldats de passage (7).

---

(1) Tacit., *Ann.*, II, 53; — Suet., *Cal.*, III : *(Germanicus) libera ac fœderata oppida sine lictoribus adibat*.

(2) Le sénatus-consulte rapporté au nº 2737 du *C. I. Gr.*, accorde la liberté aux villes de Plarasa et d'Aphrodisias, en Carie, et cela avec la même étendue que la possède une *urbs fœderata* : [illegible]. A cela se rattache ce fait qu'elles ont leur juridiction particulière, et qu'elles ne sont pas obligées de [illegible] — — [illegible], c'est-à-dire de *vadimonium promittere*. Dionys. Halic., *Ant.*, XI, 33; — Cicero, *Accus. in Verr.*, III, 13, 33.

(3) Ce bénéfice est également établi au profit de la ville de Chios, qui n'était que libre, mais non pas *fœderata*, dans le sénatus-consulte de 673 = 81 (*C. I. Gr.*, nº 2222) : [illegible]. Sur l'application du mot [illegible] à la juridiction civile, voy. Bœckh, *C. I. Gr.*, *loc. sup. cit.* L'aréopage jugeait encore les affaires criminelles à Athènes sous Tibère (Tacit., *Ann.*, II, 55; [voy. à cet égard, M. E. Dugit, *Étude sur l'aréopage athénien*, Thèse de Doct., Fac. des Lettres de Paris, 1867, in-8, pp. 211 et suiv., et M. E. Caillemer, dans le *Dict. des antiq. grecq. et rom.*, de MM. Daremberg et Saglio, mot *Areopagus*, vi, fascic. 3, t. I, Paris, 1874, pp. 403, col. 2, et suiv.]); ce n'est qu'au second siècle que la juridiction criminelle passa au Gouverneur (Paulus, L. 3, *De offic. præs.*, D., I, 18 :..... *in mandatis principum est, ut curet is, qui provinciæ præest, malis hominibus provinciam purgare, nec distinguuntur unde sint*.

(4) Cicero, *Accus. in Verr.*, III, 6, 13 : *Fœderatæ civitates duæ sunt* (en Sicile), *quarum decumæ venire non solent*.

(5) Cicero, *Accus. in Verr.*, IV, 9, 21 : *Navem imperare debuisti ex fœdere; remisisti in triennium : militem nullum unquam poposcisti per tot annos*. Cf. IV, 67, 150, et spécialement V, c. 19-23.

(6) *Ibid.*, 21, 53.

(7) La *lex de Termessibus* (col. II, lin. 6-17) contient à ce sujet des dispositions spéciales.

Civitates immunes et liberæ.

La seconde classe comprend les *civitates sine fœdere immunes et liberæ* (1), dont la condition juridique, bien qu'analogue à celle des *civitates fœderatæ* (2), reposait non plus sur les engagements réciproques des parties, mais sur une loi ou sur un *senatusconsultum*, conférant à certaines villes le privilège de la liberté par une mesure gracieuse (3), dont les effets étaient subordonnés, dans leur durée, au bon plaisir du sénat et du peuple romain (4): un acte purement unilatéral des Romains pouvait donc leur retirer la liberté, comme il la leur avait donnée (5). Le bienfait de cette liberté fut accordé: 1° aux communes qui, pendant la guerre de conquête, avaient de bonne heure pris fait et cause pour Rome; par exemple, en Afrique, aux sept villes d'Utica, d'Hadrumetum, de Thapsus, de Leptis minor, d'Achulla, d'Usalis et de Theudalis (6); en Asie, à Chios, à Smyrna, à Erythræ, et à d'autres villes, dont la résistance avait été énergique, au cours de la guerre contre Antiochus (7); —

----

(1) Cicéron (Accus. in Verr., III, 6, 13) et Festus (Epit., p. 318, éd. Müller) les font rentrer dans une classe particulière: *cum populis liberis et cum fœderatis et cum regibus postliminium nobis est ita, uti cum hostibus,* dit Festus.

(2) Voy. supra, p. 103, note 2.

(3) Tite-Live (XXXIX, 37, 13) fait déjà dire à Lycortas, en 570 = 184: *Specie,* — *æquum est fœdus, re apud Achæos precaria libertas, apud Romanos etiam imperium est.* La formule employée à cet égard est *immunitatem dare* (Tit-Liv., XXXVIII, 39, 7), *concedere* (ibid., § 8); *ut legibus antiquis utantur, permittere* (ibid., § 13); *liberos esse jubere* (Tit-Liv., XLV, 29, 4); *dare libertatem* (ibid., § 13); ἐλευθέρους ποιεῖν· ἀφιέναι (Polyb., XVIII, 29; — Dio Cass., LIII, 13; — Pausan., VII, 17, 3).

(4) Appian., Hisp., XLIV; ὅταν δ' ἀφιῶσι τὴν πόλιν ἐλευθέραν, δὴ προσαγορεύεσι, τότε καὶ τῇ βουλῇ ἑπεται. M. Mommsen (dans r. Sybels Hist. Zeitschrift, t. I, p. 376) a le premier attiré l'attention sur ce passage.

(5) Cyzicus reçut la liberté après les guerres contre Mithridate; elle la perdit en 731 = 20 (Dio Cass., LIV, 7), la recouvra en 739 = 13 (Dio Cass., LIV, 23), et la perdit derechef sous Tibère (Dio Cass., LVII, 24; — Tacit., Ann., IV, 36; — Suet., Tib., XXXVII); Byzance la perdit sous Sévère (Dio Cass., LXXIV, 14). Tacite (Ann., XII, 58) dit à propos de Rhodes: *reddita Rhodiis libertas, adempta sæpe aut firmata, prout bellis externis meruerant aut domi seditione deliquerant.* — [Sur Rhodes, voy. en particulier: MM. Guérin, *Étude sur l'île de Rhodes,* Paris, 1856, in-8; — Torr, *Rhodes in ancient times;* — Carl Schumacher, *De republica Rhodiorum commentatio.* Dissertatio inauguralis, broch. gr. in-8, Heidelberg, 1886.]

(6) Voy. ci-dessous les développements relatifs à la province d'Afrique.

(7) Tit. Liv., XXXVIII, 39, 11; — Polyb., XVIII, 33; XXI, 10, 3; XXII, 5.

3° à celles qui, pendant les luttes postérieures, avaient affirmé leur fidélité, comme Elatea, en Phocide (1), Cyzicus (2), Magnesia, sur le Sipylus (3), Apollonidea (4), Laodicea, sur le Lycus, et Ephesus (5), dans les guerres contre Mithridate ; comme Seleucia, en Syrie, dans la guerre contre Tigranes (6) ; — 3° enfin, aux communes que le Sénat romain avait jugées dignes d'une faveur particulière, comme Alexandria Troas, la mère de Rome (7), ou qui s'étaient concilié les bonnes grâces des empereurs par leurs services, leurs présents, leurs sollicitations (8).

Le mot αὐτονομία, par lequel les Grecs désignent la liberté dont il vient d'être question, et qui correspond à la formule romaine *legibus suis uti* (9), ne signifie nullement que les villes

---

1; XXII, 27, 6. Après la guerre contre Mithridate, cette liberté fut confirmée à Chios (Appian., *Mithr.*, LXI ; — C. I. Gr., n° 2222.

(1) Pausan., X, 34, 2.

(2) Strabo, XII, p. 576 ; — Suet., *Tib.*, XXXVII.

(3) Appian., *Mithr.*, LXI ; — Strabo, XIII, p. 621 ; — Tacit., *Ann.*, III, 62.

(4) Cicero, *Pro Flacco*, XXIX, 71.

(5) C. I. L., t. I, n°° 587, 588.

(6) Strabo, XVI, p. 751 ; — Kuhn, *op. cit.*, t. II, p. 19, note 163.

(7) Strabo, XIII, p. 593 ; — Suet., *Claud.*, XXV ; — Tacit., *Ann.*, XII, 58 ; — Callistrat., L. 17 § 1, *De excusat.*, D., XXVII, 1.

(8) Un grand nombre de villes des provinces asiatiques reçurent leur liberté de Pompée et de César (voy. Kuhn, *op. cit.*, t. II, p. 20) : Antiochia, en Syrie, l'acheta du premier à prix d'argent (Porphyrius, fr. 36, dans Müller, *Fr. hist.*, t. III, p. 716) ; Mytilène dut la sienne à l'intercession de Théophanes (Velleï. Paterc., II, 18 ; — Plutarch., *Pomp.*, XLII).

(9) La formule pour la concession de l'autonomie est : ἐλευθέρους ὑπάρχειν, ἀφρουρήτους, ἀφορολογήτους, νόμοις χρωμένους τοῖς πατρίοις Ἀχαιούς (Polyb., VIII, 2) : *liberos, immunes, suis legibus esse jubere Achaeos* (Tit. Liv., XXXIII, 32, 5). Cette formule se rencontre fréquemment : Tit. Liv., XXXV, 46 : *Nullam enim civitatem se in Graecia nosse, quae aut praesidium habeat, aut stipendium Romanis pendat, aut foedere iniquo adligata, quibus nolit leges patiatur ;* XXXVII, 33 : *urbem agrumque et suas leges iis restituit ;* XXXVIII, 39 : *et ut legibus antiquis uterentur, permissum ;* XLV, 29 : *liberas esse jubere Macedonas, habentes urbes easdem agrumque utentes legibus suis ;* — Seneca, *De benef.*, V, 16 : *Achaeis, Rhodiis et plerisque urbibus claris jus integrum libertatemque cum immunitate reddiderat (Roma) ;* — Caes., *Bell. Gall.*, VII, 76 : *civitatem ejus immunem esse jusserat, jura legesque reddiderat ;* — Dio Chrys., vol. II, p. 36, éd. R. : κἀκείνην (Augustus) ἐψηφίσατο χώραν, νόμους, τιμήν, ἐλευθερίαν τῷ πατρίῳ ; — Dio Cass., LIV, 9. — Comp. Kuhn, *op. cit.*, t. II, p. 21. — (Sur l'autonomie, voy. M. E. Caillemer, dans le *Dict. des antiq. grecq. et rom.*, de MM. Daremberg et Saglio, t. I, 1re fasc., Paris, 1873, mot *Autonomia*, p. 586. — Comp., sur l'autonomie communale, M. G. Humbert, *Essai sur les finances et la comptabilité publique chez les Romains*, Paris, E. Thorin, 1887, t. II, renvois de l'Index général, à ce mot, p. 562.)

libres peuvent vivre sous les lois qu'il leur plaît de se donner. Au contraire, elles recevaient de Rome, au jour de leur organisation, une *lex*, c'est-à-dire une charte (voy. ci-dessus, pp. 88 et suiv.), qui soumettait partout à une condition de cens l'exercice du droit de cité actif (1), mais qui, d'ailleurs, conservait de l'ancienne Constitution de la ville tout ce qui n'était pas en opposition avec la nouvelle (2), et plaçait sous la garantie formelle de la *lex civitatis* les dispositions ainsi respectées (3). L'autonomie ne confère donc aux villes libres que le droit, consacré par la charte qui leur a été octroyée, d'administrer par elles-mêmes leurs affaires communales, au moyen de magistrats indigènes, et en dehors de l'action du Gouverneur. La liberté comprenait surtout pour elles les six privilèges suivants: 1° droit de juridiction, tant sur les citoyens de la ville que sur les Romains qui y avaient leur domicile (4); 2° administration financière indépendante; 3° exemption des garnisons romaines (5); 4° droit à la propriété du sol, et, par conséquent, exonération de l'impôt foncier romain (6); il est vrai que les villes libres,

---

(1) Cette procédure sera indiquée ci-dessous avec plus de détail pour Achaïe et Tarsus, en Cilicie. En Sicile, elle était également en usage (Cicero, *Accus. in Verr.*, II, 34, 139; II, 53, 133; II, 53, 131). — Comp. Kuhn, *op. cit.*, t. I, pp. 229 et suiv.

(2) *Lex Antonia de Termessibus* (C. I. L., t. I, n° 204 [= Bruns, *Fontes*, ed. 5e, p. 93]), col. I, lin. 9: *itque legibus sueis ita utunto — quod adcersus hanc legem non fuit.*

(3) Papinianus, L. 37, *De reb. auct. jud. possid.*, D., XLII, 5: *Antiochensium Cœle Syriæ civitati, quod lege sua privilegium in bonis defuncti debitoris accepit, jus persequendi pignoris durare constitit.* Ce passage a été écrit environ en 206, avant que Caracalla eût érigé Antiochia en colonie.

(4) Voy. *supra*, p. 101, note 3, le SCtum relatif à Chios, et p. 103, note 2, le SCtum concernant Plarasa et Aphrodisias. — *Lex de Term.*, col. II, lin. 19 sqq.

(5) Les villes libres sont ἀφρούρητοι (voy. p. 103, note 9). *Lex de Termessibus* (C. I. L., t. I, n° 204 [= Bruns, *ubi supra*, p. 93]), col. II, lin. 7: *Nei quis magistratus prove magistratu — — milites in oppidum Thermesum — hiemandi causa introducito — — nisei senatus nominatim, utei Thermesum — in hibernacula milites deducantur, decreverit;* — Tite-Live (XLV, 26, 13) dit, au sujet des Illyriens: *senatum populumque Romanum praesidia ex omnibus oppidis, arcibus, castellis deducturum.*

(6) Nous avons déjà fait observer ci-dessus (p. 96) que les sujets qui ne sont pas libres sont *stipendiarii*; il en résulte que les États libres, aussi bien les *civitates foederatae* que les *liberae*, ne payent aucun *stipendium*, et cette distinction a toujours été faite. Tit. Liv., XXXIV, 57: *mirari se, quod Ro-*

comme les *civitates fœderatæ*, étaient assujetties à des charges extraordinaires, notamment à effectuer certaines fournitures, moyennant indemnité (1); 5° faculté de percevoir sur leur territoire des droits de douane terrestre et maritime, à la condition d'en affranchir les Romains (2); 6° le droit de battre monnaie et le *jus exilii* (3), grâce auxquels ces villes étaient

---

serai æquum censeant leges iis dicere, quas [de] urbium liberas et immunes — quas stipendiarias esse reddi...; — Appian., *Bell. civ.*, I, 102 : [illegible Greek] (c'est-à-dire les *fœderatæ*), [illegible Greek] (c'est-à-dire les *liberæ et immunes*), [illegible Greek]. — Strabo, XVII, p. 839 : [illegible Greek]. — Tit. Liv., XXXIV, 58, 9 : *Utrum tandem videtur honestius, liberas esse civitates, quæ ubique sunt, Græcia urbes, an servas et vectigales serere?* — Schol. Bob., *in Cic. or. pr. Scauro*, p. 373 : *aliæ civitates sunt stipendiariæ, aliæ liberæ.* D'après la formule de la déclaration de liberté, les dernières sont appelées [illegible Greek], *immunes* (voy. p. 103, note 2). Et c'est ce que confirment l'exemple des sept villes d'Afrique, dont aucun *vectigal* n'était exigé (les *agraria* de 643 = 111, C. I. L., t. I, n° 200, lin. 85 [= Bruns, *Fontes*, ed. 5e, p. 86]), et parmi lesquelles Leptis — (Leptiminus, aujourd'hui Lamta) — est expressément appelée *libera et immunis* (voy. Mommsen, *loc. cit.*, p. 79); [adde C. I. L., t. VIII, 1, p. 11]), et de même aussi celui des cinq villes libres de Sicile, dont l'ager n'est pas douanier (Cicero, *Accus. in Verr.*, III, 6, 13), ainsi que beaucoup d'autres exemples, comme celui d'Elatée, en Phocide, dont Pausanias (X, 34, 2) dit : [illegible Greek]. La ville pourrait, en cas de besoins de la caisse municipale, donner à bail ses possessions rurales et elle en retirait ensuite un *vectigal* (Suet., *Tib.*, XLIX : *plurimis etiam civitatibus — veteres immunitates et jus metallorum ac vectigalium ademptæ*).

(1) C'est là ce que l'on appelle des *affecta* ou, comme dit Strabon (VIII, p. 365), des [illegible Greek]; ils comprenaient notamment la vente de froment (*frumentum emptum*), que l'on rencontre en Sicile, à Halæsa et à Centuripæ (Cicero, *Accus. in Verr.*, III, 73; IV, 9, 20. — [Sur Centuripæ et Halæsa, voy. Mommsen, C. I. L., t. X, 2, [p. 719 et 368.]

(2) Tit. Liv., XXXVIII, 44 : *SCtum factum est, ut Ambraciensibus suæ res omnes redderentur; in libertate essent ac legibus suis uterentur; portoria, quæ vellent, terra marique caperent, dum eorum immunes Romani ac socii nominis Latini essent;* — *Lex de Termess.*, col. II, lin. 31 : *quam legem portoriis terrestribus maritimisque Termenses — capiundis intra suos fines dixerint, ea lex iis portoriis capiundis esto, dum uti quid portori ab iis capiatur, quod publica populi Romani vectigalia redempta habebant;* — Joseph., *Ant.*, XIV, 10, 22.

(3) Le *jus exilii* appartenait à Cyzicus, où Cicéron songeait à aller (Cic., *Ad famil.*, XIV, 4, 3; *Ad Att.*, III, 9); à Thessalonique, où il demeura en réalité (voy. Drumann, t. V, p. 611); à Dyrrhachium (Cic., *Pr. Sext.*, LXVII,

juridiquement considérées comme *exteræ*, c'est-à-dire comme étrangères à la province. Les villes libres étaient donc, à tous les points de vue, assimilées aux *civitates fœderatæ*; il ne manquait à leur condition que la base juridique du *fœdus*; elles étaient protégées par les lois contre les excès de pouvoir du Gouverneur; mais elles étaient à la disposition du Sénat (1). En outre, elles étaient toujours exposées à perdre leur liberté, dans le cas où elles en auraient fait ou auraient paru en faire un mauvais usage; et elles défendaient ordinairement leur droit à l'encontre des magistrats romains avec d'autant moins d'énergie, que les atteintes subies par ce droit étaient parfois pour elles la source de certains avantages matériels, par exemple de l'établissement d'un *conventus* romain (2), ou encore du siège d'un Gouverneur dans une ville libre (3).

Villes sujettes.

Villes sujettes.   On oppose aux *civitates fœderatæ* et aux villes libres les villes sujettes, οἱ ὑπήκοοι (4), τὸ ἀρχόμενον (5), οἱ ὑποτεταγμένοι

(...) ; à Smyrne (Cic., *Brut.*, XXII, 85; *Pr. Balb.*, XI, 24; *De rep.*, I, 8, 13; — Tacit., *Ann.*, IV, 43); à Mytilène (Cic., *Brut.*, LXXI, 250; *Ad Att.*, V, 11, 6); à Patras (Cic., *Ad famil.*, XIII, 19, 2). Ce droit présentait parfois pour les villes libres de grands inconvénients, ainsi que le prouve l'exemple de C. Antonius qui, accueilli en exilé à Céphalonie, en devint le tyran (Strabo, X, p. 455; — Drumann, t. I, p. 540).

(1) Dans la *Lex de Termessibus* (col. II, lin. 6-12), il est bien interdit, sans doute, aux autorités militaires de faire prendre aux troupes leurs quartiers d'hiver à Termessus, mais le droit d'en décider autrement était réservé au sénat.

(2) Tandis que la ville *fœderata* de Messana protesta, lorsque Pompée voulut y organiser un tribunal (Plutarch., *Pomp.*, X), des *conventus* réguliers furent tenus à Utique (Cæs., *Bell. civ.*, II, 36; *Bell. Afric.*, LXVIII); à Thapsus, à Hadrumetum (Cæs., *Bell. Afric.*, XCVII); à Panormus (Cic., *Accus. in Verr.*, II, 34, 63; V, 7, 16; V, 51, 119); à Tarsus (Cic., *Ad famil.*, III, 6, 4; III, 8, 6; *Ad Att.*, V, 16, 4; — Philostr., *v. Apoll.*, I, 12); à Alabanda, en Carie (Plin., *Nat. hist.*, V, 109); à Smyrne (Cic., *Pr. Flacco*, XXIX, 31; — Plin., *Nat. hist.*, V, 120).

(3) Thessalonique était la résidence du Gouverneur de Macédoine; Antiochia, celle du Gouverneur de Syrie.

(4) Dio Cass., XXXVIII, 36; XLI, 55, et en maints autres endroits. Voy. Kuhn, *op. cit.*, t. II, p. 16, note 79.

(5) Aristides, vol. I, p. 344, éd. Dindorf.

'Πόλεις (1), *stipendiarii* (2)'. Mais, même parmi ces dernières, on trouve non seulement des villes, mais des pays tout entiers, qui, quoique sujets et tributaires, portent le titre de la
liberté. Ce sont d'abord les villes telles que les communes
syriennes (3), qui, ayant été émancipées de la domination royale
sous laquelle elles avaient vécu jusqu'alors et ayant obtenu
une Constitution indépendante, moyennant le paiement d'un
tribut, jouissaient, sous l'autorité d'un Gouverneur romain,
d'une autonomie administrative qu'elles n'avaient pas possédée
au temps de leurs rois (4). Il faut y joindre les communes que
le sort des armes avait mises au pouvoir des Romains, soit
sous conditions, soit même par l'effet d'une *deditio* (5). En

---

(1) Joseph., *Ant.*, XII, 3, 6.

(2) ' [Voy. sur ce sujet, M. Th. Mommsen, *Römisches Staatsrecht*, t. III,
1, pp. 714 et suiv., 763 et suiv., et pp. xvii, note 1, et xviii, note 1, sur les
pp. 138 et 263.]

(3) Voy. la partie relative à la Syrie.

(4) Tit. Liv. (*Epit.*, LIX) dit de l'Asie : *Aristonicus Eumenis regis filius
Asiam occupavit, cum testamento Attali regis legata populo Romano libera esse
deberet.* Ici, la liberté de l'Asie consiste donc exclusivement en ce qu'elle
n'est pas soumise à un roi. Et cette observation n'est pas sans importance.
Car les localités proprement sujettes n'ont aucune organisation urbaine,
mais sont gouvernées comme des Komes. Les villes, qui étaient attribuées à
Athènes, Délos, Coos, Haliartus, étaient soumises à un Gouverneur athénien
(ἐπιμεληταί; C. I. Gr., nᵒˢ 2254, 2267, 2268, 2272, 2294, 2366, 2371; — Annali,
1855, p. 55; — Kuhn, op. cit., t. II, p. 43; — (comp. p. 21, note 6, supra));
de même, les villes royales en Égypte et en Judée ne possédaient ni une
organisation urbaine, ni une administration particulière (voy. Kuhn, op.
cit., t. II, pp. 312-319), et les villes juives, que Pompée réunit à la province de Syrie (Joseph., *Ant.*, XIV, 4, 4), ne les regarent qu'à cette époque. (Comp. Kuhn, op. cit., t. II, pp. 11 et suiv.) En outre, le sujet est, sous
l'antique royauté, un esclave, tandis que, dans l'empire romain, c'est un
homme libre, ce dont se félicitent les Juifs habitant l'Asie (Joseph.,
Ant., XVI, 2, 4) : εἰ γὰρ ἐλεγήσαιτο τὴν τῶδε Σαρδίαις καὶ τὴν τῶν Ἀγχίν
πόλλῶν ὄντων, ἕνα τρὸς ἐλαψονίαν αὐτοὺς ταἴωσιν, ἵνα κατὰ κόσμον ἔχωσι τὸ
φιλοῦν ἔκδοσις; ἀλλὰ ὈνΑἴγιν: χαίνεται. L'affranchissement de la domination royale apporta ainsi deux notables améliorations à leur situation, en
donnant la liberté personnelle à chacun (ὀνΑἴγιν) et un gouvernement
autonome (αὐτόνομία).

(5) Dans l'inscription publiée au C. I. Gr., nᵒ 3800 = Waddington, nᵒ 3[illegible],
et qui ne concerne pas Héraclée, dans le Pont, mais bien Héraclée, en Carie, Cn. Manlius accorde à cette dernière ville, probablement en 566=188,
la liberté en ces termes : Συγχωρήσατε εἰ ἐστὶ τὴν ὈνΑἴγιν, καθότι καὶ τοῖς
ἄλλοις ἐδόθη, ἕως ἐστὶ τὴν ἐπιτροπὴν Ῥωμαίων, ἔχεσιν τὰ κρήματα τὰ αὐτῶν
κωλυτούντας κατὰ τοὺς ἑαυτῶν νόμους. Quant à la formule τέθεται αὐτοῖς εἰς

effet, le Gouvernement romain ayant besoin, pour administrer,
de magistrats locaux (voy. ci-dessus, p. 18) et cédant partout
à la préoccupation d'organiser des communes urbaines, avait
naturellement intérêt à conserver celles qui existaient déjà.
Toutes les localités soumises recevaient donc la confirmation de
leur droit de ville, ou, pour nous servir de la formule officielle,
la restitution de leur ville, de leur territoire et de leurs lois (1);
elles conservaient ainsi leur conseil, leur assemblée populaire et leurs anciens magistrats; on leur laissait leur juridiction, l'administration des intérêts locaux (2), et même la répartition des redevances à payer par les *possessores* (3); elles
étaient ordinairement investies du droit de battre monnaie (4),
souvent même d'autres franchises (*beneficia*) (5). Mais ces
droits ne leur sont pas garantis par un *fœdus*, par une *lex*
ou par un *senatus consultum*; ils leur sont reconnus, soit par
la commission chargée d'organiser la province (6), soit, jusqu'à
nouvel ordre, par l'édit du Gouverneur, sous les restrictions
qu'il a jugées utiles pour chaque cas particulier, et qui consistaient notamment dans un pouvoir de contrôle réservé au
Gouverneur sur l'exercice des divers droits concédés. C'est au
Gouverneur qu'il appartenait, en effet, d'approuver aussi bien le

---

τὴν 'Ρωμαίων ἐπιτροπήν, c'est la formule de la *deditio*, dont Polybe (XXXVI. 1
(2)) parle en détail.

(1) En dehors des cas qui seront rapportés plus longuement et dessous, il
convient de noter ici, comme particulièrement instructifs, les exemples de
Thisbé, en Béotie, dont il sera parlé dans la partie consacrée à la province
d'Achaïe, et de Phocée, à laquelle, après sa *deditio* survenue en l'année
564 = 190, le commandant romain *urbem agrosque et suas leges restituit* (Til.
Liv., XXXVII, 32).

(2) Voy. supra, p. 16.

(3) Comp. supra, p. 21.

(4) Voy. Mommsen, *Gesch. des Röm. Münzwesens*, p. 737 [= dans la trad.
fr. de MM. du Blacas et de Witte, t. III, pp. 313 et suiv.].

(5) La ville de Tyras, en Mésie, qui n'était pas libre, obtint le *beneficium*
que ses citoyens seraient affranchis du *portorium Illyricum* (Henzen, n° 6129 =
C. I. L., t. III, 1, n° 711).

(6) En Bithynie, les villes non libres elles-mêmes avaient reçu des Constitutions. — Plin., *Epist*, X, 109 (110) : *quo jure uti debeant Bithyni vel Pon-
tici civitates in iis pecuniis, quae ex quaque causa reipublicae debebuntur, ex
lege cujusque animadvertendum est*; et quelques-unes étaient aussi en possession de privilèges concédés plus tard (Plin., *Epist.*, X, 84 (85)).

budget ordinaire que toutes les dépenses extraordinaires de
chaque ville provinciale (1), de veiller à l'acquittement des
dettes et à la répartition équitable des contributions entre
tous les habitants (2), de réviser la comptabilité de la ville (3),
d'autoriser ou d'interdire les réunions populaires (4), de présider à l'élection des sénateurs (5) et des censeurs (6). Les
villes comprises dans cette classe ne présentent donc d'analogie avec les villes libres qu'en ce que l'administration y est
confiée à leurs magistrats particuliers, qui n'exercent, il est
vrai, leurs fonctions que sous la responsabilité des représentants
du pouvoir; c'est en ce sens qu'il convient d'interpréter les quelques textes qui affirment leur autonomie. Q. Mucius Scævola,
qui fut probablement, en 634 = 120, propréteur d'Asie (7),
avait, dans son édit, autorisé les habitants de la province à
porter leurs contestations devant des juges indigènes. Cicéron
inséra la même disposition dans l'édit pour la Cilicie, qu'il
publia en 703 = 51; mais, tandis que, dans une de ses lettres,
il relate, avec une certaine ironie, la joie des Ciliciens, qui se

---

(1) Les chapitres principaux du budget de la ville concernaient les ambas-
sades (Cic., *Ad famil.*, III, 10, 6; — Plin., *Epist.*, X, 13); les constructions,
pour chacune desquelles il fallait obtenir l'autorisation spéciale du Gouverneur (Plin., *Epist.*, X : 23 (23); 37 (46); 70 (75); 90 (91); 98 (99)), et dont il devait lui être rendu compte (Plin., *Epist.*, X, 39 (18)); enfin, les jeux (Cic., *Ep.
ad Q. fr.*, I, 1, 9, 26).

(2) Cic., *Ad Q. fr.*, I, 1, 8, 23 : *Nullum æs alienum contrahi civitatibus : re-
lere autem magnas et gravi multas æs te esse liberatas — sumptus et tributa civitatum ab omnibus, qui earum civitatum fines incolunt, tolerari æquabiliter.*

(3) Cic., *Ad Att.*, VI, 2, 5 : *Mira erant in civitatibus ipsorum furta Græco-
rum, quæ magistratus sui fecerant. Quæsivi ipse de iis, qui annis decem proximis magistratum gesserant. Aperte fatebantur;* — Plin., *Epist.*, X, 17 A : *Siæ
reipublicæ Prusensium impendia, reditus, debitores excutis;* X, 17 B : *Ita certe
prospicis ex ratione Prusensium, quam cum maxime tractes;* Plin., *Epist.*, X :
47 (56); 81 (83).

(4) Dion Chrysostome (Or. 48, vol. II, p. 246, éd. R.) dit de Prusa : ὥσπερ
γὰρ, ὦ Πρηεῖς, τῷ κρατίστῳ Οὐαρήνῳ (Proconsul Bithyniæ, en 101 de notre ère)
ἐπὶ χάριν ἐμὴ εἰκότως, καὶ διὰ τὴν Δίαν κρατηρίαν, — καὶ ἐν ᾧ παλαμβανε ἐμὴ
ταλαιπῶρια αὐτὴν ἔχει. — νῦν γὰρ ἐν συντόμως ὑμῖν, καὶ ἄλλως, ὅτι κρὴ
αὐτὴν ἄνανεν γάνεσθε ἐξ ἡμετέρας.

(5) Plin., *Epist.*, X, 81 (83).

(6) Cic., *Accus. in Verr.*, II, 53, 131; 54, 138 sqq.

(7) Voy. Waddington, *Fastes des provinces asiatiques*, n° 4.

figurent avoir ainsi conquis leur autonomie (1). Il se glorifie
lui-même ailleurs de les avoir effectivement appelés à en jouir,
en leur laissant leurs lois et leurs tribunaux (2). Et cependant,
les villes ciliciennes se trouvaient dans la même situation que
toutes les communes provinciales de la Grèce, qui avaient
également reçu le droit de juridiction sur leurs citoyens (3),
mais qui n'en étaient pas moins tributaires et placées sous
l'autorité d'un Gouverneur. Plutarque nous dit de même que
Marcellus avait, en 542 = 212, donné la liberté aux Syracu-
sains (4); il veut simplement indiquer par là que Marcellus
les avait affranchis de la domination de leurs tyrans et les avait
remis en possession de leur administration communale (5). En
effet, même après cette époque, Syracuse ne comptait pas au
nombre des villes libres (6); mais sa condition était semblable
à celle de Thermæ (7) et de toutes les communes non privilégiées de Sicile, qui obéissaient à leurs propres lois et avaient
droit de juridiction sur les Siciliens (8), mais qui payaient

---

(1) Cic., *Ad Att.*, VI, 1, 15 : *Multaque sua secutus Scævola, in iis illud, in quo sibi libertatem censeat Græci datam, ut Græci inter se disceptent suis legibus. — Græci vero exsultant, quod peregrinis judicibus utuntur. Nugatoribus quidem, inquies. Quid refert? Tamen se [illegible] adeptos putant.*

(2) Cic., *Ad Att.*, VI, 2, 4 : *Ita multæ civitates omni ære alieno liberatæ, multæ valde levatæ sunt; omnes, suis legibus et judiciis usæ, [illegible] adepta, revixerunt.*

(3) C'est ainsi que Prusa, en Bithynie, avait ses tribunaux propres (Dio Chrys., II, p. 115, éd. R. : [illegible]), et qu'elle trouvait aussi dans ce bénéfice son [illegible] (ibid., II, p. 19?), encore qu'elle n'en jouît pas en réalité (ibid., II, p. 199 : [illegible] — [illegible]). Dion Cassius (XXXVII, 20) dit, d'une manière générale, des dispositions prises par Pompée : [illegible].

(4) Plut., *Marcell.*, XXIII : [illegible].

(5) Tit. Liv., XXXI, 31, 8 : *Syracusanis oppressis ab externis tyrannis — — captos — et libertatem urbem reddidimus.*

(6) Cic., *Accus. in Verr.*, III, 6, 13.

(7) Cic., *Accus. in Verr.*, II, 37, 90 : *cum — senatus populusque Romanus Thermitanis — urbem, agros, legesque suas reddidisset.*

(8) Cic., *Accus. in Verr.*, II, 13, 32 : *Siculi hoc jure sunt, ut, quod civis cum cive agat, domi certet suis legibus.*

des dîmes (1) et reconnaissaient l'autorité du Gouverneur.

Nous aboutissons ainsi à ce résultat, que, régulièrement, on ne rencontrait que les trois variétés de villes pérégrines mentionnées par Cicéron pour la Sicile : 1° les villes *fœderatæ* ; 2° les villes libres et dispensées de redevances ; 3° les villes tributaires (2) ; que celles des deux premières classes ne comptaient pas dans la province (3)° et ne relevaient pas, en conséquence, du Gouverneur, tandis que les autres formaient les véritables villes provinciales. Étant donné le grand abus que l'on a fait du mot de liberté, le seul criterium auquel nous puissions nous attacher est le suivant, déjà formulé : tout ce qui est tributaire dépend de la province ; tout ce qui échappe au tribut lui est étranger : et c'est en se plaçant à ce point de vue, que Cicéron nous dit que le jour où l'on affranchira du tribut les villes les plus opulentes de la Crète, la Crète elle-même cessera d'être une province (4). Sans doute, on trouve une quatrième classe de cités pérégrines, celles qui ont été formellement reconnues comme *liberæ civitates*, mais qui ne sont pas exemptes du tribut ; toutefois, le régime qui leur était fait n'avait qu'un caractère transitoire, et s'explique par cette considération que la *libertas*, comme le *fœdus*, n'était pas toujours accordée par le Gouvernement de Rome, sur un modèle uniforme, mais sous des conditions très variables qui, pour chaque ville libre, étaient spécialement indiquées dans une *lex civitatis*. Dans cette classe figurent les communes qui, à la suite de leur

---

(1) Cic., *Accus. in Verr.*, III, 6, 13, et, relativement à Thermæ, III, 42, 91 ; III, 43, 100.

(2) Cic., *Accus. in Verr.*, III, 6, 13. D'après Cicéron, il n'y avait pas en Sicile de villes libres qui fussent en même temps soumises aux impôts.

(3)° [Voy. sur ce point Alois von Brinz, *Zum Begriff und Wesen der Römischen Provinz*, Festrede zur Vorfeier des Allerhöchsten Geburts — und Namensfestes Seiner Majestät des Königs Ludwig II, gehalten in der öffentlichen Sitzung der K. Akademie der Wissenschaften zu München am 25 Juli 1883 ; München, 1883, in-4, p. 13, et p. 20, note 19.]

(4) Cic., *Phil.*, II, 38, 97 : *Super fixa tabula est, qua civitates locupletissimæ Cretensium vectigalibus liberantur, statuiturque, ne post M. Brutum pro consule sit Creta provincia.* Le mot *vectigalibus*, que porte le manuscrit du Vatican, manque dans les leçons plus anciennes ; Kuhn (*op. cit.*, t. II, p. 23) en les suivant, a fait de ce passage une application inexacte.

soumission, avaient bien pu être astreintes à l'obligation de payer tribut, mais qui n'avaient pu être rattachées à une province qui n'existait pas encore ; il en fut ainsi des Macédoniens et des Illyriens qui, en 587 = 167, étaient devenus libres et tributaires, mais qui, en perdant leur liberté, à la suite de l'organisation de la province, en 608 = 146, demeurèrent tributaires. Byzance et Chios se trouvaient dans la même situation, à cause de leur position géographique (1) ; et des raisons analogues expliquent qu'à diverses époques d'autres villes ont été déclarées à la fois libres et tributaires (2).

Décadence des villes libres.

Si, dès le premier siècle de l'Empire, l'impuissance des habitants des colonies et des municipes italiens à administrer leurs propres affaires n'avait cessé de se manifester tous les jours davantage, en rendant nécessaire l'intervention du Gouvernement (3), cette nécessité était encore plus sensible dans les villes provinciales, dont les finances avaient été réduites à une gène extrême par les orages de la guerre civile : et c'est en particulier dans les communes qui n'étaient pas placées sous le contrôle du Gouverneur, que, plus tard, le besoin d'un remède se fit impérieusement sentir (voy. p. 111, note 3). Aussi, à compter de Trajan et d'Hadrien, le système gouver-

---

(1) Byzance était à l'origine, suivant Tacite (*Ann.*, XII, 62), une *fœderata civitas*; d'après Cicéron (*De prov. cons.*, IV, 6), une *libera civitas*; mais plus tard elle paya le *tributum* (Tacit., *Ann.*, XII, 63); l'île de Chios avait, depuis Sylla, un traité d'amitié avec Rome, par lequel le Sénat lui avait garanti qu'aucun magistrat romain ne la molesterait (*C. I. Gr.*, n° 2222); mais, par la suite, elle fut réunie à la province d'Asie et paya des impôts (Joseph., *Ant.*, XVI, 2, 2).

(2) Antiochia, en Syrie, est *libera* (Plin., *Nat. hist.*, V, 79), αὐτόνομος (Evagrius, II, 12), depuis l'année 690 = 64 : elle a une *lex civitatis* qui lui est propre (Papinian., L. 31, *De reb. auct. jud. possid.*, D., XLII, 5); mais elle paie plus tard au moins le *tributum* (Paul., L. 8 § 5, *De censibus*, D., L, 15); de même, Apollonia, en Asie, était une *civitas libera* (Cic., *Pro Flacco*, XXIX, 71), mais elle devint plus tard tributaire (Tacit., *Ann.*, II, 47). Le cas raconté par Joseph (*Ant.*, XVII, 2, 1 et 2) est fort instructif au sujet de ces changements. Une contrée de la Batanée était organisée militairement pour la défense de la province et elle reçut la liberté avec l'exemption des impôts, ensuite Joseph écrit : Πολλῶν δὲ ἀλλαχόθεν τὸν αὐτὸν τρόπον ζηλούντων, ἐπισυνῆλθε πλῆθος ἀνθρώπων, διὰ τὸ παντάπασιν ἀτελὲς καὶ ἀλειτούργητον· ἐνταῦθα καὶ τὸν χρόνον τῆς ἐλευθερίας.

(3) Voy. ci-dessous la partie relative à l'Italie.

nemental, et spécialement l'administration financière des villes libres furent-ils soumis à une révision et à une inspection permanente, confiée d'abord à des commissaires extraordinaires impériaux, *correctores*. διορθωταί, puis assurée par la création d'un *curator* ou λογιστής impérial (1) : il résulta de là la perte de l'un des principaux attributs de la liberté, l'exemption du contrôle romain ; et la différence qui séparait les villes libres et les villes sujettes fut en grande partie effacée. Dès lors, la liberté ne fut plus qu'un mot vide de sens (2); mais longtemps encore elle conserva son existence en droit (3), même après que Caracalla eut étendu le droit de cité à tous les habitants de l'Empire romain (4). C'est après Constantin que les villes libres ont tout à fait disparu (5).

Villes de constitution romaine.

Tandis que les villes *fœderatæ* et les villes libres n'apparaissent que dans les pays de civilisation phénicienne et grecque. l'organisation de communes romaines, c'est-à-dire de colonies, de municipes et de villes *juris latini*, fut, dans les provinces où les villes ne faisaient que naître, un moyen de protéger les pays conquis contre les ennemis du dedans et du dehors, en même

---

(1) Il sera traité plus loin en détail de ces magistrats.

(2) Pline (*Epist.*, VIII, 24) dit d'Athènes et de Lacédémone : *Quibus reliquam umbram et residuum libertatis nomen eripere durum* — est. Dio Chrys., vol. II. p. 200. δ.R. : τὸ γὰρ ἔστι, ὅτι τὴν μὲν ἡγεμονίαν Ῥωμαίων καὶ τὸ ἔχειν [...] παρὰ τῶν κρατούντων καὶ ἐπαρχίων γίγνεται, λοιπὸν οὐ δυνατὸν κτήσασθαι. — Plutarch., *Præc. ger. reip.*, c. 32. § 8 : διωρθίας δὲ, ὅταν οἱ κρατοῦντες νέμωσι τοῖς δήμοις, φέρεται, καὶ τὸ πλέον ἴσως οὐκ ἔχουσιν.

(3) Anazarbus, en Cilicie, ne reçoit que sous Commode le titre d'ἐλευθέρας (Eckhel, *Doct. Numm.*, t. III, p. 42), et Mopsuestia se nomme αὐτόνομος dans une inscription de l'an 110 *p. Chr.* (*C. I. Gr.*, n° 3885).

(4) Cela resort des monnaies. par exemple de celles de Corycus, de Seleucia ad Calycadnum et d'autres villes libres. — Sur la Constitution de Caracalla, voy. *supra*, p. 85, note 3 '.)

(5) Julian., *Or. 3*, p. 115, éd. Spanh. : Ἀθηναῖοι μὲν οὖν φασιν, ὅτι τοῖς κρατοῦσιν θεοὺς ἐχρῶντο, καὶ ἵνα ταῖς οἰκείαις καθ᾽ ἡμᾶς νόμοις, πρᾴδην καὶ πολυθρύλλητον εἰσίασι· κλιν κ. τ. λ.

tempsque de les initier immédiatement à la culture et aux institutions juridiques romaines (1). Dès avant l'an 654 = 100, on avait fondé sur le sol gaulois un petit nombre de colonies romaines et latines (voy. pp. 54 et 69), grâce auxquelles la romanisation de la Gaule cisalpine s'accomplit en un espace de temps relativement court. On était donc en droit d'espérer un égal succès dans les provinces barbares acquises par la suite; et, en s'empressant d'établir des villes romaines dans les deux Germanies, dans les provinces danubiennes, en Arabie, en Numidie, en Maurétanie, on fit ce qu'on avait fait dans la *Gallia cisalpina* (voy. pp. 18 et 19) : une petite commune, investie du droit de ville romaine, recevait un territoire étendu, dont la population indigène lui était attribuée, lui payait l'impôt et relevait de son administration, jusqu'au jour où elle devenait capable d'entrer elle-même dans la commune, avec le droit de cité actif. Les colonies grecques anciennes et nouvelles nous présentent le même développement naturel (2), avec cette seule différence que, dès le début, les Grecs s'y mêlaient aux indigènes par l'épigamie (3), tandis que, dans les colonies romaines, la séparation entre la population autochthone et les immigrés ne s'effaçait d'ordi-

---

(1) Seneca, *Cons. ad Helv.*, VII, 7 : *Hic deinde populus quot colonias in omnem provinciam misit? Ubicunque vicit Romanus habitat;* VII, 10 : *Vix denique invenies ullam terram, quam etiamnunc indigenae colant. Permixta omnia et insiticia sunt.*

(2) Il suffit de rapporter ici un exemple emprunté aux temps postérieurs. Les paysans du territoire d'Antiochia, en Syrie, n'étaient pas encore grécisés à l'époque de saint Jean Chrysostome, et parlaient syrien (Chrys., *Homil.*, XIX, 1, vol. II, p. 189; *De sanct. mart.*, I, p. 51, él. Monif.), et les villages eux-mêmes portaient des noms syriens : Charandama, Gandigura, etc. (Voy. O. Müller, *Antiquitt. Antioch.*, dans *Comment. soc. Götting. recent.*, vol. VIII, p. 213, et *Götting. Anz.*, 1841, p. 562.) De même, les Cappadociens, les Pamphyliens et les Pisidiens apportaient leurs denrées au marché de Celènæ, en Phrygie (Dio Chrys., t. II, p. 68, él. L.), et l'on trouve aussi des cultivateurs de ce genre, γεωργοί, qui ne sont pas citoyens, mais sujets, à Cyrène (Joseph., *Ant.*, XIV, 7, 2) et en Égypte. — Rudorff, *Das Edict des Tiber. Alex.*, dans le *Rhein. Museum*, 1828, p. 179. Comp. Huschke, *Ueber den Census der früheren röm. Kaiserzeit*, pp. 159 et suiv.

(3) Il en était ainsi en Égypte (Letronne, *Recueil*, t. I, p. 90) et à Cyrène. Alexandre le Grand fonda Alexandrie sur l'Iaxartes ἐκτίσας; τῶν τε Ἑλλήνων μισθοφόρων καὶ ὅσοι τῶν προσοικούντων βαρβάρων ἐθέλοντες μετεῖχον τῆς συνοικήσεως (Arrian., *Exp.*, IV, 4, 1 : cf. VII, 6, 1 : — Diodor., XVIII, 4).

naire que lentement, et par la complète romanisation des indigènes (1).

L'organisation des colonies, des municipes et des villes latines n'était pas autre dans les provinces que celle des villes italiques de même nom, dont nous avons parlé ci-dessus (2); cependant, leur infériorité notable par rapport à ces dernières
se manifeste à un double point de vue :

Tout d'abord, le sol provincial, même aux mains d'un pro-
priétaire citoyen romain, est soumis à l'impôt (3); et, tandis que
la population italienne est exempte de toute contribution foncière, et même, depuis 587 = 167, de la contribution de guerre
des citoyens romains (*tributum*) (4), les colonies, les municipes et les villes latines sont tenus d'acquitter tous les impôts
provinciaux (5).

En second lieu, ces villes paraissent avoir été, tout au moins
dans les premiers temps, affranchies du contrôle du Gouver-

---

(1) Dans la *colonia Agrippinensis*, la population indigène fut de très bonne
heure admise dans la colonie (Tacit., *Hist.*, IV, 65).

(2) L'organisation des villes latines fut la même que celle des municipes
romains, dont il sera question ci-dessous avec détail : c'est ce que prouve
l'exemple de Nemausus qui, sous le règne de Tibère, avait encore le *jus
Latii*; ses *IIIIviri* et ses *decuriones* sont mentionnés dans une inscription de
cette époque, rapportée par Orelli (n° 3519 [= Herzog., *Gall. Narb. hist.*,
n° 100, et G. Wilmanns, *Exempla inscr. lat.*, t. II, n 2205]); ses *ædiles* et
ses *quæstores* sont cités par Strabon (IV, p. 187 [voy. aussi Herzog, *op. cit.*,
pp. 216-218. 221. 222, et G. Wilmanns, *op. cit.*, *Indices*, t. II, p. 444, v° Ne-
mausus]).

(3) Aggenus Urbicus, *ad Frontinum*, dans les *Gromat.*, éd. Lachm., t. I,
p. 64 : ... *quod omnes etiam privati agri in provinciis tributa atque vectigalia
persolvant*. Je reviendrai sur ce point à propos des provinces. — [Comp. sur
ce passage de Marquardt, Brinz, *op. cit.*, p. 13, et p. 23, note 14.]

(4) Plut., *Æm. Paull.*, XXXVIII; — Cic., *De off.*, II, 22, 76; — Plin., *Nat.
hist.*, XXXIII, 56.

(5) *Gromat.*, éd. Lachm., t. I, pp. 33 sq. 62 : *at si ad provincias respiciamus, habent agros colonicos ejusdem juris* (comme en Italie, *ubi nullus ager
est tributarius*), *habent et colonicos, qui sunt immunes, habent et colonicos stipendiarios*: — Paulus, L. 8 § 5, *De censibus*, D., L, 15 : *Divus Antoninus
Antiochenses colonos fecit salvis tributis; § 7 : Divus Vespasianus Cæsarienses
colonos fecit non adjecto, ut et juris Italici essent, sed tributum his remisit capitis : sed divus Titus etiam solum immune factum interpretatus est.* L'immu-
nité est conférée à des villes de citoyens romains, soit à tel ou tel de leurs
habitants, mais toujours à titre de privilège spécial.

neur (1); mais, sous l'Empire, elles ressortissaient aussi bien à sa juridiction supérieure qu'à son administration (2).

Ces différences, qui séparaient les colonies et les municipes de l'Italie et du dehors, surtout la première, furent encore accusées par le système employé, à l'époque impériale, pour l'établissement des colonies militaires. En effet, on renvoyait en Italie les soldats levés en Italie, notamment les prétoriens et les *cohortes urbanæ* (3), et l'on assignait les colonies provinciales (4) aux soldats des légions, qui étaient enrôlés dans les provinces (5). Cependant, les privilèges des communes italiques pouvaient être étendus en tout ou en partie, par une faveur spéciale, à des communes extérieures à l'Italie; et on en vint plus tard, semble-t-il, à réserver cette faveur aux seules colonies.

Tandis que, sous la République, les municipes occupent le premier rang parmi les villes italiques, et qu'en conséquence on les énumère toujours dans l'ordre suivant : *municipia, coloniæ, præfecturæ* (6), sous le régime militaire établi par

---

(1) Strabo (IV, p. 187) dit tout au moins de Nemausus : Ἰγεμόνα καὶ τὸ καλούμενον Λάτιον — ἐὰν δὲ γίνεται οὐδ' ὑπὸ τοῖς προστάγμασι τῶν ἐκ τῆς Ῥώμης στρατηγῶν ἐστι τὸ Ἰταλικὸν γένος.

(2) Depuis que des provinces tout entières reçurent le *jus Latii*, cette exemption, naturellement, cessa d'être possible pour les villes latines; mais Pline compta aussi les colonies romaines, par exemple, en Espagne, au nombre des villes relevant du *conventus*, et, au temps de Trajan, les colonies particulièrement privilégiées elles-mêmes, et dont nous traiterons également, par exemple, Apamea, n'étaient pas affranchies de l'immixtion du Gouverneur dans leur administration. Le ressort de la juridiction des *IIviri* et des *IIIIviri juri dicundo* dans les villes était, sans aucun doute, déterminé par une disposition spéciale, analogue à celle qu'avait prise à cet égard la *lex Rubria* pour la *Gallia cisalpina*. (Voy. *supra*, pp. 90 *in fine* et suiv.)

(3) Voy. Rudorff, *Feldmesser*, t. II, p. 365.

(4) Voy. Zumpt., *Comm. epigr.*, t. I, p. 434.

(5) Les *cohortes prætoriæ* et *urbanæ* étaient levées en Italie (Tacit., *Ann.*, IV, 5). Quant aux légions, qui, cependant, étaient pareillement composées de citoyens romains (voy. Zumpt, *op. cit.*, t. I, pp. 152 et suiv.), elles étaient levées dans les provinces. Hygin., *De castramet.*, c. 2 : *legiones, quoniam sunt militia provinciales fidelissimæ, ad vallum tendere debent.* Voy. pour de plus amples renseignements, Lange, *Hist. mutationum rei militaris Romanorum*, 1846, in-4, p. 40.

(6) Voy. Rudorff, *Feldmesser*, t. II, p. 112. Cet ordre est suivi par Cicéron (*Phil.*, IV, 3,7; *Pro Sest.*, XIV, 32; *In Pison.*, XXII, 51; *Pro domo*, XXVIII, 15); par Q. Cicero (*De petit. cons.*, VIII, 30); en outre, par la *lex Julia mu-*

l'Empire, les colonies passent à la première place, et les municipes, à mesure que leur indépendance diminue, perdent leur ancienne dignité, et en arrivent à n'être plus considérés que comme de petites villes rurales, sans importance politique (1). Dans les nomenclatures de villes d'Auguste, que Pline a suivies (2), de même que dans les *Agrimensores* (3), les colonies viennent régulièrement avant les municipes, et, plus tard, on voit des municipes solliciter spécialement de l'empereur le *jus coloniæ* (4). C'est donc principalement et peut-être exclusivement aux colonies que sont conférés des privilèges extraordinaires. Ceux-ci sont au nombre de trois : la *libertas*, l'*immunitas* et le *jus Italicum*. M. de Savigny a démontré d'une manière suffisamment concluante que le *jus Italicum* n'est pas, ainsi que le professait Sigonius (5), une condition des personnes, intermédiaire entre celle des Latins et celle des pérégrins, mais qu'il constitue un droit appartenant à des communes tout entières, et concédé, par suite, non pas à telle ou à telle personne, mais seulement à des villes (6). Nous n'avons que peu

---

nicipalis (lin. 9. 10. 11. 20. 83) ; par la *lex Rubria* (col. II, lin. 2. 26. 53. 58), et encore par la *lex Julia vicesimaria* d'Auguste (Paul., *Sentent. rec.*, IV, 6, § 2.

(1) Aul. Gell., *Noct. att.*, XVI. 13, 9 : *Coloniarum tamen conditio, cum sit magis obnoxia et minus libera, potior tamen et præstabilior existimatur propter amplitudinem majestatemque populi Romani, cujus istæ coloniæ quasi effigies parvæ simulacraque esse quædam videntur, et simul quia obscura obliterataque sunt municipiorum jura, quibus uti jam per innotiliam non queunt.*

(2) Plin., *Nat. hist.*, III, 7, et *passim.* Voy. Zumpt., *Comm. epigr.*, t. I, p. 458 ; — Rudorff, *ubi supra*, p. 116.

(3) *Gromat.*, éd. Lachm., t. I, pp. 19. 4 ; 20. 13 ; 33. 13 ; 114, 2. — Rudorff, *ubi supra*, p. 115.

(4) Tacit., *Ann.*, XIV, 27 : *At in Italia vetus oppidum Puteoli jus coloniæ et cognomentum a Nerone apiscuntur;* — Aul. Gell., *Noct. att.*, XVI, 13 : *(Hadrianus) mirari se ostendit, quod et ipsi Italienses et quædam item alia municipia antiqua, in quibus Uticenses nominat, cum suis moribus legibusque uti possent, in jus coloniæ mutari gestiverint.*

(5) Sigonius. *De jure Italico*, l. c. 1 : vol. I, pp. 460 et suiv.

(6) L'étude de M. de Savigny sur le *jus Italicum* a été publiée trois fois : d'abord, dans les *Abhandl. der Berliner Academie*, 1811. 1813, Berlin, 1818, pp. 41-51 ; puis, dans la *Zeitschr. f. gesch. Rechtswissenschaft*, t. V, pp. 242-267, et supplément à ce volume, t. XI, pp. 2-19 ; enfin, dans ses *Verm. Schrift.*, t. I, pp. 27-80. Voy. en outre : Walter, *Gesch. d. Röm. Rechts*, t. I, §§ 319. 320 ; — Puchta, *Instit.*, t. I, §§ 94. 95 ; — Zumpt, *Comm. epigr.*, t. I, pp. 432 [411] et suiv. ; — Rudorff, *Feldmesser*, t. II, pp. 373 et suiv. ; — Faber,

Coloniæ liberæ. de documents relatifs à ces trois privilèges. La *libertas* n'est que rarement mentionnée en termes exprès, comme elle l'est pour Patræ, en Achaïe (1) ; mais elle est figurée sur les monnaies des villes qui en sont revêtues par l'image d'un Silène debout, symbolisant la liberté (2) ; et cette image est également représentée sur les monnaies de Patræ (3). Il semble résulter d'une information de Pline le Jeune sur la colonie d'Apamæa, en Bithynie,

---

Quæstionum Proposit. rearum particula I. Herforde, 1858, in-4, pp. 1 et suiv. — [*Mêe :* Zumpt, *Stud. Rom.,* pp. 337-338 ; — Revillout, *Étude critique sur le jus Italicum,* dans la *Revue hist. de dr. fr. et étr.,* t. I, 1855, pp. 344-371 ; — Houdoy, *Droit munic.,* t. I, pp. 348-350 ; — A. Troisfontaines, *Introd. à l'Hist. du Dr. publ. Rom.,* Bruxelles, 1877, pp. 312-319 ; — Ed. Beaudouin, *Étude sur le jus Italicum,* dans la *Nouv. Rev. hist. de dr. fr. et étr.,* 1881, pp. 145 et suiv., 592 et suiv., et aussi broch. in-8, Paris, 1883 (voy. sur ce travail la brochure récente de M. A. Zocco-Rosa, *L'ius Italicum. À propos d'un étude del Prof. Beaudouin* (Estratto dalla *Giurisprudenza*), Catania, 1886) ; — C. Jullian, dans la *Revue critique,* t. XVII, 1886, pp. 50 et suiv. ; — B. Heisterbergk, *Name und Begriff des Jus Italicum,* Tübingen, 1885, broch. in-8, ibiq. *Revue critique d'hist. et de littér.,* 1885, n° 45, et *Zeitschr. f. d. gesammte Staatswiss.,* XLII, 2, 1886 ; — L. Séverin, *Étude sur le jus Italicum,* Thèse de Doct., Fac. de Droit de Bordeaux, 1885 ; — Alessandro Veralli, *Le istituzioni del diritto romano,* Napoli, 1887. — Voy. encore : — P. Willems, *Le dr. publ. rom.,* 5e éd., pp. 521 *in fine* et suiv., texte et notes ; P. Gautefroy, *Condition juridique des pérégrins à Rome,* Thèse de Doct., Fac. de Droit de Paris, 1881, pp. 29 et suiv. ; — O. Karlowa, *Röm. Rechtsgesch.,* t. I, p. 323 ; — J.-B. Mispoulet, *Les instit. politiq. des Romains,* t. II, pp. 37, 76, 82 et suiv. ; — V. Duruy, *Hist. des Romains,* nouv. éd., renvois de la *Table analytique générale,* t. VII, p. 663, coll. 1 *in fine* et suiv. ; — A. Bouché-Leclercq, *Manuel des Instit. rom.,* pp. 193 note 3, 199, 211 et 397 ; — C. Accarias, *Précis de dr. rom.,* t. I, 4e éd., n° 209, pp. 529 et suiv. ; — G. Humbert, *Essai sur les finances et la comptabil. publ. chez les Romains,* Paris, 1887, t. I, pp. 183, 255, 363, 422, note 16, 446, notes 192 et suiv. ; — Th. Mommsen, *Röm. Staatsr.,* t. III, 1, p. 631.]

(1) Pausan., VII, 18, 5 : καὶ Πάτραι (Augustus) μὲν Ἀχαιῶν ... Ἑλλήνων μόναι Πάτρας ... ; εἰ δέ τι ἧσσον ἔχειν, καίπερ ... σίγνον ... Ῥωμαίοις ...

(2) Il en est également ainsi sur les monnaies de Bostra, de Damascus, de Dereitas, de Neapolis Samariæ et de Sidon. (Voy. Eckhel, *Doct. Numm.,* t. IV, p. 493.) — Serv., *Ad Verg. En.,* III, 20 : *Quod autem de Libero diximus, hæc causa est, ut signum sit liberæ civitatis. Nam apud majores aut stipendiariæ erant aut fœderatæ aut liberæ. Sed in liberis civitatibus simulacrum Marsyæ erat, qui in tutela Liberi patris est ;* — Idem, *Ad Verg. Æn.,* IV, 58 : *Patrique Lyæo : qui, ut supra diximus, apte urbibus libertatis est deus, unde etiam Marsyas minister ejus per civitates in foro positus libertatis indicium est, qui erecta manu testatur, nihil urbi deesse.* — Sur l'identité de Marsyas et de Silénus, voy. Eckhel, *ubi supra.* — [Voy. aussi M. E. Babelon, *Description historique et chronologique des monnaies de la République romaine, vulgairement appelées monnaies consulaires,* Paris, 1885-86, t. II, pp. 191 et suiv.]

(3) Voy. Eckhel, *loc. sup. cit.*

à laquelle le *jus Italicum* avait été concédé (1), que la liberté consistait pour les colonies, comme pour les *civitates liberæ* pérégrines, dans le droit de s'administrer elles-mêmes, en dehors du contrôle du Gouverneur (2); en effet, elles ne paraissent pas avoir eu de privilège particulier, sous le rapport de la juridiction (3). Il est fait souvent mention de *coloniæ immunes* (4); mais c'est aux *coloniæ juris Italici* qu'est réservée la situation la plus avantageuse (5). Tout d'abord, elles ont la *libertas*, dans le sens qui vient d'être rapporté (6), et, en conséquence, un grand nom-

Coloniæ immunes.

Coloniæ juris Italici.

----

(1) Ulpian., L. 1 § 10, *De censibus*, D., L, 15.

(2) Plin., *Epist.*, X, 47 (55) : *Cum rellem, domine, Apimeæ cognoscere publicos debitores et reditum et impendia, responsum est mihi, cupere quidem universos, at a me rationes coloniæ legerentur, nunquam tamen esse lectas ab ullo proconsulum; habuisse privilegium et vetustissimum morem arbitrio suo rempublicam administrare.*

(3) Pline, tout au moins, comprend toujours dans les *conventus* les *coloniæ juris Italici*, qui avaient aussi la *libertas*.

(4) Plin., *Nat. Hist.*, III, 12 : *Hujus conventus sunt reliquæ coloniæ immunes Tucci — Ituci — Ucubi — Urso*; § 19 : *coloniæ immunis Ilici*; § 24 : *Cæsaraugusta colonia immunis*; — Paul., L. 8 pr., *De censibus*, D., L, 15 : *Bizicenenses quoque ibidem immunes sunt*; — C. I. L., t. II, n° 1663 : *flamen coloniarum immunium provinciæ Bæticæ*).

(5) En dehors de la Constitution unique, au Code Théodosien (*De jure Italico urbis Constantinop.*, XIV, 13, par laquelle les empereurs Valentinien, Valens et Gratien renouvellent le *jus Italicum* au profit de la ville de Constantinople, et de la Constitution unique, au Code de Justinien (*De privilegiis urbis Constantinop.*, XI, 21 20), par laquelle Constantinople reçoit d'Honorius et de Théodose, outre le *jus Italicum*, les prérogatives de l'ancienne Rome. Il n'est question de ce droit italique que dans Pline (*Nat. hist.*, III, 25 : *Ex coloniis Accitana Gemellenses et Libisosana cognomine Foroaugustana, quibus duobus jus Italiæ datum*; III, 139 : *Jus Italicum habent es conventu* (de Scardo, en Illyrie) *Alutæ, Flanates — Lopsi, Varrarini, immunesque Assesiales*, — et dans le titre *De censibus* du Digeste (L. 15), qui nous donne une énumération des villes investies du *jus Italicum*. Les inscriptions, dans lesquelles on a voulu trouver une mention du *jus Italicum* (voy., indépendamment de Walter, *op. et loc. sup. citt.*, Dirksen, *Die Script. Hist. Aug.*, pp. 123 et saiv.), ont été écartées par A. W. Zumpt, *Ueber die Erwähnung des jus Italicum auf Inschriften*, dans la *Zeitschr. f. gesch. Rechtswiss.*, t. XV, 1, pp. 1 et saiv. — Comp. Savigny, *Verm. Schrift.*, t. I, p. 73.

(6) C'est à cela que font allusion Ulpien (L. 1 § 2, *De censibus*, D., L, 15) : *Est et Heliupolitana, quæ a divo Severo per belli civilis occasionem Italiæ coloniæ rem publicam accepit.* — et Paul (L. 8 § 3, *eod.*) : *.... juris Italici sunt et solum earum.* Dans ces deux textes, on trouve indiqués, en dehors de l'exemption des impôts accordée au sol, encore une autre liberté. Mais, quand Savigny admet que cette liberté aurait consisté en ce que les *coloniæ juris Italici* auraient eu exclusivement le droit d'élire des *IIviri* et des

bre d'entre elles, sinon toutes, font figurer le Silène sur leurs monnaies (1); en second lieu, elles sont affranchies aussi bien de la contribution personnelle que de la contribution foncière (2); leur sol, enfin, est susceptible de propriété, en sorte que, dans toute *colonia juris Italici*, les terres appartiennent *ex jure Quiritium* à leurs propriétaires, et que tous les modes d'acquisition du droit civil romain, l'*usucapio*, l'*in jure cessio*, la *mancipatio* et la *vindicatio*, leur sont applicables (3). C'est à tort que Zumpt leur a contesté ce dernier privilège (4). En effet, d'une part, un témoignage certain le confirme (5); de l'autre, si le *jus Italicum* n'avait compris que la *libertas* et l'*immunitas*, on aurait peine à s'expliquer son nom, car la liberté et l'exemption d'impôts étaient aussi, nous l'avons vu, reconnues à certaines communes pérégrines: elles ne peuvent donc être considérées comme constituant

Illciri, tandis que, dans les autres colonies, munkipes et villes latines, de semblables magistrats auraient été inconnus. C'est avec raison que son opinion est réfutée par Walter; et les recherches approfondies de Zumpt établissent l'existence de ces autorités dans toutes les villes indiquées. Leur droit de libre administration fut amoindri après Trajan et Hadrien, comme dans les *liberæ civitates* des provinces: mais ce fait même prouve que, dans les temps antérieurs, il a toujours dû avoir son importance.

(1) Parmi les villes de droit italique, on trouve le Silène sur les monnaies de Laodicea, de Berytus, de Tyrus, de Troas, de Parium (voy. Eckhel, *ubi supra*).

(2) Cette double exemption résulte déjà de ce qu'Ulpien et Paul ont traité des villes de droit italique dans un livre intitulé *De censibus*. Paul, au surplus, en relate en toutes lettres le bénéfice, L. 8 pr., *De censibus*, D., L. 15 : *In Lusitania Pacenses et Emeritenses juris Italici sunt. Idem jus Valentini et Licitani habent : Barcinonenses quoque ibidem immunes sunt : et § 1 : Divus Vespasianus Cæsarienses colonos fecit non adjecto, ut et juris Italici essent, tot tributum his remisit capitis : sed divus Titus etiam solum immune factum interpretatus est.* De même, Apamea, en Bithynie, était *immunis*. Car ce que Tacite (*Ann.*, XII, 59) rapporte : « *tributumque Apamensibus terræ motu conlapsis in quinquennium remissum* », se réfère à Apamea Cibotas, en Phrygie, ainsi que Faber (*op. cit.*, p. 2) l'a bien établi.

(3) Voy. Savigny, *Verm. Schrift.*, t. I, p. 44, — Rudorff, *Feldm.*, t. II, pp. 373 et suiv.

(4) Voy. Zumpt, *Comm. epigr.*, t. I, p. 189.

(5) C'est le passage déjà cité de Frontin, dans les *Gromat.*, éd. Lachm., t. I, pp. 35 et suiv. : *Prima enim condicio possidendi hæc est ex per Italiam, ubi nullus ager est tributarius. — At si ad provincias respiciamus, habent agros colonicos ejusdem juris* (par conséquent *juris Italici*), *habent et colonicos qui sunt immunes, habent et colonicos stipendiarios.* — Comp. aussi le texte incomplet de Gaius (II, 21), et Rudorff, *op. cit.*, p. 373.

un caractère propre du droit italique. Il faut voir dans le *jus Italicum* un nouveau privilège, distinct de la *libertas* et de l'*immunitas*(1), par lequel une colonie provinciale est appelée aux droits des colonies italiques, et, comme leurs situations respectives ne diffèrent que par rapport à la propriété du sol, nous devons en conclure qu'il avait pour seule raison d'être d'étendre au territoire colonial l'application du *dominium ex jure Quiritium*. Si la dénomination de *jus Italicum* ne remonte qu'aux empereurs, l'institution qu'elle désigne est de beaucoup antérieure. Les colons envoyés par Caius Gracchus, en 631 = 123, à Carthage, y reçurent des terres à titre d'*ager privatus ex jure Quiritium* (2), et, lors de l'organisation de la province cisalpine, en 712 = 42 (3), le droit italique lui fut également octroyé. Toutefois, c'est Auguste qui a donné le type caractéristique du *jus Italicum*, pour les concessions plus fréquentes qui en ont été faites par la suite (4) : ayant assigné à ses vétérans des terres en Italie, il transporta leurs propriétaires dépossédés dans des colonies transmaritimes (5) et leur donna sur le sol de ces colonies de nouveaux domaines, qui, sans le *jus Italicum*, n'auraient été pour eux qu'une compensation insuffisante.

(1) La ville d'Utica était, lors de l'organisation de la province d'Afrique, *libera* et elle était aussi *immunis* (voy. Rudorff, dans la *Zeitschr. f. gesch. Rechtswiss.*, t. X, pp. 92 et suiv. ; — Mommsen, *C. I. L.*, t. I, p. 96 ; elle devint plus tard *municipium* et ensuite colonie (sous Hadrien : Aul. Gell., *Noct. Att.*, XVI, 13 (voy. *supra*, p. 119, note 4) : il est difficile d'admettre qu'elle y perdît sa *libertas* et son *immunitas* ; cependant, elle reçut de Sévère le *jus Italicum* [Paul., L. 8 § 11, *De censibus*, D., L., 15] et par là évidemment une augmentation de ses privilèges. [Voy. G. Wilmanns, *C. I. L.*, t. VIII, 1, p. 119.]

(2) Voy. Mommsen, *C. I. L.*, t. I, pp. 96, 97. [*Adde* Wilmanns, *C. I. L.*, t. VIII, 1, p. 133.]

(3) Voy. Mommsen, *C. I. L.*, t. I, p. 118.

(4) Voy. Zumpt, *Comment. epigr.*, t. I, p. 189.

(5) Dyrrhachium, Corinthe et Philippi étaient des colonies de ce genre (Dio Cass., LI, 4 ; — Zumpt, *op. cit.*, pp. 376 et suiv.).

DÉVELOPPEMENT DU RÉGIME COLONIAL ET MUNICIPAL CHEZ LES ROMAINS (1).

Au cours de nos explications sur la condition politique externe qui était faite aux communes de l'État romain dans leurs rapports avec le Gouvernement, nous avons déjà, dans les

(1) Sur ce chapitre, voy., en dehors de Sigonius, *De antiq. jure Italiæ*, II, c. 2-3 : Spanheim, *Orbis Romanus*, Halle, 1729, pp. 41-53 ; — Otto, *De Ædilibus coloniarum et municipiorum*, 2e éd., Lips., 1732, in-8 ; — Trekell, *Antiqq. select. Roman.*, Hagæ Com., 1745, pp. 187 et suiv.: — Heyne, *De Romanorum prudentia in coloniis regendis*, dans ses *Opusc. acad.*, t. III. pp. 79-93 : — Walter, *Gesch. d. Röm. Rechts*, 3e éd., t. I, §§ 217-223 ; — Ruperti, *De coloniis Rom.*, dans les *Dissertazioni della Pontificia Academia Romana di Archeologia*, t. IX, Roma, 1840, in-4 : — Schmidt, *Das Colonialwesen der Römer*, Progr. des Potsdamer Gymnas.. 1847 : — Rein, dans la *Pauly's Realencycl.*, mots *Colonia* et *Municipium* ; — Dumont, *Des colonies Romaines*, dans les *Annales des Universités de Belgique*, Année 1843, Bruxelles, 1844. in-8, pp. 522-593. La première étude approfondie sur les points principaux traités dans ce chapitre se trouve dans A. W. Zumpt, *Commentationes epigraph.*, 1850, in-4. [Le travail dont il est ici question porte pour titre *De coloniis Romanorum militaribus* et a été publié en 1830 dans les *Comment. epigr.*, t. I, pp. 193-191.] Comp. Rudorff, *Feldmesser*, t. II, pp. 323 et suiv. — [Adde : A. W. Zumpt, *De C. Julii Cæsaris coloniis*, Berol., 1851 : — Sambeth, *de Roman. col.*, Pars I-II, Tuebingen, 1861-62, in-4 : — Voigt, *Jus nat.*, t. II. pp. 331-345 : — Houdoy, *Le dr. munic.*, t. I, pp. 10-19 ; — Firmani, *I comuni doppii nella costituzione di Roma*, Torino, 1877 ; — Beloch, *Der ital. Bund*, pp. 111-119 ; — L. Holländer, *De militum coloniis ab Augusto in Italiam deductis*, dans les *Dissert. philol. Halenses*, t. IX, 1880, pp. 317-331 ; — Madvig, *De jure et condicione coloniarum populi Romani*, dans ses *Opusc.*, pp. 208 et suiv.

chapitres qui précèdent, mentionné deux classes principales de villes, dont nous avons maintenant à étudier le régime interne : c'est-à-dire, d'un côté, les villes organisées à l'image de Rome, les municipes ; de l'autre, celles qui ont conservé tout ou partie de leur constitution étrangère, les villes provinciales libres ou sujettes. La tâche qui nous incombe ne sera pas la même pour les unes et pour les autres. Les colonies et les municipes se sont développés pendant plusieurs siècles à compter de leur formation (voy. pp. 35 et suiv., et pp. 46 *in fine* et suiv.); et l'état actuel de nos sources jette la lumière la plus complète sur leur situation intérieure, dans la dernière période de ce développement, sous l'Empire. Nous allons donc, en premier lieu, suivre les diverses phases de ce développement, puis exposer le régime intérieur des colonies et des municipes à l'époque impériale. — Au contraire, les villes étrangères, parmi lesquelles nous ne connaissons que celles de population grecque, avaient eu leurs beaux jours antérieurement à la domination romaine, et, dès le premier siècle de l'ère chrétienne, elles étaient peu à peu arrivées à un état de décadence, auquel avait contribué pour sa part l'action du Gouvernement romain ; elles ne rentrent dans le cadre de notre étude que dans la mesure où se

<hr>

Copenhagen, 1834, et *Verf.*, t. II, chap. VII, §§ 2-5 = dans la trad. fr. de M. Ch. Morel, t. III, pp. 2-11 ; — Th. Mommsen, *Die italischen Bürgercolonien von Sulla bis Vespasian*, dans *Hermes*, t. XVIII, 1883, pp. 161 et suiv.; — P. Willems, *Le dr. publ. rom.*, 5ᵉ éd., p. 369 et suiv ; — les deux dissertations fondamentales de MM. G. Humbert et F. Lenormant, dans le *Dict. des Antiq. grecq. et rom.* de MM. Ch. Daremberg et Edm. Saglio, 9ᵉ fasc., Paris, 1884, mots *Colonies romaines* et *Monnaies des colonies romaines*, pp. 1303 et suiv., et 1319 et suiv.; — O. Karlowa, *Röm. Rechtsg.*, t. I, § 17, pp. 301 et suiv. ;— A. Bouché-Leclercq, *Manuel des Inst. rom.*, pp. 175 et suiv., et p. 191 ; —J.-B. Mispoulet, *Les instit. polit. des Romains*, t. II, pp. 31 et suiv., et *Étude sur les tribus romaines*, dans ses *Études d'instit. rom.*, Paris, 1887, *passim*, et spécialement pp. 9 et suiv., et 11 et suiv.; — J. Astor, *De la cité romaine*, Thèse de Doct., Fac. de Droit de Paris, 1887, pp. 100 et suiv. — Voy. encore : V. Duruy, *Hist. des Romains*, nouv. éd., t. VII, renvois de la *Table analytique générale*, mots *Colonies latines* et *romaines*, et *Régime municipal*, pp. 611, col. 2, et 706, col. 2 ; — Em. Morlot, *Précis des instit. polit. de Rome*, Paris, 1886, pp. 179 et suiv.; — F. Robiou et D. Delaunay, *Les instit. de l'anc. Rome*, t. III, Paris, 1888, renvois de la *Table analytique*, mots *Coloniae novae*, *Colonies* et *Municipes*, pp. 391 et suiv. et 401. — Comp. *supra*, p. 46, note 6, et, d'une manière générale, pp. 35 et suiv., et M. Th. Mommsen, *Röm. Staatsr.*, t. III, 1, pp. 173 et suiv.]

manifeste en elles cette action, qui amena leur romanisation graduelle.

Les colonies Les changements apportés aussi bien au rôle politique des colonies qu'à la forme légale de leur fondation se rattachent à la transformation subie par l'État romain tout entier. Comme pour cette dernière, il convient de distinguer trois périodes : celle des premiers temps de la République, jusqu'aux Gracques ; celle des derniers temps de la République, des Gracques à Auguste ; enfin, la période impériale. Si Velléius, dans le passage relatif aux colonies qui nous est déjà connu (voy. ci-dessus, p. 51, note 1), n'admet que deux périodes, celle des colonies de citoyens, qui va jusqu'à l'an 654=100, et celle des colonies militaires, à partir de cette date, il ne s'écarte pas de notre manière de voir, en opposant l'une à l'autre les deux formes principales de la *deductio*, puisqu'il place incidemment entre les périodes dans lesquelles on les trouve un fait déterminé, la fondation de la colonie d'Eporedia, sans tenir compte de la période intermédiaire, qui a cependant son importance, aussi bien au point de vue de la forme extérieure de l'établissement de la colonie que du rôle intrinsèque qu'elle est appelée à jouer.

Colonies
de citoyens. Tout d'abord, si nous considérons la situation extérieure des colonies, nous voyons que celles qu'on appelle colonies de citoyens dans la première période ne diffèrent pas, ainsi qu'on pourrait le conclure de leur nom, des colonies militaires de la dernière période, par la qualité des colons (1). — En effet, les anciennes colonies avaient aussi des fonctions toutes militaires à remplir (voy. ci-dessus, pp. 16 *in fine* et suiv.) et servaient également de lieu de retraite aux soldats congédiés (2) ; d'autre part, les colonies de

---

(1) On admet d'ordinaire une triple différence entre les anciennes colonies de citoyens et les colonies militaires ; cette différence se manifeste : 1° relativement aux colons ; 2° au point de vue des autorités chargées d'opérer la *deductio coloniæ* ; 3° en ce qui concerne le rite de la fondation. — Voy. Trekell, *op. cit.*, pp. 308 et suiv. — Rein, dans la *Pauly's Realencycl.*, t. II, p. 511. En sens contraire, voy. Zumpt, *op. cit.*, pp. 112 et suiv.

(2) Déjà dans la guerre contre les Samnites, des *consummati milites* reçoivent une assignation de terres (Frontin., *Strateg.*, IV, 3, 12). Il en fut de même après l'achèvement de la seconde guerre punique (Tit. Liv., XXXI, 4, 49).

l'Empire ne recevaient pas seulement, comme citoyens, des soldats (1), mais étaient encore, comme autrefois, un refuge pour la plèbe urbaine (2). — Elles ne diffèrent pas davantage par le mode de leur *deductio*, qui, d'une manière générale, reste le même; la seule différence qui existe entre elles est relative aux autorités auxquelles il appartient d'ordonner et d'accomplir cette *deductio*. — Les anciennes colonies étaient organisées par un vote populaire (3) (*lex, lex colonica* (4)), rendu sur la proposition d'un consul (5), ou d'un tribun (6), et en vertu d'un sénatus-consulte, où étaient indiqués le nombre des colons, l'assignation des terres, l'autorité chargée de présider à la *deductio*; et de même le peuple procédait, dans ses *comitia tributa* (7), à l'élection de la commission à laquelle devait incomber cette tâche : elle se composait ordinairement de trois personnes (*triumviri coloniæ deducendæ agroque dividundo* (8),

---

(1) Voy. la partie relative au régime militaire, et Zumpt, *Comment. epigr.*, pp. 152 et suiv.

(2) C'est ainsi qu'Auguste conduisit dans les colonies d'Epidamnus, de Dalbrotus, de Corinthus et de Carthago, non pas des soldats, mais des *togati cives*. (Voy. Zumpt, *loc. sup. cit.*, pp. 362. 374. 376. 380.)—[Sur la plèbe à Rome, consulter M. Stellian, *La plèbe à Rome jusqu'au III° siècle avant Jésus-Christ*, Thèse de Doct., 1885, couronnée par la Fac. de Droit de Paris, et surtout M. Th. Mommsen, *Röm. Staatsr.*, t. III, 1. *partim*.]

(3) Voy. Trekell. *op. cit.*, pp. 268 et suiv.; — Dumont, *op. et loc. citt.*, pp. 571 et suiv. Quant aux exemples, on en trouvera dans Tit. Liv., XXXII, 29; XXXIV. 53; XXXV. 10, et dans Cic., *Phil*, XIII. 15. 31.

(4) Frontin., dans les *Gromat. Vett.*, éd. Lachm., t. I. p. 21. Ces lois ne s'appellent *leges agrariæ* sans doute que depuis le temps des Gracques. Voy. ci-dessous.

(5) Tit. Liv., VIII. 16; IX. 26. 28.

(6) Tite-Live, XXXII, 29; XXXIV. 53 : *Tribunus pl. ex SCto tulit ad plebem*, et *passim*. Parfois on ne trouve mentionné que le sénatus-consulte (Tit. Liv., VI, 16; IX. 28; XXXVII. 16; XLIII. 17; — Velb. Patere., 1. 14); mais il ne faut pas en conclure que la proposition n'aurait pas été soumise au vote du peuple. (Voy. Rein, *loc. sup. cit.*, p. 513; — Dumont, *op. cit.*, p. 571.)

(7) Cic., *De leg. agrar.*, II, 7. 17. Lorsqu'il est dit que le consul (Tit. Liv., III. 1, et fréquemment), ou le préteur (Tit. Liv., X, 21; XXXIV, 53, et en maints autres endroits), a choisi les membres de la commission, cela n'a trait uniquement qu'à la présidence du scrutin et à la *renunciatio*.

(8) Tit. Liv., VI, 21; VIII, 16; XXXIV, 53; *triumviri ad coloniam deducendam creati* (Tit. Liv., IV, 11; V, 24; cf. IX, 28; X, 21; XXI. 25; XXXIV, 45; XXXIX, 55); *IIIviri agro dando* (Tit. Liv., III. 1).

triumviri agrarii (1), *curatores* (2)); parfois, elle comprenait jusqu'à cinq (3), sept (4), dix (5), vingt (6) membres.

Cette commission, recrutée parmi les citoyens notables, souvent parmi les personnages consulaires (7), recevait, pour le temps réclamé par l'accomplissement de son mandat, pour trois ou cinq ans (8), les prérogatives qui lui étaient nécessaires (9). Ces prérogatives, conférées par une *lex curiata*, comprenaient notamment le droit de décider ce qui devait être considéré comme *ager privatus* ou revendiqué comme *ager publicus*, une *ornatio* en argent, vêtements, frais d'entretien, moyens de transport (10), et gens de suite (*pullarii, apparitores, præcones, scribæ, librarii, architecti* et *finitores* (11)). Même après l'achèvement de la *deductio*, les membres de la commission demeuraient, comme *patroni* de la colonie, en rapports constants avec elle (12).

Au contraire, les colonies militaires fondées sous l'Empire étaient organisées, en dehors de toute intervention populaire, par l'*imperator* agissant en vertu de son *imperium*, et le soin de les diriger était confié, non à une commission élue, mais à un *legatus* impérial, de sorte que, là aussi, on voit se manifester le caractère militaire imprimé par la monarchie au corps tout

---

(1) Tit. Liv., XXVII, 21.

(2) Festus, *Epit.*, p. 49, éd. Müller, h. v.; — Cic., *De leg. agr.*, II, 7, 17 : *istis legibus agrariis curatores constituti sunt, triumviri, quinqueviri, decemviri.*

(3) Tit. Liv., VI, 21; — *Gromat. vett.*, éd. Lachm., t. I, pp. 238, 239.

(4) Cic., *Phil.*, V, 7, 21; V, 12, 33; VI, 5, 14.

(5) Ainsi, dans la *lex* de Rullus.

(6) Dio Cass., XXXVIII, 1; — Suet., *Oct.*, IV; — *Liber Coloniar.*, dans les *Gromat.*, éd. Lachm., t. I, p. 231, 20.

(7) Tit. Liv., III, 1; VIII, 16; XXXI, 49; XXXII, 2.

(8) Pour trois ans (Tit. Liv., XXXII, 29); XXXIV, 53); pour cinq ans (Cic., *De leg. agr.*, II, 13, 33).

(9) Tite-Live (XXXIV, 53, 1) et Cicéron (*De lege agr.*, I, 3, 9 et souvent ailleurs) lui accordent l'*imperium*; mais M. Mommsen a démontré (*Staatsrecht*, 2e éd., t. II, p. 613 [la trad. fr. de ce volume, par M. P. F. Girard, n'a pas encore paru) qu'elle n'était pas investie d'un *imperium* militaire.

(10) Plut., *Ti. Gracch.*, XIII; *C. Gracch.*, X.

(11) Cic., *De leg. agrar.*, II, 12, 31; XIII, 32.

(12) Cic., *Pr. Sulla*, XXI, 60; — Orelli, *Inscr.*, n° 3713 [= Mommsen, *I. R. N.*, n° 3373 = *C. I. L.*, t. X, 1, n° 3613].

entier des fonctionnaires (1). Toutefois, l'apparition de ce nouveau procédé appliqué à l'assignation des terres ne fut pas plus soudaine que l'établissement de la monarchie elle-même. Sylla, dans lequel il faut voir le premier fondateur des colonies militaires, se fit encore conférer expressément par la *lex Valeria* tout pouvoir pour créer ses colonies (2), et paraît avoir chargé une commission civile de procéder à leur *deductio* (3); César imposa par la force sa *lex agraria*, au cours de son premier consulat, en 695 = 59, et remit à des *XXviri* la conduite de ses colonies (4); c'est seulement à l'époque de sa dictature qu'il recourut à ses *legati* pour l'assignation de terres; et cet exemple fut suivi par les triumvirs en l'an 711 = 43; plus tard, par les empereurs (5).

On retrouve la même évolution graduelle dans les changements qui furent apportés au rôle politique des colonies et qui, en bouleversant tout le régime de la propriété foncière, amenèrent une crise des plus redoutables pour l'existence de l'État romain.

Nous allons étudier ces changements, en suivant l'ordre des périodes ci-dessus indiquées.

I. — *Colonies et assignations de terres dans les premiers temps de la République, jusqu'aux Gracques* (6)*.—Suivant les usages

---

(1) Voy. Rudorff, *Feldmesser*, t. II, p. 331.

(2) Appian., *Bell. civ.*, I, 99; — Plut., *Sylla*, XXXIII : Ἡγεῖτο δ' αὐτὸς πάντων ἔξω τῶν γερόντων, πρὸς δὲ τὰς πόλεις θεωρία ἰοῦσαν, ἐφρόντιζε, ἀλκιμωχ. κ. τ. λ.

(3) Voy. Zumpt (*Comm. epigr.*, p. 219, qui rapporte aussi à l'époque de Sylla le passage suivant du *Liber coloniarum* (dans les *Gromat.*, éd. Lachm., t. I, p. 236) : *Praeneste oppidum : ager ejus a Sylla pro parte in jugeribus est assignatus.*

(4) Cic., *Ad Att.*, II, 6. 7; IX, 9, § 1; — Vellei. Paterc., II, 45; — Suet., *Oct.*, IV; — Quintilian., *Inst. orat.*, XII, 1, 16; — Dio Cass., XXXVIII, 1.

(5) Sur César, voy. Zumpt, *loc. cit.*, p. 341; sur les triumvirs et les empereurs, voy. Zumpt, *loc. cit.*, p. 444. Velleius Paterculus (I, 14) observe aussi la différence que je relève ici : *Huic loco inserere (libuit), quae quoque tempore post Romam a Gallis captam deducta sit colonia jussu senatus. Nam militarium et causae et auctores ex ipsarum praefulgent nomine.*

(6)* [Consulter sur ce sujet : M. De Ruggiero, *Agrariae leges*, §§ 11-17, dans l'*Enciclop. giuridica Italiana*, et dans le *Dizionario epigrafico di Antichità romane*, fasc. 4, Roma, 1886, v° *Adsignatio* (publica), pp. 103 (col. 2) — 111.

de guerre observés par les Romains, la défaite d'un peuple mettait entièrement fin à son existence (1); ceux de ses nationaux que la guerre avait épargnés, étaient vendus comme esclaves, ou même mis à mort (2); les objets mobiliers ayant appartenu aux vaincus étaient emportés comme butin, et leurs terres étaient réunies au domaine de l'État, à l'*ager publicus* (3). Même la *deditio*, c'est-à-dire la remise à discrétion, ne mettait pas la nation, que la fortune des armes avait trahie, à l'abri d'un traitement si rigoureux (4). Ce n'est que dans le cas d'une capitulation faite à certaines conditions déterminées, ou d'un traité de paix, que les vaincus pouvaient obtenir un sort plus favorable, et encore devaient-ils, même alors, consentir en général à une ces-

---

— Voy. aussi M. H. Bahl, *Die agrarische Frage im alten Rom*, Heidelb., G. Koester, 1874.]

(1) Gaius, L. 5 § 7, *De adquir. rer. domin.*, D., XLI, 1 : *Item quæ ex hostibus capiuntur, jure gentium statim capientium fiunt*; — Inst., *De divis. rer.*, II, 1, § 17 : *Item ea, quæ ex hostibus capimus, jure gentium statim nostra fiunt, adeo quidem, ut et liberi homines in servitutem nostram deducantur*; — Gaius, II, § 69.

(2) Tit. Liv., VII, 19; XXXI, 27, et passim.

(3) Pomponius, L. 20 § 1, *De captiv. et postlim.*, D., XLIX, 15 :... *publicatur enim ille ager qui ex hostibus captus sit*. C'est Niebuhr qui, le premier, a jeté la lumière sur l'organisation de l'ager publicus (voy. sa *Röm. Gesch.*, t. II, pp. 144 et suiv. [= dans la trad. fr. de M. de Golbéry, t. III, pp. 115 et suiv.]). Je mets également à profit les recherches de Huschke (*Ueber die Stelle des Varro von den Liciniern*, Heidelberg, 1835, in-8) et de M. Mommsen (*C. I. L.*, t. I, pp. 87 et suiv.). — [Consulter également M. G. Humbert, dans le *Dict. des Antiq. grecq. et rom.* de MM. Ch. Daremberg et Edm. Saglio, mot *Ager publicus*, fascic. 1, Paris, 1873, pp. 133 et suiv., et *Essai sur les finances et la comptabil. publ. chez les Romains*, Paris, 1887, t. II, renvois de l'*Index général*, mot *Ager*, p. 400; — V. Duruy, *Hist. des Romains*, nouv. éd., t. VII, p. 616, col. 2, renvois de la *Table analytique générale*, mot *Ager publicus*; — P. G. Baillière, *Du domaine public*, Paris, 1832; — P. Willems, *Le dr. publ. rom.*, 3e éd., pp. 319 et suiv., 331 et suiv.; — Madvig, *L'État romain*, dans la trad. de M. Ch. Morel, t. IV, Paris, 1881, pp. 21 et suiv.; — G. Piot, *De l'aliénation de l'ager publicus pendant la période républicaine*, Thèse de Doct., Fac. de Droit de Paris, 1887; — Robion et Delmasay, *Les instit. de l'anc. Rome*, t. III, Paris, 1888, pp. 61 et suiv. — Comp. M. Ch. Lécrivain, *De agris publicis imperatoriisque ab Augusti tempore usque ad finem imperii Romani*, Thèse de Doct., Fac. des Lettres de Paris, 8 mars 1888; Paris, E. Thorin, broch. in-8.]

(4) Voy. sur Numantia, Appian., *De reb. Hisp.*, XCV-XCVIII; cf. Tit. Liv., VII, 27; XXXVII, 22; XLII, 8. Comp. la formule de la *deditio* dans Tite-Live (I, 38) : *res interrogavit : — dediti'sne vos populumque Collatinum, urbem agros aquam terminos delubra utensilia divina humanaque omnia in manum populique Romani dicionem?*

sion de territoire (1). Parmi les terres ainsi réunies au domaine, celles qui se trouvaient en culture servaient aussitôt à établir une colonie (2), ou bien étaient mises en vente (voy. ci-dessus, pp. 46 *in fine* et suiv.), ou enfin étaient affermées, contre redevance, par les censeurs (3). Le territoire affecté à la colonisation se divisait ordinairement en trois parties : l'une était assignée à la commune pâture, moyennant le paiement d'une taxe (4) ; la seconde avait pour destination de subvenir à l'entretien des temples, du culte et des monuments publics (5) ; la troisième était, dans les premiers temps, divisée en parcelles de deux *jugera* attribuées aux colons (6). On ne donnait aucune de ces affectations

Partage du sol.

---

(1) Tit. Liv., I, 15 : *agri parte mulfati*; II, 23 : *his — data par. ager ademptus*; II, 41 : *cum Hernicis fœdus ictum : agri partes duæ ademtæ*. Voy. d'autres citations dans Zeiss, *Comm. de lege Thoria*, Wimariæ, 1841, p. 5, note 3.

(2) Tit. Liv., II, 31 : *Volscis devictis Veliternus ager ademtus : Velitras coloni ab urbe missi et colonia deducta.*

(3) Cic., *Accus. in Verr.*, III, 6, 13 : *perpaucæ Siciliæ civitates sunt bello a majoribus nostris subactæ : quarum ager cum esset publicus populi Romani factus, tamen illis est redditus. Is ager a censoribus locari solet; — Siculus Flaccus, dans les Gromat., éd. Lachm., t. I, p. 136 : Postquam ergo majores regiones ex hoste captæ vacare cœperunt, aliis agros divisual assignaverunt: ubi illa remanserunt, ut limen populi Romani essent; ut est in Piceno et in regione Reatina, in quibus regionibus montes Romani appellantur. Nam sunt populi Romani, quorum vectigal ad ærarium pertinet.*

(4) Appian., *B. U. civ.*, I, 7 : — Frontin., *De contr. agr.*, dans les Gromat., éd. Lachm., t. I, p. 15 : *Est et pascuorum proprietas pertinens ad fundos, sed in commune, propter quod ea compascua multis locis in Italia communia appellantur; Ibid., p. 48 : Relicta sunt et multa loca, quæ redeuntis data non sunt. Hæc variis appellationibus per regiones nominantur: in Etruria compascua vocantur, quibusdam provinciis pro indiviso. — Voy. Niebuhr, Röm. Gesch., t. II, p. 173 [= dans la trad. fr. de M. de Golbéry, t. III, pp. 211 et suiv.], et Rudorff, Feldm., t. II, p. 393.*

(5) Agennus Urbic., dans les *Gromat.*, éd. Lachm., t. I, pp. 18, 20, 21, 23, 80 ; — Frontin., *De contr. agr.*, éd., pp. 49, 51 : *est alia inscriptio, quæ diversa significatione videtur esse, in qua loco inscribitur SILVA ET PASCVA aut FVNDVS SEPTICIANVS COLONIÆ AVGVSTÆ CONCORDIÆ. Hæc inscriptio videtur ad personam coloniæ ipsius pertinere, neque ullo modo abalienari posse a republica. Item si quid in tutelam aut templorum publicorum aut balnearum adjungitur; Ibid., p. 55 ; — Siculus Flaccus, ced., p. 137 ; — Rudorff, Feldm., t. II, p. 352.*

(6) Varro, *De re rust.*, I, 10 : *Bina jugera, quæ a Romulo primum divisa dicebantur viritim : quæ, quod heredem sequerentur, heredium appellarunt ; — Festus, Epit., p. 53, éd. Müller : Centuriatus ager in ducena jugera definitus, quia Romulus centenis civibus ducena jugera tribuit ; — Plin., Nat. Hist., XVIII.*

aux terres non bâties qui, pour l'instant, ne rapportaient rien ni à l'État, ni aux particuliers; mais on autorisait (1), à titre gracieux, après la publication d'un avis officiel, leur occupation provisoire (*in trientis*), en échange de la dixième partie des moissons et du cinquième des fruits produits par les arbres, et sous la réserve du droit, pour l'État, de s'en emparer à toute époque (2).

---

1 : *Bina tune jugera populo Romano satis erant;* — Siculus Flaccus, dans les *Gromat.*, éd. Lachm., t. I, p. 153 : *Iis qui agrum ex hoste captum victori populo per bina jugera partiti sunt. Centenis hominibus ducentena jugera dederunt;* — Hygin., *De limit.*, col., p. 110. Dans Tite-Live (VI, 36), les tribuns Sextius et Licinius demandent aux patriciens : *aureorum postulare, ut, quam bina jugera agri plebi dividerentur, ipsis plus quingenta jugera habere liceret?* On voit dans le même auteur (VIII, 21) que *bina jugera agri* sont assignés dans la colonie d'Antur : — Juvenal., XIV, 161 sqq. :

> *Hæc olim fractis ætate ac Punica passis*
> *Prælia vel Pyrrhum immanem gloriosque Molossos*
> *Tandem pro multis vix jugera bina dabantur*
> *Vulneribus.*

Voy. Niebuhr, *Röm. Gesch.*, t. II, pp. 51, 151 [= dans la trad. fr. de M. de Golbéry, t. III, pp. 65, 215 et suiv.]; — Huschke, *Ueber eine Stelle des Varro von den Licinien*, Heidelb., 1835, in-8, p. 52. Plus tard, des lots de terre (*sortes*), beaucoup plus considérables, de 8, 14, 20, 30, 50 *jugera*, ont été assignés. Voy. Rudorff, *Feldm.*, t. II, pp. 352 et suiv.; — Mommsen, C. I. L., t. I, p. 97.

(1) Dans la loi de Rullus, les expressions *publice data*, *assignata*, sont employées pour désigner la propriété assignée; aux *possessiones* est appliquée celle de *concessa* (Cic., *De leg. agr.*, III, 2, 7). Sur les *fundi concessi* de l'époque postérieure, voy. Hygin., *De limit. constit.*, dans les *Gromat.*, éd. Lachm., t. I, p. 197; — Rudorff, *Feldm.*, t. II, p. 287.

(2) Appian., *Bell. civ.*, I, 7 : Ῥωμαῖοι τὴν Ἰταλίαν πολέμῳ κατὰ μέρη χειρούμενοι, τῆς μέρεις θήλαντα, καὶ ... Le dixième, dont parle Appien, doit être exclusivement rapporté aux *possessiones*. Le passage suivant de Plutarque (*Ti. Gracch.*, VIII) : — Ῥωμαῖοι τῆς τῶν ἀστυγειτόνων χώρας ὅσην ἀπέτεμνον τελῶν, τὴν μὲν ἐπίπρασκον, τὴν δὲ κοινὴν ... παraît, de la façon la plus simple, devoir être rapporté aux terres publiques affermées, bien qu'il soit expliqué d'une manière toute différente. (Voy. Niebuhr,

Les parcelles ainsi occupées, avec l'autorisation du Gouvernement (*agri occupatorii*) (1), ne peuvent donc jamais être acquises en propriété par l'*usucapio* du droit romain (2); on les désigne sous le nom technique de *possessio* (possession) (3), tandis que les terres assignées aux colons leur advenaient à titre de propriété (*heredium*) (4). A l'origine, l'occupation fut l'apanage exclu-

---

Röm. Gesch., t. II, pp. 139-140 [= dans la trad. fr. de M. de Golbéry, t. III, pp. 179-191], et, en sens contraire, Huschke, *Ueber eine Stelle des Varro und des Licinius*, p. 8.]

(1) Siculus Flaccus, dans les *Gromat. Vett.*, éd. Lachm., t. I, p. 138 : *Occupatorii autem dicuntur agri, quos qui tum accipiebant rogant — quibus agris victor populus occupandis nomen dedit. Bellis enim gestis victor res populi terras suas, et quibusvictus evenerat, publicavere, atque universaliter territorium dixerunt istos quos fines ius d'eveli esset. Deinde ut quisque virtute colendi quid occupavit, accendu eis usus occupatiun dicit. Illorum ergo agrorum nullus est rex, nullis finibus, qui publicae plei possessoribus testimonium reddit; quoniam non ex mensuris actis unusquisque modum accepit, sed quod est excultum aut in spem culendi occupavit :* — Frontin., *De agr. qual.*, ibid., p. 5 : *Ager est arcifinius, qui nulla mensura continetur. Finitur secundum antiquam observationem, fluminibus, fossis, montibus — et si qui loca a vetere possesso potuerunt optineri.* Sur la différence des *agri occupatorii* et *arcifinales*, voy. Rudorff, *Feldm.*, t. II, p. 311.

(2) Frontin., *De controv. agr.*, dans les *Gromat.*, éd. Lachm., t. I, p. 56 ; — Agennius, ibid., p. 82 : *Iuris periti — negant, illud idem, quod solum populi Romani coepit esse, ullo modo usu capi a quoquam usurpatum posse. Et est verissimum.* La source principale se trouve dans Cicéron (*De leg. agrar.*, III, 3).

(3) Festus, h. v., p. 233, éd. Müller : *Possessio est, ut definit Gallus Ælius, usus quidam agri aut ædificii, non ipse fundus aut ager*; p. 241 : *Possessiones appellantur agri late patentes, publici privatique, qui non mancipatione, sed usu tenebantur, et ut quisque occupaverat, possidebat :* — Isid., *Orig.*, XV, 63, 3 : *Possessiones sunt agri late patentes publici privatique, quos initio non mancipatione, sed quisque ut potuit, occupavit atque possedit, unde et occupati :* — Javolenus, L. 115, *De verb. signif.*, D., L, 16 :... *Possessio ab agro juris proprietate distat : quidquid enim adprehendimus, cujus proprietas ad nos non pertinet aut nec potest pertinere, hoc possessionem appellamus : possessio ergo usus, ager proprietas loci est;* — Tit. Liv.: II, 41 : *agri aliquantum, quem publicum possideri a privatis criminabatur*: II, 61 : *possessores publici agri*; III, 1; IV, 36, 51 : *desiderium agrariæ legis, quæ possessos per injuriam agro publico patres pellebat*; 51 : *si injuria domini possessione agri publici cederent*: VI, 5, 11; *Epit.*, LVIII; — Florus, II, 1 (III, 13); — Cic., *De off.*, II, 22, 78; — Paul., L. 11 pr., *De accid. et dupl. stip.*, D., XXI, 2. — Huschke (*Ueber die Stelle des Varro von den Licinien*, pp. 73 et suiv.) traite en détail de la notion de la *possessio*. [Vide Moritz Voigt, *Ueber die Staatsrechtliche Possessio und den Ager compascuus der röm. Republik*, Leipzig, 1887, extrait des *Mém. de l'Acad. des Sciences de Saxe*, t. X, n° III.]

(4) Voy. p. 151, note 6. On désigne cette terre, appartenant au colon à titre de propriété, sous le nom d'*ager privatus* d'*ager privatus*, par opposition à *possessio*.

sif des patriciens (1), non pas tant par raison de droit (2),
que parce que le défrichement du sol réclamait les frais d'un
matériel d'exploitation et des bras, exigences auxquelles les
patriciens seuls pouvaient alors satisfaire en envoyant leurs
clients sur les *possessiones* (3). Aussi, lorsque les patriciens,
détenteurs du pouvoir, se furent affranchis de la redevance légale (4), l'État perdit-il une source féconde de revenus; et cependant les malheureux plébéiens devaient abandonner l'espoir
d'avoir jamais part aux terres que l'État avait acquises grâce à
leur concours; d'autant plus que, sous l'influence d'une coutume lentement formée et sanctionnée par le préteur au moyen
d'interdits possessoires (5), les *possessiones* passaient de main

(1) Tit. Liv., II, 41; IV, 43. 51; VI, 3, 5; — Denys. Halic., VIII, 70. 72.
74; X, 32. 37.

(2) D'après Niebuhr et Walter, les plébéiens ne reçurent part aux possessiones
que par la *lex Licinia*, opinion contre laquelle s'élève avec raison Huschke
(*op. sup. cit.*, p. 43), parce qu'aucune preuve ne l'autorise. (Comp. le même
auteur, *eod.*, pp. 71 et suiv.) En tout cas, les patriciens prétendirent droit
aux possessions, ainsi que cela ressort notamment de cette phrase de Nonius (*s. v. plebites*, p. 149) : *quicumque propter plebiscitum agro publico cederi
saul*, et du passage suivant de Tite-Live (IV, 48) : *Cum rogationem promulgassent (tribuni), ut ager ex hostibus captus viritim divideretur, magnaeque
partis nobilium in plebiscito publicaretur fortunae (nec enim ferme quicquam
agri, ut in urbe aliena solo positae, non acrius partum erat; nec quod venisset
assignaretur publice esset praeterquam plebs habebat), atrox plebi patribusque
propositum videtur certamen.* Mais les plébéiens ne leur reconnaissent pas
ce droit; ils demandèrent que les *injusti domini possessiones agri publici cederent* (Tit. Liv., IV, 51, 6), et se plaignirent de ce que l'on voyait *nobiles homines in possessionem agri publici grassari* (Tit. Liv., VI, 5, 4).

(3) C'est à ces concessions faites par les patrons à leurs clients que Niebuhr (*Röm. Gesch.*, t. II, p. 167 [= dans la trad. fr. de M. de Golbéry, t. III,
p. 199]) rapporte ce passage de Festus (*Epit.*, p. 245, éd. Müller) : *[patres
dicti sunt quia] agrorum partes attribuerant tenuioribus] perinde ac liberis.*
— [Sur les *clientes*, voy. M. Th. Mommsen, *Röm. Staatsr.*, t. III, 1, pp. 31
et suiv.]

(4) Tit. Liv., IV, 36; — Denys. Halic., VIII, 71. Mais, plus tard, tout
ager publicus redevint *vectigalis.* A propos du remboursement en terres par
l'État de l'emprunt contracté dans la seconde guerre punique, Tite-Live
(XXXI, 13) dit : *Consules agros aestimaturos et in jugera asses vectigales, testandi causa publicum agrum esse, imposituros; ut, si quis, quam solvere posset
populus, pecuniam haberet, quam agrum, mallet, restitueret agrum populo.*

(5) Aelius Gallus, dans Festus (*Epit.*, p. 233, éd. Müller) : *itaque in legitimis actionibus nemo ex jure Quiritium possessionem suam vocare audet, sed ad
interdictum venit, ut praetor his verbis utatur : uti nunc possidetis eum fundum.*

en main, quoique en dehors des formes instituées par le droit
strict, par l'effet de successions, de donations, de ventes, d'exécution pour cause de dettes, et qu'ainsi leur retrait devait être
pour le possesseur actuel l'occasion d'un préjudice considérable (1).
Toutefois, le droit qui appartenait à l'État de vendre les
possessiones au profit de l'*ærarium* (2) ou de les transformer en

---

que de agitur, quod nec vi nec clam nec precario alter ab altero possideatis, [uti]
dis possidetis: adversus ea vim fieri veto. — Niebuhr, *Röm. Gesch.*, t. II, pp.
163 et suiv. [= dans la trad. fr. de M. de Golbéry, t. III, pp. 300 et suiv.]; —
Huschke, *op. cit.*, pp. 93 et suiv.; — Frontin., *De controv. agror.*, dans les
Gromat., éd. Lachm., t. I, p. 15 : *De possessione controversia est, de qua ad
interdictum [hoc est iure ordinario] litigatur*; cf. pp. 11. 12. — [Adde Voigt,
über die St. Possessio, § 3, pp. 213 et suiv.]

(1) Ce n'est qu'à une époque postérieure que nous rencontrons cet état de
choses, qui, du reste, n'avait subi aucun changement. Dans Appien (*Bell.
civ.*, I, 10), les possessores exposent ainsi qu'il suit ce que les terres leur avaient
coûté : ἐργασίησαν τοῖς ἐθέλουσι ἀγγεῖλε τὰ ἴσχυα λαμπρὰ καὶ φυτὰ καὶ οἰκοδομίας
καὶ ταῦτα ὅσα ἐδαπάνησαν χρήματα — καὶ δαπάνας τὰς τοῖς οἰκείοις ὡς ταρίχους
ἐλθῶσι καὶ ἐργάσας; χρυσίον δὲ ταῦτα ἐφ' ᾧπερ ἀντατεῖ τε χρία καὶ ταῦτης τὰς
τιμάς. — Florus, II, 1 (III, 13) : *relictas sibi a majoribus sedes stole, quasi
hereditario jure, possidebant*; — Cic. : *De off.*, II, 22, 79 : *quam autem habet
æquitatem, ut agrum, multis annis aut etiam sæculis possessum, qui nullum habuit, habeat, qui autem habuit, amittat? 23, 83 : Quid illud? Ut, quem ego æxe-
rim, ædificarim, tuear, impendam, tu me invito fruare meo? — De leg. agror.*,
II, 21, 57 : *Qui agrum Recentori um possident, retustate possessionis se, non
jure, misericordia senatus, non agri conditione defendant. Nam illum agrum
publicum esse fatentur : se moveri possessionibus, amicissimis ædilus ac diis
penatibus, negant oportere.*

(2) Sur l'année 549 = 205, Tite-Live (XXVIII, 46, 4) dit : *Et quia pecunia ad
bellum deerat, agri Campani regionem, a fossa Graeca ad mare versam, vendere
quæstores jussi.* — Orosius, V, 18 : *Eadem anno hoc publica, quæ in circuitu
Capitolii pontificibus, auguribus, decemviris et flaminibus in possessionem tradita erant, cogente inopia vendita sunt;* — Cic., *De leg. agror.*, II, 15, 36 : *Loca
publica urbis, — as villa — mons Gaurus, — silicta ad Minturnas — permulta
alia, quæ senatus propter angustias ærarii vendenda censuit, consules propter
invidiam non vendiderunt;* — Tit. Liv., XXXI, 13, 5. Lorsqu'en 551 = 200 il
fallut payer le troisième terme de l'emprunt contracté à la suite de la guerre
contre Annibal, comme l'on manquait d'argent, le Sénat décida ut, quoniam
*magna pars eorum (des créanciers) agros vulgo venales esse dicerent et sibimet
emptos operæ esse, agri publici, qui intra quinquagesimum lapidem esset, copia
iis fieret; consules agrum æstimaturos et in jugera asses vectigal, testandi causa,
publicum agrum esse, imposituros, ut, si quis, quam solvere posset populus,
pecuniam habere quam agrum mallet, restitueret agrum populo.* Ces terres, situées dans le voisinage immédiat de Rome, devaient, ainsi que le remarque
Niebuhr (*Röm. Gesch.*, t. II, pp. 161 et suiv. [= dans la trad. fr. de M. de
Golbéry, t. III, pp. 193 sub. fin. et suiv.]), être toutes en possession de citoyens romains. Sous les empereurs, on trouve des exemples de semblables

Différence entre l'assignation par parts viritim et la deductio coloniæ.

propriétés privées par une assignation n'en demeurait pas moins incontesté. A ce dernier point de vue, il se manifeste, dans la période antérieure aux Gracques, une différence essentielle entre la *deductio coloniæ* et l'assignation de terres. Cette différence ne concernait pas leur forme — l'*assignatio agrorum*, elle aussi, était opérée, en vertu d'une *lex*, par des *IIIviri*, *Vviri*, *Xviri agris dandis assignandis* (1) —, mais leurs effets. Les colonies établies dans un pays à peine conquis, pour veiller à sa défense militaire, remplissaient une mission politique, sans compromettre les droits des *possessores*; très anciennement, c'est-à-dire avant Servius Tullius, elles se composaient exclusivement de patriciens, plus tard de citoyens compris dans les classes censitaires, qui, à ce titre, étaient capables de porter les armes et avaient aussi les moyens de subvenir aux frais de leur installation dans leur nouvelle résidence (2). Au contraire, les assignations de terre constituaient une pure *largitio*, dont l'origine remonte déjà aux premiers temps de la royauté. A cette époque, le territoire conquis était partagé *viritim* entre tous les citoyens; et c'est ce partage qui avait donné naissance à la propriété foncière des familles patriciennes (3). Plus tard, les plébéiens réclamèrent aussi l'assignation du territoire conquis; et cette prétention triompha, d'abord par la *lex agraria* de Sp. Cassius, en 268 = 186 (4), ensuite, pour nous en tenir à quelques-uns des faits les plus récents (5), par la *lex* des tribuns Sp. Mecilius et M. Metilius, qui ordonna, en 338 = 416, *ut ager ex hostibus*

évictions dans *Agennius Urbicus* (dans les *Gromat.*, éd. Lachm., t. I, p. 81). Paulus, L. 11 pr., *De evict. et dupl. stip.*, D., XXI. 2.

(1) Cic., *De leg. agrar.*, II, 7, 17; II, 12, 31; — Tit. Liv., III, 1, 6 et en bien d'autres endroits.

(2) Comp. Dumont, *op. sup. cit.*, p. 517.

(3) Cic., *De rep.*, II, 11, 26 : (*Numa*) *agros, quos bello Romulus ceperat, divisit viritim civibus*; — Varro, *De re rust.*, I, 10, et dans Nonius, p. 43. — Schwegler, *Röm. Gesch.*, t. II, p. 176, note 1. — [Voy., sur ce point, M. Th. Mommsen, *Röm. Staatsr.*, t. III, 1, pp. 23 et suiv.]

(4) Tit. Liv., II, 41; — Dionys. Halic., VIII, 72. 73. Il proposait τὴν ἐργασίαν γῆς κατ' ἴσα ἐπιμερίζεσθαι.

(5) On les trouve rapportés d'une manière complète par M. Mommsen, C. I. L., t. I, p. 88.

captus viritim divideretur (1), puis, après la prise de Véies, en 361 = 393 (2), après l'expulsion de Pyrrhus hors d'Italie, en 480 = 274 (3), par la *lex Flaminia agraria*, qui fut rendue en 522 = 232 (4), enfin par la *lex Sempronia*. Cependant, les *possessores* opposèrent la plus vive résistance à ces entreprises, qui mettaient en péril tous leurs droits sur le sol (5); et les patriciens, ainsi que plus tard la noblesse, regardaient toute *lex agraria* comme une mesure révolutionnaire, contre laquelle le sentiment de la conservation leur faisait un devoir de lutter de toutes leurs forces (6). Alors que la *plebs* eût beaucoup préféré une assignation de terres dans les environs de Rome (7) à un envoi dans une colonie lointaine, exposée aux attaques incessantes de voisins à peine pacifiés, le Sénat recourait ordinairement, malgré ses réclamations pressantes, à une fondation de colonie, comme au seul moyen de sauver les *possessores* (8). La loi célèbre de C. Licinius (377 = 377), *de modo agrorum, ne quis plus quingenta jugera possideret* (9), fut éludée dès le début

Haine des possessores.

---

(1) Tit. Liv., IV, 48.

(2) Tit. Liv., V, 30, 8.

(3) Columella, I, pr. 14. Schwegler.

(4) Cic., Brut., XIV, 57; Cato maj., IV, 11; — Val. Max., V, 4, 5.

(5) Cic., De leg. agr., II, 26, 67 : *Quum mal e tribuns plebis mentio legis agraria facta, continuo, qui agros publicos aut qui possessiones invidiosas tenebant, pertimescebant; —* Tit. Liv., IV, 48 : *Cum negotiosum promulgassent, ut ager ex hostibus captus viritim divideretur, magnaque partis nobilium ea plebiscito publicarentur fortunæ — nec enim ferme quicquam agri ut in urbe alieno solo posita nisi armis partum erat, ne quid remisset adsignaturæ publice erat prælerquam plebs habebat — alias plebi patribusque propositum vetabatur certamen.*

(6) Tit. Liv., II, 41 : *Tum primum lex agraria promulgata est, nunquam deinde ad hanc memoriam sine maximis motibus rerum agitata.*

(7) Tit. Liv., III, 1; V, 24.

(8) Tit. Liv., II, 48; III, 1 : *Antium — coloniam deduci posse: ita sine querelis possessorum plebem in agros iturum, civitatem in concordia fore;* IV, 51; V, 24. Il a été établi ci-dessus (p. 45, note 3) que l'on n'allait pas volontiers dans les colonies.

(9) Tit. Liv., VI, 35; — Varro, De re rust., I, 2 § 9. Niebuhr et Walter rapportent cette loi exclusivement aux *possessiones*. D'après Huschke (*Ueber eine Stelle des Varro*, pp. 4 et suiv.), elle se réfère « à toute possession de terre, que ce soit une propriété ou une simple possession, mais en ajoutant que sa proposition (de Licinius) avait, sans contredit, principalement en vue, dans les circonstances présentes, les *possessiones* patriciennes. » L'opinion de Puchta (*Instit.*, I, § 51), d'après laquelle la *lex Licinia* n'aurait eu trait qu'à

au moyen de donations simulées ou d'une *fiducia cum amico contracta* (1); et non seulement les *possessiones* se conservèrent jusqu'aux Gracques, mais encore elles s'étendirent par une occupation continue (2); toutefois, elles étaient exploitées, non plus par les patriciens et par leurs clients, mais par les habitants riches de Rome et des municipes (3), avec l'aide de leurs nombreux esclaves. Il faut ajouter que les propriétaires ruraux, tenus éloignés de leurs domaines par un service militaire prolongé, obligés d'en déserter la culture, écrasés par la charge de l'entretien de leurs familles et par les redevances qui pesaient sur eux, s'obéraient, et, par suite, étaient expulsés de leurs maisons et de leurs terres (4), que les grands *possessores* voisins achetaient en bloc (5). Il arrivait même que ceux-ci, profitant de

Formation des latifundia.

---

la propriété privée et non aux *possessiones*, est insoutenable, non pas seulement à cause de l'expression *possidere*, dont se servent Tite-Live (VI, 33; VII, 16; X, 13) et Pline (*Nat. Hist.*, XVIII, 17) pour désigner ces terres — car, ainsi que Huschke le remarque, elle se rencontre également en matière de propriété privée —, mais parce que Tite-Live parle d'*agris occupatis* (VI, 37), d'*injustis possessoribus* (c. 39), que Pline les qualifie expressément d'*agri occupatorii* (voy. p. 133, note 1, *supra*) (*ave e latifundiis singulorum contingebat occultum ricinos quippe etiam lege Stolonis Licinii inclusos modo quingentorum jugerum*), et que le passage principal qui y a trait (Appian., *Bell. civ.*, I, 8 sq.) est, dans son ensemble, absolument contraire à cette interprétation. On trouve dans Huschke les matériaux sur cette question.

(1) Appian., *Bell. civ.*, I, 8 : τὴν γῆν ἐς τοὺς εὐπόρους διὰ παρένθων διένεμον. Licinius lui-même avait déjà été condamné, en vertu de sa propre loi, *quod mille jugerum agri cum filio possideret, emancipandoque filium fraudem legi fecisset* (Tit. Liv., VII, 16).

(2) L'*ager publicus* se rencontrait dans toute l'Italie, dans le Samnium et en Apulie (Tit. Liv., XXXI, 4; XL, 38) : *intra quinquagesimum lapidem* (Tit. Liv., XXXI, 13); en Campanie : Tit. Liv., XLII, 1 : *Senatui placuit, L. Postumium consulem ad agrum publicum a privato terminandum in Campanum ire, cujus ingentem modum possideri privatos, publica proferendo fines, constabat.* Cet *ager publicus* y était affermé par les censeurs (c. 19). L'occupation de l'*ager publicus* se continua encore sous les empereurs, Frontin., *De controv. agr.*, dans les *Gromat.*, éd. Lachm., t. I, p. 56 : *in Italia autem densitas possessorum multum improbe facit et lucos sacros occupat, quorum solum indubitate populi Romani est, etiamsi in finibus coloniarum aut municipiorum.* Cf., *eod.*, pp. 53, 57. Hygin., *De gener. controv.*, *eod.*, p. 133.

(3) Appian., *Bell. civ.*, I, 34.

(4) Appian., *Bell. civ.*, I, 7-9; — Plut., *Ti. Gracch.*, VIII, IX; — Florus, II, 1 (III, 13); — Tit. Liv., *Epit.*, LVIII.

(5) L'expression technique est *continuare agros* (Cic., *De leg. agr.*, III, 4, 14; — Frontin., *De controv. agr.*, dans les *Gromat.*, éd. Lachm., t. I, p. 41)

l'absence des cultivateurs, s'emparassent par des moyens frauduleux ou violents de leurs domaines; mais ces derniers étaient toujours admis à réclamer contre une semblable usurpation (1). Non seulement la formation de vastes domaines (*latifundia*) altéra d'une manière profonde le mode de culture romain (2), auquel le peuple avait dû tout son bien-être, et l'ancienne Italie ses ressources inépuisables (3), mais la ruine de la classe agricole fut surtout amenée par la remise de l'exploitation aux esclaves, à raison de leur exemption du service militaire: leur

---

(1) Appian., *Bell. civ.*, I, 7, et, sur le mauvais état de choses qui persista même plus tard, voy. les passages rapportés par Huschke (*op. cit.*, p. 76). — Sallust., *Jug.*, XLI : *Interea parentes aut parvi liberi militum, ut quisque potentiori confinis erat, sedibus pellebantur* : *Hist. fragm.* II, 23, éd. Dietsch : — *nisi marcent expulsa agris plebes*; — Quintil., *Declam.*, XIII : *Nec ab initio, judices, vicinus divitis fui, perves circa me habitavere domini et frequentibus villis conserta vicinia parvos limites obduit. Quod cives pascebat, nunc divitis unius hortus est. Postquam proximis quisque repellendo terminos ager exple[n]dis latius invadit : aperitur solis villa et excisa patria sacra et cum conjugibus puerisque liberis respectantes patriam Lares migraverunt veteres coloni, et lata solitudinis indiscreta unitas facta est*; — Senéca, *Ep.*, XC : *Licet agros agris adjiciat, vicinum vel pretio pellat aris vel injuria, licet in proximorum spatium rura dilatet. Cf. Lucan., I, 167 spp.*; — Seneca, *De benef.*, VII, 10; — Horat., *Od.*, II, 18, 21. Ainsi s'explique pourquoi on ne mentionne, dans les définitions rapportées (voy. supra, p. 137, note 3) des *possessiones agri privati*, et pourquoi on ne protège, dans l'interdit prétorien (voy. ci-dessus, p. 138, note 5), que celles des *possessiones* qui ont été acquises *nec vi nec clam nec precario*.

(2) Plin., *Nat. Hist.*, XVIII, 35 : *Modum agri imprimis servandum antiqui putavere ; quippe ita censebant, satius esse minus serere et melius arare, qua in sententia et Vergilium fuisse video. Verumque confitentibus latifundia perdidere Italiam*; — Columella, *De re rust.*, I, 3 §§ 8. 9 : *Nos ad cetera praecepta illud adjicimus, quod sapiens annus de septem in perpetuum posteritati pronuntiavit, observandum modum mensuramque rebus ; idque ut non solum aliud actoris sed et agrum pastoris dictum intelligatur, ne majorem, quam ratio calculorum patiatur, emere velint. Nam huc pertinet praeclara nostri poetae sententia : Laudato ingentia rura, exiguum colito. Quod vir eruditissimus, ut mea fert opinio, traditum rebus praeceptum numeris signavit. Quippe acutissimam gentem Poenorum dixisse convenit, imbecilliorem agrum quam agricolam esse debere, quoniam, cum sit colluctandum cum eo, si fundus praevaleat, allidi dominum; nec dubium, quin minus reddat latus ager non recte cultus, quam angustus eximie*. — Siculus Flaccus, dans les *Gromat. Vett.*, éd. Lachm., t. I, p. 138.

(3) Déjà Pline (*Nat. hist.*, XVIII, 15) constate, à propos des *latifundia*, que, tandis que, dans les premiers temps, l'Italie produisait une quantité suffisante de grains, plus tard elle en fut réduite à le faire venir entièrement des provinces.

nombre, grandissant dans des proportions inquiétantes, ne présageait pas seulement pour l'avenir un danger, dont la guerre servile en Sicile (135 — 132) avait déjà révélé l'horreur, mais encore laissait entrevoir la diminution sur le sol italien des hommes libres, capables de porter les armes. Telle était la situation, lorsqu'intervint la législation des Gracques.

II. — *Colonies et assignations de terres, depuis les Gracques jusqu'à Auguste.* — L'Italie une fois soumise, et, par suite, le but primitivement assigné aux colonies une fois rempli, celles-ci eussent perdu toute raison d'être, si les Gracques et leurs successeurs ne leur avaient donné une destination nouvelle. Le plan des Gracques, qui consistait à arrêter la décadence de la classe agricole en Italie, par des mesures énergiques, au moyen d'un partage continué tous les ans à la plèbe urbaine, ne pouvait être réalisé par des assignations isolées: il était indispensable d'amener à la culture une foule de laboureurs; et Gracchus y parvint en réservant les colonies aux citoyens indigents et en identifiant ainsi le rôle de l'assignation de terres et de la colonisation. C'est là le principal changement qui fut apporté au régime des colonies romaines, et dont procèdent les colonies postérieures. En effet, aussi longtemps que le recrutement eut lieu d'après les classes du cens, et que les *capite censi* en furent exempts, tout au plus pouvait-il être question d'attribuer aux soldats congédiés une récompense exceptionnelle, mais jamais de subvenir à leurs besoins, par mesure générale, puisque, en leur qualité de *locupletes*, ils avaient un patrimoine, qui consistait le plus souvent en terres. Mais, lorsque Marius et, après lui, Sylla eurent ouvert l'armée aux *capite censi*, sans acception de classes (1), il se forma, après la fin de la première guerre civile, une classe particulière de prolétaires, composée de soldats congédiés, dont le seul privilège, au regard des autres citoyens indigents, était l'entretien immédiat aux frais de l'État, qu'ils obtenaient, à raison du danger que,

---

(1) Sallust., *Jug.*, LXXXVI; — Plutarch., *Mar.*, IX; — Val. Max., II, 3, 1; — Aul. Gell., *Noct. att.*, XVI, 10. Voy., pour les détails, la partie relative à l'armée.

sans cela, ils auraient fait courir à ce dernier ; mais ils n'avaient aucun droit exclusif à l'assignation de terres pour l'avenir. Loin de là : jusque sous l'Empire, on continua à en faire bénéficier, à côté des vétérans, la population indigène de la ville, de sorte que, sous le rapport des colons, les colonies militaires doivent être considérées comme ne différant pas de celles des Gracques, mais comme formant une variété de colonies de refuge. La proportion des assignations faites au cours de cette période et des *possessiones* est aussi tout à fait autre. Dans la première période, le mouvement en faveur du partage des terres s'était manifesté par la prétention juridique qu'avaient émise les plébéiens, en dehors de toute raison d'indigence, sur les domaines illégalement occupés. Dans la seconde période, où l'on n'avait d'autre préoccupation que de soulager la misère, et où les résistances des riches, toujours plus solidement établis dans leur possession, opposaient un obstacle insurmontable à toute *rogatio* dirigée contre eux, on renonça de plus en plus aux *possessiones*, et on recourut à d'autres procédés, qui eurent les conséquences les plus funestes d'abord pour l'État, ensuite pour toute la propriété privée. Le rapide exposé que nous allons donner des lois agraires jusqu'à Auguste nous permettra de nous en rendre compte (1).

---

(1) Voy. sur ces lois : Roberti, dans la *Zeitschr. für gesch. Rechtswiss.*, t. X, I, pp. 24-63, et *Röm. Rechtsgeschichte*, t. I, § 16 ; — Engelbregt, *De legibus agr. ante Gracchos*, Lugd. Bat., 1842, in-8 ; — Ant. Macé, *Histoire de la propriété, du domaine public et des lois agraires chez les Romains*, Paris, 1851, in-8 ; — Zumpt, *Comm. epigr.*, t. I, pp. 243-363 ; — Mommsen, dans les *Berichte der sächs. Gesellsch. der Wiss. Ph. hist. Cl.*, 1850, pp. 89-141, et *C. I. L.*, t. I, pp. 73-142. — [*Idde* : Laboulaye, *Des lois agraires chez les Romains*, dans la *Revue de législation*, 1848, t. II, pp. 383 et suiv. ; t. III, pp. 1 et suiv. ; — Rein, *Publicus ager und leges agrariæ*, dans la *Pauly's Realencykl.*, t. VI, 1852, p. 251 ; — Emm. Servais, *Des lois agraires à Rome depuis la fondation de la République jusqu'au temps des Gracques*, quatrième extrait des *Études sur les institutions romaines*, Luxembourg, Impr. V. Buck, broch. in-4, sans date ; — Walter, *Gesch. des röm. Rechts*, 3e éd., t. I, §§ 61-62 et 252, pp. 89 et suiv., 371 et suiv. ; — Schaller, *Die Bedeutung des Ager publicus in der römischen Geschichte vor der Zeit der Gracchen*, Marburg, 1863 ; — Hildebrand, *Die sociale Frage der Vertheilung des Grundeigenthums im classischen Alterthume*, Iena, 1869 ; — Stahl, *De Sp. Cassii lege agraria*, Cologne, 1869 ; — M. G. Humbert, dans le *Dict. des antiq. grecq. et rom.* de MM. Ch. Daremberg et Edm.

La loi de Tiberius Gracchus fut surtout, mais non pas exclusivement, dirigée contre les *possessiones*; elle en limitait l'étendue à 500 *jugera*, suivant l'exemple de la loi licinienne; mais en outre elle allouait 250 *jugera* pour chaque fils de famille, et accordait pour la première fois une indemnité à raison des parcelles expropriées. La loi paraît avoir interdit à l'avenir toute occupation du domaine; car celles que l'on rencontre encore plus tard sont déclarées illégales (1). Une commission de trois membres devait être chargée tous les ans de séparer le domaine public des biens appartenant aux particuliers et de revendiquer, au nom de l'État, tout ce qui dépasserait la mesure prescrite (2). Les terres ainsi acquises étaient, comme tout *ager publicus*, affermées, à l'exception de quelques domaines indispensables à l'État, dont faisaient notamment partie le territoire de Capoue et le territoire stellatique (*campus Stellas*), près de Cales (3), destinés à faire l'objet d'assignations, mais à la

---

Saglio, mot *Agrariæ leges*, fascic. 1-2, pp. 156-165; — Lange, *Röm. Alterth.*, t. I, 3e éd., pp. 665 et suiv.; t. II, 3e éd., pp. 685-690; t. III, 2e éd., pp. 1 et suiv. = dans la trad. fr. de MM. Berthelot et Didier, t. I, pp. 150 et suiv., et t. II, pp. 3 et suiv.; — Maltig, *Verf.*, t. II, pp. 371 et suiv. = dans la trad. fr. de M. Ch. Morel, t. IV, Paris, 1885, pp. 28 et suiv.; — de Ruggiero, *Agrariæ leges*, dans l'*Enciclop. giuridica Italiana*; le même auteur publiera prochainement un important article sur ce sujet dans son excellent *Dizionario epigraf. di Antich. romane*. Voy. aussi les renvois des tables aux mots *Ager publicus, Agraria lex, Leges, Lois agraires*, dans les ouvrages de MM. P. Willems, *Le Droit publ. rom.*, et *Le Sénat de la Rép. rom.*; — J.-B. Hispoulet, *Les instit. politiq. des Romains*; — V. Duruy, *Hist. des Romains*, nouv. éd., t. VII, p. 617, col. 1; — Em. Morlot, *Précis des inst. polit. de Rome*; — A. Bouché-Leclercq, *Manuel des instit. rom.*; — O. Humbert, *Essai sur les finances et la comptabil. publ. chez les Romains*; — Robiou et Delaunay, *Les instit. de l'anc. Rome.* — Comp. enfin MM. Mommsen, *Division de la propriété foncière dans l'Italie primitive et Tabula alimentaria*, dans *Hermes*; t. XX, 3, et H. Bahl, *Die agrarische Frage im alten Rom*, Heidelberg, 1878. — Les différents auteurs cités au cours de cette note renvoient à bon nombre d'ouvrages spéciaux sur les lois particulières dont il va être question.]

(1) Voy. Mommsen, *C. I. L.*, t. I, p. 81. — Appian., *Bell. civ.*, I, 26; — Cic., *De orat.*, II, 70, 281.

(2) Tit. Liv., *Epit.*, LVIII; — Aurel. Vict., *De vir. illustr.*, LXIV; — Appian., *Bell. civ.*, I, 9; — Cic., *Pro Sest.*, XLVIII, 103; — Plut., *Ti. Gracch.*, VIII-XIV; — Cic., *De leg. agrar.*, II, 12, 31; — Vellei. Patere., II, 2.

(3) Cic., *De leg. agrar.*, II, c. 29-32. — [Voy. Mommsen, *C. I. L.*, t. X, 1, p. 365, 451 et 450, et les renvois faits *infra*, p. 150, note 2.]

double condition que chaque lot serait soumis à l'impôt (1) et inaliénable (2). La garantie accordée par la loi à toute *possessio* concédée et l'indemnité assurée pour toute *possessio* expropriée, devaient rassurer les *possessores*. Quant à l'*ærarium*, les nouveaux impôts devaient le prémunir contre tout dommage à raison de la diminution du domaine; enfin, l'inaliénabilité mettait obstacle à la formation de nouveaux *latifundia*. La *rogatio* de Tiberius Gracchus n'eut pas trait à l'établissement de colonies; et ce n'est qu'en 631 = 123 que le tribun Rubrius demanda l'envoi d'une colonie à Carthage (3); l'année suivante, C. Gracchus lui-même proposa la fondation de deux colonies en Italie, à Tarente et à Capoue (4): mais ni les assignations de Tiberius, ni la fondation des colonies par Caius n'atteignirent leur but, à cause de l'opposition du Sénat. A l'instigation de ce corps, C. Gracchus fut battu en brèche par son collègue au tribunat de l'an 632 = 122, M. Drusus l'ancien (5), qui, renchérissant sur les *rogationes* de Sempronius, proposa, d'une part, de diminuer la redevance dont avaient été frappées les terres assignées par Tiberius Gracchus (6), de l'autre, de fonder en Italie douze colonies, au lieu des deux qu'avait projetées Caius Gracchus, et d'en faire un refuge pour 36.000 citoyens; mais cette proposition, dont le seul objet était d'enlever à Gracchus la faveur populaire (7), n'aboutit pas. En effet, à la suite des *rogationes*, dont il vient d'être parlé, il ne fut établi de colonies qu'à Scylacium (8), à Tarente et à Carthage; mais Ta-

Les Livia.

------

(1) Plutarch., *C. Gracch.*, IX.

(2) Appian., *Bell. civ.*, I, 10. 27.

(3) Plutarch., *C. Gracch.*, X. XI. XIV; — Appian., *Bell. civ.*, I, 24; Pan., CXXXVI; — Vellei. Patere., I, 13. — Mommsen, *C. I. L.*, t. I, p. 96. — [Voy. aussi G. Wilmanns, *C. I. L.*, t. VIII, 1. p. 133.]

(4) Plutarch., *C. Gracch.*, VIII. — Mommsen, *ubi supra*, p. 87. — [Voy. aussi Mommsen, *C. I. L.*, t. IX, p. 21, et t. X, 1, p. 365.]

(5) Plut., *C. Gracch.*, IX. X; — Appian, *Bell. civ.*, I, 23.

(6) Plut., *C. Gracch.*, IX.

(7) Appian., *Bell. civ.*, I, 23.

(8) Vellei. Patere., I, 13. Cette colonie n'étant pas mentionnée comme colonie de Gracchus, peut-être faut-il la considérer comme une des colonies de Drusus. — Voy. Mommsen, *C. I. L.*, t. I, p. 87 [et t. X, 1, p. 12 = Scolacium].

rente n'a jamais eu l'organisation d'une colonie romaine et demeura une ville grecque (1), ce qui ne peut s'expliquer que par une mesure particulière prise par le Sénat à son égard; quant à la colonie de Carthage, elle fut supprimée dès l'année 633 = 121 par une loi du tribun Minucius Rufus(2). Plus tard, après la mort de C. Gracchus, le surplus des règles établies par la *lex Sempronia* furent mises de côté, en vertu de trois plébiscites dont les auteurs, les dates et le contenu ne nous sont connus que d'une manière incomplète et, sur un point même, sujets à controverse (3).

Lex agraria 633 = 121. — Le premier de ces plébiscites, proposé par un personnage dont le nom ne nous a pas été conservé, passa peu après 633 = 121, abrogea l'inaliénabilité des terres assignées et permit aux possesseurs de les vendre (4).

Lex Thoria. — Le deuxième, dont l'initiateur fut, suivant M. Mommsen, Spurius Thorius, en 635 = 119 ou en 636 = 118, interdit pour l'avenir toute assignation, destitua les *triumviri agris dandis assignandis*, jusque-là encore demeurés en fonctions, et confirma les anciens *possessores* dans leurs possessions, à la condition qu'ils paieraient de ce chef une redevance, dont le montant serait partagé entre les citoyens indigents (5).

---

(1) Cic., *Pro Arch.*, III, 5; — Plin., *Nat. hist.*, III, 92. — Zumpt, *Comment. epigr.*, t. I, p. 392; — Mommsen, *loc. cit.* [et *C. I. L.*, t. IX, p. 21].

(2) Appian., *Pun.*, CXXXVI; *Bell. civ.*, I, 24; — Florus, II, 3; — Orosius, V, 11. — [*Adde* Wilmanns, *C. I. L.*, t. VIII, 1, p. 133.]

(3) Il se trouve dans Appien (*Bell. civ.*, I, 27). Voy. à cet égard : Rudorff, *Das Ackergesetz des Spurius Thorius*, dans la *Zeitschr. für geschichtliche Rechtswissenschaft*, t. X (1842), pp. 21 et suiv.; — Huschke, dans les *Richters und Schneiders kritischen Jahrbüchern für deutsche Rechtswissenschaft*, t. X (1841), pp. 570-631; — Peter, *Epochen der Verfassungsgeschichte der röm. Rep.*, 1841, in-8, pp. 239 et suiv.; — G. Zeiss, *Comment. de lege Thoria*, Weimar, 1845, in-4; — Zumpt, *Comment. epigr.*, t. I, pp. 247 et suiv.; — Mommsen, dans les *Berichte der sächsischen Gesellschaft d. W.*, 1850, pp. 92 et suiv., et *C. I. L.*, t. I, p. 72.

(4) Appian., *Bell. civ.*, I, 27 : Καὶ ἡ στάσις ἡ περὶ τοῦ ἐπιτέρου Γράκχου ἐς τήν Δύσιν λῆξε τε καὶ οὐδὲ ἕτερον ἐπηύξε, τὴν γῆν, ὑπὲρ ἧς ἐστάσιαζον, ἕτερον ἐπρίαντο τοῖς ἔχουσιν· ἀπείρηντο γὰρ ὑπὸ Γράκχου τοῦ προτέρου καὶ τάδε. Καὶ εὐθὺς οἱ πλούσιοι παρὰ τῶν πενήτων ἐωνοῦντο ἢ ταῖσδε ταῖς προφάσεσιν ἐβιάζοντο.

(5) Appian., *Bell. civ.*, I, 27 : Σπούριος Βόριος (ainsi portent les manuscrits. Le premier, Pighius, *Ann.*, t. III, p. 138, donna la leçon préférable Θόριος) ἐξαγγράψας ἐπιτρέψαι νέμειν, τὴν μὲν γῆν μηκέτι δασάσθαι, ἀλλ' εἶναι τῶν ἐχόντων.

Le troisième plébiscite, proposé en 643 = 111, peut-être par le tribun C. Bæbius (1), et dont le texte est parvenu jusqu'à nous, finit par supprimer même cette redevance (2). Lex agraria 613 = 111.

Ainsi, le premier ressuscitait les *latifundia*; le second renonçait pour toujours au relèvement de la classe agricole en Italie et aux *rogationes* de Sempronius qui s'y rapportaient; le troisième, enfin, enlevait un revenu à l'État, sans qu'il en résultât aucun soulagement pour la misère du peuple.

Après ce triomphe de la noblesse, les *possessiones* des riches Romains n'ont plus jamais été contestées; mais elles ont fortement contribué, par leur extension incessante, à augmenter l'inégalité des fortunes (3). Les assignations ordonnées à partir de cette époque par les lois agraires, concernent, en premier lieu, l'*ager publicus* affermé; en second lieu, les *sortes* n'ayant pas encore été partagées dans les colonies existantes, ou bien y ayant perdu

---

καὶ φόρους ὑπὲρ αὐτῶν τῷ δήμῳ κατατίθεσθαι, καὶ τάδε τὰ χρήματα χωρεῖν ἐς διανομάς· ἕως ἦν μὲν τις ταῖς αὐταῖς παρηγορία, ἐκ τῆς διανομῆς, ὄφελος δ' οὐδὲν ἐς τὸ πλῆθος.

(1) Sallust., *Jug.*, XXXII. XXXIII. Que la loi provienne de lui, c'est là seulement une conjecture de M. Mommsen (*loc. sup. cit.*, p. 77).

(2) Les débris encore subsistants de cette loi se trouvent au dos des fragments de la table d'airain, qui contiennent la *lex repetundarum* de l'an 613 = 122 (*C. I. L.*, t. I, n° 198 [= Bruns, *Fontes*, éd. 5, pp. 53 *in fine* et suiv.]). Ils ont été publiés et commentés par Rudorff (p. 107, note 9, de l'étude précitée) et par M. Mommsen (*C. I. L.*, n° 200 [voy. aussi Bruns, *Fontes*, éd. 5, pp. 72 et suiv.]). Que ces fragments proviennent bien de la troisième loi mentionnée par Appien, c'est ce qui ressort de leur contenu, en particulier des lignes 19. 20 : *Agri, qui ita privatus factus est sitce, vectigal populo ne deltetur.* En ce qui concerne maintenant le nom de la seconde et de la troisième loi, Rudorff (*loc. cit.*) a conservé pour la seconde, d'après la leçon des manuscrits d'Appien, le nom de *lex Boria*, mais il a conjecturé qu'il faut reconnaître dans la troisième la *lex Thoria*, dont Cicéron (*Brut.*, XXXVI. 136) dit : *Sp. Thorius satis valuit in populari genere dicendi, is, qui agrum publicum vitiosa et inutili lege vectigali levarit.* M. Mommsen, au contraire, lit dans Appien, Θόριος, soit la *lex Thoria* dans la seconde loi, et explique le passage de Cicéron, qui, dans tous les cas, est ambigu, dans le sens de cette deuxième loi : il déchargea l'*ager publicus*, en abolissant le *vectigal* qui résultait d'une *vitiosa et inutilis lex*. Rudorff lui-même (*Römische Rechtsgeschichte*, t. I, p. 41) s'est rallié à cette interprétation, tandis que Peter (*Jenaer Literaturzeitung*, 1871, p. 91) expose les objections qu'elle lui paraît soulever.

(3) A propos de la *rogatio* infructueuse d'une nouvelle *lex agraria* en 650 = 104, le tribun Marcius Philippus disait : *non esse in civitate duo milia hominum, qui rem haberent* (Cic., *De off.*, II, 21, 73).

leurs maîtres par l'effet du temps; et, à côté de ces terres, on trouve encore les *possessiones*, qui sont aux mains des Italiens.

Désormais donc, au lieu d'être dirigées, comme autrefois, contre les intérêts privés des riches, les *rogationes agrariæ* s'en prenaient aux revenus de l'État, soit en disposant de domaines affermés, soit en faisant appel à l'*ærarium*, pour acheter des terres aux frais de l'État. Déjà l'aîné des Gracques ne s'était pas borné à demander pour les *possessores* une indemnité, mais il avait prétendu prélever les frais d'équipement de ses colons sur les espèces que la succession d'Attale III de Pergame avait fait tomber dans le trésor public (1); la loi du tribun L. Appuleius Saturninus (654 = 100), qui paraît avoir eu surtout pour but de pourvoir à l'entretien des soldats de Marius (2), sans que sa proposition, se référant aux premières colonies militaires, mentionnât aucun système nouveau, avait

Lex Appuléia.

----

(1) Plutarch., *Ti. Gracch.*, XIV : εἶδὼς ὁ Τιβέριος, ἐπρατγατεύετο εἰσφέρειν νόμον, ὅπως εἰ βούλοιτο χρήματα κομίζοιτο τοῖς χρήμασι διαλαγχάνουσι τῶν κολήτων ἐπάρχου πρὸς κατασκευὴν καὶ γεωργίας ἀφορμήν. — Tit. Liv., *Epit.*, LVIII; — Aurel. Vict., *De vir. ill.*, LXIV. On a vu quelque exagération dans les passages suivants de Velleius Paterculus (II, 6) : *maris coloniis replebat provincias*, et (II, 15) : *in legibus Gracchi inter perniciosissimas numeraverim, quod extra Italiam colonias posuit*, parce qu'on ne connaît qu'une seule colonie de Gracchus, Carthage, qui soit extra-italique, et que tout au plus peut-on rapporter encore à ses lois l'établissement de Narbonne (636 = 118). — (Voy. Malviz, *Opusc.*, p. 230, et Mommsen, *Röm. Gesch.*, t. II, 3e éd., p. 123 [= dans la trad. fr. de M. Alexandre, t. V, pp. 81 et suiv.; — voy. aussi pp. 163 et suiv. de l'éd. allemande, et pp. 126 et suiv. de la trad.]. Il semble partie d'un malentendu. Car la fondation de Carthage procède de raisons particulières (voy. Zumpt, *Comment. epigr.*, t. I, p. 217 : *ac Carthaginis quidem deducendæ causa hæc videtur fuisse, quod anno 123 a. Chr. ingens pestilentia totam Africam vastaret* (Oros., V, 11), *quare quum nullo inde frumento misso inopia Romæ exstitisset, ob eamque rem seditiones fierent, et frumentaria lege lata famem sedare C. Gracchus voluit et restituenda Carthagine* [Appian., *Punic.*, CXXXVI]); et de même la colonie de Narbonne répondait à un but militaire. Cic., *Pro Font.*, I, 3 : *Est in eadem provincia Narbo Martius, colonia nostrorum civium, specula populi Romani ac propugnaculum istis ipsis nationibus oppositum et objectum.* — A ces témoignages vient également s'ajouter celui de Siculus Flaccus (dans les *Gromat.*, éd. Lachm., t. I, p. 136) : *Gracchus colonos dare municipiis vel ad supplendum civium numerum, vel, ut supra dictum est, ad coercendos tumultus, qui subinde movebantur.*

(2) Voy. Zumpt, *Comment. epigr.*, t. I, pp. 222-229 et Mommsen, *Röm. Gesch.*, t. II, 3e éd. pp. 231 et suiv. [= dans la trad. fr. de M. Alexandre, t. V, p. 175 et suiv.].

principalement en vue l'acquisition de terres et, pour cela, mettait la main sur de nouvelles ressources de l'État (1); ce procédé, ainsi que Cicéron le remarque, était en contradiction absolue avec le principe appliqué aux colonies d'autrefois (2). Toutefois, cette loi ne fut pas suivie d'effet (3), non plus que la *lex Titia*, conçue dans le même esprit (655 = 99) (4), et enfin que les lois de M. Livius Drusus (663 = 91), lequel chercha une fois encore à pousser les Italiens à abandonner les domaines publics occupés par eux, en faisant luire à leurs yeux la perspective du droit de cité romaine (5). Les convulsions de la guerre sociale (91 — 89) ne semblent pas avoir eu pour conséquence un accroissement de l'*ager publicus*, car la concession du droit de cité aux Italiens entraînait la restitution du territoire conquis (6); mais les cruautés de la guerre de Sulla, au cours de laquelle des communes entières furent dévastées (7) et des villes totalement dépeuplées, les proscriptions et les confiscations de biens qui suivirent, et qui menaçaient aussi bien le

Lex Titia.

Leges Liviæ
653 = 91.

Colonies de
Sulla.

---

(1) Aurel. Vict., *De vir. ill.*, LXXIII : *Siciliam, Achaiam, Macedoniam novis coloniis destinavit et aurum Tolosanum, scelere Capionis partum* (Strabo. IV, p. 188; — Cic., *De deor. nat.*, III, 30. 74; — Aul. Gell., *Noct. att.*, III, 9; — Justin., XXXII. 3) *ad emtionem agrorum convertit.* — Voy. Zumpt, *loc. sup. cit.*

(2) Cic., *De leg. agr.*, II, 27. 73 : *Quo in genere sicut in ceteris rei publicæ partibus est operæ pretium diligentiam majorum recordari : qui colonias sic idoneis in locis contra suspicionem periculi collocarunt, ut esse non oppida Italiæ, sed propugnacula imperii viderentur. Hi deducent colonias in eos agros, quos emerint.*

(3) Aurel. Vict., *op. et loc. sup. citt.*; — Appian., *Bell. civ.*, I, 29.

(4) Cic., *De legg.*, II, 6. 14 : — Val. Max., VIII, 1. 3; — Jul. Obsequens, 45. La loi fut abrogée à cause des auspices (Cic., *De legg.*, II, 12. 31).

(5) Tit. Liv., *Epit.*, LXXI; — Appian., *Bell. civ.*, I, 36; — Florus, II, 5 (III, 17), qui ajoute à l'opinion d'Appien le jugement suivant : *nihil se ei largitionem ulli reliquisse, nisi si quis aut exaust dividere vellet aut exhaust.* Sur l'abrogation des lois de Livius opérée par le Sénat après son meurtre, voy. Tit. Liv., *Epit.*, LXXI; — Appian., *Bell. civ.*, I, 35 sq.; — Aurel. Vict., *De vir. ill.*, LXVI; — Cic., *De legg.*, II, 6. 14 : II, 12. 31 : *De domo*, XVI, 41; — Asconius, p. 68, éd. Orelli; — Plutarch., *C. Gracch.*, IX sq. — Zumpt, *op. et loc. sup. citt.*, p. 241.

(6) Voy. Zumpt, *op. cit.*, pp. 242-246.

(7) Il en fut ainsi, par exemple, de la ville de Préneste (Appian., *Bell. civ.*, I, 94). — [Voy. M. H. Dessau, dans le *C. I. L.*, t. XIV, p. 239, col. 1.]

territoire de toute une ville que le patrimoine des particuliers (1), firent de l'Italie un désert effrayant et marquèrent la
fin de la propriété agricole. L'extension de l'*ager publicus*, à la
suite de ces événements, fut si prodigieuse, qu'après des assignations de terres faites à tous les soldats, une partie demeura
sans preneurs (2). Les soldats ne furent pas seulement envoyés en masse dans de nouvelles colonies ; mais, comme il
importait d'occuper tout le sol italique, on en établit aussi, mais
en plus petit nombre, dans la plupart des municipes, sans que
ces derniers fussent pour cela transformés en colonies (3); hors
d'Italie, Sulla n'a fondé qu'une colonie : Aleria, en Corse (4)".

La vente des *sortes assignatæ* avait également été interdite
par Sulla, mais sans résultat; les vétérans, n'ayant pour la
plupart aucune famille et aucune disposition pour les travaux
réguliers de la culture, firent disparaître en très peu de temps,
soit par leur mort, soit, de leur vivant, par une aliénation, les
assignations dont ils avaient été gratifiés ; vingt ans après l'assignation, les lots de terre s'étaient de nouveau transformés en
vastes *latifundia* (5), aux dépens desquels les *possessores Sul-*

---

(1) Appian., *Bell. civ.*, I, 96 : ὁ; δ' Ἰταλία τὰ καθ' ὅτι ἰγαλίγατα, [...] ὑπὸ Σύλλα περιῆν καὶ Ἰταλίας καὶ τόποις, τῶν μὲν ἀγροίκων ἀπαιτήσεων ᾗ τούτων ἀπαγαγῶν ᾗ κοινὰς ὀργίας ἰκανίδας ᾗ ἐπιρρηθείς ἐπιγραφὰς βαρυτέρας τοῖς Ἰταλίοις περὶ Ἰταλίας τήν τε γῆν καὶ τὰ οἰκίας ἐς τούτοις μεταγράφων καταλαβεῖν. — Cic., *Ad Att.*, I, 19. 4 : *Volaterranos et Arretinos, quorum agrum Sulla publicarat;* — Florus, II. 9. 27 (III. 21, 27) : *possis singulorum hominum ferre perniti, municipia Italiæ splendidissima sub hasta venierunt. Spoletium, Interamnium, Præneste, Florentia.* Strabon (V, p. 249) dit de Præneste : ἐπελθεσγυλβεσαι ἐξ, περὶ ἐξ ἀπένεσσα τῆς πόλεως καὶ τὴν χώραν ἐπιδιαφερέστην αὐτῆσαι.
(2) Cic., *De leg. agrar.*, III. 3, 12. Voy. ci-dessous, p. 151, note 2.
(3) Voy. les détails sur ce point dans Zumpt, *op. cit.*, pp. 250 et suiv. — Henzen, n° 7162 [= Mommsen., *I. R. N.*, n° 4627 = *C. I. L.*, t. X, 1, n° 4416]. Ce que Cicéron (*De leg. agrar.*, II, 21, 73) présente comme étant le point de vue de Rullus était, en réalité, le but de Sylla, à savoir *totam Italiam suis præsidiis obsidere atque occupare.* Cf. Appian., *Bell. civ.*, I, 96.
(4)" [Voy. M. Mommsen, *C. I. L.*, t. X, 2, p. 839.]
(5) Cic., *De leg. agrar.*, II. 28, 78 : *Nam agrum quidem Campanum, quem vobis ostentant, ipsi concupiverunt : deberent suos, quorum nomine ipsi teneant et fruantur : tamen prætorei : ista dena jugera continuabant. Num, si dicent per legem id non licere : ne per Corneliam quidem licet. At videmus, ut longinqua mittamus, agrum Prænestinum* (cet ager avait été colonisé par Sulla

lani s'étendaient d'autant plus impunément (1), que Sulla ne paraît pas avoir énergiquement appliqué ses prescriptions à l'encontre des riches et des aristocrates, dont se composait son propre parti. Les *assignationes* faites par Sulla eurent donc pour conséquence de laisser perdre en peu de temps aux soldats les terres qu'ils avaient reçues, tandis que les possesseurs expropriés, réfugiés à Rome, y renforçaient dans des proportions incroyables le prolétariat et y formaient cette multitude de déshérités si redoutable et portée aux résolutions les plus désespérées, dont la conjuration de Catilina avait escompté l'appui.

On ne trouve pas de lois agraires, dans la période où la puissance tribunicienne fut restreinte par Sulla, jusqu'en 684 = 70 ; aussitôt après cette date, semble-t-il, la *lex Plotia*, dont la teneur est peu connue (2), et, en 691 = 63, la *lex Servilia*, proposée par le tribun Rullus, essayèrent d'effacer les traces des violences de Sulla, au moyen d'un acte de réconciliation et, en éloignant les masses agglomérées dans la ville (3), d'écarter les dangers qui menaçaient de la livrer tôt ou tard à une subversion (4). Cependant, les colons de Sulla, encore en possession, ne pouvaient être expulsés, sans que les concessions opérées par lui à leur profit eussent été rapportées ; d'autre part, l'expropriation des *possessores Sullani* eût été dangereuse ; enfin, la distribution de

Les Plotia.
La Servilia ;

(voy. M. Emm. Fernique, *Étude sur Préneste*, déjà citée, Paris, 1880, in-8, p. 57) *a paucis possideri.*

(1) Les *possessores Sullani*, qui, plus tard, furent nombreux (Cic., *De leg. agr.*, II, 26, 69), sont, ainsi que Zumpt (*op. cit.*, p. 281) le remarque, de deux sortes : tout d'abord, les acquéreurs des biens des proscrits, contre le droit desquels rien ne pouvait être allégué ; et, en second lieu, ceux qui avaient injustement occupé les terres confisquées, ou bien acheté en bloc, contrairement à la loi, des terrains assignés : à ces derniers leur droit de propriété pouvait être contesté.

(2) Il n'en est fait mention que dans Cicéron (*Ad Att.*, I, 18, 6) : *Agraria autem promulgata est a Flavio sane levis, eadem fere, quæ fuit Plotia.* Pighius (*Annal. Rom.*, t. III, p. 186) la place en l'an 93 ; Ernesti, en l'an 89 ; Zumpt (*op. cit.*, p. 262, aussitôt après l'année 70, à cause de sa ressemblance avec la loi Flavia, qui était dirigée contre les *possessores Sullani.*

(3) Cic., *De leg. agrar.*, II, 35, 10 : *Et nimirum istud est, quod ab hoc tribuno plebis dictum est in senatu : urbanam plebem nimium in republica posse : exhauriendam esse.*

(4) Voy. Zumpt, *op. sup. cit.*, p. 262.

l'*ager publicus*, alors peu considérable en Italie, puisqu'il était limité à l'*ager Campanus* et au *campus Stellatis*, suffisait à toutes les exigences : aussi Rullus confirma-t-il toutes les possessions actuelles, remontant à Sulla (1); si, d'une part, il provoqua le partage de l'*ager Campanus* et du *campus Stellatis* (2), de l'autre, il proposa, comme moyen le plus efficace, d'allouer aux personnes dépouillées par Sulla une indemnité pécuniaire, à laquelle il serait pourvu par l'aliénation de tout l'*ager publicus* en Italie (3) et dans les provinces (4), et par les ressources acquises à l'*ærarium*, à la suite des nouvelles conquêtes de Pompée, et qui serait employée à acheter des terres en Italie (5). Cette loi fut retirée par son auteur lui-même, à la suite des efforts de Cicéron et de la noblesse (6); ce fut la dernière tentative pour lutter, au moyen d'une mesure radicale, inspirée par les idées

---

(1) D'après Cicéron (*De leg. agr.*, III, 2, 7), cette confirmation se trouvait dans le 10° chapitre de la loi : *quæ post Marium et Carbonem Coss.* (672 = 82) *agri, ædificia, lacus, stagna, loca, possessiones publice data, assignata, tradita, concessa, possessa sunt, ea omnia eo jure sint, ut quæ optimo jure privata sunt.*

(2) Cic., *De leg. agr.*, II, 29. — [Sur l'*ager Campanus* et le *Campus Stellatis*, voy. M. Th. Mommsen, dans le *C. I. L.*, t. X, 1, p. 368, 5; comp. pp. 569 et 599.]

(3) Il y avait encore en Italie quelques domaines en dehors de l'*ager Campanus*; mais ils n'étaient pas propres à une assignation : telle, la Silva Scantia (Cic., *De leg. agr.*, I, 1, 3; III, 4, 15).

(4) Cic., *De leg. agr.*, II, 15, 38 : *Quidquid ergo sit extra Italiam, quod publicum populi Romani factum sit, L. Sulla Q. Pompeio consulibus* (666 = 88) *aut postea, id decemviros jubet vendere.* Cicéron songe ici spécialement aux terres acquises dans les années 676-679 (= 78-75) par P. Servilius Isauricus, en Pamphylie, aux domaines royaux (*agri regii*) tombés dans l'*ærarium* en 679 = 75 par l'effet de l'héritage bithynien, et aux acquisitions que l'on était en droit d'attendre de la guerre contre Mithridate, avec laquelle Pompée n'en avait pas encore fini, enfin aux domaines des rois Macédoniens, qui étaient déjà *ager publicus*, à l'*ager Corinthius*, en Achaïe, et à d'autres territoires en Espagne et en Afrique. — Cic., *De leg. agr.*, I, c. 2; II, 20. Zumpt, *op. sup. cit.*, pp. 267 et suiv.

(5) Il n'entrait pas dans les vues de Rullus d'établir des colonies en dehors de l'Italie. Cic., *De leg. agr.*, II, 27, 66 : *Cur eos* (*agros*) *non definis neque nominas, ut saltem deliberare plebes Romana possit, quid intersit sua, quid expediat, quantum tibi in emendis et in vendendis rebus committendum putet ? Definio, inquit, Italiam.*

(6) Voy. Drumann, t. III, p. 159 : cet auteur a sur la portée de la loi une opinion différente de celle qui est exposée ici.

des Gracques, contre l'encombrement de la cité, et pour venir en aide aux campagnes.

La loi agraire, qui vint ensuite et qui porte le nom du tribun L. Flavius (694 = 60), fut proposée à l'instigation de Pompée, qui, revenu d'Asie l'année précédente, était désireux d'assurer le sort de ses soldats. Si elle s'occupait en même temps de la *plebs* urbaine, ce n'était qu'un moyen de la faire passer plus facilement (1). L'assignation devait être rendue possible, en partie par l'éviction de terres irrégulièrement occupées par les partisans de Sulla, en partie grâce aux ressources nouvellement apportées à l'État par les conquêtes de Pompée (2); la loi échoua cependant devant la crainte éprouvée par le Sénat, que Pompée, comme avant lui Sulla, ne projetât de fortifier sa puissance dans toute l'Italie par l'établissement de ses soldats (3).

Ce n'est que sous le premier consulat de César (695 = 59), qu'il fut procédé à une vaste distribution de terres, dans laquelle les *possessiones* échappèrent à toute contestation (4); la terre fut acquise par vente volontaire consentie par le possesseur, suivant l'estimation du dernier recensement, et l'argent fut prélevé, comme dans le système des lois précédentes, sur les

Les Flavia.

Leges Juliæ.

---

(1) Dio Cass., XXXVII, 49. 50.

(2) Cic., *De leg. agr.*, III, 3, 12 : *Sunt enim multi agri lege Cornelia publicati nec cuiquam assignati neque venditi, qui a paucis hominibus impudentissime possidentur.* Cicéron résista à la première disposition de la loi. Cic., *Ad Att.*, I, 19, 4 : *Agraria lex a Flavio tr. pl. vehementer agitabatur auctore Pompeio. — Ex hac ego lege — omnia illa tollebam, quæ ad privatorum incommodum pertinebant. — Sullanorum hominum possessiones confirmabam; Volaterranos et Arretinos, quorum agrum Sulla publicarat neque diviserat, in sua possessione retinebam; unam rationem non rejiciebam, ut ager hac adventicia pecunia* (provenant des acquisitions nouvelles résultant des conquêtes de Pompée) *emeretur, quæ ex novis vectigalibus per quinquennium reciperetur. Huic toti rationi agrariæ senatus adversabatur, suspicans Pompeio novam quandam potentiam quæri. Pompeius vero ad voluntatem perferendæ legis incubuerat. Ego autem magna cum agrariorum gratia confirmabam omnium privatorum possessiones — is enim est noster exercitus, hominum, ut tute scis, locupletium.*

(3) Dio Cass., loc. sup. cit.

(4) C'est ce que Zumpt déduit avec raison de cette phrase de Dion Cassius (XXXVIII, 1) : [illegible].

nouveaux revenus gagnés à l'État par Pompée (1). On interdit aux colons de vendre leurs *sortes* pendant vingt ans (2). Enfin, à la même époque, on partagea l'*ager Campanus*, qui appartenait au domaine public depuis 543=211 (voy. p. 41), et le *campus Stellatis* (3), sans établir de distinction entre les soldats et les autres citoyens. Grâce à ce partage, on apportionna en tout vingt mille personnes, ayant trois enfants ou davantage, et, par suite, ayant le plus besoin de secours (4).

Les auteurs qui s'occupent de ces partages de terres parlent tantôt de plusieurs *leges Juliæ agrariæ* (5), parmi lesquelles ils font figurer nommément la *lex Julia de agro Campano dividendo* (6), tantôt d'une seule *lex Julia agraria* (7); cela tient à ce que César fit porter une loi générale, relative aux questions techniques soulevées par la fondation des colonies (8); et cette

Colonies de César.

---

(1) Dio Cass., *ubi supra*.

(2) Appien (*Bell. civ.*, III, 2) dit, en rapportant les événements qui ont suivi le meurtre de César par M. Brutus et C. Cassius : ἐπεὶ γὰρ σφίσιν εἰς τὴν τῶν κληρούχων διάμερισιν, ὅσοις τε δῆμος ἐσπάρκει καὶ τὰ ἀπορρηγνύμενα συγγραφόμενος ἀποδόσεσι πρόφασιν, τὴν νέαν καίνωσιν, ἀσεβεῖς αὐτοὺς εἶναι ἀπεδείκνυ. Sous ce mot de νέαν, on ne peut évidemment entendre que la *lex Julia agraria*. Voy. Zumpt, *op. cit.*, p. 264.

(3) Suétone (*Cæs.*, XX) mentionne ce dernier. — [Comp. les renvois faits *supra*, p. 112, note 3, et p. 130, note 2.]

(4) Dion Cassius (XXXVIII, 1) dit en toutes lettres que la *lex Julia* ne s'était pas occupée seulement des soldats, et de même, relativement à l'*ager Campanus*, il ne fait (c. 7) aucune distinction. Plutarque (*Cat. min.*, XXXIII) écrit : οὐδὲν ἐλάχιστον ἀπὶ αὐτῶν. Voy., pour de plus amples indications, Zumpt, *op. cit.*, p. 263. Sur la première application, en cette matière, du *jus trium liberorum*, qui devait, dans la suite, devenir toujours plus important, voy. Dio Cass., XXXVIII, 7; — Suet., *Cæs.*, XX; — Appian., *Bell. civ.*, II, 10.

(5) Tit. Liv., *Epit.*, CIII : *leges agrariæ a Cæsare consule cum magna contentione invito senatu et altero consule M. Bibulo latæ sunt*; — Cic., *Ad Att.*, II, 18, 2 : *quo aliter ager possidetur atque ex legibus Juliis*; — Appian., *Bell. civ.*, II, 10 ; — Plutarch., *Cato min.*, XXXI.

(6) Vellei. Patere., II, 44 : *In hoc consulatu (695 = 59) Cæsar legem tulit, ut ager Campanus plebei divideretur.*

(7) Dio Cass., XXXVIII, 1 : δ τε εἰς τὴν νέαν (la *lex agraria* de César) εἰσηγήσατο. Καὶ προσέτι καὶ ἡ τῶν Καμπανῶν γῆ τοῖς τρία τε ἔχουσι καὶ πλείω ἔγγονα ἐδόθη. Zumpt (*Comment. epigr.*, pp. 277 et suiv., spécialement p. 299) traite *in extenso* de la différence des deux lois, dont il place la première au mois d'avril et la seconde au mois de mai de l'année 695 = 59.

(8) Callistratus, L. 3 pr., *De lege agraria* mod., D., XLVII, 21 : *Lege agraria, quam Gaius Cæsar tulit, adversus eos, qui terminos statutos extra suum gradum fugere moverint dolo malo, pecuniaria pœna constituta est...*

loi doit être regardée comme n'étant pas distincte de la *Lex
Mamilia Roscia Peducæa Alliena Fabia* (1), qui a emprunté son
nom à une commission de cinq membres, chargés par César de
l'élaborer (2), pour servir de type aux constitutions des colonies
qu'il fonderait dans l'avenir (3). En effet, les colonies établies par
César au cours de sa dictature (705-709 = 49—45) sont déjà revêtues de leur caractère définitif. Elles ont été *deductæ* par des *legati* (4), en dehors de toute *rogatio* nouvelle adressée au peuple (5) ;
ce qui revient à dire que, désormais, c'est à l'*imperator*, et non
plus à l'État, que le soldat est redevable des avantages qui lui
sont faits. En outre, les assignations sont accordées tout au moins
en partie, en Italie, sur les terres devenues vacantes, confisquées
pendant la guerre civile, ou achetées (6) ; mais elles sont aussi
pour la première fois concédées en grand nombre dans les pro-

---

(1) *Gromatici Vett.*, éd. Lachm., t. I, p. 263.

(2) Voy. Mommsen, dans les *Feldmesser* de Rudorff, t. II, pp. 223 et suiv. :
cet auteur remarque que la *lex Mamilia*, mentionnée par Cicéron (*De leg. agr.*,
I, 21, 54) et très fréquemment par les *Gromatici* (voy. t. I, éd. Lachm., pp.
11, 5; 12, 12; 37, 24; 43, 20; 144, 19; 169, 7), ne devrait pas être différente de
celle dont il est question ici.

(3) La preuve en est dans la *Lex colonia Genetiva*, dont le chapitre CIIII
est mot pour mot emprunté à la *lex Mamilia*. Elle confirme également l'opinion exprimée pour la première fois par M. Mommsen, mais seulement d'une
façon conjecturale, de l'identité de la *lex Mamilia* et de la *lex Julia agraria*.
(Voy. Mommsen, dans l'*Ephemeris epigraphica*, t. II, pp. 112, 129.) — [Voy.
aussi Bruns, *Fontes*, éd. 3e, p. 95, note 1.]

(4) L'un d'eux était Q. Valerius Orca, *legatus propr.*, auquel sont adressées
les lettres de Cicéron, *Ad famil.*, XIII, 4, 5, 7, 8. Voy., pour les détails,
Zumpt, *op. sup. cit.*, p. 301.

(5) La commission existait encore en 703 = 51 (Cic., *Ad famil.*, VIII, 10,
5) et la *lex Julia agraria* était encore en vigueur après la mort de César
(Appian., *Bell. civ.*, III, 7; — Cic., *Phil.*, V, 19, 53).

(6) C'étaient, pour la plupart, des assignations de terres isolées, et non pas
des colonies entières. Dio Cass., XLII, 54 : [illegible Greek] Le passage le plus important se
trouve dans Appien (*Bell. civ.*, II, 94) : [illegible Greek] Cf. Suet.,
Cæs., XXXVIII : *Assignavit et agros, sed non continuos, ne quis possessorum
expelleretur.* — Voir les détails dans Zumpt, *op. cit.*, pp. 302-308.

vinces, notamment en Espagne et en Gaule; en Espagne, tout particulièrement, où, depuis 709=45, après la défaite des fils de Pompée, les villes ayant embrassé le parti de ce dernier étaient placées sous le coup de la confiscation de leurs terres, qui donnèrent ainsi matière à de nouvelles assignations(1). César avait même médité la transportation de quatre-vingt mille citoyens pauvres de Rome dans les provinces transmaritimes (2); mais toutes sortes de difficultés mirent obstacle à la réalisation de ce projet (3). Sa mort non seulement vint le contrarier, mais encore ébranla une fois de plus le régime de toutes les *possessiones* en Italie.

Peu de semaines après cette mort, deux nouvelles lois agraires furent promulguées : la *lex agraria* du tribun L. Antonius, et la *lex de colonis in agros deducendis* du consul M. Antonius (4).

La première, dont la *rogatio* n'est guère postérieure au 5 juin (5), partagea entre les vétérans et les citoyens tout l'*ager publicus* encore disponible, y compris les marais Pontins (6), dont César avait projeté (7), mais seulement projeté, le desséchement (8).

Lex agraria du
tribun
L. Antonius.

---

(1) Voy., sur Hispalis, Zumpt, *op. cit.*, pp. 310 et suiv. [*ad le* Hübner, dans le *C. I. L.*, t. II, p. 132], et ci-dessous, pour les détails sur la *Colonia Julia Genetiva*. Outre les colonies espagnoles et gauloises (voy. Zumpt, *op. cit.*, pp. 310 — 316), César en établit à Sinope et à Héraclée.

(2) Suet., *Cæs.*, XLII : *Obligata civium millia in transmarinas colonias distribuit, ut exhaustæ quoque urbis frequentia suppeteret, sanxit, ne quis civis major annis viginti plus triennio continuo Italia abesset.*

(3) Les *transmarinæ provinciæ* sont, dans le langage courant (Cic., *De leg. agr.*, II, 29, 80), la Grèce, l'Asie, l'Afrique. On manque de renseignements précis et étendus sur le point de savoir si un aussi grand nombre de citoyens pauvres y fut réellement établi. Voy. Zumpt, *op. cit.*, pp. 315 et suiv.

(4) Sur ces lois, voy. L. *Langii commentationis de legibus Antoniis a Cicerone Phil. V, 4, 10 commemoratis particula prior et posterior*, Lipsiæ, 1871 et 1872, in-4 [cette monographie est reproduite dans le t. II, pp. 125 et suiv., des *Kleine Schriften aus dem Gebiete der classischen Alterthumswissenschaft*, Göttingen, 1887, in-8, édités après la mort de l'illustre savant par les soins de son fils]; L. Lange, *Röm. Alterthümer*, t. III, 3e éd., pp. 479, 503, 535 [= dans la trad. fr. de MM. Berthelot et Didier, t. II, pp. 570, 595, 599 et suiv.].

(5) Voy. Lange, *Comment.*, II, p. 14 [= *Kleine Schriften*, t. II, p. 141].

(6) Dio Cass., XLV, 9 : καὶ χώραν ἄλλην τε συχνὴν καὶ τὴν ἐν τοῖς Ἕλεσι Ποντίνοις δι' ἀναξηρώσεως ὕλη χώραν γενησομένην ἐσομένην διενεμήσαντο ἑξῆς Ἀντωνίου 'Αντωνίου ἰδίως ἐσαγαγόντος; ἐσηγήσατο (M. Antonius).

(7) Suet., *Cæs.*, XLIV; — Dio Cass., LIV, 5; — Plutarch., *Cæs.*, LVIII.

(8) Cic., *Phil.*, V, 3, 7 : *Hic omnem Italiam moderato homini, L. Antonio dividendam dedit.* Cf. VI, 5, 14; XI, 6, 13; — Dio Cass., XLV, 9.

Un sénatus-consulte, en date du 4 janvier 711=43, abrogea, il est vrai, cette loi (1); mais elle avait déjà été appliquée avec une extrême rigueur à l'encontre des adversaires d'Antonius (2).

L'autre loi, la *lex Antonia de colonis in agros deducendis* (3), se place en avril 710=44 (4); elle amena la *deductio* d'une nouvelle colonie à Casilinum, que César avait déjà colonisé (5), et l'application à l'entretien des partisans d'Antonius du dernier résidu du domaine public, de l'*ager Campanus* et de l'*ager Leontinus* (6). Cette loi fut également écartée en février 711 = 43, ou plutôt, comme on ne pouvait lui donner d'effet rétroactif, à cause des vétérans dans l'intérêt desquels elle avait été faite, elle fit place à une nouvelle loi du Consul C. Vibius Pansa (7).

Lex de coloniis in agros deducendis du Consul M. Antonius.

Les triumvirs de l'an 711=43 n'avaient, après qu'il leur fut devenu impossible de disposer de terres en Italie, d'autre récompense à faire espérer à leurs soldats qu'un acte de violence, en leur livrant simplement dix-huit villes italiques (8). Après le combat de Philippes (712=42, il fallut pourvoir, conformément à cette promesse, à l'entretien de 170.000 hommes (9); outre les biens des proscrits et les terres enlevées à beaucoup de communes à titre de peine, les villes auxquelles nous venons de

Colonies des Triumvirs.

---

(1) Cic., *Phil.*, VI, 5, 11; XI, 6, 13.

(2) Cic., *Phil.* V, 7, 20 : Hic (L. Antonius) *pecunias vestras aestimabat; possessiones notabat et urbanas et rusticas; — — dividebat agros quibus et quos volebat; nullus aditus erat privato, nulla aequitatis deprecatio: tantum quisque habebat possessor, quantum reliquerat divisor Antonius.* Cf. VI, 5, 13.

(3) Telle est la dénomination que porte la loi dans Cicéron (*Phil.*, IV, 5, 10).

(4) Voy. Lange, *Comment.*, II, pp. 11 et suiv. (= *Kleine Schriften*, t. II, pp. 113 et suiv.).

(5) Cic., *Phil.*, II, 40, 102. — [Voy. Mommsen, *C. I. L.*, t. X, 1, p. 369, 2].

(6) Cic., *Phil.*, II, 17, 43; II, 39, 101; III, 9, 22; VIII, 9, 26; — Dio Cass., XLV, 30; XLVI, 8. — [Voy. Mommsen, *C. I. L.*, t. X, 1, p. 361, 5.]

(7) Cic., *Phil.*, V, 4, 10; V, 19, 53; X, 8, 17; XIII, 13, 31.

(8) Appian, *Bell. civ.*, IV, 3 : Deux villes, Rhegium et Vibo, furent plus tard distraites de ce nombre (Appian., *Bell. civ.*, IV, 86). — [Sur ces deux villes, voy. Mommsen, *C. I. L.*, t. X, 1, pp. 3 et 7.]

(9) Appian., *Bell. civ.*, V, 5. — Voy. Zumpt., *op. cit.*, pp. 327-329.

faire allusion furent sans doute dépouillées de tous leurs
domaines, au moyen d'une vente forcée, dont le prix, étant
donné le dénuement de l'*ærarium*, ne fut jamais acquitté ; et, du
moment que l'on entrait ouvertement dans la voie des violences,
on ne s'en tint pas à ces territoires ; mais on procéda à la spo-
liation des Italiens encore sur une plus vaste échelle (1), et avec
une cruauté, dont témoignent les nombreuses plaintes arrivées
jusqu'à nous (2). Ce n'est que sous Auguste que ce bouleverse-
ment de la propriété en Italie prit fin.

III. — *Colonies militaires de l'Empire.* — Auguste relate,
dans le *Monumentum Ancyranum*, deux *deductiones* de colonies
militaires (3), en 724 = 30 et en 740 = 14. A la première de
ces dates, c'est-à-dire aussitôt après la fin de la guerre civile, il

Colonies d'Auguste.

---

(1) Appian., *Bell. civ.*, V, 13 : καὶ ὁ στρατὸς καὶ τοῖς χρήμασι ἐπίασι τῶν
ὅρων, ἀλλὰ δ᾽ ἐς τὰς ὠνηθεὶς ἐτιν ἐπράσαντο καὶ τὸ ἥμισυ ἐπιτίμησαν. Sur
les biens des proscrits, voy. Dio Cass., XLVIII, 7.

(2) C'est à ces confiscations que se rapportent les passages bien connus
d'Horace (*Ep.*, II, 2, 49), dépouillé de son bien paternel, de Tibulle (I, 1, 19 ;
IV, 1, 182), de Properce (IV, 1, 129), de Vergile (*Ecl.*, IX, 28). Comp. Servius, *Ad Verg. Ecl.* IX, 7 ; — Martial, VIII, 56.

(3) Monum. Ancyr., c. 16 : *Pecuniam* [*pro*] *agris, quos in consulatu meo quarto
et posteã consulibus M. Cr[asso] e[t] Cn. Lentulo augure adsignavi militibus,
solvi municipiis. Ea [s]u[mma] sest[e]rtium circiter sexiens milliens fuit, quam
[pr]o Italicis* — [Marquardt, p. 118, note 1 : *coll.*[*icis*] — *prad*[*is*] *numerari,
§ et ex[er]citer bis mill[ie]ns et sescentiens, quod pro agris provin[e]ia[ri]bus solvi.
§ Id primus et [s]olus omnium, qui [d]edi[x]eruut colonias militum in Italiã aut
in provincis, ad memor[i]am ætatis meæ fec.* Voy. sur ce passage, Mommsen,
Res gestæ divi Augusti, pp. 40 et suiv., 81 et suiv. [= dans la nouvelle éd.,
Berol., 1883, pp. 62 et suiv., 119 et suiv. C'est la leçon de cette seconde
édition (pp. LIV, 3, 22 sqq., LXXXVI et 62) que nous reproduisons ici. —
Sur le *Monumentum Ancyranum*, voy. J. Schmidt, dans le *Philologus*, t. XLIV,
3, 1885, et t. XLVI, 1, pp. 70-86 ; — Otto Hirschfeld, *Zum Monumentum Ancyranum*, Vienne, 1885, in-8 ; — U. von Wilamowitz-Möllendorff, *Res gestæ
divi Augusti*, dans *Hermes*, t. XXI, 1886, pp. 623 et suiv. ; — H. Nissen, *Die
litterarische Bedeutung des Monumentum Ancyranum*, dans le *Rhein. Mus. f.
Philolog.*, XLI, 4, 1886, pp. 481 et suiv. ; — Th. Mommsen, dans *Historische
Zeitschrift*, 1887, t. XXI, 3, pp. 385-397 ; — Geppert, *Zum Monumentum Ancyranum*, 1887, ibiq. M. Zippel, dans la *Wochenschrift für Klassische Philologie*, 7 décembre 1887 (n° 49). — Voy. aussi E. Bormann, *Bemerkungen
zum schriftlichen Nachlasse des Kaisers Augustus*, Marburg, C. L. Pfeil'sche,
1884, in-4 ; — *Res gestæ divi Augusti* d'après la dernière recension, avec l'a-
nalyse du commentaire de M. Th. Mommsen, par C. Peltier, sous la direction
de R. Cagnat, Paris, C. Klincksieck, 1886, in-12 ; — M. l'abbé Thédenat
dans le *Bulletin critique* du 15 mars 1886 (n° 6), pp. 165-113.]

avait à congédier et à pourvoir non seulement les vétérans de sa propre armée, mais encore ceux d'Antoine et de Lépide. Il s'arrêta au procédé que voici : Les soldats qui n'étaient pas citoyens, c'est-à-dire les troupes auxiliaires, furent renvoyés dans leurs foyers; parmi les militaires romains, c'est-à-dire parmi les légionnaires, les classes les plus jeunes reçurent probablement, au cas où elles n'entraient pas dans l'armée permanente, une indemnité pécuniaire, tandis que les classes plus anciennes obtinrent une assignation de terres, soit dans une province, soit en Italie (1). A cette fin, les habitants des villes italiques qui avaient embrassé le parti d'Antoine, furent envoyés dans les colonies transmaritimes, notamment à Dyrrhachium et à Philippes, et leurs communes furent transformées en colonies d'Auguste (2) ; en outre, les habitants furent contraints, dans d'autres villes italiques, d'échanger, contre une indemnité, une partie de leurs terres, et d'abandonner aux vétérans les domaines ainsi formés (*prædia collaticia*), de telle sorte que, sur ces territoires, ou bien l'on voit se former côte à côte deux communes, celle des *cives veteres* et celle des *cives novi* (3), qui n'arrivèrent à l'unité qu'avec le temps, ou bien

---

(1) Dio Cass., LI, 3. 4.

(2) Dio Cass., LI, 4 : τοὺς γὰρ δήμους τοὺς ἐν τῇ Ἰταλίᾳ τοὺς τὰ τοῦ Ἀντωνίου φρονήσαντας ἐξοικίσας τοῖς μὲν στρατιώταις τάς τε πόλεις καὶ τὰ χωρία αὐτῶν ἐχαρίσατο· ἐκείνων δὲ δὴ τοῖς μὲν πλείοσι τό τε Δυρράχιον καὶ τοὺς Φιλίππους, ἄλλα τε ἐποικεῖν ἐπιτρέψας· τοῖς δὲ λοιποῖς ἀργύριον ἀντὶ τῆς χώρας τὸ μὲν ἔνεμε τὸ δ᾽ ὑπέσχετο. Auguste a déjà employé ce procédé en 718 = 36, après la fin de la guerre de Sicile, lorsqu'il établit à Rhegium des soldats de marine (Strabo, VI, p. 259) et à Capoue des troupes de terre. Les anciens colons de Capoue, auxquels il enleva leurs *sortes*, reçurent comme compensation un grand espace de terre en Crète (Dio Cass., XLIX, 14 ; — Vellei. Patere., II, 81), qui, en l'an 383 de notre ère, était encore en possession des Campaniens (Bœckh, *C. I. Gr.*, n° 2597) ; quant aux Napolitains, ils reçurent pour un territoire qu'ils avaient abandonné une rente annuelle (Plin., *Nat. hist.*, XVIII, 114).

(3) Hygin., dans les *Gromat.*, éd. Lachm., t. I, pp. 117-120. Voy. Mommsen, dans les *Feldmesser* de Rudorff, t. II, p. 155. Aux plus anciennes et aux plus connues de ces communes doubles appartient Puteoli ou Dicæarchia, où, en l'an 560 = 194, une colonie de 300 citoyens romains fut envoyée (Tit. Liv., XXXIV, 45). Auguste renouvela cette colonie (*Liber coloniarum*, dans les *Gromat.*, éd. Lachm., t. I, p. 236); à côté d'elle subsista l'ancienne

l'on voit immédiatement entrer les vétérans dans les communes déjà existantes, à titre de citoyens. Ces deux variétés d'établissements portaient le nom de colonies (1). En tout, il y en avait vingt-huit (2), que, malgré de nombreuses tentatives (3), l'on n'est pas encore parvenu à déterminer individuellement : en effet, parmi les villes énumérées par Borghesi et par Re-

commune (*vetus oppidum*), en qualité de ville de pérégrins, et de *municipium* depuis la guerre sociale, jusqu'à ce que, sous Néron, elle reçût également le *jus coloniæ* (Tacit., *Ann.*, XIV, 27) : dès lors, les deux villes n'en formèrent plus qu'une, qui porte le nom de *Colonia Claudia Neronensis Puteolana* (C. I. L., t. IV, n° 2152 [add. Mommsen. C. I. L., t. X, 1, p. 182]. Puis, on rencontre Pompéi (Cic., *Pro Sulla*, XXI, 60 [voy. Mommsen, C. I. L., t. X, 1, p. 89]) et Arretium (Plin., *Nat. Hist.*, III, 52; — Orelli, n° 100 [= C. I. L., t. XI, 1, n° 1849; voy. sur cette ville M. E. Bormann, C. I. L., t. XI, 1, pp. 335, ex. 1, et suiv.: la 1re partie du t. XI, à laquelle nous renvoyons ici, à paru au cours de l'impression de cette feuille]). A Valence, dans l'*Hispania Tarraconensis*, la population se partageait en *Valentini veterani et veteres* (C. I. L., t. II, n°s 3733. 3734 sqq.) et il y avait un double sénat, *uterque ordo* (ibid., n° 3745), tandis que Cicéron (*Accus. in Verr.*, II, 50, 123) dit d'Agrigente : *Cum Agrigentinorum duo genera sint, unum veterum, alterum colonorum, quos T. Manlius prætor ex S. C. de oppidis Siculorum deduxit Agrigentum, cautum est [in Scipionis legibus, ne plures essent in senatu ex colonorum numero, quam ex vetere Agrigentinorum*. [Voy. sur cette ville Mommsen, C. I. L., t. X, 2, p. 737.] Comme Valence, Apulum, en Dacie, paraît aussi avoir été divisée en deux communes très distinctes, dont l'une était un *municipium*, l'autre une colonie (voy. Mommsen, C. I. L., t. III, 1, p. 183). Des cas de ce genre se présentent fréquemment. (Voy. Zumpt, *Comment. epigr.*, t. I, p. 252; — Henzen, n° 6962 [= Mommsen, I. R. N., n° 6119 = C. I. L., t. IX, n° 5078]. et dans le *Bullett.*, 1851, pp. 85. 173 ; et l'inscription de Thignica, en Afrique, dans Guérin. t. II, p. 137 [= C. I. L. t. VIII, 1, n° 1112] : *C. Memmio Felici, flamini Aug. perp. utriusque partis civitatis Thignicensis, C. Memmius Fortunatus, flam. Aug. perp. utriusque partis civitatis Thignicensis.*)

(1) Hygin., dans les *Gromat.*, éd. Lachm., t. I, p. 177 : *Aeque divus Augustus in adsignata orbi terrarum pace exercitus qui aut sub Antonio aut Lepido militaverant pariter et suarum legionum milites colonos fecit, alios in Italia, alios in provinciis : quibusdam deletis hostium civitatibus novas urbes constituit, quasdam in veteribus oppidis deduxit et colonos nominavit. Illis quoque urbes, quæ deductæ a regibus aut dictatoribus fuerant, quas bellorum civilium intercitas exhauserat, dato iterum coloniæ nomine numero civium ampliavit, quasdam et finibus.*

(2) Monum. Ancyr., c. 28...... §. *Italia autem XXVIII [colo]nias, quæ vivo me celeberrimæ et frequentissimæ fuerunt, me[is auspiciis]* [Marquardt, p. 119, note 2: *duntriginta a me*] *deductas habet* [voy. éd. Mommsen, 1883, pp. LXX in init., 5, 26 sqq., LXXXXII in fine et suiv., et p. 121, ibiq. Mommsen]; — Suet., *Aug.*, XLVI : *Italiam duodetriginta coloniarum numero deductarum ab se frequentavit.*

(3) Voy. A. W. Zumpt, *Ad Monum. Ancyr.*, p. 86, et *Comment. epigr.*, t. I, pp. 317 et suiv.

nier (1), — savoir : 1) Acerræ (2) ; 2) Atella (3) ; 3) Beneventum (4) ; 4) Cumæ ; 5) Graviscæ ; 6) Nuceria ; 7) Puteoli ; 8) Sora ; 9) Teanum Sidicinum ; 10) Liternum ; 11) Volturnum (5) ; 12) Minturnæ (6) ; 13) Capua (7) ; 14) Ariminum (8) ; 15) Augusta Taurinorum (9) ; 16) Perusia (10) ; 17) Parma (11) ; 18) Verona (12) ; 19) Ateste (13) ; 20) Brixia (14) ; 21) Dertona (15) ; 22) Augusta

---

(1) Borghesi (Sulla iscrizione Perugina della porta Marzia, dans ses Œuvres, t. V, pp. 257-283) en a signalé 21 : les autres ont été ajoutées par Renier (p. 275).

(2) Gromat. Vett., éd. Lachm., t. I, p. 229 ; — [Mommsen, C. I. L., t. X, 1, pp. 362 et 602 adn.]. — [Voy. aussi p. 39, note 5, supra.]

(3) Gromat. Vett., éd. Lachm., t. I, p. 230 ; — [Mommsen, C. I. L., t. X, 1, p. 359].

(4) Gromat. Vett., éd. Lachm., t. I, pp. 35. 231. 232 ; — Orelli, n° 907 (Fliq. Henzen, Collect. Orell. suppl., t. III, pp. 91 in fine et suiv.) = Mommsen, I. R. N., n° 1410 = C. I. L., t. IX, n° 1560). — Sur Beneventum, voy. Mommsen, C. I. L., t. IX, pp. 136 et suiv.]

(5) Toutes ces villes ne se trouvent mentionnées que dans le Liber coloniarum (dans les Gromat., éd. Lachm., t. I, pp. 232. 220. 215. 216. 231. 234. 239). — [Voy. sur Cumæ, Nuceria, Puteoli, Sora, Teanum Sidicinum, Liternum, Volturnum : Mommsen, C. I. L., t. X, 1 : pp. 350 et suiv. (comp. p. 602 adn.) ; 121 ; 182 et suiv. ; 580 ; 431 ; 376 ; 357. Sur Graviscæ, ville d'Étrurie, voy. M. E. Bormann, dans le C. I. L., t. XI, 1, pp. 511. coll. 1 et suiv.]

(6) Hygin., dans les Gromat., éd. Lachm., t. I, p. 173 ; — Lib. colon., éod., p. 235. — [Mommsen, C. I. L., t. X, 1, p. 505.]

(7) Plin., Nat. Hist., XVIII, 111. — [Mommsen, C. I. L., t. X, 1, pp. 363 et suiv.]

(8) Orelli, n° 4025 ; [comp. Ladoucette, Histoire.... des Hautes Alpes, 3e éd., Paris, 1848, p. 307] ; — Henzen, n° 5124. — [Le C. I. L. est actuellement encore muet sur Ariminum (Rimini), ville de l'Ombrie : il n'en sera question que dans la seconde partie du t. XI, dont la première seule vient de paraître.]

(9) Maffei, Mus. Veron., p. 214, 1 ; p. 225, 1 [= C. I. L., t. V, 2, n°s 7039 et 7053]. De même, dans Orelli (n° 2179), il faut lire COL. AVG. TAVR. [Voy. M. Mommsen, dans le C. I. L., t. V, 2, p. 779, col. 1.] — [Voy. sur cette ville, notamment M. Carlo Promis, Storia dell'antica Torino, Julia Augusta Taurinorum : Torino, 1869, 1 vol. in-8 avec planches, et M. Th. Mommsen, C. I. L., t. V, 2, pp. 770 et suiv.]

(10) Orelli, n° 94 [= C. I. L., t. XI, 1, n° 1930]. — [Voy. sur cette ville M. E. Bormann, C. I. L., t. XI, 1, pp. 352, col. 1, et suiv.]

(11) De Lama, Iscrizioni Parmensi, p. 121, 3 [= C. I. L., t. XI, 1, n° 1073]. — [Voy. sur cette ville M. E. Bormann, C. I. L., t. XI, 1, pp. 184, col. 2, et suiv.]

(12) Orelli, n° 1011 = C. I. L., t. V, 1, n° 3329. On ne peut affirmer avec certitude si Vérone doit être comptée au nombre des colonies d'Auguste. (Voy. Mommsen, C. I. L., t. V, 1, p. 321.) Tacite (Hist., III, 8) l'appelle positivement colonia, en l'an 69 ; mais, dans Pline (Nat. Hist., III, 130), elle nous est présentée comme un oppidum.

(13) Henzen, n° 6959 = C. I. L., t. V, 1, n° 2501.

(14) Orelli, n° 65 [= C. I. L., t. V, 1, n° 4212].

(15) Bottazzi, Antichità di Tortona, p. 35. — [Voy. M. Th. Mommsen, dans le C. I. L., t. V, 2, pp. 831 et suiv.]

Prætoria Salassorum(1); 23) Julia Augusta Bagiennorum (2); 24) Firmum (3); 25) Bononia (4); 26) Venafrum (5); 27) Abellinum (6); 28) Florentia (Firenzuola, près de l'arme) (7), — il y en a plus d'un tiers pour lesquelles la qualité de colonies d'Auguste n'est pas suffisamment établie (8); et même, pour les autres, il y a quelque incertitude sur le point de savoir si elles font partie des dix-huit colonies des triumvirs (voy. ci-dessus, pp. 155 et suiv.), ou des vingt-huit colonies d'Auguste, dont il est ici question (9).

(1) Murat., p. 1031, 1 [= *C. I. L.*, t. V, 2, n° 5172]; — Ptolem., III, 1, 34; — Plin., *Nat. Hist.*, III, 123; — Dio Cass., LIII, 25.

(2) Vernazza, *Monumenta Albæ Pompeiæ*, p. 13; — Muletti, *Memorie di Saluzzo*, t. I, p. 36. — [*Adde* M. Th. Mommsen, *C. I. L.*, t. V, 2, pp. 813 et suiv.]

(3) Henzen, n° 6958 [= *C. I. L.*, t. IX, p. 23*, n° 510*. — Voy. Mommsen, *ibid.*, p. 549].

(4) Borghesi, *Œuvres*, t. VIII, pp. 296 et suiv. — Dio Cass., L, 6. — [Voy. M. E. Bormann, *C. I. L.*, t. XI, 1, p. 133, col. 1.]

(5) Mommsen, *I. R. N.*, n° 4622 [= *C. I. L.*, t. X, 1, n° 4891].

(6) Mommsen, *I. R. N.*, n° 1573 [= *C. I. L.*, t. X, 1, n° 1117]. — [Voy., sur Abellinum (Avellino), M. Th. Mommsen, *C. I. L.*, t. X : 1, p. 127, et 2, p. 969; cf. IX, p. 205, et *Hermes*, t. XVIII, p. 161; — M. Ettore de Ruggiero, *Dizionario epigrafico di Antichità romane*, fascie. 1, Roma, 1886, p. 14, col. 2.]

(7) Borghesi, *Œuvres*, t. V, p. 214, 247. Henzen. — [Comp. M. E. Bormann, *C. I. L.*, t. XI, 1, p. 306, col. 1.]

(8) Le *Liber coloniarum* n'en mentionne que dix; M. Mommsen (dans les *Feldmesser* de Rudorff, t. II, pp. 415 et suiv.) traite de leur authenticité douteuse.

(9) M. Beloch (*Der italische Bund*, Leipzig, 1880, in-8, pp. 6 et suiv.) développe ce sujet avec détail. D'après cet auteur, les colonies fondées par les triumvirs et par Auguste sont, en bloc, les suivantes : 1. Ostia; 2. Antium; 3. Minturnæ; 4. Puteoli; 5. Capua; 6. Aquinum; 7. Suessa; 8. Venafrum; 9. Sora; 10. Teanum; 11. Nola; 12. Beneventum; 13. Luceria; 14. Venusia; 15. Bovianum vetus; 16. Hatria; 17. Asculum; 18. Firmium; 19. Ancona; 20. Julia Fanestris; 21. Pisaurum; 22. Hispelli; 23. Tuder. (Comp. déjà Henzen, dans le *Bullet. dell'Inst.*, 1839, p. 71.) 24. Luca; 25. Pisa; 26. Col. Falisca; 27. Lucus Feroniæ; 28. Col. Rusellana; 29. Sena; 30. Col. Sutrina; 31. Ariminum; 32. Bononia; 33. Brixillum; 34. Mutina; 35. Parma; 36. Placentia; 37. Dertona; 38. Augusta Taurinorum; 39. Augusta Salassorum; 40. Concordia; 41. Aquileia; 42. Tergeste; 43. Pola; 44. Ateste; 45. Brixia; 46. Cremona. — Au cours de l'impression de mon ouvrage, m'arrive le quatrième volume des *Dissertationes philologicæ Halenses*, Halis, 1880, in-8, dans lequel se trouve (pp. 315-381) une étude de M. L. Hollaender, intitulée: *De militum coloniis ab Augusto in Italia deductis*. L'auteur arrive à cette conclusion que, si les vingt-huit colonies ne peuvent pas, il est vrai, être toutes déterminées avec certitude, du moins se trouvent-elles vraisemblablement comprises au nombre des trente villes suivantes : 1. Capua; 2. Aquinum; 3. Suessa Aurunca; 4. Venafrum; 5. Sora; 6. Nola; 7. Venusia; 8. Bene-

Cependant, il faut reconnaître, d'une manière générale, que les colonies d'Auguste sont, pour la plupart, des communes depuis longtemps existantes, auxquelles la *deductio* des vétérans n'a fait qu'apporter un appoint de population, et en même temps le *jus coloniæ*; nous savons notamment qu'il en fut ainsi pour Ateste, où un soldat congédié après la bataille d'Actium fut admis au nombre des décurions (1). La seconde *deductio*, opérée en l'an 710 = 44, paraît avoir eu spécialement pour objet les provinces espagnoles et la Gallia Narbonensis, dans lesquelles Auguste rendit personnellement des ordonnances de l'an 16 à l'an 13 après J.-C.; on la trouve en particulier mentionnée dans le *monumentum Ancyranum*, parce que les terres à assigner y avaient aussi été acquises par achat. On peut en conclure que, pour les autres colonies envoyées par Auguste dans les provinces d'Afrique, en Sicile, en Macédoine, en Achaïe, en Asie, en Syrie et en Pisidie (2), on recourut à d'autres procédés, parce qu'il y avait des terres domaniales disponibles. Patræ, en Achaïe, par exemple, était déjà, dès le temps des Diadoques, appauvrie et dépeuplée (3) ; en l'an 723 = 31, elle

---

rentum; 9. Ancona; 10. Fanum Fortunæ; 11. Pisaurum; 12. Hispellum; 13. Tuder; 14. Luca; 15. Pisæ; 16. Ariminum; 17. Bononia; 18. Dertona; 19. Concordia; 20. Tergeste; 21. Pola; 22. Cremona; 23. Brixia; 24. Ateste; 25. Augusta Taurinorum; 26. Augusta prætoria Salassorum; 27. Cumæ; 28. Nuceria; 29. Florentia; 30. Firmum. Parmi ces noms, on n'en trouve que quatorze qui figurent sur la liste de Borghesi. — [Le lecteur trouvera l'histoire de la plupart de ces villes dans les volumes déjà publiés du *C. I. L.*: voy., aux *Indices* de chacun d'eux, les renvois, sous le mot *Oppida*.]

(1) *C. I. L.*, t. V, 1, n° 2501 : *M. Billienus, M. f., Rom. Actiacus legione XI prælio navali facto in coloniam deductus ab ordine decurio allec[tus]*. Voy. Mommsen, *loc. cit.*, p. 249.

(2) *Monum. Ancyr.*, c. 28 : *Colonias in Africa Sicilia [M]acedonia utraque Hispania Achai[a] Asia S[y]ria Galliá Narbonensi Pi[si]dia militum dedux[i]* [éd. Mommsen, 1883, pp. LXX *in init.*, 5, 33 sq., LXXXXII *in fine* et 119]. — [Sur la Gallia Narbonensis, voy., indépendamment du livre classique de Herzog, *Gall. Narb. prov. Rom. hist.*, Lipsiæ, 1864, in-8, M. Otto Hirschfeld, dans le t. XII du *C. I. L.*, paru au cours de l'impression de cette feuille, pp. XII et suiv.] — Sous le nom d'Afrique, il ne faut pas, semble-t-il, comprendre exclusivement la province proconsulaire, mais aussi la Maurétanie, dans laquelle on trouve huit colonies d'Auguste; il en sera question, ainsi que des autres colonies provinciales, à propos de chaque province.

(3) Pausan., VII, 18, 5.

fut conquise par Agrippa (1); et son territoire fut assez vaste, non seulement pour recevoir les vétérans de la Xe et de la XIIe légion (2), mais encore pour qu'on pût y appeler les Grecs domiciliés dans les terres voisines, qui furent admis également dans la colonie (3).

Condition normale des vétérans.

Après avoir pourvu aux exigences du moment présent, que l'achèvement de la guerre civile avait rendues pressantes, Auguste s'occupa d'organiser l'armée permanente, sur laquelle nous aurons à revenir, et de régler d'une manière normale la condition des soldats ayant accompli leur temps. La durée légale du service fut d'abord fixée pour les prétoriens à 12 ans, pour les légionnaires à 16 (4); plus tard, pour les prétoriens à 16 ans, pour les légionnaires à 20 (5), en sorte que les *præmia militiæ* ne pouvaient être réclamés par tous les soldats, mais seulement par ceux qui avaient droit à être entretenus; et cet état de choses ne subit aucun changement jusqu'à Dioclétien (6). La récompense consistait, suivant les dispositions primitivement arrêtées par Auguste, en une somme d'argent (7), qui devait régulièrement être payée par

---

(1) Dio Cass., L, 13; — Vellei. Paterc., II, 81.

(2) Voy. Mommsen, *C. I. L.*, t. III, 1, p. 93.

(3) Pausan., VII, 18, 5. Kuhn (*Ueber die Entstehung der Städte*, pp. 400 et suiv.) traite en détail de *Patræ*.

(4) Dion Cassius (LIV, 25) dit, au sujet de l'année 751 = 13 : [texte grec illisible] — Suéton., *Oct.*, XLIX.

(5) Dio Cass., LV, 23 (en l'an 5 de notre ère) : [texte grec illisible] — Monum. Ancyr., 3, 37 : *præmia darentur militibus qui vicena* [aut plu]ra *stipendia emeruissent* [éd. Mommsen, 1883, pp. LVI, LXXXVIII, in init., et 66; Marquardt, p. 122, note 2 : *præmia darentur militibus, qui viginti stipendia emeruissent*].

(6) Const. 9, *Quando procos. necess. non est*, C. Just., VII, 64 : *Veteranis, qui in legione vel vexillatione militantes post vicesima stipendia honestam vel causariam missionem consecuti sunt....* Sur les temps antérieurs, voy. Modestin., L. 8 § 2, *De excusat.*, D., XXVII, 1 :... [texte grec illisible]

(7) Monum. Ancyr., 3, 23 sqq. : *Et postea Ti. Nerone et Cn. Pisone consulibus* (7 av. J.-Chr.), [1] *item*[q]*ue C. Antistio et D. Lælio cos.* (6 av. J.-Chr.).

une caisse particulière, l'*ærarium militare*, et sur des ressources spécialement affectées à ce service (1) ; par la suite, une assignation de terres (2) en Italie ou dans les provinces remplaça l'argent.

Tout d'abord, en ce qui touche les assignations de terres en Italie, leur rôle s'était sensiblement modifié après les grands changements que la population avait subis, et dont les conséquences, déjà visibles à l'époque des Gracques, avaient fini, sous les empereurs, par éclater à tous les yeux. La classe agricole qui existait en Italie à l'origine avait disparu ; les grandes propriétés étaient cultivées par des esclaves, dont les provinces devaient assurer l'entretien (3).

La multitude de soldats envoyés partout et à diverses reprises, la plupart sans femmes et sans enfants, se fondit si rapidement (4), que les villes italiques, qui, autrefois, étaient pour

Diminution de la population italienne.

---

et C. Calvisio et L. Pasieno consulibus (4 av. J.-Chr.), et Le[ntulo et] M. Messalla consulibus (3 av. J.-Chr.), | et L. Cdnixio [1] et Q. Fabricio co[s.] (2 av. J.-Chr.) milit[ibus, qu]ös emeriteis stipendis in sua municip[ia remis]i, præm[ia n]umerato persolvi. [1] quam in rem sesle[rtium] q[uater m]illien[s li]b[ente]r impendi[ed. Mommsen, 1883, pp. LIV in fine et suiv., LXXXVI, et 63 ;— Marquardt, p. 122, note 4 : postea....... Messala..... et Q. Fabricio consulibus (2 av. J.-Chr.) veteranis, emeriteis stipendis in sua municipia remisi, præmia ære numerato persolvi, quam in rem sestertium [circiter sexvas] miliens impendi].

(1) Suet., O.t., XLIX : Ut perpetuo ac sine difficultate sumtus ad tuendos milites prosequendosque suppeteret, ærarium militare cum vectigalibus novis instituit. ; — Dio Cass., LV. 23. 25. — [Sur l'ærarium militare, voy. M. G. Humbert, dans le *Dict. des antiq. grecq. et rom.* de MM. Ch. Daremberg et Edm. Saglio, t. I, h. v., fascic. 1, 2e éd., Paris, 1873, pp. 119 et suiv., et *Essai sur les finances et la comptabilité publique chez les Romains*, Paris, Thorin, 1887, t. I, pp. 185. 191. 207. 229. 231. 241.]

(2) Aussitôt après la mort d'Auguste, Tacite (*Ann.*, I, 17) fait dire aux soldats de Pannonie : *Si quis tot casus vita superaverit, trahi adhuc diversas in terras, ubi per nomen agrorum uligines paludum vel inculta montium accipiant.* — Voy. Zumpt, op. cit., p. 345.

(3) Tacit., *Ann.*, III, 54 : *At Hercule nemo refert, quod Italia alienæ opis indiget, quod vita populi Romani per incerta maris et tempestatum cotidie volvitur, ac nisi provinciarum copiæ et dominis et serviliis et agris subvenerint, nostra nos scilicet nemora nostræque villæ tuebuntur.* Cf. XII, 43.

(4) Tacit., *Ann.*, XIV, 27 : *Veterani Tarentum et Antium adscripti non tamen infrequentiæ locorum subvenere, dilapsis pluribus in provincias, in quibus stipendia expleverant ; neque conjugiis suscipiendis neque alendis liberis sueti orbas sine posteris domos relinquebant ;* — Plin., *Nat. hist.*, III, 10 : *Sunt et morientis Casilini reliquiæ.* Aussi Auguste se glorifie-t-il, dans le *Monum. Ancyr.* (3, 36-33), de ce que : *Italia autem XXVIIII [colo]nis, quæ vivo me celeberrimæ*

la puissance militaire romaine une source inépuisable, parcimonieusement peuplées comme elles l'avaient été, étaient en partie désertes (1), et que leur conservation réclamait sans cesse de nouveaux établissements, pour combler artificiellement les vides. Dans les provinces, où la dépopulation ne se produisit qu'un peu plus tard, mais était déjà sensible depuis Hadrien, à tel point que, pour satisfaire aux exigences de la culture, on était forcé d'y admettre des familles barbares, il parut encore nécessaire, comme autrefois en Italie (voy. p. 48, *supra*), de fonder des établissements militaires, en vue de défendre les habitants contre les ennemis du dehors et contre ceux du dedans (2); et, à compter du jour où César commença à envoyer de nombreuses colonies dans les provinces, cette nécessité demeura jusqu'au bout la même dans celles de la période impériale. Ainsi, les graves difficultés soulevées depuis les Gracques à l'occasion des colonies se trouvèrent résolues, non seulement grâce aux dispositions militaires prises par Auguste, mais aussi par le changement apporté à la situation de ces colonies :

---

et *frequentissimæ fuerunt, meis auspiciis] deductas habet* [cf. Mommsen, 1883, pp. LXX in init., LXXXXII in fine et suiv., 121 : — Marquardt, p. 123, note 1 : *Italia autem colonias, — duodetriginta deductas habet*]. Il ressort de l'état de choses indiqué et des faits rapportés que les colonies, après un très court espace de temps, eurent besoin de nouveaux suppléments de colons. — Comp. Kuhn, *Ueber die Entstehung der Städte der Alten*, pp. 407 et suiv.

(1) *Tibur vacuum* (Horat., *Ep.*, I, 7, 45); — *Acerræ vacuæ* (Verg., *Georg.*, II, 225); — *Cumæ vacuæ* (Juvenal., III, 2). Sur Cumæ et Neapolis, Velleius Paterculus (I, 4, 2) s'exprime ainsi : *Vires autem veteres earum urbium hodieque magnitudo ostentat mænium.* — *Italiæ vastitas*, après la bataille de Mutina (Pollio, dans Cic., *Ad famil.*, X, 33, 1). La population samnite fut complétement exterminée par Sulla; Strabo, V, p. 249 extr. : καὶ γὰρ τὰς νῦν κώμας γεγόνασιν αἱ πόλεις (des Samnites) ἔνιαι δ' ἐκλελοίπασιν τελέως. En racontant les guerres contre les Volsques, Tite-Live (VI, 12) pose la question suivante : *unde toties victis Volscis et Æquis suffecerint milites.* Et il répond : *Simile veri est — innumerabilem multitudinem liberorum capitum in eis fuisse locis, quæ nunc, vix seminario exiguo militum relicto, servitia Romana ab solitudine vindicant.*

(2) Déjà Cicéron (*Pro Fonteio*, V, 13) dit de Narbonne : *Est in eadem provincia Narbo Martius, colonia nostrorum civium, specula populi Romani ac propugnaculum istis ipsis nationibus oppositum et objectum.* Et plus tard Tacite (*Ann.*, XII, 32) : *Colonia Camulodunum valida veteranorum manu deducitur in agros captivos, subsidium adversus rebelles, et imbuendis sociis ad officia legum.* — Pour de plus amples informations, voy. Giraud, *Les bronzes d'Osuna. Remarques nouvelles*; Paris, 1873, in-8, p. 81.

celles-ci se rapprochèrent de nouveau de leur destination pri
mitive (1), en fournissant à l'Italie le seul remède possible
contre les progrès de la dépopulation et aux provinces une défense militaire ; mais à l'Empereur seul il appartint désormais de disposer de l'*ager publicus*, qui était autrefois l'enjeu
de la lutte des partis (2).

Toutefois, sous les Empereurs, tous les établissements n'af-
fectèrent pas la forme de colonies. Le principe ancien, suivant
lequel les colonies étaient ordinairement fondées dans des localités déjà existantes et habitées (voy. ci-dessus, p. 48), ne permettait pas d'assigner aux soldats des terres dans des provinces nouvellement conquises ; et, d'autre part, il eût été pré-
somptueux d'espérer que des colonies pourraient, même avec le
temps, réussir dans des régions peu cultivées, alors que, même
en Italie, leur avenir n'était pas assuré (3). Aussi les premières
villes furent-elles créées dans les pays barbares d'acquisition
récente, non par des soldats, mais par les habitants de ces
pays eux-mêmes, sur l'ordre de l'Empereur, dont souvent elles
empruntent le nom, sans que pour cela il y ait lieu de les considérer comme des colonies (4) ; parmi les nombreuses localités dont Trajan se servit pour repeupler la Dacie entièrement

L'établissement pouvait se présenter sous une double forme.

---

(1) Isidor., *Origg.*, XV, 2, 9 : *Colonia vero est, quæ defectu indigenarum novis cultoribus adimpletur;* — Tit. Liv., XXVII, 9 : *In colonias atque in agrum
bello captum stirpis augendæ causa missos;* cf. V, 30 : — Hygin., *De lim. const.*,
dans les *Gromat.*, éd. Lachm., t. I, p. 116 :…, *augendæ rei publicæ causa.*

(2) Aussi des empereurs cupides, comme Tibère, se montraient-ils très
avares d'assignations de terres (Suet., *Tib.*, XLVIII; — Tacit., *Ann.*, I, 17).
— Voy. Zumpt, op. cit., pp. 332. 111. Hygin (*De gener. conf.*, dans les *Gromat.*, éd. Lachm., t. I, p. 133) montre que l'Empereur disposait également de
l'*ager publicus* vacant en Italie : *Cum divus Vespasianus subsiciva omnia*
(c'est-à-dire les parcelles de terres non assignées des colonies) *quæ non veniis-
sent aut aliquibus personis concessa essent, sibi indicasset, itemque divus Titus
a patre captum hunc ritum teneret, Domitianus per totam Italiam subsiciva
possidentibus donavit.*

(3) Nous ne connaissons pas la situation particulière des quelques colonies
suivantes, qui paraissent avoir été établies d'une manière tout à fait nouvelle:
Londinum, Augusta Prætoria, Augusta Taurinorum, Augusta Emerita en
Espagne, Carthage et Corinthe; ou bien là également il y avait en tout au
moins des villages (voy. *supra*, p. 16, note 2), ou bien on devait prendre
soin d'élever des constructions. — Voy. Zumpt. op. cit., p. 151.

(4) C'est ce que Zumpt (*op. cit.*, pp. 111 et suiv.) démontre en détail.

dévastée (1), on ne trouve que deux colonies (2), et, selon toute apparence, celles-ci avaient été établies dans des villes existant encore. Mais les établissements de soldats qui, nous l'avons observé, étaient habituellement placés dans des villes déjà fondées, le plus souvent sur des terres achetées, se présentent encore à nous sous une double forme. Ou bien l'établissement est partiel, en ce sens que les vétérans entrent dans une association communale déjà organisée, sans que le régime politique de celle-ci subisse aucun changement : alors les nouveaux arrivés forment une commune particulière; mais la ville tout entière ne prend pas les droits et le nom d'une colonie (3). Ou bien l'arrivée des colons anéantit l'ancienne Constitution de toute la commune, et cette commune est organisée à nouveau comme colonie, par une *formula* qui lui est propre (4). Dans ce dernier cas, la condition juridique respective des habitants anciens et nouveaux peut être établie sur des bases différentes : tantôt, les anciens habitants sont subordonnés aux nouveaux et cessent de participer à la gestion des affaires communales (5); tantôt, ils sont admis dans la colonie sur le pied de l'égalité (6); tantôt, enfin, la part de chacune des deux fractions à

---

(1) Eutrop., VIII, 3 : *Ex toto orbe Romano infinitas eo copias hominum transtulerat ad agros et urbes colendas. Dacia enim diuturno bello Decebali viris fuerat exhausta.* — [Voy., à cet égard, M. C. de la Berge, *Essai sur le règne de Trajan*, dans la *Bibliothèque de l'École des Hautes Études*, fascic. XXXII, Paris, 1877, pp. 33 et suiv.]

(2) Sarmizegetusa et Zerna (*C. I. L.*, t. III, 1, pp. 223, 243).

(3) Voy. ci-dessus, p. 137.

(4) Voy. Rudorff, *Feldmesser*, t. II, pp. 410 et suiv.

(5) Sur cette condition juridique, voy. *supra*, pp. 3 et suiv., 18, 43 et suiv., 83 et suiv. — Telle était également la règle, même sous l'Empire, lors de l'établissement de colonies dans les provinces. Tacite (*Ann.*, XIV, 31) nous le dit au sujet de la colonie de Camulodunum, en Bretagne : *(Britanni) rapiunt arma — acerrimo in veteranos odio. Quippe in coloniam Camulodunum recens deducti pellebant domibus, exturbabant agris, captivos, servos appellando, foventibus impotentiam veteranorum militibus similitudine vitæ et spe ejusdem licentiæ.* On trouve une situation analogue dans la Colonia Thugga, en Afrique, où *pagus et c{ives] civitas Thuggensium* élevent une statue (voy. Guérin, *Voyage archéol.*, t. II, p. 121, n° 337; p. 123, n° 338; p. 128, n° 341 [et *C. I. L.*, t. VIII, 1, n° 1495]). — Zumpt (*Comment. epigr.*, t. I, pp. 463 et suiv.) traite ce sujet en détail.

(6) Ateste en fournit un exemple (voy. ci-dessus, p. 161, note 1). Voy. un autre exemple dans Zumpt, *ubi supra*.

l'administration est réglementée par des dispositions spéciales (1). La qualité de colonies n'appartient qu'aux établissements, dans lesquels des citoyens romains ont été, suivant l'un des modes qui viennent d'être en dernier lieu mentionnés, constitués en colonie nouvelle, en vertu d'une *lex coloniæ* particulière, dans les formes usitées, dont nous nous occuperons tout à l'heure (2) Il est vrai que, dès les premiers temps de l'Empire, le *jus coloniæ* a été accordé, comme un simple titre, à des villes qui n'ont reçu aucun établissement nouveau (voy. ci-dessus, p. 119); mais, en dehors de ces villes, les fondations de colonies proprement dites subsistent, surtout dans les provinces frontières. Une des dernières colonies effectivement fondées fut Verona, qui, en l'an 265, reçut encore de Gallienus un établissement (3). Même plus tard, peut-être sous le règne de Dioclétien, Nicomedia, en Bithynie, fut élevée au rang de colonie (4). Enfin, sous Constantin, l'institution des colonies n'existe plus.

IV. — *Rites employés pour la fondation des colonies* (5). — Nous avons signalé jusqu'ici, en suivant les colonies dans leur développement historique, les diverses modifications qui leur furent apportées. Une chose tout au moins n'eut aucune part à ces modifications: ce sont les formalités observées lors de leur fondation; il nous reste à les faire connaître.

Sous la République, les colons, déterminés par la loi dans leur nombre (6) et dans leur désignation (7), faisaient leur

____

(1) Nous voyons comment cela se pratiquait, par les ordonnances qui avaient été prises déjà dans les temps anciens en Sicile pour les communes doubles d'Agrigente et d'Héraclée (Cic., *Accus. in Verr.*, II, 50, 123. 125).

(2) Sur la *lex coloniæ*, voy. Hygin., *De condit. agror.*, dans les *Gromat.*, éd. Lachm., t. I, pp. 113. 161. Voy. ci-dessus, p. 88, note 7.

(3) Orelli, *Inscr.*, n° 1011 = *C. I. L.*, t. V, 1, n° 3329.

(4) Voy. Zumpt, *op cit.*, p. 137.

(5) Nous pouvons traiter ce sujet brièvement et renvoyer à l'exposé magistral qui en a été fait dans les *Gromatische Institutionen*, de Rudorff (*Feldmesser*, t. II, pp. 229-461).

(6) Le nombre ordinaire des anciennes colonies de citoyens s'élevait à trois cents; celui des colonies latines, au contraire, était beaucoup plus considérable (voy. *supra*, pp. 49 et 70).

(7) Ce choix s'opérait, dans les temps anciens, de manières très différentes: tantôt, sur une demande volontaire (Festus, *Epit.*, p. 11 éd. Müller: *adscripti dicebantur, qui in colonias nomina dedissent, ut essent coloni;* — Tit.

entrée dans la colonie en ordre militaire, enseignes déployées (1), sous la conduite des commissaires extraordinaires élus à cet effet par le peuple (*IIIviri*, ou même *Vviri*, *VIIviri*, *Xviri*, *XVviri*, *XXviri*) (2). Après la prise des auspices, on procédait à la fondation de la colonie (3), de la manière suivante : Le magistrat (*IIIvir*) chargé d'y veiller, sans doute avec le *cinctus Gabinus*, traçait un sillon au moyen d'une charrue, attelée à droite d'un taureau, à gauche d'une vache, et délimitait ainsi l'enceinte de la ville nouvelle. Les mottes de terre arrachées par la charrue devaient tomber en dedans ; aux endroits où s'élèveraient plus tard les portes de la ville, on soulevait la charrue ; quant au mur lui-même, on l'édifiait sur le sillon (4).

Liv., I, 11 : *plures inventi, qui propter ubertatem [terræ in Crustuminum nomina darent* ; III, 1 : *jussi nomina dare, qui agrum accipere vellent)*; — tantôt, lorsque personne ne le demandait (Tit. Liv., X, 21 : *nec qui nomina darent, facile inveniebantur, quia in stationem se prope perpetuam infesta regionis, non in agros milli rebantur*, au moyen d'une levée militaire (voy. ci-dessus, p. 43, note 3, et Dionys. Italie., VII, 27 ; IX, 59 ; — Tit. Liv., XXXVII, 46 : *decrevit senatus, uti C. Lælius consul — sex millia familiarum conscriberet, quæ in eas colonias dividerentur)*.

(1) Cic., *De leg. agr.*, II, 32, 86 : *Tunc illud vexillum Campanæ coloniæ — Capuam a decemviris inferetur* ; — Cic., *Phil.*, II, 40, 102 : *Tu autem — Casilinum coloniam deduxisti — ut vexillum tolleres, ut aratrum circumduceres.* Plutarque (*C. Gracch.*, XI) dit, au sujet de l'établissement de Carthage : ἢ τι κρύφη σημεῖα ἐπιφραττες ἀγριστάσης· αἴτιον τοῦ τε φέροντος ἐπιφανῶς ἀντιγράφων, συνέβη.

(2) Voy. ci-dessus, pp. 127 et suiv., et, sur l'élection et les pouvoirs de ces fonctionnaires, Mommsen, *Staatsrecht*, t. II, 2ᵉ éd., pp. 607 et suiv. [La traduction. française de ce volume, par M. P. F. Girard, n'a pas encore paru ; il en a été publié une nouvelle édition allemande à Leipzig, en 1887.]

(3) Appian., *Bell. civ.*, I, 25 ; — Cic., *De leg. agr.*, II, 12, 31 ; Cic., *Phil.*, II, 40, 102.

(4) Varro, *De ling. Lat.*, V, 143 : *Oppida condebant in Latio Etrusco ritu, ut multa, id est junctis bobus, tauro et vacca interiore, aratro circumagebant sulcum. — Terram unde exsculpserant, fossam vocabant, et introrsum factam murum. Post ea qui fiebat orbis, urbis principium. — — Quare et oppida, quæ prius erant circumdata aratro, ab orbe et urvo urbes, et ideo coloniæ nostræ omnis in litteris antiquis scribantur urbeis, quod item conditæ ut Roma. —* Sur Vergile (*Æn.*, V, 755 : *Interea Æneas urbem designat aratro*), Servius dit : *Quem Cato in Originibus dicit morem fuisse. Conditores enim civitatis taurum in dextram, vaccam intrinsecus jungebant et incincti ritu Gabino, i. e. toga parte caput velati parte succincti tenebant stivam incurvam, ut glebæ omnes intrinsecus caderent. Et ita sulco ducto loca murorum designabant, aratrum suspendentes circa loca portarum.* Plutarque (*Quæst. Rom.*, XXIV) rapporte la même chose. — Plutarch., *Romul.*, XI ; — Dionys. Italie., I, 88 ; — Dio Cass., LXXII, 15 ; — Ovid., *Fast.*, IV, 825 ; — Festus, *Epit.*, éd. Müller : p. 237,

La coutume d'une entrée militaire (1) et l'antique cérémonial de la fondation (2) persistèrent jusque sous les Empereurs ; mais les fonctions jusqu'alors confiées à des *triumviri* choisis par le peuple furent dévolues à un délégué muni des pleins pouvoirs de l'Empereur, à un *curator*, qui, en attendant l'organisation complète et l'entrée en charge des nouveaux magistrats de la colonie, en dirigeait l'administration (3).

Dès avant l'arrivée des colons, le sol qui leur était assigné était mesuré par les *agrimensores*, d'après les mêmes principes qui étaient appliqués à la prise des augures (4). Deux lignes, l'une tirée du Sud au Nord, l'autre de l'Est à l'Ouest, et passant toutes deux par le point central du territoire, où elles se coupaient à angle droit, formaient la base de cet arpentage. On appelle la ligne tirée du Nord au Sud, *cardo maximus* ; celle tirée de l'Ouest à l'Est, *decumanus maximus* (5). Par ces deux lignes, tout le territoire est divisé en quatre secteurs, désignés

Arpentage.

----

s. v. primigenius; p. 302, *s. v. suki* ; — Isid., *Origg.*, XV, 2, 3. — Voy., sur, le rite tout entier, Rudorff, *Feldmesser*, t. II, pp. 291 et suiv. ; — Nissen, *Das Templum*, pp. 53 et suiv.

(1) Hyginus, dans les *Gromat.*, éd. Lachm., t. I, p. 176 : *Multis legionibus contigit bella feliciter transigere et ad laboriosam agriculturæ requiem primo tirocinii gradu pervenire : nam cum signis et aquila et primis ordinibus ac tribunis deducebantur ;* — Tacit., *Ann.*, XIV, 27 : *Non enim, ut olim, universæ legiones deducebantur cum tribunis et centurionibus et sui cujusque ordinis militibus, ut consensu et caritate rem publicam efficerent, sed ignoti inter se, diversis manipulis, sine rectore, sine affectibus mutuis, quasi ex alio genere mortalium repente in unum collecti, numerus magis quam colonia ;* — Appian., *Bell. civ.*, II, 120 ; III, 81. Les *signa militaria* sont le type ordinaire des monnaies coloniales (voy. Eckhel, *Doct. numm.*, t. IV, pp. 490 et suiv. — [Voy. aussi M. F. Lenormant, *Monnaies des colonies romaines*, dans le *Dict. des antiq. grecq. et rom.* de MM. Ch. Daremberg et Edm. Saglio, 9e fasc., Paris, 1881, t. I, pp. 1319 et suiv.]).

(2) Ce rite se trouve également représenté sur les monnaies coloniales (voy. Eckhel, *Doct. Numm.*, t. IV, p. 499. [Voy. aussi M. F. Lenormant, *loc. sup. cit.*]).

(3) *Gromat. Vett.*, éd. Lachm., t. I, p. 263 ; — Rudorff, *Feldmesser*, t. II, p. 334.

(4) Voy. Nissen, *Das Templum*, pp. 1-23 ; — Rudorff, *Feldmesser*, t. II, pp. 333 et suiv. — [Sur les augures, voy. M. A. Bouché-Leclercq, dans le *Dict. des Antiq. grecq. et rom.* de MM. Ch. Daremberg et Edm. Saglio, 4e fascic., Paris, 1873, mot *Augures*, t. I, pp. 550 et suiv., et *Manuel des Instit. rom.*, Paris, 1886, pp. 532 et suiv., ainsi que les auteurs cités.]

(5) Sur l'étymologie et le sens du mot *decumanus*, voy. Nissen, *op. sup. cit.*, p. 12 ; — Lange, dans le *Philologus*, t. VIII, p. 173.

par les expressions *dextra decumanum* ou *sinistra, citra cardinem* ou *ultra* (1). Au moyen de ces lignes, tracées parallèle-
ment dans tout le territoire, à une distance déterminée par l'é-
tendue des diverses assignations, et désignées indifféremment
sous le nom de *cardines* et *decumani*, ou sous l'appellation générale de *limites*, on divisait le sol tout entier en carrés égaux
(*centuriæ*)(2)*. Leurs points de jonction, c'est-à-dire les angles
des centuries, étaient indiqués par des bornes en pierre (3) ou
par des poteaux(4), sur lesquels était mentionné le numéro du
cardo et du *decumanus*, à compter du point central, qui servait
à désigner la centurie (5). Chaque cinquième (6) *limes* formait

---

(1) Frontin., *De limit.*, dans les *Gromat.*, éd. Lachm., t. I, pp. 27. 28 ;
*Limitum prima origo, sicut Varro descripsit, a disciplina Etrusca. — Ab hoc
fundamento majores nostri in agrorum mensura videntur constituisse rationem.
Primos duo limites duxerunt, unum ab oriente in occasum, quem vocaverunt de-
cimanum, alterum a meridiano ad septentrionem, quem vocarrunt cardinem.
Decimanus autem dividebat agrum dextra et sinistra, cardo citra et ultra ; —*
Hygin., *De limit.*, ibid., p. 108 ; — Siculus Flaccus, *De cond. agr.*, ibid., p.
153 ; — Hygin., *De limit. const.*, ibid., pp. 164. 167. Sur la désignation, Hygin (*De limit.*, dans les *Gromat.*, éd. Lachm., t. I, p. 111) dit : *in maximo
autem decumano et cardine lapidem ponis et inscribis DECIMANVS MAXIMVS
et CARDO MAXIMVS. Forma autem sic scribi debebit DEXTRA DECVMANVM
et SINISTRA, CITRA CARDINEM et VLTRA.*

(2)* [Sur les *centuriæ*, voy. M. G. Humbert, dans le *Dict. des Antiq. grecq.
et rom.*, 7e fascic., Paris, 1886, mot *Centuria*, t. I, p. 1017, coll. 1 in fine suiv.]

(3) Hygin., *De limit. const.*, dans les *Gromat.*, éd. Lachm., t. I, p. 172.

(4) Hygin., *De gen. contr.*, dans les *Gromat.*, éd. Lachm., t. I, pp. 126. 127.

(5) L'inscription d'une *centuria* portait, par exemple : *DDI : VKI*, c'est-à-
dire : *dextra decumanum primum, ultra kardinem primum* ; ou : *SDI : CKI*,
c'est-à-dire : *sinistra decumanum I, citra kardinem I*, et ainsi de suite, avec
des numéros différents. Frontin., *De contr.*, dans les *Gromat.*, éd. Lachm.,
t. I, p. 16 ; — Hygin., *De limit.*, ibid., p. 111, par exemple *D. D. LXXXXVIII.
V. K. LXXV.* Hygin., *De limit. const.*, ibid., pp. 173. 193 et la figure, p. 179.
Rudorff, *Feldm.*, t. II, pp. 352 et suiv.

(6) Le *decimanus maximus* et le *cardo maximus* ne se trouvaient même
pas comptés dans ces cinq *limites*. Hygin., *De limit. const.*, dans les *Gromat.*,
éd. Lachm., t. I, p. 168 : *decimanus autem primus maximus appellatur, item
kardo : nam latitudine ceteros præcedunt. Alii limites sunt actuarii atque alii
linearii. Actuarius limes est, qui primus actus est, et ab eo quintus quisque :
quem si numeraveris cum primo, sextus erit, quoniam quinque centurias sex
limites cludunt.* — [Sur l'*actuarius limes*, voy. M. G. Humbert, dans le *Dict.
des antiq. grecq. et rom.*, 1er fascic., 2e édit., Paris, 1873, mot *Actuarius Ager
ou Limes*, t. I, pp. 60 et suiv., et M. Ettore de Ruggiero, *Dizionario epigrafico di Antichità romane*, fascic. 3, Roma, 1886, p. 70, col. 2.]

une division principale et portait le nom d'*actuarius* ou *quinta-rius*, tandis que les petits *limites* intermédiaires s'appelaient *limites linearii*, ou, en Italie, *subruncivi*. Tous ces *limites*, qui avaient une certaine largeur, servaient également de chemins sur le territoire de la colonie (1). Le point d'intersection du *cardo maximus* et du *decumanus maximus* devait également, suivant la théorie, être le point central de la colonie, comme il arrivait pour la castramétation, à laquelle il était procédé suivant des règles absolument identiques (2); et ces prescriptions continuèrent à être habituellement observées, lors de l'établissement de villes nouvelles (3); seulement, comme, en général,

(1) Frontin., *De contror.*, dans les *Gromat.*, éd. Lachm., t. I, p. 21 : *Omnes enim limites secundum legem colonicam itineri publico servire debent;* ibid., pp. 41. 54; — Siculus Flaccus, *ibid.*, pp. 153. 158. « *Secundum legem et constitutionem divi Augusti* », le *decumanus maximus* avait une largeur de 40 pieds; le *cardo maximus*, de 20; l'*actuarius*, de 12; le *subruncivus*, de 8 (Hygin., *De limit. const.*, *ibid.*, p. 194). Cependant, il y avait également sur ce point d'autres prescriptions (Hygin., *De limit.*, *ibid.*, p. 111). — [Sur la valeur du pied romain comparé au pied italique, voy. M. Dœrpfeld, dans *Hermes*, t. XXII. 1.]

(2) Klenze (*Philolog. Abhandlungen*, publiées par Lachmann, Berlin, 1839, in-8, p. 131) : « Ce point central du camp se trouve à cent pieds de l'espace libre, qui était laissé devant la file de tentes des tribuns et que les Romains appelaient *principia*. C'est à ce point central que les Romains plaçaient, soit lors de l'arpentage des terres, soit lors de la castramétation, un signal, suivant lequel les *limites* principaux étaient prolongés à angle droit des quatre côtés. L'instrument était en fer; au sommet se trouvait un rapporteur, *tetrans*, et l'instrument tout entier, comme le point d'intersection des lignes lui-même, portait le nom de *gruma* ou *groma*; de là vient que les arpenteurs portent eux-mêmes le nom de *gromatici*. » Voy. les sources citées sur ce passage, et celles indiquées par Rudorff, *Feldmesser*, t. II, pp. 335 et suiv. — [Voy., sur les *Agrimensores*, M. G. Humbert, dans le *Dict. des Antiq. grecq. et rom.*, 3e fascic., Paris, 1873, mot *Agrimensor*, t. I, pp. 163-167, et comp., sur la castramétation, Du Choul, Dauphinois, *Discours de la Religion des anciens Romains, de la castramétation et discipline militaire d'iceux*, etc., A Lyon, Guillaume Rouille, 1567, in-4 (cet ouvrage contient des figures sur bois fort curieuses); — Masquelez, *Étude sur la castramétation des Romains et sur leurs institutions militaires*, Paris, 1864, in-8; — les deux articles de MM. E. Saglio et Masquelez, dans le *Dict. des Antiq. grecq. et rom.*, mots : *Castra* (Camps des Romains), et *Castrorum metator*, fascic. 6 et 7, Paris, 1879-80, t. I, pp. 911. col. 2, et suiv., et 963, col. 2, et suiv., et les auteurs cités par M. Bouché-Leclercq, dans son *Manuel des instit. rom.*, p. 281.]

(3) Hygin., *De limit. const.*, dans les *Gromat.*, éd. Lachm., t. I, p. 180 : *Quibusdam coloniis postea constitutis, sicut in Africa Admederæ, decimanus maximus et kardo a civitate oriuntur et per quattuor portas in morem castrorum et viæ amplissimæ limitibus diriguntur. Hæc est constituendorum limitum*

la ville existait déjà, au jour de la fondation d'une colonie,
on s'attachait à un point arbitraire, pris ordinairement au
dehors (1). Ce procédé était le plus souvent imposé par cette
circonstance que la ville était, d'ordinaire, située sur une
hauteur, parfois sur des roches escarpées, qui ne figuraient pas
dans la limitation, à raison de leur stérilité (2); de sorte que,
dans ce cas, on renonçait à dessein à l'application de la théorie (3). Les centuries comprenaient en moyenne 200 *jugera*;
elles étaient quelquefois plus grandes (4); dans les actes d'arpentage de la colonie (5), on les appelle *agri intra clusi*, par le
motif qu'elles se trouvent enfermées dans le réseau formé par
les lignes dont nous venons de parler, et elles ne se composent
que de terres labourables (6). Au contraire, les parcelles non

*ratio pulcherrima. — Sic et in castris groma ponitur in tetrantem, qua velut ad
forum conveniatur.* Cf. p. 191.

(1) Hygin., *op. cit., ibid.,* p. 178 : *Quibusdam coloniis kardo maximus et
decimanus non longe a civitate oriuntur. Nam in proximo esse debent, immo, si
fieri potest, in ipsa colonia inchoari : sed quum vetusta municipia in ius coloniæ
transferuntur, stantibus iam muris et ceteris moenibus limites primos nisi a fo-
ris* (c'est-à-dire du dehors) *accipere non possunt.* Voy. la figure qui se rapporte à ce passage.

(2) Hygin., *op. cit., ibid.,* p. 179; — Rudorff, *Feldmesser,* t. II, pp. 360
et suiv.

(3) Hygin., *op. cit., ibid.,* p. 181 : *Itaque si loci natura permittit, rationem
servare debemus : sin autem, proximum ratini.* Cf. *ibid.,* p. 191.

(4) Siculus Flaccus, *De cond. agr.,* dans les *Gromat.,* éd. Lachm., t. I,
p. 159 : *Centuriæ autem non per omnes regiones ducenta jugera obtinent, in
quibusdam ducentena dena, quadragena;* — Hygin., *De lim. const., ibid.,*
p. 170 : *Modum autem centuriis quidam secundum agri amplitudinem dederunt;
in Italia triumviri jugerum quinquagenum, aliubi ducenum; Cremonæ iug.
CCX; divus Augustus in Beturia Emeritæ iug. CCCC; quibus divisionibus deci-
mani habent longitudinis actus XL, kardines actus XX.* Dans le *Liber coloniarum* (*ibid.,* pp. 209 et suiv.), ces différences sont signalées à propos de chaque
colonie. Un *jugerum* mesure 2 *actus,* et un *actus* 120 pieds en carré. Voy.
Klenze, *op. sup. cit.,* p. 130; — Rudorff, *Feldmesser,* t. II, pp. 351. 363.

(5) *Forma coloniæ* ou *æi.* Frontin., *De controv. agr.,* dans les *Gromat.,* éd.
Lachm., t. I, pp. 46. 51; — Siculus Flaccus, *De condit. agr., ibid.,* pp. 154 et
suiv.; — Rudorff, *Feldmesser,* t. II, p. 405.

(6) Frontin., *De controv. agr.,* dans les *Gromat.,* éd. Lachm., t. I, p. 51 :
Agri sunt adsignati, qua usque tunc solum utile visum est; — Hygin., *ibid.,*
pp. 112 : *Mensura territorii usque fieri debet secundum legem divi Augusti
QUA FALX ET ARATER IERIT;* id., *ibid.,* p. 199 : *solent enim culti agri ad
pretium emeritorum æstimari;* id., *ibid.,* p. 201 : *adsignare agrum secundum
legem divi Augusti eatenus debebimus, qua falx et arater exierit.*

susceptibles de culture, laissées en dehors de la limitation, portent le nom de *loca relicta et extra clusa* (1), tandis qu'on appliquait aux terres labourables, trop petites pour former à elles seules une centurie particulière, qui se trouvaient comprises soit entre les confins irréguliers du territoire et sa limite extrême, soit, à l'intérieur, entre les *limites*, mais sous forme de parcelles non mesurables, la dénomination de *subseciva* (2). Tout le territoire avait-il été assigné (3), les centuries se divisaient en *sortes*, d'étendue variable, suivant les colonies (4); et ces

----

(1) Frontin., *De contror. agr.*, dans les *Gromat.*, éd. Lachm., t. I, p. 55 : *Loca autem relicta et extra clusa non sunt nisi in finibus coloniarum, ubi assignatio pervenit usque qua cultum fuit, quatenus ordinatione centuriarum intermissa finitur. Ultra autem silvestria fere fuerunt et iuga quædam montium, quæ visa sunt finem coloniæ non sine magno argumento facere posse.* — *Propter quod hæc loca, quod adsignata non sint, relicta appellantur; extra clusa, quod extra limitum ordinationem sint et tamen fine cludantur.* — Hygin., *De limit. const.*, ibid., p. 193.

(2) Se trouvait-il, par exemple, un étang compris dans les *agri limitati*, le fait que cet étang était inclus dans le carré formé par les *limites* les plus voisins, donnait naissance, à l'intérieur de ce carré, à des *subseciva* constitués par les bords de l'étang. Hygin., *De gen. contr.*, dans les *Gromat.*, éd. Lachm., t. I, pp. 133 et suiv. : *Subseciva autem ea dicuntur, quæ alsignari non potuerunt. Id est, cum sit ager centuriatus, aliqua inculta loca, quæ in centuriis erant, non sunt assignata. Hæc ergo subseciva aliquando auctor divisionis aut sibi reservavit aut aliquibus concessit aut rebus publicis aut privatis personis;* — Frontin., *De agr. qual.*, ibid., pp. 6.7; — Agennius Urb., *De contr. agr.*, ibid., p. 81 : *subsicivorum autem genera sunt duo; unum, quod extremis adsignato non agrorum finibus centuriam non explet : aliud etiam integris centuriis intervenit;* — Hygin., *De limit.*, ibid., p. 110. — Les Empereurs disposèrent de ces *subseciva*. (Frontin., *De contror.*, ibid., pp. 8. 51; — Siculus Flaccus, *De condit. agr.*, ibid., p. 163; — Rudorff, *Feldmesser*, t. II, pp. 390 et suiv.) — [Sur les *Subseciva*, comp. M. Biagio Brugi. *Subseciva*, dans l'*Archivio giuridico*, vol. XXXVIII, fascic. 5-6, Pisa, 1887, pp. 189-500.]

(3) Hygin., *De lim. const.*, dans les *Gromat.*, éd. Lachm., t. I, p. 203 : *Si vero municipium in coloniam eius transferetur, condicionem regionis excutiemus, et secundum suam postulationem adsignabimus. Multis locis conditores universum locum coemerunt, multis male meritos fundorum possessione privaverunt.*

(4) A l'origine, la *sors* comprenait 2 *jugera*; mais, plus tard, elle en comprit bien davantage; à Vibo, 15 *jugera* furent assignés aux *pedites*, 30 *jugera* aux *equites* (Tit.-Liv., XXXV, 40); dans la colonie latine de Bononia, 50 *jugera* aux *pedites*, 70 aux *equites* (Tit.-Liv., XXXVII, 57); à Potentia et à Pisaurum, 6 *jugera* (Tit.-Liv., XXXIX, 44); à Parme, 8 : à Mutina, 5 (Tit.-Liv., XXXIX, 55); à Graviscæ, 5 (Tit.-Liv., XL, 29). — Voy. Rudorff, *Feldm.*, t. II, pp. 363 et suiv.

sortes étaient distribuées par lots aux colons (1). Restait-il encore quelque terre labourable, elle était concédée à titre de possession aux apportionnés (2), et servait plus tard à une nouvelle assignation (3). D'autre part, avait-on laissé, ce qui était le cas le plus ordinaire, une portion du territoire mesuré, en propriété, aux premiers habitants du sol, on en déterminait tout de suite l'étendue, de telle manière que, à la suite de la délimitation nouvelle des anciens domaines, soit un échange, soit un dédommagement étaient parfois rendus nécessaires (4). Les vétérans, parmi lesquels figuraient non seulement de simples soldats, mais même des centurions, et tout au moins un certain nombre des *tribuni militum* (5), recevaient d'ailleurs des *sortes* de grandeur inégale, suivant le grade qu'ils avaient occupé (*secundum gradum militiæ*) (6).

---

(1) Hygin (*De limit.*, dans les *Gromat.*, éd. Lachm., t. I, pp. 113, 199 et suiv.) décrit *in extenso* le procédé du lotissement.

(2) Frontin., *De contr. agr.*, dans les *Gromat.*, éd. Lachm., t. I, p. 53 : *Per longum enim tempus attigui possessores vacantia loca quasi invitante otiosi soli opportunitate invaserunt et per longum tempus impune commattererunt.*

(3) Frontin., *loc. sup. cit.*, p. 51 : *Scio in Lusitania, finibus Emeritensium, non exiguum per mediam coloniæ perticam ire flumen Anam, circa quod agri sunt adsignati, qua usque tunc solum utile visum est. Propter magnitudinem enim agrorum veteranos circa extremum fere finem velut terminos disposuit, paucissimos circa coloniam et circa flumen Anam : reliquam ita remanserat, ut postea replerentur. Nihilo minus et secunda et tertia postea facta est assignatio : nec tamen agrorum modus divisione vinci potuit, sed superfuit inadsignatus.* De même, à Capoue, il y avait des *sortes* de reste (Vellei. Paterc., II, 81) : il en fut ainsi également à Augusta Emerita, en Lusitanie (voy. Rudorff, *Feldmesser*, t. II, p. 409).

(4) Siculus Flaccus, dans les *Gromat.*, éd. Lachm., t. I, p. 155 : *Nec tamen omnibus personis civitatis ablati sunt agri : nam quorundam dignitas aut gratia aut amicitia victorem ducem movit, ut eis concederet agros suos. Itaque limitibus actis cum centuriæ erigerentur, eorum, quorum nomina continent, agri notabuntur, quantum in quaque centuria haberent. Inscriptiones itaque in centuriis sunt tales : DEXTRA aut SINISTRA DECIMANVM TOTVM, VLTRA CITRAve CARDINEM TOTVM, ASSIGNATVM ILLI TANTVM. Inde subscriptum est nomen cui concessum est, inscriptione tali, REDDITVM ILLI TANTVM. Præterea scriptum est et REDDITVM ET COMMVTATVM PRO SVO, quod ideo fit, quoniam particulas quasdam agrorum in diversis locis habentes duo quibus agri reddebantur, ut continuam possessionem haberent, modum pro modo secundum bonitatem taxabant.*

(5) Voy. Zumpt, *Comment. epigr.*, t. I, pp. 117 et suiv.

(6) Siculus Flaccus, dans les *Gromat.*, éd. Lachm., t. I, p. 156, 9 : *Non enim omnibus æqualiter datus, sed et secundum gradum militiæ et modus est datus.*

Aussi bien que les colonies, les municipes ont, au cours de Changements dans l'existence des municipes.
leur longue existence, subi d'importantes modifications de ca-
ractère, amenées par le développement général de la Constitution romaine. A l'origine, le mot *municipium* désignait : 1° dans
un sens abstrait, le droit de cité incomplet; 2° dans un sens
concret, une commune investie de ce droit de cité incomplet
(voy. p. 37) et ayant une Constitution urbaine incomplète
(voy. pp. 57 et suiv.). Après la *lex Julia* de l'an 664 = 90, au
contraire, le *municipium* est une commune urbaine, à laquelle
ont été accordés le droit de cité romaine complet (voy. pp. 45
et suiv.) et une Constitution de ville romaine complète (voy.
p. 58), sans qu'elle ait reçu de colons romains. Enfin, depuis que,
en l'an 665 = 89, le *jus Latii* avait été concédé aux communes
transpadanes, et plus tard aux communes de toutes les provinces, dans les mêmes termes, c'est-à-dire sans établissement d'une
colonie latine (voy. pp. 82 et suiv..), on commença à distinguer
des *municipia civium Romanorum* et des *municipia Latina*,
de même que l'on distinguait des *coloniæ civium* et des *coloniæ
Latinæ*; en effet, il n'est pas douteux, par exemple, que les villes
espagnoles, qui avaient obtenu de Vespasien le *jus Latii*,
étaient des *municipia* (1). Seulement, toutes ces sortes de communes étaient, en général, organisées uniformément d'après le
vieux type italien, et c'est dans cette similitude de Constitutions
qu'il faut chercher principalement la raison de ce fait que,
bien que les colonies romaines se distinguent par leur rang
des municipes jusqu'au iii° siècle (voy. pp. 118 et suiv.),
néanmoins la dénomination de *municipium* a, d'une manière

---

(1) Voy. Mommsen, *Stadtrechte von Salpensa und Malaca*, p. 100; — Hübner, *C. I. L.*, t. II, p. 93. Zumpt (*Stud. Rom.*, pp. 273 et suiv.) est d'avis
que ces municipes ont dû avoir une population mélangée de citoyens romains
et de Latins et un *ordo* également mixte, et Walter (*Gesch. d. Röm. Rechts*,
§ 317 (3° éd., t. I, pp. 473 et suiv.)) adhère à cette manière de voir.
Je renvoie là-dessus à Hübner (*C. I. L.* t. II, p. 261). Au contraire, je ne
regarde pas encore comme établie par le passage de la *lex agraria* (*C. I. L.*,
t. I, n° 200, lin. 31 (= Bruns, *Fontes juris rom. ant.*, éd. 5°, p. 79)), inter-
prété en ce sens par M. Mommsen (*C. I. L.*, t. I, p. 91), l'existence de *municipia latini juris* en l'année 613=111.

générale, soit dans le langage courant (1), soit dans la langue juridique (2), servi à désigner toutes les variétés de villes romaines, et, après Caracalla, toute espèce de communes par opposition à Rome. C'est en nous plaçant à ce point de vue qu'il nous faut maintenant parler d'un droit municipal commun aux colonies et aux municipes.

(1) C'est dans ce sens général que l'on trouve notamment *municeps* et *municipalis*. Ainsi, Fronto (*Ep. ad am.*, II, 10, p. 200, éd. Naber) écrit aux décurions de la colonie de Cirta : *Aufidium Victorinum, quem in numero municipum habetis*; et Tacite (*Hist.*, III, 43) parle d'un *furor municipalis* dans la colonie de Forum Julium. — Zumpt, (*Comment. epigr.*, t. 1. pp. 416 et suiv.) traite ce sujet en détail.

(2) Ulpian., L. 1 pr., *Ad municip. et de incol.*, D., L, 1 :..... *sed nunc abusive municipes dicimus suæ cujusque civitatis cives, ut puta Campanos, Puteolanos*. Capua et Puteoli sont des colonies. — C'est en ce sens que les jurisconsultes parlent de *magistratus municipales* (Ulpian., L. 25, *Ad municip. et de inc.*, D., L, 1), de *jurisdictio municipalis* (Gaius, L. 29. *Ad municip. et de inc.*, D., L, 1), d'*honor municipalis* (Callistrat., L. 14, *De muner. et honor.*, D., L, 4), de *legatus municipalis* (Ulpian., L. 1. *De legation.*, D., L, 1), etc., et que, dans les *Fragmenta Vaticana* (§ 191), on oppose les unes aux autres les *tutelæ, quæ Romæ sunt injunctæ*, et les *tutelæ, quæ in municipiis Italicis injunguntur*. — Voy. Savigny, *System des heutigen Röm. Rechts*, t. VIII, p. 51 [=dans la trad. fr. de M. Ch. Guenoux, *Traité de dr. rom.*, par M. F. C. de Savigny, t. VIII, pp. 53 et suiv.]. De même, 'dans les inscriptions, les fonctions exercées dans les colonies portent la dénomination d'*honores municipales* (C. I. L., t. V, 1, n°° 333. 4417). [Il serait facile de citer bon nombre d'autres exemples épigraphiques, puisés, en particulier, au C. I. L. : voy. les *Indices*, XI, Res municipalis, C. *Honorati et principales coloniarum et municipiorum*.]

LA CONSTITUTION MUNICIPALE.

La grande place que les communes ont prise dans l'organisation de l'État romain rend particulièrement intéressante la tâche de tracer un tableau aussi complet que possible de leur régime intérieur. Cette tâche était encore, il y a quelque trente ans, d'une réalisation impossible sous beaucoup de rapports, car les informations relatives à la période florissante des municipes et des colonies étaient rares, et les sources juridiques qui existaient alors remontaient à une époque où les institutions primitives des communes urbaines romaines avaient subi de très importantes modifications, sous l'influence de l'administration impériale (1). Au contraire, cette étude est entrée dans une voie

(1) Des recherches sur des questions spéciales relatives à cet objet ont été autrefois faites à maintes reprises, mais seulement d'une manière incidente; elles seront mentionnées ci-dessous. Le premier traité embrassant toute la matière se trouve dans Fr. Roth, *De re municipali Romanorum libri I,* Stuttgart, 1801, in-8; une exposition sommaire se rencontre dans Savigny, *Gesch. des Röm. Rechts im Mittelalter,* t. I, c. 2 (2ᵉ éd., Heidelberg, 1834, pp. 38 et suiv. et dans la trad. fr. de M. Charles Guenoux, *Histoire du droit romain au moyen-âge,* par M. de Savigny, 4 vol. in-8, Paris, 1839, t. I, pp. 59 et suiv.]. Comp. Rein, dans la *Pauly's Realenc.,* t. V, pp. 223 et suiv.; — C. Hegel, *Gesch. der Städteverfassung von Italien,* t. I, 1847, in-8. Les études savantes et étendues de A. W. Zumpt, dans le premier volume de ses *Commentationes epigraphicæ,* Berlin, 1850, in-4, ont pour la première fois rendu possible un jugement sûr, touchant beaucoup de points difficiles, et ont produit de nouveaux résultats, que j'ai utilisés; mais, d'autre part, elles n'ont pu résoudre certaines

Les lois de
Salpensa et de
Malaca.

toute nouvelle, grâce à la découverte de trois documents, auxquels nous devons des éclaircissements complètement neufs sur
le régime municipal des premiers temps de l'Empire. Ce sont
les lois municipales des communes latines de Salpensa et de
Malaca, dans la province de Bétique, qui furent rédigées sous
l'empereur Domitien, entre 83 et 84, et découvertes en 1851 (1),

---

questions importantes, sur lesquelles aujourd'hui on possède de nouveaux
matériaux.

(1) Ces deux documents, aujourd'hui contenus dans le *C. I. L.*, t. II, n°°
1963-1964, et dans Henzen, n° 7121 — [voy. aussi Bruns, *Fontes juris rom. ant.*,
ed. 2ᵉ, pp. 136 et 141]. — ont été pour la première fois publiés par M. R. de
Berlanga, *Estudios sobre los dos bronces encontrados en Malaga a fines de
Octubre de 1851*, Malaga, 1853, in-4; puis, avec un commentaire excellent,
par M. Mommsen, *Die Stadtrechte der latinischen Gemeinden Salpensa und
Malaca in der Provinz Bætica*, Leipzig, 1855, et aussi dans le 3ᵉ volume des
Abhandl. d. K. S. Gesellsch. der Wiss., pp. 363 et suiv., et dans le Supplément, ibid., pp. 459-507; et de nouveau par Berlanga, *Monumentos históricos
del municipio Flavio Malacitano*, Malaca, 1864, in-8. Plus tard, ils ont fait
l'objet de nombreuses publications et de nouvelles études approfondies, par
exemple, de la part de Van Der, *De inscriptionibus Salpensana et Malacitana*,
Traject. ad Rhen., 1865, in-8; — P. J. Swinderen, *Disquisitio de ære Malacitano et Salpensano*, Groningue, 1867, in-8. Les nouveaux faits, qui se dégagent de ces documents, commencèrent par provoquer des doutes sur leur
authenticité, doutes dont se sont faits en particulier les échos M. Éd. Laboulaye, *Les Tables de bronze de Malaga et de Salpensa*, Paris, 1856, plus
tard M. C. M. Asher, *Notice sur l'époque et la méthode de la fabrication des
tables de Malaga*, lettre à Monsieur Éd. Laboulaye, Paris, 1866, in-8. *Extrait
de la Revue historique de droit français et étranger*, numéro de mars-avril
1866, et : *Ueber das XXII. Capitel der Tafel von Salpensa nebst einer Analyse
der ganzen Tafel*, Heidelberg, 1867, in-8. Ces doutes, cependant, doivent
aujourd'hui être considérés comme levés, grâce, notamment, à deux travaux
aussi savants que consciencieux, dus à M. Ch. Giraud et à M. L. Arndts :
Ch. Giraud : *Les Tables de Salpensa et de Malaga*, Paris, 1856, in-8, et *La
lex Malacitana*, Paris, 1868, in-8 [comp. *Revue historiq. de législ. et de jurispr.*, t. XII, pp. 305 et 433; t. XIII, p. 79]; le premier de ces écrits est
dirigé contre Laboulaye, le second contre Asher. — L. Arndts, dans la
Zeitschrift für Rechtsgeschichte, t. VI, 1867, pp. 32 et suiv. — A l'explication
des Tables se rattachent les études de Dernburg, dans la *Krit. Zeitschr. für
die gesammte Rechtswissenschaft*, de Dernburg et Hillebrand, t. III, 1855,
pp. 14 et suiv.; — de Huschke, *Gaius. Beiträge zur Kritik und zum Verständniss seiner Institutionen*, Leipzig, 1855, in-8, pp. 14 et suiv.; — de Stintzing,
dans la *Krit. Zeitschr. für die ges. Rechtswiss.*, t. IV, 1856, pp. 329 et suiv.; — de
Dirksen, *Ein Beitrag zur Auslegung der epigr. Urkunde einer Städteordnung
für die latinische Bürgergemeinde zu Salpensa*, dans les *Abhandl. der Berliner
Academie*, 1866, pp. 673 et suiv. [voy. également les *Hinterl. Schrift.* du
même auteur, publiés par Sanio, t. II, pp. 366-396]; — de G. Bruns, *Die
römischen Popularklagen*, dans la *Zeitschr. für Rechtsgeschichte*, de Rudorff et
Bruns, t. III, 1864, pp. 341 et suiv. — [Voy. aussi Molinier, *Notice sur les*

et la loi de fondation de la *colonia Julia Genetiva* (Urso ou Ursao, en Bétique) (1), établie sur l'ordre de César, mais seulement après sa mort, dont un fragment a été trouvé à Osuna, l'ancienne Urso, à la fin de 1870 ou au commencement de 1871, et l'autre, au même endroit, dans l'automne de 1875 (2). Grâce

les colonies
Julia Genetica

Tables de bronze de Malaga, dans la *Revue de l'Académie de législation de Toulouse*, t. V, 1856, pp. 61 et suiv., et A. W. Zumpt, *De Malacitanorum et Salpensanorum legibus municipalibus in Hispania nuper repertis*, dans ses *Studia Romana*, Berol., 1859, pp. 357-323. — Voir du reste, pour la bibliographie afférente à la *lex Salpensana* et à la *lex Malacitana*, le C. I. L., t. II, n°˙ 1963 et 1964.]

(1) Voy. Hübner, C. I. L., t. II, p. 191. Chez Pline (*Nat. hist.*, III, 12), la ville, dans les textes que nous en possédons, s'appelle *Urso, quæ Genua Urbanorum*; à la place de cette leçon, M. Mommsen (*Ephem. epigr.*, t. II, p. 119) lit *Gen[et]iva urbanorum*, et par *urbanorum* il entend (p. 133) les colons envoyés de Rome. Ussing, au contraire (*Kritiske Bemærkninger til Antike Indskrifter. Aftryk af Ocers. over d. k. D. Vidensk. Selsk. Forh.*, 1879, p. 12, p. 23), lit *Urso, quæ Genetiva Ursaonum*; à cette lecture on peut objecter que, dans l'*Auctor belli Hispaniensis* (XXVIII, 2), les habitants de la ville s'appellent *Ursaonenses*. On devrait admettre que les *Ursaones* sont une race, comme les *Harcaones*, les *Ilerones*, les *Autricones*, les *Buersaones*, dans le fragment du XCI° livre de Tite-Live.

(2) Les premières Tables trouvées ont été publiées dans *Los bronces de Osuna que publica Manuel Rodriguez de Berlanga*, Malaca, 1873, in-8; puis, par MM. Hübner et Mommsen, dans l'*Ephemeris epigraphica* t. II, pp. 105-131, et, dans une seconde recension, pp. 231-232. [Consulter, à cet égard, L. Lange, *Zur Lex Coloniæ Juliæ Genetivæ*, dans le *Rhein. Mus.*, N. F., t. XXX, 1875, pp. 123 et suiv., et dans ses *Kleine Schriften*, t. II, Göttingen, 1887, pp. 203 et suiv.] Ce texte a été derechef édité avec une traduction française dans *Les bronzes d'Osuna* — par Ch. Giraud, Paris, 1875, in-8. Le commentaire de Giraud a paru d'abord dans le *Journal des Savants*, 1875, pp. 211-265, 269-281; 333-349; 397-419; 557-576, et ensuite sous le titre *Les bronzes d'Osuna. Remarques nouvelles*, Paris, 1875. Voy. enfin Bruns, *Die Erztafeln von Osuna*, dans la *Zeitschr. für Rechtsgeschichte*, t. XII, 1876, pp. 82-127. — Les tables découvertes en second lieu ont été pour la première fois publiées par MM. Hübner et Mommsen, dans l'*Ephemeris epigraphica*, t. III, pp. 86-112; ensuite, parut un commentaire de Giraud dans le *Journal des Savants*, 1876: pp. 703-711; 733-770; 1877: pp. 52-63; 119-129; 133-144; il en existe un tirage à part sous le titre : Ch. Giraud, *Les nouveaux bronzes d'Osuna. Nouvelle édition*, Paris, 1877, in-8. Enfin, il en est traité par Bruns et par Exner dans la *Zeitschr. für Rechtsgeschichte*, t. XIII, 1878, pp. 383-398. — [Consulter enfin : Giraud *Les bronzes d'Osuna*, dans la *Revue de législ. ancienne et moderne*, t. IV, 1875, pp. 365 et suiv.; — E. Glasson, *Étude sur les bronzes d'Osuna*, dans la *Revue critiq. de legisl. et de jurisp.*, 2° série, t. IV, 1875, pp. 60 et suiv; — comp. *Revue historiq. de dr. fr. et étr.*, 1868, t. XIV, pp. 561 et suiv. — Voy., au surplus, pour la bibliographie relative à la *lex coloniæ Juliæ Genetivæ*, Hübner, C. I. L., t. II, p. 191. Voy. aussi Bruns, *Fontes*, ed. 5°, p. 119.]

à ces documents, comme aux richesses épigraphiques récemment mises à jour, l'étude de l'organisation des communes romaines a été reprise avec un plein succès (1); et il est aujourd'hui possible de résoudre avec une entière certitude les questions qui vont faire l'objet des explications suivantes.

(1) Voy. notamment: E. Kuhn, *Die städtische und bürgerliche Verfassung des Röm. Reichs*, t. I, Leipzig, 1864, in-8; — Henzen, *Intorno alcuni magistrati municipali de'Romani*, dans les *Annali dell'Inst.*, 1859, pp. 193-326. D'autres indications plus détaillées seront données ci-dessous. En France, ce sujet a été traité avec prédilection: voy. F. Béchard, *Droit municipal dans l'antiquité*, Paris, 1860, in-8 (ce travail est absolument mauvais); — Tailliar, *Essai sur l'histoire du régime municipal romain dans le nord de la Gaule*, 2e éd., Douai, 1861, in-8; — G. Dubois, *Essai sur les municipes dans le droit Romain*, 1862, in-8; — Fustel de Coulanges, *La cité antique; étude sur le culte, le droit, les institutions de la Grèce et de Rome*, 2e éd., Paris, 1865, in-8 (ouvrage arrivé aujourd'hui à sa 11e éd.); — Armand Houdoy, *Le droit municipal. Première partie; De la condition et de l'administration des villes chez les Romains*, Paris, 1876, in-8. Je n'ai pas pu utiliser l'étude de M. Duruy, *Du régime municipal dans l'empire romain aux deux premiers siècles de notre ère*, dans la *Revue historique* de Monod et Fagniez, t. I, 1876 [pp. 1-66; 321-371]. — [Aux auteurs indiqués par Marquardt, on peut ajouter: Amédée Thierry, *De l'organisation communale chez les Romains*, dans les *Séances et travaux de l'Académie des sciences morales et politiques*, t. I, pp. 131 et suiv., et *De la municipalité romaine et de la constitution du droit communal sous l'empire romain*, eod., t. XII, pp. 293 et suiv., et 129 et suiv.; — Migneret, *Essai sur l'administration municipale des Romains*, Paris, 1846; — Quinka, *De municipe rom.*, Paris, 1859; — de Raincourt, *Essai sur le municipe romain et la commune française*, Paris, 1866, in-8; — Fustel de Coulanges, *Hist. des instit. politiq. de l'ancienne France. Première partie* (seule parue), 2e éd., Paris, 1877, pp. 133 et suiv.; — Boussuguc, *Organisation judiciaire des villes dans l'empire romain*, Lyon, et Genève, 1878; — P. Willems, *Le droit public Romain*, 5e éd., Paris, 1884, pp. 528 et suiv.; — Klippfell *Étude sur le régime municipal gallo-romain*, dans la *Nouv. Rev. hist. de dr. fr. et étr.*, et tirage à part, Paris, 1880; — V. Duruy, *Histoire des Romains*, t. V, Paris, 1883, gr. in-8, pp. 330 et suiv.; — J.-B. Mispoulet, *Les institutions politiques des Romains*, t. II, Paris, 1883, pp. 113 et suiv.; — Otto Karlowa, *Röm. Rechtsgesch.*, t. I, Leipzig, 1885, pp. 583 et suiv.; — A. Bouché-Leclercq, *Manuel des instit. rom.*, Paris, 1886, pp. 181 et suiv.; — Em. Morlot, *Précis des instit. politiq. de Rome*, Paris, 1886, pp. 349 et suiv.; — Att. Taddei, *Roma e i suoi municipi: studi di diritto*, Firenze, 1887, tip. dell' Arte della Stampa, in-8 de 130 pp.; — J. Kalindéro, *Le régime municipal romain*, dans la *Revue générale du droit et des sciences politiques* de Bucarest, 1re année, n° 3, 1/13 janvier 1887, pp. 367-408; dissertation très riche en bibliographie; — E. Glasson, *Étude sur les bronzes d'Osuna*, dans la *Revue critiq. de législ. et de jurispr.*, 2e série, t. IV, 1875, p. 61, et les auteurs par lui cités, et *Histoire du droit des institutions de la France*, t. I, Paris, 1887, pp. 300 et suiv. — Th. Mommsen, *Römisches Staatsrecht*, t. III, 1, Leipzig, 1887, pp. 773-823, *passim*. — Voy. aussi MM. F. Roblou et D. Delaunay, *Les institutions de l'ancienne Rome*, t. III, Paris, 1888, pp. 217 et suiv.]

LA COMMUNE ET L'ASSEMBLÉE POPULAIRE.

La commune comprend partout deux éléments : les citoyens et les habitants, *cives et incolæ*, πολῖται καὶ μέτοικοι (1).

Le premier se compose : 1° des descendants de citoyens (*cives nati, cives origine*) ; 2° de ceux qui ont été spécialement admis au droit de cité par une *allectio inter cives*; 3° des esclaves affranchis par des citoyens; 4° des étrangers adoptés par des citoyens (2).

(1) C'est ainsi que l'on rencontre à Herculaneum, des *municipes et incolæ* (Orelli, n° 3705 = Mommsen, *I. R. N.*, n° 2430 [= *C. I. L.*, t. X, 1, n° 1453]) ; à Perusia, des *municipes et incolæ* (Orelli, n° 3107 [= *C. I. L.* t. XI, 1, n° 1941]); à Bénévent [lisez : à Luna; voy. *infer.*], des *coloni et inquilini* (Orelli, n° 3713 = Mommsen, *I. R. N.*, n° 1503 [= *C. I. L.*, t. IX, n° 223*, 2, p. 10*; Th. Mommsen : .... *errore relata est ad Beneventum, cum sit Lunensis* (Mur. 1112, 3) *adhuc servata prope Carraram*. — L'inscription dont il s'agit est, en effet, reproduite aujourd'hui parmi les inscriptions de Luna, dans le *C. I. L.*, t. XI, 1, n° 1346; — *adde coloni et incolæ, col.*, n°° 1311. 1347. — Sur Luna, voy. M. E. Bormann, *eod.*, pp. 259 et suiv.]); à Narbonne, des *coloni incolæque* (Orelli, n° 2189 [= Herzog, *Gall. Narb. hist.*, II, n° 1; — G., Wilmanns, *Exempla inscr. lat.*, t. I, n° 104; — *C. I. L.*, t. XII, n° 4333]); et, dans l'inscription d'Antipolis, dans la Gallia Narbonensis (Orelli, n° 3703 [= Herzog, II, n° 312, et *C. I. L.*, t. XII, n° 178]), se trouve mentionné *C. Tull. Flaminius, domo Catina ex provincia Siciliæ, incola Antipolitanus*. [La leçon du *C. I. L.* est différente et il convient de lire : *C. Tullius Flavianus, domo Catina ex provincia Sicilia*, etc. — Sur Antipolis, voy. M. Otto Hirschfeld, éditeur du t. XII du *C. I. L.*, p. 28.] — Kuhn (*op. cit.*, t. I, p. 6) fournit un plus grand nombre d'exemples. — [*Adde municipes et incolæ* : Castrimœnium, *C. I. L.*, t. XIV, n° 2172; — Tusculum, *ibid.*, n° 2636; — Tibur, *ibid.*, n° 3472. — *Incolæ* : Ficulea, *ibid.*, n° 4011. — Voy. enfin *C. I. L.*, t. XII, *Indices*, XI, RES MUNICIPALES, A, *Res publica*, p. 939, col. 1.]

(3) Ulpian., L. 1 pr., *Ad municip. et de inc.*, D., L, 1 : *Municipem aut nati-*

Quant à la condition des *incolæ*, elle a son origine dans l'arrivée des personnes qui ont établi leur résidence habituelle (*domicilium*) dans une commune à laquelle elles ne se rattachent pas par leur naissance, sans perdre pour cela le droit de cité qui les unit à leur ville maternelle. Il ne faut donc pas compter au nombre des *incolæ* ceux qui font dans la ville un séjour temporaire, soit pour leurs études (1), soit pour leur commerce; on les distingue formellement des *incolæ*, sous le nom d'*hospites* ou *adventores* (2), des κατοικοῦντες, sous le nom de παρεπιδημοῦντες (3), de κατεργαζόμενοι ou πραγματευόμενοι (4), c'est-à-dire à titre d'étrangers (5); — mais on ne devient *incola* que par un établissement effectif, *Laris collocatio* (6). — Dans le cas particulier où des communes non romaines auraient été attribuées à une colonie ou à un *municipium* (voy. pp. 8 et suiv., et p. 83), les membres de ces communes sont également comptés au nombre des *incolæ* (7).

Les *cives* et les *incolæ* sont tous deux également tenus de

---

vitas facit aut manumissio aut adoptio; — Const. 7 pr., *De incol. et ubi quis domicil.,* C. Just., X, 40 (39) : *Cives quidem origo manumissio adlectio adoptio, incolas vero — domicilium facit.* Ce sujet est traité *in extenso* par Savigny, *System des heutigen Röm. Rechts,* t. VIII, pp. 41 et suiv. [= dans la trad. fr. de M. Ch. Guenoux, t. VIII, pp. 46 et suiv.], et par Kuhn, *op. cit.,* t. I, pp. 1 et suiv.

(1) Const. 2 pr., *De incol. et ubi quis domicil.,* C. Just., X, 40 (39).

(2) Orelli, n°ˢ 2297. 3338 [= *C. I. L.,* t. XIV, n° 2979; — voy. aussi *ibid.,* n° 2978]; — Henzen, n° 6963 [= Mommsen, *I. R. N.,* n° 6149 = C. I. L., t. IX, n°ˢ 5074. 5073]; — Cic., *Accus. in Verr.,* IV, 58, 130.

(3) *C. I. Gr.,* n° 2286 ; — Eckhel, *Doctr. Numm.,* t. III, 306ᵇ ; — Letronne, *Recueil,* t. I, p. 340.

(4) Voy. Keil, *Analecta epigr. et onomatol.,* p. 80; le même, *Epigraphische Excurse,* p. 370 ; — Kuhn, *op. cit.,* t. I, pp. 23 et suiv.

(5) Liban., vol. I, p. 456, éd. R. : πολῖται, μέτοικοι, ξένοι.

(6) Const. 53, *De decurion.,* C. Th., XII, 1; — Const. 2, *Ubi senat. vel clariss.,* C. Just., III, 24; Const. 7, *De incol. et ubi quis domicil.,* C. Just., X, 40 (39).

(7) *Lex colon. Gen.,* V, 3 : *colonos incolasque contributos;* au lieu de cette leçon, Huschke veut lire *contributosque,* de telle sorte qu'il distingue les *incolæ* et les *contributi.* Mais, ainsi que M. Mommsen le remarque (*Ephem. epigr.,* t. II, p. 126), on retrouve la même idée exprimée dans un autre passage (III, 33) : *Qui in ea colonia intrare eius coloniæ fines domicilium prædium habebit neque eius coloniæ colonus erit, is eidem munitioni uti colonus vareto.*

supporter les charges communes (*munera*) (1); au contraire,
dans les premiers temps, les citoyens seuls étaient capables de
remplir les fonctions honorifiques (2). Cependant, ceci changea
à l'époque impériale, où, ainsi que nous le verrons ci-dessous,
les *honores municipales* commencèrent à être regardés comme
des charges très lourdes. Alors, ce fut pour les citoyens eux-
mêmes un avantage, que les *incolæ* fussent aussi appelés
aux fonctions municipales (3); mais, d'un autre côté, ceux-ci
ne reçurent en aucune manière le droit d'établissement, c'est-
à-dire la décharge, par le seul fait du transfert de leur résidence, des obligations dont ils étaient tenus vis-à-vis de leur
ville d'origine (4); plus exactement, ils demeuraient citoyens de
deux villes : de leur ville maternelle et de celle de leur résidence; ils relevaient à la fois de leurs juridictions à toutes deux

---

(1) Const. 5, *De incol. et ubi quis domicil.* C. Just., X, 40 (39) : *Si in patria
uxoris tuæ vel in qualibet alia domicilium constitui, incolatus jure ultro te ejusdem civitatis muneribus obligasti;* — *ibid.*, Const. 6 : *Privilegio speciali civitatis non interveniente tantum* [Marquardt, p. 135, note 3 : *tamen*] *originis
ratione ac domicilii voluntate ad munera civilia quemque vocari certissimum est.*

(2) Cela est dans la nature des choses. Voy. Cic., *De off.*, I, 34, 125 : *Peregrini autem atque incolæ officium est, nihil præter suum negotium agere,
nihil de alio anquirere minimeque esse in aliena republica curiosum.* A l'origine, ce n'était qu'exceptionnellement que l'accès des *honores* était ouvert aux
incolæ. Agennius Urbicus, dans les *Gromat.*, éd. Lachm., t. I, p. 81 : *Sed
hæ quædam coloniæ aut beneficio conditorum perceperunt, ut Tudertini, aut
postea apud principes egerunt, ut Fanestres, ut incolæ, etiamsi essent alieni-
genæ, qui intra territorium colerent, omnibus honoribus fungi in colonia defe-
rent. Illæ Fanestres nuper impetraverunt, Tudertini autem beneficio habent
conditoris.* Dans la ville de Gigthi, en Afrique, les *incolæ* n'appartenaient
ni au *populus*, ni à l'*ordo.* Voy. l'inscription dans Guérin, *Voyage*, t. I,
p. 227, n° 32 [= C. I. L., t. VIII, 1, n° 30] : *L. Commidio Quir(ina) Pavato ordo
populusq(ue) Gigthensis conferentibus et incolis...*

(3) Les inscriptions suivantes en donnent des exemples : l'inscription de
*Sex. Veneius Laurentianus — adlectus in curiam Lugdunensium nomine incola-
tus a splendidissimo ordine eorum* (Orelli, n° 3725 [= Herzog, *Gall. Narb. hist.*,
II, n° 153; — G. Wilmanns, *Exempla inscr. lat.*, t. II, n° 2216; — C. I. L.,
t. XII, n° 1585]); l'inscription publiée par Muratori, n° 1088, 6 = Millin,
Voyage dans les départements du midi de la France, t. I, p. 336 : *Q. Secun-
d(i) Quigonis civis Treveri, IIIIIIvir(i) Augustalis in Æduis consistentis omnibus
honoribus inter eos functi.* Cf. Orelli, n°° 2066 [ibiq. Henzen, *Supplem.*, t. III,
p. 169 = C. I. L., t. XII, n° 3]. 3709 [= C. I. L., t. II, n° 2183].

(4) Const. 1, *De municip. et originar.*, C. Just., X, 39 (38) : *Origine propria
neminem posse voluntate sua eximi manifestum est.*

et devaient supporter tous les *munera* dans l'une et dans l'autre (1).

Munera

Les charges communales (*munera civilia*) (2) varient beaucoup avec le temps et le lieu; elles dépendent des besoins et de la Constitution (3) propre à chaque ville (4). En général, on distingue les charges relatives à la personne, les charges relatives au patrimoine et celles qui sont relatives à la fois à l'une et à l'autre (*munera personalia, munera patrimonii* et *munera mixta*) (5); leur répartition est effectuée entre les habitants de la localité qui doivent y contribuer, par les soins de la curie de la ville (6),

---

(1) Gaius, L. 29, *Ad municip, et de incol.*, D., L, 1 : *Incola et his magistratibus parere debet, apud quos incola est, et illis, apud quos civis est : nec tantum municipali jurisdictioni in utroque municipio subjectus est, verum etiam omnibus publicis muneribus fungi debet;* — Const. 1, *De municip. et originar.*, C. Just., X, 39 (38) : *Cum te Byblium origine, incolam autem apud Berytios esse proponis, merito apud utrasque civitates muneribus fungi compelleris.* — Comp. Kuhn, *op. cit.*, t. I, pp. 11 et suiv.

(2) Hermogen., L. 1 pr., *De muner. et honor.*, D., L, 4; — Arcad, Charis., L. 18 pr., *eod.*

(3) ... *Per leges cujusque civitatis ex consuetudine longa* [Marquardt, p. 137, note 2 : *pro lege cuiusvis civitatis et consuetudine*] : Hermogen., L. 1 § 2, *De muner. et honor.*, D, L, 4.

(4) Les jurisconsultes des derniers temps de l'empire ne font plus, à propos des *munera* (Dig. L, 4; — C. Just., X, 41 [40] sqq.). aucune distinction entre les villes de constitution italique et celles de constitution grecque, et, en cela, ils sont suivis par Kuhn (*Die städtische und bürgerliche Verfassung des R. Reichs*, t. I, pp. 35 et suiv.). et M. Houdoy (*Le droit municipal*, I, Paris, 1876, in-8, pp. 411 et suiv.). Ils mentionnent d'autres services, qui ne pouvaient se rencontrer que dans certaines contrées, comme la παρογγελασία (παργελασία? Mommsen] (Hermogen., L. 1, § 2, *De muner. et honor.*, D., L, 4 [cf. Arcad. Charis., L. 18 § 11, *eod.*]), et des fonctions, qui se rattachent à des époques différentes. de telle sorte que, sur ce sujet, il y a encore beaucoup de questions à résoudre.

(5) Arcadius Charisius, L. 18 pr., *De muner. et honor.*, D., L, 4 : *Munerum civilium triplex divisio est : nam quaedam munera personalia sunt, quaedam patrimoniorum dicuntur, alia mixta.* Comp., dans ce même titre : [Hermogen., L. 1 pr., et §§ 1 sqq.]; — Ulpian., L. 6 §§ 3. 4. 5; — Hermogen., L. 1 § 3 : *Illud tenendum est generaliter personale quidem munus esse, quod corporibus labore cum sollicitudine animi ac vigilantia sollemniter exhibit, patrimonii vero, in quo sumptus maxime postulatur* [Marquardt, p. 137, note 4 :..... *quod corporis laborem... sollemniter exigit....*].

(6) *Lex col. Genet.*, c. XCVIII. CIII; — Const. 2, *De decurion. et fil. eor.*, C. Just., X, 32 (31) : *Observare magistratus oportebit, ut decurionibus sollemniter in curiam convocatis nominationem ad certa munera faciant eamque statim in notitiam ejus qui fuerit nominatus per officialem publicum perferre curent,*

et sous le contrôle du Gouverneur de la province (1).

Parmi les charges personnelles, figurait, dans la *colonia Ge-* *p. rsonalia.* *netica,* l'obligation de défendre la ville contre toute offensive hostile (2); et il doit en avoir été ainsi dès les premiers temps dans toutes les colonies, créées dans le but de protéger les pays conquis et non encore entièrement pacifiés (voy. ci-dessus, pp. 48 et 161). Au contraire, les *munera personalia,* dont parlent les jurisconsultes de l'époque impériale (3), sont des prestations, tantôt dues une seule fois, tantôt régulières, soit imposées par l'État aux communes, comme les levées d'hommes et de chevaux (*tironum et equorum productio*), le transport du matériel de guerre et de l'argent, le service des postes (*cursus publicus*), l'entretien des *mansiones* (4)', soit exigées par l'administration de la ville elle-même, telles que les missions (5) envoyées au Sénat (6), à l'Empereur (7), au Gouverneur (8), ou à des personnages haut placés que la ville choisissait comme patrons (9), les

---

habituro appellandi, si voluerit, atque agendi facultatem apud præsidem causam suam jure consueto.

(1) Ulpian., L. 3 § 15, *De muner. et honor.,* D., L, 4 : *Præses provinciæ provideat munera et honores in civitatibus æqualiter per vices secundum ætates et dignitates — injungi.....*

(2) *Lex col. Genet.,* c. XCVIII. CIII.

(3) Les exemples cités se trouvent dans les LL. 1, fr. Hermogen., et 18, fr. Arcad. Charis., *De mun. et honor.,* D., L. 4, dans lesquelles ces jurisconsultes ne nous donnent pas sur eux de renseignements particuliers.

(4)' [Sur le *cursus publicus* et les *mansiones,* voy. M. G. Humbert, dans le *Dict. des antiq. grecq. et rom.,* de MM. Ch. Daremberg et E. Im. Saglio, IIe fasc., Paris, Hachette, 1887, mot *Cursus publicus,* t. I, pp. 1615-1672, et la bibliographie détaillée. — Voy. aussi M. E. Glasson, *Hist. du dr. et des inst. de la France,* t. I, pp. 157 et suiv., *passim.* Consulter enfin M. R. de La Blanchère, *la poste sur la voie Appienne de Rome à Capoue,* dans les *Mélanges d'archéologie et d'histoire,* VIIIe année, fascic. I, II, mars 1888, pp. 31-68.]

(5) *Lex col. Genet.,* c. XCII. — Dig., L, 7, *De legationibus.*

(6) Orelli, n° 3121 = *C. I. L.,* t. V, 2, n° 7719.

(7) Henzen, n° 6169 [= *C. I. L.,* t. X, 2, n° 7507]; — Wilmanns [*Exempla inscriptionum latinarum*], t. I, n° 883 [= Clemente Lupi, *I Decreti della colonia Pisana,* Pisa, 1872, in-8, tav. I et II, et les commentaires; — *C. I. L.,* t. XI, 1, n° 1420 et 1421]. 911 [= *C. I. L.,* t. III, 1, n° 589]; — Plin., *Ep. ad Trajan.,* X, 49 (52).

(8) Plin., *Ep. ad Trajan.,* X, 43 (52).

(9) Orelli, n° 744 [= *C. I. L.,* t. VI, 1, n° 1492 = Hübner, *Exempla scripturæ epigraphicæ latinæ,* Berlin, 1885, in-f°, n° 833]; — Wilmanns, t. II, n° 2852 [= *C. I. L.,* t. VIII, 2, n° 8837]. Il sera traité ci-dessous en détail des *patroni.*

achats de blé (1), la surveillance des temples (2), les aqueducs (3), les bains (4), les rues (5) et les édifices (6), la perception des revenus de la ville (7) et les fonctions de jurés (8).

patrimonii.   Ces charges n'entraînaient aucun déboursé, car toutes les dé-

---

(1) *Curator annonæ,* Mommsen, *I. R. N.,* n⁰ˢ 4250. 5030. 5630. 5631. 5632. 6036 [= *C. I. L.,* t. X, 1, n⁰ 5119 ; — t. IX, n⁰ˢ 2653. 3922. 3923. 3919. 3417] ; — Orelli, n⁰ˢ 2391. 2532 [= *C. I. L.,* t. XIV, n⁰ˢ 2072. 3014]. 3903. 4101 [= *C. I. L.,* t. X, 1, n⁰ 5929]. — *Curator frumenti,* Orelli, n⁰ 2390 [= *C. I. L.,* t. X, 1, n⁰ 1216]. — *Curator rei frumentariæ,* Mommsen, *I. R. N.,* n⁰ 159 [= *C. I. L.* t. X, 1, n⁰ 431]. — [Comp. M. G. Humbert, dans le *Dict. des Antiq. grecq. et rom.,* de MM. Daremberg et Saglio, mots *Annona civica,* III, et *Cura annonæ,* IV, fascic. 2, Paris, 1873, t. I, p. 279, col. 1, et fascic. 11, Paris, 1887, t. I, pp. 1614, col. 2, et suiv.]

(2) D'après la *lex col. Genet.,* c. CXXVIII, on nomme tous les ans pour chaque temple des *magistri,* qui ont aussi à s'occuper des *ludi circenses,* des *sacrificia,* des *pulvinaria* (Mommsen, *Ephem. epigr.,* t. II, pp. 123 et suiv.). J'ai, dans les *Comment. in h. Mommseni scr.,* [Berolini 1877], p. 382, appelé l'attention sur ce fait qu'à Rome aussi on trouve des *ædilui magistri.* [Voy. *C. I. L.,* t. VI, 1, pp. 609 et suiv., n⁰ˢ 2202 et suiv., et p. 863, n⁰ 3579. — Comp. M. E. Saglio, dans le *Dict. des Antiq. grecq. et rom.,* mot *Ædilvus,* fascic. 1, 2ᵉ éd., Paris, 1873, t. I, p. 101.]

(3) Arcad. Charis., L. 18, § 6. *De muner. et honor.,* D., L, 4 : *Sed et cura custodiendi aquæ ductus personalibus muneribus adgregatur.* — Voy. dans Kuhn, *op. cit.,* t. I, p. 48, les renseignements sur le *curator aquæductus,* sur le *curator aquarum,* sur le *curator aquæ.* — [Voy. aussi M. l'Abbé Henri Thédenat, dans le *Dict. des Antiq. grecq. et rom.,* de MM. Daremberg et Saglio, mot *Cura aquarum,* fascic. 11, Paris, 1887, t. I, pp. 1613 et suiv.]

(4) *Calefactio publici balinei, si ex reditibus alicujus civitatis curatori pecunia subministratur* (Arcad. Charis., L. 18 § 5, *De muner. et honor.,* D., L, 4).

(5) Arcad. Charis., L. 18 § 15, *De muner. et honor.,* D., L, 4 : *Si aliquis fuerit electus, ut compellat eos, qui prope viam publicam possident, sternere viam, personale munus est.* Cf. Hermogen., L. 1, § 2, et Arcad. Charis., L. 18, § 7, *eod.*

(6) Les *curatores operum publicorum* sont aussi, lorsque cela est nécessaire, nommés par l'Empereur. (Voy. Kuhn, *op. cit.,* t. I, pp. 48 et suiv.) — [Voy. également J. Klein, *Eine Stadtrömische Inschrift und die Curatores locorum publicorum,* dans le *Rheinisches Museum,* 1881, pp. 634 et suiv., et M. l'abbé Henri Thédenat, dans le *Dict. des Antiq. grecq. et rom.,* de MM. Daremberg et Saglio, mot *Curatores ædium sacrarum, locorum et operum publicorum,* fascic. 11, Paris, 1887, t. I, pp. 1622 et suiv. — Comp. C. I. L., t. XIV, n⁰ˢ 111. 112 ad l. (p. 481, col. 3). 373. 2922. *Junge* n⁰ˢ 2590. 4001, lin. 9.]

(7) *Curatores, qui ad colligendos civitatum publicos reditus eligi solent* (Arcad. Charis., L. 18 § 9, *De muner. et honor.,* D., L, 4). — [Voy. C. I. L., t. XIV, n⁰ˢ 373, lin. 9-11, et 376, lin. 14-16 = *Curator pecuniæ publicæ exigendæ et attribuendæ in comitiis factus.* — Comp., eod., n⁰ 2171.]

(8) Arcad. Charis., L. 18 § 11, *De muner. et honor.,* D., L, 4 : *Judicandi quoque necessitas inter munera personalia habetur.* Cf. Modestin., L. 6 § 5, *De excusat.,* D., XXVII, 1 ; — Ulpian., L. 13 §§ 2. 3, *De vacat. et excus. mun.,* D., L, 5 ; — *Fragm. Vatic.,* 193. 197 ; — *Lex col. Genet.,* c. XCV, ibiq. Mommsen, dans l'*Ephem. epigr.,* t. II, pp. 140 et suiv.

penses occasionnées par elles étaient supportées par la caisse communale (1) ; mais il en était autrement des *munera patrimonii*, qui pesaient exclusivement sur ceux qui possédaient, à titre de charges réelles. Ces *munera* comprenaient notamment la réception des magistrats romains ambulants (2), le logement des soldats (3), la fourniture de vivres à cet effet et à d'autres (4), celle des chevaux de poste (5), l'obligation pour les possesseurs de terres d'entretenir les chemins, de supporter les corvées personnelles et d'attelage (6), mais surtout la perception des impôts dus par la ville à l'État, dont les déficits possibles devaient être comblés par les *exactores* (7), et être supportés par les habitants riches eux-mêmes sur leurs propres biens. D'autre part, tout *munus personale* pouvait se transformer en *munus patrimonii*, dans le cas où les dépenses nécessitées par lui n'auraient pas été remboursées à celui qui les a faites (8).

Pour l'exercice de leurs droits politiques, les citoyens (*populus*) étaient divisés soit en *tribus*, soit en *curiæ*. Les *tribus* (9) ',

Distribution des
citoyens en tribus
ou curiæ.

---

(1) C'est ce qui arrivait régulièrement par exemple pour les *legationes* (Arcad. Charis., L. 18 § 12, *De muner. et honor.*, D., L, 4 ; — Plin., *Ep. ad Trajan.*, X, 43 (52)), et pour la *calefactio publici balinei* (Arcad. Charis., L. 18 § 5, *De muner. et honor.*, D., L, 4).

(2) Cic., *Accus. in Verr.*, I, 25, 65 ; — *hospitis suscipiendi munus* (Hermogen., L. 11, *De vacat. et excus. mur.*, D., L, 5), ou *instabilia* (Cic., *Ad Att.*, XIII, 53, 2 ; — Modestin., L. 6 § 5, *De excusat.*, D., XXVII, 1).

(3) Ulpian., L. 3 § 13, *De muner. et honor.*, D., L, 4.

(4) Ulpian., L. 27 § 3, *De usufr.*, D., VII, 1 ; — Siculus Flaccus, dans les *Gromat.*, éd. Lachm., t. I, p. 165 ; — Const. 3, *De cursu publ.*, C. Th., VIII, 5.

(5) Arcad. Charis., L. 18 § 21, *De muner. et honor.*, D., L, 4.

(6) Callistrat., L. 11 § 2, *De muner. et honor.*, D., L, 4. Kuhn (*op. cit.*, t. I, p. 62) traite ce point en détail.

(7) Voy. *Staatsverwaltung*, t. II, p. 221 [= dans la trad. fr. de M. Vigié, *De l'organisation financière chez les Romains*, Paris, 1888, in-8, p. 281]. En cas de déficit, la responsabilité paraît avoir pesé sur les *exactores* seuls et non sur l'ensemble de la curie. En Orient, tout au moins, cette responsabilité n'incombait qu'aux *exactores*, auxquels je reviendrai dans le chapitre consacré aux villes d'organisation non romaine. — (Comp. M. Gustave Humbert, *Essai sur les finances et la comptabilité publique chez les Romains*, Paris, 1887, t. II, renvois de l'*Index général et alphabétique des matières*, mot *Exactor*, p. 473.]

(8) Arcad. Charis., L. 18 § 27, *De muner. et honor.*, D., L, 4.

(9) ' [Voy. à cet égard : MM. Kubitschek, *De Romanorum tribuum origine ac propagatione*, Vienne, 1882, et M. G. Humbert, dans le *Dict. des Antiq. grecq. et rom.*, de MM. Daremberg et Saglio, mot *Decuria*, VI, t. II, p. 39, col. 2, fascic. 11, Paris, 1887. — Comp. *supra*, p. 55, texte et note 2.]

ainsi que M. Mommsen le conjecture (1), sont, encore du temps de César et d'Auguste, propres aux colonies romaines; tout au moins les rencontre-t-on dans la *colonia Genetiva*, fondée par l'un (2), et dans la *colonia Augusta Lilybæum, deducta* par l'autre (3). Au contraire, les villes latines et les municipes portent, en général, encore au premier siècle de l'ère chrétienne, l'empreinte de leur origine remontant à la royauté ou aux premiers temps de la République romaine, et n'ont ressenti que lentement et partiellement l'influence des grands bouleversements qu'avait éprouvés la Constitution juridique de Rome elle-même. Dans ces villes et dans ces municipes, la population se divisait, à l'exemple des anciennes communes romaines, en curies, comme en Italie, à Lanuvium (4), qui avait fait autrefois partie de la Confédération latine (5), et peut-être à Cære (6); en Sardaigne (7); en Espagne, à Malaca, qui était une ville latine (8), et à Acinipo (9); enfin, en Afrique, l'orga-

---

(1) Voy. Mommsen, dans l'*Ephem. epigr.*, t. II, p. 123.

(2) La *renuntiatio* des magistrats élus dans les comices se fait *pro tribu* (*Lex col. Genet.*, c. XCI).

(3) On y trouvait 12 *tribus* (Orelli, n°° 3718. 3719 [= *C. I. L.*, t. X, 2, n°° 7233 (*adde* n° 7206) et 7237]); l'une d'elles portait le nom de *tribus Iovis Aug.*

(4) Orelli, n° 3740 [= *C. I. L.*, t. XIV, n° 2120] :.... *viritim divisit decurionibus et augustalib. et curiis [curis] n'ummos) XXIIII.* — [Cf. *C. I. L.*, eod., n° 2126.]

(5) Dionys. Halic., V, 61. — [Voy., sur la ville de Lanuvium, M. H. Dessau, *C. I. L.*, t. XIV, pp. 191 et suiv.]

(6) Henzen, n° 5773 [= *C. I. L.*, t. XI, 1, n° 3593]. Cependant, M. Mommsen (*Stadtrechte*, p. 110) explique autrement cette inscription. — [Sur la ville de Cære, voy. M. E. Bormann, *C. I. L.*, t. XI, 1, pp. 533 *in fine* et suiv.]

(7) Henzen, n° 7120 e 3 (p. 523) [= *C. I. L.*, t. X, 2, n° 7953] : *Q. Allio — Pudentillo auguri curiæ XXIII.* Cette inscription a été trouvée à Porto Torres, en Sardaigne.

(8) *Lex Malacit.*, c. LII. LIII. LV. LVI. LVII [*C. I. L.*, t. II, p. 256] ibiq. Mommsen, *Stadtrechte von Salpensa und Malaca*, pp. 409 et suiv.

(9) *C. I. L.*, t. II, n° 1346 : (pont.?) *sacrorum curiarum.* — [Sur Acinipo, voy. M. Hübner, dans le *C. I. L.*, t. II, pp. 181 et suiv.; *Berichte der Berlin. Akad.*, 1861, p. 623, et *Annali dell'Inst.*, 1862, pp. 13 et suiv.; — M. Ettore de Ruggiero, *Dizionario epigrafico di Antichità romane*, fasc. 2, Roma, 1886, p. 44, coll. 1 et suiv.] — Dans le *municipium* Arva, en Bétique, une statue est votée par huit *centuriæ* (*C. I. L.*, t. II, n° 1064). Ces expressions ont-elles également trait à une division des cités? M. Mommsen y voit des *collegia possessorum.*

nisation des curies est si générale, qu'on les retrouve dans les colonies aussi bien que dans les municipes; dans les colonies d'Hippo Regius (1), de Julia Neapolis (2), de Colonia Scillitana (3), de Thamugas (4), de Theveste (5); dans les municipes d'Agbi (6), de Lambæsis, où les *curiales* se divisaient en *seniores* et en *juniores* (7), et où les curies portaient les prénoms particuliers de Sabina, d'Antoniniana, de Saturnia, de Papiria, d'Aurelia, d'Augusta, de Trajana (8), de Thagaste (9), dans le *municipium Thibaritanum* (10), dans ceux de Turu-

---

(1) Renier, *Inscr. rom. de l'Alg.*, n° 2871 = Henzen, n° 7430 f [= *C. I. L.*, t. VIII, 1, n° 5276] : *L. Postumio Felici Celerino — — singulæ curiæ singulas statuas de suo posuerunt....*

(2) Guérin, *Voyage archéologique dans la régence de Tunis*, Paris, 1862, in-8, t. II, p. 250, n° 457 [= *C. I. L.*, t. VIII, 1, n° 974] : *Memoriæ M. Numisi Clodiani dec. auguris, homini bono, qui decedens testamento su(o) ad remunerandos curiales curiæ Ælix SS. X mil. n. reliquit, ob honorem eius hanc statuam idem cur(iales) sua pecunia posuer(unt).*

(3) Maffei, *Mus. Veron.*, p. 462, 3 = Guérin, *op. cit.*, t. I, p. 321, n° 83 [= *C. I. L.*, t. VIII, 1, n° 210] : *Q. Manlius Felix C. filius Papiria Receptus post alia arcum quoque — erexit, ob cuius dedicationem decurionibus sportulas, curiis epu(las ded.)* [Marquardt, p. 140, note 8: *Q. Manilius...... curiis epulum dedit)*].

(4) Renier, *op. cit.*, n° 1523 [= *C. I. L.*, t. VIII, 1, n° 2403] : *Iulio (Papiria Comiciano Martialiano Excarpio patrono curiales cur(iæ) Commodæ sua pec(unia) fec(erunt) Memque dedicarer(unt)* [Marquardt, p. 140, note 9: *L. Iulio — Comiciano — patrono curiales cur(iæ) Commodæ, etc.*].

(5) Renier, *op. cit.*, n° 3096 [= *C. I. L.*, t. VIII, 1, n° 1888] : *— — ob honorem flamoni annui munus (curiali)bus (o)mnibus senis curiæ suæ (dedit). Univer(sæ) curiæ (et a)ugustales (pecuni)æ sua.* [Marquardt, p. 140, note 10 : *— — ob honorem flamonii annui munus (curiali)bus omnibus senis (senioribus?) curiæ suæ (dedit). Univer(sæ) curiæ (et a)ugustales (pecuni)a sua.*]

(6) Maffei, *Mus. Ver.*, p. 458, n° 1 : *— — municipii civilis Agbiensium et universis curiis d. d. p. p.* [Comp. *C. I. L.*, t. VIII, 1, n° 1343, *ibiq.* G. Wilmanns, p. 189.]

(7) Renier, *op. cit.*, n° 91 [= *C. I. L.*, t. VIII, 1, n° 2714] : *— — curiæ Sabinæ seniores qu(orum) nomina infra scripta sunt).* Suivent quatorze noms.

(8) C'est par ces noms que sont désignées les places des curies dans l'amphithéâtre de Lambæsis (Renier, *op. cit.*, n° 183 [= *C. I. L.*, t. VIII, 1, n° 3293]).

(9) Renier, *op. cit.*, n° 2003 [= *C. I. L.*, t. VIII, 1, n° 5146] : *— — donavit et curiis præter epulas vini (t) ludum (denarios) quingeno(s).* [Marquardt, p. 140, note 15 : *donavit et c(uriis) (singulis) — denarios quingenos.*]

(10) Guérin, *op. cit.*, t. II, p. 83, n° 252 [= *C. I. L.*, t. VIII, 1, n° 1828] : *populus curiarum X beo ob ordine dato alteram statuam posuit et ob dedicationem decurionib. sportulas, curiis epul(um)* ACTRIS EIVS (ces deux mots sont altérés. Peut-être faut-il lire : *natalibus eius?) dedo(unt).* Comp., *cod.*, p. 83, n° 231; p. 81, n° 239 [= *C. I. L.*, t. VIII, 1, n° 1830 et 1827], où les mots *curiarum X* se trouvent dans une inscription fragmentaire. [Ces mots ne sont reproduits au *C. I. L.* que dans l'inscr. n° 1827.]

za (1), de Verecunda (2), et dans une localité, dont il est impossible de déterminer le nom (3).

Les comices. De plus, il existait dans toutes les communes romaines des assemblées populaires, soit des *comitia tributa*, comme dans la *colonia Genetiva*, soit des *comitia curiata*, comme à Malaca. Il est évident et établi avec certitude, pour la période républicaine, que, dans tous les municipes et colonies, le peuple avait, à l'origine, le droit de participer à l'élection des magistrats (4), à la confection des lois (5), et à toute espèce de résolutions (6); seulement, on n'est pas tout à fait fixé sur la durée pendant laquelle ce droit s'est maintenu : en effet, à l'époque des jurisconsultes classiques, les magistrats ne sont plus choisis ni par le peuple,

(1) Orelli, n° 3727 = Maffei, *Mus. Ver.*, p. 162, 5 [= *C. I. L.*, t. VIII, 1, n° 826]. D'après cette inscription, qui se place en l'an 230 de notre ère, les *universæ curiæ* érigent une statue.

(2) Renier, op. cit., n° 1130 [= *C. I. L.*, t. VIII, 1, n° 4203] : — — *conde-curionibus sportulas duplas et curiis sing(ulis) HS. CXX ñ.*

(3) Renier, op. cit., n° 3161 [= *C. I. L.*, t. VIII, 2, n° 8653] : *curia sex(ta) Verulana.* — [Sur les 13 notes précédentes, on pourra encore recourir aux documents suivants : R. Cagnat, *Explorations épigraphiques et archéologiques en Tunisie*, 3 fasc. gr. in-8, Paris, impr. nat., 1883-1886; *Nouvelles explorations*, 1 fasc. gr. in-8, Paris, E. Leroux, 1887; le même, *Inscriptions inédites d'Afrique extraites des papiers de L. Renier*, Paris, E. Leroux, 1887, broch. gr. in-8; — Ch. Tissot et Salomon Reinach, *Exploration scientifique de la Tunisie.* — *Géographie comparée de la province romaine d'Afrique*, Paris, imp. nat., 1884-1888, 2 vol. in-4, et un atlas in-4.]

(4) *Lex Julia municipalis (C. I. L.*, t. I, n° 206), lin. 83 : *queiquomque in municipieis coloneis præfectureis foreis conciliabuleis c(ivium) R(omanorum) IIvir(ei) IIIIvir(ei) erunt aliove quo nomine mag(istratum) potestatemve sufragio eorum, quei quoiusque municipi coloniæ præfecturæ fori conciliabuli erunt, habebunt, nei quis eorum e. q. s. ; — ibid., lin. 98 : queiquomque in munici-pio colonia præfectura post K. Quinct(iles) prim(as) comitia IIvir(eis) IIIIvir(eis) aleive quoi mag(istratui) rogando subrogandove habebit e. q. s. ; — ibid., lin. 130 : neve quis, quei in eo municipio colonia præfectura foro conciliabulo su-fragio eorum maxumam potestatem habebit, eorum quem ibei in senatum — ire — sinito — neve quis eius rationem comitieis concilieve habeto; — Cic., Pro Cluent., VIII, 25: quattuorviros, quos municipes fecerant, sustulit; Cic., Ad Att., V, 2, 3: eratque rumor de Transpadanis, eos jussos IIIIviros creare ; Id., Ad famil., VIII, 1, 2 : nam illi rumores de comitiis Transpadanorum Cumarum tenus caluerunt ; Id., Ad famil., X, 32, 2 : (Gadibus) comitia biennii biduo habuit, hoc est, renuntiavit, quos ei visum est.*

(5) Cic., De leg., III, 16, 36: *et avus quidem noster singulari virtute in hoc mu-nicipio (Arpinum), quoad vixit, restitit M. Gratidio, — ferenti legem tabellariam.*

(6) Cenotaph. Pisan., Orelli, n° 643 [= *C. I. L.*, t. XI, 1, n° 1421, lin. 17-19] : *ob eas res universi decuriones colonique quando eo casu in colonia neque IIvir neque præfecti erant, neque quisquam iure dicundo præerat, inter sese consenserint.*

ni même dans le peuple, mais par le Sénat (1), et dans les rangs des décurions (2). Autrefois, le seul élément propre à déterminer la date de ce changement était un passage de Tacite, suivant lequel, à Rome même, Tibère transféra du peuple au Sénat le droit d'élire les magistrats (3) : on était fondé à supposer, — quoique l'inexactitude de cette hypothèse soit aujourd'hui démontrée, — que cette mesure fut également étendue aux villes municipales (4). Sans doute, on n'ignorait pas que, pendant tout l'Empire, le peuple avait eu quelque part aux élections et à des résolutions de divers genres, puisque, à cette époque, des statues furent érigées et d'autres honneurs furent décernés par décrets du *populus* (5), de la *plebs universa* (6), de la *plebs urbana* (7), ou encore *decurionum decreto et populi consensu* (8);

---

(1) Ulpian., L. 1 §§ 3. 4, *Quando appell. sit*, D., XLIX, 4 ; — Const. 53, *De appell. et pœn. ear.*, C. Th., XI, 30 = Const. 27, *De appell. et consult.*, C. Just., VII, 62 : *Nominationes libellis vel edictis factæ citra consilium publicum non valent;* — Const. 16, *De decurion. et fil. eor.*, C. Just., X, 32 (31) ; — Const. 20, *De susceptor.*, C. Th., XII, 6. — Voy. Savigny [*Geschich. des Röm. Rechts im Mittelalter*, t. I, pp. 41 *in fine* et suiv. = dans la trad. fr. de M. Ch. Guenoux, t. I, pp. 41 *in fine* et suiv.].

(2) Paul., L. 7 § 2, *De decurion. et fil. eor.*, D., L, 2 : *Is, qui non sit decurio duumviratu vel aliis honoribus fungi non potest, quia decurionum honoribus plebeii fungi prohibentur.*

(3) Tacit., *Ann.*, I, 15 : *Tum primum e campo comitia ad patres translata sunt: nam ad eam diem, etsi potissima arbitrio principis, quædam tamen studiis tribuum fiebant. Neque populus ademptum jus questus est nisi inani rumore, et senatus largitionibus et precibus sordidis exsolutus libens tenuit, moderante Tiberio, ne plures quam quattuor candidatos commendaret, sine repulsa et ambitu designandos*; Cf. 81 ; — Vellei. Paterc., II, 124 : *Post redditum cœlo patrem — primum ejus operum fuit ordinatio comitiorum, quam manu sua scriptam divus Augustus reliquerat ; c. 126 :.... summota e foro seditio, ambitio campo.*

(4) Voy. Savigny, *Gesch. des Röm. Rechts im Mittelalter*, t. I, pp. 39 *sub fin.* et suiv. [= dans la trad. fr. de M. Ch. Guenoux, t. I, p. 40].

(5) Mommsen, *I. R. N.*, n° 1432 [= *C. I. L.*, t. IX, n° 1396] : — — *populus Beneven(tanu)s — — statuam reponlocavit.*

(6) Mommsen, *I. R. N.*, n° 1429 [= *C. I. L.*, t. IX, n° 1393] ; — Orelli, n° 2663 [= Mommsen, *I. R. N.*, n° 5252 = *C. I. L.*, t. IX, n° 2860].

(7) Orelli, n°° 116 [cette inscription, indiquée par Orelli comme étant de Cære, figure au t. XI, 1, du *C. I. L.*, parmi les *inscriptiones falsæ* : voy. p. 47*, n° 126*]. 161 [cette inscription est citée à tort par Marquardt]. 2182 [= *C. I. L.*, t. XI, 1, n°° 1389]. 2220. 2331 [= *C. I. L.*, t. XI, 1, n° 1921]. 2313 ; — Henzen, n°° 5499 [= *C. I. L.*, t. V, 2, n° 7123]. 5963 [= Mommsen, *I. R. N.*, n° 202 = *C. I. L.*, t. IX, n° 981]. 5991 [= *C. I. L.*, t. V, 1, n° 3351].

(8) Mommsen, *I. R. N.*, n° 2312 [= *C. I. L.*, t. X, 1, n° 1026]; — Henzen,

que des patrons furent *cooptati* par le *senatus populusque* (1), ou par les *decuriones et coloni* (2), et que des magistrats furent élus *ex postulatione populi* (3); ce n'est pas seulement à Pompéi que l'on faisait écrire sur les murs en lettres de couleur ses propositions pour l'élection des fonctionnaires (4); mais cet usage parait avoir été partout admis (5), et encore en l'an 326, une *nominatio (candidatorum) populi suffragiis* était usitée en Afrique (6); dans les villes des provinces grecques, on trouve encore

---

n° 5171 [= Mommsen, *I. R. N.*, n° 4620 = *C. I. L.*, t. X, 1, n° 4863]. 5183 [= Mommsen, *I. R. N.*, n° 250 = *C. I. L.*, t. X, 1, n° 311].

(1) *C. I. L.*, t. V, 1, n°° 4920. 4923 ; — Henzen, n° 7171 [= Mommsen, *I. R. N.*, n° 5360 = *C. I. L.*, t. IX, n° 3160].

(2) Gruter, p. 363, 3. Voy. Ed. Philippi, *Zur Geschichte des Patronats über juristische Personen*, dans le *Rheinisches Museum*, N. F., t. VIII, 1853, p. 511.

(3) Gruter, p. 431, 1 = Orelli, n° 4020. — [N. B. — Aux exemples épigraphiques cités par Marquardt au cours des sept notes précédentes, les recueils d'inscriptions permettent d'en ajouter beaucoup d'autres du même genre : voy., en particulier, les *Indices* d'Orelli, d'Henzen, de Wilmanns, et du *C. I. L.*, au mot *Res municipalis*.]

(4) Zangemeister (*C. I. L.*, t. IV, p. 9) a réuni les formules de ces recommandations (*commendationes*). On n'y trouve rien qui jette du jour sur l'acte même du vote. D'ordinaire, la formule est la suivante : *Q. Cæcilium quæstorem — oro vos facialis* (*C. I. L.*, t. IV, n° 29); elle est accompagnée aussi d'une *obsecratio* particulière, comme, par exemple, au n° 26 : *N(umerium) Barcha(m) IIv(irum) v(irum) b(onum) o(ro) v(os) f(acialis) ita vobeis Venus Pomp(eiana) sacra (sancta propitia sit)*. Ces recommandations s'adressent à des personnes isolées, ou aussi à des *collegia*, par exemple : *caupones facile* (n° 336) ; *pomari facile* (n° 183); *unguentari facile* (n° 609). Elles n'émanent pas seulement d'*ingenui*, mais encore de *liberti*, et même de femmes (voy. n°° 171. 207, et, pour les détails, Zangemeister, p. 11). — [V. aussi M. P. Willems, *Les élections municipales à Pompéi*, Paris. 1887, in-8.]

(5) Des documents réunis par Zangemeister (*C. I. L.*, t. IV, p. 10), il ressort que, dans différentes villes, l'inscription des noms des *candidati* était interdite sur les monuments; il en était ainsi à Rome (Henzen, n° 6977 : *Inscriptor rogo te, ut transeas hoc monumentum. Ast [cum?] quoius candidati nomen in hoc monumento inscriptum fuerit, repulsam ferat neque honorum ullum gerat.*); — à Narnia (Henzen, n° 6975) ; — à Forum Popilii (Henzen, n° 6976 [= Wilmanns, *Exempla*, t. I. n° 272, p. 80 *in init.*]); — à Formiæ (Henzen, n° 6566 [= Mommsen, *I. R. N.*, n° 4133 = *C. I. L.*, t. X, 1, n° 6193]), et dans d'autres localités. Ce sont là les *nominationes libellis vel edictis factæ*, qu'une Constitution du Code de Justinien déclare non valables (*Const. 27, De appell. et consult.*, C. Just., VII, 62 [= Const. 53, *De appell. et pæn. con.*, C. Th., XI, 30]).

(6) Const. 1, *Quemadm. mun. civ. indic.*, C. Th., XII, 5 : *Ill magistratus, qui sufficiendis duumviris in futurum anni officium nominationes impertiunt, periculi sui contemplatione provideant, ut, quamvis populi quoque suffragiis nominatio in Africa ex consuetudine celebretur, tamen ipsi nitantur pariter ac laborent, quemadmodum possint hi, qui nominati fuerint, idonei reperiri.*

les assemblées populaires, par exemple à Tarsus (1), à Amisus (2), à Prusa (3) et à Tralles (4), au commencement du deuxième siècle; à Smyrne (5), peut-être au commencement du
troisième; et il est permis d'en conclure que les villes romaines
n'étaient pas moins bien traitées à ce point de vue; toutefois,
nous n'avons aucun témoignage sûr et instructif sur les comices (6). Même à Rome, la Constitution de Tibère n'entraîna pas
la suppression législative des comices, mais seulement une
restriction de fait à leur droit d'élire les magistrats. L'Empereur
présentait lui-même les Consuls (7), et faisait présenter (*nominare*) par le Sénat des candidats pour les autres fonctions, mais
seulement en nombre égal à celui des places à pourvoir (8);

---

(1) Dio Chrys., II. p. 43, éd. R.: ὡς εἰ μὲν αἱρεῖσθε βούλεσθαι ὑμᾶς καὶ στάσεως
ἄρχειν καὶ ταραχῆς. ἐλευθέρως ἀποδίδωσι καὶ μὴ ταράσσεσθαι ταῖς ἐκκλησίαις.

(2) Plin., *Ep.*, X, 110 :.... *bule et ecclesia consentiente.*

(3) Ici, une autorisation spéciale du Gouverneur était en tout cas nécessaire.
Dio Chrys., *Or.* 48, vol. II, p. 236, éd. R. : πρῶτον μὲν, ὦ ἄνδρες, τῷ κρατίστῳ
Οὐαρηνῷ δεῖ χάριν ἡμᾶς εἰδέναι — ὅτι βουλομένοις ἡμῖν ἐκκλησίαν εἶδεν ἔξεστιν.

(4) C. I. Gr., nº 2927 : καλῶς ἡ πατρὶς αὐτῷ ἐμαρτύρησε πολλάκις διὰ τῆς γενο-
μένης εἰς αὐτὸν τιμῆς ἔν τε τοῖς ἄκτοις καὶ τοῖς ψηφίσμασι τῆς τε βουλῆς καὶ τοῦ
δήμου (sous Hadrien).

(5) Inscription de Smyrne (*C. I. Gr.*, nº 3162), à ce qu'il semble de l'époque
de Sévère et de Caracalla (vers 211) : Μέγας ταμίας κα' οἱ συνέδρευσε αὐτῷ
κατὰ τὴν τοῦ δήμου χειροτονίαν.

(6) L'inscription d'Ostie (Orelli, nº 2882 [= *C. I. L.*, t. XIV, nº 313]), dans
laquelle est mentionné un *duumvir censoriæ potestatis quinquennalis in comitiis
factus*, se place entre les années 116-118 = 33-35, et, par conséquent, ne
prouve rien pour l'époque impériale ; et nous n'avons, à proprement parler,
qu'une seule inscription se rattachant à cet ordre d'idées : encore est-elle
relative à un cas spécial, qu'il nous est difficile de comprendre (Orelli, nº 3761
[et non 3107, comme l'indique Marquardt, p. 113, note 7 : = *C. I. L.*, t. XIV,
nº 2110]); il y est question d'un *curator* de l. ville de Bovillæ, près de Rome,
en l'an 157 de notre ère : — — (*hic*) *primus comitia magistratuum* (*crean-
dorum*) (*c*)*ausa instituit.* — [Sur Ostia et Bovillæ, voy. M. H. Dessau, dans
le *C. I. L.*, t. XIV, pp. 1 et suiv., 230 et suiv.]

(7) Tacit., *Ann.*, I, 81 : *Candidatos hortatus, ne ambitu comitia turbarent,
suam ad id curam pollicitus est : plerumque eos tantum apud se professos dis-
seruit, quorum nomina consulibus edidisset; posse et alios profiteri, si gratiæ aut
meritis confiderent. Speciosa verbis, re inania aut subdola, quantoque majore
libertatis imagine tegebantur, tanto eruptura ad infensius servitium.*

(8) Après avoir raconté que Tibère proposait lui-même les consuls, Dion
Cassius (LVIII, 20), ajoute : ταῦτα δὲ δὴ καὶ τὰς ἄλλας ἀρχὰς αἱρούμενος ἐδίδετο,
ὥστε ἴσους, καὶ ὁσοι ἐς τὸ συνέδριον ἐσέπιπτε, τοὺς μὲν συνετὰς αὐτῷ, οἵπερ
καὶ πάντων ἠρκοῦντο, τοὺς δὲ ἐπί τε τοῖς δικαιώμασι καὶ ἐπὶ τῇ ἀριστείᾳ τῇ τε
ἀξίᾳ τιμώμενος. Καὶ μετὰ τοῦτο ἔς τε τὸν δῆμον καὶ ἐς τὸ πλῆθος οἱ ἀρχαίρεσι-

ainsi le peuple se trouvait dépouillé en fait de son droit de vote (1). Néanmoins, les *comitia centuriata* et *tributa* continuèrent à subsister (2), et les comices consulaires furent encore réunis sous Trajan, et même au commencement du troisième siècle, avec tout l'antique cérémonial, la prise des auspices, la longue prière d'ouverture, la fixation de l'étendard sur le Janiculum, la présidence du Consul et enfin la *renuntiatio*; aussitôt après, le Consul entrait en fonctions en prêtant serment (3). Là aussi, il y avait un vote (4), à moins qu'il ne faille entendre par là une de ces acclamations, que l'on voit usitées encore longtemps après (5). Cette analogie conduisait à admettre que, dans les villes municipales, les assemblées populaires se maintinrent de même pendant un certain temps encore à compter de Tibère, mais comme une simple formalité perdant tous les jours de son importance,

---

τις ἐκκλησία (c'est-à-dire après que les élections furent devenues de la compétence des *comitia tributa* ou *centuriata*), τὰς ἀρχαίας ἕξεις ἴσχει, καθάπερ καὶ τὸν ... τὰ τέλη γίγνεσθαι, ἐσθῆτας ἐπιδείκνυνται. Voy. là-dessus Mommsen, *t. L.*, t. I, p. 383; — Stobbe, dans le *Philologus*, t. XXVII, 1868, pp. 47 et suiv.

(1) Juvenal., X, 78 sqq.:

> *Jam pridem, ex quo suffragia nulli*
> *Vendimus, effudit curas (populus). Nam qui dabat olim*
> *Imperium, fasces, legiones, omnia, nunc se*
> *Continet atque duas tantum res anxius optat*
> *Panem et circenses.*

(2) Dio Cass., LVIII, 20.

(3) Pline décrit dans son Panégyrique (c. LXIII, LXIV, LXXVII), tenu en l'an 100 de notre ère, l'élection de Trajan comme consul, et il le loue de ce qu'il se soit soumis à toutes les formalités qu'entraînait cette élection, tandis que les précédents empereurs se faisaient *renuntiari* sans être présents. Voici ce que l'on y lit : *Perpessus es longum illud carmen comitiorum — consulque his factus es ut unus ex nobis, quos facis consules — —. Averseris tu honori tuo sperata suffragia, renuntiarique te consulem jussisse contentus, liberæ civitatis ne simulationem quidem serves?* Plus loin, il mentionne les *auspicia*, et Dion Cassius (XXXVII, 28) signale de son côté la fixation de l'étendard sur le Janiculum.

(4) *Suffragia* (Plin., Paneg., LXIII).

(5) Après l'élection de l'empereur Tacite au Sénat, en l'an 275 de notre ère, Vopiscus (Tacit., VII) dit de lui :... *Inde itum ad campum Martium : ibi comitiale tribunal ascendit : ibi præfectus urbis Ælius Cesettianus sic locutus est : Vos, sanctissimi milites et sacratissimi vos Quirites, quem de sententia omnium exercituum senatus elegit, Tacitum dico. — — Acclamatum est a populo : Felicissime Tacite Auguste, dii te servent, et reliqua quæ solent dici. —* Sur ces acclamations, voy. Marini, *Arvali*, p. 653.

jusqu'à leur disparition définitive; et que, lorsqu'il est question d'un *consensus* ou d'une *postulatio populi*, il s'agit non pas de la réunion d'une assemblée populaire, mais d'une *acclamatio* accidentelle, faite, par exemple, au théâtre (1).

Quoi qu'il en soit de ces conjectures, la découverte de la *lex Malacitana* leur a enlevé toute raison d'être, en nous apprenant que, tout au moins à la fin du premier siècle, les fonctionnaires des communes étaient encore élus par le peuple sans aucune restriction; que, par conséquent, l'*ordinatio comitiorum* faite par Tibère se limitait à Rome et n'avait pas été étendue aux villes municipales. Il n'est pas douteux, en effet, que la table de Malaca ne formule un droit municipal qui, à part certaines dispositions locales, n'était pas particulier à telle ville de province, mais était commun à toutes les villes latines, et n'éclaire ainsi d'un jour nouveau le régime semblable qui était fait aux municipes et aux colonies romains. Cela résulte, ainsi que M. Mommsen le fait remarquer (2), de ce que l'octroi fréquent de chartes communales de ce genre devait aboutir à des dispositions uniformes, de même que la publication annuelle d'édits provinciaux a abouti, sous les Empereurs, à un *edictum provinciale* normal. Nous ne commettrons donc aucune confusion, si, sur la foi de la source unique, mais féconde, dont nous disposons aujourd'hui (3), nous cherchons à nous rendre compte d'une manière générale du fonctionnement des comices municipaux.

Dans toutes les élections, aussi bien dans celles des *IIviri* que dans celles des *ædiles* et des *quæstores*, la présidence appartient au *duovir* le plus âgé; ce n'est qu'en cas d'empêchement de la part de ce dernier, qu'elle passe à l'autre *duovir* (4). Les candidats sont tenus de se faire connaître (*profiteri*) dans un certain délai avant la réunion de l'assemblée électo-

Présidence.

Élection des
fonctionnaires.

---

(1) Mommsen, *I. R. N.*, n° 2569 [= *C. I. L.*, t. X, 1, n° 3704] : — — *cum et populus in spectaculis adsidue bigas statui postulasset…* ; — *C. I. L.*, t. III, 1. n° 289 : *postu(latione) pop(uli) in theatro.*

(2) Voy. Mommsen, *Stadtrechte*, p. 393.

(3) *Lex Malacit.*, LI-LX [*C. I. L.*, t. II. n° 1964. pp. 256 et 257, et Bruns. *Fontes*, éd. 5°, pp. 111 et suiv.]. — Voy. Mommsen, *Stadtrechte*, pp. 421-427.

(4) *Lex Malacit.*, LII.

rale. Le président examine leurs titres, et, lorsqu'il les trouve réguliers, il informe le public de leurs noms par voie d'affiche (*proscriptio*). S'offre-t-il moins de candidats qu'il n'y a de fonctions à pourvoir, le président lui-même présente (*nominat*) autant de candidats qu'il en manque; chacun de ceux-ci est en droit de présenter de son côté au président un autre candidat en ses lieu et place, et le même droit appartient à ce dernier (*apud eum nominare*). Tous ces noms sont affichés, et nul ne peut se soustraire à l'élection qui s'est portée sur lui (1).

Le président fixe le jour du scrutin : l'élection des *duoviri* a lieu d'abord, puis celle des édiles, enfin celle des questeurs (2).

Droit de vote des incolæ. A Malaca, on vote par curies; mais le droit de vote n'appartient pas seulement aux citoyens; avant le scrutin, on attribue par la voie du sort aux *incolæ*, qui ont une capacité égale ou supérieure à celle des *municipes*, une curie, dans laquelle ils votent (3). Ainsi, bien que Malaca possédât sans aucun doute le *jus* des dernières colonies latines (voy. *supra*, pp. 72 *in fine* et suiv.), on y retrouve le droit d'établissement isopolitique originaire de la Confédération latine, grâce auquel les Latins, émigrant dans une autre ville latine ou à Rome, y étaient investis d'un droit de vote restreint (voy. ci-dessus, p. 33), qui, cela va sans dire, était réciproquement attribué aux Romains dans les villes latines. Les autres règles relatives à l'élection sont également empruntées à la vieille organisation des *comitia curiata* de Rome, sur laquelle nous ne savons rien, mais qui, ainsi qu'on peut le reconnaître aujourd'hui, a servi de modèle à celle des *comitia tributa* de Rome, auxquels correspond en général le mode de votation dans les municipes (4). Après la désignation par le sort de la curie attribuée aux *incolæ*, le président appelle toutes les curies à déposer leurs votes

---

(1) *Lex Malacit.*, LI.
(2) *Lex Malacit.*, LIV.
(3) *Lex Malacit.*, LIII : *Quicumque in eo municipio comitia IIviris, item ædilibus, item quæstoribus rogandis habebit, ex curiis sorte ducito unam, in qua incolæ, qui cives R(omani) Latinive cives erunt, suffragia ferant, eisque in ea curia suffragii latio esto.*
(4) Voy. Mommsen, *Stadtrechte*, pp. 121-127.

au même moment (1). À cet effet, chacune se rend dans l'enceinte qui lui est préparée (*consæptum*), et à l'entrée de laquelle chaque électeur dépose dans l'urne (*cista*) un bulletin de vote (*tabella*), portant le nom des candidats (2). À côté de l'urne de chaque curie, se tiennent trois citoyens assermentés, empruntés à une autre curie, pour être les gardiens impartiaux du vote (*custodes*) et pour servir de scrutateurs (*diribitores*); en outre, chaque candidat a le droit de placer en son propre nom un *custos* auprès des *cistæ*. Tous ces *custodes*, ne pouvant prendre part au vote dans leurs propres curies, sont autorisés à voter valablement dans la curie où ils exercent leur contrôle (3). Après la clôture du scrutin, les *diribitores* comptent les suffrages (*rationem habent*), écrivent sur un tableau (*tabula*) le résultat obtenu dans chaque curie et le transmettent au président, qui s'empresse d'établir son vote d'après les règles suivantes : Est élu le candidat qui a obtenu la majorité relative; en cas d'égalité de voix, les pères ou, tout au moins, les hommes mariés, l'emportent sur les *orbi* et les *cælibes*; lorsque, même sous ce rapport, l'égalité existe, c'est le sort qui décide (4). Les votes ainsi établis pour toutes les curies sont ensuite proclamés dans l'ordre indiqué par le sort, et le président déclare (*renuntiat*) magistrats élus les candidats qui, tout d'abord, ont réuni la majorité absolue des curies (5).

Tout en nous fournissant une image fidèle des comices municipaux, tels qu'ils étaient encore en pleine activité sous Do-

Le droit
d'élection passe
au Sénat.

---

(1) *Lex Malacit.*, LV : *Qui comitia ex hac lege habebit, is municipes curiatim ad suffragium ferendum vocato ita, ut uno vocatu omnes curiæ in suffragium vocet, exque singulæ in singulis consæptis suffragium per tabellam ferant.* — Dans les *comitia tributa* romains, on vote aussi par curies (Dionys. Halic., VII, 59).

(2)* [Voy. une ciste de vote au revers d'une monnaie de la *gens Cassia*, dans le *Dict. des Antiq. grecq. et rom.*, de MM. Daremberg et Saglio, fascic. 8, Paris, 1882, t. I, p. 1202, col. 1, fig. 1511; voy. aussi *eod.*, fascic. 9, Paris, 1886, p. 1386, col. 1, fig. 1877, et M. Ernest Babelon, *Description historique et chronologique des monnaies de la République romaine*, Paris, 1885-1886, t. I, pp. 332 et 333.]

(3) *Lex Malacit.*, LV.

(4) *Lex Malacit.*, LVI, *Ibiq.* Mommsen, *op. cit.*, p. 520.

(5) *Lex Malacit.*, LVII. — Voy. Mommsen, *op. cit.*, p. 426.

mitien, la loi de Malaca l'ei-dire déjà cependant, ainsi que l'a observé M. Mommsen, les raisons qui, plus tard, ont fait passer le droit d'élection du peuple au Sénat et ont ainsi amené l'abandon des assemblées populaires. La circonstance qu'il était permis au *duovir* président de présenter des candidats, à défaut de candidature volontaire, et d'en laisser présenter d'autres par ceux qu'il avait désignés, démontre avec certitude que, déjà alors, les honneurs municipaux n'étaient pas très recherchés. Et plus, dans la suite, ces honneurs se transformèrent en charges, plus le droit de présentation du *duovir* trouva de fréquentes occasions de s'exercer : « Mais, dit M. Mommsen (1), lorsque le nombre des candidats n'était pas supérieur à celui des places à pourvoir, l'élection se réduisait à une simple formalité, puisque tous les bulletins s'égarant sur de non-candidats étaient, sans aucun doute, tenus pour nuls ; et cette hypothèse, déjà très possible d'après notre loi municipale, devint toujours plus fréquente, à mesure que les candidatures volontaires se firent plus rares. En fait, il n'y a plus maintenant que la *nominatio*, et, comme les *duoviri* avaient l'habitude de réunir l'*ordo* à cet effet (2), il en résulta que, plus tard, l'élection des fonctionnaires se trouva en réalité entièrement entre les mains de leurs prédécesseurs et du conseil communal, alors bien que le peuple fût encore consulté par ci par là (3). » La situation était donc la même qu'à Rome sous Tibère, d'autant plus que, comme l'Empereur dans la capitale, le Gouverneur, dans les villes provinciales, donnait son avis sur la *nominatio* et assistait, le jour du vote, à l'assemblée des décurions (4); cepen-

---

(1) Voy. Mommsen, *Stadtrechte*, p. 424 ; — Kuhn, *op. cit.*, t. I, p. 239.

(2) Const. 53, *De appell. et pœn. ear.*, C. Th., XI, 30 [= Const. 27, *De appell. et consult.*, C. Just. VII, 62] ; — Const. 81, *De decurion.*, C. Th., XII, 1.

(3) Const. 1, *Quemad. mun. cie. indic.*, C. Th., XII, 5.

(4) Ulpian., L. 1 § 3, *Quand. appell. sit*, D., XLIX, 4 : *Solent plerumque præsides remittere ad ordinem nominatum [nominatim ? sic Marquardt, p. 118, note 3] ut Gaium Seium creent magistratum vel alius quis honor vel munus in eum conferatur.* Cependant, le droit d'appel était ouvert contre cette proposition : *magis enim consilium dedisse præses videtur, quis sit creandus, quam ipse constituisse : denique ipse erit appellandus, non ab eo provocandum.* § 1 *Sed et si præses in ordine fuerit (ut fieri adsolet), cum ab ordine crearetur quis, ipse erit provocandus, quasi ab ordine, non ab ipso sit appellatio.*

dant, dans les munic[ipes], ce régime n'apparaît que beaucoup plus tard et graduellement, jusqu'à ce que, peut-être au commencement du troisième siècle (1), il y eût acquis force légale (2)°.

(1) Voy. Kuhn, *op. cit.*, t. I, p. 211.

(2)° [Comp., sur ce qui précède, indépendamment des auteurs cités p. 180, note 1, *supra* : MM. P. Louis-Lucas, *Étude sur la réalité des charges et fonctions publiques et sur celle des offices ministériels depuis l'antiquité romaine jusqu'à nos jours, précédée d'une Introduction générale*, Paris, 1883, in-8, t. I, pp. 251 et suiv., et notes 25 et suiv.; — J.-B. Mispoulet, *les Instit. politiq. des Rom.*, t. II, Paris, 1883, pp. 137 et suiv.; — P. Willems, *Le droit public romain*, 5e éd., Paris, 1883, pp. 333 sub fin. et suiv.; — G. Humbert, dans le *Dict. des antiq. grecq. et rom.*, de MM. Daremberg et Saglio, 9e fascic., Paris, 1883, mot *Comitia*, t. I, pp. 1397, col. 2 in fine, à 1401; — Ernst Herzog, *Geschichte und System der römischen Staatsverfassung*, t. II, 1er Abt., Leipzig, 1887, p. 309, note 1; — Th. Mommsen, *Röm. Staatsrecht*, t. III, 1, Leipzig, 1887, pp. 316 et suiv.]

LES MAGISTRATS ET LES PRÊTRES (1)*.

Comme les curies des communes municipales, la hiérarchie
de leurs fonctionnaires remonte à la période la plus lointaine
de l'histoire romaine (2). Dans les villes de la Confédération latine (3) on retrouve encore, longtemps après qu'elles eurent

---

(1)* [Sur les magistrats municipaux, voy. : A. W. Zumpt, *Fastorum municipalium Campanorum fragmentum restitutum et explicatum*, dans ses *Comment. epigr.*, t. I, 1850, pp. 3-63; *De quinqueannalibus municipiorum et coloniarum*, *ibid.*, pp. 73-158; *De quattuorviris municipalibus*, *ibid.*, pp. 161-192; —
Henzen, *Intorno alcuni magistrati municipali de' Romani*, dans les *Ann. d.
Inst. di Corr. Arch.*, 1859, pp. 193-235; — D. Serrigny, *Droit publ. et admin.
rom.*, Paris, 1862, n°° 215 et suiv., t. I, pp. 201 et suiv.; — A. Houdoy,
Le droit municipal, Paris, 1876, pp. 291-317; — Klipffel, *Étude sur le régime
municipal Gallo-Romain*, dans la *Nouv. Rev. hist. de dr. fr. et étr.*, 1879,
pp. 180-191; 380 et suiv.; 589 et suiv.; — F. Spehr, *De summis magistratibus
coloniarum atque municipiorum*, Hal. Sax., 1881; — J.-B. Mispoulet, *Les institutions politiq. des Romains*, Paris, t. II, 1883, pp. 117 et suiv.; — P. Willems, *Le dr. publ. rom.*, 5e éd., Paris, 1881, pp. 511 (C) et suiv.; — Otto
Karlowa, *Römische Rechtsgeschichte*, t. I, Leipzig, 1885, pp. 590 et suiv.; —
A. Bouché-Leclercq, *Manuel des Instit. rom.*, Paris, 1886, pp. 182 et suiv.; —
A. Esmein, *Un fragment de loi sur la juridiction des magistrats municipaux*,
dans ses *Mélanges d'hist. du dr. et de critiq.*, *Droit rom.*, Paris, 1886, pp. 360
et suiv.; — G. Humbert, *Essai sur les finances et la comptabilité publiq. chez
les Romains*, Paris, 1887, 2 vol. in 8, t. II, renvois de l'Index général et alphabétiq. des matières, au mot *Duumvir*, p. 412; — Em. Morlot, *Précis des
Instit. politiq. de Rome depuis les origines jusqu'à la mort de Théodose*, Paris,
1886, pp. 181 in init. et suiv., et 332 in fine et suiv.; — J. Kalindéro, *Étude
sur le régime munic. Rom.* (Extrait de la *Revue gén. du dr. et des sciences
politiques*, t. I, livr. 3), Bucarest, 1887, pp. 11 et suiv., 31 et suiv., 41 et suiv.
— Voy., au surplus, les auteurs cités p. 190, note 1, *supra*, et comp. M. G.
Lacour-Gayet, *Antonin le Pieux et son temps*, Thèse de Doct., Fac. des Lettres, Paris, 1888, pp. 211 et suiv.]

(2) Voy. Mommsen, *Stadtrechte*, pp. 429 et suiv.; — Henzen, *Annali*, 1859,
pp. 133 et suiv., et *Annali*, 1846, pp. 233 et suiv.; *Bull.*, 1831, pp. 186 et suiv.,

(3) Denys d'Halicarnasse (V, 61) donne l'énumération de ces villes. (Voy.

été admises au *plenum jus civitatis* romain, les magistrats primitifs, soit un *dictator* (1) annuel (2), comme à Aricia (3), à Lanuvium (4), à Nomentum (5), à Tusculum (6), dans la colonie latine de Sutrium (7), et dans les villes non-latines de Cære (8)

Mommsen, *Röm. Gesch.*, t. I, 7e éd., p. 316, note [= dans la trad. fr. de M. Alexandre, t. II, p. 139, note].)

(1) Que les dictateurs et les préteurs soient bien les magistrats primitifs des villes latines, c'est ce qui ressort de la *lex repetundarum* de l'an 632 = 122 : C. I. L., t. I, n° 198, lin. 78 [= Bruns, *Fontes*, éd. 5e, p. 71] : *sei quis eorum, quei [nominis] Latini erat — —, quei eorum in sua quisque civitate dicta]tor prætor ædilisve non fuerint — —;* comp. Mommsen, *ibid.*, p. 71, et Spartian., *Hadr.*, XIX : *Per Latina oppida dictator et ædilis et duumvir fuit.* Voy. d'ailleurs Lorenz, *De dictatoribus Latinis et municipalibus*, Grimma, 1841, in-4. [Voy. aussi C. I. L., t. XIV, *Indices*, XI, *Res municipales*, C, *Honocati et principales coloniarum et municipiorum*, pp. 579 et suiv.] — [Sur les dictatores municipaux, voy. M. G. Humbert, dans le *Dict. des Antiq. grecq. et rom.*, de MM. Daremberg et Saglio, mot *Dictator*, III, t. II, p. 166, col. 2, fascic. 12, Paris, 1888.]

(2) C'est ce qu'indique, pour Nomentum, l'inscription n° 203 d'Orelli [ibiq. Henzen, *Supplem.*, t. III, p. 23; = G. Wilmanns, *Exempla inscr. lat.*, t. II, n° 1813 = C. I. L., t. XIV, n° 3953.] — [Sur Nomentum, voy. M. H. Dessau, C. I. L., t. XIV, pp. 140 et suiv.]

(3) Il y existait encore sous Trajan (Orelli, n° 1455 [= Wilmanns, *Exempla*, t. II, n° 1767 = C. I. L., t. XIV, n° 2213]). — [Sur Aricia, voy. M. H. Dessau, C. I. L., t. XIV, pp. 203 et suiv.]

(4) Cic., *Pro Mil.*, X, 27; XVII, 45; — Asconius, p. 32, éd. Orelli; — Orelli, *Inscr.*, n° 3786 [= Wilmanns, *Exempla*, t. II, n° 1770 = C. I. L., t. XIV, n° 2097]; — Henzen, n° 5151 [= Mommsen, *I. R. N.*, n° 3633 = C. I. L., t. X, 1, n° 3913]. 6636 [= Wilmanns, *Exempla*, t. I, n° 319 = C. I. L., t. XIV, n° 2112, I, lin. 9]. — [Adde C. I. L., t. XIV, n°° 2110. 2121. — Cf. n° 2119 (?).] — [Sur Lanuvium, voy. M. H. Dessau, C. I. L., t. XIV, pp. 191 et suiv.]

(5) Orelli, n° 203 [= Wilmanns, *Exempla*, t. II, n° 1813 = C. I. L., t. XIV, n° 3953]; — Henzen, n°° 6138. 7032 [= Wilmanns, *Exempla*, t. II, n°° 1814. 1813 = C. I. L., t. XIV, n°° 3911. 4012. — Cette dernière inscription, faussement attribuée par Henzen à Nomentum, appartient en réalité à Ficulea; de plus, au lieu de : P. F. DIC(tatorem), suivant la leçon d'Henzen, il convient de lire, d'après M. H. Dessau : P(rimus) P(ilus) BIS.] — [Sur Nomentum, voy. le renvoi de la note 3, supra, et, sur Ficulea, voy. M. H. Dessau, eod., p. 147.]

(6) Tit.-Liv., III, 18; VI, 26. — [Voy., sur Tusculum, M. H. Dessau, C. I. L., t. XIV, pp. 252 et suiv.]

(7) Henzen, *Bull.*, 1863, p. 213 [= Wilmanns, *Exempla*, t. II, n° 2085 = C. I. L., t. XI, 1, n° 3257 = n° 3615]. — [Sur la ville de Sutrium, voy. M. E. Bormann, C. I. L., t. XI, 1, pp. 489 et suiv.]

(8) Orelli, n° 3787 = Mommsen, *I. R. N.*, n° 6328 [= Wilmanns, *Exempla*, t. II, n° 2083; cette inscription est *aliena* : C. I. L., t. IX, p. 832, col. 1, et t. X, 2, p. 1211, col. 1; elle est aujourd'hui reproduite parmi les inscriptions de Cære, au C. I. L., t. XI, 1, n° 3615]; — Henzen, n° 5712 [= Wilmanns, *Exempla*, t. II, n° 2082 = C. I. L., t. XI, 1, n° 3593]. — [Sur Cære, voy. M. E. Bormann, C. I. L., eod., pp. 533 et suiv.] — Les deux dictateurs que l'on

Préteurs. et de Fabrateria vetus (1), soit deux *prætores*, correspondant aux Consuls romains (2), comme à Lavinium (3), à Præneste (4) et à Cora (5). On rencontrait aussi des préteurs dans les colonies latines (6) de Signia (7) et de Setia (8), dans les colonies de citoyens (9) de Castrum novum (10) et d'Auximum (11),

---

trouve à Fidenæ, sous Gallien (Orelli, n° 112 [= Wilmanns, *Exempla*, t. II, n° 1811 = C. I. L., t. XIV, n° 4058]), sont des *duoviri*, auxquels ce titre n'est attribué qu'improprement (Mommsen. C. I. L., t. I, n° 1111; — Henzen, *Annali*, 1859, p. 195. — [Sur Fidenæ, voy. M. H. Dessau, C. I. L., t. XIV, p. 153]. — Quant au Dictator Albanus (Orelli, n° 2293 [= Wilmanns, t. II, n° 1731 = C. I. L., t. VI, 1, n° 2161]), c'est un prêtre (Henzen, *ubi supra*, p. 195).

(1) Henzen, *Bull.*, 1865, pp. 217 et suiv. [= C. I. L., t. X, 1, n° 5655]. — [Sur Fabrateria vetus, voy. Th. Mommsen, C. I. L., t. X, 1, p. 552.]

(2) On sait qu'à Rome même, les magistrats plus tard appelés consuls portent, à l'origine, le titre de *prætores* (Tit. Liv., III, 55, 12; VII, 3, 5; — Festus, *Epit.*, pp. 161. 223, 241, éd. Müll.; — Varro, *De ling. lat.*, V, 11, — et dans Nonius, p. 24, éd. Müller). — [Sur les consuls, voy., indépendamment de Mommsen, *Staatsrecht*, t. II, 2, 3e éd., Leipzig, 1887, renvoi du *Sachliches Register*, MM. G. Humbert et G. Bloch, dans le *Dict. des antiq. grecq. et rom.*, de MM. Daremberg et Saglio, 10e fasc., Paris, 1886, mot *Consul*, t. I, pp. 1455-1481. — Voy. aussi M. A. Bouché-Leclercq, *Manuel des Instit. rom.*, Paris, 1886, renvois de l'*Index analytique*, mot *Consuls*, p. 627, col. 2, et les auteurs cités. — Comp. M. G. Humbert, dans le *Recueil de l'Académie de législation de Toulouse*, 1861, pp. 325 et suiv., et 1871, pp. 56 et suiv. — Sur les *prætores municipales*, voy. Henzen, dans le *Bull. Inst. Arch.*, 1851, pp. 185 et suiv.]

(3) Orelli, n° 2276 = Mommsen, *I. R. N.*, n° 2211 [= C. I. L., t. X, 1, n° 797]; — Henzen, n° 6709 [= Wilmanns, *Exempla*, t. II, n° 1719; cette inscription est reproduite au C. I. L., t. XIV, n° 171, parmi les inscriptions d'Ostie], et *Annali*, 1846, p. 248 [= Wilmanns, *Exempla*, t. II, n° 1718; cette dernière inscription ne figure pas dans le t. XIV du C. I. L., au nombre des inscriptions soit authentiques, soit fausses, de Lavinium; son origine est, du reste, fort douteuse : voy. Wilmanns, *loc. cit.*]. — [Voy. aussi C. I. L., t. XIV, n° 2070, et, sur Lavinium, M. H. Dessau, C. I. L., *col.*, pp. 186 et suiv.]

(4) Murat., p. 132, 1; — Henzen, *Annali*, 1846, p. 257; — C. I. L., t. I, n° 1131. 1136. 1137. 1141. [Voy. aussi Wilmanns, *Exempla*, t. II, n° 1792. 1793; — C. I. L., t. XIV, n° 2902. 2906. 2991. 2999. *3063.] — [Sur Præneste, voy. M. H. Dessau, C. I. L., *eod.*, pp. 283 et suiv.]

(5) Henzen, n° 7022 = C. I. L., t. I, n° 1149 [= C. I. L., t. X, 1, n° 6527]. — [Sur Cora voy. Th. Mommsen, C. I. L., t. X, 1, p. 615.]

(6) Voy. ci dessus, pp. 63 et suiv., la liste de ces colonies.

(7) Henzen, n° 7023 = C. I. L., t. I, n° 1146 [= C. I. L., t. X, 1, n° 5969]. — [Sur Signia, voy. Th. Mommsen, C. I. L., t. X, 1, p. 591.]

(8) Henzen, n° 7024 = C. I. L., t. I, n° 1159 [= C. I. L., t. X, 1, n° 6465]. — [Sur Setia, voy. Th. Mommsen, C. I. L., t. X, 1, p. 610.]

(9) Voy. ci-dessus, pp. 51 *in fine* et suiv., la liste de ces colonies.

(10) Henzen, n° 7026 [= Mommsen, *I. R. N.*, n° 6151 = C. I. L., t. IX, n° 5145]. — [Sur Castrum novum, voy. Th. Mommsen, C. I. L., t. IX, p. 491.]

(11) Orelli, n° 3863 [= C. I. L., t. IX, n° 5810]; — Grut., pp. 445, 9; 445, 10;

dans les villes herniques d'Anagnia (1), de Capitulum Hernicorum (2), de Ferentinum (3), admises depuis 268 = 486 à faire partie de la Confédération latine (voy. ci-dessus, pp. 33 *in fine* et suiv.), et dans un grand nombre de municipes où, autrefois, des *præfecti* avaient dit le droit, soit qu'après la concession du *plenum jus civitatis* romain à ces communes, on y ait attribué à nouveau la juridiction aux anciens magistrats (4), soit que les préteurs y aient alors seulement été institués (5). Enfin, dans la *Gallia Narbonensis*, les magistrats urbains du rang le plus élevé portent aussi le nom de préteurs (6), et cela non seulement dans la colonie romaine de Narbo (7), fondée en 636 = 118 (voy. *supra*, p. 54), mais encore dans les colonies latines de Nemausus (8), de Carcaso (9),

---

450, 9; 465, 1 (= *C. I. L.*, t. IX, n°° 5849. 5859. 5811. 5813). Dans ces inscriptions, Henzen (*Annali*, 1859, p. 197) lit *Prætor Iure Dicundo*, parce que le mot *præfectus* s'écrit d'ordinaire en abrégé PRAEF. — [Sur Auximum, voy. Th. Mommsen, *C. I. L.*, t. IX, pp. 559 et suiv.]

(1) Grut., pp. 391, 8; 465, 2; 487, 3 (= *C. I. L.*, t. X, 1, n°° 5920. 5925. 5929); — *Bull.*, 1852, p. 15 (= *C. I. L.*, t. X, 1, n° 5919). — [Sur Anagnia, voy. Th. Mommsen, *C. I. L.*, t. X, 1, p. 581 et suiv.]

(2) Orelli, n° 125 (= *C. I. L.*, t. XIV, n° 2860). — [Sur Capitulum Hernicorum, voy. Th. Mommsen, *C. I. L.*, t. X, 1, p. 590].

(3) Orelli, n° 3785 (= *C. I. L.*, t. X, 1, n° 5832). — [Sur Ferentinum, voy. Th. Mommsen, *C. I. L.*, t. X, 1, p. 572.]

(4) Henzen (*Annali*, 1859, p. 195) est porté à admettre cette opinion, et cela pour la raison suivante : Anagnia reçut, en l'an 448 = 306, la *civitas sine suffragio*, et devint préfecture; toutefois, les magistratures primitives ne tombèrent pas complètement en désuétude, car Tite-Live (IX, 43) dit : *magistratibus præterquam sacrorum curatione interdictum*. Lorsque, plus tard, Anagnia reçut le *plenum jus civitatis*, et cessa d'être une préfecture, les anciens magistrats purent de nouveau rentrer en fonctions.

(5) C'est ainsi que Cumæ eut d'abord des *præfecti* (voy. *supra*, pp. 55 et suiv.) et plus tard des *prætores* (Orelli, n° 1198 (cette inscription se rapporte à Cumæ : Mommsen, *I. R. N., Indices*, p. 459 (coll. 1 *in fine* et suiv.), et n° 2363 (= Mommsen, *I. R. N.*, n°° 2459 et 2558 = *C. I. L.*, t. X, 1, n°° 3685 et 3693)). — [Sur Cumæ, voy. Th. Mommsen, *C. I. L.*, t. X, 1, pp. 56 et suiv.]

(6) Voy. Herzog, *De quibusdam prætorum Galliæ Narbonensis municipalium inscriptionibus*, Lips., 1862, in-8, et *Galliæ Narb. historia*, pp. 213 et suiv. — [Voy. aussi *C. I. L.*, t. XII, *Indices*, XI, C, mot *prætor*, p. 911, col. 1 *in init.*]

(7) *Prætores duumviri* (Herzog, *Gall. Narb. hist.*, Appendix, n° 16 = *C. I. L.*, t. I, n° 1188 (= *C. I. L.*, t. XII, n° 4338)). — [V. encore *C. I. L.*, t. XII, n°° 4128. 4129. 4131, et, sur Narbonne, M. O. Hirschfeld, *ead.*, pp. 521 et suiv.]

(8) *Prætor IIIIvir*, *ibid.*, n° 147 (= *C. I. L.*, t. XII, n° 3215). — [Sur Nemausus, voy. M. O. Hirschfeld, *ead.*, pp. 381 et suiv.]

(9) *Ibid.*, n° 205 (= *C. I. L.*, t. XII, n° 5371). — [Sur Carcaso, voy. M. O. Hirschfeld, *ead.*, pp. 522, col. 2, et 624.]

d'Aquæ Sextiæ (1), d'Avenio (2), de Vasio (3), de Dea (4); ainsi encore, dans l'Hispania Tarraconensis, la *civitas Bocchoritanorum*, qui, suivant Pline, était une ville alliée (5), avait, en 759 = 6, deux préteurs (6). Ces magistrats supérieurs ne portent que très rarement le titre de consuls; néanmoins, ils l'avaient autrefois à Tusculum (7) et à Beneventum (8). Dans quelques-unes des communes que nous venons de rappeler, les anciens titres se sont conservés jusque sous l'Empire : celui de dictateur, à Aricia, à Lanuvium, à Nomentum, à Sutrium, à Cære; celui de préteur, à Lavinium, à Anagnia, à Capitulum Hernicorum, à Cumæ : mais, dans la plupart, des *duoviri* ou des *quatuorviri* ont fini par prendre la place des *prætores*: il en a été ainsi à Præneste (9), à Cora (10), à

----

(1) *Ibid.*, n°° 31, 366 [= *C. I. L.*, t. XII, n°° 1109. 511]; — *C. I. L.*, t. I, n° 1183. — [Sur Aquæ Sextiæ, voy. M. O. Hirschfeld, *C. I. L.*, t. XII, p. 63.]

(2) *Ibid.*, n° 463 [= *C. I. L.*, t. XII, n° 1023]. — [Sur Avenio, voy. M. O. Hirschfeld, *eod.*, pp. 130 et suiv.]

(3) *Ibid.*, n° 432 (et non 430, comme l'indique par erreur Marquardt, p. 130, note 6; = *C. I. L.*, t. XII, n° 1369; *add.*, n° 1311. Cf. n° 1374]. — [Sur la Civitas Vocontiorum et sur sa capitale Vasio, voy. M. O. Hirschfeld, *eod.*, pp. 160 et suiv., et spécialement, sur les *prætores* de Vasio, p. 161, col., 2 *in fine.*]

(4) *Ibid.*, n° 457 [= *C. I. L.*, t. XII, n° 1586. Cf. n° 1581]. — [Sur Dea Augusta, voy. M. O. Hirschfeld, *eod.*, p. 161, col. 2, et p. 190.]

(5) Plin., *Nat. hist.*, III, 77. — (6) *C. I. L.*, t. II, n° 3693.

(7) Plin., *Nat. hist.*, VII, 136. — [Voy., sur Tusculum, M. H. Dessau, *C. I. L.*, t. XIV, pp. 233 et suiv., et spécialement, p. 253, note 2. — Parmi les inscriptions de Tusculum, aucune ne mentionne les préteurs; voy. M. H. Dessau, *ubi supra*, p. 254, col. 1.]

(8) Henzen, *Bull.*, 1865, p. 251; — Mommsen, *I. R. N.*, n° 1331 [= *C. I. L.*, t. IX, n° 1547]. — [Sur Beneventum, voy. Th. Mommsen, *C. I. L.*, t. IX, pp. 136 et suiv.] — Plus tard, les *duoviri* ne sont de temps à autre appelés consuls que par ironie, ainsi qu'on le voit dans Cicéron (*In Pison.*, XI, 24; *Pro domo*, XXIII, 60; *De leg. agrar.*, II, 34, 93), et lorsqu'Ausone (*Charæ urbes*, XIV, 39, p. 135, éd. Bipont.), dit :

> *Diligo Burdigalam : Romam colo : civis in hac sum,*
> *Consul in ambabus : cuncta hic, illi sella curulis,*

il ne faut tirer de là aucune preuve en faveur d'un titre officiel.

(9) *IIviri* (Orelli, n°° 2391. 2732. 3921; — Henzen, n°° 6093. 7161. 7154). — [Voy. aussi Wilmanns, *Exempla, Indices*, t. II, p. 152, col. 2, mot PRÆNESTE, et surtout *C. I. L.*, t. XIV, p. 576, col. 1, mot PRÆNESTE, *duoviri*; voy. aussi, *eod.*, M. H. Dessau, p. 230, col. 1.]

(10) *IIviri* (Orelli, n° 3303 = *C. I. L.*, t. I, n° 1149 [= *C. I. L.*, t. X, 1, n° 6517]; on trouve trace de *IIIIviri*, semble-t-il, dans le *C. I. L.*, t. I, n° 1158 [= *C. I. L.*, t. X, 1, n° 6528]. — [Voy. encore Th. Mommsen, *C. I. L.*, t. X, 1, p. 643, col. 1, et t. X, 2, *Indices*, p. 1143, col 2, mot CORA.]

Signia (1), à Setia (2), à Ferentinum (3), à Avenio (4); et çà
et là les traces de cette transformation apparaissent encore dans
les titres combinés de *prætores IIciri*, comme à Abellinum (5),
à Grumentum (6), à Telesia (7), à Narbo (8), ou de *prætores
quatuorviri*, comme à Hispellum (9) et à Nemausus (10).

Avec les deux préteurs, toutes les communes romaines et
latines ont deux édiles, correspondant aux édiles curules de
Rome (11). Comme l'institution de ces derniers n'a eu lieu à
Rome même qu'en 387=367 (12), mais a été étendue plus tard
à toutes les villes de droit romain et de droit latin, il est probable que cette extension y a été opérée par une loi générale,
rendue sans doute peu de temps après cette date (13); mais

____

(1) *IIIIciri* (Murat., p. 477, 2; — *Annali*, 1829, p. 81. = C. I. L., t. I. n°°
1145. 1147 [=C. I. L., t. X, 1, n°° 5361. 5971]). — [Voy. encore Th. Mommsen,
C. I. L., t. X, 1, p. 591, col. 1 *sub fin.*, et t. X, 2, *Indices*, p. 1151, col. 1,
mot Signia].

(2) Grut., p. 1066, 7 [=C. I. L., t. X, 1, n° 6463]. — [Voy. encore Th. Mommsen,
C. I. L., t. X, 1, p. 610, col. 2, et t. X, 2, *Indices*, p. 1151, col. 1, mot Setia.]

(3) *IIIIciri* (Orelli, n° 784 [= Wilmanns, *Exempla*, t. II, n° 2353 = C. I. L.,
t. VI, 1, n° 1492]; — Henzen, n° 7053 [=C. I. L., t. X, 1, n° 5388]). — [Voy.
encore Th. Mommsen, C. I. L., t. X, 1, p. 572, col. 1, *sub fin.*, et t. X, 2,
Indices, p. 1145, mot Ferentinum.]

(4) Herzog, *Gall. Narb. hist.*, App., n° 504 [= C. I. L., t. XII, n° 1029; *adde*
n° 1031. Cf. °*IIcir*, n° 1120]. — [Sur Avenio, voy. le renvoi de la p. 201,
note 2, *supra*].

(5) Orelli, n° 3893 = Mommsen, I. R. N., n° 1891 [= C. I. L., t. X, 1, n° 1133];
— Henzen, n° 7027 [et non 1827, comme l'indique Marquardt, p. 139, note 18;
= Mommsen, I. R. N., n° 1897 = C. I. L., t. X, 1, n° 1150]. — [Voy. encore:
C. I. L., t. X, 1, n°° 1131. 1131. 1137. 1133, et Th. Mommsen, C. I. L., t. X, 1,
p. 127, col. 2, et t. X, 2, *Indices*, p. 1139, col. 1, mot Abellinum]. — [Sur
Abellinum, voy. les renvois de la p. 160, note 6, *supra*.]

(6) Henzen, n° 7028 [= Mommsen, I. R. N., n° 323 = C. I. L., t. X, 1,
n° 221]. — [Voy. encore C. I. L., t. X, 1, n°° 203. 226. 227, et Mommsen, C. I.
L., t. X, 1, p. 27, col. 1, et t. X, 2, *Indices*, p. 1145, col. 2, mot Grumentum.]

(7) Henzen, n°° 7029. 7030 [=C. I. L., t. IX, n°° 2231. 2239]. — [Voy. encore
C. I. L., t. IX, n°° 2123. 2230. 2221. 2222. 2223. 2226. 2227. 2231. 2235; Th. Mommsen, C. I. L., t. IX, p. 203, col. 1, et *Indices*, p. 783, col. 1, mot Telesia.]

(8) Herzog, *Gall. Narb. hist.*, App., n° 16 [= C. I. L., t. XII, n° 4333] —
[Voy. les renvois de la p. 203, notes 7 et 8, *supra*.]

(9) Henzen, n° 7031 [= Wilmanns, *Exempla*, t. II, n° 2161].

(10) Herzog, *Gall. Narb. hist.*, App., n° 127 [= C. I. L., t. XII, n° 3213]. —
[Voy., sur Nemausus, le renvoi de la p. 203, note 9, *supra*.]

(11) Voy. Mommsen, *Stadtrechte*, p. 430, note 118. — [Voy. *infra*, les renvois, p. 231, note 1.]

(12) Tit. Liv. VI, 42.

(13) Voy. Mommsen, *Stadtrechte*, p. 430.

nous n'avons à cet égard aucun renseignement. Tout ce que nous savons, c'est que, dans les préfectures (voy. ci-dessus, p. 55 *ad fin.*), les affaires administratives étaient déjà confiées à des édiles, et que, dans les trois villes d'Arimium, de Fundi et de Formiæ, investies, en 566=188, du droit de cité complet et retranchées du nombre des préfectures (v. *supra*, p. 45), on n'avait pas installé de préteurs, mais que les édiles — ils étaient au nombre de trois — y formaient le collège des magistrats (1).

Organisation municipale postérieure.

A la fin de la République et dans les premiers temps de l'Empire, les différences de Constitutions qui existaient entre les anciennes villes d'Italie s'étaient en grande partie effacées, et il s'était formé un nouveau droit municipal, général dans ses dispositions essentielles, dont nous avons maintenant à parler. On peut rattacher son avénement à la *lex Julia* de l'an 664 = 90 (voy. ci-dessus, p. 79), à la suite de laquelle toutes les communes italiques, gratifiées de la *civitas*, reçurent leur droit municipal particulier (*lex municipii*, voy. *supra*, pp. 88 et suiv.), conçu d'après un même principe. Mais les documents dont nous disposons à cette heure, ne nous permettent pas de déterminer quand et de quelle manière il trouva accès dans les vieilles communes de citoyens déjà existantes alors. Il n'est ni certain, ni même probable, que les dispositions prises par Sulla aient eu à ce point de vue une influence décisive (2), puisque la *lex Julia municipalis* (voy. ci-dessus, p. 92) de César elle-même, la première loi d'organisation communale générale pour les municipes de l'Italie et du dehors, n'avait pas le moins du monde effacé d'une manière complète les parti-

(1) Sur Arpinum, voy. Cic., *Ad fam.*, XIII, 11, 3 ; Henzen, n°° 7033. 7034 [= *C. I. L.*, t. X, 1, n°° 5679. 5682. — Voy. encore, sur cette ville, Th. Mommsen, *C. I. L.*, t. X, 1, pp. 576 et suiv.] ; — sur Formiæ, Henzen, n° 7035 ; Mommsen, *I. R. N.*, n°° 4093. 4102 [= *C. I. L.*, t. X, 1, n°° 6101. 6103. — Voy. encore, sur cette ville, Th. Mommsen. *C. I. L.*, t. X, 1, pp. 602 et suiv.] ; — sur Fundi, Henzen, n° 7036 ; Mommsen, *I. R. N.*, n°° 4116. 4117. 4118. 4130 [= *C. I. L.*, t. X, 1, n°° 6231. 6333. 6239. 6242 ; voy. encore *col.*, n°° 6231. 6233, et, sur cette ville, Th. Mommsen, *C. I. L.*, t. X, 1, pp. 613 et suiv.]. — Voy. Henzen, *Annali*, 1859, p. 201.

(2) Voy. Mommsen, *Röm. Gesch.*, t. II, 7° éd., pp. 364 et suiv. [= dans la trad. fr. de M. Alexandre, t. V, pp. 379 et suiv.] ; — Bethmann-Hollweg, *Röm. Civilprocess*, t. II, p. 29.

cularités des anciennes Constitutions en vigueur à cette époque (1). On peut juger du long temps que ces dernières mirent à
disparaître, par cette double circonstance que Cicéron dénonce,
en 691=63, comme une usurpation de titre, l'appellation de
préteurs prise par les *duoviri* d'une colonie (2), et que, même
en 705=49, César donna des préteurs à la colonie latine de
Nemausus (3).   *IIviri et IIIIviri.*

Parmi les magistrats municipaux de création récente, l'autorité supérieure est ordinairement exercée par quatre personnes : deux hauts fonctionnaires judiciaires et deux édiles, qui
forment soit deux collèges distincts, composés chacun de deux
membres, celui des *duoviri jure dicundo* et celui des *duoviri
ædiles* (*ædilicia potestate*), soit un collège unique de quatre
magistrats, sur lesquels deux s'appelent *quatuorviri jure dicundo*, et les deux autres *quatuorviri ædiles* (4). Le plus souvent, les *quatuorviri* se rencontrent dans les municipes, les *duumviri* dans les colonies (5); mais cette règle comporte de nom-

(1) C'est ainsi qu'on lit dans la *lex Jul. munic.*, lin. 83 : *quiquomque in
municipieis coloneis præfectureis foreis conciliabuleis civium Romanorum IIviri
IIIIviri erunt aliæve quo nomine magistratum potestatemve — — habebunt*, et
nous avons déjà établi que, encore à l'époque impériale, on trouvait des
dictateurs et des préteurs dans les municipes.

(2) Au sujet de la colonie de Capoue, qui fut conduite dans cette ville en
l'année 671 = 83 par M. Junius Brutus, l'un des partisans de Marius, mais
qui fut de nouveau supprimée par Sulla (voy. Drumann, t. III, p. 11),
Cicéron (*De leg. agr.*, II, 31, 93), pour démontrer les prétentions des colons
et de leurs magistrats, dit : *cum ceteris in coloniis duoviri appellentur, hi se
prætores appellari volebant.*

(3) Voy., sur la colonie, le chapitre relatif aux provinces gauloises ; sur les
prætores, voy. Herzog, *Gall. Narb. hist.*, App., n° 127 [= *C. I. L.*, t. XII, n°
3215]. — [Voy., sur Nemausus, le renvoi de la p. 203, note 9, *supra.*]

(4) Ce point est établi par Zumpt (*Comment. epigr.*, t. I, pp. 170 et suiv.), au
moyen d'une riche collection d'exemples. Comp. Henzen, *Annali*, 1859, p. 206;
— Mommsen, *Stadtrechte*, p. 133. — [Voy. aussi Houdoy, *Droit munic.*, t. I,
pp. 319-338; — Fr. Spehr, et A. Bouché-Leclercq, *opp. et loc. sup. citt.*, p. 200,
note 1°, *supra*, ainsi, du reste, que les autres autorités qui y sont citées.]

(5) Que cette proposition, déjà affirmée par Manutius (*Ad Cic. pr. Sext.*, VIII),
plus tard contestée par Zumpt (*Comment. epigr.*, t. I, pp. 161 et suiv.), et
aussi révoquée en doute par moi-même, doive être considérée comme l'expression exacte de la règle générale, c'est ce que prouve le rapprochement des
nombreux exemples indiqués dans Mommsen (*I. R. N., Indices*, XXV. XXVI
[pp. 413 et suiv.]). Henzen, *Inscr.*, vol III [*Indices*], pp. 151. 153. Voy. en
particulier Mommsen, dans les *Indices* précités, s. v. *duoviri* [p. 479, coll. 2 et

breuses exceptions, dont la raison d'être est encore obscure et ne peut être déterminée que partiellement. Certaines colonies ont des *IIIIviri* (1), certains municipes des *IIviri* (2); enfin, quelques villes possèdent à la fois des *IIIIviri* et des *IIviri*: cette particularité s'explique, dans le cas où un *municipium* aurait été plus tard transformé en colonie (3), mais elle se

----

suiv.] — [Join Ire, *C. I. L.*, *Indices*: t. IX, p. 769, col. 2, s. v. *duoviri*; t. X, 2, p. 1133, coll. 1 et suiv., s. v. *IIviri*; t. XII, p. 950, col. 1, s. v. *IIvir*; t. XIV, p. 579, col. 2, s. v. *duoviri*, et t. XI, 1, *passim*.] Henzen, *Annali*, 1851, p. 111; 1859, p. 206, et Borghesi, *Œuvres*, t. VI, p. 319. Hübner, *C. I. L.*, t. II, p. 5145.

(1) Voy. Carsioli (Mommsen, *I. R. N.*, n° 5653. 5690. 5691 [= *C. I. L.*, t. IX, n° 1050. 1063. 1063; *adde*: n° 1061. 1065. 1109. 1123, et Th. Mommsen, *C. I. L.*, t. IX, p. 282, et *Indices*, p. 779, col. 2); — Luceria (Mommsen, *I. R. N.*, n° 914. 917. 918. 919 [= *C. I. L.*, t. IX, n° 843. 844. 935. 806; *adde*: Th. Mommsen, *C. I. L.*, t. IX, p. 78, col. 2, et *Indices*, p. 783, col. 1]); — Sora (Mommsen, *I. R. N.*, n° 1153 [= *C. I. L.*, t. X, 1, n° 5713], à côté de *IIviri* (ibid., n° 1154. 1197 [= *C. I. L.*, t. X, 1, n° 5670. 5711; — voy., sur Sora, Th. Mommsen, *C. I. L.*, t. X, 1, p. 560]); — Augusta Taurinorum (*C. I. L.*, t. V, 2, n° 7023. 7034), à côté de *IIviri* (ibid., n° 7015; — Opitergium (*C. I. L.*, t. V, 1, p. 185.)

(2) Il en était ainsi à Atina Campaniæ (Mommsen, *I. R. N.*, n° 1552. 1553, et beaucoup d'autres [= *C. I. L.*, t. X, 1, n° 5066. 5067; voy. encore n° 5070. 5071. 5072. 5073. 5075, et Th. Mommsen, *C. I. L.*, t. X, 1, p. 499, Atina, col. 1, et *Indices*, t. X, 2, p. 1111, col. 1 *in fine*]); — à Aufidena (Mommsen, *I. R. N.*, n° 5140. 5143 [= *C. I. L.*, t. IX, n° 2806. 2809; voy. aussi n° 2803, et Th. Mommsen, *C. I. L.*, t. IX, p. 259, col. 1]); — à Calatia (Mommsen, *I. R. N.*, n° 3903. 3917. 3918 [= *C. I. L.*, t. X, 1, n° 1570. 1583. 1586. 1587; voy. encore n° 4583 ? 4583, et Th. Mommsen, *C. I. L.*, t. X, 1, p. 411, col. 2, et *Indices*, t. X, 2, p. 1111, col. 2 *in fine*]); — à Herculaneum (Mommsen, *I. R. N.*, n° 2423. 2423 [= *C. I. L.*, t. X, 1, n° 1457. 1453; voy. encore n° 1444 — 1445. 1451, et Th. Mommsen, *C. I. L.*, t. X, 1, p. 137, col. 1, et t. X, 2, *Indices*, p. 1143, col. 2 *in fine*]); — à Surrentum (Mommsen, *I. R. N.*, n° 2121 [= *C. I. L.*, t. X, 1, n° 688; voy., sur cette ville, Th. Mommsen, *C. I. L.*, t. X, 1, p. 76]); — à Alba Pompeia (*C. I. L.*, t. V, 2, n° 7660); — à Eporedia (ibid., p. 750); — à Placentia (ibid., n° 5817); — à Segusio (ibid., p. 815); — à Tergeste (ibid., 1, p. 53); — à Lambæsis, en Afrique (Henzen, n° 7013 [= *C. I. L.*, t. VIII, 1, n° 4136; voy. encore n° 2630. 2677. 2131. 2757. 2716. 2901, et t. VIII, 2, *Indices*, p. 1033, col. 1, et, sur la ville de Lambæsis, G. Wilmanns, *C. I. L.*, t. VIII, 1, pp. 283 et suiv.]).

(3) Comme exemples, on peut citer Æclanum qui, comme *municipium*, a des *IIIIviri* (Mommsen, *I. R. N.*, n° 1116. 1122. 1123. 1127 [= *C. I. L.*, t. IX, n° 1132. 1142. 1145. 1111; voy. encore n° 1070. 1133. 1135. 1139. 1140. 1143. 1144, et Th. Mommsen, *C. I. L.*, t. IX, p. 99, col. 1, et *Indices*, p. 713, col. 1]), et qui, comme colonie, a des *IIviri* (Mommsen, *I. R. N.*, n° 913. 1116. 1127, et beaucoup d'autres [= *C. I. L.*, t. IX, n° 670. 1123. 1111; voy. encore n° 1049 et 1050 (??). 1152. 1156. 1160. 1161. 1167. 1168. 1173. 1113, et Th. Mommsen, *loc. sup. cill.*; — voy., sur Æclanum, Th. Mommsen, *C. I. L.*

retrouve même dans des municipes qui n'ont, à aucune époque, été érigés en colonies (1). Dans la *Gallia Narbonensis*, les colonies romaines ont habituellement des *IIviri*, les colonies latines, des *IIIIviri* (2), et, lors de la concession du droit latin faite par Vespasien aux provinces espagnoles (3), les municipes, qui, jusqu'alors, avaient eu des *IIviri* (4), reçurent en mê-

---

t. IX, pp. 93 et suiv., et Ettore de Ruggiero, *Dizionario epigrafico di Antichità Romane*, fascic. 3, Roma, 1886, pp. 133 (col. 2) — 138]); — Canusium (*IIIIviri* : Mommsen, *I. R. N.*, n°° 618. 619 [= *C. I. L.*, t. IX, n°° 415. 312; voy. encore n°° 326. 327]; *IIviri* : Mommsen, *I. R. N.*, n° 633 [= *C. I. L.*, t. IX, n° 338; — voy., sur Canusium, Th. Mommsen, *C. I. L.*, t. IX, pp. 31 et suiv., et *Indices*, p. 779, col. 1]); — Teanum (*IIIIviri* : Mommsen, *I. R. N.*, n° 3997 [= *C. I. L.*, t. X, 1, n° 4796; voy. aussi n° 4793]; *IIviri* : Mommsen, *I. R. N.*, n°° 3983. 3998. 3981. [= *C. I. L.*, t. X, 1, n°° 4790. 4797. 4789; — voy., sur Teanum Sidicinum, Th. Mommsen, *C. I. L.*, t. X, 1, p. 471. et *Indices*, t. X, 2, p. 1132, col. 1]); — Brixia (Mommsen, *C. I. L.*, t. V, 1, p. 439b).

(1) La *civitas Marsorum* a des *IIIIviri* (Mommsen, *I. R. N.*, n° 5391 [= *C. I. L.*, t. IX, n° 3658; voy. encore n°° 3671. 3691. 3691]) et des *IIviri* (Mommsen, *I. R. N.*, n° 5193 [= *C. I. L.*, t. IX, n° 3683; voy. encore n°° 3669. 3697, et Th. Mommsen, *C. I. L.*, t. IX, p. 319, col. 2, et *Indices*, p. 782, col. 2. — Sur le pays des *Marsi*, voy. M. Emmanuel Fernique, *De regione Marsorum*, Thèse de Doct., Fac. des Lettres, Paris, 1880, broch. in-8, et, sur les inscriptions, en dehors des renvois indiqués au *C. I. L.*, le même auteur, *Inscriptions inédites du pays des Marses*, dans la *Biblioth*é*q. des Écoles françaises d'Athènes et de Rome*, fascic. 3, Paris, Thorin, 1879, broch. in-8;); — Tereventum (*lege* Terventum = Trivento), des *IIIIviri* (Mommsen, *I. R. N.*, n° 5171 [= *C. I. L.*, t. IX, n° 2596) et des *IIviri* (Mommsen, *I. R. N.*, n° 5173 [= *C. I. L.*, t. IX, n° 2597; voy. encore n°° 2593. 2599. 2601. 2602. 2603, et Th. Mommsen, *C. I. L.*, t. IX, p. 211, col. 1, et *Indices*, p. 785, col. 1]); — Volceii, des *IIIIviri* (Mommsen, *I. R. N.*, n°° 219. 220. 221 [= *C. I. L.*, t. X, 1, n°° 411. 379. 413; voy. encore n°° 412. 413. 416. 417. 418, et 2, n°° 8165. 8166]) et des *IIviri* (Mommsen, *I. R. N.*, n° 2530 [= *C. I. L.*, t. X, 1, n° 1809; — voy., sur cette ville, Th. Mommsen, *C. I. L.*, t. X, 1, p. 43. et *Indices*, t. X, 2, p. 1134, col. 1]). Il en est de même à Industria (*C. I. L.*, t. V, 2, p. 815) et à Placentia (*ibid.*, n° 5843).

(2) Voy. Herzog, *Gall. Narb. hist.*, p. 218. [Voy. aussi le t. XII du *C. I. L.*]

(3) Voy. la partie relative aux provinces espagnoles.

(4) Dans l'inscription de Sabora (*C. I. L.*, t. II, n° 1423), sur laquelle un savant anonyme appelle l'attention dans la *Revue critique* (1875, p. 103), on lit : *Imp. Cæs. Vespasianus — — salutem dicit IIIIviris et decurionibus Saborensium. Cum multis difficultatibus infirmitatem vestram premi indicetis, permitto vobis oppidum sub nomine meo, ut vultis, in planum exstruere. — — Valete. IIviri C. Cornelius Severus et M. Septimius Severus publica pecunia in ære inciderunt.* La ville nouvellement fondée reçut donc le nom de *municipium Flavium*, et, à la place des *IIIIviri*, qui avaient adressé la requête, des *IIviri*. C'est au même motif que doit être rattaché ce fait, qu'Æso a d'abord dés *IIIIviri*, puis des *IIviri* (*C. I. L.*, t. II, n° 4458), et de même Asido (*ibid.*

me temps, avec le nom de *municipia Flavia*, sous lequel on les désigna désormais (1), des *IIviri*. Les *duumviri* présentent la plus grande analogie avec l'organisation romaine : seulement, de même qu'à Rome même le préteur est le *collega minor consulum* (2), les édiles sont, aux colonies, dans la mesure de leurs attributions judiciaires et malgré leur compétence moins étendue, les collègues des duovirs; et il arrive quelquefois, quoique exceptionnellement, que les *IIviri i. d.* et les *IIviri ædiles* s'intitulent tous quatre *IIIIviri*, dans les affaires auxquelles ils sont conjointement intervenus (3). Certaines villes (4) allaient même jusqu'à réunir, non seulement les fonctionaires les plus élevés, mais tous les agents dans un collège unique d'oc-

IIIIviri.

---

n°s 1345, 1315; comp. n° 1311) et Gades (*ibid.*, n° 1727; comp. n° 1313). En général, les inscriptions espagnoles ne font que de rares mentions de *IIIIviri* : on en trouve des exemples à Carmo (*C. I. L.*, t. II, n°s 1379, 1380); à Clunia (*ibid.*, n° 2781); à Ilipula minor (*ibid.*, n° 1410); à Sigarra (*ibid.*, n° 4179); à Ossonoba (*ibid.*, n° 2).

(1) Voy. Mommsen, *Stadtrechte*, p. 400, note 21.

(2) Voy. Mommsen, *Staatsrecht*, t. II, 2° éd., p. 185. [La trad. fr. de ce volume, par M. P. F. Girard, n'a pas encore paru; il en a été publié une 3° éd. allemande à Leipzig en 1887.]

(3) Pompéi était une colonie de Sulla et avait, comme telle, des *duoviri*, dont on voit fréquemment la mention. On n'en trouve pas moins dans l'inscription de Henzen n° 7058 = Mommsen, *I. R. N.*, n° 2193 [= *C. I. L.*, t. X, 1, n° 860] les quatre fonctionnaires, les *IIviri i. d.* et les *IIviri ædiles*, désignés tous les quatre sous le titre de *IIIIviri*, et c'est ainsi qu'il convient également d'entendre les *IIIIviri* indiqués ci-dessus, qui se rencontrent dans les colonies. — [Voy., sur Pompéi, Th. Mommsen, *C. I. L.*, t. X, 1, pp. 89 et suiv., et t. X, 2, *Indices*, pp. 1118, col. 2, et suiv.]

(4) Leur nombre paraît avoir été restreint. On connaît seulement Amiternum (Orelli, n° 3965; — Henzen, n° 7123 [= *C. I. L.*, t. IX, n°s 4321, 4398; voy. encore n°s 4182, 4193, 4199, 4203, 4211, 4460, 4519, 4520, et Th. Mommsen, *I. R. N.*, *Indices*, p. 437, col. 2; *C. I. L.*, t. IX, p. 397, et *Indices*, p. 716, col. 2]; — Interamna Prætutianorum (*lege* Interamnia Prætuttiorum) (Henzen, n° 7125 [= Mommsen, *I. R. N.*, n° 6130 = *C. I. L.*, t. IX, n° 5067; — voy., sur cette ville, Th. Mommsen, *C. I. L.*, t. IX, pp. 463 et suiv.]); — Perusia (Orelli, n° 3961 [= *C. I. L.*, t. XI, 1, n° 1936, *ibiq.* M. E. Bormann, col., p. 353, coll. 1 *in fine* et suiv.; — sur Perusia, voy. M. E. Bormann, eod., pp. 353, col. 1 *sub fn.*, et suiv.]); — Nursia (Orelli, n° 3966 [voy. Th. Mommsen, *C. I. L.*, t. IX, p. 427, col. 1, *ibiq.* n°s 4543, 4545, 4547, 4549, 4663, et *Indices*, p. 782, col. 2 *in fine*]); — et Trebula Mutuesca (Orelli, n° 3963 [= *C. I. L.*, t. IX, n° 4836; voy. encore n°s 4881, 4889, 4890, 4891, 4891 bis, 4895, 4896, 4897, 4900, et Th. Mommsen, *C. I. L.*, t. IX, p. 463, col. 2, et *Indices*, p. 733, col. 2]).

toviri (1), où figuraient ainsi deux *VIIIviri duumvirali potestate* (2), deux *VIIIviri ædiliciæ potestatis* (3), deux *VIIIviri ærarii* (4) (Questeurs), et deux *VIIIviri fanorum* (5), appelés aussi *curatores fanorum* (6). Dans les villes latines, comme dans les villes romaines, on trouve des *IIIIviri* (7) et des *IIviri* (8): mais, à Salpensa tout au moins, les *IIviri i. d.* et les *IIviri ædiles* sont considérés comme collègues (9).

Ces observations générales nous amènent à l'analyse de chacune des fonctions municipales (10).

1. — En principe, les *duoviri* ou *quatuorviri iure* (11) *dicundo* sont les fonctionnaires de l'ordre le plus élevé: eux seuls portent le titre de *magistratus* (12); et ils sont, comme les consuls à

Compétence des IIviri et des IIIIviri.

---

(1) Borghesi (*Œuvres*, t. VII, pp. 208. 221 et suiv.) a, pour la première fois, donné des renseignements sur eux.

(2) Orelli, n° 3926 (voy. Th. Mommsen, *C. I. L.*, t. IX, p. 127, col. 1).

(3) Fabretti, p. 401, n° 297 = Orelli, n° 3863; p. 349, n° 132 [= *C. I. L.*, t. IX, n°° 1896 et 1891; voy. Th. Mommsen, *C. I. L.*, t. IX, p. 463, col. 2, et *Indices*, p. 755, col. 2].

(4) Orelli, n° 3863 (voy. la note précédente).

(5) Orelli, n° 3863 (voy. la note 3, *supra*).

(6) Orelli, n° 3961 [= *C. I. L.*, t. XIV, n° 3541; inscription de Tibur. — Voy., sur cette ville, M. H. Dessau, *C. I. L.*, *eod.*, pp. 365 et suiv.].

(7) Il en est ainsi à Nemausus, Tolosa, Reii Apollinares, Cabellio, Arento, Apte, dans la Gallia Narbonensis. — Voy. Herzog, *Gall. Narb. hist.*, pp. 213. 214 [et *C. I. L.*, t. XII].

(8) Il en est ainsi à Camunni, dans la X° région italique (*C. I. L.*, t. V, 1. p. 519, à Malaca et à Salpensa.

(9) *Lex Salpens.*, c. XXIX. — Voy. Mommsen, *Stadtrechte*, p. 433.

(10) On trouve des renseignements détaillés sur ce qui suit dans Zumpt, *op. et loc. sup. citt.*; — Mommsen, *Stadtrechte*, pp. 433 et suiv.; *Ephem. epigr.*, t. II, p. 139; — Henzen, *Annali*, 1859, p. 208. — [Voy. aussi les auteurs cités p. 180, note 1, et p. 200, note 1°, *supra*.]

(11) Sur la vieille forme de datif [*iure* pour *iuri*] employée habituellement dans ce titre, voy. Orelli, n°° 121 [= n° 1712, *ibiq.* Henzen, *Supplem.*, t. III, p. 191], 502 [*ibiq.* Henzen, *Supplem.*, t. III, p. 35 = *C. I. L.*, t. III, 1, n° 2026], 3501 [= *C. I. L.*, t. XI, 1, n° 3278]; — Marini, *Atti*, p. 806; — *Neue Formenlehre*, t. I, p. 193. — [Voy. aussi Wilmanns, *Exempla*, t. II, *Indices*, pp. 624 *in fine* et suiv., et *C. I. L.*, *Indices*, XI, RES MUNICIPALIS, C, *Honorati et principales coloniarum et municipiorum*.]

(12) Papinian., L. 13, *Ad munic. et de iac.*, D., I, 1 : *Quid ergo, si alter ex magistratibus toto anno afuerit — — et omnia collega solus administraverit...?* — Paul., L. 19 § 1, *De tutor. et cural. dat.*, D., XXVI, 5 : *Magistratus municipalis collegam suum quin dare tutorem possit, non est dubium.* — Ulpian., L. 1 § 9, *De magistr. convenc.*, D., XXVII, 8. — *Fragm. Vatic.*, § 112.

Rome, éponymes pour l'année de leur magistrature (1). Ils étaient anciennement investis de l'*imperium* et de la *jurisdictio* (2) ; et dans la *colonia Genetiva*, ainsi que vraisemblablement dans toutes les colonies organisées dans une vue de défense contre les ennemis du dehors (voy. ci-dessus, pp. 48, 161, 185), ils sont même armés d'un *imperium* militaire (3); mais, plus tard, l'*imperium* ne leur appartient plus (4), et leurs attributions se réduisent aux suivantes :

---

(1) Dans l'inscription de Puteoli (*C. I. L.*, t. I. n° 577 [= *C. I. L.*, t. X, 1. n° 1781]), l'année 649 = 105 est indiquée de la manière suivante : *ab colonia deducta anno XC, N. Fufidio N. f. M. Pullio duovir(eis). P. Rutilio Cn. Mallio cos.* [Sur Puteoli, voy. Th. Mommsen, *C. I. L.*, t. X. 1. pp. 182 et suiv.]. — Cicéron (*De leg. agr.*, II, 31, 92) dit de la colonie de Capoue, fondée par les partisans de Marius : *Cum venissem Capuam, coloniam deductam L. Considio et Sex. Sallio, quemadmodum ipsi loquebantur, praetoribus.* [Sur Capoue, voy. Th. Mommsen, *C. I. L.*, t. X, 1. pp. 363 et suiv.] — A Firmum, une statue est élevée *Q. Licinio Crispino, C. Herennio Maximo IIviris* (Grut., p. 490, 3 [= *C. I. L.*, t. IX, n° 5365; sur cette ville, voy. Th. Mommsen, *C. I. L.*, t. IX, pp. 503 et suiv.]; — à Veies, une inscription dédicatoire est ainsi datée : *Maximo et Glabrione Cos.* (ann. 2°) *Q. Orlesio Felice et Nemonio Silvano IIviris Veientium* (Wilmanns [*Exempl.* t. II], n° 2080 [= *C. I. L.*, t. XI, 1, n° 3807; sur Veii, voy. M. E. Bormann, *C. I. L.*, eod., pp. 556 et suiv.]); — un protocole, dressé à Cære en l'an 113 de notre ère, commence de la manière suivante : *L. Publlio Celso II C. Suetonio Claudiano ædile iuri dicundo* (Mommsen, *I. R. N.*, n° 6823 [aliena; voy. *C. I. L.*, t. IX, p. 832, col. 1, et t. X, 2. p. 1211, col. 1. — Cette inscription est aujourd'hui publiée parmi les inscriptions de Cære, au *C. I. L.*, t. XI. 1, n° 3614. — Sur Cære, voy. M. E. Bormann, *C. I. L.*, eod., pp. 533 *in fine* et suiv.]). — Dans les quittances trouvées à Pompéi et relatant des paiements faits à la commune, les noms des *duoviri* se trouvent en tête, et ceux des consuls seulement à la fin, par exemple : *Sex. Pompeio Proculo C. Cornelio Macro IIvir(is) i. d. XI K. Mart. Privatus coloniæ ser(vus). Scripsi me accepisse ab L. Cæcilio Iucundo sestertios mille sex entos quinquaginta duo nummos ob fulloniam ex reliquis anni unius. Act(um) Pom. Nerone Aug. III M. Messalla cos.* (Voy. G. de Petra. *Le tavolette cerate di Pompei*, Napoli, 1877, in-4. p. 73, n° 117; — Mommsen, *Hermes*, t. XII (1877), pp. 120. 136]. — A Italica, une statue est dédiée *anno Licini Victoris et Fabi Æliani IIvirorum* (*C. I. L.*, t. II, n° 1120). — Pareillement, sur les monnaies des colonies et des municipes, on voit figurer comme magistrats éponymes des *IIviri*, des *IIviri quinquennales*, des *IIIIviri*, des *præfecti duumviri* et des *ædiles*. (Voy. Eckhel, *Doct. num.*, t. IV, pp. 475 et suiv. — Comp. Zumpt, *Comment. epigr.*, t. I, p. 168; — J. Friedländer, dans la *Zeitschrift für Numismatik* de Sallet, t. VI (1879), p. 13.]

(2) *Les col. Genet.*, c. XCIV. CXXV. CXXVIII.

(3) *Les col. Genet.*, c. CIII.

(4) Paulus, L. 26, *Ad municip. et de inc.*, D., L. 1 : *Ea, quæ magis imperii sunt quam iurisdictionis, magistratus municipalis facere non potest.*

1° La présidence des assemblées populaires et le droit d'installer (*facere creareque*) et de proclamer (*renuntiare*) les magistrats élus (1).

2° La présidence du Sénat (2).

3° La juridiction, au criminel et au civil, à laquelle ils doivent leur nom (3)*. — La juridiction criminelle leur était formellement reconnue dans la *lex Julia municipalis* (4) et fut exercée par

---

(1) *Lex Malacit.*, c. LII. LIX. — (Voy. à cet égard, L. Lange, *De magistratuum Romanorum renuntiatione et de centuriatorum comitiorum forma recentiore*, dans *Leipziger Universitätsprogramm zur Verkündigung der Doctorpromotionen*, 1879, monographie reproduite dans ses *Kleine Schriften aus dem Gebiete der classisch. Alterthumswiss.*, t. II, Göttingen, 1887, pp. 463 et suiv.]

(2) Const. 2, *De decurion. et fil. cor.*, C. Just., X, 32 (31): *Observare magistratus oportebit, ut decurionibus sollemniter in curiam convocatis nominationem ad certa munera faciant*..... — Les exemples sont: le décret de patronat de l'époque de Trajan (Orelli, n° 785 [= Wilmanns, *Exempla*, t. II, n° 2853 = C. I. L., t. VI, 1, n° 1492]; *M. Acilius Placidus, L. Petronius Fronto IIIIviri i. d. s(enatum) c(onsuluerunt) Ferentini in curia aedis Mercuri*, et les décrets du Sénat, dans Marini, *Atti*, pp. 4. 5. 6. — Que, spécialement, les deux *duoviri* convoquent le Sénat et fassent les propositions (*verba faciunt*), cela est conforme aux mœurs romaines (voy. les sénatusconsultes dans Frontin, *De aquæd.*, c. CIV. CVI), et c'est ce que nous montrent les décisions prises à Tergeste (C. I. L., t. V, 1, n° 532), à Puteoli (Mommsen, *I. R. N.*, n° 2511 [= C. I. L., t. X, 1, n° 1781]), à Sora (Mommsen, *I. R. N.*, n° 4196 [= C. I. L., t. X, 1, n° 5679]). — Comp. Zumpt, *Comment. epigr.*, t. I, p. 161; — Mommsen, *Stadtrechte*, p. 415.

(3)* [Sur la juridiction municipale et provinciale, tant civile que criminelle, voy., en dehors des auteurs cités p. 180, note 1, et p. 200, note 1*, supra: E. Huschke, *De recuperatoribus*, dans *Anal. litt.*, 1826, pp. 208-253; — A. Collmann, *De Romanorum judicio recuperatorio*, Berol., 1835; — C. Sell, *Die Recuperatio der Römer*, Braunschweig, 1837. — Alexandre Vladesco, *Essai sur les institutions judiciaires civiles en droit romain, en France et en Roumanie*, Paris, 1875, pp. 49 et suiv., — V. Boussague, *Organisation judiciaire des villes dans l'Empire romain*, Lyon et Genève, 1878; — Ed. Cuq, *Les juges plébéiens de la colonie de Narbonne*, dans les *Mélanges d'archéologie et d'histoire*, de l'École française de Rome, t. I, 1881, pp. 207-311; — A. Bouché-Leclercq, *Manuel des instit. rom.*, Paris, 1886, pp. 124 et suiv. — Voy. aussi, M. Ch. Lécrivain, *L'appel des juges-jurés sous le haut empire*, dans les *Mélanges d'archéol. et d'hist.*, de l'Éc. fr. de Rome, t. VIII, 1888, pp. 187 et suiv.]

(4) Dans la *lex Julia munic.* (lin. 113), on voit exclu du droit d'éligibilité au Sénat aussi bien celui qui a subi à Rome une peine criminelle, que celui qui l'a encourue dans son municipe: *quei(ve) iudicio publico Romæ condemnatus est erit —— quei(ve) in eo municipio, colonia, præfectura, foro, conciliabulo, quo(ius) erit, iudicio publico condemnatus est erit*. De même, dans les provinces, les villes libres avaient encore sous Tibère leur juridiction criminelle particulière (Tacit., *Ann.*, II, 53). — Voy. supra, pp. 103 et suiv.

eux jusqu'à la fin du premier siècle, époque où elle passa aux fonctionnaires impériaux (1) ; la *lex coloniæ Geneticæ* détermine, pour l'exercice de cette juridiction, deux modes, qui nous rendent un compte suffisant de l'état de la procédure criminelle. Le premier, relatif au cas d'une affaire entraînant l'indignité d'un décurion (2), est une procédure d'accusation, correspondant tout à fait au *judicium publicum* romain, et nécessitant l'intervention de jurés (*judices*) (3) ; la plainte est soutenue par un *accusator* et par un *subscriptor*, ayant l'un quatre heures, l'autre deux heures, pour en présenter les arguments, tandis

(1) Voy. Mommsen, *Stadtrechte*, p. 403, et, ci-dessous, le chapitre consacré à l'Italie sous les Empereurs.

(2) *De indignitate decurionum. Lex col. Genet.*, c. CV. CXXIII. CXXIV.

(3) *Lex col. Gen.*, c. CXXIII. — [Consulter, en particulier, sur le droit pénal et la procédure criminelle des Romains : Invernizzi, *De publicis et criminalibus judiciis Rom. libri tres*, Rome, 1787, réédité à Leipzig en 1846 ; — Geib, *Gesch. des röm. Criminalprocesses bis zum Tode Justinian's*, Leipzig, 1842 ; — Rein, *Das Criminalrecht der Römer von Romulus bis auf Justinianus*, Leipzig, 1844 ; le même, *Judicia*, dans la *Pauly's Realencyclopädie*, t. IV, p. 372 ; — H. Féréol Rivière, *Esquisse historique de la législation criminelle des Romains*, Paris et Dijon, 1844 ; — Ed. Laboulaye, *Essai sur les lois criminelles des Romains*, Paris, 1845 ; — Ferdinand Walter, *Histoire du droit criminel chez les Romains*, trad. fr. par J. Piecquet-Damesme, Paris et Grenoble, 1863 ; — Em. Servais, *De la justice criminelle à Rome depuis le commencement de la République jusqu'à l'établissement de la première commission permanente*, dans les *Publications de la Société pour la recherche et la conservation des monuments historiques*, Luxembourg, 1864, pp. 178 et suiv. ; — A. W. Zumpt, *Das Criminalrecht der römischen Republik*, Berlin, 1865-1869 ; — A. Kohl, *La justice crim. de la Rép. rom.* (en allemand, Burghausen, 1875 ; — J. Rouquet, *Des juridictions criminelles chez les Romains*, Toulouse, 1879 ; — Ch. Maynz, *Esquisse historique du droit criminel de l'ancienne Rome*, dans la *Nouvelle Revue historique de Dr. fr. et étr.*, t. V, 1881, pp. 576-591, et t. VI, 1882, pp. 1-36 ; — H. Daméril, *Aperçu sur les révolutions du droit criminel à Rome sous la République*, dans la *Revue générale de Droit*, t. VII, 1883, pp. 314-329 ; — J.-B. Mispoulet, *Les institutions politiques des Romains*, t. II, pp. 517 et suiv. ; — R. Morize, *De la procédure criminelle depuis l'établissement de l'empire jusqu'à la mort d'Alexandre Sévère*, Thèse de Doct., Fac. de Dr. de Paris, 1883 ; — Moritz Voigt, *Die XII Tafeln. — Das Civil-und Criminalrecht der XII Tafeln*, Leipzig, 1883, 2 vol. in-8 ; — P. Willems, *Le droit public romain*, 5e éd., Paris, 1885, pp. 172 et suiv., 327 et suiv., 471 et suiv., 623 ; — A. Bouché-Leclercq, *Manuel des instit. rom.*, Paris, 1886, pp. 142-156. — Comp. aussi Dr A. Zocco-Rosa, *L'Età preistorica ed il periodo teologico-metafisico del Diritto penale a Roma, Studio*, Catania, 1884, ainsi que les autorités indiquées par les différents auteurs précités.]

que neuf heures sont accordées à la défense(1). — L'autre mode,
établi en vue des inculpations pouvant donner lieu à des amendes
(*multx*), constitue un *judicium recuperatorium*, dont le *duovir*
fixe l'audience à un jour déterminé. Si la sentence n'est pas
rendue ce jour-là, elle doit l'être dans une nouvelle audience
tenue dans les vingt jours suivants (2). Les récupérateurs ne
sont pas élus, mais désignés par le sort ; ils peuvent toutefois
être récusés (3); le *duovir* cite les témoins ; et, seuls, les plus
proches parents de l'inculpé peuvent se soustraire à l'obligation de déposer (4.

Au civil, les *duoviri* exercent aussi bien la juridiction conten-
tieuse, dans les limites que nous avons ci-dessus déterminées
(voy. *supra*, p. 92), que la juridiction gracieuse, c'est-à-dire en
matière de manumission, d'émancipation et d'adoption (5), dans
les communes latines (6) et dans les municipes romains jouissant
à cet égard de privilèges particuliers (7), mais non dans les colonies romaines. Cette différence atteste d'une manière remarquable que les communes latines et un certain nombre de
municipes avaient conservé, même assez tard, quelques vestiges
de leur première autonomie, tandis que les colonies romaines
avaient été incorporées, dès le début, dans la cité romaine (8).
Ainsi encore, c'est le préteur romain qui nomme les tuteurs
dans les colonies et dans les municipes d'Italie, tandis que, dans
les provinces, ils sont désignés par le Gouverneur (9), auquel

---

(1) *Ibid.*, c. CII.
(2) *Ibid.*, c. XCV.
(3) *Ibid.*, c. XCV, 2, 27.
(4) *Ibid.*, c. XCV.
(5) Modestin., L. 4, *De adopt. et emancip.*, D., 1, 7 : — Ulpian., L. 3, *De
off. proc. et leg.*, D., 1, 16 : — Const. 5, *De adopt.*, C. Just., VIII, 47 (48).
(6) *Lex Salp.*, c. XXVIII.
(7) Paul., *Sentent.*, II. 25, 4 : *Apud magistratus municipales, si habeant
legis actionem, emancipari et manumitti potest ; —* Const. 5, *De vindict. li-
bert.*, C. Just., VII. 1 : *Apud consilium nostrum vel apud consules prætores
præsides magistratusve earum civitatum, quibus hujusmodi ius est, adipisci
potest — servitus libertatem.*
(8) Voy. Mommsen, *Stadtrechte*, p. 436.
(9) Gaius, 1. 185 : — Ulpian., *Reg.*, XI. 18 ; — Inst., *De Atil. tut.*, 1,
20, pr.

n'appartient qu'un droit de présentation (*nominatio*) pour les magistrats municipaux (1) ; au contraire, dans les communes latines, les *duoviri* sont compétents même pour cet acte (2).

4° Le *duovir* peut, lorsque, en l'absence de son collègue, il veut s'éloigner de la ville pour plus d'un jour, nommer un lieutenant (*præfectus*) et lui faire prêter serment (3). Ceci est encore un souvenir du vieux droit romain, en vertu duquel le roi, plus tard le consul, nommait un *præfectus urbi*, pour le suppléer en son absence ; jusque sous l'Empire, un *præfectus urbi* était installé tous les ans, pendant la fête latine (4).

Quinquennales. 2. *Quinquennales*(5). — Une des différences les plus importantes qui se révèlent dans l'antique condition des villes, réside, ainsi que nous avons eu maintes fois occasion de le remarquer, dans le degré de liberté laissée à la gestion des affaires municipales. Toutes les communes tiraient leurs ressources 1° des propriétés communales en terres, prés, forêts, lacs, cours d'eau, mines (6),

---

(1) Ulpian., L. 1, *De magistr. conven.*, D., XXVII, 8. — Mommsen, *Stadtrechte*, p. 438, note 137.

(2) *Lex Salpens.*, c. XXIX.

(3) *Lex Salpens.*, c. XXV. Ce *præfectus* est également mentionné dans la *lex col. Genet.* — Voy. Mommsen, *Ephem. epigr.*, t. II, p. 116.

(4) Voy. Mommsen, *Staatsrecht*, t. I, 2° éd., pp. 638 et suiv. [La trad. fr. de ce passage, par M. P. F. Girard, n'a pas encore paru ; une 3° éd. allemande de ce volume a été publiée à Leipzig en 1887.] — [Voy. aussi les ouvrages d'ensemble précités, et M. P.-E. Vigneaux, *Essai sur l'histoire de la præfectura Urbis à Rome, dans la Rev. gén. du Droit.* 1883 et années suiv.]

(5) Sur les *quinquennales*, les études de Zumpt (*Comment. epigr.*, t. I, pp. 73-153) et de Henzen(*Annali*, 1851, pp. 5 et suiv. ; 1858, pp. 6 et suiv. ; 1859, pp. 203 et suiv.) ont pour la première fois fait le jour : grâce à elles, les explications de Norisius (*Cenotaph. Pisan., Diss.* I, p. 5), d'Oliterius (*Marmora Pisaurensia*, pp. 63 et suiv.), d'Eckhel (*Doct. numm.*, t. IV, p. 416), de Savigny (*Gesch. des Röm. Rechts im Mittelalter*, t. I, pp. 64 et suiv. [= dans la trad. franç. de M. Ch. Guenoux, t. I, pp. 56 et suiv.]), dont les travaux reposaient sur des sources insuffisantes, ont été complétées et corrigées.

(6) Les *agri fructuarii* et les impôts dont ils étaient grevés constituent l'élément nécessaire de la dotation de toute commune. Suet., *Oct.*, XLVI : *Italiam duodetriginta coloniarum numero deductarum ab se frequentavit operibusque ac vectigalibus publicis plurifariam instruxit :* — Rescrit de Vespasien aux décurions de Sabora, en Bétique (*C. I. L.*, t. II, n° 1423) : *cum multis difficultatibus infirmitatem vestram premi indicetis, permitto vobis oppidum sub nomine meo, ut vultis, in planum exstruere. Vectigalia, quæ ab divo Augusto accepisse dicitis, custodio. Si qua nova adicere vultis, de his proconsulem adire debetis.* — Ces terres ne se trouvaient pas toujours sur le territoire de

affermées soit à toujours, soit à temps, et dont les fruits naturels ou les fermages alimentaient leurs caisses (1); 2° d'un capital résultant de fondations et affecté à des destinations spéciales (2); 3° d'une contribution qui, en cas de nécessité, était

la ville, mais parfois dans d'autres contrées; il y en avait même en partie dans les provinces (voy. *supra*, pp. 11 et suiv.). Ariminum avait des biens communaux en Gaule (Cic., *Ad famil.*, XIII, 11, 1); Capoue en avait en Crète (Vellei. Paterc., II, 81; — Bœckh, *C. I. Gr.*, n° 2597). — Voy. de nombreuses indications de cas analogues dans Kuhn, *Die städt. und bürgerl. Verfass. d. röm. Reichs*, t. I, pp. 63. 64.

(1) Gaius, III, 145:..... *veluti si qua res in perpetuum locata'sit, quod evenit in prædiis municipum, quæ ea lege locantur, ut quamdiu vectigal præstetur, neque ipsi conductori neque heredi eius prædium auferatur*: — Paul., Ulpian., Paul., LL. 1, 2, 3, *Si ager vectig.*, D., VI, 3: *Agri civitatium alii vectigales vocantur, alii non. Vectigales vocantur qui in perpetuum locantur......: non vectigales sunt, qui ita colendi dantur ut privatim agros nostros colendos dare solemus. Qui in perpetuum fundum fruendum conduxerunt a municipibus, quamvis non efficiantur domini, tamen placuit competere eis in rem actionem adversus quemvis possessorem, sed et adversus ipsos municipes, ita tamen si vectigal solvant. Idem est et si ad tempus habuerint conductum nec tempus conductionis finitum sit.* — Ulpian., L. 13 § 6, *De act. empt. vend.*, D., XIX, 1; — Modestin., L. 15 § 10, *De excusat.*, D., XXVII, 1; — Ulpian.: L. 71 § 5, *De lg. I*, D., XXX; L. 1 § 7, *Ut in flum. publ.*, D., XLIII, 14; L. 2 § 4, *Ad munic. et de inc.*, D., L., 1; — Papinian., L. 6 § 2, *De decurion. et fl. eor.*, D., L, 2; — Ulpian., L. 2 § 1, *De admin. rer. ad civit. pertin.*, D., L., 8; — Const. 18, *De oper. publ.*, C. Th., XV, 1; — Const. 10, *De vectigal. et commiss.*, C. Just., IV, 61. Les censeurs romains affermaient d'ordinaire pour cinq ans (voy. Mommsen, *Staatsrecht*, t. II, 2e éd., p. 433 [la trad. franç. de ce volume, par M. P. F. Girard, n'a pas encore paru; une 3e éd. allemande a été publiée à Leipzig en 1887]), et de même, dans la *lex col. Genet.* (c. LXXXII), c'est un bail de cinq ans qui est prescrit. — Comp. Mommsen, *Ephem. epigr.*, t. III, p. 105. — [Voy. sur ce sujet : MM. Th. Mommsen, *Röm. Staatsrecht*, t. II, 2e éd., pp. 429 et suiv., et p. 441; — S. G. Hahn, *De censorum locationibus*, Leipzig, 1879; — J. Lefort, *Hist. des contrats de location perpétuelle ou à longue durée*, Paris, 1875, in-8, pp. 5 et suiv.; — E. Garsonnet, *Hist. des locations perpétuelles et des baux à longue durée*, Paris, 1879, in-8, pp. 53 et suiv.; — G. Humbert, dans le *Dict. des antiq. grecq. et rom.*, de MM. Daremberg et Saglio, 7e fascic., Paris, 1880, mot *Censoria locatio*, t. I, pp. 1001 et suiv., et *Essai sur les finances et la Comptabilité publique chez les Romains*, Paris, 1887, t. II, renvois de l'*Index général et alphabétique des matières*, mots *Ager, Censor, Locationes*; — A. Esmein, *les baux de cinq ans du droit romain*, dans la *Nouv. Rev. hist. de dr. fr. et étr.*, 1886, pp. 1-11, et dans ses *Mélanges d'hist. du dr. et de critiq., Dr. rom.*, Paris, 1886, in-8, pp. 219-229.]

(2) Const. 26 pr., *De episc. aud.*, C. Just., I, 4 : [texte grec illisible]

imposée aux citoyens et aux habitants (1); 4° des amendes,
dont la *lex coloniæ Geneticæ* punit nombre d'infractions com-
mises soit par les fonctionnaires, soit par les particuliers (2), et
qui, d'ailleurs, étaient d'un usage universel (3). En regard, figuraient partout les dépenses ordinaires, nécessitées par les constructions de tout ordre et par les diverses prestations dont la
commune était tenue (4). L'établissement du budget relatif à
ces différents objets était, on le sait, confié à Rome aux censeurs,
qui donnaient à ferme les *vectigalia* et en entreprise les cons
tructions, pour la période financière de cinq ans ; mais ailleurs,
il n'était permis qu'aux communes jouissant de priviléges particuliers. En effet, dans les villes provinciales, le budget était
fait ou approuvé par le Gouverneur (voy. *supra*, pp. 110 et suiv.) ;
au contraire, dans les villes libres des provinces et dans les communes italiques, les attributions censoriales formaient un élément essentiel de l'administration autonome, sur laquelle toutefois le Gouvernement romain trouvait, avec le temps, le moyen

---

τερησιν ἢ ὑποτρωσιν ἐπενεχθωσαν ἢ ἁπλως εἰς τὰς τῶν πολιτικῶν χρεία,
ἀφωρισθωσαν, εἴτε ἀπὸ ἐργασιων εἴτε ἀπὸ θεωρικων ὡς ὑγιεια πορισιστων, δια-
τεταχεν κ. τ. λ. [6]. Paulus Krueger, Berolini, 1877, in-4). — Kuhn *op. cit.*,
t. I, pp. 51-56) traite ce sujet en détail.

(1) Const. 26 § 7, *De epis. aud.*, C. Just., I, 4 ;— Const. 12, *De oper. publ.*,
c. Just., VIII, 11 (12) ; — Const. 2, *De immunit. nem. conced.*, C. Just., X,
25 ; — Const. 2, *Publ. let.*, C. Just., XII, 63 (64) ; — Cic., *Pr. Flacco*, IX, 20 :
*In ærario nihil habent civitates, nihil in vectigalibus. Duæ rationes conficiendæ
pecuniæ, aut censura aut tributo.* De même, dans les villes de Sicile, il est
souvent question d'un semblable *tributum* payé en vue d'intérêts communaux (Cic., *Accus. in Verr.*, II, 55, 138).

(2) Les fonctionnaires sont punis d'amende pour désobéissance à l'égard
des décurions (*lex col. Genet.*, c. CXXIX), pour avoir reçu des présents
(c. XCIII), pour avoir opéré des réquisitions illicites (c. CXXX, CXXXI),
pour violation des prescriptions relatives aux *ludi* (c. CXXVI, CXXVIII) ;
— la même peine atteint les particuliers, lorsqu'ils n'acceptent pas une lé-
gation qui leur est confiée (c. XCII), ou bien lorsqu'ils violent les *lónites*
(c. CIV), ou lorsqu'ils prennent au théâtre une place qui ne leur appartient
pas (c. CXXV), ou lorsqu'ils cherchent à usurper une fonction publique
(c. CXXXII).

(3) A cet ordre d'idées se rattachent les amendes infligées pour violation
de sépultures ; il en est question dans le t. II, p. 231, de la *Staatsverwaltung*
de Marquardt [= dans la trad. fr. de M. E. Vigié, *De l'organisation financière
chez les Romains*, Paris, E. Thorin, 1888, p. 367].

(4) Sur ces *munera*, voy. *supra*, pp. 182 *in fine* et suiv., et Kuhn. *op. cit.*,
t. I, pp. 51 et suiv.

d'exercer un contrôle toujours plus vigilant. Ajoutons que les fonctions municipales, analogues à la censure romaine, reçurent divers changements, que nous avons maintenant à signaler.

De même qu'à Rome, les attributions des censeurs avaient été, avant leur création en 311 = 443 (1), exercées par les consuls, de même, dans les vieilles communes italiques, la censure

(1) Tit.-Liv., IV, 8. — [Sur les censeurs romains, v.g., d'une manière générale, les ouvrages d'ensemble cités p. 200, note 1ᵉ, supra, et spécialement: Van der Boon Mesch, *Commentatio in qua exponuntur quæcunque ad censum et censuram Romanam pertinuerunt*, Gand, 1821; — Jarcke, *Versuch einer Darstellung des censorischen Strafrechts der Römer*, Bonn, 1824; — Royers, *De censorum apud Romanos auctoritate et existimatione ex ceterum rerum publicarum conditione explicanda*, Traj. ad Rhen., 1825; — Keseberz, *De censoribus Romanorum*, Quedlinburg, 1829; — Borghesi, *Sull' ultima parte della serie de' censori Romani*, Roma, 1836, dans ses *OEuvres*, t. IV, pp. 3-88; — Canlinali, *Memorie de' censori e de' lustri di Roma antica*, dans *Diss. d. Accad. roman. di archeol.*, t. IX, 1840, pp. 213-375; — Gerlach, *Die Censoren im Verhältniss zur Verfassung*, Basel, 1842, dans *Hist. Stud.*, t. II, p. 55; dans *Neue Jahrb. f. Phil.*, Leipzig, 1856, t. LXXIII, p. 730, et dans Sybels *Hist. Zeitschr.*, Munich, 1862, t. VII, p. 151; — Göll, *Ueber die römische Censur zur Zeit ihres Unterganges*, Schleiz, 1859, — Em. Servais, *La censure*, dans les *Publ. de la soc. pour la recherche et la conservation des monuments historiq.*, Luxembourg, 1865; — Nipperdey, *Die fünfjährige Amtszeit der Censoren*, dans les *Leges Annales*, Leipzig, 1865, pp. 64-69; — A. W. Zumpt, *Ueber die Lustra der Römer*, dans le *Rhein. Mus.*, t. XXV, 1870, pp. 465-504, et t. XXVI, 1871, pp. 1-38 spp.; — C. De Boor, *Fasti censorii*, Berolini, 1873; — Th. Mommsen, *Handbuch der röm. Alterth.*, t. II, 1, 2ᵉ éd., Leipzig, 1877, pp. 319 et suiv. (la traduction de cette partie du *Manuel*, par M. P. F. Girard, n'a pas encore paru; il en a été publié une 3ᵉ éd. allemande à Leipzig, en 1887; voy. les renvois du *Sachliches Register*, mot *Censoren*; — Albert Dupond, *De la constitution et des magistratures romaines sous la République*, Paris, 1877, pp. 161 et suiv.; — Beloch, *Die römische Censorenliste*, dans le *Rhein. Mus.*, t. XXXII, 1877, pp. 227-248; — Hahn, *De censorum creationibus*, Lips., 1879; — G. Humbert, dans le *Dict. des antiq. grecq. et rom.*, de MM. Daremberg et Saglio, 7ᵉ fascic., Paris, 1880, mot *Censor*, t. I, pp. 990 et suiv.; v. v. aussi le même auteur, eod., mot *Censor municipalis*, pp. 999 in fine et suiv., e *Essai sur les finances*, t. II, renvois de l'*Index général*, mot *Censor*, p. 955; — Soltau, *Ueber den Ursprung des Census und Censur in Rom*, dans *Philologenversamml.* in Karlsruhe, 1882, pp. 116-170, Leipzig, 1883; — J.-B. Mispoulet, *Les instit. politiq. des Rom.*, t. I, 1882, pp. 97 et suiv.; — P. Willems, *Le Droit public romain*, 3ᵉ éd., Paris, 1884, pp. 281 et suiv.; — Ernst Herzog, *Geschichte und System der römischen Staatsverfassung*, t. I, Leipzig, 1884, § 18, pp. 751 et suiv.; — Otto Karlowa, *Römische Rechtsgeschichte*, t. I, Leipzig, 1885, § 33, pp. 229 et suiv.; — A. Bouché-Leclercq, *Manuel des instit. rom.*, Paris, 1886, pp. 65 et suiv.; — Emile Morlot, *Précis des instit. politiq. de Rome depuis les origines jusqu'à la mort de Théodose*, Paris, 1886, pp. 126 et suiv. — F. Robiou et D. Delaunay, *Les instit. de l'ancienne Rome*, t. III, Paris, 1888

rentrait dans les fonctions des magistrats annuels supérieurs : il en était ainsi en 619 = 105, dans la colonie romaine fondée à Pouzzoles en 560 = 194 (voy. *supra*, p. 53), où nous voyons les duumvirs procéder à la location d'une construction (1) ; dans la *colonia Genetiva* créée par César (2), et, jusque sous l'Empire, dans le municipe latin de Malaca, dont les duovirs afferment les *vectigalia* et concèdent l'entreprise des constructions à faire (3). Mais, plus il devenait important pour l'État romain d'être toujours renseigné sur les facultés imposables et sur les forces des contribuables italiens (4), plus il devait tendre à organiser la censure municipale sur le même modèle que la censure romaine, et à la mettre en rapport avec cette dernière. Ceci est tout d'abord confirmé par l'exemple des douze colonies latines où, pour les punir de s'être dérobées au service militaire, le Sénat romain institua, en l'an 550 = 204, des censeurs chargés de procéder aux opérations du cens suivant le formulaire romain (5), et tenus de livrer les listes du cens au censeur romain (6) ; et on retrouve deux censeurs, investis, comme à Rome, d'une magistrature indépendante (7), dans un certain nom-

Institution de la censure municipale.

renvois de la *Table analytique*, mots *Censeur municipal* et *Censure*. — Voy. encore MM. R. Bujon, *Les censeurs à Rome*, Thèse de Doct., Fac. de Dr. de Paris, 1883 ; — L. Delavaud, *Le cens et la censure*, id., 1884.]

(1) *C. I. L.*, t. I, n° 577 [= *C. I. L.*, t. X, 1, n° 1781]. — [Sur Puteoli, voy. Th. Mommsen, *C. I. L.*, t. X, 1, pp. 182 et suiv.]

(2) *Lex col. Genet.*, c. XCIII. — Voy. Mommsen, *Comm. epigr.*, t. II, p. 119.

(3) *Lex Malac.*, c. LXIII : *Qui IIvir iure dicundo praerit, vectigalia ultroque tributa sive quid aliut communi nomine municipum eius municipi locari oportebit, locato.* — Voy. Mommsen, *Stadtrechte*, p. 445.

(4) Comp. Mommsen, *Röm. Gesch.*, t. . . . . éd., p. 426 [= dans la trad. franç. de M. Alexandre, t. II, p. 259].

(5) Tit.-Liv., XXIX, 15. Le Sénat commence par demander compte aux fonctionnaires ordinaires de ces colonies : ensuite il ordonne : *censum in iis coloniis agi ex formula ab Romanis censoribus data ; dari autem placere eandem quam populo Romano : deferrique Romam ab iuratis censoribus coloniarum, priusquam magistratu abirent.*

(6) Tit.-Liv., XXIX, 37.

(7) Voy. Henzen, *Annali*, 1858, p. 7, qui le premier a soumis le rôle de ces censeurs à un examen consciencieux. Comp. Mommsen, *Staatsrecht*, t. II, 2ᵉ éd., pp. 356, 408 [la trad. fr. de cette partie du *Manuel*, par M. P. F. Girard, n'a pas encore paru : une 3ᵉ éd. allemande en a été publiée à Leipzig en 1887]. — [Voy. aussi, sur les censeurs municipaux, les auteurs cités

bre de villes latines et *fœderatæ* d'Italie, notamment à Abellinum (1), Aletrium (2), Beneventum (3), Copia (Thurii) (4),
Cora (5), Ferentinum (6), Hispellum (7), Teanum (8), Tibur (9),
et Cære (10); ils ont également été introduits dans l'administration urbaine en Sicile (11) et dans d'autres provinces (12).
Seulement, ce système ne survécut pas en Italie à la *lex Julia*

---

p. 219, note 1, *supra*, et M. G. Humbert, dans le *Dict. des Antiq. grecq. et rom.*,
de MM. Daremberg et Saglio, 7e fascic., Paris, 1880, mot *Censor municipalis*,
t. I, pp. 999 *in fine* et suiv. Voy. aussi les renvois faits ci-dessus, p. 200,
note 1*.]

(1) Mommsen, *I. R. N.*, n°° 1892. 1889. 1890. 1891. 1893 (= *C. I. L.*, t. X, 1, n°°
1130. 1134. 1135. 1135. 1137. Voy. aussi n° 1132, et, *supra*, les renvois de la p. 205,
note 4. — Sur Abellinum, voy., ci-dessus, les renvois de la p. 160, note 6.]

(2) Inscription datant d'une époque intermédiaire entre les années 620-664 =
134-90, *C. I. L.*, t. I, n° 1166 [= *C. I. L.*, t. X, 1, n° 5807]. — [Sur Aletrium,
voy. Th. Mommsen, *C. I. L.*, t. X, 1, p. 566.]

(3) *C. I. L.*, t. I, n° 1221 [= *C. I. L.*, t. IX, n° 1635]. — [Sur Beneventum
voy. le renvoi de la p. 205, note 8, *supra*.]

(4) *C. I. L.*, t. I, n° 1264 [voy. *C. I. L.*, t. X, 1, n° 123, et, sur *Copia Thurii*,
Th. Mommsen, *C. I. L.*, t. X, 1, pp. 17 et suiv.]

(5) *C. I. L.*, t. I, n° 1153 [= *C. I. L.*, t. X, 1, n° 6509]. — [Sur Cora, voy.
le renvoi de la p. 202, note 5, *supra*.]

(6) Inscriptions de l'époque de Sulla, *C. I. L.*, t. I, n°° 1161. 1162. 1163
[= *C. I. L.*, t. X, 1, n°° 5837. 5838. 5846. 5839]. — [Sur Ferentinum, voy. le
renvoi de la p. 203, note 4, *supra*.]

(7) Henzen, n° 7031 = *Annali*, 1851, p. 11 [= Wilmanns, *Exempla*, t. II,
n° 2101].

(8) *C. I. L.*, t. I, n° 1133 [= *C. I. L.*, t. X, 1, n° 4780; il s'agit ici de Teanum Sidicinum (voy. *supra*, p. 203, les renvois de la note 3 *in fine* de la page
précédente), qu'il ne faut pas confondre avec Teanum Apulum (voy., sur
cette dernière ville, Th. Mommsen, *C. I. L.*, t. IX, p. 67)].

(9) *C. I. L.*, t. I, n°° 1113. 1120 [= Wilmanns, *Exempla*, t. I, n° 13, et t. II,
n° 1505 = *C. I. L.*, t. XIV, n°° 3541 et 3685]. — [Sur Tibur, voy. M. H.
Dessau, *C. I. L.*, t. XIV, pp. 363 et suiv.]

(10) On trouve à Cære un *censor perpetuus*, qui est le seul de son espèce et
que je ne mentionne ici que pour être complet. — Voy. sur lui Henzen, *Ara
Ceretana*, dans *Annali*, 1858, pp. 5-9. — [*Adde* Wilmanns, *Exempla*, t. II,
n° 2081, et *C. I. L.*, t. XI, 1, n°° 3616 et 3617.] — [Sur Caere, voy. M. E.
Bormann, *C. I. L.*, t. XI, 1, pp. 513 *in fine* et suiv.]

(11) Cic., *Accus. in Verr.*, II, 53, 131 : *Jam vero censores quem ad modum
in Sicilia isto prætore creati sint, operæ pretium est cognoscere. Ille enim est
magistratus apud Siculos, qui diligentissime mandatur a populo propter hanc
causam, quod omnes Siculi ex censu quotannis tributa conferunt:* — *ibid.*, 56,
139 : *Quinto quoque anno Sicilia tota censetur.* On élisait dans chaque ville
bini censores (*Ibid.*, 53, 133).

(12) En Bithynie, la *lex Pompeia* avait établi dans toutes les villes des censeurs, qui avaient également la *lectio senatus* (Plin., *Ep.*, X, 112 (113) ; 113
(114)).

(664 = 90), à la suite de laquelle une Constitution municipale uniforme fut mise en vigueur dans les communes nouvellement admises au droit de cité. En effet, à compter de cette époque (1), les fonctions de censeur furent attribuées pour une durée normale de cinq ans aux magistrats ordinaires du rang le plus élevé ; ils ne portaient pas le titre de *censores*, mais celui de *IIviri (IIIIviri) censoria potestate quinquennales*, ou de *quin-*

(1) J'avais d'abord admis, d'après Zumpt, que le nom de *quinquennalis* n'apparaît que sous l'Empire. Henzen (*Annali*, 1851, pp. 8 et suiv. ; *Annali*, 1858, p. 7 ; *Annali*, 1859, p. 209) a rectifié cette opinion, en prouvant que cette dénomination se rencontre dans différentes inscriptions de la période républicaine. On peut spécialement trouver aujourd'hui, dans le tome I du *C. I. L.*, des exemples de *IIviri quinquennales* à Abella (n° 1223 [= *C. I. L.*, t. X, 1, n° 1213 ; cf. n°° 1210 et 1215. — Voy., sur cette ville : Th. Mommsen, *C. I. L.*, t. X, 1, pp. 136 et suiv. ; cf. t. X, 2, p. 969 ; *Hermes*, t. XVIII, p. 164 ; — Beloch, *Campanien*, pp. 411 et suiv. ; — Ettore de Ruggiero, *Dizionario epigrafico di Antichità romane*, fascic. 1, Roma, 1886, pp. 13, col. 2, et suiv.] ; — à Calatia (n° 1216 [= *C. I. L.*, t. X, 1, n° 4587 ; voy. encore n°° 4570, 4583, 4586, 4592 (?), et le renvoi de la p. 204, note 2, *supra*] ; — à Castrum novum (n° 1311 [= Wilmanns, *Exempla*, t. I, n° 710 = *C. I. L.*, t. XI, 1, n° 3583 ; adde n° 3581 : — il s'agit ici de Castrum novum, en Étrurie, ville sur laquelle on peut consulter M. E. Bormann, *C. I. L.*, t. XI, 1, pp. 530 et suiv. ; il ne faut pas la confondre avec Castrum novum, dans le Picenum : voy., sur cette dernière ville, le renvoi de la p. 2.. note 10, *supra*]) ; — à Pompéi (n°° 1216, 1217 [voy. *C. I. L.*, t. X, 2, *Indices*, p. 1148, col. 2, et p. 1149, col. 1, les renvois, et, sur Pompéi, le renvoi de la p. 210, note 3 *in fine*, *supra*]) ; — à Praeneste (n° 1110 [= Wilmanns, *Exempla*, t. II, n° 1791 = *C. I. L.*, t. XIV, n° 2980] ; *Fasti Min.*, p. 474, n° XIII [adde Wilmanns, *Exempla*, t. I, n° 1273 = *C. I. L.*, t. XIV, n° 2922 ; — voy., au surplus, *C. I. L.*, t. XIV, *Indices*, p. 576, col. 1, et M. H. Dessau, *eod.*, pp. 288 et suiv.]). — On y trouve en outre des exemples de *IIIIviri quinquennales* à Cora (n° 1137 [= *C. I. L.*, t. X, 1, n° 6524 ; voy. aussi n° 6525, et, sur la ville, le renvoi de la p. 202, note 5, *supra*]) ; — à Puteoli (n°° 1235, 1236 — [voy., sur cette ville, le renvoi de la p. 212, note 1, *supra*]). — Les deux derniers exemples sont particulièrement instructifs, car ils prouvent que les censeurs qui avaient antérieurement existé à Cora, ont été supprimés et remplacés par des *IIIIviri quinquennales*, ainsi qu'il arriva pareillement à Ferentinum et à Tibur (voy. Henzen, *Annali*, 1851, pp. 8-10), tandis qu'à Puteoli, les *IIIIviri quinquennales* apparaissent comme des magistrats nouveaux institués à la place des *IIviri* primitifs. Dans quelques villes, toutefois, les *censores* se maintinrent jusque sous l'Empire, comme à Abellinum (Mommsen, *I. R. N.*, n°° 1883, 1892 [*C. I. L.*, t. X, 1, n°° 1132, 1139]) : cependant, là, également, il est probable que le titre seul est demeuré, mais que la censure a été reliée au *IIviratus*. — [Consulter, d'une manière générale, sur les *quinquennales*, *C. I. L.*, *Indices*, XI, *Res municipalis*, C, *Honorati et principales coloniarum et municipiorum*.]

quinquennales censoria potestate, ou de *IIviri* (*IIIIviri*) *censoria potestate*, ou de *IIviri* (*IIIIviri*) *quinquennales*, ou, par abréviation, de *quinquennales*; et, dans les communes où l'administration avait encore à sa tête des préteurs ou des édiles, on les appelait aussi *prætores quinquennales* et *ædiles quinquennales* (1). Des fastes municipaux qui nous ont été conservés (2), il ressort spécialement, ainsi que Zumpt l'a établi pour la première fois, que, dans les années de recensement, il n'y avait, à côté des *quinquennales*, ni *IIviri* ni *IIIIviri* en fonctions, mais qu'on élisait, au lieu des *IIviri* et des *IIIIviri iure dicundo*, des *IIviri* ou des *IIIIviri quinquennales*. Mais, tout au moins après la *lex Julia municipalis*, le recensement avait lieu en même temps à Rome et dans les municipes (3); c'est pourquoi les fastes de Venusia, par exemple, comprenant les années 720-726 = 34-28, ne mentionnent de *IIviri quinquennales* qu'en 725 = 29, date à laquelle il fut procédé à un recensement à

---

(1) Voy. les preuves de cette assertion dans Henzen, *Inscr.*, n° 7075, et *Index*, p. 177; — Zumpt, *Comment. epigr.*, p. 93; — Mommsen, *I. R. N.*, *Index* XXVI (p. 579). — [Voy. aussi, au *C. I. L.*, les *Indices*, XI, C.]

(2) Nous possédons les fastes municipaux de Præneste (*C. I. L.*, t. I, p. 475, n° XIII = Henzen, n° 7163 = *C. I. L.*, t. XIV, n°* 2963 et 2965; sur Præneste, voy. les renvois de la p. 16, note 5, *supra*), — de Nola (Orelli, n° 4033 = Mommsen, *I. R. N.*, n° 1963 = *C. I. L.*, t. X, I, n° 1233; sur cette ville, voy. Th. Mommsen, *C. I. L.*, t. X, I, pp. 142 et suiv.), — d'Interamna Lirinas (Orelli, n° 3640 = Mommsen, *I. R. N.*, n° 4159 (= *C. I. L.*, t. X, I, n° 5405; — voy., sur la ville d'Interamna Lirenas Sucasina, Th. Mommsen, *C. I. L.*, t. X, I, p. 525), — de Venusia (*C. I. L.*, t. I, p. 471 (= *C. I. L.*, t. IX, n°* 421. 422; voy., sur cette ville, Th. Mommsen, *C. I. L.*, t. IX, pp. 44 et suiv.), — et d'Ostia (Mommsen, *Ep. Anal.*, n° 4; (voy., sur Ostia, M. H. Dessau, *C. I. L.*, t. XIV, pp. 1 et suiv.).

(3) *Lex Julia munic.* (*C. I. L.*, t. I, n° 206, lin. 142 (=Bruns, *Fontes*, éd. 5°, p. 119): *Quæ municipia coloniæ præfecturæ civium Romanorum in Italia sunt erunt, quei in ceis municipieis coloneis præfectureis maximum magistratum maximamve potestatem ibei habebit tum, cum censor aliusve quis magistratus Romæ populi censum aget, is diebus LX proximeis, quibus sciet Romæ censum populi agi, omnium municipium colonorum suorum queique eius præfecturæ erunt, quei cives Romanei erunt, censum agito eorumque nomina prænomina patres aut patronos tribus cognomina et quot annos quisque eorum habet, et rationem pecuniæ ex formula censûs, quæ Romæ ab eo, qui tum censum populi acturus erit, proposita erit, ab ieis iurateis accipito eaque omnia in tabulas publicas sui municipi referenda curato. Eosque libros per legatos — ad eos, quei Romæ censum agent, mittito.*

Rome (1), tandis que, pour toutes les autres années, ils indiquent des *IIviri* (2). Le mandat des *IIviri* (*IIIIviri*) *quinquennales* était annuel (3), et éponyme pour l'année de leurs fonctions (4), bien que la période de cinq ans comprise entre deux années de recensement portât, même dans les municipes, le nom de *lustrum* (5). Leur mission officielle avait pour objet d'abord l'établissement des listes de citoyens et la *lectio senatus*, puis, sans aucun doute, les affaires financières réservées à la compétence des censeurs ; mais il est difficile d'admettre qu'ils aient eu, comme les censeurs romains, un *regimen morum* (6).

____

(1) Monum. Ancyr., c. 8. — Voy. Mommsen, *Res gestæ Divi Augusti*, pp. 20 et suiv. [= 2ᵉ éd., Berol., 1883, pp. 34 et suiv.].

(2) De même, à Nola, ce sont, en l'an 30 de notre ère, des *IIviri*, en l'an 31, des *IIviri quinq.*, en l'an 32, des *IIviri*, en l'an 33, des *IIviri*, et, dans l'inscription de Pompéi rapportée par Orelli (n° 2530 = Mommsen, *I. R. N.*, n° 2378 [= *C. I. L.*, t. X, 1, n° 1074]). A. Clodius Flaccus s'intitule *IIvir i. d. ter quinq.*, parce que, ainsi qu'il résulte de l'inscription, il avait été d'abord *IIvir*, puis *IIvir quinquennalis*, enfin *IIvir*. Il compte donc la quinquennalité non pas comme une magistrature particulière, mais comme une fonction du duovirat ordinaire.

(3) C'est ce que démontrent, en dehors des fastes municipaux sus-indiqués, les inscriptions rapportées par Orelli (n° 82) : ..... *huic anno quinquennalitatis Petini Apri mariti eius plebs urbana Pisaurensium (statuam posuit)*, et par Henzen (n° 7081 [= *C. I. L.*, t. X, 1, n° 5665]) : ... *Quod A. Lucernius Decrianus L. Tullius Cerialis IIvir(i) v(erba) f(ecerunt) de IIviro quinquenn(ali) in prox(imum) annum, fieri placere M. Vibium auctorem...*

(4) Voy. l'inscription de Veies rapportée par Henzen (*Annali*, 1831, p. 12 [= *C. I. L.*, t. XI, 1, n° 3780 ; sur Veii, voy. M. E. Bormann, *eod.*, pp. 556 et suiv.]), dans laquelle la date de la dédicace est indiquée de la manière suivante : *III nom. Ian. Æmiliano II et Aquilino cos. P. Sergio Maximo M. Lollio Sabiniano IIvir. qq.* (ann. 249 de notre ère), et l'inscription de Novæ, en Dalmatie, qui est ainsi datée : *IIviris qq. Aurr. Maximo et Anneo* (*C. I. L.*, t. III, 1, n° 1910). — Comp. ci-dessus, p. 212, note 1.

(5) Orelli, n° 2547 [= *C. I. L.*, t. IX, n° 1666] ; — Henzen, n° 7082 [= *C. I. L.*, t. IX, n° 1156].

(6) Sur les pouvoirs des *quinquennales* nous sommes à peu près dépourvus de tous renseignements spéciaux. Nous voyons seulement que, d'une manière générale, ils étaient investis des fonctions des censeurs romains ; c'est également ce que Festus (*Epit.*, p. 261, éd. Müll.) semble dire : *quin[quen]nales... appella[b]antur, qui lustrum con[derent quinto quoque anno, a quo no-min]ari c[eplos]*. A cette idée se rattachent notamment la confection des listes de recensement (*lex Jul. munic.*, lin. 142 et suiv.), la *lectio senatus* (*ibid.*, lin. 83 et suiv.), la *locatio vectigalium*, et l'attribution des constructions à faire. — [Sur les censeurs romains, voy. les renvois de la p. 219, note 1, *supra*.]

Dès le début du deuxième siècle, l'autonomie administrative des villes ayant commencé à déchoir aussi bien en Italie que dans les provinces, et le Gouvernement impérial s'étant vu amené à soumettre à son contrôle l'établissement et la tenue de leurs comptes, il devait en résulter une limitation sensible pour les fonctions des *quinquennales* qui, pendant longtemps, avaient été les plus élevées et les plus importantes parmi les fonctions urbaines. Ce n'est, du reste, qu'en cas de besoin, que la révision des finances municipales était, dans les premiers temps, confiée à un commissaire extraordinaire du Gouvernement, dans des districts ou dans des provinces tout entiers, à un *corrector* ou διορθωτής (1), dans les villes prises isolément, à un *curator* ou λογιστής (2) ; mais, de même que le *corrector* finit par de-

Le curator.

---

(1) Il sera traité ci-dessous plus en détail de ce fonctionnaire.

(2) Const. 3, *De modo multar.*, C. Just., I, 54 ; *Curator rei publicæ, qui Græco vocabulo logista nuncupatur...* On rencontre des *logistæ* à Andros (*C. I. Gr.*, n° 2349), à Alexandrie, en Égypte (*Acta S. Didymi et Theodoræ*, de l'an 304, *ad* 28 avril), à Cyzicus (*C. I. Gr.*, n° 2782), à Nicomédie (*ibid.*, n°° 3771. 3773 : — Orelli, n° 793 [= Wilmanns, *Exempla*, t. I, n° 1201 = *C. I. L.*, t. II, n° 4114]), à Nicée (*C. I. Gr.*, n°° 3747. 3748), à Éphèse (*ibid.*, n° 2937b ; — Orelli, n° 793 [= Wilmanns, *Exempla*, t. I, n° 1201 = *C. I. L.*, t. II, n° 4115]), et dans d'autres villes. — Sur le *curator civitatis*, voy. Mommsen, *Staatsrecht*, t. II, 2e éd., pp. 1034 et suiv. [et 3e éd., renvoi du *Sachl. Reg.* à ce mot]. — [Voy. aussi, sur le *curator civitalis ou reipublicæ*, en dehors des auteurs précédemment cités, MM. : Roth, *De re municip. Rom. libri II*, Stuttgart, 1801, pp. 98-100 ; — Marquardt, *Les logistes de l'empire romain*, dans la *Zeitschr. f. Alterthumswiss.*, 1843, n°° 118. 119 ; — Zumpt, *Comment. epigr.*, t. I, Berlin, 1850, pp. 446 et suiv. ; comp. t. II, pp. 59 et suiv. ; — Henzen, *Sui curatori delle città antiche*, dans les *Annali dell' Inst. di corresp. archeol.*, Rome, 1851, pp. 5-35 ; — L. Renier, *Mélanges d'épigraphie*, Paris, 1854, pp. 41 et suiv. ; — Edm. Labatut, *La municipalité romaine et les curatores rei publicæ*, Paris, 1868 ; — Clos, *Mémoire sur le Curator reipublicæ*, dans le *Recueil de l'Académie de législation de Toulouse*, 1869, pp. 46 et suiv. ; — Houdoy, *Le droit municipal*, Paris, 1876, pp. 401 et suiv. ; — C. de la Berge, *Essai sur le règne de Trajan*, dans la *Bibliothèque de l'École des Hautes Études*, fascic. XXXII, Paris, 1877, pp. 115 et suiv. ; comp. p. 119 ; — E. Degner, *Quæstiones de curatore rei publicæ, pars prior*, Hal. Sax., 1883 ; — J.-B. Mispoulet, *Les instit. politiq. des Rom.*, t. II, Paris, 1883, pp. 130 et suiv. ; — C. Jullian, *Les transformations politiq. de l'Italie sous les empereurs romains*, dans la *Bibliothèq. des Écoles franç. d'Athènes et de Rome*, fascic. XXXVII, Paris, 1884, pp. 91 et suiv., et 101 et suiv. ; — Ch. Lécrivain, *Remarques sur les formules du Curator et du Defensor Civitatis dans Cassiodore*, et *Le mode de nomination des Curatores Rei Publicæ*, dans les *Mélanges d'archéol. et d'hist.*, t. IV, Paris, 1884, pp. 133 et suiv., et pp. 337 et suiv. ; — G. Humbert,

venir un Gouverneur (1), ainsi le *curator* lui-même se transforma finalement en un fonctionnaire permanent, auquel fut dévolue une si grande partie des attributions des *quinquennales*, que l'on a longtemps cru que les curateurs se confondaient avec ces derniers (2). C'est à une époque récente seulement que l'on a reconnu l'erreur dans laquelle on était tombé, et que l'on a jeté quelque lumière sur la situation respective de ces deux autorités, considérées dans leurs caractères généraux (3).

Les *quinquennales*, nous l'avons vu, forment un collège de deux personnes ; ils sont élus par la ville, dans les rangs de la bourgeoisie, et on les retrouve encore au temps de Constantin le Grand (4). Au contraire, le *curator rei publicæ* — c'est de lui

---

Rapport sur un Mémoire de M. Labatut, relatif au Curator reipublicæ et au dispunctor, dans le *Rec. de l'Acad. de législ. de Toulouse*, 1867, pp. 334 et suiv., et *Essai sur les finances et la comptabil. publiq. chez les Romains*, Paris, 1857, t. II, renvois de l'*Index général et alphabétiq. des matières*, aux mots *Curator*, *Logista*, et *Pater civitatis vel reipublicæ*, pp. 470 in init., 484 et 496 ; — J. Kalindéro, *Le régime municipal romain*, dans la *Revue gén. du droit et des sciences politiq.* (de Bucarest), 1re année, n° 3, janvier 1887, pp. 356 et suiv., ou pp. 25 in fine et suiv. du tirage à part ; — Ernst Herzog, *Gesch. und System der röm. Staatsverf.*, t. II, 1re Abt., Leipzig, 1887, pp. 309, note 1, et 313 ; — G. Lacour-Gayet, dans le *Dict. des Antiq. grecq. et rom.*, de MM. Daremberg et Saglio, 11e fascic., Paris, 1887, mot *Curator civitatis ou reipublicæ*, t. I, pp. 1619-1621. — Comp. M. M. Pellisson, *Rome sous Trajan*, Paris, 1886.]

(1) Voy. la partie relative à l'Italie sous les Empereurs.

(2) Voy. Savigny, *Gesch. des Röm. Rechts im Mittelalter*, t. I, 2e éd., pp. 61 et suiv. [= dans la trad. fr. de M. Ch. Guenoux, t. I, pp. 58 et suiv.]

(3) C'est à Zumpt (*Comment. epigr.*, t. I, pp. 116 et suiv.) et à Henzen (*Sui curatori delle città*, dans *Annali*, 1851, pp. 5-35) que nous sommes redevables de ce résultat scientifique.

(4) En l'année 249 de notre ère, les *quinquennales* étaient encore éponymes à Veies (voy. p. 221, note 4, *supra*), et dans nos sources juridiques, où il n'est d'ailleurs plus question de *quinquennales*, se trouvent encore conservées deux Constitutions des années 321 et 326 (Const. 1 pr., *De med. et profess.*, C. Th., XIII, 3 ; — Const. 3, *De natural. fil.*, C. Th., IV, 6), dans lesquelles les *quinquennales* sont mentionnés. La dernière figure également au Code de Justinien, où elle a été reproduite (Const. 1, *De natural. lib.*, V, 27), mais sans le mot *quinquennalitas* [voy. le pr.], qui n'avait plus alors aucune signification. — [Sur l'époque de l'avènement de Constantin, voyez M. Westphalen, *La date de l'avènement au trône de Constantin le Grand, d'après Eusèbe et les médailles*, dans la *Revue numismatique*, 1887, 1er trimestre.]

soit que nous avons à parler (1) — est un fonctionnaire unique (2), nommé par l'Empereur (3). On le voit apparaître, à partir de Nerva (4) et de Trajan (5), c'est-à-dire à la même époque
que les *correctores* (6); il exerçait donc encore ses fonctions en

(1) On rencontre, en effet, aussi des *curatores* chargés de fonctions spéciales,
par exemple le *curator operum publicorum, kalendarii, muneris publici, riga-
rum sternendarum*, qui sont en partie élus par la ville, en partie institués
par l'Empereur. — Voy., sur ces *curatores*, Henzen, *Inscr., Index*, p. 161, et
Annali, 1851, p. 13; — Kuhn, *op. cit.*, t. I, pp. 46 et suiv. — [Voy. aussi
Wilmanns, *Exempla, Indices*, t. II, pp. 337 et suiv.; — C. I. L., *Index* XI,
C; — P. Willems, *Le dr. publ. rom.*, 3e éd., *Registre alphab. des termes latins*, p. 676; — A. Bouché-Leclercq, *Manuel des instit. rom., Index analytiq.*,
p. 623; — G. Humbert, *Essai sur les finances*, t. II, renvois de l'*Index gé-
nér. et alphab. des mat.*, au mot *Curator*, p. 169 *sub fin.*; — H. Thédenat,
dans le *Dict. des Antiq. grecq. et rom.*, de MM. Daremberg et Saglio, 11e
fascic., Paris, 1887, mot *Curatores*, t. I, pp. 1621-1623, et les auteurs précédemment cités.] — [Comp., sur les *curatores locorum publicorum*, J. Klein,
Eine stadtrömische Inschrift und die Curatores locorum publicorum, dans le
Rheinisches Museum für Philologie, 1881, pp. 635 et suiv.]

(2) C'est ce qui résulte d'un grand nombre d'inscriptions. — Voy. Henzen,
Inscr., Index, pp. 169 et suiv.; *Annali*, 1851, p. 13; — Zumpt, *Comment.
epigr.*, t. I, p. 119; — Boecking, *Ad Notit. Dign.*, t. II, pp. 1000 et suiv. —
[Voy. aussi les auteurs cités p. 225, note 2, *supra*, et les renvois de la note
précédente au recueil de Wilmanns et au *C. I. L.*]

(3) Aussi longtemps que la nomination du *curator* ne fut qu'une mesure
extraordinaire, le nom de l'Empereur se trouve d'habitude joint à son titre,
par exemple : *curator reip. Regyonatium datus est ab imp. Traiano* (Orelli,
n° 3893 [= C. I. L., t. V, 1, n° 4368]); — *curator reip. Comens. datus ab imp.
Hadriano* (Orelli, n° 3893 [= C. I. L., t. V, 1, n° 4368]); — *curator reip. Eser-
ninorum datus ab imp. optimo Antonino Aug. Pio* (Orelli, n° 2603 [= Wilmanns, *Exempla*, t. II, n° 2179 = Mommsen, *I. R. N.*, n° 5232 = C. I. L.,
t. IX, n° 2360]). — Voy. Henzen, *Inscr., Index*, p. 109, et, *Annali*, 1851, p. 13;
— Marini, *Atti*, p. 751; — Zumpt, *Comment. epigr.*, t. I, pp. 131 et suiv. —
[Voy. aussi les renvois de la note précédente, et, spécialement, ceux de la
note 1, *supra*, au recueil de Wilmanns et au *C. I. L.*. — Plus tard, cette
addition disparut, mais la nomination du *curator* n'en continua pas moins
toujours encore à appartenir à l'Empereur (Const. 20, *De decurion.*, C. Th.,
XII, 1; — Philostorgius, *Hist. eccles.*, III, 27, passage dans lequel Montius
dit à César Gallus : οἶδα λογιστὴν, ἀνόλατον, ἥστι καὶ προχειρίσασθαι, καὶ
τὸς ἂν Ἡγεμονίαν Τραϊανοῦ ἀνάξιον δοῦναι ;

(4) La première mention du *curator reipublicæ* dans les sources juridiques
se trouve, ainsi que Kuhn (*op. cit.*, t. I, p. 37) le remarque, dans un rescrit
de Nerva (L. 3 § 4, *Quod vi aut clam*, D., XLIII, 24); Philostrate (*V. Soph.*,
I, 19) parle d'un λογιστὴς, c'est-à-dire d'un *curator*, à Smyrne, sous Nerva.

(5) C'est sous Trajan tout au moins que l'existence des *curatores* est prouvée pour la première fois (Orelli, n°° 3893 [= C. I. L., t. V, 1, n° 4368], 3897
[= C. I. L., t. IX, n° 2353]; — Henzen, *Annali*, 1851, p. 33).

(6) Voy. la partie relative à l'Italie sous les Empereurs.

même temps que les *quinquennales* (1). Il était ordinairement choisi, non parmi les citoyens de la ville elle-même (2), mais soit dans un autre municipe (3), soit dans les classes les plus élevées de l'Empire, parmi les *viri egregii* ou *perfectissimi*, c'est-à-dire dans la classe équestre, et les *viri clarissimi*, c'est-à-dire dans la classe sénatoriale (4), mais, le plus souvent, parmi les personnages prétoriens ou consulaires (5). Le *curator* occupe ainsi un rang bien plus éminent que les autres magistrats municipaux ; il n'est pas le moins du monde tenu de résider dans la ville qu'il gouverne (6) ; mais son administration, dirigée par lui comme une fonction accessoire, s'étend souvent à la fois sur plusieurs municipes (7). Il se présente donc à nous, tout au moins dans les premiers temps, comme un inspecteur extraordinaire, investi d'un mandat sans durée fixe, puisqu'elle dépend de la commission qui lui a été donnée par l'Empereur ; mais ce mandat peut lui être renouvelé (8).

---

(1) Suivant l'inscription d'Orelli, n° 3893 [= *C. I. L.*, t. V, 1, n° 4363], P. Clodius Sura commence par être *IIvir quinquennalis* à Brixia, puis *curator reip.* à Bergomum ; d'après l'inscription d'Orelli, n° 3866 [= Wilmanns, *Exempla*, t. II, n° 2103], C. Matrinius Aurelius Antoninus fut d'abord *quinquennalis* à Hispellum, puis *curator*. — Voy. d'autres exemples dans Henzen, *Annali*, 1851, p. 20 [ainsi que dans les autres sources précitées].

(2) Henzen (*loc. cit.*, p. 18) ne connaît que trois cas, qui fassent exception à cette règle. L'un d'eux (Orelli, n° 3866 [= Wilmanns, *Exempla*, t. II, n° 2103]) vient d'être cité tout à l'heure [voy. la note précédente].

(3) Voy. les citations dans Henzen, *loc. cit.*, p. 18.

(4) Capitolin., *M. Ant. phil.*, XI : *Curatores multis civitatibus, quo latius senatorias tenderet dignitates, a senatu dedit.*

(5) Henzen (*Annali*, 1851, pp. 23 et suiv.) traite ce point en détail. — Comp. Henzen, *Inscr., Index*, p. 109 [et p. 227, note 1, *supra*, les renvois au recueil de Wilmanns et au *C. I. L.*].

(6) De l'inscription d'Orelli n° 3787 = Mommsen, *I. R. N.*, n° 6323 [= aliena ; voy. *C. I. L.*, t. IX, p. 832, col. 4, et t. X, 2, p. 1211, col. 1], il résulte que Curiatius Cosanus, *curator* de Cære en l'an 113 de notre ère, résidait à Ameria, et que, de là, il accorda par écrit son consentement à une construction qui devait se faire à Cære. [Cette inscription est aujourd'hui reproduite parmi les inscriptions de Cære, dans le *C. I. L.*, t. XI, 1, n° 3614.] — Comp. Borghesi, *Œuvres*, t. IV, p. 133 ; — Henzen, *loc. cit.*, p. 25.

(7) Voy. Borghesi et Henzen, *opp. et locc. sup. citt.* ; — Henzen, *Inscr., Index*, p. 109 [et p. 227, note 1, *supra*, les renvois au recueil de Wilmanns et au *C. I. L.*].

(8) C'est ainsi que l'on trouve, sous Alexandre Sévère, un *curator r. p.*

Cet état de choses se modifie par la suite, environ après le règne
des Sévères (1) ; désormais, le *curator* fut un fonctionnaire
permanent. Il continua d'abord à être nommé par l'Empereur (2), mais dans les rangs de la bourgeoisie elle-même,
parmi les personnages ayant déjà exercé les autres fonctions
municipales (3) ; puis, il finit par être désigné par les décurions, comme tous les autres magistrats des villes ; dès lors,
le rôle de l'Empereur se réduisit peut-être à une simple confirmation (4). Les rapports des *quinquennales* avec le *curator*
se ramènent donc à ceci : tandis qu'au IIe siècle ils remplissaient leurs fonctions avec une indépendance entière, mais
sous l'autorisation et le contrôle du curateur auquel ils étaient
subordonnés, ils les perdirent petit à petit, au IIIe, au profit de
ce dernier. En effet, on voit plus tard les curateurs urbains
exercer en personne, tout au moins les attributions financières qui sont dévolues aux censeurs ; ils afferment les biens
de la ville (5) ; ils placent ses capitaux (6) ; ils empruntent en
son nom (7) ; ils administrent tout ce qui concerne le service

---

Laniviorum II (Grut., p. 381, n° 1 (= Wilmanns, *Exempla*, t. I, n° 1317 =
C. I. L., t. XIV, n° 3500 : CVR. R. P. LANIVINOR. II)).

(1) Voy. Zumpt, *Comment. epigr.*, t. I, pp. 131 et suiv. ; — Henzen, *Annali*,
1851, p. 29.

(2) Voy. Marini, *Arvali*, p. 731 ; — Inscription de Sens, dans Renier, *Mélanges d'épigraphie*, p. 43 : *C. Decimius, C. Decimi Severi fil. Sabinianus, omnib.
honorib. apud s(uos) functus), curator r. p. civit. Venet. jus impp. [Severo et
Antonin. ordinatus.*

(3) Const. 20, *De decurion.*, C. Th., XII, 1.

(4) *Nov. Justiniani* CXXVIII, c. 16. — Voy. Kuhn, *op. cit.*, t. I, p. 37. —
Roth (*De re munic.*, p. 93), Rüdiger (*De curialibus imperii Romani post Constantinum*, Breslau, 1837, in-4°), Kuhn (*op. cit.*, t. I, pp. 53 et suiv.) traitent
de la compétence de ces *curatores* postérieurs.

(5) Papinian., L. 5 pr., *De admin. rer. ad civit. pertin.*, D., L, 8 : *Prædium
publicum in quinque annos idonea cautione non exacta curator rei publicæ
locavit....* Cf. Papir. Just., L. 11 § 2, *eod. tit.* — Voy. Kuhn, *op. cit.*, t. I,
p. 43.

(6) Nous avons sur ce point un fragment extrait du *Liber singularis de officio curatoris rei publicæ* d'Ulpien (L. 33, *De usur. et fruct.*, D., XXII, 1). —
Const. 2 in fine, *De debitor. civit.*, C. Just., XI, 33 (32) : *... Idecque cura patris
civitatis apud idoneos — pecunia collocanda est. — Pater civitatis, variis titulis,*
tel est surtout le dernier titre du *curator* (C. I. Gr., n° 2715 : — Gothofr.,
Ad Cod. Theol., XII, 1, 20 ; — Cujacii *opp.*, éd. Fabretti, vol. IV, p. 6).

(7) Marcian., L. 11 pr., *De pignor. et hypoth.*, D., XX, 1.

des bâtiments (1) ; et ils ont un droit de juridiction *inter civitatem et privatum* (2), parfois très onéreux pour les villes qu'ils gouvernent (3). Néanmoins, la confection des listes du recensement et la *lectio senatus* ne leur ont pas été formellement attribuées et ont dû, longtemps encore, demeurer aux mains des *quinquennales* ; mais de ce que, au quatrième siècle, les tribunaux prennent auprès des curateurs des renseignements sur les personnes (4), on est en droit d'inférer que l'établissement des listes personnelles leur avait également été confié, à cette époque (5).

---

(1) Paul., L. 16 pr., *De damn. inf.*, D. XXXIX, 3 : *Ad curatoris rei publicæ officium spectat, ut dirutæ domus a dominis exstruantur;* — Ulpian. : LL. 3 § 1 et 3 § 4, *Quod vi aut clam*, D., XLIII, 24 ; L. 2 § 17, *Ne quid in loco publ.*, D., XLIII, 8 ; — Orelli, n⁰ˢ 3701 [= Wilmanns, *Exempla*, t. II, n° 1750 = C. I. L., t. XIV, n° 2110]. 3767 [= C. I. L., t. X, 1, n⁰ˢ 1814 et 1815]. 3787 [= C. I. L., t. XI, 1, n° 3614 ; voy., sur ce dernier n⁰, p. 228, note 6, *supra*].

(2) Ulpian., L. 2 § 6, *De admin. rer. ad civit. pertin.*, D., L, 8 ; — Papinian., L. 6, *De offic. adsess.*, D., I, 22 : *In consilium curatoris rei publicæ vir eiusdem civitatis adsidere non prohibetur, quia publico salario non fruitur.*

(3) Philostr., *V. Soph.*, I, 19 : [texte grec illisible].

(4) Marini (*Arvali*, p. 786) a appelé l'attention sur ce point, en s'appuyant sur deux témoignages remarquables, savoir : 1° les *Acta SS. Didymi et Theodoræ*, de l'an 304, dans l'éd. des Bollandistes, *ad 28 avril. Append.*, p. LXIII : [texte grec illisible] (c'est-à-dire *officium, apparitores*; — voy. Vales., *Ad Euseb. H. E.*, pp. 208, 216) [texte grec illisible]. — 2° Les *Acta S. Sebastiani*, de l'époque de Domitien, *ad 7 juin* : [texte grec illisible] (c'est-à-dire donner des jeux à l'entrée dans une fonction; — voy. Vales., *Ad Ammian.*, XXVII, 3 ; — Du Cange, s. v.) [texte grec illisible].

(5) Un autre renseignement relatif au *curator* présente encore quelque obscurité ; je tiens tout au moins à le mentionner. Lors des persécutions dirigées contre les Chrétiens sous le règne de Dioclétien, en l'année 303, ceux-ci se virent confisquer à Cirta, en Numidie, leurs livres religieux, et cette confiscation fut opérée par une personne, qui portait le titre de *Felix, flamen perpetuus, curator reipublicæ*. L'acte dans lequel il est question de la fonction de ce personnage a été conservé et publié dans les *Optati de schismate Donatistarum libri VII*, éd. Dupin, Antuerp., 1702, in-f°, pp. 168 et

3.—Les Édiles sont régulièrement, par leur rang, suivant une *Les Édiles (1).* remarque déjà faite, la deuxième autorité municipale, investie d'une magistrature annuelle; ils ont la qualité de *collegæ minores* des magistrats judiciaires, soit qu'on les appelle *IIIIviri* ou *IIviri ædiliciæ potestatis*. Ils correspondent aux édiles curules de Rome, et on rencontre même à Interamna le titre d'*ædilis curulis* (2), tandis qu'à Ariminum les *ædiles curules* et les *ædiles plebis* nous apparaissent au même moment entièrement confondus (3). La troisième table interpolée de la *Lex*

suiv. Henzen (*Annali*, 1851, p. 33) estime que Felix était sans doute autorisé à agir de la sorte en tant que *curator*, parce qu'il aurait exercé par là une censure des mœurs, ce dont on ne trouve aucun autre exemple; Revier (*Mélanges*, p. 45) professe, au contraire, que Felix a dû procéder contre les Chrétiens en qualité de *flamen perpetuus*. Une semblable attribution appartenait en tout cas à cette époque au *sacerdos provinciæ*, dont il sera question dans la partie relative aux provinces ; mais il reste à prouver qu'elle appartenait également à un *flamen municipalis*. —[Comp. G. Wilmanns, *C. I. L.*, t. VIII, I, p. 619, col. 2.]

(1)ᵉ [Sur les édiles, voy., indépendamment des ouvrages généraux mentionnés p. 200, note 1ʳᵉ, *supra*, les auteurs suivants : Ev. Otto, *De ædilibus coloniarum et municipiorum*, Lipsiæ, 1732 ; — Zumpt, *Comment. epigr.*, t. I, pp. 112-171 ; — Mommsen, *Stadtrechte*, pp. 119-151 ; — Kuhn, *Die städtische und bürgerl. Verf.*, t. I, p. 51; — G. Humbert, dans le *Dict. des Antiq. grecq. et rom.* de MM. Daremberg et Saglio, 1er fasc., 2ᵉ éd., Paris, 1873, mots *Ædiles* et *Ædiles coloniarum et municipiorum*, t. I, pp. 93-101; — A. Houdoy, *Le droit munic.*, t. I, Paris, 1876, pp. 389 et suiv.; — W. Ohnesseit, *Ueber den Ursprung der Ædilität in den italischen Landstädten*, dans la *Zeitschr. f. Rechtsgesch.*, t. XVII, 1883, pp. 210-225; — P. Willems, *Le dr. publ. rom.*, 5ᵉ éd., Paris, 1884, pp. 318 et suiv.; — Th. Mommsen, *Staatsrecht*, t. II, 3ᵉ éd., Leipzig, 1887, renvoi du *Sachl. Reg.*, h. v.; — Ettore de Ruggiero, *Dizionario epigrafico di Antichità romane*, mots *Ædilis in potestas; Ædilicii honores; Ædilicium ius; Ædilicius; Ædilis*, fascic. 7 et suiv., Roma, 1881, pp. 299 et suiv. — Comp. E. Moll, *Ueber die römische Ædilität in ältester Zeit*, dans le *Philologus*, t. XLVI, 1, pp. 98-106; — O. Bogier, *De l'édilité romaine, et spécialement de l'édit des édiles*, et A. Bléteau, *les Édiles*, Thèses de Doct., Fac. de Droit de Paris, 1885 et 1886. — Voy. aussi Orelli-Henzen, t. II, c. XVI, § 13, pp. 207 et suiv., et *Index* V, mot *Ædiles*, pp. 505 et suiv.; t. III, c. XVI, § 13, pp. 134 et suiv., et *Index* IX, 3, *a*, mot *Ædiles*, pp. 153 et suiv.; — Wilmanns, *Exempla*, t. II, *Index* IX, 4, pp. 619 et suiv.; — *C. I. L. Indices*, XI, C.]

(2) Orelli, nᵒ 3739 [ibiq. Henzen, *Supplem.*, p. 316 = Wilmanns, *Exempla*, t. I, nᵒ 707]. — [Il s'agit ici non pas d'Interamna Lirenas Sucasina, dans le *Latium adjectum* (voy., sur cette ville, Th. Mommsen, *C. I. L.*, t. X, I, p. 523), mais bien de la ville d'Interamna Nahartium, en Ombrie.]

(3) Orelli, nᵒ 3979 = Tonini, *Rimini avanti il principio dell' era volgare.*

coloniæ Geneticæ semble indiquer que, dans la *colonia Genetica*, les édiles ont eu, comme les *IIviri*, la présidence au Sénat et le droit de le convoquer (1) ; mais ce témoignage unique ne doit être accepté que sous bénéfice d'inventaire (2). Touchant leurs attributions, qui étaient en tout semblables à celles des édiles romains (3), nous savons, sur la foi des rares indications contenues dans cette loi (4), qu'ils surveillent l'entretien des bâtiments, la propreté des voies publiques (*cura viarum*) (5),

---

Rimini, 1843, in-8, p. 336, n° 13 : *L. Betutio L. f. Pol. Furiano ædili, cui et curulis (iuris) d(ictio) et plebeia mandata est* [= Wilmanns, *Exempla*, t. II, n° 2115]. Voy. un *ædilis curulis* dans l'inscription d'Orelli, n° 3836 = Tonini, *op. cit.*, n° 14 [= Wilmanns, *Exempla*, t. II, n. 2115 a]. Les autres inscriptions, dans lesquelles on a trouvé mention d'un *ædilis plebis*, sont très douteuses. Dans l'inscription d'Ariminum, reproduite par Henzen (n° 6603 = Tonini, *op. cit.*, p. 299, n° 23 [= Wilmanns, *Exempla*, t. II, n° 2124]), M. Mommsen (*Hermes*, t. I, p. 66) lit : *IIIIVIR AEDilicie Potestatis*, tandis que, dans l'inscription de Cremona (Orelli, n° 3813, aujourd'hui reproduite au *C. I. L.*, t. V, 1, n° 53), il lit : *AEDILIS Pol(iae)*. La distinction entre les deux édiles tenait à leur compétence différente en matière répressive; Tacit., *Ann.*, XIII. 28 : *Cohibita artius et ædilium potestas statutumque, quantum curules, quantum plebei pignoris caperent vel pœnæ irrogarent.* — Voy. Mommsen, *Stadtrechte*, p. 451.

(1) *Lex Col. Genet.*, c. CXXX. CXXXI. CXXXIV.

(2) Voy. Mommsen, *Ephem. epigr.*, t. II, p. 143. — Dans tous les cas, à Cære, en l'an 113 de notre ère, le Sénat est convoqué par le *dictator* et par l'*ædilis iure dicundo* (Mommsen, *I. R. N.*, n° 6323 [= *C. I. L.*, t. XI, 1, n° 3614; voy., sur cette inscription, p. 223, note 6, *supra*]). Toutefois, cet *ædilis iure dicundo*, à côté duquel figure encore un *ædilis annonæ*, constitue, comme le *dictator* lui-même, une particularité de la Constitution de Cære.

(3) Voy. Mommsen, *Staatsrecht*, t. II, 2e éd., pp. 451 et suiv. [La trad. fr. de ce volume, par P. F. Girard, n'a pas encore paru. Il en existe une nouvelle édition allemande, publiée à Leipzig en 1887.] — [Voy. aussi les ouvrages généraux précités, en particulier ceux de MM. Willems, Mispoulet, Bouché-Leclercq, Karlowa et Ernst Herzog, et les renvois de la p. 231, note 1re, *supra*.]

(4) Voy. Ev. Otto, *De ædilibus coloniarum et municipiorum*, Lipsiæ, 1732, in-8, pp. 323. 313 ; — Kuhn, *op. cit.*, t. I, p. 57.

(5) Le seul renseignement certain que nous possédions sur ce point, se trouve dans la *lex col. Genet.*, c. XCVIII. Comp. Mommsen, *Ephem. epigr.*, t. II, p. 143. En effet, le passage détaillé contenu dans le Digeste (L. unic., *De via publ.*, XLIII, 10), 'ἐκ τοῦ ἀστυνομικοῦ μονοβίβλου τοῦ Παπινιανοῦ, attribue toute la police des rues aux ἀστυνόμοι, c'est-à-dire aux *curatores civitatis*, tandis que les édiles s'appellent ἀγορανόμοι (Cujacii, *Observ.* 22, 31). Comp. Mommsen, *ubi supra*. Le titre de *IIvir v. a. s. p. p.* (Wilmanns [*Exempla*, t. II], n°s 1905. 1912. 1911. 1916. 1917 [= *C. I. L.*,

l'exploitation des bains (1); qu'ils s'occupent de l'importation des blés nécessaires à la ville (*cura annonæ*) (2), de quelques-uns des préparatifs occasionnés par les jeux ordinaires (*cura ludorum*) (3); mais que leur mission principale consiste à exercer la police des marchés (4) et le contrôle des poids et mesures qui y sont employés (5). Ils ont le droit d'infliger des peines corporelles (6) et des amendes pécuniaires; mais, aux termes de la loi de Malaca, ces dernières doivent être portées à la connaissance des *duoviri*, qui en assurent le recouvrement (7).

4. *Les Questeurs* (8)*. — La questure occupe le troisième rang Les Questeurs

---

t. X, 1, n°s 803-804, 835, 830, 836, 911]), ou d'*ædilis r. a. s. p. p.* (Wilmanns, *cod.*, n°s 1954 *a.* 1957 [= *C. I. L.*, t. IV, n°s 634, 222]), que l'on rencontre à Pompéi, est d'une signification incertaine. Avellino la lit : *ædilis urbi annonæ solemnibus publicæ procurandis*; Mommsen : *rotis Augustalibus sacris publicis procurandis*. Il ne se référerait au sujet dont nous nous occupons, que si on le lit avec Henzen (n° 7136) : *ædilis viis annonæ sacris publicis procurandis*, leçon à laquelle, semble-t-il, on n'a rien à objecter quant à présent. — [Sur les titres dont il vient d'être question, voy. Th. Mommsen, *C. I. L.*, t. X, 1, p. 109, col. 1, et t. X, 2, p. 1149, col. 1, et P. Willems, *Les élections municipales à Pompéi*, Paris, 1887, pp. 131 et suiv.]

(1) Plutarch., *Sympos.*, III, 10, vol. VIII, p. 614, éd. Reiske = vol. II, p. 890, éd. Dübner; — Alfenus, L. 30 § 1, L^{o.} cond., D., XIX, 2. — Voy. Otto, *op. cit.*, pp. 315 et suiv.

(2) Petron., XLIV : *Interim semis curat, quia annona mordet. Non mehercules hodie buccam panis incenire potui.* — — *..Ædiles male eveniat, qui cum pistoribus colludunt : « Serva me sercabo te ». Itaque populus minutus laborat;* — Papinian., L. 17, *De compensat.*, D., XVI, 2 :.... *damnatus, quod artiorem annonam ædilitatis tempore præbuit....* — Voy. Otto, *op. cit.*, p. 357. — [Voy. aussi, sur la *Cura annonæ*, M. G. Humbert, dans le *Dict. des antiq. grecq. et rom.*, de MM. Daremberg et Saglio, fascic. 11, Paris, 1887, à ce mot, t. 1 pp. 1613 *in fine* et suiv.]

(3) Voy. *Ephem. epigr.*, t. II, p. 102.

(4) Apulei., *Metam.*, I, 24, 25; — Callistrat., L. 12, *De decurion.*, D., L, 2.

(5) Juvenal., X, 100; — Persius, I, 129; — Ulpian., L. 13 § 8, *Loc. cond.*, D., XIX, 2; — Henzen, *Inscr.*, n° 7133.

(6) Callistrat., L. 13, *De decurion.*, D., L, 2 : *Eos, qui consilia negotiantur et rendunt, licet ab ædilibus cæduntur, non oportet quasi viles personas neglegi.*

(7) *Lex Malacit.*, c. LVI. — Voy. Mommsen, *Stadtrechte*, p. 450.

(8)* [Sur les questeurs, voy., indépendamment des auteurs précités : O. Mantey, *De gradu et statu quæstorum in municipiis coloniisque*, Hall. Sax., 1883; — Orelli-Henzen, t. II, c. XVI, § 13, pp. 207 et suiv., et *Index V,* mot *Quæstor*, p. 532; t. III, c. XVI, § 13, pp. 431 et suiv., et *Index IX, 3, a,* mot *Quæstores passim in municipiis et coloniis*, p. 160; — Wilmanns, *Exempla*, t. II, *Index IX, 4,* p. 619; — *C. I. L.*, *Indices*, XI, C.]

dans l'ordre des fonctions municipales annuelles ; toutefois, son organisation diffère profondément suivant les villes. Quelques communes paraissent n'avoir pas eu de questeurs, comme Arpinum, où l'un des trois édiles (1) administrait la caisse de la ville (2), comme Fundi et Formiæ (3), comme Pompéi, où les *duoviri* donnaient quittance des versements opérés à la commune (4). Et dans celles où l'on trouve des questeurs, leur rôle varie, selon que la questure y est considérée comme un *honor* ou comme un *munus* (5). La même différence se manifestait notamment dans les communes latines, où le droit de cité romaine s'acquérait par l'exercice d'un *honor* (voy. *supra*, p. 75 *in fine*). Pour les Carni, cet *honor* était l'édilité de Tergeste (voy. ci-dessus, p. 75 *in fine*); mais, à Salpensa, c'était la questure (6).

Nous avons parlé jusqu'ici des magistrats municipaux que l'on rencontre ordinairement; et il n'entre pas dans notre plan de mentionner toutes les exceptions apportées à la règle et qui doivent être encore expliquées en partie par des raisons spéciales : tels, par exemple, les *tribuni plebis* que l'on trouve à

---

(1) Henzen, n°⁵ 7033. 7031 [= *C. I. L.*, t. X, 1, n°⁵ 5679. 5682].

(2) Cic., *Ad Att.*, XV, 15, 1 : *Tu nummos Arpinatum, si L. Fadius ædilis petet, vel omnes reddito.*

(3) Ces deux villes possèdent aussi trois édiles (Henzen, n°⁵ 7033. 7035. 7037 [= *C. I. L.*, t. X, 1, n°⁵ 6103. 6233. 6210]).

(4) Voy. Mommsen, *Hermes*, t. XII, 1877, pp. 117 et suiv. [et *C. I. L.*, t. X, 1, p. 93, col. 1].

(5) Arcad. Charis., l. 18 § 2, *De muner. et honor.*, D., L, 4 : *Et quæstura in aliqua civitate inter honores non habetur, sed personale munus est.* Tel paraît avoir été le cas à Aquileia, où l'on ne rencontre jamais de *quæstores* (Mommsen, *C. I. L.*, t. V, 1, p. 83), à Nola, où ils ne sont pas mentionnés dans les fastes (Mommsen, *I. R. N.*, n° 1963 [= *C. I. L.*, t. X, 1, n° 1233; sur cette ville, voy. Th. Mommsen, *eod.*, p. 112]), et dans la *colonia Genetiva*, où ils ne figurent pas au nombre des magistrats. — Voy. Mommsen, *Ephem. epigr.*, t. II, p. 119.

(6) *Lex Salp.*, c. XXI. — Il me paraît très douteux que de cette phrase de Strabon (IV, p. 187), qui dit de Nemausus : ἔχει καὶ τὴν καλουμένην Λατίνων, ὥστε τοὺς ἀξιωθέντας ἀγορανομίας καὶ ταμιείας ἐν Νεμαύσῳ Ῥωμαίους ὑπάρχειν, il faille conclure avec Mommsen (*Stadtrechte*, p. 446) que l'on pourrait commencer indifféremment la carrière des honneurs par l'édilité ou par la questure. — [Comp. M. O. Hirschfeld, *C. I. L.*, t. XII, pp. 381, col. 2, et 382, col. 2.]

Venusia (1), à Teanum (2), et peut-être à Pisa (3); tels, les *tresviri* d'Ariminum (4) et de Cirta (5), en Numidie; tels encore d'autres collèges de fonctionnaires, qu', en général, ne sauraient être comptés au nombre des magistrats ordinaires (6); mais, en revanche, il convient de signaler spécialement les cas où ces derniers pouvaient être remplacés par des *præfecti* (7).

5. — Il n'y avait lieu à remplacement extraordinaire que pour le magistrat supérieur (8), dans les deux cas suivants :

1° Lorsque l'absence ou tout autre motif l'empêchait de temps à autre de remplir ses fonctions;

2° Lorsqu'il n'y avait pas de magistrat en exercice (9).

Nous avons déjà vu (p. 216) que, dans le premier cas,

Præfecti i. d.

---

(1) Henzen, n° 7153 [= *C. I. L.*, t. IX, n° 438]. — [Sur Venusia, voy. Th. Mommsen, *C. I. L.*, t. IX, p. 44 et suiv.]

(2) Henzen, n° 3983 [= *C. I. L.*, t. X, 1, n° 4791; — il s'agit ici non pas de Teanum Apulum, mais de Teanum Sidicinum; voy., sur cette dernière ville, Th. Mommsen, *C. I. L.*, t. X, 1, p. 471].

(3) Orelli, n° 3145 [= *C. I. L.*, t. XI, 1, n° 1430]. — [Sur Pisæ, voy. M. E. Bormann, *C. I. L.*, t. XI, 1, pp. 273 *in fine* et suiv.]

(4) Tonini, *Rimini*, p. 217.

(5) Voy. Mommsen, *Hermes*, t. I, pp. 33 et suiv. — [Voy. aussi M. G. Wilmanns, *C. I. L.*, t. VIII, 1, p. 618, col. 2.]

(6) A cet ordre d'idées se rattachent les *quinqueviri*, que l'on rencontre de temps à autre, et dont Henzen traite excellemment (*Annali*, 1859, pp. 221 et suiv.), et les *novemviri Valetudinis*, à Mevania (*Bull. dell' Inst.*, 1879, p. 13).

(7) Sur les *præfecti* dans les municipes, voy. notamment Mommsen, *Stadtrechte*, pp. 446 et suiv.; — Henzen, *Annali*, 1859, pp. 212 et suiv. — [Voy. aussi : Zumpt, *Comment. epigr.*, t. I, pp. 50-69; — Henzen, *Inscr.*, *Index* IX, p. 132, col. 2; — Wilmanns, *Exempla*, t. II, *Indices*, p. 623, col. 2; — *C. I. L.*, *Indices*, XI, C.]

(8) Mommsen (*I. R. N.*, p. 450) pose en règle que des *præfecti* ne devaient être nommés que pour les *IIviri*; à l'encontre de cette opinion, Henzen (*loc. cit.*, p. 211) remarque que l'on ne trouve pas seulement des *præfecti ædilicia potestate* à Brixia (Orelli, n° 3909 [= *C. I. L.*, t. V, 1, n° 4459 = Wilmanns, *Exempla*, t. II, n° 2163]; — Henzen, n° 7073 [= *C. I. L.*, t. V, 1, n° 4163; voy. aussi n° 4459, et comp. n° 3905]), mais que l'on rencontre encore quatre *præfecti* à Patavium (Henzen, n° 7073 [= *C. I. L.*, t. V, 1, n° 2856 = Wilmanns, *Exempla*, t. II, n° 2127]), à la place des *IIIIviri*, et dont deux, par conséquent, étaient *ædilicia potestate*.

(9) Le décret de Pisa (Orelli, n° 643 [= Wilmanns, *Exempla*, t. I, n° 883, II, p. 281 = *C. I. L.*, t. XI, 1, n° 1421, pp. 273 et 279, col. 1]) fut rédigé en l'an 4 de notre ère. « *cum in colonia nostra propter contentiones candidatorum magistratus non essent…* » [lin. 5-6]. Et plus loin [lin. 17-19] : « *… ob eas res universi decuriones colonique, quando ex eis is colonia neque IIvir(i) neque præfecti er[ant] neque quisquam iure dicundo praeerat, inter sese consenserunt…* »

le duovir était d'abord remplacé par son collègue ; mais, lorsqu'en l'absence de ce dernier, il s'éloignait pour plus d'un
jour, il nommait lui-même un *præfectus*, qui faisait ainsi, à lui
seul, l'intérim des deux *duoviri*. On recourait à un procédé
analogue, dans le cas où l'Empereur, ou un membre de la famille impériale, avait accepté, ce qui arrivait assez souvent (1),
une fonction municipale, qu'il ne pouvait naturellement gérer par lui-même ; toutefois, comme on tenait à honneur d'a-
voir l'Empereur comme *duumvir*, et qu'il s'agissait de pourvoir
à son remplacement, non pour une durée de quelques jours,
mais pour toute l'année de la magistrature, ce n'est pas le
second *duovir* qui était appelé, ainsi que le permettait la loi, à
prendre la direction des affaires ; mais un préfet nommé par
l'Empereur (2), et administrant en son nom (3), se substituait
seul et sans collègue aux *duoviri* (4). Quant aux princes de la
famille impériale qui, dans la période s'étendant d'Auguste à
Hadrien, s'étaient à plusieurs reprises laissé investir d'une
magistrature municipale, ils se bornaient à désigner, pour la
gérer à leur place, un *præfectus*, qui exerçait ses fonctions conjointement avec un collègue (5) ; et, lorsque les deux charges

---

(1) Spartian., *Hadrian.*, XIX : *In Etruriâ prœturam imperator egit, per Latina oppida dictator et œdilis et duumvir fuit, apud Neapolim demarchus, in
patriâ suâ quinquennalis et item Hadriæ quinquennalis, quasi in alia patriâ,
et Athenis archon fuit.* Voy. de nombreux exemples de ce fait dans Henzen,
Inscr., Index, p. 160 ; — Zumpt, *Comment. epigr.*, [t. 1], pp. 56 et suiv. ;
— Marini, *Arvali*, pp. 115. 419 ; — Borghesi, *Œuvres*, t. I, p. 490 ; t. VI,
p. 315. — [Voy. aussi les renvois de la p. 235, note 1, *supra*.]

(2) Si l'on trouve parfois mention d'un préfet impérial *ex senatus consulto*
(Orelli, n° 3871 [= *C. I. L.*, t. XIV, n° 2961] ; — Mommsen, *I. R. N.*, n° 5330
[= *C. I. L.*, t. IX, n° 3041]), il faut admettre que, dans ce cas, l'Empereur a
laissé par exception sa nomination au conseil de la commune. — Voy.
Mommsen, *Stadtrecht*, p. 413.

(3) C'est pourquoi le préfet impérial joint à son titre le nom de l'Empereur ; Henzen, n° 6110 [= *C. I. L.*, t. X, 1, n° 5393] : *Q. Decio — — Saturnino
— — præf. Quinq(uennali)] Ti. Cæsaris Augusti, iter(um) Drusi Cæsaris Ti. f.,
tertio Neronis Cæsaris Germanici....* Voy. d'autres exemples dans Henzen,
Index, pp. 159 et suiv. [et dans les renvois de la p. 235, note 1, *supra*].

(4) Ce point est expressément réglé dans la *lex* de Salpensa, c. XXIV. —
Comp. Mommsen, *Staatsrecht*, t. II, 2ᵉ éd., p. 737 [voy. p. 233, note 3,
supra].

(5) Voy. Mommsen, *Staatsrecht*, t. II, 2ᵉ éd., p. 541 [voy. le renvoi de la
note précédente].

do *duoviri* étaient dévolues à des princes, leur intérim était confié en même temps à deux *præfecti* impériaux (1).

Dans le deuxième cas, c'est-à-dire lorsque la magistrature supérieure n'avait aucun titulaire, le Sénat nommait ordinairement, à l'origine, un *interrex*, dans les municipes (2) aussi bien qu'à Rome (3), pour préparer et pour diriger la nomination du titulaire définitif. Plus tard, à partir de la fin de la République, suivant l'opinion de M. Mommsen, une *lex Petronia* (4) disposa qu'en pareille occurrence le Sénat de la ville élirait des *præfecti*, qui, étant appelés à l'intérim par un vote de cette assemblée, et non pas par le choix du titulaire de la fonction, ne doivent pas être confondus avec les autres *præfecti*. Ces *præfecti* portent les titres suivants : *præfectus iure dicundo*

Interrex.

Lex Petronia.

---

(1) Orelli, n° 3574 (= *C. I. L.*, t. XIV, n° 2961). — Voy. Borghesi, *Œuvres*, t. I, p. 490.

(2) On rencontre un *interrex* à Bénévent (*C. I. L.*, t. I, n° 1221 [= *C. I. L.*, t. IX, n° 1633]), à Formiæ (Orelli, n° 3876 = Mommsen, *I. R. N.*, n° 4093 [= *C. I. L.*, t. X, 1, n° 6101]), et dans la *colonia Genetiva* (voy. *lex col. Genet.*, c. CXXX, et Mommsen, *Ephem. epigr.*, t. II, p. 116). — [On trouve encore l'*interrex* dans d'autres localités, par exemple : à Fundi, *C. I. L.*, t. X, 1, n° 6233; à Narbonne, *C. I. L.*, t. XII, n° 4389; à Nîmes, *C. I. L.*, t. XII, n° 3138.]

(3) Voy. Mommsen, *Staatsrecht*, t. I, 2e éd., pp. 624 et suiv. [la trad. fr. de cette partie du 1er volume, par M. P. F. Girard, n'a pas encore paru; une troisième édition allemande de ce tome I a été publiée à Leipzig en 1881], et spécialement Tit. Liv., I, 17; — Cic., *De rep.*, II, 12; — Dionys. Halic., II, 57, — Appian., *Bell. civ.*, I, 98. — [Voy. également Th. Mommsen, *C. I. L.*, t. I, pp. 237 et suiv., n°s XVIII et suiv., et *Ephem. epigr.*, t. III, p. 1, ainsi que les trois inscriptions d'Arretium, reproduites par M. E. Bormann, *C. I. L.*, t. XI, n°s 1827; 1828, 1829, après Mommsen, *C. I. L.*, *loc. sup. cit.*, et Wilmanns, *Exempla*, t. I, n°s 628, 629, 630. — Voy. enfin les ouvrages d'ensemble précités.]

(4) Cette *lex* est citée avec son nom entier dans l'inscription de Pompéi (Orelli, n° 3679 = Mommsen, *I. R. N.*, n° 2250 [= *C. I. L.*, t. X, 1, n° 858]) et dans l'inscription d'Æsernia (Henzen, n° 6951] [= *C. I. L.*, t. IX, n° 2666; sur la ville d'Æsernia, voy. Th. Mommsen, *C. I. L.*, t. IX, p. 245]. Mais c'est Borghesi (*Œuvres*, t. VI, p. 325) qui a vu pour la première fois que l'abréviation P. L. P. doit également être lue *præfectus lege Petronia*. Nous ne savons rien sur le contenu et sur la date de cette loi. La première mention qui en est faite se trouve dans les fastes de Venusia, en l'an 733 = 33 (Mommsen, *I. R. N.*, n° 697 [= *C. I. L.*, t. IX, n° 422]); aussi la conjecture de Borghesi (*Œuvres*, t. III, p. 366), qui l'attribue au *consul suffectus* de l'an 778 = 25 de notre ère, C. Petronius Umbrinus, ne saurait être exacte. La monographie d'Arditi (*La legge Petronia*, Napoli, 1817, in-4) n'offre au-

ex decurionum decreto lege Petronia (1) ; *IIIIvir præfectus lege Petronia* (2); *IIIIvir lege Petronia* (3); *IIvir præf. iure dicundo ab decurionibus creatus* (4); *præfectus i. d. ab decurionibus creatus* (5), ou *præfectus decurionum decreto iure dicundo* (6). Il arriva qu'à la suite de cette loi, tous les quatre magistrats supérieurs, par conséquent aussi les édiles, fussent remplacés par des *quatuorviri præfecti* élus (7); mais, d'autre part aussi, que, dans le cas où un seul candidat avait obtenu la majorité requise pour l'élection des *IIviri i. d.*, le Sénat pourvût à la seconde place par la nomination d'un *præfectus*. Les *præfecti* ne demeuraient régulièrement en fonctions que jusqu'à l'élection des titulaires définitifs ; et même, lorsque cette élection n'avait pas lieu dans l'année, ils semblent avoir été soumis au moins à un renouvellement, peut-être au bout de six mois (8). Les Fastes de Venusia (9) mentionnent, en l'année 722=32, deux *præfecti*, pour la période comprise entre le 1er juillet et le 1er septembre, c'est-à-dire jusqu'à l'élection des magistrats titulaires. Les Fastes d'Interamna Lirinas (10) signalent, en l'an 67 de l'ère chrétienne, deux *IIIIviri i. d.*; en l'an 68, deux *quinquennales*; en l'an 69, deux *IIIIviri i. d.*, puis un *IIIIvir præfectus lege Petronia*, et encore un *IIIIvir præfectus lege Petronia*, qui paraît avoir été le successeur du précédent; en l'an 70, deux *IIIIviri præfecti lege Petronia*; puis encore une fois deux *IIIIviri præfecti lege Pe-*

---

cun intérêt. Plus tard, il a été traité de la *lex Petronia* par Zumpt (*Comment. epigr.*, t. I, p. 60), par Mommsen (*Stadtrechte*, p. 447) et par Henzen (*Annal.*, 1859, p. 213).

(1) Orelli, n° 3679 = Mommsen, *I. R. N.*, n° 2230 [= *C. I. L.*, t. X, 1, n° 853].

(2) Mommsen, *I. R. N.*, n° 4193 [= *C. I. L.*, t. X, 1, n° 5163].

(3) Henzen, n° 6937 [= *C. I. L.*, t. IX, n° 2606].

(4) Orelli, n° 3818 [= *C. I. L.*, t. II, n° 1131].

(5) Orelli, n° 2287.

(6) Mommsen, *I. R. N.*, n° 1918 [= *C. I. L.*, t. X, 1, n° 1205].

(7) Henzen, *Inscr.*, n° 7613 [= *C. I. L.*, t. V, 1, n° 2856 = Wilmanns, *Exempla*, t. II, n° 2127], et dans *Annali*, 1859, p. 214.

(8) Voy. Henzen, *Annali*, 1859, p. 215.

(9) Mommsen, *I. R. N.*, n° 697 [= *C. I. L.*, t. IX, n° 422].

(10) Mommsen, *I. R. N.*, n° 4193 [= *C. I. L.*, t. X, 1, n° 5163].

tronia; il en résulte que chacun de ces deux collèges a dû être en fonctions pendant six mois. — Sous le rapport de la compétence, les *præfecti* ont naturellement les mêmes droits que les titulaires dont ils prennent la place; spécialement, ils sont, ainsi que leur nom suffît à l'indiquer, investis de la juridiction; ils président le Sénat (1) et sont éponymes pour la durée de leur administration (2).

Aux deux hypothèses où la création des *præfecti* était nécessaire, ainsi que nous venons de le voir, il faut en joindre une troisième, récemment découverte, et qui, dans tous les cas, n'a pu être qu'exceptionnelle. Le 1er juillet 59, Cn. Pompeius Grosphus et Cn. Pompeius Grovicanus furent nommés duumvirs à Pompéi (3). Suivant la loi de cette ville, ils auraient dû demeurer en charge jusqu'au 30 juin 60. Et cependant, au 8 mai 60, nous trouvons en fonctions deux nouveaux duumvirs, N. Sandelius Messius Balbus et P. Vedius Siricus, et, à côté d'eux, un *præfectus i. d.*, Sex. Pompeius Proculus (4), qui avait été antérieurement duumvir (5). Le fait de la présence simultanée de deux duumvirs en charge et d'un *præfectus i. d.* est nouveau et doit s'expliquer par des raisons particulières. MM. Fiorelli (6) et Mommsen (7) supposent qu'à la suite des troubles dont Pompéi avait été, précisément cette année-là, le théâtre, et dont le Sénat avait eu à s'occuper (8), les *duumviri* alors en fonctions furent révoqués et remplacés par d'autres duumvirs, mais qu'en même temps un *præfectus i. d.* aurait reçu la mission de rétablir l'ordre. Si cette conjecture est fondée, le *præfectus* aurait été investi d'une autorité supérieure à celle des duumvirs et aurait été placé vis-à-vis d'eux dans la même situation que

(1) Henzen, n° 7072 [= *C. I. L.*, t. V, 1, n° 2536 = Wilmanns, *Exempla*, t. II, n° 2127]; — Orelli, n° 4011 = *C. I. L.*, t. V, 1, n° 961.

(2) Voy. Visconti, *Monumenti Galini*, Milano, 1843, in-8, p. 11.

(3) Il est fait mention de ces deux personnages dans une quittance délivrée le 10 juillet 59. — Voy. Petra, *Le tavolette cerate di Pompei*, n° 119.

(4) Voy. Petra, *op. cit.*, n° 120.

(5) Voy. Petra, *op. cit.*, n° 117. 121. 122.

(6) Dans Petra, *op. cit.*, p. 17.

(7) Voy. Mommsen, *Hermes*, t. XII, 1877, pp. 125 et suiv.

(8) Tacit., *Ann.*, XIV, 17; — *C. I. L.*, t. IV, n° 1293.

le dictateur, à Rome, vis-à-vis des consuls, qui restaient également en charge, pendant tout le temps de la dictature.

Les prêtres sont, comme les magistrats, au service de la commune, et responsables, vis-à-vis d'elle, de l'accomplissement de leurs devoirs. Ils ne sont pas élus, comme à Rome, par une minorité (2), mais bien dans des comices ordinaires, réunis sous la présidence des duumvirs (3); ils jouissent, comme à Rome (4), des privilèges de leur état, c'est-à-dire de l'exemption pour eux et pour leurs enfants du service militaire et de tous les *munera publica* (5); mais ils peuvent, dans le cas où ils se sont rendus coupables d'une faute professionnelle, être saisis et déposés par les duumvirs (6). L'un d'eux vient-il à mourir ou encourt-il une condamnation, il y a lieu à une élection nouvelle (7). — Dans la *colonia Genetira*, il y avait deux collèges sacerdotaux, com-

---

(1)* [Voy., sur ce sujet. M. H. Herbst, *De sacerdotiis Romanorum municipalibus*, Hal. Sax., 1883. — Voy. aussi MM. J.-B. Mispoulet, *Les instit. politiq. des Romains*, t. II, Paris, 1893, pp. 131 et suiv.; — P. Willems, *Le Dr. publ. rom.*, 5e éd., Paris, 1884, pp. 519 et suiv., et A. Bouché-Leclercq, *Manuel des Instit. rom.*, 5e éd., Paris, 1886, pp. 553 et suiv. — Voy. encore M. Klipffel, *Étude sur le régime municipal Gallo-Romain*, dans la *Nouv. Rev. hist. de Dr. fr. et étr.*, 1879, pp. 213 et suiv., et les autorités précitées. — Comp. enfin, *C. I. L.*, t. I, p. 620, IV, *Sacerdotes*.]

(2) Voy. Mommsen, *Staatsrecht*, t. II, 2e éd., pp. 23-33. [La trad. fr. de ce volume, par M. P. F. Girard, n'a pas encore paru. Il en a été publié une troisième édition allemande à Leipzig, en 1887.]

(3) *Lex col. Genet.*, c. LXVIII; — Modestin., L. unic. pr. et § 1, *De lege Julia ambitus*, D., XLVIII, 14: *Hæc lex in urbe hodie cessat, quia ad curam principis magistratuum creatio pertinet, non ad populi favorem. Quod si in municipio contra hanc legem magistratum aut sacerdotium quis petierit, per senatus consultum centum aureis cum infamia punitur.*

(4) Voy. Marquardt, *Staatsverwaltung*, t. III, p. 316. [La trad. fr. de ce volume, par M. G. B. Brissaud, n'a pas encore paru]. — [N. B. Marquardt renvoie ici à la 1re éd. du t. III de son ouvrage; une seconde éd. a paru en 1885: elle est due à M. Wissowa.]

(5) *Lex col. Genet.*, c. LXVI: *Iisque pontificibus auguribusque, qui in quoque eorum collegio erunt, liberisque eorum militiæ munerisque publici vacatio sacrosancta esto, uti pontifici Romano est erit, æraque militaria ei omnia merita sunto.*

(6) *Lex col. Genet.*, c. XCI: *Quicunque decurio augur pontifex huiusce coloniæ domicilium in ea colonia oppido propiusve it oppidum passus mille non habebit annis V proximis, unde pignus eius quod satis sit, capi possit, is in ea colonia augur pontifex decurio ne esto, quique IIIviri in ea colonia erunt, eius nomen de decurionibus sacerdotibusque de tabulis publicis eximendum curanto.*

(7) *Lex col. Genet.*, c. LXVII.

posés l'un de trois *pontifices*, l'autre de trois *augures* (1), nommés à vie (2) : l'institution des *pontifices* et des *augures* paraît avoir été commune en Italie à tous les municipes et à toutes les colonies (3). Les *pontifices* président au culte romain officiel (4) : les temples affectés à ce culte n'ont, comme la plupart des temples à Rome (5), aucun prêtre particulier ; mais les duumvirs placent, pour l'année de leurs fonctions, tout *fanum*, *templum* ou *delubrum* sous la surveillance de *magistri fani*, qui, en vertu d'un vote des décurions et sur leur ordre, veillent aux *sacrificia* et aux *pulcinaria* et organisent les *ludi circenses* (6). Ces *magistri*, dont l'existence se révèle en maints endroits (7), jouent, suivant moi, le rôle des *ædítui* romains, qui portent également le titre de *magistri* et de *curatores fani* (8).

Magistri fani.

---

(1) *Lex col. Genet.*, c. LXVII. [Voy. MM. Th. Mommsen, dans l'*Ephem. epigr.*, t. III, 1877, pp. 99 et suiv., et Ch. Giraud, dans le *Journal des Savants*, 1877, pp. 126 et suiv.] C'est le même nombre qui paraît avoir été également le nombre primitif à Rome pour ces collèges. — Voy. Marquardt, *Staatsverwaltung*, t. III, p. 243 [voy. p. 240, note 4, ci-dessus.] — [Voy. pareillement *C. I. L.*, t. VI, 1, *pars quarta, passim*, pp. 439 et suiv.] — [Voy. aussi, sur les pontifes et sur les augures municipaux, M. A. Bouché-Leclercq, *Manuel des instit. rom.*, Paris, 1886, pp. 551 et suiv. ; — voy. encore le même auteur, dans le *Dict. des Antiq. grecq. et rom.*, de MM. Daremberg et Saglio, 4e fascic., Paris, 1875, mot *Augures municipales*, t. I, pp. 559 et suiv.]

(2) C'est ce qui résulte de la *lex col. Genet.*, c. XCI, aussi bien que de l'analogie avec les *pontifices* et les *augures* romains. [Sur ces derniers, voy. M. A. Bouché-Leclercq, *Manuel des instit. rom.*, pp. 510 et suiv., et 532 et suiv., ainsi que les sources qui s'y trouvent indiquées, et le renvoi de la note précédente au *C. I. L.*]

(3) Voy. Henzen, *Inscr., Indices*, pp. 19, 52. — [Voy. aussi Wilmanns, *Exempla*, t. II, *Indices, Index* III, 3, mots *Augures* et *Pontifices*, pp. 486 et 488, et *C. I. L., Indices*. VIII, C, D, E, mots *Augur* et *Pontifex*. — Comp. de même, t. I, p. 630, IV, s. v. *Sacerdotes*, et, pour la province d'Afrique, t. VIII, 2, p. 1086, mêmes mots.]

(4) De leurs attributions nous savons peu de chose ; mais il est probable qu'elles correspondaient à celles des *pontifices* romains. A Salona, en Dalmatie, on trouve (*C. I. L.*, t. III, 1, n° 1933) un cas de *consecratio*, où le *pontifex* dicte la formule, *verba præit*, au *duovir*.

(5) Voy. Marquardt, *Staatsverwaltung*, t. III, p. 207 [voy. p. 240, note 4, ci-dessus].

(6) *Lex col. Genet.*, c. CXXVIII.

(7) Orelli, n°° 2213, 2653 = Mommsen, *I. R. N.*, n°° 3912, 3636 [= *C. I. L.*, t. X, 1, n°° 1620, 3921. — Voy. aussi *C. I. L.*, t. X, 1, n° 3913, et les renvois faits en la note 3, *supra*, aux recueils épigraphiques, h. v.].

(8) Voy. Marquardt, *Staatsverwaltung*, t. III, p. 208 [voy. p. 240, note 4,

Si ma supposition est exacte, ils doivent sans doute avoir été chargés de l'organisation des sacrifices, des *lectisternia* et des jeux; mais les fonctions ecclésiastiques elles-mêmes et la présidence des jeux ne leur auraient pas été attribuées (1).

Sacerdotes. D'autre part, on rencontre dans les municipes, comme à Rome pour les dieux étrangers admis au culte de l'État (2), des prêtres et des prêtresses spéciaux, qui desservaient les religions locales non romaines existant à côté de ce dernier, et qui étaient ordinairement attachés au culte de chaque divinité particulière. En effet, le *sacerdos coloniæ* (3), le *sacerdos publicus* (4), que l'on trouve parfois mentionné, n'est peut-être autre que le *pontifex* qui, à Rome aussi, portait le nom de *sacerdos publicus* (5), et le *sacerdos urbis* (6), un *sacerdos urbis Romæ æternæ* (7).

Flamines. L'apothéose des Empereurs morts et consacrés, ou même régnants, et de la famille impériale, provoqua, dans tout l'Empire romain, un nouveau développement de la caste sacerdotale. Il faut y rattacher, à Rome, la création des *sodales Augustales* (8);

---

supra]. — [Voy. aussi M. E. Saglio, dans le *Dict. des antiq. grecq. et rom.*, de MM. Daremberg et Saglio, 1er fascie., 2e éd., Paris, 1873, mot *Ædiluus*, t. I, p. 101; — *C. I. L.*, t. VI, 1, pp. 609 et suiv.; — J. Marquardt, *De Romanorum ædilibus*, dans les *Comment. in honorem Th. Mommseni*, Berol., 18 7, p. 318-385.]

(1) A cela se rapporte également l'expression de la *lex col. Genet. c.* CXXVIII: *ludos circenses sacrificia pulvinaria facienda curent.*

(2) Voy. Marquardt, *Staatsverwaltung*, t. III, p. 207 [voy., ci-dessus, p. 210, note 1]. — [Voy. aussi *C. I. L.*, t. VI, 1, pp. 602 et suiv.]

(3) Wilmanns [*Exempla*, t. II], nos 2111. 2131 [= *C. I. L.*, t. II, n° 3278, et t. III, 1, n° 1207].

(4) Wilmanns [*Exempla*, t. I], n° 718; [t. II], n° 2062 [= *C. I. L.*, t. VIII, 1, n° 993, et t. IX, n° 3160].

(5) Voy. Marquardt, *Staatsverwaltung*, t. III, p. 205, note 2 [voy. p. 210, note 1, *supra*]. — [Voy. aussi le renvoi de la p. 211, note 1, *supra*, au *C. I. L.*]

(6) On le rencontre à Cirta (Renier [*Inscr. rom. de l'Algérie*], n° 1870 [= *C. I. L.*, t. VIII, 1, n° 6949]) et à Thamugas (Renier, n° 1531 [= *C. I. L.*, t. VIII, 1, n° 2397]): on le trouve aussi en Pannonie (*C. I. L.*, t. III, 1, n° 2368), en Asie (*C. I. L.*, t. III, 1, n° 399), et ailleurs.

(7) *C. I. L.*, t. III, 2, n° 5163; t. V, 1, n° 4184, et 2, n° 6991.

(8) Voy. Marquardt, *Staatsverwaltung*, t. III, pp. 443 et suiv. [voy. p. 210, note 1, *supra*]. — [Voy. aussi, sur les *Sodales Augustales*, M. H. Dessau, *De sodalibus et flaminibus Augustalibus*, dans l'*Ephem. epigr.*, t. III, 1877, pp. 205-217; — J.-B. Mispoulet, *Les instit. politiq. des Romains*, t. II, pp. 431 et suiv.; — Bouché-Leclercq, *Manuel des inst. rom.*, pp. 548 et suiv., et les ouvrages généraux précités.]

dans les provinces, les *concilia festiva* des assemblées provinciales (1); enfin, dans les municipes, divers sacerdoces ayant une mission analogue; les uns et les autres n'ont été jusqu'à ce jour

---

(1) Voy. l'étude de Marquardt intitulée *De provinciarum Rom. conciliis et sacerdotibus*, dans l'*Ephem. epigr.*, t. I, pp. 200 et suiv., et, ci-dessous, la partie relative aux provinces. — [Voy. aussi, d'une manière générale, sur les assemblées provinciales, indépendamment des travaux d'ensemble sus-indiqués : Godefroy, *ad Cod. Theod.*, XII, 12, et XVI, 10; — Drakenborg, *ad Tit. Liv.*, V, 47; — Raynouard, *Hist. du dr. municipal en France, sous la domin. rom. et sous les trois dynasties*, 1829, t. I, pp. 189, 203 et suiv.; — Krause, Νεωκόρος. Lips., 1844; — Ch. Giraud, *Hist. du dr. fr. au moyen-âge*, 1846, t. I, p. 86; — G. Menn, *Ueber die röm. Provincial-Landtage*, Köln und Neuss, 1852, in-4: — F. Laferrière, *Hist. du dr. fr.*, t. II, pp. 312 et suiv.; — Walter, *Gesch. des röm. Rechts*, 3e éd., Bonn, 1860, § 313, t. I, pp. 470 et suiv.; — L. Bouchard, *Étude sur l'administr. des finances de l'Empire rom. dans les derniers temps de son existence*, Paris, 1871, pp. 442-443; — Boissier, *La religion romaine d'Auguste aux Antonins*, t. I, pp. 165 et suiv.; — Houdoy, *Le droit municipal*, I, Paris, 1876, pp. 111 *in fine* et suiv., et 611 et suiv.; — Fustel de Coulanges, *Hist. des instit. politiq. de l'ancienne France*, 1re partie, 2e éd., Paris, 1877, pp. 114 et suiv.; — J.-M.-E. Flandin, *Des assemblées provinciales dans l'Empire romain et dans l'ancienne France*, Thèse de Doct., Fac. de Dr., Paris, 7 novembre 1878; — Madvig, *Röm. Verf.*, t. II, pp. 130-131 (= dans la trad. fr. de M. Ch. Morel, t. III, pp. 113 et suiv.), et pp. 723-726 (la trad. fr. de cette partie de l'ouvrage n'a pas encore paru); — V. Duruy, *Formation d'une religion officielle dans l'Empire Romain*, dans les *Comptes-rendus des séances et travaux de l'Acad. des sciences morales et politiq.*, Nouv. série, t. XIV, Paris, 1880, pp. 323-347, et tirage à part; le même, *Les assemblées provinciales au siècle d'Auguste*, eod., t. XV, Paris, 1881, pp. 233-263. et tirage à part; le même, *Hist. des Romains*, renvois de la *Table analytique générale*, au mot *Assemblées provinciales*, t. VII, p. 625, col. 2; — P. Willems, *Le droit publ. rom.*, 5e éd., Paris, 1884, pp. 526-528, et pp. 593 et suiv.; — J.-B. Mispoulet, *Les instit. politiq. des Romains*, t. II, Paris, 1883, pp. 99 *in fine* et suiv.: — E. Desjardins, *Géogr. hist. et admin. de la Gaule rom.*, t. III, Paris, 1885, pp. 193 et suiv.; — A. Bouché-Leclercq, *Manuel des instit. rom.*, Paris, 1886, pp. 201 et 556: — G. Humbert, dans le *Dict. des Antiq. grecq. et rom.*, de MM. Daremberg et Saglio, fascic. 9, Paris, 1885, mots *Communia*, IV, t. I, pp. 1110, col. 1, et suiv., et *Concilium*, I et III, pp. 1432, col. 2, et suiv.; fascic. 10, Paris, 1886, mot *Conventus*, IV, p. 1496, col. 2; le même, *Essai sur les finances et la comptabilité publique chez les Romains*, Paris, 1887, t. II, renvois de l'*Index général*, mot *Concilium provinciæ*, p. 167: — E. Glasson, *Hist. du dr. et des instit. de la France*, t. I, Paris, 1887, pp. 200 *in fine* et suiv.; — P. Guiraud, *Étude historiq. sur les assemblées provinciales dans l'Empire romain* (ouvrage capital et fort remarquable, couronné par l'Institut de France, Acad. des sciences morales et politiq.), Paris, 1887; — G. Lacour-Gayet, *Antonin le Pieux et son temps*, Thèse de Doct., Fac. des Lettres, Paris, 1888, pp. 231 et suiv. — Voy. encore les auteurs cités dans la note suivante, et comp. M. P. Monceaux, *De communi Asiæ provinciæ* (ΚΟΙΝΟΝ ΑΣΙΑΣ), Thèse de Doct., Fac. des Lettres, Paris, 1885.]

que partiellement étudiés (1). Dans les villes italiques, comme dans la *Gallia Narbonensis*, ce culte était rendu aux Empereurs consacrés et aux personnes faisant partie de la famille impériale ; dans presque toutes les communes, on voit professer le culte soit de tel ou tel des *divi* et *divæ*, soit de plusieurs d'entre eux, soit de tous (2) ; dans les provinces d'Afrique, au contraire, on adore, sinon exclusivement, tout au moins de préférence, les Empereurs régnants (3). Le culte des Empereurs est desservi en Afrique par un *flamen* ou *flamen Augusti* (*duorum, trium Augustorum*), ou encore *flamen perpetuus* ; celui des impératrices ou des princesses, par une *flaminica, flaminica Augustæ, flaminica perpetua* (4), qui n'est pas nécessairement, comme à

(1) L'étude capitale de Hirschfeld, *I sacerdozi municipali dell'Africa*, dans les *annali dell'Inst.*, 1866, pp. 23 et suiv., a trait exclusivement aux provinces africaines et c'est à elles aussi que se limite le travail de M. Desjardins, intitulé *Le culte des Divi et le culte de Rome et d'Auguste*, dans la *Revue de Philologie, Nouvelle série*, t. III (1879), pp. 53 et suiv. [Joindre à ces monographies celles de MM. C. Pallu de Lessert, *Les assemblées provinciales et le culte provincial dans l'Afrique romaine*, dans le *Bulletin des Antiquités africaines*, 1884, pp. 1-67, et pp. 321-314 ; — R. Mowat, *La Domus divina et les Divi*, Vienne, 1886, in-8 de 36 pp. (Extrait du *Bulletin épigraphique*, t. VI), imp. Savigné (voy., sur ce dernier travail, M. R. Cagnat, dans la *Revue critiq. d'hist. et de littér.*, 1886, n° 35, 23 août, art. 195, pp. 133 et suiv., et M. l'abbé H. Thédenat, dans le *Bulletin critique*, 1886, n° 21, 1er novembre, art. 109, pp. 407-409).] — Un traité approfondi sur l'ensemble de la question n'a pas encore été tenté, et présente de grandes difficultés.

(2) Sur le nombre des *Divi* et *Divæ*, voy. Marquardt, *Staatsverwaltung*, t. III, pp. 455 et suiv. [voy. p. 210, note 4, *supra*], et Desjardins, *op. et loc. sup. citt.*, pp. 43 et suiv. — [Voy. aussi M. Mowat, *Bull. épigr.*, 1885, pp. 308-316, et 1886, pp. 31-36, et p. 137..]

(3) Voy. Hirschfeld, *op. et loc. sup. citt.*, p. 47.

(4) Je suis d'avis, avec Hirschfeld, que la fonction du *flamen municipalis*, de même que celle du *flamen provincix*, a partout été annuelle, et que les *flamines perpetui* doivent être expliqués par analogie avec les *Seviri Augustales perpetui*, dont il sera question dans le chapitre consacré aux *Augustales*. Le *flamen Augusti* avait-il, notamment, accompli son année de service, et satisfait avec zèle aux obligations sacerdotales de sa fonction, l'ordo lui conférait le privilège de demeurer en possession de ses prérogatives honorifiques et de ses immunités, et c'est à cela que se rapporte la formule : *honor flaminii perpetui ab ordine confertur* (Renier [*Inscr. rom. de l'Alg.*], n°s 73. 1428. 1429. 1119. 1453 [= C. I. L., t. VIII, 1, n°s 2711. 4195. 4197. 4197. 4213]). Comp. Const. 21, *De decurion.*, C. Th., XII, 1 : *Quoniam Afri curiales conquesti sunt, quosdam in (ex) suo corpore post flaminii (flamonii) honorem — —præpositos compelli fieri mansionum, — — jubemus, nullum prædictis honoribus splendentem ad memoratum cogi obsequium.....* — Const. 2, *Quemadm. munera civil. indic.*, C. Th., XII, 5 : *Sacerdotales et flamines perpetuos atque etiam duumvirales*

Rome, la femme du *flamen* (1), mais qui est revêtue d'une di-

---

ab annonarum præposituris inferioribusque muneribus immunes esse præcipi-
mus..... Que les *flamines annui* rentrassent, à l'expiration de leur année de
fonction, dans la vie privée, c'est là un fait qui a pu se présenter ; mais,
dans les derniers temps, il est certainement devenu rare. Si, dans une
inscription de Théveste, le père porte le titre de *flamen perpetuus* (Renier,
n° 3096 ; —*Annuaire de la Société archéologique de Constantine*, 1860, p. 177,
n° 4 [= *C. L. L.*, t. VIII, 1, n° 1833]), et le fils celui de *flamen annuus* (Renier, n° 3096 [= *C. I. L.*, t. VIII, 1, n° 1833]), ce dernier doit avoir été un
flamen en fonctions, qui avait l'intention d'entrer plus tard aussi dans la dignité de son père. — [Sur les *flamines*, le *flamonium* et les *flaminicæ* en Afrique, voy. *C. I. L.*, t. VIII, 2, p. 1036. — Il convient d'y joindre l'inscription latine de la cité antique de Gunugus, près de Cherchell (Algérie) ; elle a
été découverte en 1887 par M. du Rieux, ingénieur civil à Gouraya, et le
texte en a été communiqué, par M. Héron de Villefosse, à l'Académie des
Inscriptions et Belles-Lettres, dans sa séance du 10 juin 1887 ; nous la reproduisons ici d'après la *Revue critique d'histoire et de littérature* (1887,
n° 25, 20 juin, p. 500) ; elle est ainsi conçue : q. IVL. Q. F. QVIR || cLE-
MENTI. AED ||rVIRO. ITERVM. II||rIRO. Q. Q. FLAM. AVG ||
rRIB. AB. ORDINE || LECTO. PAGI. SA||luTARIS. SiLONEN||sS.
L. SEMPRONI||uS VENVSTVS. AMI||cO. OPTIMO. OB. MER. — Le
grand intérêt de cette inscription consiste dans la mention d'un *tribunus ab
ordine lectus*, c'est-à-dire d'un tribun militaire, commandant d'une milice
locale, élu par l'*ordo* ou Conseil de la cité. Cette nouvelle découverte épigraphique donne un grand poids à l'opinion soutenue, en 1875, par M. V. Duruy, devant l'Académie des Inscriptions, sur le caractère municipal des *tribuni militum a populo*, et en démontre le bien fondé. (Voy., à cet égard,
et en sens divers : MM. V. Duruy, *Mémoire sur les Tribuni militum a
populo*, lu le 29 janvier 1875, à l'Académie des Inscript. et Bell.-Lett., in-
séré au t. XXIX, 2e partie, pp. 277-304, des *Mémoires* de cette Académie,
Paris, 1879, et reproduit dans le t. VI, pp. 617-669, de l'*Hist. des Romains*,
éd. gr. in-8 illustrée, Paris, 1883 ; — Giraud, dans le *Journal des Savants*,
1875, pp. 269-281 ; 333-349 ; 391-419 ; 567-596 ; —E. Bonnier, *Dissertation sur les
bronzes d'Osuna (Loi de la Colonie Julia Genetica)*, dans l'*Hist. de la législation romaine*....., par J. Ortolan, 10e éd., Paris, 1876, pp. 694 *in fine* et suiv.;
— Mommsen, *Röm. Staatsrecht.*, t. II, 1, 2e éd., Leipzig, 1877, pp. 562, note 1,
p. 565, notes 4-6, et 3e éd., Leipzig, 1887, renvoi du du *Sachl. Reg.*, au mot
Tribuni militum a populo (la trad. fr., par M. P. Fr. Girard, n'a pas encore paru) : — J. Marquardt, *Röm. Staatsverw.*, t. II, 1re éd., Leipzig, 1876
p. 354 (la trad. fr., faite par M. Vigié, sur la nouv. éd. due à MM. Dessau et Domaszewski, Leipzig, 1884, n'a pas encore paru.); — R. Cagnat,
De munic. et prov. militiis, Paris, 1880 ; — J.-B. Mispoulet, *Les instit. politiq.
les Romains*, t. II, Paris, 1883, pp. 376 et suiv.; — P. Willems, *Le dr. publ.
rom.*, 3e éd., Paris, 1884, p. 516, note 9 ; — E. Desjardins, *Géographie historiq. et admin. de la Gaule rom.*, t. III, Paris, 1885, pp. 110 et suiv.; — A.
Bouché-Leclercq, *Manuel des Instit. rom.*, Paris, 1886, p. 321, note 1. Comp.
Wilmanns, *Exempla inscr. lat.*, t. II, *Indices*, p. 602. — Voy. aussi MM.
Karlowa, E. Herzog, *opp. sup. citt.*, renvois des *Tables*, et le journal *Le
Temps* du 13 juin 1887.)]

(1) Voy. Marquardt, *Staatsverwaltung*, t. III, pp. 318 et suiv. [voy. p. 246,
note 1, *supra*].

gnité personnelle (1); dans toutes les parties de l'Empire romain, le représentant régulier du culte impérial est un *flamen* (2), alors même qu'en Italie, spécialement, on trouve à côté de lui des *sacerdotes Divorum et Divarum*, appartenant aux deux sexes (3). On peut juger de la considération qui s'attachait au nouveau sacerdoce, par ce fait qu'on y appelait les personnes les plus distinguées de la ville, notamment des *viri omnibus honoribus functi* (4), des *curatores reipublicæ*, des *viri egregii* et des *equites Romani* (5). Le rang de préséance des prêtres se trouvait ainsi déterminé de la manière suivante : la première place appartenait aux *flamines* ; la seconde, aux *pontifices* ; la troisième, aux *augures*; enfin, les *sacerdotes* des divinités locales n'occupaient qu'une place d'un degré inférieur (6). A partir du troisième siècle, où les magistrats furent pris parmi les décurions et choisis par eux, on rencontre aussi dans le Sénat les trois classes supérieures de prêtres, dont il vient d'être question ; dans le décret de patronat de Zama regia, rendu en l'an 322 de l'ère chrétienne (7), les dix *legati* envoyés par le Sénat sont

---

(1) Voy. Hirschfeld, *op. et loc. sup. citt.*, pp. 47-49.

(2) Voy. Henzen, *Indices*, p. 50 ; — *C. I. L.*, t. V, 2, p. 1182. — [Voy. aussi Wilmanns, *Exempla*, t. II, pp. 451. 455 et suiv. : — *C. I. L.* : t. II, p. 761 ; t. III, 2, p. 1166 ; t. VIII, *loc. sup. cit.* ; t. IX, p. 712 ; t. X, 2, p. 1136 ; t. XI, 1, *passim*; t. XII, p. 923 ; t. XIV, p. 569.] — [Il est à remarquer toutefois que, dans la Grande Bretagne, les inscriptions relatives aux *sacerdotes municipales* ne mentionnent ni *flamen*, ni *flaminica* : voy. *C. I. L.*, t. VII, p. 332.]

(3) Voy. les *Indices* dans Henzen, p. 51, et, au *C. I. L.*, t. V, 2, p. 1182. — [Voy. aussi Wilmanns, *Exempla*, t. II, pp. 455 et 489 ; — *C. I. L.* : t. II, p. 761 ; t. III, 2, p. 1166 ; t. VIII, *ubi supra* ; t. IX, pp. 712 et 713 ; t. X, 2, pp. 1138 et suiv.; t. XI, 1, *passim*; t. XII, p. 923 ; t. XIV. p. 569.]

(4) Renier, nos 1823. 1873. 2329. 2530. 3539. 3570. 4031 [= *C. I. L.*, t. VIII, 1 : nos 6993, 7112. 8318. 8319 ; 2 : nos 9030. 9013, 9258].

(5) Voy. les preuves dans Hirschfeld, *op. et loc. sup. citt.*, pp. 60. 61.

(6) Voy. l'inscription de Cartenna, dans Renier, n° 3851 [= *C. I. L.* t. VIII, 2, n° 9663] : *C. Falcinio M. f. Quirina Optato flamini Augustali, duumviro quinquennali, pontifici, duumviro, auguri, ædili, quæstori.* — Voy. surtout Hirschfeld, *op. et loc. sup. citt.*, p. 53.

(7) Mommsen, *I. R. N.*, n° 6793 [*aliena* : voy. *C. I. L.*, t. IX, p. 832. col. 1, et t. X, 2, p. 1211, col. 1; — sur la Colonia Ælia Hadriana Augusta Zama regia, voy. M. G. Wilmanns, *C. I. L.*, t. VIII, 1, pp. 89 et 210 *in fine* et suiv., qui, bien que mentionnant, p. 211. col. 2. le décret de patronat de Zama regia, ne le reproduit pas]. — Que la formule *egerunt*, employée dans cette inscription, ne se rapporte pas à la convocation du Sénat, ainsi que le pense

en même temps des *flamines perpetui*, et, dans l'*Album ordinis*
de Thamugas, rédigé avant l'an 367 de la même ère (1), les *flamines perpetui*, au nombre de 36, prennent rang immédiatement après les *duoviri*, tandis qu'après eux viennent quatre
pontifices, puis quatre *augures* (2)*.

Hirschfeld (*op. et loc. sup. citt.*, p. 62), cela résulterait déjà de ce fait que ce
sont seulement les *duoviri*, mais non les décurions qui convoquent le Sénat.
Les décrets de patronat montrent que cette forme doit être entendue des *legati* qui sont envoyés au *patronus* (Wilmanns [*Exempla*, t. II], n°° 2832.
2833, où il est dit : *Egerunt legati* (= *C. I. L.*, t. VIII, 2, n° 8837 ; t. VI, 1,
n° 1492]. Comp. n°° 2351. 2354 [= *C. I. L.*, t. II, n°° 3695 et 2960].

(1) Voy. Mommsen, *Ephem. epigr.*, t. III, pp. 78. 82. — [Voy. l'Album de
Thamugas au *C. I. L.*, t. VIII, 1, n° 2403, et, sur la ville, M. G. Wilmanns, *C. I. L.*, t. VIII, 1, p. 259.]

(2)* [Aux sources sus-mentionnées, qui sont relatives aux *flamines*, est
venu s'ajouter depuis peu un document épigraphique des plus précieux, que
nous jugeons utile de signaler ici à l'attention du lecteur. Il s'agit d'une
plaque de bronze, trouvée au mois de février 1888, au milieu des ruines d'un
bain antique, dans la banlieue de Narbonne, sur la route d'Armissan, dans
un champ appartenant à M. Fr. Delprat. Publiée d'abord par M. Héron de
Villefosse (*Bulletin critique*, n° du 15 mars 1888, p. 113), puis, à deux reprises, p. M. J.-B. Mispoulet (*Bulletin critique*, n° du 15 mai 1888, p. 186,
et *Nouv. Rev. hist. de dr. fr. et étr.*, n° de mai-juin 1888, p. 359, cette inscription, malheureusement fort incomplète, qui constitue, sans contredit, l'un des
monuments les plus importants de l'époque romaine découverts en France,
est aujourd'hui reproduite sous le dernier n° du t. XII du *C. I. L.* (n° 6038,
p. 864. — Voy. aussi M. Allmer, dans la *Revue épigraphique du Midi de la
France*, n° 48, Janvier, février, mars 1888, qui en donne le texte sous le
n° 693, pp. 311 et suiv., d'après les épreuves du *C. I. L.*, alors encore en
préparation, et le fait suivre des Commentaires insérés aujourd'hui dans ce
dernier recueil, pp. 864 et 865*). — D'après M. Héron de Villefosse (*Bull.
crit., loc. sup. cit.*, p. 111), elle doit avoir été gravée au Ier siècle de notre ère,
sous le règne de Tibère au plus tôt, sous celui de Caligula ou sous celui de
Claude, estime M. Mispoulet (*Bull. crit., loc. sup. cit.*, p. 187, et pp. 195 *in
fine* et suiv. ; *Nouv. Rev. hist.*, pp. 354 *in fine* et 358 *in fine*, et *Bull. crit.*,
n° du 1er juillet 1888, pp. 255 *in fine* et suiv.). Suivant M. Hirschfeld
(*C. I. L.*, t. XII, p. 864), nous serions en présence d'une partie de loi, relative au *concilium* de la Narbonnaise et au flamine de cette province, loi portée par Auguste lui-même (comp. lin. 27), puisque la mention *Divus Augustus* fait défaut, et cela peut-être, croit M. Mommsen (*ood.*),
dans le but de compléter l'ancienne loi de la colonie de Narbonne, à l'époque où Auguste lui donna les *cognomina* de Julia Paterna et créa le *concilium*
et le *flamen provinciæ*. S'il en est ainsi, il s'ensuit qu'un temple a été dédié à
Auguste, de son vivant même, par la province de Narbonne (comp. Nipperdey, *ad Tacit., Ann.*, I, 78), à l'instar de l'autel qui lui fut, en l'an 11 de
notre ère, consacré le 22 septembre par la *plebs* narbonnaise (*C. I. L.*,
t. XII, n° 4333. — Voy. E. Herzog, *Gall. Narb. hist.*, I, pp. 109. 171. 190.
193. 206-208; — Hirschfeld, *C. I. L.*, t. XII, p. 521, col. 2, et pp. 539 et suiv.,

Il nous reste à parler des prérogatives honorifiques qui

ad. n° 4333). On n'hésitera pas à repousser cette dernière opinion, si l'on admet avec Marquardt (*Ephem. epigr.*, 1872, p. 200 *in fine*) que la femme du flamine ne fut appelée à remplir le rôle de flaminique, que lorsque les femmes de la famille impériale eurent été consacrées : car, à supposer cette conjecture fondée, il n'y aurait eu de flaminique au plus tôt que sous le règne de Claude, après la *consecratio* de Julia Augusta (Suet., *Claud.*, XI; — Senec., *Apocol.*, IX, 3; — Dio Cass., LX, 5). — Quoi qu'il en soit, il n'est pas douteux que, dans ce fragment, composé de trente lignes, toutes plus ou moins mutilées, se rapportant à cinq chapitres différents qui, contrairement aux chapitres des *leges Rubria, col. Genetiva, Salpensana* et *Malacitana* ne sont pas plus numérotés que la table elle-même (voy., au contraire, la *lex Cornelia de XX quaestoribus*), il ne faille reconnaître une véritable loi constitutionnelle (*lex publica*), une *lex data*, c'est-à-dire une loi émanée directement de l'Empereur, sans le concours des comices, contenant le règlement de l'assemblée provinciale de la Narbonnaise (*lex concilii provinciae Narbonensis*). C'est à tort que M. Frédéric-Paul Thiers, membre de la Commission archéologique de Narbonne, qui a le premier connu et signalé à M. de Villefosse l'importante découverte dont nous nous occupons, y a vu un fragment du règlement organique des flamines *municipaux* de cette cité : il y est, en réalité, question des fonctions et des honneurs du *flamen Augusti* ou *Augustalis* (voy. lin. 21 et 27) de la *province* Narbonnaise, ainsi que le prouvent suffisamment et le style employé et le contenu des dispositions qu'elle renferme. (Comp. M. Hirschfeld, *C. I. L.*, t. XII, p. 861; d'après cet auteur, notre loi traite du fameux *flamen primus* de Narbonne, qui, plus tard, aurait pris le nom de *flamen provinciae*. Comp. *C. I. L.*, t. XII. n°° 392 et 1393. — Voy., au surplus, pour les détails sur ces différents points, MM. Héron de Villefosse J.-B. Mispoulet et P. Louis-Lucas, *opp. et locc. citt.* à la fin de cette note.— Voy. enfin, sur les flamines municipaux et provinciaux, MM. E. Herzog, *Gall. Narb. hist.*, pp. 213 et suiv., 235 et suiv., et Allmer, *Inscr. de Vienne*, t. I, pp. 260-262.) Dans tous les cas, c'est le premier texte épigraphique qui mentionne le *concilium provinciae* de la Narbonnaise : sa découverte contribue, avec d'autres antérieures, à confirmer pleinement l'opinion de M. Allmer, d'après laquelle l'assemblée provinciale de la Narbonnaise, en dépit des doutes émis à cet égard par certains auteurs, avait le siège de ses réunions dans la capitale de cette province. (Voy., dans le même sens, Herzog, *Gall. Narb. hist.*, pp. 251-262; — P. Guiraud, *Les assemblées provinciales dans l'empire romain*, p. 75, I; — Hirschfeld, *C. I. L.*, t. XII. p. 521.) — Il nous reste maintenant à donner l'analyse succincte de notre document; nous allons y procéder, en suivant l'ordre même des chapitres qui nous en sont parvenus.

c. (?) : lignes 1 à 8. — Ce premier chapitre, qui paraît s'occuper de la place d'honneur réservée au flamine ou à la flaminique dans les fêtes données par l'assemblée provinciale, fêtes dont le *flamen* avait la présidence, est celui qui a le plus souffert. A la différence de ce qu'il en est pour les autres, sa rubrique n'existe plus ; mais, en comparant les fragments dont il se compose avec ceux du chapitre suivant, on ne tarde pas à apercevoir qu'il s'agit des honneurs et des prérogatives qui appartiennent au *flamen* et à la *flaminica provinciae* pendant la durée de leur charge ; aussi peut-on la restituer ainsi avec MM. Hirschfeld et Mommsen : [*De honoribus eius qui flamen erit*].

étaient reconnues aux magistrats et aux prêtres, ainsi que des

— L'inscription, dont la première ligne ne contient plus qu'un mot, — encore est-il fort endommagé, — le mot (Narbone, — commence par mentionner des licteurs (lin. 2) : ce sont ceux qui accompagnaient le flamine dans les cérémonies. Il est probable qu'ils étaient au nombre des deux. (Voy. M. J.-B. Mispoulet, *Bull. crit.*, n° du 15 mai 1883, p. 188, II, § I. — Comp., en ce qui concerne le *flamen Dialis* de Rome: Festus, *Ep.*, p. 93, éd. Müller; — Plutarch., *Quæst. rom.*, CXIII. — Voy. M. Th. Mommsen, *Staatsrecht*, t. I, 3e éd., pp. 390 et suiv. ; la traduction de cette partie du 1er vol., par M. P.-F. Girard, n'a pas encore paru : ce dernier auteur conjecture que le flamine de la Narbonnaise avait pour licteur l'un de ceux des duovirs. Voy. *C. I. L.*, t. XII, p. 865; comp., *ed.*, n° 4448, et *lex col. Genet.*, c. LXII.) — Aux termes de la ligne 4 (sur la ligne 3, voy. M. P. Louis-Lucas, dans la *Revue gén. du dr.*, *op. et loc. inf. citt.*), le *flamen provinciæ Narbonensis* en exercice — (pour le flamine sorti de charge, voy. *infer.*, lin. 14) — a le droit de siéger dans l'*ordo* des diverses cités. Tite-Live (XXVII, 8, 8 ; cf. I, 20, 3) et Plutarque (*Quæst. Rom.*, CXIII) nous apprennent que le *flamen Dialis* s'était vu, dès les temps anciens, attribuer à Rome la même prérogative. (Voy. Marquardt, *Staatsverwaltung*, t. III, 2e éd., p. 323; la traduction française de ce volume, par M. Brissaud, n'a pas encore paru. — Voy. aussi M. P. Willems, *Les droits sénatoriaux du Flamen Dialis*, dans *Le Sénat de la République romaine*, t. I, 2e éd., Appendice III, A, pp. 663-664, et M. Th. Mommsen, *Röm. Staatsr.*, III, 2 (partie parue au cours de la correction de cette feuille) Leipzig, 1888, p. 860 ; voy. aussi t. II, 1, 3e éd., Leipzig, 1887, p. 18, note 3.) — (Sur les termes dont se sert le texte, voy. MM. Hirschfeld, *C. I. L.*, t. XII, p. 865, et P. Louis-Lucas, *op. et loc. inf. citt.*) — La ligne 5 déclare que le flamine prendra place dans les jeux et spectacles publics au premier rang, c'est-à-dire parmi les décurions de la cité. L'indication précise de cette place (*subsellio primo*) nous fournit un détail nouveau, que la *lex col. Genet.*, dont les chapp. CXXV et suiv. contiennent pourtant sur cette question des renseignements complets, nous avait laissé ignorer jusqu'ici. (Comp., relativement aux pontifes et aux augures, *lex col. Genet.*, c. LXVI, et Mommsen, *Staatsrecht*, t. I, 3e éd., p. 405, note 5.) — Les mots *veste alba aut purpurea restita*, dont nous parle la ligne 6, se réfèrent vraisemblablement à la flaminique et au costume qu'elle portait dans certaines occasions, et qui était le même que celui du *flamen*, puisqu'il est derechef question de la robe de pourpre à la ligne 16, à propos de ce dernier. Nous savons que ce costume était aussi celui des flamines municipaux (voy. *infra*, p. 257, n. de 2°). De cette ligne 6, dont le début peut être aisément restitué [*uxor fla*]*minis*, il résulte avec une entière évidence que la *flaminica provinciæ*, c'était de plein droit la femme du *flamen*. (Voy., en ce sens, et pour l'Espagne tout au moins : Hübner, *C. I. L.*, t. II, p. 511, col. 2; — Marquardt, *Ephem. epigr.*, 1872, p. 203, et les exemples par lui cités; — J.-B. Mispoulet, *Bull. crit.*, n° du 15 mai 1888, pp. 190 et suiv., et *Nouv. Rev. hist.*, p. 257.) — (Sur la femme du *flamen Dialis* de Rome, voy. Marquardt, *Staatsverwaltung*, t. III, 2e éd., pp. 331 et suiv.) — La ligne 7, l'une des plus importantes de notre document, accorde à la flaminique provinciale un double privilège : celui de n'être astreinte ni à prêter serment, ni à toucher un cadavre. Le grand prêtre de Jupiter, à Rome, jouissait également de ces deux prérogatives. (Voy., pour la première: Aul. Gell., *Noct. Att.*, X, 15, §§ 5 et 31 ; — Tit.-Liv., XXXI, 50; — Festus, *Epit.*,

prescriptions légales, relatives aux candidatures et aux qua-

---

p. 161, 61. Müller; — Plutarch., *Quæst. rom.*, XLIV; — Marquardt, *ubi supra*, p. 329, note 13; — pour la seconde: Aul. Gell., *Noct. Att.*, X, 13, 21; cf. Reimarus, *ad Dionem*, LIV, 23.) Il est à remarquer, relativement au serment, que notre inscription traduit en style législatif, c'est-à-dire impératif, le texte de l'Édit perpétuel du préteur, relatif au *flamen Dialis* et à la Vestale (voy. Aul. Gell., *Noct. Att.*, X, 15, § 31: *verba prætoris ex edicto perpetuo de flamine Diali et de sacerdote Vestæ adscripsi: « sacerdotem Vestalem et flaminem Dialem in omni mea jurisdictione jurare non cogam »*). Il n'est pas surprenant que cette disposition de l'Édit prétorien, qui avait une importance d'autant plus considérable, que le serment était, à Rome, d'un usage extrêmement fréquent, ne se retrouve pas dans le recueil de Justinien, si l'on songe que tous les privilèges accordés à des prêtres payens n'ont pas pu survivre à l'établissement du Christianisme comme religion d'État. Ce qu'il est essentiel de relever, c'est de voir, d'une part, le préteur formuler en une règle de droit ce qui n'était à l'origine qu'une prescription ou une coutume religieuse; puis, d'un autre côté, le législateur lui-même s'emparer de l'exemple tracé par l'Édit, reproduire cette même règle et l'appliquer à une hypothèse nouvelle. Au demeurant, nous savons qu'une loi empruntait parfois ses dispositions à l'Édit du préteur. (Voy., par exemple, *Lex Rubr. Gall. Cisalp.*, c. XX, relativement au *damnum infectum*.) — La double dispense contenue dans la ligne 7 de notre inscription, bien que la disposition qui nous la révèle n'ait trait qu'à la flaminique provinciale seule, semble devoir s'appliquer également sans difficulté au *flamen provinciæ Narbonensis*: les lignes 6-8, en effet, paraissent répéter, au sujet de la *flaminica*, ce qui a été dit du flamine dans les lignes précédentes, sauf toutefois que la flaminique ne devait avoir qu'un licteur, puisque la Vestale n'en avait qu'un (Plutarch., *Numa*, X; — Dio Cass., XLVII, 9), qui ne lui fut accordé qu'en l'an 712 = 42 seulement. (Voy. Dio Cass., XLVII, 19; cf. Plutarch., *Numa*, X. — Voy. aussi Mommsen, *Staatsrecht*, t. I, 3e éd., p. 391.) Il suit de là que le prêtre et la prêtresse dont il s'agit ici ont une situation qui les rapproche plus du flamine de Jupiter et de la flaminique de Junon à Rome, que du *flamen* ou de la *flaminica Augusti* municipaux; en un mot, que le flamine ou la flaminique *provinciæ* occupent un rang intermédiaire entre le prêtre ou la prêtresse de l'État Romain et ceux de la commune. « Concluant donc de la qualité du prêtre à celle de la divinité, écrit M. Mispoulet (*Nouv. Rev. hist.*, p. 356 *in fine*), il est permis de croire que le culte de Rome et d'Auguste imite celui de Jupiter, comme son prêtre rappelle le *flamen dialis*. » C'est même l'analogie frappante existant entre les deux cultes, qui permet de trancher une question discutée, et de décider, comme nous l'avons fait (voy. *supra*, sur la ligne 6), que la flaminique provinciale, ainsi que celle de Junon à Rome, était de plein droit la femme du flamine. — Notons enfin, au sujet de ces deux dispenses que nous révèle la ligne 7, que nous ne connaissons pas, en dehors du *flamen Dialis* et de la Vestale, de disposition légale ayant pour objet de soustraire d'autres prêtres au droit commun. — La ligne 8 accorde à la flaminique de la Narbonnaise une place à part aux spectacles; il en était de même de la Vestale (Cic., *Pro Murena*, XXXV; — Suet., *Aug.*, XLIV; — Arnob., IV, 35).

c. (?): lignes 9-16. — Ce chapitre est relatif aux honneurs décernés au flamine sortant. (Voy. la ligne 9, qui contient la rubrique de ce chapitre: *De*

lités requises chez les candidats.

---

honoribus ejus qui flamen fuerit.) — Tout d'abord, un flamine avait-il terminé son année d'exercice sans enfreindre la loi dans l'accomplissement de ses fonctions, son successeur demandait à l'assemblée provinciale de lui décerner certains honneurs, et, en premier lieu, une statue. Si, sur sa proposition, les membres du *concilium* la lui votent sous serment (*jurati*; — voy. lin. 10 et 11), et que l'Empereur n'y fasse pas opposition (lin. 13), — ce qui prouve, pour le dire en passant, que les décisions de l'assemblée provinciale, même dans une province du Sénat, étaient soumises à l'approbation impériale (comp. M. P. Guiraud, *Les assemblées prov. dans l'emp. rom.*, pp. 111 et suiv., et voy. MM. J.-B. Mispoulet, *Bull. crit.*, n° du 1er juillet 1888, p. 278, et P. Louis-Lucas, *Rec. gén. du Dr.*, op. et loc. inf. cill.: — comp. enfin, relativement au droit semblable de *cela* qui appartenait à Tibère vis-à-vis du Sénat de Rome, Tacit., *Ann.*, III, 51; — Suet., *Tib.*, LXXV; — Dio Cass., LVII, 20), — le flamine sortant était alors autorisé à faire exécuter la statue et à faire graver sur la base une inscription, dont la formule et les mentions uniformes étaient strictement fixées et déterminées d'avance par un règlement précis, afin d'éviter que la vanité de chacun pût se donner libre carrière. (Voy., sur ce point, M. Héron de Villefosse, *Bull. crit.*, n° du 15 mars 1888, p. 112.) Cette inscription devait contenir son nom, le nom de son père, l'indication de la cité à laquelle il appartenait et celle de l'année de son flaminat (lin. 12). Parmi les inscriptions de la Narbonnaise, qui mentionnent les flamines et les flaminiques (voy. E. Herzog, *Gall. Narb. hist.*, I, pp. 255 et suiv.; — Allmer, *Inscr. de Vienne*, I, 362-365; — Lebègue, *Inscr. de Narbonne*, n° 42; — C. I. L., t. XII, p. 522, col. 1 *in fine*, et *Index* X, p. 935, col. 1: mots *flamen* et *flaminica*; col. 2, *in init.*: mots *flamen provinciæ Narbonensis* et *flaminica provinciæ*), deux seulement ont été découvertes à Narbonne; mais, ne provenant pas de bases des statues décernées par le *concilium* de la province, elles ne peuvent servir à contrôler les renseignements contenus dans la ligne 12. Peut-être bien faut-il attribuer cette pénurie à l'incendie qui, au second siècle de notre ère, sous Antonin le Pieux, détruisit le temple (voy., dans les *Scriptores hist. Aug.*, *Vita Pii*, c. IX; — C. I. L., t. XII, n° 4312. — Sur la date de l'incendie, voy. Allmer, *Revue épigr.*, t. I, pp. 157 et suiv.; — Hirschfeld, *ibid.*, p. 176, et C. I. L., t. XII, p. 521, col. 2, et *ad* n° 1393, p. 510. — Comp. encore MM. E. Herzog, *Gall.*, *Narb. hist.*, I, p. 115 *in init.*, et II, n° 3, et G. Lacour-Gayet, op. cit., p. 162) et, avec lui, sans doute, les statues placées dans son enceinte. (Voy. Hirschfeld, C. I. L., t. XII, p. 521, col. 2, et *ad lin.* 12, 13, p. 861 *in init.*). Nous possédons, en revanche, un grand nombre de documents épigraphiques provenant des bases de statues élevées aux *flamines provinciæ* et à leurs femmes et trouvées à Tarraco; presque toutes, à ce qu'il semble, étaient placées dans l'enceinte du temple d'Auguste (comp. Hübner, C. I. L., t. II, p. 541); or, elles nous révèlent avec soin le nom du flamine, celui de son père, l'indication de sa cité, de son *origo*; seulement, elles restent muettes sur l'année du flaminat. Mais de ce silence il ne faut pas induire que cette indication était spéciale à la Narbonnaise: deux textes récemment découverts en Afrique, à Aïn-Lemsa (R. Cagnat, *Nouvelles explorations épigraphiques et archéologiques en Tunisie*, Paris, E. Leroux, 1887, p. 47, n° 10) et à Chemtou (*Revue de l'Afrique française*, 1887, 312), renferment, en effet, l'indication de l'année où le grand prêtre a exercé ses fonctions. Enfin, le flamine sortant, à qui la statue avait été décernée,

Si les magistrats des municipes ont, en général, été créés sur

avait le droit de la faire placer dans l'enceinte même du temple (lin. 13). — (Si l'on admet la restitution des lignes 10 et 11 proposé par le *C. I. L.*, t. XII, p. 861 *, il en résulte que le vote de la statue en l'honneur de l'ex-flamine aurait été émis par les décurions de Narbonne et non par l'assemblée provinciale ; mais cette opinion ne nous paraît pas exacte ; voy. notre Étude, dans la *Rev. gén. du Dr.*, *op. et loc. inf. citt.*, et M. J.-B. Mispoulet, *Bull. crit.*, n° du 1er juillet 1883, pp. 257 et suiv.) — En second lieu, la ligne 14 contient des mentions qui semblent se rapporter au rang réservé à l'ancien flamine dans la curie de sa cité et dans l'assemblée provinciale de la Narbonnaise. Il y est dit, tout d'abord, que le flamine sorti de charge aura le droit de siéger dans la curie de sa cité parmi ceux de son ordre, c'est-à-dire parmi les *sacerdotales* ou les *flaminales* (sur cette dénomination, voy. M. P. Guiraud, *Les assemblées proc. dans l'emp. rom.*, p. 96), ce qui n'est que naturel, puisque l'ancien *flamen*, étant *omnibus honoribus functus*, se trouvait toujours, à ce titre, membre de droit du sénat de sa cité. Au IVe siècle de notre ère, la curie de la colonie de Thamugas (aujourd'hui Timgad) nous fournit une application de ce règlement : dans l'*album* de ses décurions, nous y voyons les *sacerdotales* occuper le premier rang, ce qui revient à dire qu'ils figurent en tête des décurions effectifs et immédiatement après les patrons. (Voy. *Ephem. epigr.*, vol. III, fascic. I, 1876, pp. 77 et suiv., et *C. I. L.*, t. VIII, 1, n° 2403.) — La même ligne 14 ajoute que le flamine sorti de charge continue à faire partie du *concilium* de la Narbonnaise : il aura le droit, porte-t-elle, de siéger dans la curie de sa cité et dans l'assemblée de la province parmi les anciens flamines conformément à la loi, et la ligne 15 lui reconnaît un double droit, le *jus sententiæ dicendæ* et le *jus signandi*, c'est-à-dire le droit d'y exprimer son avis et d'apposer son cachet dans l'ordre qui lui est assigné par la loi, autrement dit dans l'ordre hiérarchique où il exerçait son *jus sententiæ*. D'après M. Mommsen (*C. I. L.*, t. XII, p. 861 *, *ad lin.* 14), la disposition par laquelle le *jus sententiæ dicendæ* est accordé à tout ancien flamine dans la curie de sa cité, serait commune au *concilium provinciæ*, de telle sorte que, dans le but d'éviter une répétition, les mots *inter sui ordinis secundum legem homines* ou *honoratos*, ou encore *flamonio functos* : M. Mispoulet, *Bull. crit.*, n° du 15 mai 1883, p. 191, et n° du 1er juillet, pp. 258 et suiv. ; — ou *quot annis in id legendæ* : M. Hirschfeld, *C. I. L.*, *ubi supra* ; — ou [illegible] *secundum eum honore functos* : M. Mommsen, *C. I. L.*, *eod.*), qui terminent ce qui nous reste de la ligne 14, s'appliqueraient tant à la curie qu'au *concilium*. Il en résulterait que l'assemblée provinciale aurait été comme la réunion de toutes les curies, et que tous les décurions de toutes les cités de la province y auraient joui du *jus sententiæ dicendæ*, ce qui, ajoute l'éminent épigraphiste, cessera de surprendre ceux qui se rappellent que ces *concilia* provinciaux étaient organisés à l'image du régime municipal. (Comp., à cet égard, MM. P. Guiraud, *Les assemblées proc. dans l'emp. rom.*, pp. 61 et suiv., et P. Louis-Lucas, *op. et loc. inf. citt.*) — Ce qu'il y a de certain, c'est que la disposition de la ligne 14 est toute nouvelle pour nous, lorsqu'elle nous apprend que les anciens flamines (*sacerdotales* ou *flaminales*) occupaient, dans le *concilium provinciæ*, un rang à part, qui ne pourrait évidemment être que le premier. Leur situation se trouvait ainsi analogue à celle des *consulares* du Sénat romain, et, comme ceux-ci, c'était par le rang d'ancienneté qu'ils devaient être classés entre eux.

le modèle des magistrats patriciens de l'ancienne Rome, le cé-

Il s'ensuit que les flamines sortis de charge prenaient, dans l'assemblée provinciale, exactement le même rang que dans leur curie, c'est-à-dire qu'ils venaient en tête de la liste. (Voy. M. J.-B. Mispoulet, *Bull. critiq.*, n° du 15 mai 1888, p. 192, et n° du 1er juillet, p. 258 *in fine*.) Suivant M. Mommsen, au contraire, l'ancien *flamen* provincial se trouvait mis, dans la curie de sa cité, sur un pied de complète égalité avec ceux qui, dans cette cité, avaient été revêtus de la plus haute dignité, quel que fût le nom donné à ces magistrats par la loi locale, *duovirales, quattuorvirales*, ou toute autre dénomination. (Cf. Ulpian., L. 1 pr., *De alb. scrib.*, D., L, 3.) Et il en était de même, à ses yeux, relativement au *concilium* de la province, à supposer toutefois que ceux qui avaient exercé la magistrature suprême dans leur cité y constituassent l'ordre le plus élevé. (Voy. M. Th. Mommsen, *C. I. L.*, t. XII, p. 861, *ad lin.* 11.—Voy., à cet égard, M. P. Louis-Lucas, *op. et loc. inf. citt.*)—Le texte ajoute (lin. 15) que les *flaminales* avaient le droit d'opiner (*jus sententiæ dicendæ*) les premiers, et le *jus signandi*. En ce qui concerne le *jus sententiæ dicendæ*, on le retrouve dans toutes les assemblées délibérantes des Romains. Mais, quant au *jus signandi*, qui semble être un corollaire du *jus sententiæ dicendæ*, c'est la première fois qu'il apparaît ici à titre de droit honorifique. Selon M. Mispoulet (*Bull. crit.*, pp. 192 et suiv., et p. 259; *Nouv. Rec. hist.*, p. 358), il s'agirait du droit honorifique d'apposer son cachet, *signare*. (Voy. sur le sens de ce mot : Paul., L. 6, *De rei vind.*, D., VI, 1; — Ulpian., L. 19 pr., *De auro argento*, etc., *leg.*, D., XXXIV, 2; — cf. *lex Rubr. Gall. Cisalp.*, 11.2 et 25, *C. I. L.*, t. I, n° 205, pp. 116 et 117=Bruns, *Fontes*, ed. 5ª, p. 97 *in fine* et p. 98 *in fine*.—Voy. aussi H. E. Dirksen, *Manuale latinit. font. jur. civ. Roman.*, mots *Signare* et *Signatus*, p. 887, et M. Heumann, *Handlexikon zu den Quellen des röm. Rechts*, Iéna, 1884, mot *Signare*, p. 519, col. 1.) Or, dans aucun acte public (lois, sénatus-consultes, décrets des décurions), nous ne trouvons la moindre trace de l'emploi des cachets, pas plus que de la signature. (Voy. Bruns, *Die Unterschriften in den römischen Rechtsurkunden*, Berlin, 1876.) Aussi cet auteur en conclut-il que ce *jus signandi*, consistant dans le droit honorifique d'apposer son sceau dans un ordre hiérarchique sur les expéditions des délibérations de l'assemblée provinciale, était d'une application rare; pour lui, « elle était limitée aux actes de l'assemblée provinciale; ces actes devant, selon toute vraisemblance, être adressés à l'Empereur (et au Sénat), on comprend qu'on les ait envoyés authentiqués sous cette forme nouvelle. » — M. Mommsen, au contraire, écrit à ce sujet (*C. I. L.*, t. XII, p. 861, *ad lin.* 15) : « Signare cum de obsignatione hoc loco accipi nequeat (neque enim ullum in obsignandis instrumentis decurionum privilegium usquam memoratur), equidem crediderim id accipiendum esse de sententia lata per tabellam aliquo modo scilicet signatam. Nam in re municipali tabellam ea ætate usurpatam esse lex Iulia municipalis docuit (cf. *lex Malacit.*, c. LII; *C. I. L.*, t. II, n° 1964, p. 256, et Bruns, *Fontes*, ed. 5ª, p. 141; voy. aussi c. LV), et rectius multo ea significatur signandi vocabulo quam eo quod postea obtinuit sententiæ ferendæ. » (Voy., sur ce point, M. P. Louis-Lucas, *op. et loc. inf. citt.*)—Les diverses prérogatives dont il vient d'être question appartenaient *ipso jure* aux anciens flamines, pense M. Mispoulet (*Bull. crit.*, n° du 15 mai 1888, p. 193, et *Nouv. Rec. hist.*, p. 358), c'est-à-dire une fois pour toutes, et sans qu'ils fussent envoyés de nouveau à l'assemblée provinciale par leur cité en qualité de députés (*legati*). — Enfin, en troisième et dernier lieu, la suite de la ligne 15 et la li-

rémonial extérieur qui les entoure présente aussi quelque

gne 16 nous disent que le *flamen* sorti de charge pouvait assister à tout spectacle public donné dans la province, revêtu de la robe prétexte. (Sur la *prætexta* du *flamen Dialis* à Rome, voy. Tit. Liv., XXVII, 8, 8; — Servius, *Ad Æneid.*, VIII, 552. — Sur la *prætexta* portée par les autres prêtres dans les jeux, voy. *lex col. Genet.*, c. LXVI, et Mommsen, *Staatsrecht*, t. I, 3ᵉ éd., pp. 421 et suiv., et p. 137. — Ce passage de notre inscription confirme l'opinion déjà exprimée par M. Mommsen, *Ephem. epigr.*, t. III, pp. 99 *in fine* et suiv., et d'après laquelle les prêtres, même sortis de charge, avaient, comme les magistrats honoraires eux-mêmes, le droit de porter la prétexte dans les jeux.) Et la ligne 16 ajoute qu'à certains anniversaires correspondant aux jours des sacrifices accomplis par lui (probablement ceux faits au nom de la province : comp. l'inscription de C. Batonius Primus, Herzog, *Gall. Narb. hist.*, II, n° 1 = *C. I. L.*, t. XII, n° 4323), il pouvait paraître en public revêtu d'une robe de pourpre. Tel est du moins le sens qui se dégage sans effort de cette ligne 16, si l'on restitue le dernier mot PV par *pu(rpurea)*, restitution qui est d'autant plus admissible, que Tertullien (*De idol.*, XVIII) nous apprend que, dans les cérémonies, le grand prêtre de la province d'Afrique s'avançait en tête du cortège vêtu d'une robe de pourpre, et que la ligne 6 de notre inscription (voy. *supra*) a déjà attribué le même costume à la *flaminica*. (Voy., en ce sens, MM. H. de Villefosse, *Bull. critiq.*, n° du 15 mars 1888, pp. 113 et 115; — J.-B. Mispoulet, *ead.*, n° du 15 mai, pp. 186 et 193, et *Nouv. Rer. hist.*, p. 359.) MM. Hirschfeld et Mommsen (*C. I. L.*, t. XII, p. 868) restituent, au contraire, par *pu(blice)*, ce qui signifie alors que les *flaminales* auraient eu le droit de paraître en public avec la prétexte aux jours anniversaires des sacrifices accomplis par eux pendant l'exercice de leurs fonctions. — Remarquons, en terminant sur ce paragraphe, que, s'il reste absolument muet sur la flaminique, cela tient sans doute à ce qu'il s'agit ici de prérogatives d'ordre principalement politique, et qui, comme telles, ne pouvaient pas lui appartenir. Il est vrai que cette observation ne s'applique pas au droit de prendre part aux spectacles publics de la province : mais la ligne 8 l'avait probablement concédé une fois pour toutes à la *flaminica*. (Voy. M. J.-B. Mispoulet, *Bull. crit.*, n° du 15 mai 1888, p. 193, texte et note 2.)

e. (?) : lignes 17-21. — D'après M. H. de Villefosse (*Bull. crit.*, n° du 15 mars 1888, p. 113), ce chapitre indique les mesures à prendre pour l'accomplissement des cérémonies religieuses dans le cas où le flamine a quitté la ville, sans que son successeur ait été désigné. Suivant M. Mispoulet (*Bull. critiq.*, pp. 193 et suiv., et *Nouv. Rer. hist.*, p. 358 : comp. *Bull. crit.*, p. 259), il y serait plutôt question de la cessation des fonctions du flamine en exercice, par suite de décès, de déchéance, etc., avant que son successeur n'ait été légalement désigné par l'assemblée provinciale. (Comp. le Décret de Pise, *C. I. L.*, t. XI, 1, n° 1421, lin. 5 et 6.) « Mon interprétation, écrit-il (*Bull. critiq.*, p. 193), est confirmée par l'emploi du mot *subrogatus* (voy. la ligne 18), qui, dans la langue du droit public romain, signifie invariablement le remplacement légal par les comices d'un magistrat qui a cessé d'être en fonctions avant le terme légal. (Voy. notamment, *lex col. Genet.*, c. CI [Bruns, *Fontes*, éd. 5ᵃ, p. 129]: *Quicumque comitia ma(g)istrat(ib)us creundis subrogandis habebit*, etc.) [Voy. aussi *lex Julia municip.*, lin. 90; *C. I. L.*, t. I, n° 206, p. 122 = Bruns, *Fontes*, éd.

analogie avec celui des dignités curules romaines. Les magis-

---

5°, p. 107.] S'il est question, ajoute-t-il, de *subroger* quelqu'un au flamine, c'est donc qu'il est, non pas absent, mais hors fonctions. » — Étant donné, d'ailleurs, — notre inscription en fait foi à maintes reprises, — que le *flamen provinciæ Narbonensis* a été créé sur le modèle du *flamen Dialis* de Rome, n'est-il pas difficile de supposer qu'il puisse quitter la ville ? On sait, en effet, que, sous la République, le grand prêtre de Jupiter ne pouvait pas passer une seule nuit hors de sa maison (Tit. Liv., V, 52. — Voy. J. Ambrosch, *Quæstionum pontificalium*, II. Vratislav., 1851, note 41), et que, sous l'Empire, il lui était interdit de s'en éloigner plus de deux nuits, et encore à la double condition que cette absence ne se renouvelât pas plus de deux fois dans la même année et eût été autorisée par le *Pontifex Maximus* (Tacit., *Ann.*, III, 71; — Aul. Gell., X. 15, 14). Si donc le flamine provincial de la Narbonnaise avait quitté Narbonne, où il exerçait évidemment sa fonction au nom de la province, puisque c'était à Narbonne que se trouvait le temple auquel il était attaché et que c'était là, en conséquence, qu'il résidait, il aurait gravement manqué à ses devoirs et aurait été frappé de destitution. (Comp. M. Mommsen, *C. I. L.*, t. XII, p. 851 °, *ad lin.* 17. 18.) — Dans le cas où le poste de flamine est, pour une cause quelconque, devenu vacant, s'il n'y a pas de successeur désigné, notre loi (lin. 18-21) charge une certaine personne, qu'elle ne nous fait malheureusement pas connaître (voy., à ce sujet, MM. J.-B. Mispoulet, *Bull. crit.*, pp. 198, et 250 *in fine* et suiv., et P. Louis-Lucas, *op. et loc. inf. cill.*) de remplacer le *flamen* dans le délai de trois jours, délai qui partira du moment où celle-ci connaissant la vacance aura pu remplir sa mission. Pendant la partie de l'année où il exercera ses fonctions, et procédera à sa place à l'exercice du culte dans la cité de Narbonne, ce remplaçant aura même situation et mêmes droits que les flamines annuels et il jouira des prérogatives appartenant au *flamen Augusti* ou *Augustalis*. — Observons, à ce propos, que la ligne 20 (voy. aussi la ligne 12) confirme pleinement la solution proposée par M. Hirschfeld et par Marquardt (voy. p. 215, note 4, *supra*), sur la durée annale du sacerdoce exercé par le *flamen provinciæ*. Peut-être le flaminat ne fut-il déclaré annuel qu'en tant qu'il avait trait au culte rendu aux *Augusti* par les provinces. En effet, les flamines provinciaux étant élus par toutes les cités pour exercer le culte dans la capitale de la province, si ce flaminat eût été perpétuel, c'est-à-dire à vie, il en serait résulté que la cité particulière de ceux qui en étaient revêtus en aurait été privée pendant toute la durée de leur existence, puisque les *flamines* étaient des prêtres sacrificateurs, dont chacun se trouvait attaché au service d'une divinité spéciale et qui, par conséquent, ne formaient pas entre eux un collège, comme les Arvales, par exemple (Cic., *De leg.*, II. 8, 20; — Varro, *De ling. lat.* V, 84. — Comp. Mommsen. sur Borghesi, *Œuvres*, t. V, p. 201, note 6) : il suit de là que le flaminat ne pouvait pas être exercé à tour de rôle par des collègues. (Voy., à cet égard, M. Th. Mommsen, *C. I. L.*, t. XII, p. 851 °, *ad lin.* 20.) — Remarquons enfin que, si la restitution de la fin de la ligne 20, telle que la proposent M. Mispoulet [.... *dum non minus quam dies*] (*Bull. critiq.*, n° du 15 mai 1883, p. 186. et *Nouv. Rev. hist.*, p. 270), ou MM. Hirschfeld et Mommsen [.... *eique si ea fecerit per dies non minus*] (*C. I. L.*, t. XII, p. 851 °), est certaine, elle permet de conjecturer que le suppléant du *flamen* avait aussi à sa sortie de charge les

trats (1) et les prêtres (2)* paraissent, dans leur ressort, revê-

mêmes prérogatives que le flamine annuel, mais que l'on devait exiger que
ses fonctions eussent duré un certain temps, et que peut-être le chif-
fre XXX, qui suit immédiatement et commence la ligne 21, était le mini-
mum de jours exigé à cet égard. (Voy. M. J.-B. Mispoulet, *Bull. crit.*, *ubi
supra*, p. 195.)

c. (?) : lignes 22-24. — Ce chapitre, très court, fixe le lieu où doit se
réunir le *concilium* de la province Narbonnaise, pour pouvoir prendre des
décisions valables. Ce lieu était très vraisemblablement le temple provincial
de Rome et d'Auguste à Narbonne, lequel, d'après M. H. de Villefosse
(*Bull. critiq.*, n° du 15 mars 1888, p. 112), paraît avoir été situé dans cette
ville, à l'endroit où se trouve aujourd'hui la butte des Moulinasses. (Voy.
Bulletin archéologique du Comité des travaux historiques, 1884, pp. 376-379,
avec trois plans exécutés par M. Berthomieu ; — comp. Allmer, *Revue épigraphique du Midi*, n° 183. Voy. aussi M. O. Hirschfeld, dans le *C.I.L.*, t.
XII, p. 522, note 1, et sous le n° 4333, p. 510 *in fine*.)

c. (?) : lignes 25-30. — Ce dernier (?) chapitre semble se rapporter aux
fonds de la caisse provinciale, dont le flamine avait la disposition, et à la
reddition des comptes. Il y est question des statues de l'Empereur ; le Gouverneur de la province y est également mentionné. Il réglait, à n'en pas
douter, les attributions financières du *flamen*, ses rapports avec le Gouverneur de la province et un personnage auquel il devait rendre compte en sortant de charge. Il était donc fort important : malheureusement, le sujet seul
nous en est connu. — (Sur la ligne 26, comp. *lex col. Genet.*, c. LXV, et spécialement c. LXXII.) — (Consulter, sur tout ce qui précède : MM. Ant. Héron de Villefosse, *Fragment d'une plaque de bronze découverte à Narbonne*,
dans le *Bulletin critique*, n° du 15 mars 1888, *Variétés*, pp. 110 et suiv. ; —
J.-B. Mispoulet, *Mémoire* communiqué à l'*Académie des Inscr. et Bell.-Lett.*,
le 1 mai 1888, et publié dans le *Bulletin critique*, n° du 15 mai 1888, *Variétés*,
pp. 183 et suiv., et en abrégé dans la *Nouv. Rev. hist. de dr. fr. et étr.*, 1888,
n° de mai-juin, *Variétés*, pp. 253 et suiv., sous le double titre de : *La plaque
de bronze de Narbonne* et *La plaque de bronze trouvée à Narbonne* ; le même :
La plaque de bronze de Narbonne et le Corpus, dans le *Bulletin critique*, n° du
1er juillet 1888, *Variétés*, pp. 253 et suiv. ; — Paul Guiraud, *Mémoire* lu le
12 mai 1888 à l'*Académie des sciences morales et politiq.*, et intitulé : *Un document nouveau sur les assemblées provinciales de l'empire romain*. — *La plaque
de bronze de Narbonne* ; voy. le compte-rendu de M. Ch. Seignobos, dans
le *Journal officiel* du 17 mai 1888, pp. 2039, col. 3, et suiv. ; — Hirschfeld et
Mommsen, *C. I. L.*, t. XII, pp. 864 et 864* ; — Allmer *Revue épigraphique
du Midi de la France*, n° de janvier, février, mars 1888, pp. 314 et suiv. —
Enfin, la *Revue générale du Droit* publiera cette année sur l'inscription de
Narbonne, dont l'analyse précède, un travail plus développé de M. P. Louis-
Lucas, sous le titre de *Le Flamen et la Flaminica provinciæ Narbonensis*,
d'après la plaque de bronze découverte à Narbonne au mois de février 1888.) —
P. L.-L. ; Dijon, 24 juillet 1888.]

(1) Tit. Liv., XXXIV : 3 « *Magistratibus in coloniis municipiisque, hic Rom.
infimo generi magistris vicorum togæ prætextæ habendæ jus est, nec ut viri solum habeant tantum insigne, sed etiam ut cum eo crementur mortui* ; — *Lex
col. Genet.*, c. LXII. — [Consulter sur ce sujet, indépendamment des auteurs

*Voy. cette note à la page suivante, où elle a dû être reportée.

tus de la *prætexta*; les *pontifices*, avec l'*apex* (1); les *duoviri*, précédés de deux licteurs (2), portant des *fasces*. Ces *fasces* se distinguent des *fasces* romains, non seulement en ce qu'ils ne sont pas surmontés d'une hache (3) — en effet, tout au moins vers la fin de l'Empire, les magistrats municipaux n'ont pas l'*imperium* (4), — mais probablement aussi par leur forme : c'est pourquoi on les appelle encore *virgæ* (5) ou *bacilli* (6); ils appartiennent également à tous les magistrats (7), aux *IIviri* (8),

---

sus-indiqués, M. G. Bloch, *De decretis functorum magistratuum ornamentis.* — *De decreta adlectione in ordines functorum magistratuum usque ad mutatam Diocletiani temporibus rem publicam*, Thèse de Doct., Faculté des Lettres de Paris, Lutetiæ Parisiorum. 1883.]

(2)* Pacatus, *Paneg.*, XXXVII, 4 : *Conspicuos veste nivea senatores, reverendos municipali purpura flamines, insignes apicibus sacerdotes.* — [Cf. Minucius Felix, *Octav.*, c. VIII : *honores et purpuras despiciunt.*]

(1) A Rome, les *flamines* et les *pontifices* portaient l'*apex*. — Voy. Marquardt, *Staatsverwaltung*, t. III, pp. 216. 239 [voy. p. 240, note 4, *supra*]. — [Voy. aussi les autorités précitées.]

(2) La *lex colon. Genet.*, c. LXII, atteste ce nombre de deux. Comp. Cic., *De leg. agrar.*, II, 34, 93 : *Deinde anteibant lictores, non cum bacillis, sed ut hic prætoribus anteeunt, cum fascibus duobus.* On trouve très fréquemment mentionnés et représentés les *fasces*. Il en est encore fait mention au *Code Théodosien*, Const. 171, *De decurion.*, XII, 1 = Const. 53, *h. t.*, C. Just., X, 32 [31] : *Duumvirum impune non liceat extollere potestatem fascium extra metas territorii propriæ civitatis.*

(3) Voy. Mommsen, *Staatsrecht*, t. I, 2ᵉ éd., p. 357, note 3. [La traduction fr. de cette partie du 1ᵉʳ volume, par M. P. F. Girard, n'a pas encore paru. — Il en a été publié une 3ᵉ éd. allemande à Leipzig en 1887.]

(4) Voy. ci-dessus, p. 212.

(5) Apuleius, *Metam.*, I, 24.

(6) Cic., *De leg. agrar.*, II, 34, 93. — Cf. Cic., *Ad Att.*, XI, 6, 2.

(7) Voy. Borghesi, dans Cavedoni, *Marmi Modenesi*, p. 302.

(8) C'est à un *IIvir* de Lambæsis, en Numidie, que se réfère l'inscription rapportée par Henzen, n° 5158ᵇ = Renier, *Inscr. de l'Algérie*, n° 93 [= C. I. L., t. VIII, 1, n° 2662] :

> Hanc aram Nymphis extruxi (exstruxi) nomine Lætus,
> Cum gererem fasces patriæ rumore secundo.
> Plus tamen est mihi gratus honos, quod fascibus annus
> Is nostri datus est, quo (quod) sancto nomine dicas
> Lambæsem largo perfudit flumine Nympha.

Un *lictor duumviralis* à Capoue est mentionné dans l'inscription n° 7134 de Henzen [= C. I. L., t. X, 1, n° 3930], et Martial (VIII, 72) dit d'Artanus, *IIvir* de Narbonne :

> Quem pulcherrima jam redire Narbo
> Ad leges jubet annuosque fasces.

IIIIviri (1), *quinquennales* (2), *ædiles* (3), et même aux *VIviri Augustales* (4), auxquels je reviendrai plus loin. Les *duumviri* et les *ædiles* ont, dans la *colonia Genetiva*, le privilège de se faire éclairer avec des torches, lorsqu'ils sortent la nuit (5), privilège qui était pareillement accordé à Rome aux fonctionnaires (6); mais, partout, ils occupent (7), ainsi d'ailleurs que les prêtres (8), la *sella curulis*; les Augustales (9)

Sella curulis.

---

(1) Sur le monument d'un *IIIIvir* d'Apulum, en Dacie (C. *I. L.*, t. III, 1, n° 1033), deux licteurs avec les *fasces* sont placés à côté de l'inscription.

(2) Apuleius, *Metam.*, X, 18 : *Oriundus patria Corintho, quod caput est totius Achaiæ provinciæ, — — gradatim permensis honoribus quinquennali magistratui fuerat destinatus, et ut splendori capessendorum responderet fascium, munus gladiatorium tridvani spectaculi pollicitus, latius munificentiam suam porrigebat.*

(3) Apulei., *Metam.*, I, 24.

(4) Petron., c. XXX. LXV. — Sur les monuments épigraphiques des *Augustales* sont représentés un *lictor* (C. *I. L.*, t. V, 1, n° 4482), deux *fasces* (*ibid.*, 2, n°° 5360. 6117), même avec haches (*ibid.*, 2, n° 6787), six *fasces* (*ibid.*, 1, n° 3295), et même avec haches (*ibid.*, 2, n°7031). A Pompéi, un *Magister pagi* a deux *fasces* avec haches (Mommsen, *I. R. N.*, n° 2355 [= C. *I. L.*, t. X, 1, n° 1012]). Mais ces figures sont probablement symboliques : car, lorsque, dans Pétrone (c. LXII), l'Augustalis Habinnas paraît précédé d'un licteur, et que chacun croit que c'est un préteur qui s'avance, l'un des hôtes dit : *Contine te, homo stultissime. Habinnas sevir est idemque lapidarius, qui videtur monumenta optime facere.* Je crois donc que les six *fasces* ne sont également qu'un symbole du *IIviratus*, et que, quant aux haches, elles n'ont pareillement qu'un caractère artistique, sans avoir rien de conforme à la réalité. Un *IIvir Augustalis* ne peut pas avoir eu plus de deux licteurs, puisque le *IIvir* n'en avait que deux; il est vraisemblable qu'il n'en a qu'un. — [Comp. les autorités citées *infra*, à propos des *Augustales*.]

(5) *Lex col. Genet.*, c. LXII : *IIviris ædilibusque, dum eum magistratum habebunt, togas prætextas funalia cereos habere ius potestasque esto.*

(6) Voy. Mommsen, *Staatsrecht*, t. I, 2° éd., pp. 403 et suiv. [voy. p. 251, note 3, *supra*].

(7) Voy. les preuves dans Mommsen, *Staatsrecht*, t. I, 2° éd., p. 383, note 1; p. 383, note 1 [voy. p. 251, note 3, *supra*], et une réunion de monuments, sur lesquels cette *sella* est figurée, dans Conze, *Denkschriften der Wiener Akademie. Phil. Hist. Classe*, t. XXVI, 1877, pp. 196 et suiv.; planches 14. 15.

(8) On la trouve parmi les insignes du *pontifex* (Orelli-Henzen, n° 5957 [= C. *I. L.*, t. IX, n° 1163]).

(9) D'ordinaire, l'*honor biselli* est accordé par les décurions aux Augustales (Mommsen, *I. R. N.*, n°° 331. 2312. 2316. 4040. 4943. 5211. 6012 [= C. *I. L.*, t. X, 1 : n°° 141. 1026. 1030. 4760; — t. IX : n°° 2473. 711. 3524]), rarement à d'autres personnes, qui ne sont pas désignées comme Augustales (Orelli, n° 4043 [= C. *I. L.*, t. XI, 1, n° 1144]), notamment à un *patronus* (Orelli-Henzen, n° 7176 [= C. *I. L.*, t. IX, n° 3436]) et à un *vir egregius* (Mommsen, *I. R. N.*, n° 7234 [= C. *I. L.*, t. X, 1, n° 5349]).

ont même, à titre de distinction particulière, un siège large, suffisant pour deux personnes, *bisellium* (1), d'où ils assistent à tous les spectacles (2), et dont ils prennent le nom de *biselliarius* (3). Les magistrats d'ordre judiciaire disent le droit du haut d'un *tribunal* (4) et ont sous leurs ordres un nombreux personnel subalterne. Dans la *colonia Genetiva*, chaque *duovir* a deux *lictores*, un *accensus*, deux *scribæ*, deux *viatores*, un *librarius*, un *præco*, un *haruspex*, un *tibicen*; chaque *ædilis* a un greffier, quatre *servi publici*, un *præco*, un *haruspex* et un *tibicen* (5); ailleurs, on rencontre des *apparitores*, des *arcarii*, des *commentarienses*, des *librarii*, des *lictores*, des *præcones*, des *scribæ*, des *tabellarii*, des *viatores* (6), des dis-

Bisellium

Tribunal
Personnel de
service.

---

(1) On rencontre déjà le mot dans Varron (*De ling. lat.*, V, 128). On trouve souvent figurés des *bisellia* (voy. *C. I. L.*, t. V, 2, nos 5860. 6117. 6786. 6896). Plusieurs ont été découverts à Pompéi (voy. Overbeck, *Pompeii* 3e éd., 1875, p. 377). — [Sur le *bisellium*, voy. M. Edm. Saglio, dans le *Dict. des Antiq. grecq. et rom.*, de MM. Daremberg et Saglio, 5e fascic., Paris, 1877, à ce mot, t. I, p. 712, col. 2.]

(2) Orelli, n° 4046 [= Wilmanns, *Exempla*, t. II, n° 2079 = *C. I. L.*, t. XI, 1, n° 3805] : ...... *placuit universis — — permitti C. Iulio Divi Augusti l(iberto) Gelóti, — — ut Augustalium numeró habeatur æque ac si eó honóre usus sit, liceatque ei omnibus spectáculis múnicipio nostro bisellio proprio inter Augustáles considere.....*

(3) Mommsen, *I. R. N.*, nos 1955. 4889 [= *C. I. L.*, t. X, 1, n° 1217; t. IX, n° 2249]. — [Voy. aussi M. Edm. Saglio, *ubi supra.*]

(4) Il est fait mention de ce *tribunal* à Bénévent (Mommsen, *I. R. N.*, n° 1502 [= *C. I. L.*, t. IX, n° 1783]), à Rusicade (Henzen, n° 6956 = Renier, n° 2169 [= *C. I. L.*, t. VIII, 1, n° 7986]), à Auzia, en Numidie (Renier, n° 3575 [= *C. I. L.*, t. VIII, 2, n° 9065]). Dans l'inscription d'Ostia (Orelli, • 3882 [= Wilmanns, *Exempla*, t. II, n° 1724 = *C. I. L.*, t. XIV, n° 375, et *Additam.*, p. 482, col. 2 *in init.*]), ce n'est pas du *tribunal* du questeur municipal d'Ostie qu'il est question, mais bien de celui du questeur romain, qui résidait à Ostia depuis 497 = 267. — Voy. Mommsen, *Epigraphische Analecten*, n° 5, p. 291. — [Sur Ostia, voy. M. H. Dessau, *C. I. L.*, t. XIV, pp. 1 et suiv.]

(5) *Lex col. Genet.*, c. LXII. — [Sur l'*accensus*, comp. M. Edm. Saglio, dans le *Dict. des Antiq. grecq. et rom.*, de MM. Daremberg et Saglio, mot *Accensi*, 1er fascic., 2e éd., Paris, 1873, t. I, p. 17.]

(6) Voy. Henzen, *Inscr.*, *Index* IX, p. 164. — [Voy. aussi Wilmanns, *Exempla*, t. II, p. 638, 6; — *C. I. L.*, *Indices*, VI, B, et XI, D.] — [Sur les *Apparitores*, les *Arcarii* et les *Commentarienses*, voy., en dehors des ouvrages généraux sus-mentionnés, MM. G. Humbert et H. Thédenat, dans le *Dict. des Antiq. grecq. et rom.*, de MM. Daremberg et Saglio, à ces mots : 3e et 9e fascic., Paris, 1875 et 1884, t. I, pp. 327 *in fine* et suiv.; 367, col. 2; 1402, col. 2.]

punctores, c'est-à-dire des contrôleurs de comptabilité (1).

Candidature.   Relativement aux candidatures, les lois romaines sur l'*ambitus* étaient encore en vigueur dans les municipes, au commencement du troisième siècle de l'ère chrétienne (2), et la *lex coloniæ Genetivæ* (c. CXXXII) interdit au candidat (*petitor candidatus*) de distribuer des présents ou d'offrir des festins au peuple, et même de réunir plus de neuf personnes à sa table, dans l'année de sa candidature. On voit que, dans les premiers siècles de l'Empire, les fonctions communales étaient regardées comme un honneur très recherché. Et, en effet, elles donnaient beaucoup d'influence et de considération : aussi leur acquisition était-elle partout subordonnée à certaines conditions, dont le magistrat présidant à l'élection devait surveiller l'observation.

(1) Voy. Mommsen, *C. I. L.*, t. III, 2, p. 1030, sur le n° 2026 ; — Wilmanns [*Exempla*, t. II], sur le n° 2100 [= *C. I. L.*, t. VIII, 2, n° 9699].— [Voy. un autre exemple épigraphique de *dispunctor* au *C. I. L.*, t. VIII, 2, n° 9020. — Les mentions de ce genre sont assez rares dans les inscriptions ; voy., toutefois, pour l'Afrique, en dehors des deux exemples précités, *C. I. L.*, t. VIII, 2, les renvois de l'*Index XI*, C, p. 1101, col. 1, *h. v.*]

(2) L. unic., pr. et § 1, *De lege Julia ambitus*, D., XLVIII, 14 ; Modestinus, *libro secundo de pœnis : Hæc lex in urbe hodie cessat, quia ad curam principis magistratuum creatio pertinet, non ad populi favorem. § 1. Quod si in municipio contra hanc legem magistratum aut sacerdotium quis petierit, per senatus consultum centum aureis cum infamia punitur.* — Le livre de Modestin *De pœnis* a été écrit vers l'an 217 de notre ère (voy. Fitting, *Ueber das Alter der Schriften Römischer Iuristen*, Basel, 1860, in-8, p. 54 ; [comp. John Roby, *An Introduction to the Study of Iustinian's Digest*, London, 1885 ; cette monographie a été traduite de l'anglais en italien, par M. Giovanni Pacchioni, avec préface de M. Pietro Cogliolo, sous le titre *Introduzione allo studio del Digesto Giustinianeo*, Firenze, 1891 ; voy. pp. 219 et suiv. de cette traduction]. — [Sur l'*ambitus*, voy. MM. G. Humbert, dans le *Dict. des antiq. grecq. et rom.*, de MM. Daremberg et Saglio, 2° fascic., Paris, 1873, à ce mot, II, t. I, pp. 223 et suiv., et *Essai sur les finances et la comptabilité publique chez les Romains*, Paris, 1887, t. II, pp. 158 et suiv. ; — P. Louis-Lucas, *Étude sur la vénalité des charges et fonctions publiques et sur celle des offices ministériels depuis l'antiq. rom. jusqu'à nos jours*, Paris, 1882, t. I, pp. 214-211, notes 17 et suiv., *passim*. Voy. aussi, sur les manœuvres électorales, P. Willems, *Les élections municipales à Pompéi*, Paris, 1887, in-8, et G. Egelhaaf, *Gemeindewahlen in Pompeji*, dans la *Deutsche Rundschau*, 1887, n° 7, pp. 110-119.] — [Comp., sur ce qui va suivre, Otto Karlowa, *Röm. Rechtsgesch.*, t. I, Leipzig, 1885, § 77, pp. 593 et suiv., ainsi que les ouvrages d'ensemble susmentionnés, et, en particulier, ceux de MM. Willems, Mispoulet, Bouché-Leclercq et Ernst Herzog.]

Qualités requises chez les fonctionnaires.

En règle générale, la loi municipale soumettait tout candidat à cinq conditions (1), qui étaient précisément celles exigées pour la décurionat : ce qui se comprend, puisque les magistratures donnent entrée au Sénat (2). Ces conditions sont les suivantes :

1° Être né libre (*ingenuus*) (3) ;

2° N'avoir subi aucune condamnation criminelle (4) et

---

(1) Voy. Mommsen, *Stadtrechte*, pp. 416 et suiv.

(2) *Lex Julia municipalis*, lin. 135 ; — *Lex col. Genet.*, c. CI : *Quicunque comitia magistratibus creandis subrogandis habebit, is ne quem eis comitiis pro tribu accipito neve renuntiato neve renuntiari iubeto, qui in eorum qui causa erit, e qui eum hac lege in colonia decurionem nominari creari inve decurionibus esse non oporteat non liceat.* — Comp. c. CV, et, ci-dessous, le chapitre relatif au Sénat.

(3) *Lex Malac.*, c. LIV ; — Const. unic., *Ad leg. Visellian*, C. Just., IX, 21 ; Const. 1, *Si libertus aut servus ad decurionat. adspirav.*, C. Just., X, 33 (32) ; — Orelli, n° 3915 = *C. I. L.*, t. II, n° 1913 : *omnibus honoribus, quos libertini genere potuerunt, honoratus.* Comp. *C. I. L.*, t. II, n°° 2023. 2026. — [Voy. aussi M. Henry Lemonnier, *Étude historique sur la condition privée des affranchis aux trois premiers siècles de l'empire romain*, Thèse de Doct., Fac. des Lettres de Paris, Paris, Hachette, 1887, p. 266.] — Font seules exception à cette règle quelques colonies transmaritimes de César, dans lesquelles il envoya de préférence des affranchis, ainsi que Strabon (VIII, p. 381) l'indique au sujet de Corintho : ἡ Κόρινθος ἀπελήφθη πάλιν ὑπὸ Καίσαρος τοῦ θεοῦ — — — Ἰταλικὸν πλήρωτος τοῦ ἀπελευθερικοῦ γένους ἐκτίσαντος. — Telle paraît être aussi la raison pour laquelle, dans la colonia Genetiva (*lex col. Genet.*, c. CV), dans la colonia Julia Curubis, en Afrique (Guérin [*Voyage*], t. II, p. 212 [voy. aussi G. Wilmanns, *C. I. L.*, t. VIII, 1, p. 127, col. 2 *in init.*]), et à Clupea, en Afrique (*Bullett. dell' Instituto*, 1873, p. 87 [voy. aussi G. Wilmanns, *ubi supra*, p. 128]), des affranchis peuvent aspirer aux fonctions honorifiques. Voy. Mommsen, *Ephem. epigr.*, t. II, p. 133. — Une monnaie nouvellement publiée (voy. J. Friedländer, dans la *Zeitschrift für Numismatik* de Sallet, t. VI, 1879, p. 13) montre que tel était aussi le cas pour la colonie romaine de Cnossus, en Crète. Sa légende porte : (C. IVL)IO CÆSaris Liberto ITERum, PLOTIo PLEBeio II VIRis.

(4) *Lex Julia munic.* (*C. I. L.*, t. I, n° 206), lin. 108 : *quæ municipia — civium Romanorum sunt erunt, nei quis in eorum quo municipio — — in senatu — esto — — quei furtei quod ipse fecit fecerit condemnatus pactusve est erit : queive iudicio fiduciæ, pro socio, tutelæ, mandatei, iniuriarum deve dolo malo condemnatus esterit : queive lege Platoria ob eamve rem, quod adversus eam legem fecit fecerit condemnatus est erit ; queive depugnandei caussa auctoratus est erit fuit fuerit ; queive in iure bonam copiam abiuravit abiuraverit bonamve copiam iuravit iuraverit ; queive sponsoribus creditoribusve sueis renuntiavit renuntiaverit se soldum solvere non posse, etc.* — Comp. Macer, L. 10, *De injur.*, D., XLVII, 10 :..... *Atrocis injuriæ damnatus in ordine decurionum esse non potest....*; — Marcian., L. 1, *Ad leg. Jul. de vi privata*, D., XLVIII, 7 ; — *Lex Malacit.*, c. LIV.

n'exercer aucune profession honteuse (1);

3° Avoir pris part à un certain nombre de campagnes, ou, à défaut, avoir atteint l'âge de trente ans (2). — Auguste modifia cette dernière exigence (3), en fixant à vingt-cinq ans l'âge requis pour l'accès des fonctions communales (4);

4° Avoir parcouru le *cursus honorum* dans l'ordre légal (5),

---

(1) *Lex Julia munic.*, lin. 94 : *nece quis, quei præconium dissignationem libitinamce faciet, dum eorum quid faciet, in municipio colonia præfectura IIciratum IIIIciratum abumce quem magistratum petito nece capito nece gerito nece habeto.* La *lex municipalis* des Halesini, en Sicile, contient une disposition semblable *de quæstu, quem quis fecisset* (Cic., *Accus. in Verr.*, II, 49, 122 [comp., sur Halesa, Th. Mommsen, *C. I. L.*, t. X, 2, p. 769]). Comp. Callistrat., L. 12, *De decurion. et fil. eor.*, D., L, 2.

(2) *Lex Julia munic.*, lin. 89: *quei minor annos XXX natus est erit, nei quis eorum post K. Januarias secundas in municipio colonia præfectura IIciratum IIIIciratum nece quem alium magistratum petito nece capito nece gerito, nisei quei eorum stipendia equo in legione III aut pedestria in legione VI fecerit.* Dans les lois provinciales, l'âge de trente ans était requis pour l'entrée en charge des fonctionnaires des villes à l'époque de la République. C'est ce que l'on trouve dit, pour la Sicile, dans Cicéron (*Accus. in Verr.*, II, 49, 122) : *C. Claudius, adhibitis omnibus Marcellis, qui tum erant, de eorum sententia leges Halesinis dedit: in quibus multa sanxit de ætate hominum, ne qui minor triginta annis natu; de quæstu, quem qui fecisset, ne legeretur.* La *lex Pompeia* contenait une disposition analogue pour les villes de Bithynie (Plin., *Ep.*, X, 79 (83)).

(3) Que ce changement émane bien d'Auguste, c'est ce que rendent tout au moins vraisemblables les dispositions qu'il a prises relativement au Sénat romain (Dio Cass., LI, 20).

(4) Ulpian., L. 8, *De muner. et honor.*, D., L, 4; — Callistrat., L. 11, *De decurion. et fil. eor.*, D., L, 2; — Papinian., L. 6 § 1, *eod. tit.*; — *Lex Malacit.*, c. LIV. — Au IV° siècle, l'âge de dix-huit ans était exigé pour l'entrée à la curie (Constt. 7 et 19, *De decurion.*, C. Th., XII, 1).

(5) Modestin., L. 11 pr., *De muner. et honor.*, D., L, 4 : *Ut gradatim honores deferantur, edicto, et ut a minoribus ad majores perveniatur, epistula divi Pii ad Tilianum exprimitur;* — Callistrat., L. 11 § 5, *eod. tit.*: *Gerendorum honorum non promiscua facultas est, sed ordo certus huic rei adhibitus est. Nam neque prius majorem magistratum quisquam, nisi minorem susceperit, gerere potest, neque ab omni ætate, neque continuare quisque (quisquam) honores potest.* Les exemples que Callistrate donne, n'ont pas toujours été décisifs, il s'en faut, pour la pratique des premiers temps de l'Empire. D'abord, on rencontre des interversions dans la suite des fonctions, en ce sens que, parfois, on voit un magistrat revêtir la questure après l'édilité (voy. Zumpt, op. et loc. sup. citt., p. 67; — Mommsen, *Stadtrechte*, p. 416); en second lieu, des sénateurs ou des chevaliers romains, lorsqu'ils sont investis d'une magistrature municipale supérieure, comme, par exemple, de la *quinquennalitas*, la gèrent, sans avoir été revêtus des fonctions inférieures; enfin, le *continuare honores* ne se rencontre pas, il est vrai, pour indiquer qu'un magis-

c'est-à-dire avoir obtenu d'abord la questure, puis l'édilité, puis le duumvirat, et n'avoir été investi à nouveau de la
dernière fonction exercée qu'après un intervalle de cinq ans (1) ;

5° Enfin, justifier d'un capital affecté à l'exercice de la
fonction.

L'exécution de cette dernière prescription variait avec les
divers municipes. A Malaca, les fonctionnaires préposés à la
gestion des finances de la ville, les *duoviri* et les *quæstores*,
fournissaient une garantie déterminée, soit par cautionnement,
soit par affectation immobilière (*prædibus et prædiis*) (2).
Mais, à l'imitation de Rome, où aucune sûreté particulière n'é-
tait exigée, et où, depuis Auguste, l'institution du cens sénatorial (3) donnait toutes les garanties désirables, l'admission
aux magistratures et, par voie de conséquence, l'entrée au Sénat,
furent, à l'époque impériale, régulièrement subordonnées, dans
les municipes, à une condition de cens (4); ce cens s'élevait

Garantie.

Cens sénatorial.

---

tral conserve la même charge au-delà de son année d'exercice : mais on
trouve bien, ce qui était illégal à Rome, qu'une même personne gère deux
fonctions, par exemple la questure et le duumvirat, durant deux années qui
se suivent immédiatement. — Voy. Zumpt, *op. et loc. sup. cit.*, pp. 63. 135.

(1) *Lex Malacit.*, c. LIV ; — Const. 2, *De honor. et muner.*, C. Just., X, 41
(40): *Ab honoribus ad eosdem honores (ad honores eosdem) quinquennii datur
vacatio, triennii vero ad alios.*

(2) *Lex Malacit.*, c. LVII. LX. — Voy. Mommsen, *Stadtrechte*, pp. 412. 465
et suiv. — [Voy., sur ce sujet, MM. Alphons Rivier, *Untersuchungen über
die Cautio prædibus prædiisque*, Berlin, 1863, in-8. et M. G. Humbert, dans
le *Dict. des antiq. grecq. et rom.*, de MM. Daremberg et Saglio, 7ᵉ fascic., Paris, 1880. mot *Cautio*, I, 1. 1. pp. 976 et suiv., et *Essai sur les finances et la comptabilité publique chez les Romains*. Paris, 1897, t. II. renvois de l'*Index général et alphabétiq. des matières*, p. 461, au mot *Cautio*.]

(3) Voy. Mommsen. *Staatsrecht*, t. I, 2ᵉ éd., p. 171. [La trad. fr. de cette partie du premier volume, par M. P. F. Girard, n'a pas encore paru : il en a
été publié une 3ᵉ éd. allemande à Leipzig en 1897.] — [Sur le *census*, en général, voy. M. G. Humbert, *ubi supra*, à ce mot. *Dict.*, pp. 1003-1010; *Essai*,
t. II, p. 465 *in fine*, ainsi que les auteurs d'ensemble précités.]

(4) Paul., L. 21 § 1, *Ad municip. et de inc.*, D., L. 1 : *Idem respondit cons-
tante matrimonio dotem in bonis mariti esse : sed et si ad munera municipalia
a certo modo substantiæ vocentur, dotem non debere computari ; —* Ulpian.,
L. 6 pr. in fine, *De muner. et honor.*, D., L. 4 : *...... qui pro substantia sua ex-
plent honoris dignitatem : —* Callistrat., L. 11 § 3. *eod. tit.* : *De honoribus sive
muneribus gerendis cum quæritur, in primis consideranda persona est ejus, cui
defertur honor sive muneris administratio : — — facultates quoque an sufficere
injunctis muneri possint...* — Un *decurio* venait-il à perdre sa fortune, il ne

notamment, à Comum, à 100.000 sesterces (1); mais il pouvait monter plus haut, suivant l'importance des villes (2). D'autre part, l'usage voulait que le magistrat ou le prêtre, en prenant possession de sa charge, non seulement promît une certaine somme d'argent, destinée à l'utilité ou à l'agrément de la commune, par exemple à des jeux et à des constructions (3), mais encore versât à la caisse de la ville un capital, dont la loi déterminait la quotité pour chaque fonction (*honorariam summam duoviratus, ædilitalis, rei publicæ inferre*). Cet usage existait déjà, sous la République, dans les *pagi* de Capoue, où les *magistri ex lege pagana* payaient une somme, qui devait être employée en jeux (4), à moins que le *pagus* ne lui eût donné une autre affectation (5); et, s'il n'avait pas partout reçu force de loi (6), tout au moins semble-t-il avoir été, sous l'Empire, d'une pratique universelle. A Rome même, on le trouve pour les prêtres (7) et pour leurs appa-

Des
d'avénement.

---

semble pas qu'on l'éloignât aussitôt du Sénat (Hermogenian., L. 8, *De decurion. et fil. eor.*, D., L, 2: *Decurionibus facultatibus lapsis alimenta decerni permissum est, maxime si ob munificentiam in patriam patrimonium exhauserit.* — Comp. Zumpt, *Comment. epigr.*, t. I, p. 121); mais, finalement, on devait cependant le rayer de l'album (Libanius, vol. II, p. 566, éd. Reiske: οἴεται γὰρ δεῖσθαι [τῆς βουλῆς] ἐξελάσεται, οὐ καθάπαξ γράμματα ἐγγράψαντος, ἀλλ' εἰκότως εὔτης οὐκίας τῆς θλίψεος ἀπὸ πλειόνων, ταῦθ' ὀλίγους τοὺς καθ' ἑκάστην διὰ κόσμου.

(1) Plin., *Ep.*, I, 19. — Pétrone (c. XLIV) et Catulle (XXIII, 26) mentionnent le même cens.

(2) A Gades, par exemple, il y avait, au temps de Strabon, cinq cents personnes, qui possédaient le cens des chevaliers de 400.000 *HS.* (Strabo, III, p. 169).

(3) Papir. Just., L. 13, *De pollicit.*, D., L, 12. Les exemples en sont fort nombreux. — Voy. Kuhn, *Die städt. u. bürg. Verf.*, t. I, p. 53.

(4) *C. I. L.*, t. I, n° 563. 566. 567 (= *C. I. L.*, t. X, 1, n° 3776. 3779. 3778]. — Mommsen, *op. cit.*, p. 139.

(5) *C. I. L.*, t. I, n° 571.573 (= *C. I. L.*, t. X, 1, n° 3782. 3783]. — [Voy., sur les renvois des deux notes précédentes au t. X du *C. I. L.*, Mommsen, *C. I. L.*, t. X, 1, p. 367.]

(6) En Bithynie, la *lex Pompeia* n'exigeait pas ce payement; à l'époque de Trajan, il était fourni par ceux des sénateurs, qui avaient été admis au Sénat *super legitimum numerum*, et ceux-ci versaient 1.000 ou 2.000 deniers. Pline (*Ep.*, X, 112) demande à l'Empereur si tous les *buleutæ* doivent payer une somme *pro introitu*, et il reçoit la réponse suivante : *sequendam cujusque civitatis legem.*

(7) Dio Cass., LIX, 28. Caligula se bâtit à lui-même un temple où il

riteurs (1); en Italie, spécialement à Æclanum (2), à Asisium, en Ombrie (3), à Brixia (4), à Capua (5), à Concordia (6), à Lanuvium (7), à Nuceria (8), à Ostia (9), à Pompeii (10), à Suessa (11), à Tergeste (12), à Teanum (13); dans la Bétique, dans le municipe d'Ossigi (14); en Lusitanie, à Collipo (15); en Gaule, à Arausio (16); en Sicile, à Panormus (17); en

Κατοικία τὴν γνῶσιν καὶ τὸν Κλαύδιον, θεούς τε τοὺς ἐλεφαντίνους ἱερὰς προσῆκεν, κατίμενα καὶ θυσίας ἐπὶ τούτῳ καθ' ἑκάστην ἡμέραν λαβόν. — Suéton., *Gai.*, XXII; *Claud.*, VIII. — Voy. Mommsen, *Staatsrecht*, t. II, 2e éd., p. 63 [voy. p. 263, note 3, *supra*].

(1) Voy. Mommsen, *Staatsrecht*, t. I, 2e éd., p. 311 [texte et note 3 = dans la trad. fr. de M. F. Girard, t. I, p. 403, texte et note 3].

(2) Henzen, n° 7031 [= *C. I. L.*, t. IX, n° 1113] : *pecunia, quam pro honore debuerunt.* — [Sur Æclanum, voy. le renvoi de la p. 318, note 3, *supra*.]

(3) Grut., p. 400, 7 = Wilmanns [*Exempla*, t. II], n° 2496 : *hic pro scirola in remp. dedit HS. MM.*

(4) *C. I. L.*, t. V, 1, n° 4331 : *Vicir August. gratuitus.* — Comp. n°° 4439, 4480.

(5) Orelli, n° 3313 = Mommsen, *I. R. N.*, n° 3643 [= *C. I. L.*, t. X, 1, n° 3907] : *huic ordo decurionum ob merita eius honorem Augustalitatis gratuitam decrevit.*

(6) Fronto, *Ad amic.*, II, 7, p. 193, éd. Naber : *Fortune est Volusanius decreto ordinis scriba et decurio? Pensiones plurimas ad quartum usque ob decurionatum dependitne? Un decurio gratuitus ornamentis* Heirabbus est mentionné au *C. I. L.*, t. V, 1, n° 1892.

(7) Wilmanns [*Exempla*, t. II], n° 1769 [= *C. I. L.*, t. XIV, n° 2101]. — [Sur Lanuvium, voy. M. H. Dessau, *col.*, pp. 191 et suiv.]

(8) Mommsen, *I. R. N.*, n° 2096 [= *C. I. L.*, t. X, 1, n° 1081] : *cui decuriones — duumviratum gratuitum dederunt.*

(9) Wilmanns [*Exempla*, t. II], n° 1723 a. b [= *C. I. L.*, t. XIV, n°° 362 et 363]. — [Sur Ostia, voy. M. H. Dessau, *col.*, pp. 1 et suiv.]

(10) Mommsen, *I. R. N.*, n° 2378 [= *C. I. L.*, t. X, 1, n° 1074] : *HS. n. decem milia in publicum pro duoviratu (intulit).*

(11) Mommsen, *I. R. N.*, n° 4040 [= *C. I. L.*, t. X, 1, n° 4760].

(12) Le décret de Tergeste (Henzen, n° 7163 = *C. I. L.*, t. V, 1, n° 532) reconnaît, avec gratitude, que l'admission des Carni et des Catali à l'édilité de Tergeste a procuré à la ville un nouveau revenu *per honorariæ nummationem.*

(13) Henzen, *Zeitschrift für Alterthumswissenschaft*, 1848, p. 342 [= *C. I. L.*, t. X, 1, n° 4792] :.... *balneum — — emptum ex pecunia Augustal(i).*

(14) *C. I. L.*, t. II, n° 2100 : *ob honorem Vicir(atus) ex decreto ordinis collata pecunia.*

(15) *Ephemeris epigr.*, t. I, p. 11 : *quod decurionem eum remisso honorario — fecerint.*

(16) Orelli-Henzen, n° 5231 [= Wilmanns, *Exempla*, t. II, n° 2310 = *C. I. L.*, t. XII, n° 3893]. — [Sur Arausio (Orange), voy. M. O. Hirschfeld, *col.*, p. 152.]

(17) Torremuzza, p. 4, n° 10 : *M. Ulpius Italici lib. Eutychus aram et basim Mercuri pater* (lisez : *per'er*[ou plutôt *propter*]) *summam honorariam pro se-*

Sardaigne, dans la Colonia Turritana (1) ; en Dalmatie, à Salonæ (2) ; en Crète, à Gortyna (3) ; en Asie, à Ephesus (4) et à Philadelphia Lydiæ (5), dans quelques villes bithyniennes (6), mais
surtout en Afrique et en Numidie, notamment dans le municipium
Alexandrianum (7), à Auzia (8), à Calama (9), à Cirta (10),

---

viratu pecunia sua posuit. Comp. p. 11, nᵒ 26. — [Voy., *C. I. L.*, t. X, 2, nᵒ
7267, et comp. nᵒ 7269, et, sur la ville de Panhormus, Mommsen, *C. I. L.*,
t. X, 2, pp. 751 et suiv.]

(1) Henzen, nᵒ 7050 [= *C. I. L.*, t. X, 2, nᵒ 7934] : *T. Flavius Justinus
Heir Q(uinquennalis), A(edilis), super HS XXXV, quæ ob hon(orem) quinquen-
nal(italis) præsentia* (c'est-à-dire comptant) *pollicit(us est) rei p(ublicæ) in-
tulit, locum a fundamentis pecunia sua fecit, sumptu suo aquam induxit.* —
[Sur la colonia Turritana = Turris Libisonis (auj. Porto Torres), voy. Th.
Mommsen, *C. I. L.*, t. X, 2, p. 826.]

(2) Henzen, nᵒ 7019 = *C. I. L.*, t. III, 1, nᵒ 1978 : *Heir i. d. ex pecunia
honoraria duoviratus sui.*

(3) *C. I. L.*, t. III, 1, nᵒ 4 : *ex summa, quam intulit pro decurionatu suo.*

(4) Dans Wood (*Discoveries at Ephesus*, London, 1877, in-8, Appendix. *Inscriptions from the Odeum*, p. 2), figure un écrit d'Hadrien, dans lequel il
propose aux ἄρχοντες et à la βουλή un citoyen d'Éphèse pour remplir les
fonctions de βουλευτής, et il ajoute : τὸ ἀργύριον ὅπερ ὑπέσχετο οἱ βουλεύσοντι;
ὑπὲρ τῆς ἀρχιερωσίας ἔνεκα.

(5) Waddington, nᵒ 647.

(6) Plin., *Ep.*, X, 112. 113.

(7) Guérin [*Voy.*], t. II, p. 375, nᵒ 531 [= *C. I. L.*, t. VIII, 1, nᵒ 858] :
*D. Fundanius — — ædilis ob honorem ædilitatis — — hanc statuam — — ex
HS VIII millibus n̄. sua liberalitate, numerata prius a se rei publicæ summa
honoraria, posuit...*

(8) Renier. *Inscr. de l'Alg.*, nᵒ 3572 [= *C. I. L.*, t. VIII, 2, nᵒ 9061].

(9) Henzen, nᵒ 7060 = Renier, nᵒ 2754 [= *C. I. L.*, t. VIII, 1, nᵒ 5292] : *L. Vi-
lius Saturninus IIII vir, amplius ad honorariam sum(mam), cum HS. III m.
(tria milia) promisisset, ex HS. VI m. (sex milibus) (※.) p(ecunia) s(ua) p(osuit).*
— Comp. Renier, nᵒ 2751 [= *C. I. L.*, t. VIII, 1, nᵒ 5298].

(10) Renier, nᵒ 1832 [= *C. I. L.*, t. VIII, 1, nᵒ 6948] : *C. Sittius — Flavianus,
ædilis, IIIvir præfectus coloniarum, ob honorem IIIviratus dedit dedicavitque,
repræsentatis etiam suo quoque tempore utriusque honoris r(ei) p(ublicæ) hono-
raris (honorariis) summis HS. vicenum millium nummum...;* — comp. nᵒ 1823
[= *C. I. L.*, t. VIII, 1, nᵒ 6903] ; — *Recueil de la province de Constantine*,
1863, p. 693, nᵒ 13 [= *C. I. L.*, t. VIII, 1, nᵒ 6996] : *ob honorem IIIviratus et
æd(ilitatis) r. p. intulit ;* — *Recueil*, 1863, p. 358, nᵒ 1 [= *C. I. L.*, t. VIII, 1,
nᵒ 7019] : *ob honorem pontificatus intulit rei publicæ legitimis HS. X nummis*) ;
— Renier, nᵒ 1833 [= *C. I. L.*, t. VIII, 1, nᵒ 7098] : *præter HS. LX n̄., quæ
ob honorem ædilitatis et IIIviratu(s) (et) QQ (quinquennalitatis) reip(ublicæ) intulit.* — Comp. nᵒˢ 1835. 4145 [= *C. I. L.*, t. VIII, 1, nᵒˢ 7097. 7096]. — [Voy.
encore *C. I. L.*, t. VIII, 1, nᵒˢ 6942. 6947. 6948. 7097, et une infinité d'autres. — Comp. nᵒ 6991, etc.]

à Cuicul (1), à Diana (2), à Lambæsis (3), à Madauri (4), à Rusicade (5), à Sitifis (6), à Thamugas (7), à Theveste (8), à Thibica (9), à Thuburticum (10), à Tubuna (11), à Tubusuctus (12), à Verecunda (13), et dans le muni-

---

(1) *Super legitimam (ædilitatis),* Renier, n° 2332 [= *C. I. L.,* t. VIII, 1, n° 8300]; — *super legitimam (auguratus), ibid.,* n° 2319 [= *C. I. L.,* t. VIII, 1, n° 8310].

(2) Renier, n° 1726 [= *C. I. L.,* t. VIII, 1, n° 4591] : *ob honorem flam(onii, perpetui præter leg(itima) HS. (sestertium) X mil(lia) n̄., quæ rei p(ublicæ) intulit, — dedit; — ibid.,* n° 1735 [= *C. I. L.,* t. VIII, 1, n° 4577] : *ob hon(orem) IIvir(atus) sui præt(er) leg(itimam)—ded(it);—ibid.,* n° 1746 [= *C. I. L.,* t. VIII, 1, n° 4579] : *inlatis rei p(ublicæ) legitimis honorum suorum summis; — ibid.,* n° 1727 [= *C. I. L.,* t. VIII, 1, n° 4583] : *ob honorem II viratus quam ex (hs) IIII mil(libus) n̄. pollicitus (er)at.*

(3) Renier, n° 73 [= *C. I. L.,* t. VIII, 1, n° 2711): cette inscription nous montre un *flamen perpetuus* payant 12.000 *HS.,* à titre d'*honoraria summa.*

(4) Renier, n° 2926 [= *C. I. L.,* t. VIII, 1, n° 1679] : *(ex legitimis) decur(ionatus) et flamo(nii s)ui perp(etui) summis fecit* [*sic* Marquardt, p. 182, note 12. — Il est aujourd'hui préférable de lire, d'après le *C. I. L.* :... *arcum et statuam dupl(icatis) decur(ionatus) et flamo(nii s)ui perp(etui) summis fecit...*].

(5) Renier, n° 2172 [= *C. I. L.,* t. VIII, 1, n° 7990] : *super HS XX legi(tima), quæ ob hono(rem) ædilitat(is) r. p. dedit, — et HS XXXIV inib(i) legit(ima) ob honor(em) augural(us) r. p. intulit;* — comp. n° 2173 [= *C. I. L.,* t. VIII, 1, n° 7991], 2175 [= *ibid.,* n° 7993] : *(præter) HS XX n̄., quæ ob honorem de(curionatus et) HS LV n̄., quæ ob honorem pon(tificatus dedit).* — [Voy. aussi la curieuse inscription découverte en avril 1878 à Philippeville (Algérie), et rapportée au *C. I. L.,* t. VIII, 1, n° 7963, et le commentaire qui en est fait par M. P. Louis-Lucas, dans son *Étude sur la vénal. des charges et fonct. publ.,* t. I, pp. 357 et suiv., note 161.]

(6) Renier, n° 3268 [= *C. I. L.,* t. VIII, 2, n° 8166].

(7) Renier, n° 1692 [= *C. I. L.,* t. VIII, 1, n° 2362] : *ob honor(em) q(uin)q(uennalitatis) inlata r(ei) p(ublicæ) sum(ma) honoraria;* — n° 1531 [= *C. I. L.,* t. VIII, 1, n° 2341] : *C. Publicius — Celer, IIvir Q(uinquennalis) desig(natus) inlata rei publicæ summa leg(itima) IIvir(atus) — posuit.*

(8) Renier, n° 1259 [= *C. I. L.,* t. VIII, 1, n° 1832] : *ob honorem ædilita(tis) — in(latis reip. HS IV legi(t)imis* [Marquardt : *inlatis reip. HS II legitimis*].

(9) Guérin [*Voy.*], t. II, p. 361, n° 513 [= *C. I. L.,* t. VIII, 1, n° 769] : *multiplicatis summis honorariis ædilitatis suæ.*

(10) *Recueil de Constantine,* 1865, p. 137, n° 118 [= *C. I. L.,* t. VIII, 1, n° 4874] : *ob honorem ædilitatis inlatis rei p. HS. IIII n̄. legitimis.* — [La dénomination de cette localité est mal orthographiée au texte : son vrai nom est Thubursicum Numidarum, aujourd'hui Khamisa; voy. G. Wilmanns, *C. I. L.,* t. VIII, 1, p. 482.]

(11) Renier, n° 1657 [= *C. I. L.,* t. VIII, 1, n° 4183 : *ob (hon)orem IIvira(t)us (pr)æter leg(itimam) III (milium n.) — posuit.*

(12) *Recueil de Constantine,* 1867, p. 336, n° 26 [= *C. I. L.,* t. VIII, 2, n° 8835]: *ex summa honoris flamoni sui.* — [Le véritable nom de cette localité est Tupusuctu, aujourd'hui Tiklat; voy. G. Wilmanns, *C. I. L.,* t. VIII, 2, p. 755.]

(13) Renier, n° 1439 [= *C. I. L.,* t. VIII, 1, n° 4202 : *ob honorem flamonii*]

cipium Aurelia Vina (1). — Des témoignages qui nous ont été conservés sur les localités dont l'énumération précède, il ressort que le don d'avènement n'était payé que lors de la première élévation à une fonction, mais qu'il n'était pas dû lors de son renouvellement (2); que, d'ailleurs, il était de rigueur non seulement pour les honneurs civils, mais même pour les honneurs sacerdotaux. Si ce point n'est pas établi pour la questure, on est cependant en droit de penser que, partout où elle était comprise dans les *honores*, elle ne faisait aucune exception à la règle, puisque même les personnes qui entraient au Sénat, sans avoir géré aucune fonction, payaient une *summa honoraria pro decurionatu*. Les sommes à verser étaient elles-mêmes très différentes suivant l'importance de la fonction et de la localité : elles se montaient, pour le *duovir*, à 3.000, 4.000, 10.000 (sesterces); pour le *quinquennalis*, parfois à 35.000; pour l'*ædilis*, à 4.000, et même à 20.000; pour le *decurio*, à 1.000, à 2.000, à 20.000; pour le *pontifex*, à 10.000, même à 55.000; pour le *flamen*, à 2.000, 10.000, 12.000 (3) *; pour l'*augur*, parfois à 34.000.

---

p(er)p(etuo) inlr(ta) legitima HS. II S.; — comp. n° 1116, 1118, 1119, 1152 (= C. I. L., t. VIII, 1, n° 1192, 1191, 1187, 1213).

(1) Guérin [*Voy.*, t. II, p. 363, n° 467 (= C. I. L., t. VIII, 1, n° 953] : inlata reip. HS inlatus honoraria summa. — [Consulter, au surplus, relativement aux dons faits ob honorem, soit ex lege, soit ex liberalitate : 1° en Afrique : C. I. L., t. VIII, 2, Index XVII, mot honores ob honorem data, pp. 1117 in fine et suiv.; 2° en Italie et dans les provinces non africaines : C. I. L., t. II, Index IX, III, p. 776; t. III, 2, Index XII, B et C, p. 1152; t. V, 2, Index XI, C, p. 1196, et Index XVII, p. 1212, col. 1, s. v. honor, et impensæ decurionum, passim; t. IX, Index XI, C in fine et F, pp. 790, col. 3 in fine, et 792; voy. aussi Index XVII, p. 808, col. 1, mots honor et impensæ; t. X, 2, mêmes Indices, pp. 1160, col. 3, mots Pollicitationes et Summæ ob honorem data, et 1161; t. XII, Index XI, C in fine, p. 911, col. 2, et Index XVII, s. v. honor; summæ honorariæ, p. 959, col. 2; t. XIV, Index XI, C, p. 579, et Index XVII, s. v. impensæ, p. 597, col. 1 in init. Voy. aussi t. XI, 1, passim.]

(2) Voy. Mommsen, I. R. N., n° 2378 (= C. I. L., t. X, 1, n° 1074), ibiq. p. 479 [col. 3], à l'Index [XXVI], s. v. duovir.

(3) * [L'inscription de L. Cornelius Fronto Probianus (C. I. L., t. VIII, 1, n° 7983) parle même d'une somme de 82.600 sesterces versée par lui comptant ob honorem flamonii, en dehors de ses autres libéralités. — Voy., sur cette inscription, le renvoi de la p. 267, note 5, supra.]

LE SÉNAT (1) *.

Le Sénat des communes organisées à la romaine (2) * portait

(1) [Voy., sur ce sujet : Antikolas, *De muneribus*, 1513, in-8, et dans *Tractat. univ. Jur.*, Venet., 1584, t. XII ; — Pancirol, *De sacr. munic. ed Cod. N.4. dign. Gen.*, 1623 ; — Brisson, *Select. es jur. civ. ant.*, IV, 12, dans ses *Oper. min.*, pp. 100 et suiv. ; — Godefroy, *Paratitl. ad Cod. Thod.*, XII, 1, *De decurion.*, t. IV, pp. 352 et suiv., éd. Ritter ; — Wastens, *De jure et jurid. univ.*, Ingol. Rater., 1727, et dans le *Thesaur. d'Oelrichs*, II, 2, pp. 261-278, Lips., 1770 ; — Roth, *De re munic. Rom.*, Stuttgardt, 1801 ; — Savigny, *Gesch. des röm. Rechts*, t. I, c. 2, 2e éd., Heidelb., 1834, pp. 33 et suiv. (= dans la trad. fr. de M. Ch. Guenoux, t. I, pp. 39 et suiv.); — Dirksen, *Observ. al Tab. Heracl., alt. part.*, Berol., 1817 ; — Guizot, *Essai sur l'hist. de France*, Paris, 1819 ; — Leber, *Hist. du dr. munic.*, Paris, 1828 ; — Raynouard, *Droit munic.*, Paris, 1829 ; — Plettenberg, *De col. decurion.*, Vratislav., 1831 ; — Büliger, *De curielibus imperii coronai post Constantinum*, Breslau, 1834 ; — Giraud, *Essai sur l'histoire du droit français*, Paris, 1846, t. I, pp. 117 et suiv. ; — Zumpt, *Comment. epigr.*, t. I, Berol., 1850 ; — Becker-Marquardt, *Röm. Alterthümer*, t. III, 1, pp. 350 et suiv., Leipzig, 1856 ; — Walter, *Gesch. des Röm. Rechts*, 3e éd., Bonn, 1860-61, §§ 363, 364, 369, 370, 396 ; — F. Béchard, *Droit munic. dans l'antiquité*, Paris, 1862, chap. VIII, pp. 263 et suiv. ; — D. Serrigny, *Droit publ. et admin. rom.*, Paris, 1862, n°² 232-244 et 254-261, t. I, pp. 141-202 et pp. 221-253 ; — E. Kuhn, *Die städt. und bürg. Verf. des Röm. Reichs*, Leipzig, 1864-65, t. I, pp. 227-376 ; — Menn, *De l'origine de l'hérédité du décurionat dans les municipes romains* (en allemand), Neuss, 1865 ; — Ch. Gide, *Du droit d'association en matière religieuse* (Thèse de Doct., Fac. de Dr., Paris, 27 juin 1872), pp. 69 et suiv. ; — Huschke, *Du recensement et du syst. des contr.* (en allem.), p. 136 ; — A. Houdoy, *Le droit munic.*, Paris, t. I, 1876, pp. 593-595 et 553-631 ; — Fustel de Coulanges, *Hist. des instit. politiq. de l'anc. France*, t. I, Paris, 1877, livre II, passim, pp. 33-324 ; — Klipffel, *Étude sur le régime munic. Gallo-Romain*, dans la *Nouv. Rev. hist. de dr. fr. et étr.*, 1878, pp. 571 in fine et suiv. ; 1879, pp. 361 et suiv., 311, 388 et suiv., 571 sub fin. et suiv. ; — Éd. Beaudouin, *Le majus et le minus Latium*, même *Revue*, 1879, pp. 1 et suiv., 111 et suiv., et tirage à part, Paris, 1879 ; — L. Thézard, *Observations sur l'admission dans les curies municipales* (à propos de la dissertation précitée de M. Beaudouin), même *Revue*, 1879, pp. 569 et suiv. ; — P. Louis-Lucas, *Étude sur la vénalité des charges et fonctions publiques*, Paris, 1882, t. I, pp. 111 et suiv. ; — J.-B. Mispoulet, *Les institut. politiq. des Romains*, chap. XVI, § 21, t. II, Paris, 1883, pp. 132 et suiv. ; — Ortolan, *Hist. de la lég. rom.*, 12e éd., Paris, 1884, n°⁸ 186, 193, 411, et *Explic. hist. des Inst.*, même éd., t. I, n° 123 ; — P. Willems, *Le droit publ.*

* Voy. cette note à la page suivante, où elle a dû être reportée.

différents noms : *senatus, ordo, ordo decurionum* (1), cu-

rum., 3e éd., Paris, 1881, pp. 533 et suiv. et 663; — V. Duruy, *Les institutions sénatoriales au temps de Constantin*, dans les *Comptes-rendus des séances et travaux de l'Académie des sciences morales et polit.*, t. CXVIII, 1882, pp. 712-717, et *Hist. des Romains*, nouv. éd. illustrée, t. V, Paris, 1883, pp. 20-175, passim, et spécialement pp. 356-375; t. VI, Paris, 1883, pp. 373, 374, 581; t. VII, Paris, 1883, pp. 73, 183-184, 535-538; — Otto Karlowa, *Röm. Rechtsgesch.*, t. I, Leipzig, 1885, pp. 586 in init. et suiv.; — A. Bouché-Leclercq, *Manuel des instit. rom.*, Paris, 1886, pp. 151 et suiv.; — Em. Morlot, *Précis des instit. polit. de Rome depuis les origines jusqu'à la mort de Théodose*, Paris, 1886, pp. 331, 332 et suiv., 340; — J. Kalinskiro, *Étude sur le régime munic. rom.* (Extrait de la Revue gén. de dr. et des sciences polit., t. I, livr. 3, janvier 1887), Bucarest, 1887, pp. 13 et suiv., 19 et suiv., 39 et suiv.; — G. Humbert et G. Lacour-Gayet, dans le *Dict. des antiq. Grecq. et Rom.*, de MM. Daremberg et Saglio, mots *Album decurionum, Curiales, Decurio*, VI, et *Decurio*, IV; t. I, 2e fascic., Paris, 1873, p. 179, coll. 1 in 5 fin. et suiv., et 11e fascic., Paris, 1887, pp. 1635 et suiv.; t. II, 11e fascic., p. 39, col. 2 in 5 fin., et pp. 10, col. 2, et suiv.; — G. Humbert, *Essai sur les finances et la comptabilité publique chez les Romains*, Paris, 1887, 2 vol. in-8, t. II, renvois de l'Index général et alphabétiq. des matières, aux mots *Attributions de la curie ou Sénat municipal*, p. 463; *Curia, Curiales, Decuriones*, p. 470; *Ordo decurionum*, p. 485; *Senatus*, p. 493; — E. Glasson, *Hist. du droit et des institutions de la France*, t. I, Paris, 1887, pp. 300-355, passim; — Ernst Herzog, *Geschichte und System der röm. Staatsverfassung*, t. II, 1, Leipzig, 1887, passim; — M. Vauthier, *Études sur les personnes morales dans le droit romain et dans le droit français* (Thèse d'agrégation, Fac. de Dr. de l'Université libre de Bruxelles, Bruxelles et Paris 1887, pp. 39 et suiv.; — F. Robiou et D. Delaunay, *Les institutions de l'ancienne Rome*, t. III, Paris, 1888, pp. 217 et suiv. — Voy. en outre, au point de vue épigraphique : Orelli-Henzen, cap. XVI, § 1, t. II, pp. 159 et suiv.; t. III, pp. 401 et suiv., et *Index* IX, 3, pp. 131-133; — Wilmanns, *Exempla*, t. II, *Index* IX, 2, pp. 613-615; — C. I. L.: t. I, p. 610, IV, *Res municipalis*; t. II, *Index* VIII, II, p. 733; t. III, 2, p. 1143, D; t. IV, p. 255, IV, mots *Decurio et Ordo*; t. V, 2, p. 1196, D; t. VII, p. 334, VIII, I; t. VIII, 2, p. 1160, B, t. IX, p. 789, B, t. X, 2, pp. 1156, B, et suiv.; t. XI, 1, passim; t. XII, pp. 929, B et suiv.; t. XIV, p. 579, B. — Comp. enfin, en ce qui concerne le Sénat romain, auquel il est fait plusieurs allusions au cours de ce chapitre, les ouvrages d'ensemble précités, en particulier ceux de MM. Willems, Mispoulet, Bouché-Leclercq, Karlowa et Herzog, et, d'une manière spéciale, MM. : G. Bloch, *Les origines du Sénat Romain*, dans la *Biblioth. des Écoles fr. d'Athènes et de Rome*, fascic. 29, Paris, 1883; — P. Willems, *Le Sénat de la Rép. rom.*, 2e éd., 2 vol. in-8; — S. Gsell, *Étude sur le rôle politique du Sénat romain à l'époque de Trajan*, dans les *Mélanges d'archéol. et d'hist.*, Paris, 1887, pp. 359 et suiv.; — Ch. Lécrivain, *Le Sénat romain depuis Dioclétien à Rome et à Constantinople*, dans la *Biblioth. des Écoles fr. d'Athènes et de Rome*, fascic. 52, Paris, 1888. — La seconde partie du t. III du *Röm. Staatsrecht* de M. Th. Mommsen, qui vient de paraître à Leipzig au cours de l'impression de cette feuille, est consacrée à cet important sujet.]

(2) Voy. sur lui, en particulier, Kuhn, *op. cit.*, t. I, pp. 227 et suiv.

(1) Voy. Henzen, *Index*, pp. 131, 133 (et ci-dessus les renvois à Wilmanns

ria (1), *decuriones* (plus tard *curiales*) (2), et même, exactement comme le Sénat romain, *patres et conscripti*, *decuriones conscriptive* (3); il se composait d'un certain nombre de membres à vie, déterminé par la loi de la colonie ou du municipe (4), et fixé ordinairement à cent (5); il y a dans ce Nombre des décurions.

---

et au *C. I. L.*]. — [Il convient d'y joindre une inscription recueillie au Maroc par M. de la Martinière, sur l'emplacement de l'ancienne Volubilis, aujourd'hui Ksar-Faraoun, et signalée par M. Héron de Villefosse, avec une autre de la même provenance, à l'Académie des Inscriptions et Belles-Lettres, dans sa séance du 6 juillet 1888 (voy. *Journal officiel* du 10 juillet, p. 2918, col. 1); cette inscription, d'autant plus précieuse que les inscriptions romaines sont très rares dans la Maurétanie Tingitane, — on n'en connaît encore qu'un très petit nombre — mentionne la Curie ou Sénat de la cité, sous le titre *ordo Volubilitanorum*.]

(1) Orelli, n° 3725 [= Wilmanns, *Exempla*, t. II, n° 2216 = *C. I. L.*, t. XII, n° 1585]. — [L'inscription dont il s'agit ici est de *Dea Augusta Vocontiorum*, aujourd'hui Die; par une faveur spéciale, l'*ordo* de la cité des *Vocontii* s'appelait aussi *senatus* et ses membres *senatores*; voy. *C. I. L.*, t. XII, n°s 1580, 1581, 1585, et p. 938, sous le mot *Vocontii*, *senatus*, *senator* et *praetor*. — Sur la *Civitas Vocontiorum*, voy. M. O. Hirschfeld, *C. I. L.*, *eod.*, pp. 160 et suiv.]

(2) On ne trouve, en général, que rarement le mot *Curiales* dans les inscriptions, et seulement depuis le troisième siècle de notre ère (Henzen, n° 6414 [= *C. I. L.*, t. IX, n° 1681]; — *C. I. L.*, t. V, 1, n° 335).

(3) Voy. Mommsen, *Stadtrechte*, p. 411. — Henzen, à l'*Index*, p. 153 (et les renvois faits ci-dessus à Wilmanns et au *C. I. L.*). Dans la Colonia Genetiva, on ne rencontre pas de *conscripti*. — Voy. Mommsen, *Ephem. epigr.*, t. II, p. 132.

(4) *Lex Julia municip.*, lin. 83 : *nei quis eorum quem in eo municipio colonia praefectura foro conciliabulo in senatum decuriones conscriptosve legito neve sublegito neve cooptato neve recitandos curato nisi in demortuei damnateive locum eiusve qui confessus erit, se senatorem decurionem conscriptumve ibei h. lege esse non licere*; — Ulpian., L. 2 pr., *De decurion. et fil. eor.*, D., L, 2 : *Qui ad tempus relegatus est, si decurio sit, desinet esse decurio. Relegatus plane locum suum quidem non optinebit, sed non semper prohibetur decurio fieri. Denique in locum suum non restituetur (nam et sublegi in locum ejus potest) et si numerus ordinis plenus sit, exspectare eum oportet, donec alius cadat.*

(5) D'après la *lex Servilia* de Rullus, il devait y avoir à Capoue *centum decuriones* (Cic., *De leg. agrar.*, II, 35, 96). Dans quelques villes, ils portaient aussi le nom de *centumviri*, comme à Veies (Orelli, n°s 103, 3448, 3706, 3737, 3738, 4046 [voy. aussi Wilmanns, *Exempla*, t. II, n°s 2079, 2080 *a*, *b*, *c*, *d*, et Mommsen, *I. R. N.*, n° 6925 (*aliena*; *C. I. L.*, t. IX, p. 832, col. 4, et t. X, 2, p. 1211, col. 1); voy. surtout *C. I. L.*, t. XI, 1, n°s 3801, 3805, 3806, 3807, 3808, 3809, 3811, 3814. — Sur Veii, voy. M. E. Bormann, *eod.*, pp. 556 et suiv.]) et à Cures (Orelli, n°s 764, 3739; — Henzen, n° 6998 [= *C. I. L.*, t. IX, n°s 4952, 4959, 4973; voy. encore n°s 4957, 4970, 4976, 4978, 4981, et, sur la ville de Cures, Th. Mommsen, *C. I. L.*, t. IX, pp. 471 et suiv.]). De même, dans l'*album* de Canusium, dont il sera parlé plus loin, on trouve 100 décurions, et, à

nombre, ainsi que dans le nom de *decurio*, un souvenir de l'antique Sénat romain (1) et de la division des *curiæ* romaines en dix *decuriæ*, ayant à leur tête dix *decuriones* (2). On ignore quel était le mode initial de constitution de ce Sénat, par exemple lors de la fondation d'une colonie ; si ses membres étaient désignés par le magistrat, chargé de la *deductio* (3), ou par voie d'élection (4). Aux termes de la *lex Julia municipalis*, il était procédé tous les cinq ans à la *lectio senatus*, par les soins du magistrat le plus élevé de la ville, c'est-à-dire, comme nous l'avons vu ci-dessus, par les soins des *quinquennales* (5) ; et le résultat de cette *lectio* était consigné dans l'al-

Lectio senatus.

Puteoli, 92 décurions sont présents à la rédaction d'un décret. (Le décret, gravé en 1861, a été publié par Degenkolb dans la *Zeitschrift für Rechtsgeschichte*, t. IV (1864), p. 174 ; il appartient au second siècle de notre ère. (Il est aujourd'hui reproduit au *C. I. L.*, t. X, 1, n° 1783.) Par contre, en rencontrait, dans des localités de moindre importance, des Sénats moins peuplés, comme à Castrimoenium, par exemple, qui n'avait une curie composée que de 30 membres (Henzen, n° 6939 (= Wilmanns, *Exempla*, t. II, n° 2418 = C. I. L., t. XIV, n° 2458 ; sur la ville, voy. M. H. Dessau, *eod.* p. 259), alors que, dans de plus grandes villes, le nombre des décurions s'élevait à plus de 100. A Antiochia, il était, pendant la période d'épanouissement de la ville, de 1.200 ; il se réduisit plus tard à 600, et tomba à 60 au temps de Libanius. — Voy. Kuhn, *op. cit.*, t. I, p. 217.

(1) Tit. Liv., I, 8 ; — Dionys. Halic., II, 12 ; — Plut., *Rom.*, XIII ; — Festus, *Epit.*, p. 339, éd. Müller.

(2) Dionys. Halic., II, 7.

(3) Pomponius, L. 239 § 5, *De verb. signif.*, D., L. 16 : *Decuriones quidem dictos aiunt ex eo, quod initio, cum coloniæ deducerentur, decima pars eorum qui ducerentur consilii publici gratia conscribi solita sit* ; — Dio Cass., XLIX, 14 : ... — Comp. Mommsen, *Staatsrecht*, t. II, 3e éd., pp. 713. 551. [La trad. fr. de ce volume, par M. P. F. Girard, n'a pas encore paru ; une 3e éd. allemande en a été publiée à Leipzig en 1887.]

(4) Ce fait ne serait pas sans analogie. Lorsque, au temps de Dion Chrysostome, le Sénat de Prusa, en Bithynie, reçut une organisation nouvelle, c'est au moyen d'une élection faite par le peuple *per tabellas* qu'eut lieu cette réorganisation (Dio Chrys., vol. II, pp. 207. 208, éd. Reiske).

(5) Dans l'*album* de Canusium (Mommsen, *I. R. N.*, n° 675 (= C. I. L., t. IX, n° 338), on lit au début : *L. Mario Marino II L. Rustio Aeliano Cos. M. Antonius Priscus L. Annius secundus (Secundus) IIIIvir(i) quinquennales] nomina decurionum in aere incidenda curaverunt* — Que la confection de l'album émanait du même magistrat, auquel appartenait la *lectio*, c'est ce que révèle la *lex Julia municipalis*, lin. 81, où il est dit de ce magistrat *recitandos curato*, ce qui se rapporte précisément à l'album. — Walter (*Gesch. des Röm. Rechts*, t. I, § 301) et Hegel admettent que la curie devait se compléter elle-même

bum decurionum. C'est la *lex municipii* ou *coloniæ* qui réglait spécialement la procédure de cette opération (1); voici en quoi elle consistait ordinairement :

On sait qu'à Rome le Sénat comprenait, en dehors des sénateurs figurant sur l'*album* du dernier recensement, les magistrats dont la fonction conférait la dignité sénatoriale, c'est-à-dire les questeurs et les magistrats supérieurs, que n'y avait pas déjà appelés une administration

par cooptation. Toutefois, les passages, dont ces auteurs font découler leur opinion (Papinian., l. 6 § 3, *de decurion.*, et *fil. cor.*, D., L. 2, et Fronto, *Epist. ad amic.*, II, 7, p. 193, éd. Naber), ont été, de la part de Zumpt (*Comment. epigr.*, t. II, pp. 111, 113) l'objet d'une interprétation différente et satisfaisante. Je reviendrai une fois encore sur le premier passage. — Dans les villes de Sicile, en tout cas, la cooptation des sénateurs avait lieu, c'est-à-dire que le Sénat se recrutait par son propre choix (Cic., *Accus. in Verr.*, II, 2, 49, 120 : *cognoscere potuistis, tota Sicilia per triennium neminem ulla in civitate senatorem factum esse gratis, neminem, ut leges eorum sunt, suffragiis* — *atque in his cæteris senatoribus cooptandis non modo suffragia nulla fuisse, sed ne genera quidem spectata esse, ex quibus in eum ordinem cooptari liceret;* — c. 50 : *Agrigentini de senatu cooptando Scipionis leges antiquas habent*. De même, en Italie, il nous est parlé à l'origine de la cooptation des décurions, par exemple à Puteoli, qui tenait sa constitution de Sulla (Plut., *Sulla*, XXXVII : ἐὰν μὴ τὰς ἱερὰς ἐπιγράφων τῆς πόλεως τούς τε Διαναρχίᾳ στασιάζοντας διαλύσῃ νόμων ἐγγράφων αὐτούς, κατ' ἂν καταστήσηται. Voy. Cic., *Pro Cæl.*, II, 3 : *Nam, quod est objectum, municipibus esse adolescentem non probatum suis : numini unquam præsenti Puteolani majores honores habuerunt, quam absenti M. Cælio : quem et absentem in amplissimum ordinem cooptarunt*, etc. Au demeurant, il ressort de la *lex Julia municipalis* que l'expression *cooptare*, qui s'y trouve aussi toujours, ne désigne pas une élection par les décurions, mais bien l'admission à une place vacante par le magistrat, c'est-à-dire par les *quinquennales*, et ne diffère pas, quant au sens, des expressions *legere, sublegere*, que l'on rencontre à côté d'elle (voy. Mommsen, *Staatsrecht*, t. II, 2e éd., p. 312 [voy. p. 273, note 3, *supra*]). Il semble donc que, tout au moins postérieurement à cette loi, c'est-à-dire après l'année 45 av. J.-C., partout une admission uniforme par les *quinquennales* avait lieu, alors bien que le souvenir d'une procédure antérieure se conservât encore dans la formule employée pour l'admission.

(1) Ulpian., l. 1 pr. et § 1, *De albo scribendo*, D., L. 3 : *Decuriones in albo ita scriptos esse oportet, ut lege municipali præcipitur* (c'est-à-dire par la loi de fondation du municipe, qui lui avait été donnée par les Romains. — Voy. pp. 83 in fine et suiv.) : *sed si lex cesset, tunc dignitates erunt spectandæ, ut scribantur eo ordine, quo quisque eorum maximo honore in municipio functus est : puta qui duumviratum gesserunt, si hic honor præcellat, et inter duumviros antiquissimus quisque prior : deinde hi, qui secundo post duumviratum honore in re publica functi sunt : post eos qui tertio et deinceps : mox hi qui nullo honore functi sunt, prout quisque eorum in ordinem venit. § 1. In sententiis quoque dicendis item ordo spectandus est, quem in albo scribendo diximus.*

antérieure, et qui y siégeaient avec voix délibérative, non seulement pendant l'année de leur magistrature, mais encore jusqu'au recensement suivant, sans être pour cela de véritables sénateurs ; on trouvait donc au Sénat deux classes de personnes, *senatores, quibusque in senatu sententiam dicere licet* (1). Or, la même distinction se rencontre dans les villes municipales (2). En effet, le Sénat s'y complétait aussi par l'adjonction de ceux qui, *honore gesto*, avaient reçu droit à la dignité de décurions (3); ce n'est que plus tard, probablement à partir des Sévères, que ce régime se modifia, les décu-

Recrutement du Sénat par l'adjonction des anciens magistrats

(1) Voy. Hofmann, *Der römische Senat*, Berlin, 1847, in-8, pp. 33 et suiv.; — Willems, *Le sénat de la république Romaine*, Louvain, 1878, in-8, [t. I], pp. 233 et suiv.

(2) *Lex Julia municip.*, lin. 95 : *nece ibei senator, nece decurio nece conscriptus esto, nece sententiam dicito*; — lin. 107 : *nei quis in eorum quo municipio, colonia, prefectura — in senatu, decurionibus conscripteisque esto nece quei ibi in eo ordine sententiam deicere ferre liceto*. C'est à cette classe que Zumpt (*Comment. epigr.*, t. I, p. 111) rapporte le passage suivant de Papinien, au Digeste (L. 6 § 3, *De decurion. et fil. eor.*, L. 3 : *Privilegiis cessantibus ceteris eorum causa potior habetur in sententiis ferendis, qui pluribus ejusdem tempore suffragiis jure decurionis devoti sunt. Sed et qui plures liberos habet, in suo collegio primus sententiam rogatur ceterosque honoris ordine precellit*. Le *jus decurionis* est le *jus sententiae dicendae*; la préséance de ceux qui ont ce droit, est réglée par l'ancienneté, et, parmi ceux qui sont entrés en même temps au Sénat *honore gesto*, aussi bien par le nombre de voix grâce auquel l'*honor* leur a été concédé, que par le *jus liberorum*. Parmi les décurions qui figuraient sur l'*album*, aucune discussion de préséance, semblable à celle que mentionne Papinien, ne pouvait surgir. A Rome également, dans un collège dont les membres entraient en même temps au Sénat, celui des questeurs d'une seule et même année, par exemple, il n'est pas douteux qu'un rang de préséance était assigné d'après le principe posé par Papinien, ainsi que le montrent les expressions *quaestor primus, praetor primus, secundus*, etc.

(3) *Lex Julia municip.*, lin. 133 : *quibus hac lege in municipio colonia prefectura — in senatu decurionibus conscripteis esse non licebit, ni quis eorum — — Iteratum IIIteratum aliasue quamvis potestatem, ex quo honore in eum ordinem perveniat, petito nece capito*. Aux termes du décret de Tergeste (Henzen, n° 7168 = C. I. L., t. V, 1, n° 532), Antoninus Pius avait établi pour les *Carni Catali* attribués à Tergeste, *ut — prout qui meruissent vita atque censu, per ædilitatis gradus in curiam nostram admitterentur*. Suivant Fronto (*Ep. ad amic.*, II, 7, p. 193, éd. Naber), dans la colonie de Concordia, le fait d'avoir été revêtu des fonctions de *scriba publicus* donnait accès à la curie, et il résulte de différentes inscriptions que l'édilité était d'abord accordée, ensuite seulement la dignité de décurion. Voy. Zumpt, *Comment. epigr.*, t. I, pp. 133, 134. — Pareillement, en Bithynie, il était de principe, aux termes de la *lex Pompeia*, *ut, qui ceperint magistratum, sint in senatu* (Plin., *Ep.*, X, 79 (83)).

rious cessant d'être de simples électeurs, pour devenir seuls
éligibles aux fonctions publiques (1) ; et ce changement se
rattache à ce fait qu'alors les emplois municipaux s'analysaient
en une charge, à laquelle chacun cherchait à se soustraire
par tous les moyens, et qu'ainsi les candidats ne pouvaient
être pris que dans les curies, complétées d force parmi les
possessores, depuis que le droit d'y siéger avait cessé d'être
recherché (2).

Pour la *lectio* du Sénat, il fallait donc considérer trois catégories de personnes : 1° les décurions, qui figurent à l'*album*
depuis le dernier recensement, et dont les *quinquennales*, moins
libres que les censeurs romains, ne peuvent exclure, en se
conformant aux dispositions formelles de la loi, que ceux qui
ont encouru une condamnation criminelle ou toute autre flétrissure (3) ; 2° les magistrats élus depuis cette époque, qui, bien
qu'investis déjà du droit de voter dans la curie, n'étaient pas
encore mentionnés à l'*album* ; 3° enfin, les *municipes*, que leur et d'éléments pris
dans la classe du
cens sénatorial.
cens rendait capables, sans qu'ils eussent jamais rempli de
fonction, de combler les vides pouvant exister dans les rangs
des décurions. Ces derniers devaient, au reste, satisfaire aux
conditions auxquelles la loi subordonnait l'accès des fonctions
de la ville (4). — Les noms étaient disposés sur l'*album* dans Préséance.
l'ordre de préséance établi entre les décurions, suivant lequel

---

(1) Paulus, L. 7 § 2, *De decurion. et fil. cor.*, D., L. 2 : *Is, qui non sit decu-
ris, exuncinatu vel aliis honoribus fungi non potest, quia decurionum honoribus priveil fungi prohibetur.*

(2) Voy. Kuhn, op. cit., t. I, pp. 257 et suiv.

(3) La *lex Julia municipalis* (lin. 103-125) contient les prescriptions sur
ces cas. Comp. Pauli *Sentent. recept.*, V, 13,3 ; — Const. 8, *De decurion. et fil.
cor.*, C. Just., X, 32 (31). L'exclusion pourrait avoir lieu *ad tempus* ou *in
perpetuum* (Papinian., L. 3, *De decurion. et fil cor.*, D., L. 2 ; *Id.*, L. 13 § 1,
De leg. Cornel. de fals., D., XLVIII, 10 ; — Papir. Just., L. 13 pr. et § 1,
De decurion. et fil. cor., D., L. 3). Dans tous ces textes, il est question de
personnes qui ont été condamnées en vertu d'un *judicium publicum* ; d'après
la *lex Col. Genetivae* (c. CV), cependant, un *decurio* peut également être traduit *de indignitate* devant les magistrats de la colonie, et, en cas de condamnation, être exclu du Sénat. — Comp. Mommsen, *Ephem. epigr.*, t. II,
p. 133.

(4) Voy. ci-dessus, pp. 261 et suiv., où les preuves, à l'appui de cette proposition, ont déjà été données.

ils siégeaient à la curie et exprimaient leur vote (1) ; l'*album*
de Canusium (2) nous présente, en l'an 223 de l'ère chrétienne,
la disposition matérielle suivante :

> *L. Mario Maximo II L. Roscio Aeliano Cos.*
> *M. Antonius Priscus L. Annius Secundus IIvir, Quinquenn.*
> *nomina decurionum in aere incidenda curaverunt.*
> *Patroni c. c. v. v.* (Suivent 31 noms).
> *Patroni e. e. q. q. R. II.* (8 noms).
> *Quinquennalicii.* (7 noms).
> *Allecti inter quinq.* (4 noms).
> *IIviralicii.* (29 noms).
> *Aedilicii.* (19 noms).
> *Quaestoricii.* (9 noms).
> *Pedani.* (32 noms).
> *Praetextati.* (25 noms).

Patroni

La première place appartient — cela ressort aussi d'un passage d'Ulpien (3) — aux *patroni clarissimi viri* et aux *patroni
equites Romani*, c'est-à-dire à ceux qui ont géré des emplois à
Rome et y sont sénateurs, ou à ceux qui appartiennent à la
classe équestre romaine. Parmi ces derniers, deux seulement
avaient exercé une fonction à Canusium même, et on les voit
figurer encore une fois au nombre des *quinquennalicii*; quant
aux autres, ils ne sont mentionnés parmi les décurions qu'à
titre surnuméraire et comme membres d'honneur. C'était un
vieil usage (4), aussi bien pour les colonies, les municipes et
les villes provinciales, pris isolément, que pour certaines provinces tout entières (5), que de se placer dans la clientèle d'un

---

(1) Ulpian., LL. 1 et 2, *De albo scrib.*, D., I, 3.

(2) Mommsen, *I. R. N.*, n° 633 [= *C. I. L.*, t. IX, n° 338], et, en extrait,
également Orelli, n° 3721. — Voy., ci-dessus, Zumpt, *Comment. epigr.*, t. I,
pp. 123 et suiv.

(3) Ulpian., L. 2, *De albo scrib.*, D., I, 3 : *In albo decurionum in municipio
nomina ante scribi oportet eorum, qui dignitates principis judicio consecuti
sunt, postea eorum, qui tantum municipalibus honoribus functi sunt.*

(4) Dionys. Halic., II, 11.

(5) Cic., *De offic.*, I, 11, 35 : *In qua tantopere apud nostros justitia culta est,
ut ii, qui civitates aut nationes devictas bello in fidem recepissent, eorum patroni
essent more majorum.*

ou de plusieurs citoyens Romains, considérés et influents: ceux-ci assumaient, comme *patroni* (1), pour eux et pour leurs descendants (2), l'obligation de défendre en toutes circonstances les droits de la commune (3), d'agir toujours au mieux de ses intérêts (4), de prêter leur concours à tous ceux de ses membres qui pourraient avoir à plaider à Rome, et même de favoriser l'accomplissement de leurs souhaits individuels (5). Ceux qui opèrent la *deductio* d'une colonie en acquièrent, de droit et sans aucune désignation particulière, le patronat pour eux et

(1) Voy., sur ces *patroni*, Dirksen, *Civilistische Abhandlungen*, t. II, pp. 61 et suiv.; — E. Philippi, *Zur Geschichte des Patronats über juristische Personen*, dans le *Rheinisches Museum, Neue Folge*, t. VIII, 1853, pp. 591 et suiv.; — Mommsen, *Röm. Forschungen*, t. I, pp. 341, 358-373, et, dans l'*Ephem. epigr.*, t. II, pp. 116 et suiv. — (Voy. encore: Rein, dans la *Pauly's Realency cl.*, mot *Patronus*; — Em. Sebastian, *De patronis coloniarum atque municipum Romanorum*, Halle, 1884, broch. in-8 de 35 pp. — Comp., sur l'adoptio patroni, Rein, *Privatrecht*, pp. 112 et suiv.; — Mommsen, *Röm. Forschungen*, t. I, pp. 71 et suiv., et, dans *Hermes*, t. III, pp. 62 et suiv.; — Ettore de Ruggiero, *Dizionario epigrafico di Antichità Romane*, mot *Adoptio patroni*, fasc. I, Rome, 1886, p. 97, col. 1. — Voy. aussi les ouvrages d'ensemble cités au début de ce chapitre.) — Que chaque commune ait eu en moyenne plusieurs *patroni* à Rome, c'est ce que nous révèle Cicéron (*Pro Sest.*, IV, 9; — *In Pison.*, XI, 25), lorsqu'il nous rapporte avec orgueil que Capoue n'a choisi que lui seul comme *patronus*. D'un autre côté, un citoyen Romain pouvait être patron de beaucoup de villes. C'est ce que nous dit Valère Maxime (IV, 3, 6), au sujet de Fabricius Luscinus : *universos (Samnites) in clientela habebat*.

(2) Un grand nombre d'exemples nous montrent que le patronat était héréditaire dans les familles. Bononia était *in clientela Antoniorum* (Suet., *Oct.*, XVII); Lacédémone *in tutela Claudiorum* (Suet., *Tib.*, VI); les villes siciliennes avaient pour patrons les Marcelli, les Scipiones, les Metelli (Pseudo-Ascon., p. 100 [éd. Orelli]). Dans l'inscription de Puteoli (Orelli, n° 3767 = Mommsen, *I. R. N.*, n° 2585 [= *C. I. L.*, t. X, 1, n° 1811]), on trouve un *puer egregius, ab origine patronus ordinis et populi*, et la formule des actes de collation est la suivante : *eumque cum liberis posterisque suis patronum cooptaverunt* (Henzen, n° 6113 [= *C. I. L.*, t. X, 2, n° 1815]. — (Voy., du reste, *C. I. L.*, t. I, p. 589, col. 1; t. II, pp. 765, col. 1, et 773, col. 3; t. III, 2, p. 1152, col. 2; t. V, 2, p. 1197, col. 1; t. VIII, 2, p. 1101, col. 2; t. IX, p. 790, col. 1; t. X, 2, pp. 1159 *in fine* et suiv.; t. XII, p. 910, col. 2; t. XIV, pp. 519, col. 2 *in fine*, et suiv. = mots *Patronus, Patrona, Patroni, Patronus*; t. XI, 1, *passim*.)

(3) Tacit., *Dial.*, III : *Quam te tot amicorum causæ, tot coloniarum et municipiorum clientelæ in forum vocent.*

(4) De même aussi, relativement aux constructions, qu'ils élevaient à leurs frais (Plin., *Ep.*, IV, 1).

(5) Voy. Dirksen, *op. sup. cit.*, pp. 61 et suiv.

pour leur postérité (1). Mais, d'un autre côté, les *patroni* peuvent être choisis parmi les sénateurs et les chevaliers qui ne remplissent pas de fonctions dans la province, mais qui vivent en Italie, comme simples particuliers (*privati*) (2). Les *patroni* étaient désignés par l'assemblée du peuple (3), en vertu d'une décision prise par les décurions : cette assemblée *adoptabat* ou *cooptabat* le patron (4); en d'autres termes, elle l'admettait dans la commune, et cette admission était constatée par un acte (*tabula hospitalis* ou *tabula patronatus*) en deux exemplaires, dont l'un était remis au patron, et dont l'autre restait aux archives de la commune (5). Comme la commune était intéressée à avoir pour *patroni* des personnages à elle rattachés par certains liens personnels (6), et à resserrer ces liens par des marques d'hon-

---

(1) *Lex col. Genet.*, c. XCVII. C'est ainsi que Sylla fut *patronus* de la colonie de Pompéi, qu'il avait *deducta* (Cic., *Pro P. Sulla*, XXI, 60).

(2) D'après la *lex colon. Genet.* (c. CXXX), est seul éligible qui, *cum ea res agetur, in Italia sine imperio privatus erit*. Si, dans les décrets de patronat qui nous sont parvenus, il est parfois contrevenu à cette règle (voy. Mommsen, *Ephem. epigr.*, t. II, p. 114), la cause peut en être soit une concession de l'Empereur, ou cette circonstance que les gouverneurs impériaux étaient investis du patronat à leur sortie de charge : dans ce dernier cas, on ne suivait certainement pas une procédure strictement conforme à celle de la loi.

(3) La *lex col. Genet.* (c. CXXX) n'exige pour l'élection qu'une décision des décurions; dans beaucoup de décrets de patronat, le *senatus populusque* se nomment comme constituant le corps électoral, et il paraît résulter de là que la commune donnait son assentiment à la décision du Sénat. — Voy. Mommsen, *Stadtrecht*, pp. 453 et suiv.

(4) *Adoptare patronum* est la plus vieille formule (*Lex col. Genet.*, c. XCVII, CXXX), et c'est d'elle que Cicéron se sert également (*Pro Sestio*, IV, 9, et en maints autres passages); *cooptare* n'est usuel que depuis Auguste. — Voy. Mommsen, *Ephem. epigr.*, t. II, p. 117.

(5) Voy. des exemples d'actes de ce genre dans Orelli-Henzen (n⁰ˢ 6113 et suiv.) et dans Wilmanns (*Exempla*, t. II, n⁰ˢ 2849 et suiv.). — (Voy. aussi les renvois faits au C. *I. L.*, p. 371, note 2 *à la fin*, *supra*]. — Sur les collections de ces actes, voy. les renseignements dans Marquardt, *Privatleben der Römer*, 2⁰ éd., Leipzig, 1886, pp. 196 *in fine* et suiv.

(6) Fronto (*Ep. ad amic.*, II, 10, p. 90, éd. Naber) écrit aux *Illviri* et décurions de Cirta: *quare uos les uelis patronos creare et decreta in eam rem mittere ad eos, qui nunc forti principem locum occupant, Aufidium Victorinum, quem in numero municipum habetis, et si consilia mea juverint. — Serrilium quoque Silanum, optimum et facundissimum virum jure municipii patronum habebitis, cum si siluas et antea civitate Hipponae Regis. Postumium Festum et morum et eloquentia nomine recte patronum uobis feceritis, et ipsum uestra provincia et civitatis non longinquum.*

neur et des distinctions (1), il était naturel de les faire figurer dans
l'album de la curie, en qualité de membres de la communauté, à
la place la plus honorable. Toutefois, les *patroni* ne siégeaient pas
au Sénat comme titulaires, mais comme surnuméraires : cela
résulte de ce que, déduction faite des *patroni* et des *praetextati*
mentionnés à la fin de la liste, il reste le nombre normal de
cent décurions. Il n'y a pas de place dans la liste pour les magistrats en fonctions; mais ils y sont déjà portés comme *honore
functi*; les deux *quinquennales* qui ont dressé l'album prennent
le dernier rang parmi les *quinquennalicii*. Les décurions sont
d'ailleurs rangés suivant leur préséance (2). La quinquennalité
étant la fonction la plus élevée (3), les *quinquennalicii* arrivent
immédiatement après les *patroni*; puis viennent les *duum-
viralicii*, plus ordinairement appelés *duumvirales* (4), les *aedi-
licii* et les *quaestoricii* (autrement *quaestorii*).

---

(1) On élevait des statues aux patrons (Cic., in Pison., XI, 3; [illegible] on leur en-
voyait des présents (Valer. Maxim., IV, 3, 6; — Horat., Carm., II, R, [illegible],
et on les honorait de toutes manières (Plin., Ep., IV, [illegible]).

(2) Sous ce rapport, quelques différences paraissent s'être manifestées; le
princeps coloniae ou *municipii*, dont on trouve fréquemment mention (voy.
Henzen, Index, p. 123 [voy. aussi Wilmanns, Exempla, Index, t. II, p. [illegible]
col. [illegible], et C. I. L.; t. I, p. 591, col. 2; t. III, 2, pp. 1192, col. 2 in fine et
suiv.; t. IV, n° 1127; t. V, 2, n°[s] 1593 et 1910; t. IX, Index X, [illegible], p. 739,
col. 1; compt. VIII, 2, p. 1191 in fine; t. X, 2, p. 1139, col. 2, et t. XI, 1, [illegible]
[illegible], n'est point un fonctionnaire; car on le rencontre à Pise à une époque
où il n'y avait certainement aucun fonctionnaire dans cette ville (Orelli,
n° 63 [= Wilmanns, Exempla, t. I, n° 80, II, pp. 551 et suiv.], et C. I. L.,
t. XI, 1, n° 1127, lin. 18, p. 278; sur Pise, voy. M. E. Desjardins, col. 19,
332, col. 2 in fine, et suiv.); il est plutôt *e principalibus*, c'est-à-dire qu'il
appartient à une classe ayant un rang spécial, savoir la classe des *omnibus
honoribus functi* (voy. Orelli, n° 3761 [= C. I. L., t. V, 1, n° 532, et Wilmanns, Exempla, t. I, n° 665]; — Renier, n° 3695 [= C. I. L., t. VIII, 2,
n° 883]; — Apuleius, Apolog., XXIV), et le droit de siéger dans ce bel ordre
pourrait être accordé comme *honor* (Renier, n° 3663 [= C. I. L., t. VIII, 2,
n° 2735]). Il est donc possible que, dans quelques municipes, à la place
de la classe des *patroni*, il existât une classe des *principales*, car, dans cette
classe, figurent des Romains distingués (voy. Orelli, n° 3751, 3751 [= Henzen, n° 3811 = C. I. L., t. X, 2, n° 3848; — t. IX, n° 1686]).

(3) Apul., Metam., X, 18 : *oriundus patri Corinthies, quod in qua est tribus
Achaiae provinciae*, — — *gradatim permensis honoribus quinquennalis magistratui fuerat destinatus*.

(4) On trouve des exemples de ces deux titres dans Henzen, Index, p. 133.
— (Voy. aussi Wilmanns, Exempla, Index, t. II, p. 631, col. 2, et C. I. L.

A côté d'eux, on trouve cependant encore trois catégories, qui appellent une observation.

Allecti.

Parlons tout d'abord des *allecti*. Par *allectio* au Sénat romain, on entend l'adjonction à cette assemblée de membres extraordinaires, c'est-à-dire empruntés aux autres classes (1). On assignait, lors de l'*allectio*, aux nouveaux sénateurs un siège dans une classe déterminée : de là vient que l'on rencontre souvent, sous les Empereurs, des *allecti inter consulares, inter prætorios, tribunicios, quæstorios* (2). De même, dans les municipes, on admettait soit parmi les décurions inférieurs (3), soit dans les premiers rangs de la curie (4), certaines personnes qui s'étaient signalées par des services exceptionnels; et il était procédé à cette admission, probablement en vertu

---

t. III, 2, *Index* XII, C, p. 1182, col. 1; t. V, 2, *Index* XI, C, p. 1197, col. 2 in fine; t. VIII, 2, *Index* XI, C, p. 1101, col. 1; t. IX, même *Index*, p. 780, col. 2; t. X, 2, même *Index*, p. 1138, col. 1 in fine; t. XII, même *Index*, p. 910, col. 1.]

(1) Suéton., *Claud.*, XXIV : *Appium Cæcum censorem — Libertinorum filios in senatum allegisse docuit;* — *Vespas.*, IX : *honestissimos quosque Italicorum et provincialium allecto.*

(2) Plin., *Ep.*, I, 14, 5 : *Minicius Macrinus, equestris ordinis princeps,* — *allectus a divo Vespasiano inter prætorios;* — Capitolin., *M. Ant. Phil.*, X : *Multos ex amicis in senatum allegit cum ædiliciis aut prætoriis dignitatibus;* — Capitolin., *Pert.*, VI. — Marini (*Arval.*, pp. 721, 790; comp. p. 116) fournit, à cet égard, de nombreux détails. — [Voy. aussi *C. I. L.*, t. II, p. 767, II, col. 1, et G. Bloch, *De decretis functorum magistratuum ornamentis.* — *De decretis allectione in ordines functorum magistratuum usque ad mutatam Diocletiani temporibus rem publicam.* Accedit Appendix epigraphica (Thèse de Doct. ès-lettres), Paris, 1883, in 8.]

(3) Orelli, n° 2333 = Mommsen, *I. R. N.*, n° 2569 [= *C. I. L.*, t. X, 1, n° 3701]: *allecti in ordin. decurion.*; — Orelli, n° 3552 [= Wilmanns, *Exempla*, t. II, n° 1751 (comp. n° 1723 b)= *C. I. L.*, t. XIV, n° 375, p. 70, et *Additam.*, p. 482, col. 2 in init., ad h. n.]: *allecto — gratis decurioni;* — n° 3745 = Mommsen, *I. R. N.*, n° 2243 [= *C. I. L.*, t. X, 1, n° 846]: *hunc decuriones ob liberalitatem cum esset annorum sex ordini suo gratis allegerunt;* — Orelli, n° 1229 [= *C. I. L.*, t. X, 1, n° 1578]: voy. du reste un plus grand nombre d'exemples dans Zumpt, *Comment. epigr.*, t. I, pp. 158, 121.

(4) Orelli, n° 3816 = Mommsen, *I. R. N.*, n° 1888 [= *C. I. L.*, t. X, 1, n° 1132]: *hunc decuriones gratis in ordinem su[um] adlegerunt duumviralium numero.* — Voy. d'autres exemples dans Henzen, *Index*, p. 135. — [Voy. également, sur le contenu de la note précédente et de celle-ci, Wilmanns, *Exempla*, t. II, *Indices*, pp. 613 et suiv., passim; *C. I. L.*, *Index* XI, B et C; t. V, 2, p. 1196; t. VIII, 2, pp. 1100 et suiv.; t. IX, pp. 788 et suiv.; t. X, 2, pp. 1156 et suiv.; t. XI, 1, passim; t. XII, p. 932 in fine; t. XIV, p. 579; voy. aussi t. II, p. 773, col. 1; t. III, 2, p. 1182.]

d'une autorisation spéciale de l'Empereur, non par une opération censoriale, mais par un vote du Sénat lui-même.

Pedani. La deuxième classe dont nous avons à parler est celle des décurions que notre inscription appelle *pedani*, de ceux qui, dans le Sénat romain, portent le nom de *pedanei* ou *pedarii* (1). Les membres qui la composent — l'*album* lui-même ne laisse aucun doute à cet égard — sont ceux qui ont été admis au Sénat, sans avoir jamais exercé de fonction. L'origine de cette appellation est obscure (2); mais on la retrouve encore dans la suite de l'Empire, appliquée aux *judices pedanei* ou χαμαιδικασταί (3).

Prætextati. Enfin, les *prætextati* ne sont autres que les fils des décurions (4), qui avaient également obtenu depuis Auguste l'autorisation de paraître, comme auditeurs, au Sénat romain (5); toutefois, on ne les faisait figurer à l'*album* qu'à raison de circonstances particulières (6), par exemple à la suite d'une libé-

---

(1) Aulu-Gelle (*Noct. Att.*, III, 18), qui arrive au résultat suivant : *Id vocabulum a plerisque barbare dici animadvertimus. Nam pro pedariis pedaneos appellant.*

(2) Aul. Gell., *loc. sup. cit.*; — Hofmann, *Der röm. Senat*, pp. 19-31 ; — Zumpt, *Comment. epigr.* (t. I), p. 131 ; — P. Willems, *Le sénat de la république Romaine*, (t. I), Louvain, 1878, in 8, pp. 137 et suiv.

(3) Voy. sur eux Bethmann Hollweg, *Der röm. Civilprocess*, t. III, § 149.

(4) Dans l'*album*, quatre des *prætextati* sont distingués de leurs pères par l'adjonction *IUN.*; l'un d'eux est mentionné parmi les *quinquennalicii*, deux parmi les *IIviralicii*, le quatrième parmi les *pedani*.

(5) Suet., *Oct.*, XXXVIII : *Liberis senatorum, quo celerius reipublicæ adsuescerent, protinus a virili toga latum clavum induere et curiæ interesse, permisit.* — Dio Cass., LIX, 9 ; — Stat., *Silv.*, IV, 8,39.

(6) Callistrat., L. 11, *De decurion. et fil. eor.*, D., L, 2 :... *Neque enim minores vigintl quinque annis decuriones allegi nisi ex causa possunt...* C'est ainsi qu'à Tarvisium un enfant est nommé décurion après la mort de son oncle, pour que la place de sénateur demeure à la famille (*C. I. L.*, t. V, I, n° 2117). C'était par voie d'*allectio* que l'on procédait (Orelli, n° 3737 [= *C. I. L.*, t. IX, n° 3573]), et c'est ainsi que l'on trouve un *infans decurio* (Henzen, n° 7010 [= *C. I. L.*, t. IX, n° 1166]), ou des enfants de 4, 5,6, 8 et 11 ans, revêtus de cet *honor* (Orelli, n° 3747, 3748, [= *C. I. L.*, t. IX, n°° 3573, 3356], 3746 [= *C. I. L.*, t. III, 1, n° 659], 3745 [= *C. I. L.*, t. X, 1, n° 846] 4912 [= *C. I. L.*, t. V, 1, n° 1198 ; voy. aussi *C. I. L.*, t. IX, n° 1166] ; — Henzen, n° 7137 [= *C. I. L.*, t. V, 1, n° 337 = Wilmanns, *Exempla*, t. I, n° 297]. Libanius (vol. II, p. 261, 6, ed. Reiske) mentionne un vioς dans la βουλή d'Antiochia. — (Voy. encore un *decurio ann.* V : *C. I. L.*, t. X, 1, n° 3679; *ann. XVI* : *C. I. L.*, t. VIII, 1, n° 5378; *ann. XVII* : *C. I. L.*, t. X, 1, n° 1504; *ann. XIX* : *C. I. L.*, t. IX, n°° 1638, 3413; *ann. XXIII* : *C. I. L.*,

ralité faite à la commune (1), ou d'un désir exprimé par leur
père (2). Ils ont les attributs extérieurs des décurions, c'est-à-
dire qu'ils siègent parmi eux au théâtre et dans les festins publics (3), et qu'ils supportent leur part des frais occasionnés
par ces réjouissances; mais ils sont privés du droit de voter,
jusqu'à ce qu'ils aient atteint l'âge légal, qui les fait entrer
dans une des autres classes (4).

On accordait parfois à des personnes qui ne remplissaient
pas les conditions voulues pour être décurions, mais qui
s'étaient recommandées par d'éminents services, les *ornamenta decurionalia* (5), lorsqu'elles appartenaient à la classe
des affranchis, les *ornamenta duumviralia* (6) ou les *ornamenta quinquennalitatis* (7), lorsqu'il s'agissait de Romains
occupant un degré plus élevé dans l'échelle sociale (8); mais

t. VIII, 1, n° 5356. — Voy., au surplus, les *Indices* du C. I. L., Res Municipales.]

(1) Orelli, n° 3715 [= C. I. L., t. X, 1, n° 846].

(2) Paul., L. 21 § 6, *Ad municip. et de inc.*, D., L, 1 : .... *Pro infante filio,
quem decurionem esse voluisti, quamquam fidem tuam in posterum adstrinxe-
ris, tamen interim onera sustinere non cogeris....*; — Ulpian., L. 2 pr., eod. tit.:
*Quotiens plures familias voluntate patris decurio creatur, universis muneribus,
quæ decurioni filio injunguntur, obstrictus est pater....*; — Papinian., L. 11
§ 2, eod. tit.; — Paul., L. 7 § 3, *De decurion. et fil. eor.*, D., L, 2.

(3) Les décurions ont des places particulières dans toute espèce de jeux
(*Lex Julia municip.*, lin. 138; — *Lex col. Genet.*, c. CXXV. CXXVII. CXXVIII).
— Houdoy (*op. cit.*, pp. 288 et suiv.) traite ce sujet en détail.

(4) Papinian., L. 6 § 1, *De decurion. et fil. eor.*, D., L, 2 : *Minores viginti
quinque annorum decuriones facti sportulas decurionum accipiunt : sed interim
suffragium inter ceteros ferre non possunt.*

(5) Henzen, n° 7006, et surtout *Index*, p. 132, pour de plus nombreux exemples : — C. I. L., t. V, 1, n°° 3633. 4921. 4971; — Renier, n° 1512 [= C. I. L.,
t. VIII, 1, n° 2330]. — [Voy. encore : Wilmanns, *Exempla, Indices*, t. II,
p. 615, col. 2; — C. I. L., *Indices*, Res Municipales, B, et M. H. Lemonnier, *Étude historiq. sur la condition privée des affranchis aux trois premiers
siècles de l'empire romain* (Thèse de Doct., présentée à la Faculté des Lettres
de Paris), Paris, 1887, pp. 257 in fine et suiv.]

(6) C. I. L., t. III, 1, n°° 388. 650. 753. 1193; — Henzen, *Index*, p. 133; —
Zumpt, *De Augustalibus*, pp. 23-30; *Comment. epigr.*, t. I, p. 131. — [Voy.
encore Wilmanns, *Exempla, Indices*, t. II, p. 621, col. 2.]

(7) Orelli, n° 1420 [= Wilmanns, *Exempla*, t. II, n° 2225]; — Henzen,
n° 6976 [= C. I. L., t. VIII, 1, n° 7046]; — comp. Orelli, n° 3557 [= Wilmanns, *Exempla*, t. II, n°° 1822. 1824 = C. I. L., t. X, 1, n° 60].

(8) Parfois, ces ornements étaient conférés même à des morts, en vue de leur
tombeau (C. I. L., t. V, 1, n° 1892).

ces *ornamenta*, qui leur étaient conférés par un décret de la
curie, comme l'étaient à Rome les *ornamenta consularia, prætoria, ædilicia, quæstoria* (1), ne donnaient droit qu'aux prérogatives extérieures de la dignité, et n'ouvraient pas l'accès
de la curie.

On a découvert récemment une deuxième liste de décurions :
elle se trouve dans l'*album ordinis* de Thamugas, en Numidie (2), qui a été dressé avant l'année 267 de l'ère chrétienne (3) et se rattache ainsi à une époque bien postérieure.
En ne comptant qu'une fois les personnes investies en même
temps de plusieurs dignités, on y rencontre soixante-treize
décurions, savoir :

Patroni viri clarissimi	10
patroni viri perfectissimi.	2
sacerdotales (provinciæ)	2
le *curator (coloniæ)*	1
les *duoviri.*	3
flamines perpetui	32
pontifices	1
augures	1
ædiles	2
quæstor	1
duoviralicii	12

Le Sénat comprenait donc, en dehors des *patroni*, deux prêtres provinciaux qui, dans l'ordre des préséances, venaient,
non seulement avant les prêtres municipaux, mais même avant
le *curator*; puis venaient les magistrats et les prêtres en fonc-

---

(1) Voy. Mommsen, *Staatsrecht*, t. I, 2ᵉ éd., pp. 499 et suiv. (la trad. fr.
de ce volume, par M. P. F. Girard, n'a pas encore paru : il en a été publié
une 3ᵉ éd. allemande à Leipzig en 1887) ; — Willems, *Le sénat de la rép.
rom.*, (t. I), pp. 638 et suiv.

(2) Il a été publié avec un Commentaire par Mommsen dans l'*Ephemeris
epigraphica* (t. III, p. 77 et suiv.) ; il a ensuite été reproduit par Renier
(*Comptes-rendus*, 1873, pp. 399 et suiv.) et (par E. Masqueray) dans le *Recueil
de Constantine* (1876, pp. 110 et suiv.). — (Il figure aujourd'hui au *C. I. L.,*
t. VIII, I, nᵒ 2403.)

(3) Voy. Mommsen, *loc. sup. cit.*, p. 79.

tion; enfin, parmi les anciens magistrats, les seuls *duoviralicii*, tandis que les *quæstores* et les *ædiles* quittaient le Sénat à l'expiration de leur magistrature, ainsi qu'il arrivait autrefois à Rome (1). Cependant, la constitution du Sénat de Thamugas pourrait bien, d'une manière générale, avoir été une particularité des provinces africaines; car les règles empruntées par Justinien à Ulpien, *De albo scribendo*, sont entièrement conformes aux indications de l'*album* de Canusium (2).

Compétence du Sénat.

Le Sénat et les magistrats entretiennent, pendant les deux premiers siècles, les mêmes rapports qu'à Rome : le Sénat a le pouvoir délibérant, les magistrats ont le pouvoir exécutif; mais ces derniers sont obligés de s'en tenir exactement aux décisions de l'*ordo*; en cas de contravention, la *lex coloniæ Geneticæ* prononce contre eux une amende pécuniaire (3). Ils n'agissent souverainement que dans les limites de leurs pleins pouvoirs; mais les cas qui ne rentrent pas dans leur *potestas* sont soumis aux délibérations du Sénat, lequel, au surplus, ainsi que nous le montre la loi de Malaca, connaît des appels interjetés contre les *multæ*, prononcées par les duovirs et les édiles (4).

A quelles conditions les décisions ont-elles valablement prises?

Les résolutions votées par le Sénat ne sont valables qu'autant qu'un nombre déterminé de décurions ont assisté à la séance. La *lex Coloniæ Geneticæ* exige, pour certains cas, la présence obligatoire de la majorité; pour d'autres, celle des deux tiers (5), des trois quarts, de la moitié, ou, ce qui revient

---

(1) Voy. Willems, *Le Sénat de la république romaine*, (t. I), pp. 225 et suiv.

(2) L. 1 pr. et § 1, D., L. 3 : *De his vero in albo ita scriptis esse oportet, ut lege municipali præcipitur : sed si lex cesset, tunc dignitates erunt spectandæ, ut scribantur eo ordine, quo quisque eorum maximo honore in municipio functus est : puta qui duumviratum gesserat, si hic honor præcellat, et inter duumvirales antiquissimus quisque prior : deinde hi, qui secundo post duumviratum honore in republica functi sunt : post eos qui tertio et deinceps : mox hi qui nullo honore functi sunt, prout quisque eorum in ordinem venit. § 1. In sententiis quoque dicendis idem ordo spectandus est, quem in albo scribendo diximus.*

(3) *Lex col. Genet.*, c. CXXIX.

(4) *Lex Mal.*, c. LXVI.

(5) [*C. I. L.*, t. X, 1, n° 1112, 39.]

au même, de 50 décurions ; pour d'autres encore, la présence de 40 décurions au moins (1), ou même seulement de 20 (2) ; et il existait des prescriptions de ce genre pour tous les municipes (3).

Le *duovir* ou, d'une manière générale, le magistrat du rang le plus élevé, convoque le Sénat, préside la séance (*habet senatum* ou *ordinem*) (4), formule la proposition (*refert* (5), *verba facit* (6), et fait voter chacun à son tour, suivant l'ordre de préséance (*sententiam rogat*) (7). Ordinairement, les décurions motivaient oralement leur vote (*sententiam dicunt*) (8) ; et les motifs énoncés par le premier votant passaient dans le décret, lorsque les autres se rangeaient à son avis (9) ; toutefois, dans

----

(1) Voy. les citations faites par Mommsen, dans l'*Ephem. epigr.*, t. II, p. 136.

(2) *Lex col. Genet.*, c. LXIX. — [Voy. aussi *C. I. L.*, t. X, 1, n° 1781, 3, 9.]

(3) *Lex Malac.*, c. LXI : *Ne quis patronum publice municipibus municipii Flavi Malacitani cooptato patrociniumve cui deferto nisi ex maioris partis decurionum decreto, quod decretum factum erit, cum duæ partes non minus adfuerint* ; — Ulpian. et Paul., LL. 3 et 4, *Quod cujusc. univers.*, D., III, 4 ; — Ulpian., L. 3, *De decr. ab ord. fac.*, D., I, 9 : *lege autem municipali cavetur, ut ordo non aliter habeatur quam duabus partibus adhibitis* ; — Const. 85, *De decurion.*, C. Th. XII, 1 ; — Édit de Venafrum, dans Mommsen, *I. R. N.*, n° 4601 [= *C. I. L.*, t. X, 1, n° 4842], lin. 39 *in fine* et suit. : *ex maioris partis decurionum decreto, quod decretum ita factum erit, cum in decurionibus non minus quam duæ partes decurionum adfuerint*. — Voy. Mommsen, *Stadtrechte*, p. 412. — On trouve une fois une décision, dans laquelle il est dit : *in decurionibus fuerunt XXVI* (voy. Wilmanns, [*Exempla*, t. I], sur le n° 205).

(4) *Habet senatum, decuriones, conscriptos. Lex Julia municip.*, lin. 123, 129 ; — Orelli, n° 1426 = Mommsen, *I. R. N.*, n° 6431 [= *C. I. L.*, t. IX, n° 3429] ; — Ulpian., L. 3, *De decr. ab ord. fac.*, D., I, 9.

(5) Orelli-Henzen, n° 173, 1170 [= Wilmanns, *Exempla*, t. I, n° 753 [= *C. I. L.*, t. XIV, n° 2795], 692 a]. — [Voy. encore *C. I. L.*, t. IX, n° 259 ; t. X, 1, n° 852, 1786 ; etc.]

(6) Orelli-Henzen, n° 4038 [= *C. I. L.*, t. XI, 1, n° 1926], 6610 = *C. I. L.*, t. V, 1, n° 532 [= Wilmanns, *Exempla*, t. I, n° 693], 1169 [= *C. I. L.*, t. X, 1, n° 1782] ; — Wilmanns, [*Exempla*, t. I], n° 695 [= *C. I. L.*, t. X, 1, n° 4842]. — [Voy. encore *C. I. L.*, t. IX, n° 259 ; t. X, 1, n° 478, 1453, 1782, 1783, 1784, 1787, 2697, 3903, 3610 ; etc.]

(7) *Lex Julia municip.*, lin. 106.

(8) *Lex Julia municip.*, lin. 125.

(9) *C. I. L.*, t. V, 1, n° 532 : *primo censente Calpurnio Certo — censuerunt* ; — Orelli-Henzen, n° 4031 [*in fine* = *C. I. L.*, t. V, 1, n° 261] : *... prim[us]*

certains cas, le vote *per tabellam* était de rigueur (1), ce qu'on exprimait par les mots *sententiam ferre* (2).

 Les lois municipales qui nous ont été conservées font porter les délibérations du Sénat sur les points suivants :

1° la *munitio*, c'est-à-dire les prestations personnelles et les corvées d'attelage, auxquelles la loi astreint tous les citoyens dans l'intérêt des constructions publiques (3) ;

2° l'armement des citoyens, dans le cas d'une offensive ennemie (4) ;

3° la nomination des *magistri fani* (5) ;

4° l'attribution de places d'honneur dans les spectacles (6) ;

5° la nomination des *patroni* (7) ;

6° la nomination des envoyés publics (8) ;

7° l'exploitation des aqueducs (9) ;

8° la poursuite judiciaire des débiteurs de la ville (10) ;

9° la détermination des jours de fêtes annuelles (11) ;

10° le contrôle de la mise à exécution des jeux autorisés par le Sénat (12) ;

11° les subsides réclamés par les sacrifices ou par d'autres intérêts religieux (13) ;

---

cens[uit] L. [Orelli: C.] Lucretius Helvianus. 1170 [= Wilmanns, *Exempla*, t. I, n° 693 a] :..... *referente L. Vario Firmo IIII. vir[o], censente C. Clueio Sabino ita cens[uere ou uerunt].*

(1) *Lex Malacit., c.* LXI : *iurati per tabellam sententiam tulerint*; — C. I. L., t. II, n° 1963 : — Mommsen, *I. R. N.*, n° 3950. 3951 [=C. I. L., t. X. 1. n° 6618. 6619], et *Stadtrechte*, p. 413, note 35.

(2) Telle est la raison pour laquelle la *Lex Julia municipalis* emploie la double formule *sententiam dicere ferre* (voy. lin. 107. 110. 121. 129. 132).

(3) *Lex col. Genet., c.* XCVIII.

(4) *Ibid., c.* CIII.

(5) *Ibid., c.* CXXVIII.

(6) *Ibid., c.* CXXV. CXXVI. CXXVII.

(7) *Ibid., c.* XCVII. CXXX. CXXXI; — *Lex Malacit., c.* LXI.

(8) *Lex col. Genet., c.* XCII.

(9) *Ibid., c.* XCIX.

(10) *Ibid., c.* XCVI; comp. *c.* CXXXIV.

(11) *Ibid., c.* LXIV.

(12) *Ibid., c.* LXX.

(13) *Ibid., c.* LXIX.

12° la permission de démolir une construction située dans la ville (1);

13° la reddition des comptes relatifs aux affaires confiées par le Sénat à telle ou à telle personne (2);

14° la publicité à donner au budget de la ville (3);

15° l'autorisation de réaliser les garanties données à la commune (4);

16° l'institution d'une commission chargée de l'examen de la comptabilité communale (5);

17° l'affranchissement d'un esclave par un *municeps* mineur de vingt ans (6);

18° l'approbation de la tutelle déférée par le magistrat (7);

19° la connaissance des appels dirigés contre les amendes infligées par les duovirs et les édiles (8).

Avec la fin du deuxième siècle (9), on voit se manifester, dans l'existence des curies, le grand changement qui devait, après le règne de Constantin, aboutir à leur ruine absolue. Jusque-là, nous nous sommes efforcé de le démontrer dans tous les développements qui précèdent. les communes, bien qu'utilisées par le Gouvernement romain dans l'intérêt de l'administration, avaient conservé, avec la liberté et l'autonomie, un patriotisme municipal, qui trouvait à se satisfaire dans le service de la ville. Vers la fin du deuxième siècle, au contraire, se produisit dans l'administration impériale, une centralisation, appuyée sur une nombreuse hiérarchie de fonctionnaires (10), qui s'attribua le

Déclin des curies.

---

(1) *Lex col. Genet.*, c. LXXV ; — *Lex Malacit.*, c. LXII.

(2) *Lex col. Genet.*, c. LXXX.

(3) *Lex Malacit.*, c. LXIII.

(4) *Lex Malacit.*, c. LXIV.

(5) *Ibid.*, c. LXVII. LXVIII.

(6) *Lex Salpens.*, c. XXVIII.

(7) *Lex Salpens.*, c. XXIX.

(8) *Lex Malacit.*, c. LXVI. — [Comp., sur ce qui précède, pp. 219 et suiv., *supra*, et M. Ettore de Ruggiero, *Dizionario epigrafico di Antichità romane*, fasc. 5, Roma, 1886, pp. 113, col. 1, c), et suit.]

(9) Voy. Kuhn, *op. cit.*, t. I, p. 211.

(10) Cette centralisation commence avec Hadrien et continue sous ses successeurs, notamment sous Septime Sévère et Caracalla, au règne desquels paraît aussi se rattacher le changement de l'organisation municipale dont

contrôle de l'administration de la ville, d'une part, et, de l'autre, ouvrit aux citoyens ambitieux la perspective de fonctions officielles bien plus élevées que par le passé. Dès lors, les intérêts particuliers des villes ne cessèrent de perdre de leur importance ; le seul rôle de ces dernières fut de subvenir aux charges de l'État ; les candidats aux magistratures municipales firent défaut ; les assemblées populaires ne procédèrent plus aux élections ; les curies ne se complétèrent plus par l'adjonction des magistrats, mais par l'incorporation forcée des *possessores*, ayant le cens sénatorial (1) ; et c'est aussi parmi ces derniers que le Sénat choisit à l'avenir les fonctionnaires, en sorte que, désormais, on commença par être *decurio*, pour devenir ensuite fonctionnaire (2). D'un autre côté, on imposa aux décurions, non investis de fonctions régulières, divers *curationes* et *munera* (3), par exemple la perception des impôts (4) ; le caractère des Sénats municipaux en vint ainsi à se modifier profondément : le décurion ne fut plus considéré comme un membre d'une assemblée délibérante, ayant des attributions distinctes de celles du *magistratus*, mais comme un fonctionnaire, et comme

---

nous parlons. Nous ignorons quelle part ont prise à ce nouveau principe appliqué à l'administration de l'État romain les grands jurisconsultes qui siégeaient dans le Conseil de l'Empereur, Papinien, Ulpien, Paul, Modestin ; mais leurs écrits, à tout le moins, ne se réfèrent pas exclusivement au droit privé ; ils ont trait également à des points importants de l'administration, ainsi que le prouvent l'*astronomik* de Papinien, les livres d'Ulpien *De officio proconsulis*, *De censibus*, *De officio curatoris reipublicæ*, et les livres de Paul *De censibus* et *Ad municipalem*. — [Sur la centralisation, voy. M. G. Humbert, *Essai sur les finances et la comptabil. publique chez les Romains*, t. II, renvoi de l'*Index gén. et alphab. des matières*, à ce mot.]

(1) La première mention de gens, qui *intili fuul decuriones*, se trouve dans une lettre de Trajan, rapportée par Pline (*Ep.*, X, 113 (114)). Plus tard, les dispositions relatives à cette contrainte se multiplient (Ulpian. : LL. 1 et 2 § 8, *De decurion. et fil. eor.*, D., L, 2). — [Sur les *possessores*, voy. M. G. Humbert, *Essai sur les finances et la comptab.l. publ. chez les Rom.*, t. II, renvois de l'*Index gén. et alphab. des matières*, p. 497, à ce mot.]

(2) Paul., L. 7 § 2, *De decurion. et fil. eor.*, D., L, 2 : *Is, qui non sit decurio, duumviratu vel aliis honoribus fungi non potest, quia decurionum honoribus plebeii fungi prohibentur.*

(3) Voy. Kuhn, *op. cit.*, t. I, pp. 242 et suiv.

(4) Papinian., L. 11 § 1, *Ad municip. et de inc.*, D., L, 1.

un fonctionnaire de l'État (1). Étant donné la gêne toujours
croissante des finances communales, dont les Empereurs ne se
faisaient souvent aucun scrupule de disposer au gré de leurs
caprices (2), et le système par lequel le Gouvernement central
rendait les décurions personnellement responsables de l'acquit
des charges imposées à la ville et de tous les impôts qui devaient
y être payés (3), le décurionat cessa d'être un honneur, pour
devenir un insupportable fardeau, auquel les habitants aisés de
chaque ville cherchaient à se soustraire par tous les moyens (4),
tandisque le Gouvernement s'efforçait d'assurer, par les mesures
les plus rigoureuses, le recrutement des curies (5). Il rendit le
décurionat héréditaire en ligne masculine (6), et transmissible
à tous les fils âgés de dix-huit ans. Dans le cas où, malgré cette
règle, le nombre des *curiales* était incomplet, on recourait à une

(1) Voy. Kuhn, *loc. sup. cit.*

(2) Ammien Marcellin (XXV, 4, 15) dit de Julien : *Liberalitatis ejus testi-
monia plurima sunt et verissima, inter quæ — — — vectigalia civitatibus res-
tituta cum fundis, absque his, quos telal jure vendiderat præterita potestates.*
— Voy., sur ce sujet, Roth, *op. cit.*, p. 36 ; — Walter, *Geschichte des röm.
Rechts*, t. I, § 397.

(3) Voy. Huschke, *Ueber den Census der früheren Kaiserzeit*, pp. 136. 141 ;
— Rüdiger, *De curialibus*, p. 12.

(4) Const. 50, *De decurion.*, C. Th., XII. 1 ; — Roth, *op. cit.*, pp. 41. 43. —
De même, on cherchait à se soustraire aux fonctions ; Const. 16, *De decurion.*,
C. Th., XII, 1 : *Si ad magistratum nominati aufugerint, requirantur et, si
pertinaci animo latere potuerint, his ipsorum bona permittantur, qui præsenti
tempore in locum eorum ad duumviratus munera vocabantur ; ita ut, si postea
reperti fuerint, biennio integro onera duumviratus cogantur agnoscere. Omnes
enim, qui obsequia publicorum munerum declinare tentaverint, simili conditione
teneri oportet.* Aussi les décurions des derniers temps ont-ils besoin d'une
permission, chaque fois qu'ils veulent s'éloigner de leur ville (Const. 16, *De
decurion. et fil. eor.*, C. Just., X. 32 (31)).

(5) Comme la période postérieure à Constantin excède le plan de ce livre,
je renvoie sur ce point à Godefroy, *Paratitlon ad Cod. Theod.*, XII. 1 ; —
Roth, *op. cit.*, pp. 63 et suiv., et 32 et suiv.; — Rüdiger, *De curialibus imperii Romani post Constantinum M.*, Breslau, 1837, in-4; — Walter, *Gesch. des
röm. Rechts*, t. I, §§ 395 et suiv.; — Savigny, *op. et loc sup. citt.*; — Hegel,
Gesch. der Städteverfassung von Italien, t. I, pp. 61-93; — Wallon, *Hist. de
l'esclavage*, t. III (2ᵉ éd., Paris, 1879), pp. 188-207; — Kuhn, *op. cit.*, pp.
263 et suiv. — [Voy. encore les auteurs cités, p. 269, note 1ʳᵉ, *supra*.]

(6) Const. 118 pr., *De decurion.*, C. Th., XII, 1 : *Decurio fortunam, quam
nascendo meruit, suffragiis atque ambitione non mutet.....* — Voilà pourquoi
ils s'appellent *originales* ou *origine curiales, per originem obnoxii curiis*. —
Voy. Godefroy, *Paratitlon ad Cod. Theod.*, XII, 1, [t. IV, éd. Ritter], p. 353.

allectio parmi les autres *municipes* et *incolæ* : les esclaves, les affranchis et les personnes infâmes étaient seuls exclus de cette *allectio*; les enfants en bas âge et les bâtards eux-mêmes y étaient admis. Enfin, au IV⁰ siècle, on alla jusqu'à utiliser les curies comme lieux de correction, en y envoyant des criminels (1).

(1) Const. 68, *De decurion.*, C. Th., XII, 1 ; —Roth, *op. cit.*, pp. 40. 45. 51. — [Voici la teneur intégrale de la Constitution fort curieuse du C. Th., citée par M. Marquardt : *Ordinibus curiarum, quorum nobis splendor vel maxime cordi est, non aggregentur, nisi nominati, nisi electi, quos ipsi ordines curtibus suis duxerint aggregandos ; nec quis ob culpam, ob quam exiri deberet ex ordine, mittatur in curiam* (ann. 365). — Voy. aussi la Const. 109, *eod.* (ann. 386), et, sur ces deux Lois, Gothofr., et. Ritter, t. IV, p. 449 et suiv.. 479 et suiv.]

LES AUGUSTALES.

A côté de l'ordre des décurions qui, comme l'ordre sénatorial à Rome, avait toujours été plus fermé à partir du commencement de l'Empire, et avait même fini, nous l'avons vu, par devenir héréditaire, en vertu d'une disposition législative, la plupart des villes municipales nous présentent, sous les Empereurs, avant Constantin, un deuxième ordre privilégié: les *Augustales* (1).

On chercherait vainement, dans toute la littérature romaine, une indication qui nous renseigne à leur égard (2); tout ce que nous savons d'eux nous est fourni par les inscriptions,

(1) *Ordo decurionum et Augustalium et plebs universa* (Inser. de Suessa : Orelli, nᵒ 1411 [= C. I. L., t. X, 1, nᵒ 4760]; — de Præneste : Orelli, nᵒˢ 1167. 4000 [l'inscription qui figure sous ces deux nᵒˢ dans la collection d'Orelli est fausse : voy. C. I. L., t. XIV, p. 15, col. 2, nᵒ 253*]), ou *decuriones, Augustales, populus* (Orelli, nᵒˢ 2016. 3407 [= C. I. L., t. XI, 1, nᵒˢ 3256. 3254]; — Grut., p. 416, nᵒ 7), ou *decuriones, Augustales, coloni* (Orelli, nᵒ 3052 [= C. I. L., t. IX, nᵒ 5821]), *ordo et Augustales et vicani* (Orelli, nᵒ 3693 [= C. I. L., t. XI, 1, nᵒ 1936].) — Voy. les nombreux exemples cités par Egger [op. cit. p. 292, note 1, infra], pp. 391. 345. — [Voy., au surplus, les renvois faits à la fin de la note 1 de la p. 292, ci-dessous, aux différents recueils épigraphiques.]

(2) On ne les trouve mentionnés d'une manière générale que dans Pétrone (XXX, 2 : *Trimalchioni, Vicino Augustali* ; c. 54 : *sevir gratis factus sum*), et que dans les scholiastes d'Horace (*Sat.*, II, 3, 281), sur lesquels je reviendrai plus loin.

et l'enquête qui se poursuit à leur sujet doit les résultats de plus en plus complets qu'elle a atteints à l'abondance toujours croissante des documents épigraphiques, qui n'ont pas encore livré leurs derniers secrets (1).

____

(1) Morcelli (*Opp.*, vol. I, p. 19) a résumé tous les renseignements fournis chemin faisant dans l'ancien temps sur les *Augustales* par Heineccius (*Syntagma juris*, p. 134), Noris (*Cenot. Pisan.*, I. c. 6), Olericus (*Dissertationes et adnotationes*, Rome, 1763, in-4, pp. 341-444). Le sujet a, pour la première fois, été traité en détail par Egger, dans son *Examen critique des historiens anciens de la vie et du règne d'Auguste* (Paris, 1844, in-8, Append. II : *Recherches nouvelles sur l'histoire des institutions municipales chez les Romains*, pp. 331 et suiv.), et par A. W. Zumpt, *De Augustalibus et seviris Augustalibus commentatio epigraphica* (Berol., 1846, in-4). C'est à ces deux écrits que se rapportent mon étude *Ueber die Augustalen* (dans la *Zeitschr. für die Alterthumswiss.*, 1847, n°s 63-65) et celle d'Egger (dans la *Revue archéologique*, IIIe année, seconde partie, 1847, pp. 635 et suiv., 714 et suiv.). Ces travaux ont été suivis de la monographie de Henzen *Ueber die Augustalen* (dans la *Zeitschrift für Alterthumswissenschaft*, 1848, n°s 27-31 et n°s 37-40), aux données de laquelle j'ai conformé ma manière de voir personnelle dans l'édition que j'ai publiée de ce volume en 1872, car il m'importait d'indiquer les derniers résultats de la science, et les limites étroites du Manuel m'empêchaient de motiver les objections que ces données m'inspiraient. Dans l'intervalle qui s'est écoulé depuis cette édition jusqu'à celle-ci, la découverte de nouvelles inscriptions et l'écrit méritoire de Johannes Schmidt (*De seviris Augustalibus*, Halle, 1878, in-8) ont fait faire à l'enquête des progrès d'une extrême importance et fourni, pour la solution du problème dont il s'agit, des bases plus étendues. — Comp. O. Hirschfeld, *Recension der Schmidt'schen Schrift* (dans la *Zeitschrift für die österr. Gymnasien*, 1878, pp. 289 et suiv.). — [Voy. encore, sur les *Augustales* : Becker — Marquardt, *Handbuch der römischen Alterthümer*, t. III, 1, pp. 375 et suiv., Leipzig, 1851; — Naudet, *De la noblesse et des récompenses d'honneur chez les Romains*, Paris, 1863, pp. 102 et suiv. ; le même, *De la noblesse chez les Romains*, dans les *Mémoires de l'Institut, Acad. des Inscr. et Bell.-Lett.*, t. XXIV, Paris, 1866, pp. 64-74; — Boissier, *La religion romaine d'Auguste aux Antonins*, Paris, 1874, t. I, pp. 190 et suiv.; — Marquardt, dans le *Dict. des Antiq. grecq. et rom.*, de MM. Daremberg et Saglio, mot *Augustales*, 1re fascic., Paris, 1873, t. I, pp. 560 et suiv.; — Fustel de Coulanges, *Hist. des inst. politiq. de l'anc. France*, 1re partie, 3e éd., Paris, 1877, pp. 96 et suiv.; — Mommsen, dans l'*Archäol. Zeit.*, t. XXXVI, 1878, p. 74; — E. Desjardins, *Le culte des Divi et le culte de Rome et d'Auguste*, dans la *Revue de Philologie*, t. III, Paris, 1879, pp. 33 et suiv.; — Klipffel, *Étude sur le régime municipal Gallo-Romain*, dans la *Nouv. Rev. hist. de dr. fr. et étr.*, 1879, pp. 131 et suiv.; — V. Duruy, *Formation d'une religion officielle dans l'Empire Romain*, dans les *Comptes-rendus des séances et travaux de l'Acad. des sciences mor. et politiq.*, Nouv. sér., t. XIV, Paris, 1880, pp. 323 et suiv.; — J.-B. Mispoulet, *Les institutions politiques des Romains*, Paris, 1883, t. II, pp. 140-152, et p. 113; — P. Willems, *Le Droit public Romain*, 5e éd., Paris, 1883, pp. 532 et suiv.; — E. Desjardins, *Géographie historiq. et administr. de la Gaule romaine*, t. III, Paris, 1885, pp. 213 et suiv.; — Otto Karlowa,

Trois points défient aujourd'hui toute contestation :

1° Les *Augustales* sont ordinairement des affranchis, encore que, dans certaines régions, il se trouve des *ingenui* parmi eux(1);

2° Les *seviri*, qui forment également un *ordo* dans les municipes (2), les *seviri Augustales* et les *Augustales*, se rattachent à une seule et même corporation, n'ayant peut-être pas en tous lieux une organisation identique, mais poursuivant le même but ;

3° Enfin, ce but commun est de rendre à l'empereur Auguste les honneurs divins, auxquels furent également associés ses successeurs (3).

...mische Rechtsgeschichte, t. I, Leipzig, 1883, p. 603; — A. Bouché-Leclerq, *Manuel des instit. rom.*, Paris, 1886, pp. 333-361; — J. Réville, *la religion à Rome sous les Sévères*, Paris, 1886, pp. 30 et suiv.; — Henry Lemonnier, *Étude historique sur la condition privée des affranchis aux trois premiers siècles de l'empire romain* (Thèse de Doct., présentée à la Faculté des Lettres de Paris), Paris, 1887, in-8, pp. 261 et suiv.; — Kaindro, *Étude sur le régime municipal romain*, Extrait de la Revue gén. du Droit et des sciences publiq., t. I, liv. 3 (janvier 1893), Bucarest, 1893, pp. 23 et suiv.; — E. Glasson, *Hist. du dr. et des instit. de la France*, t. I, Paris, 1887, pp. 536 et suiv.; — Th. Mommsen, *Röm. Staatsrecht*, t. III.1, Leipzig, 1887, pp. 452 et suiv. Comp. aussi L. Friedländer, *Städtewesen im Italien unter d. röm. Kaisern*, dans la *Deutsch. Rundschau*, 5 Jahrg., livraison 8, pp. 110 et suiv.; — Em. Morlot, *Précis des instit. politiq. de Rome*, Paris, 1886, pp. 151, 261, 107; — F. Roblou et D. Delaunay, *Les instit. de l'anc. Rome*, t. III, Paris, 1886, pp. 315 et suiv.; — G. Lacour-Gayet, *Antonin le Pieux et son temps*, thèse de Doct., Fac. des Lettres, Paris, 1888, pp. 85 et suiv. — Voy. enfin, au point de vue épigraphique: Orelli-Henzen, t. I-III, index IX.3, pp. 163-165; — Wilmanns, *Exempla*, t. II, Index IX.1, pp. 615-617; — C. I. L.: t. II, pp. 360, IV.11, et suiv.; t. III, 2, pp. 1164, mots *Sodalis Augustalis* et *Sacerdotes*, et surtout pp. 1183, E, mot *Augustales*; t. IV, p. 249, VI, III; t. V, 2, p. 1197, E; t. VIII, 2, p. 1204, E, t. IX, pp. 791, E, et suiv.; t. X, 2, pp. 1160, E, et suiv.; t. XI, 1, passim; t. XIII, p. 911, E; t. XIV, p. 534, E]

(1) Voy. Schmidt, *op. cit.*, pp. 112 et suiv. — [Voy. aussi M. H. Lemonnier, *op. et loc. sup. cit.*] — On rencontre des *ingenui augustales* notamment dans l'Italie centrale et dans l'Italie supérieure.

(2) C'est ainsi que, dans l'inscription [d'Antinum], au pays des Marses (Orelli, n° 3914 [= C. I. L., t. IX, n° 3838]), les trois classes sont désignées comme *decuriones, seviri, plebs*. — Comp. Grut., p. 315, n° 2: *decuriones, seviri, plebs urbana*; p. 422, n° 3: *decuriones et VIviri et municipi*. — Voy. des exemples plus nombreux dans Zumpt, *op. sup. cit.*, p. 19, et dans Egger, *op. sup. cit.*, p. 39. — — [Voy. aussi les renvois faits ci-dessus au recueils épigraphiques, p. 291, note 1 *in fine*.]

(3) Aucun doute, suivant moi, n'est possible sur ce point. Abstraction

Nous n'avons donc plus à nous occuper, en particulier, que de l'origine des *Augustales*, de leurs rapports avec les *seviri*, et de leur rôle politique.

On s'est accordé jusqu'à nos jours à rattacher l'institution des *Augustales* dans les municipes au culte rendu par la ville de Rome aux Empereurs, et à y voir une imitation des *sodales Augustales* romains (1), ou des *magistri vicorum* (2), ou des *cultores Augusti*, qui se formaient volontairement en collèges (3).

L'inexactitude de la première conjecture est aujourd'hui démontrée ; elle n'avait jamais permis d'expliquer pourquoi, alors que les *sodales Augustales* se recrutaient à Rome dans les plus hautes classes, c'est-à-dire parmi les princes de la famille impériale et les magistrats les plus élevés (4), les *Augustales* des municipes n'étaient pas des personnes de la classe sénato-

---

faite du *Seviratus* à Narbo, qui n'est voué qu'au seul culte d'Auguste (Orelli, n° 2489 [= *C. I. L.*, t. XII, n° 4333 ; sur Narbo, voy. M. O. Hirschfeld, *col.*, pp. 521 et suiv.]), c'est ce que prouvent les *Flévi (sacris) fa iradus* de Metania (Dormann, *Bull. dell' Inst.*, 1879, pp. 12 et suiv.), l'inscription tumulaire de Puteoli (Mommsen, *I. R. N.*, n° 2521 [= *C. I. L.*, t. X, 1, n° 1871]) : D. M. Q. *Insteio Diadumeno Augustali ehuit annis XXXV*, à côté est figurée une *patera*, la patère de Trebula Mutuesca, avec l'inscription : *Publius Acillius Maius Augustalibus Trebulæ Mutuescæ d...) d edils* (voy. Bruzza, *Bull. municipale*, III, 1875, pp. 73 et suiv. [et *C. I. L.*, t. IX, n° 4893 : *P. Acillius Maius seviris Augustal. Treb. Mutuesc. d. d.*], enfin les images figurées sur les inscriptions relatives aux *Augustales*, *C. I. L.*, t. V, 1, n° 5356, où le cérémonial du sacrifice, et n° 4482, où le sacrifice lui-même sont représentés. La dernière figure est reproduite dans Schmidt.)

(1) C'est là l'opinion la plus ancienne, que partagent Noris(ius), Morcelli, Borghesi (*Œuvres*, t. IV, pp. 116 et suiv.), Zumpt et Henzen. — [Sur les *Sodales dicorum Imperatorum* de Rome, voy. *C. I. L.*, t. VI, 1, pp. 443 et suiv. ; comp. pp. 454 et suiv.]

(2) Voy. Orelli, *Inscr.*, t. II, p. 197 ; — Egger, *op. et loc. sup. cit.* ; — l'étude de Marquardt, dans la *Zeitschrift für Alterthumswissenschaft*, 1847, p. 562 ; — Schmidt, *op. sup. cit.*, p. 122. Mommsen, lui aussi, se prononce en faveur de cette opinion (voy. *Archäologische Zeitung*, t. XXXVI, 1878, p. 71). — [Sur les *magistri vicorum* romains, voy. *C. I. L.*, t. VI, 1, pp. 613 et suiv.]

(3) Voy. Hirschfeld, *op. et loc. sup. cit.*, p. 205. — Tacit., *Ann.*, I, 73 : *Inter cultores Augusti, qui per omnes domos in modum collegiorum habebantur.*

(4) Tacit., *Ann.*, I, 54 : *Idem annus (14 après J.-C.) novas cærimonias accepit addito sodalium Augustalium sacerdotio. — Sodte ducti e primoribus civitatis unus et viginti ; Tiberius Drususque et Claudius et Germanicus adiciuntur. — Pour plus de détails, voy. Marquardt, Staatsverwaltung, t. III, pp. 459 et suiv. [Voy., ci-dessus, p. 249, note 4.]

riale ou de la classe équestre — et cependant il n'en manquait pas dans les grandes villes d'Italie et dans les provinces (1), — ni même des personnages *honoribus functi* ou des décurions, mais des affranchis ou de simples citoyens. Mais, aujourd'hui, on a la preuve que les *Augustales* existaient déjà dans les munistipes, du vivant d'Auguste (2) : il en résulte, d'abord, qu'ils sont plus anciens que les *sodales Augustales*, dont la création ne remonte qu'à l'an 14 de l'ère chrétienne, et, en outre, que leur fonction ne consistait pas seulement à rendre un culte aux Empereurs consacrés, mais même à honorer les Empereurs vivants (3).

La deuxième opinion, déjà soutenue dans l'antiquité (4),

____

(1) Des personnes de rang sénatorial ne se rencontrent pas seulement en qualité de *patroni* et de membres d'honneur du Sénat dans les municipes italiens, comme à Canusium, mais des *equites* (C. I. Gr., n°⁵ 5782, 5795 et souvent ailleurs) et des *senatores equestres* (ibid., n° 3493) demeurent aussi dans des villes grecques ; quant à des chevaliers romains, il y en avait dans la plupart des colonies et des municipes (voy. les indications dans Marquardt, *Historia equitum romanorum*, pp. 81-89 [voy. aussi M. Em. Delot, *Hist. des chevaliers romains*, Paris, 1866-1873, 2 vol. in-8, et comp. M. Gerathewohl, *Die römischen Reiter und Rittercenturionen*, München, 1886, et M. Th. Mommsen, *Röm. Staatsr.*, t. III, 1, pp. 563 et suiv.] ; à Gades, il en habitait 500 à l'époque de Strabon, et autant à Patavium (Strab., III, p. 169 ; V, p. 213) ; lorsqu'Agrippine entra en Italie avec les cendres de Germanicus, des *trabeati equites* vinrent à sa rencontre de toutes les colonies (Tacit., *Ann.*, III, 2.

(2) La preuve de cette assertion, fournie par Schmidt (*op. cit.*, pp. 121 et suiv.) et par Hirschfeld (*op. et loc. sup. citt.*, p. 295), repose sur trois inscriptions : C. I. L., t. V, 1, n° 3401 : *C. Julius Cæsaris Augusti l(ibertus) Dosa sexvir vicus vbi et Numidiai T. f. uxoi;* — III, 1, n° 1769 : *Aug(usto) sac(rum). C. Julius Maxini l(ibertus) Martialis Sexvir mag(ister) Mercurialis ? ob honorem :* dans ces deux inscriptions, on aurait dû dire *divo Augusto*, s'il y était question de l'Empereur mort et consacré ; — enfin, cette preuve résulte de l'inscription de Formie, publiée par Henzen lui-même (*Bull. dell' Inst.*, 1873, p. 87 [= C. I. L., t. X, 1, n° 6105]), inscription dont la date ne peut pas être davantage placée avec exactitude après la mort d'Auguste. — Voy. Hirschfeld, *op. et loc. sup. citt.* — [Voy. encore, sur ce sujet, les renvois faits p. 292, note 1 in fine, supra, aux différents tomes du C. I. L.]

(3) C'est ce que montre, en particulier, l'inscription de Verona (C. I. L., t. V, 1, n° 3429 : *Silanio Hommucciai IIIIIIvir. Aug. et Neronien(s)* ; cette inscription doit avoir été rédigée sous Néron, puisque cet Empereur n'a pas été consacré.

(4) Porph., *Ad Horat. Sat.*, II, 3, 281 : *Ab Augusto enim Lares, id est dii domestici, in compitis positi sunt ; ex libertinis sacerdotes dati, qui Augustales sunt appellati ;* — *Acro. ibiq. : Jusserat enim Augustus in compitis deos penates*

peut, sans doute, s'autoriser de ce que les *magistri ricorum*, institués à Rome dès l'an 7 avant Jésus-Christ (1), et les *Augustales*, en fonctions dans les munieipes, ont une mission commune,
qui est d'attirer au culte impérial la masse des citoyens, y compris les affranchis. Cependant, la manière dont cette mission
était remplie par les uns et par les autres offrait des différences incontestables. On trouve dans quelques munieipes, peu
nombreux d'ailleurs, des *magistri Augustales* (2) ou des *magistri Larum Augustorum* (3), comme à Rome; toutefois, ils ne
se confondent pas avec les *Augustales* et les *seviri Augustales*;
mais on les voit fonctionner à côté d'eux dans les mêmes localités (4); d'autre part, le culte impérial s'était organisé dans
les munieipes mêmes sous des modes si différents, qu'il paraît
impossible de ramener toutes ses manifestations à un modèle
commun, d'origine romaine.

Les premiers essais d'apothéose impériale n'ont, en général,
pas eu lieu à Rome, mais dans les provinces, puis en Italie (5).
Ils sont en partie le fait de simples particuliers (6), en partie

Rapports du culte impérial

---

*conditi, et studiosius celerentur. Erant autem Elertini sacerdotes qui Augus-
tales dicentur.*

(1) Voy. Marquardt, *Staatsverwaltung*, t. III, pp. 198 et suiv. [Voy. p. 214,
note 1, *supra*.]

(2) Orelli-Henzen, n°° 1664, 3013, 3310, 5143, 6491, 6493 [= C. I. L., t. IX,
n°° 131, 5430; —Wilmanns, *Exempla*, t. I, n° 701 et C. I. L., t. XI, 1, n°
3683; — C. I. L., t. V, 2, n° 7601; t. X, 2, n° 7552; t. IX, n° 1655].

(3) Orelli-Henzen, n°° 1431, 3153, 6462, 6490 [= C. I. L., t. X, 1, n° 6336;
t. IX, n°° 3121, 3553; t. X, 2, n° 7311]; — Mommsen, I. R. N., n° 2575
[= C. I. L., t. X, 1, n° 1733]; — C. I. L., t. II, n°° 2031, 2211, 1166.

(4) Ce point a été démontré en détail par Henzen, dans la *Zeitschrift für
Alterthumswissenschaft*, 1848, p. 152. C'est ainsi que l'on trouve côte à côte,
à Spoletium, des *VIviri Augustales et capitales Larum Aug. et magistri vicorum* (Orelli-Henzen, n° 3115 [= Wilmanns, *Exempla*, t. II, n° 2099]); à His-
tonium, un *VIvir Aug. magister) Larum August.* (Orelli-Henzen, n° 6462
[= C. I. L., t. IX, n° 2833]); à Praeneste, un *Augustalis*, qui est aussi *mag ister) Augustal(is)* (Orelli-Henzen, n° 6493 [= C. I. L., t. XIV, n° 2978]); —
comp. Orelli-Henzen, n°° 2131, 2161, 3374 [= C. I. L., t. II, n° 1897; t. X,
1, n° 303; t. V, 1, n° 336]; — C. I. L., t. II, n°° 1291, 1297, 1301, 1307, et les
inscriptions citées par Schmidt, *op. sup. cit.*, p. 121.

(5) Voy. Marquardt, *Staatsverwaltung*, t. III, p. 111. [Voy. p. 214, note 1,
supra.]

(6) A Puteoli, un particulier élève un temple à Auguste de son vivant
(Mommsen, I. R. N., n° 2581 [= C. I. L., t. X, 1, n° 1613]); il en est de même
à Beneventum (*ibid.*, n° 1545 [= C. I. L., t. IX, n° 1556].

le fait de villes, en partie le fait de collèges déjà existants. En et les collèges existants.
plusieurs endroits, le culte de l'Empereur est lié au culte de
Mercure ; et cette union est mentionnée dans un passage d'Horace, comme un fait bien connu (1). C'est ainsi que l'on rencontre
à Pompéi, en l'an 710 = 44, un *collegium* de quatre *ministri
Mercurii Maix* (2), qui, bientôt après, prirent le nom de *ministri Augusti Mercurii Maix* (3), et, depuis l'an 2 avant J.-C.,
celui de *ministri Augusti* (4) ; ainsi encore, à Naona, en Dalmatie, les fonctions du *sevir Augustalis* et du *magister Mercurialis* sont souvent réunies sur la même tête (5), tandis qu'ailleurs d'autres collèges prêtent au culte impérial un concours
analogue (6).

Relativement à l'institution des *Seviri*, nous avons encore Les seviri.
un document remarquable, qui nous est fourni par la colonie
de Narbonne (7) ; il en résulte qu'en l'an 11 de l'ère chré-

----

(1) Horat., *Carm.*, I, 2, 41 :

> Sive mutata iuvenem figura.
> Ales in terris imitaris, almae
> Filius Maiae, patiens vocari
> Caesaris ultor.

(2) Mommsen, *I. R. N.*, n°s 2382. 2383. 2386 (= *C. I. L.*, t. X, 1, n°s 891.
892. 893).

(3) *Ibid.*, n° 2384 (= *C. I. L.*, t. X, 1, n° 888).

(4) *Ibid.*, n°s 2382. 2383. 2386. 2380. 2383 (= *C. I. L.*, t. X, 1, n°s 891. 892.
893. 894. 896). — Voy. Nissen, *Pompejanische Studien*, pp. 143. 274.

(5) Voy. Mommsen, *C. I. L.*, t. III, (1), p. 291 ; — Borghesi, *Œuvres*,
t. IV, p. 197.

(6) Voy. Hermann, *Zeitschr. f. Alterthumswiss.*, 1848, pp. 397 et suiv. —;
Schmidt, *op. cit.*, pp. 31 et suiv. — [Voy., sur ce qui précède, les travaux de
la p. 292, note 1 *in fine*, supra.]

(7) Orelli, n° 2489 ; — Herzog, *Galliæ Narb. Hist.*, Append., p. 2, n° 1 (=
Wilmanns, *Exempla*, t. I, n° 104 et *C. I. L.*, t. XII, n° 4333). Sur la face
antérieure de la pierre, on lit : *T. Statilio Tauro L. Cassio Longino cos. X K.
Octobr., numini Augusti votum susceptum a plebe Narbonensium in perpetuum :
Quod bonum faustum felixque s(it) imp(eratori) Caesari Divi f. Augusto patri
patriae) pontifici maximo, trib(unicia) potestate) XXXV, coniugi, liberis gen-
tique eius, senatui populoque Romano et colonis incolisque c(oloniae) I(uliae)
P(aternae) N(arbonis) Martii, qui se numini eius in perpetuum colendo obligd-
verunt, plebs Narbonensium aram Narbone in foro posuit, ad quam quotannis
VIIII K. Octobr., quo die eum saeculi felicitas orbi terrarum rectorem edidit,
tres equites Romani a plebe et tres libertini hostias singulas immolent et colonis et incolis ad supplicandum numini eius thus et vinum de suo eâ die prae-*

tienne, la *plebs Narbonensis* s'était volontairement obligée
à adorer à perpétuité le *numen Augusti*, et lui avait consacré
au Forum une *ara*, sur laquelle trois Narbonnais de cens
équestre (*tres equites Romani a plebe*) et trois *libertini* devaient
sacrifier à leurs frais, chacun une *hostia*, deux fois par an, le
23 septembre, anniversaire de la naissance d'Auguste, et le
7 janvier, anniversaire de son avènement (1); ceux-ci fournissaient, en outre, aussi bien à ces deux dates, que le 24 septembre et le 1er janvier, de l'encens et du vin à tous les *coloni* et
incolæ; de sorte que toute la population participait, quatre fois
par an, au culte impérial. Il est permis de croire que l'institution des *seviri*, ou des *seviri Augustales*, se développa de la
même manière dans toute la *Gallia Narbonensis* et *Lugdu-
nensis*, dans la plupart des provinces espagnoles et des villes
du Nord de l'Italie, où elle domine (2). On ne sait pas d'où vient
que ce collège se compose de six membres. A Rome même, il
y avait divers collèges de même nombre (3), et peut-être le
type des *seviri* a-t-il été emprunté aux six prêtres coloniaux
romains, c'est-à-dire aux trois *pontifices* et aux trois *augures*,
dont parle la *lex coloniæ Genetivæ* (voy. *supra*, pp. 210 *in fine*
et suiv.).

Une question plus importante est celle de savoir comment le
collegium des *seviri* en est arrivé graduellement à former une
classe particulière, un *ordo*; et ce point est facile à élucider. Les
fonctions des *seviri* étaient partout annuelles, comme à Narbonne,
et il ne pouvait en être autrement, puisqu'ils subvenaient aux
frais des sacrifices, et aussi, nous allons le voir, des jeux qu'ils
devaient donner. Après l'expiration de ce mandat annuel, ils
rentraient dans la vie privée, mais ils pouvaient à nouveau en

____

tul..... Suivent les autres prescriptions rapportées dans le texte et, sur la
paroi latérale de la pierre, la formule de dédicace.

(1) Sur ces deux jours, voy. Marquardt, *Staatsverwaltung*, t. III, pp. 539-
546. (Voy. ci-dessus, p. 210, note 1.) Le 24 septembre avait manifestement
lieu une continuation de la *supplicatio* pour ceux qui, le 23, n'étaient pas encore arrivés au sacrifice.

(2) Voy. Schmidt, *op. cit.*, p. 9.

(3) Voy. Henzen, dans la *Zeitschrift für Alterthumswissenschaft*, 1848,
p. 571.

être investis (1). Néanmoins, conformément à un usage général (2), on conservait aux seviri sortis de fonction, soit pour reconnaître la générosité dont ils avaient fait preuve, soit pour les encourager à de nouveaux sacrifices, les prérogatives honorifiques attachées à ce titre : peut-être n'en fut-il ainsi tout d'abord que dans des cas exceptionnels; mais on en vint à attribuer d'une manière générale à cette concession une durée viagère; nous avons vu que cette règle était appliquée en Afrique aux *flamines* des municipes (voy., ci-dessus, p. 241, note 1).

En conséquence, les anciens *seviri* forment un *ordo seviralium* (3); en Espagne (4) et en Sardaigne (5), on les appelle *seviri Augustales perpetui decreto decurionum*, mais, le plus ordinairement, *Augustales*, ou souvent encore *Augustales*, en y ajoutant les mots *decreto decurionum* (6) : de ces derniers mots il ressort que le privilège de l'admission dans l'*ordo Augustalium* était accordé par un décret du Sénat, rendu pour chaque cas particulier. Si l'on rencontre parfois les titres combinés de *sevir et Augustalis* (7), de *sevirali et Augustalis* (8), cela tient à diverses raisons. D'une part, les *seviri*, qui étaient *ingenui* et qui ar-

Seviri [illegible] perpetui.

Augustales.

Seviri et Augustales.

---

(1) Voy., dans Schmidt, *op. cit.*, p. 12, les inscriptions dans lesquelles des *seviri Augustales* sont nommés *iterum*, *tertium*. — [Voy. aussi les renvois faits *supra*, p. 232, note 1 *in fine*, aux différents recueils d'inscriptions.]

(2) Schmidt (*op. cit.*, p. 23) rappelle l'inscription publiée au *C. I. L.*, t. I, n° 571 : *Pagus Herculaneus scivit* — — *conlegium, seive magistrei Iovei compagei sunt, utei in porticum paganam reficiendam pequniam consumerent ex lege pagana* — — *utique ei conlegio, seive magistrei sunt Iovei compagei locum in teatro* [illegible] *tam quasei sei* [illegible] *fuissent.* — [Cette inscription a été reproduite depuis par Wilmanns, *Exempla*, t. II, n° 2021, et par Mommsen, *C. I. L.*, t. X, 1, n° 3772, qui l'avait déjà donnée dans ses *I. R. N.*, n° 3572. — Nous avons ici transcrit la leçon donnée au t. X du *C. I. L.*]

(3) Orelli-Henzen, n°s 2229, 7104 (= *C. I. L.*, t. III, 1, n° 971). — [Voy. aussi les renvois faits *supra*, p. 232, note 1 *in fine*, aux différents recueils d'inscriptions.]

(4) *C. I. L.*, t. II, n°s 1941, 2025, 2011.

(5) Voy. Della Marmora, *Voyage en Sardaigne*, t. II, p. 191 = Orelli-Henzen, n° 7112 (= *C. I. L.*, t. X, 2, n° 7541).

(6) Voy. Schmidt, *op. cit.*, pp. 20, 25 [et le renvoi de la note 1, *supra*].

(7) Les inscriptions sont réunies dans Schmidt, *op. cit.*, pp. 15 et suiv. — [Voy. aussi le renvoi de la note 1, *supra*.]

(8) Henzen, n° 7101 (= Wilmanns, *Exempla*, t. II, n° 2033 et *C. I. L.*, t. X, 1, n° 5796). — [Voy. aussi le renvoi de la note 1, *supra*.]

rivaient aux fonctions municipales, n'entraient pas dans la classe des *Augustales* et avaient ainsi droit au titre de *seviri* ou de *sevirales*, non à celui d'*Augustales*; de l'autre, la qualité d'*Augustalis* pouvait être conférée à titre honorifique par le Sénat à des personnes distinguées par leurs services, mais n'ayant pas été *seviri* (1): ces dernières étaient donc *Augustales*, mais non *sevirales*.

Dans l'Italie inférieure, c'est-à-dire en Lucanie, dans le Bruttium, en Apulie et dans une partie de la Campanie et du Samnium, on ne trouve que très exceptionnellement des *seviri* ou des *seviri Augustales* (2); il n'y avait là que des *Augustales*, dont l'organisation est assez obscure et a donné lieu, faute de sources, aux conjectures les plus diverses. Henzen pense que les *Augustales* ont dû être constitués dès les premiers temps en collèges dans ces contrées, puisqu'il est parfois fait mention d'un *corpus Augustalium* (3), et qu'il y avait parmi eux les mêmes magistrats que l'on rencontre ordinairement dans les collèges, des *quæstores*, des *quinquennales* et des *curatores*, mais pas de *seviri*. Au contraire, Schmidt estime qu'il n'y a là qu'une différence de noms; il croit que les *Augustales* ont aussi commencé par fonctionner pendant un an au nombre de six, et qu'ensuite, sans changer de titre, ils ont dû passer dans

---

(1) Voy. Schmidt, *op. cit.*, pp. 20 et suiv., et, spécialement, le décret des *centumviri* de Veii (Orelli, n° 4046 [= Wilmanns, *Exempla*, t. II, n° 5039 et C. I. L., t. XI, 1, n° 3805; sur cette ville, voy. M. E. Bormann, *ead.*, pp. 536 et suiv.]: ...... *placuit — — permitti C. Julio Viri Augusti liberto Gelöti, qui omni tempore municipium Veiis non solum consilio et gratia adiuverit, sed etiam impensis suis — — celebrari voluerit, honorem ei iustissimum decerni, ut Augustalium numero habeatur æque ac si eo honore usus sit, liceatque ei omnibus spectaculis municipio nostro sellis propria inter Augustales considere...*.

(2) Voy. Henzen, dans la *Zeitschrift für Alterthumswissenschaft*, 1849, pp. 241 et suiv.; — Schmidt, *op. cit.*, p. 23. — On ne les trouve qu'à Regium et à Puteoli (Mommsen, *I. R. N.*, n°° 1. 2463 [= C. I. L., t. X, 1, n° 1. 1567]). — (Voy. aussi C. I. L., t. IX, pp. 791, E, et suiv., et t. X, 2, pp. 1160, E, et suiv.]

(3) Mommsen, *I. R. N.*, n°° 39. 2422. 2429. 2430 [= C. I. L., t. X, 1, n° III. 1870. 1880. 1881]; — C. I. L., t. III. 1, n° 2416. — (Voy. aussi les renvois de la p. 292, note 1 in fine, supra.]

l'*ordo Augustalium*. — Les arguments invoqués à l'appui de ces deux systèmes ne sont nullement décisifs : toutefois, il convient de retenir, parmi ceux que Schmidt a mis en avant, un double fait : 1° l'existence certaine, à Bénévent (1) et à Larinum (2), d'*Augustales iterum*, c'est-à-dire d'*Augustales* investis de fonctions annuelles ; 2° l'érection, à Teanum (3), d'un établissement thermal, avec les ressources résultant du don d'avénement de six *Augustales*. Mais ces faits sont tellement isolés, qu'il n'est guère possible d'en tirer une conclusion générale.

L'institution présentait des caractères tout particuliers à Amiternum et à Peltuinum, où l'on trouve des *triumviri Augustales* (4) ; à Firmum et à Falerio, où l'on trouve des *octoviri Augustales* (5) ; enfin à Vercellæ (6) et à Mediolanium, où l'on trouve des *seviri seniores* et des *seviri juniores* ; voici en quoi, dans cette dernière ville, ceux-ci différaient de ceux-là : les *seviri seniores* étaient des affranchis, exclus des *honores* municipaux, mais qui, après l'expiration de leurs fonctions annuelles, portaient le nom de *seviri seniores et Augustales*, comme ils s'appelaient ailleurs *seviri Augustales*, *seviri et Augustales* ; les *juniores*, au contraire, se recrutaient parmi les *ingenui* de la *tribus Oufentina* ; ils devenaient, après le sévirat, décurions ou magistrats municipaux, et n'entraient pas dans l'ordre des *Augustales* : aussi ne sont-ils jamais mentionnés comme *Augustales*, mais seulement comme *seviri juniores* (7).

Après la mort d'Auguste, ses successeurs prétendirent naturellement au même culte. Cependant, il ne semble pas qu'on

---

(1) Mommsen, *I. R. N.*, nᵒˢ 1341. 1349 [= *C. I. L.*, t. IX, nᵒˢ 1618. 1635].

(2) Mommsen, *I. R. N.*, nᵒ 5214 [= *C. I. L.*, t. IX, nᵒ 711].

(3) Mommsen, *I. R. N.*, nᵒ 4400 [= *C. I. L.*, t. X, 1, nᵒ 4792].

(4) Mommsen, *I. R. N.*, nᵒˢ 5793. 5794. 5797 [= *C. I. L.*, t. IX, nᵒˢ 4313. 4333. 4373].

(5) Orelli-Henzen, nᵒˢ 7136. 7137 [= *C. I. L.*, t. IX, nᵒˢ 5371. 5446]. — [Voy. encore, pour Firmum : *C. I. L.*, t. IX, nᵒˢ 5367. 5372. 5373. 5375 : et, pour Falerio, *ead.*, nᵒˢ 5422. 5117. 5169. 5131.]

(6) *C. I. L.*, t. V, (2), nᵒˢ 6663. 6665.

(7) Les inscriptions ont été réunies par Mommsen au *C. I. L.*, t. V, (2), p. 635. A Vercellæ, il doit en avoir été autrement, ainsi que le prouve le *sevir iunior et Augustalis*, mentionné au *C. I. L.*, t. V, (2), nᵒ 6663.

ait institué pour eux des collèges nouveaux ; on paraît avoir utilisé ceux des Augustales déjà existants, mais sans suivre partout une marche uniforme. Tantôt, on remplaça le titre d'*Augustalis* par un titre dérivé du nom du nouvel Empereur ; tantôt, on combina les désignations anciennes et les nouvelles, de la manière suivante : *sevir Claudialis, sevir Claudialis et Augustalis, sevir Claudialis Augustalis, sevir Augustalis et Neronianus, sevir Augustalis Flavialis, sevir Augustalis, Flavialis Titialis Nervialis, sevir Antoninianus, Augustalis Septimianus Aurelianus* (1) ; mais, tantôt aussi, semble-t-il, on conserva seul le titre d'*Augustalis*, car, bien que le culte de tous les Empereurs régnants ait dû être organisé dans chaque municipe, les nouveaux titres que nous venons d'énumérer sont relativement rares. (2).

Nous voyons que l'institution des *Augustales* a toujours manqué d'uniformité, et que ces différences ont dû être considérables surtout dans les premiers temps de son existence. Il n'est pas douteux, en effet, que son organisation n'ait subi l'influence du Gouvernement impérial, et que cette influence n'ait eu pour résultat de l'unifier de plus en plus. Toute ville, désireuse d'organiser chez elle le culte de l'Empereur, faisait connaître ses intentions, comme elle y avait intérêt, et recevait à cet effet une autorisation (3), à laquelle pouvaient être jointes des pres-

---

(1) Voy. l'indication de toutes les inscriptions relatives à ces titres dans Schmidt, *op. cit.*, pp. 59 et suiv. — [Voy. aussi les renvois de la p. 272, note 1 *in fine*, supra.]

(2) Parmi les très nombreuses inscriptions relatives aux Augustales, il n'en existe guère que 30, qui mentionnent les nouveaux titres cités. [Voy. le renvoi de la note précédente.]

(3) Les choses ne se passaient pas autrement pour les cultes rendus par les villes que pour les cultes rendus par les provinces (Tacit., *Ann.*, I, 78 : *Templum ut in colonia Tarraconensi strueretur Augusto petentibus Hispanis permissum* ; — comp. Quintil., *Inst. orat.*, VI, 3, 77). La négligence apportée dans l'exercice du culte impérial était vue de mauvais œil et punie (Tacit., *Ann.*, IV, 36 : *Objecta publice Cyzicenis incuria cerimoniarum divi Augusti — — et avitae libertatem* ; — Dio Cass., LVI, 46 : καὶ αἴσχη ἦν τε τῇ Ῥώμῃ ἰσχεν — — Ἑξῆλθε καὶ Διὸς ἐκόλαζεν, τὰ μὲν ἰδιώτου ἐξ τῶν δίμων τὰ δὲ καὶ δαπάνης ἐκ δημοσίων). — Comp. Marquardt, *Staatsverwaltung*, t. III, p. 444 (voy. p. 240, note 4, supra) ; — Schmidt, *op. cit.*, pp. 42 et suiv.

criptions particulières. On ne comprendrait pas que l'institution des *Augustales* se fût aussi vite généralisée, malgré tout le bon vouloir des communes urbaines, si l'action directe ou indirecte du Gouvernement ne s'était exercée en ce sens. Cette action s'explique par un double motif : d'abord, répandre dans les masses populaires le culte impérial, mais aussi ouvrir dans les municipes un champ honorable, mais limité, à l'activité des affranchis, alors si nombreux, dont le rôle politique avait été, dans la mesure du possible, restreint sous Auguste, à Rome (1).

Reconnu et protégé par l'État, l'*ordo Augustalium* poursuivit désormais son développement, dans des conditions établies par la loi ; nous allons essayer de les déterminer, aussi exactement que le permettront nos sources.

Les *seviri* étaient élus par les décurions ; et de même une décision du Sénat les mettait, après un an de fonctions, au nombre des *Augustales*. Ce dernier point a déjà été mentionné (voy., ci-dessus, p. 293) ; quant au premier point, aucun témoignage formel ne le démontre ; mais on peut l'induire de ce que les décurions sont compétents pour faire remise du don d'avènement (2), pour contraindre les élus, dans le cas où la dépense les ferait reculer, ainsi qu'il dut arriver fréquemment dans les derniers temps, à prendre la fonction qui leur est dévolue (3), pour conférer à des personnages qui n'ont pas été *seviri* les droits honorifiques attachés à ce titre, ou, suivant la formule consacrée, pour *seviros supra numerum allegere* (4), enfin pour vérifier la capacité des

Nomination des Augustales.

---

(1) Ce point de vue est développé par Mommsen dans l'*Archäologische Zeitung*, t. XXXVI, 1874, pp. 71 et suiv.

(2) Orelli, n° 3924 [= C. I. L., t. IX, n° 5183] ; — Mommsen, I. R. N., n°s 3642. 6129 [= C. I. L., t. X, 1, n° 3097 : t. IX, n° 5011] ; — C. I. L., t. III, [1], n° 1611 : [2], n° 6291. On trouve une fois aussi des *Viri gratuiti suffragio populi*, à Comum (C. I. L., t. V, [2], n° 5265). — Voy. Schmidt, *op. cit.*, pp. 76 et suiv. — [Voy., au surplus, les renvois de la p. 292, note 1 *in fine*, supra.]

(3) Mommsen, I. R. N., n° 79 [= C. I. L., t. X, 1, n° 114, *in latere dextro*, lin. 32-34] : *ex eorum nomine relecti impendia* (Marquardt, p. 204, note 3, *impendia*) *facilius prostituri* (sic : C. I. L. : Marquardt, cod. : *prostituri*) *hi, qui ad munus Augustalitatis compellentur* (Marquardt : *compellantur*).

(4) Voy. Mommsen, *Staatsrecht*, t. I, 2e éd., p. 440 (la trad. fr. de ce volume, par M. P. F. Girard, n'a pas encore paru ; il en a été publié une 3e éd. allemande à Leipzig en 1887) ; — Schmidt, *op. cit.*, p. 70.

Capacité.

candidats. Sans doute, l'éligibilité appartenait à tous les *incolæ* (1), à tous les *libertini*, et aucune exception n'était faite ni pour les comédiens (2), ni pour les *præcones* (3) ; mais elle était probablement subordonnée à l'absence de flétrissure et à la justification d'une certaine fortune : en effet, les débours occasionnés par la fonction n'étaient pas sans importance ; et sa

Don d'avènement.

collation donnait lieu à la perception immédiate d'un don d'avènement, *summa honoraria* (voy. p. 261) (4), dont l'emploi était également laissé à la disposition des décurions (5).

Attributions.

Les attributions des *seviri* comprenaient, d'une part, l'accomplissement des sacrifices ordinaires, (voy. ci-dessus, p. 293, note 3), ainsi qu'il résulte de l'acte qui les a institués à Narbonne ; de l'autre, l'organisation de jeux (6) et de festins populaires (7), dont les frais étaient couverts par l'argent qu'ils avaient payé (8), lorsque les décurions ne l'avaient pas employé en bâtiments publics de toute nature (9). Leur fonction se serait ainsi ramenée à un simple *munus patrimonii*, si elle n'a-

Prérogatives honorifiques.

vait été relevée par des marques de distinction importantes. Dans l'exercice de leurs attributions, ils étaient vêtus de la

---

(1) *C. I. L.*, t. II, nos 1633. 3969.
(2) Mommsen, *I. R. N.*, n° 632 [= *C. I. L.*, t. IX, n° 361].
(3) Voy. Schmidt, *op. cit.*, p. 68.
(4) *C. I. L.*, t. II, n° 2100. — Comp. ci-dessus, p. 263, note 11. — Inscription d'Assisium (Wilmanns, [*Exempla*, t. II], n° 2156 = Orelli, n° 3983 : ... *hic pro seviratu in remp. dedit HS MM.* A Teanum, six *Augustales* payent ensemble 60,000 *HS*, soit 10,000 chacun (Mommsen, *I. R. N.*, n° 4000 [= *C. I. L.*, t. X, 1, n° 4792]). Pour d'autres sommes, voy. [Mommsen, *I. R. N.*], nos 931. 961 [= *C. I. L.*, t. IX, nos 800. 816]. — [Voy. aussi les renvois de la p. 292, note 1 *in fine*, *supra*.]
(5) Voy. Schmidt, *op. cit.*, pp. 39. 73 et suiv.
(6) *C. I. L.*, t. II, nos 13, 1163. 2100 ; t. III, [1] n° 1769 ; t. V, [2], n° 4664 ; — Mommsen, *I. R. N.*, nos 1311. 2163. 4040. 4859 [= *C. I. L.*, t. IX, n° 1707 ; t. X, 1, nos 1534. 4760 ; t. IX, n° 2249]. — Orelli-Henzen, nos 1167 [*falsa* ; voy. *C. I. L.*, t. XIV, p. 13*, col. 2, n° 274*]. 3163. — [Voy. aussi les renvois de la p. 292, note 1 *in fine*, *supra*.]
(7) *C. I. L.*, t. II, nos 13. 2100, et nombre d'autres. — [Voy. le renvoi de la note précédente.]
(8) Voy. spécialement *C. I. L.*, t. II, n° 2100 [et le renvoi de la note 6, *supra*].
(9) Voy. des exemples dans Schmidt, *op. cit.*, p. 71.

prætexta (voy. pp. 255 et suiv., *supra*), qui leur servait aussi de linceul(1), et accompagnés de deux licteurs, portant des *fasces* (voy. ci-dessus, p. 257, note 3) (2); ils siégeaient *in tribunali* (3), sur des *sellæ* artistement travaillées, ou sur des *bisellia* (voy. p. 259, *supra*), et, dans tous les spectacles, ils occupaient une place réservée (4). Lorsqu'après un an de fonctions, ils entraient dans l'*ordo Augustalium*, ils pouvaient recevoir une nouvelle marque d'honneur, par l'octroi des premières ou de l'une des premières places dans l'*album Augustalium* — c'est à cela que se réfère le titre de *sexvir Augustalis primus* (5) — ou encore d'une double part dans la distribution des *sportulæ*, auquel cas on les appelait *duplicarii* (6); enfin, le plus grand honneur auquel ils pouvaient aspirer, était d'obtenir les *ornamenta decurionalia, ædilicia, duoviralia* (7), c'est-à-dire le droit de prendre place, dans les solennités, parmi les magistrats les plus élevés de la ville, revêtus des insignes de fonctions auxquelles la loi ne leur avait pas donné accès.

---

(1) Pétron., i. XXVIII. — Les *ornamenta Augustalitatis* sont aussi accordés à un mort, qui est alors porté au tombeau revêtu de la *prætexta* (Mommsen, *I. R. N.*, n° 161 [= *C. I. L.*, t. IX, n° 58]).

(2) [Une inscription, récemment trouvée à Vérone, mentionne un VIVIR. AVG.; sur la base, on voit le *subsellium* entre deux faisceaux, insignes de Sévirat. (Voy. *Bulletin de la Société nationale des Antiquaires de France*, 1886, pp. 129 et 310; voy. aussi les *Notizie degli scavi di Antichità*, juillet 1886, p. 219.) — Sur Vérone, voy. M. Th. Mommsen, *C. I. L.*, t. V, 1, pp. 337 et suiv.]

(3) Voy. Schmidt, *op. cit.*, p. 81, et la gravure.

(4) Voy. Schmidt, *op. cit.*, p. 83.

(5) Voy. Schmidt, *op. cit.*, pp. 86 et suiv., et Murat., p. 700, n° 3 : *Faustus sexvir et Aug. qui inter primos Augustales a decurionibus Augustalis factus est.* [Cette inscription, donnée par Muratori comme étant d'Aoste (*Augusta Prætoria*), ne figure cependant pas au t. V, 2, du *C. I. L.*, parmi les inscriptions de cette ville; la provenance indiquée par Muratori doit donc être inexacte; mais nous n'irions pas jusqu'à dire que l'inscription est fausse; suivant nous, elle est simplement *aliena*, car le texte nous en paraît bon. — Sur *Augusta Prætoria*, voy. M. Th. Mommsen, *C. I. L.*, t. V, 2, pp. 736 et suiv.] — [Voy. aussi les renvois de la p. 292, note 1 *in fine*, supra.]

(6) Voy. Schmidt, *op. cit.*, p. 103; — Orelli-Henzen, n° 7110 [= *C. I. L.*, t. X, 1, n° 1973]. 7111. — [Voy. le renvoi de la note précédente.]

(7) Les inscriptions qui mentionnent ces honneurs sont nombreuses et ont été réunies par Schmidt, *op. cit.*, pp. 87. 90. — [Voy. aussi le renvoi de la note 5, supra.]

Il est particulièrement difficile de déterminer la condition
juridique faite aux *Augustales*; cette condition parait avoir subi
avec le temps des modifications importantes. On peut conclure
qu'à l'origine ils ne formaient pas un collège ayant son administration propre, de ce que les *summæ honorariæ* étaient
payées à la caisse de la ville par les *seviri* entrant en charge
et demeuraient à la disposition des décurions, et de ce que les
legs faits aux *Augustales* profitaient, non pas à ces derniers,
mais à la ville (1). Mais il n'en a pas toujours été ainsi. Antonin le Pieux accorda aux *Augustales* de Brixia une caisse particulière (*arca*) (2), et peut-être trouve-t-on ailleurs encore, à
partir du deuxième siècle, des traces d'une concession de ce
genre (3); les Augustales reçoivent des dons en argent (4); ils
possèdent des terres (*prædia*) (5); ils ont des agents financiers
(*quæstores, quinquennales, curatores*) (6), nommés par eux-
mêmes (7); ils statuent (8) non seulement sur l'élection de
patroni (9), mais encore sur l'érection de statues (10), nécessi-

---

(1) Mommsen, *I. R. N.*, n° 79 (= *C. I. L.*, t. X, 1, n° 911).

(2) *C. I. L.*, t. V, (1), n° 4123.

(3) A Reate (Grut., p. 441, n° 2 (= *C. I. L.*, t. IX, n° 4691); à Narbo
(Grut., p. 431, n° 13 = Herzog (*Gall. Narb. Hist.* Append.), n° 71 (= *C. I. L.*,
t. XII, n° 4393); à Antium (Marini, *Iscriz. Alb.*, p. 83 (= *C. I. L.*, t. X, 1,
n° 6631)); à Ostie (Orelli-Henzen, n° 3116 (= Wilmanns, *Exempl.*, t. II,
n° 1731, et *C. I. L.*, t. XIV, n° 367); à Gabii (ibid., n° 7133) (cette inscription
n'est reproduite dans le t. XIV du *C. I. L.*, ni parmi les *inscriptiones falsæ
aut alienæ* de Gabii, ni parmi les inscriptions authentiques qui en proviennent; sur cette ville, voy. M. H. Dessau, *C. I. L.*, *eod.*, pp. 373 et suiv.).

(4) *C. I. L.*, t. V, 1, n° 1303.

(5) Orelli-Henzen, n° 7103 (= *C. I. L.*, t. X, 1, n° 1890).

(6) Voy., sur ces agents, Schmidt, *op. cit.*, pp. 93 et suiv. Le *curator Augustalium* est sans doute le même personnage que celui qui est appelé *curator
arcæ*.

(7) Orelli-Henzen, n° 3116 (= Wilmanns, *Exempl.*, t. II, n° 1733, et *C. I. L.*,
t. XIV, n° 315, et *Addit.*, p. 482, 1, *ad h. n.*).

(8) Inscript. de Corese (l'ancienne Cures des Romains), publiée par Mommsen dans l'*Archäologische Zeitschrift*, 1858, p. 71 (et reproduite aujourd'hui
dans le *C. I. L.*, t. IX, n° 4970, dont nous suivons la leçon): *decreti ordinis
Cur(ium) Sabi(norum) coactus* (Marquardt, p. 203, note 8: *coactus*) *decurionum et scivam postulante plebe proseveral...*; — Orelli, n° 1161 (voy., sur
cette inscription, p. 201, note 6, *supra*): *Q. Verrio Q. f. — Flavus seviro Aug.
— — Statuam — ord. decurionum et Augustalium et plebs universa — —.*

(9) Voy. Schmidt, *op. cit.*, pp. 105 et suiv.

(10) Orelli-Henzen, n° 7101 (= *C. I. L.*, t. X, 1, n° 3796), 3116 (= Wil-

tent un certain crédit. C'est donc à bon droit qu'en diverses localités, ils portent à cette époque le nom d'*Augustales corporati* (1).

mann, *Exempla*, t. II, n° 1131, et C. I. L., t. XIV, n° 367]; — Herzog, *Gall. Narb.*, Append., n°° 49 [= Wilmanns, *Exempla*, t. II, n° 2135]. 57 [= C. I. L., t. XII, n°° 1108 et 1353].

(1) Orelli-Henzen, n°° 6111. 7102. 7103 [= C. I. L., t. X, 1, n°° 1831. 1838. 1880]. — [Voy., sur le contenu des 11 notes précédentes, les renvois de la p. 299, note 1 *in fine* supra.]

LES VILLES DE CONSTITUTION NON-ROMAINE.

Après avoir parlé de l'organisation municipale romaine, il nous reste à nous occuper des villes dont la constitution est antérieure à la conquête des Romains, à rechercher combien de temps ces villes se sont maintenues avec leurs caractères particuliers dans leur Empire, et quelle influence a été exercée sur eux par l'administration romaine. Autant de questions que, dans l'état actuel, il n'est pas encore possible de résoudre avec une entière certitude. Les observations qui suivent ont plutôt pour objet de signaler les lacunes de nos connaissances actuelles et de les recommander au zèle des investigateurs de l'avenir, que d'établir un résultat définitif, auquel font également défaut les sources et les travaux antérieurs.

On rencontre des villes ayant eu une organisation particulière dans tous les pays de population grecque, sur le territoire de Carthage, et aussi en Espagne et en Gaule. Toutefois, nous ne savons rien sur les villes puniques, si ce n'est que, pendant quelque temps encore, elles conservèrent des *sufetes* (1); en Espagne, plusieurs villes restèrent gouvernées, avant que Ves-

---

(1) Voy. la partie consacrée à la province d'Afrique, dans le t. II de cette traduction.

pasien leur eût conféré le *jus Latii*, par des décemvirs, dont l'un portait le titre de *decemvir maximus* (1); dans les villes gauloises, le Gouvernement était encore exercé, au commencement du cinquième siècle, par le premier inscrit sur l'*album* de la curie, sous le nom de *principalis*, et pour une période de quinze ans (2); il y a là aussi, sans doute, le souvenir d'une vieille institution locale. Nous avons, pour les villes grecques, des indications beaucoup plus nombreuses, qui nous sont fournies par l'histoire, par l'épigraphie et par la numismatique; et, en les combinant, s'il existait un travail préliminaire donnant un aperçu de l'ensemble (3), on arriverait également à se rendre compte, dans une certaine mesure, des modifications que ces communes ont subies par le fait du Gouvernement romain. Ces modifications sont de deux sortes : les unes se manifestèrent lors de l'organisation des provinces; les autres, par la transformation directe de communes grecques en communes romaines.

Lors de l'organisation de la province, les constitutions démocratiques firent partout place à des constitutions timocratiques (4). On y parvint en limitant à ceux qui possédaient le droit de cité actif, c'est-à-dire le droit d'éligibilité et de vote, et, en dépouillant la masse des prolétaires (5). De même que l'année 411 av. J.-C. vit disparaître la vieille démocratie athénienne, lorsque le Conseil des quatre cents réduisit à

---

(1) Voy. Hübner, sur le n° 1953 du t. II du C. I. L.

(2) Constt. 111 pr., *De decurion.*, C. Th., XII, 1 : comp. Constt. 73, 127, cod. : — Kuhn (*Die städt. und bürg. Verf. des röm. Reichs*), t. I, p. 39. — [Voy. aussi M. G. Humbert, *Essai sur les finances et la comptabilité publique chez les Romains*, Paris, 1887, t. I, pp. 353 et 177 (note 111); t. II, pp. 343 *in fine* (note 127) et suiv.; comp. t. II, pp. 33, 36, 103, 366 *in init.* (note 203).]

(3) On trouve, il est vrai, un exposé de ce genre dans F. W. Tittmann (*Darstellung der griechischen Staatsverfassungen*, Leipzig, 1822); mais les matériaux qui ont servi à composer ce livre ont tellement augmenté depuis cette époque, qu'il faudrait les reprendre à nouveau.

(4) Ce fait est particulièrement relaté à propos de la Sicile, de la Macédoine, de l'Achaïe, de la Bithynie et de la Syrie, et il est, d'une manière générale, attesté par Cicéron (*Ad Q. fr.*, I, 1, 8, 25) : *procederet uti te, ut civitates optimatium consiliis administrentur*.

(5) Voy. Kuhn, *op. cit.*, pp. 229 et suiv.

5.000 le nombre des citoyens *optimo jure* d'Athènes (1), nombre que les trente tyrans abaissèrent plus tard à 3.000 (2), de même, dans toutes les cités de la Grèce, l'assemblée délibérante du peuple ne comprit plus que ceux qui possédaient, et ainsi se trouva séparée de la masse de la *plebs* la classe des *possessores*, c'est-à-dire des citoyens actifs, que l'on rencontre souvent par la suite (3). Nous trouvons un exemple de cette transformation dans la ville de Tarsus, en Cilicie, qui nous présente, à l'époque de Dion Chrysostome, à côté de la βουλή et du δῆμος, un πλῆθος οἷα δήπου ὕπερ Ἕλλην τῆς πολιτείας, à propos duquel Dion dit : τούτους ἐλεύθεραν ἵνα λημμοργὸς καλεῖ (4). Ces prolétaires, au nombre desquels figuraient notamment les artisans, ne prenaient part à l'assemblée du peuple que comme auditeurs (5); mais ils n'étaient pas citoyens actifs, étant donné que le droit de cité coûtait 500 drachmes (6). D'autre part, dans toutes les villes qui ne jouissaient pas à cet égard de privilèges particuliers, une assemblée populaire ne pouvait être tenue, sans l'autorisation du Gouverneur (voy., ci-dessus, p. 111, note 4), et il n'était pas permis, comme autrefois à Athènes, au premier citoyen venu de soumettre des propositions à l'assemblée : l'initiative était réservée au magistrat qui la présidait, à Athènes, au στρατηγὸς ἐπὶ τὰ ὅπλα, qui, seul, suivant l'usage romain, avait le *jus cum populo agendi* (7). Mais ceci n'empêchait pas les magistrats des communes de se conserver sans aucun changement; et, en effet, on les retrouve jusqu'à la fin de l'Empire (8).

Les magistrats.

---

(1) Thucyd., VIII, 67. — Voy. Hermann, *Griech. Staatsalterth.*, § 166.

(2) Xénophon, *Hist. Gr.*, II, 3, 19 et suiv.

(3) De là la formule *ordo possessorsque* (Orelli, sur le n° 3135; — Ulpian., L. 1, *De decr. ab ord. fac.*, D. L, 9; — Const. 2, *Ne collat. transl. postul.*, C. Th., XI, 22).

(4) Dio Chrys., vol. II, p. 13, éd. R. Il s'y rattache notamment des βαφεῖς, des τέκτονες, des λινουργοί (*ibid.*, p. 13).

(5) Οἳ εἰ μὴ ἀληθῶς ἐλάττους εἰσὶ καὶ πλείους ἔχουσι καὶ παραγυία, ὅλως ἔχουσιν ἀπὸ ἕνεκα τῷ μὴ παραλέγεσθαι τοῖς λειπομένοις.

(6) Τί οὖν τὸ κωλῦον ὑμᾶς; Τοὺς ἕνεκα ἀπεργάζῃ κωλίων; Νῖ γὰρ — εἰ μὲν γὰρ, ἂν τις ἀπὸ δραχμῶν τετρακοσίων ἐργάσῃ ὄνομα φανεῖσθαι καὶ τῆς πόλεως εἴης ἔσες προελθεῖν.

(7) Voy. Dittenberger, dans *Hermes*, t. XII, 1877, p. 16, note 1.

(8) Voy. Kuhn, *op. cit.*, t. II, pp. 61 et suiv.

Au contraire, l'influence de la constitution timocratique se manifesta dans l'organisation du Sénat et dans la création d'une censure.

Le Sénat des villes grecques, dotées d'une constitution démocratique (1), est partout semblable à la βουλή d'Athènes (2) ; c'est-à-dire qu'il est investi d'une délégation du peuple, sujet à des renouvellements annuels, élu dans les phyles, ou choisi par le sort. Son existence n'était même pas inconciliable avec une constitution timocratique ; il paraît n'avoir subi aucune transformation dans la province d'Asie et s'être maintenu à Milet (3), à Éphèse (4) et à Cyzicus (5), jusqu'après les Antonins. En Sicile, les sénateurs étaient également élus, mais leur élection, semble-t-il, résultait d'une cooptation (6), et était soumise à certaines règles énoncées dans les *leges civitatum* que les Romains avaient promulguées, touchant l'âge, la condition, le *quæstus* et le *census* des sénateurs (7). Dans les villes bithyniennes, au contraire, la *lex Pompeia* avait complétement supprimé le Sénat, dont l'organisation reposait sur les phyles (8), et l'avait remplacé par un Sénat nouveau, que les censeurs complétaient, comme les curies des municipes romains, au moyen de magistrats sortis de charge (9).

Le Sénat.

---

(1) Ce qui suit ne s'applique pas aux constitutions aristocratiques, comme étaient celles de Sparte, des villes crétoises et de Massilia. Strabon (IV, p. 179) dit de Massilia : Διοίκησις δ' ἐστὶν ἀριστοκρατικὴ οἱ Μασσαλιῶται — ... Celui-ci ne serait-il pas peut-être le prototype du *principat* que l'on rencontre dans les villes de la Gaule ? — (Voy. p. 300, texte et note 2, *supra*.)

(2) Voy. Hermann, *Griech. Staatsalterth.*, § 182.

(3) C. I. Gr., n° 2878.

(4) Voy. E. Curtius, dans *Hermes*, t. IV, p. 223.

(5) Voy. l'école de Marquardt intitulée *Cyzicus und sein Gebiet*, p. 54. — Boeckh, C. I. Gr., n° 3663.

(6) Cic., Accus. in Verr., II, 2, 49, 120. 122 ; II, 2, 50, 123.

(7) Cic., Accus. in Verr., II, 2, c. 49 ; c. 50.

(8) Les phyles elles-mêmes ne furent pas supprimées, mais on les trouve sous les Empereurs, par exemple à Prusias (Waddington, n°s 1176. 1177. — Comp. J. Mordtmann, *Marmora Ancyrana*. Berolini, 1856, in-8°.

(9) Plin., Ep., X, 79 (83) : *Eadem lege (Pompeia) comprehensum est, si qui*

La censure.

Le fonctionnement de la censure révèle une différence analogue à celle que nous présente l'organisation du Sénat :
en effet, les deux censeurs qui, dans les villes siciliennes,
étaient élus tous les cinq ans (1), et qui, dans les communes
bithyniennes, avaient la *lectio senatus* (2), portent le nom
grec de τιμηταί (3); mais, à côté d'eux, on trouve, aussi bien
en Bithynie que dans d'autres provinces, un magistrat
unique, appelé πολιτογράφος (4), et dont la mission ne se borne
pas à dresser la liste des citoyens, mais paraît consister aussi,
à Ancyra tout au moins, à procéder à la *lectio senatus* (βουλογραφία) (5).

Transformation
de communes
en
municipes
romains.

Une seconde circonstance, qui a influé sur le sort des communes de constitution non-romaine, fut l'attribution à ces communes du droit de cité romaine ou du *jus Latii*, grâce à laquelle
elles devinrent des municipes et des colonies romains ou latins
et reçurent l'organisation municipale romaine. Mais cette transformation ne s'accomplit pas dans les villes de la Grèce, sans y
rencontrer une résistance tenace, résultant de la langue et des
mœurs. Après que la *lex Julia* eut, en l'an 664=90, conféré à
toutes les villes italiques le droit de cité romaine, Neapolis, pour
ne citer que cet exemple, continua à être une ville grecque, et,
même lorsqu'elle fut devenue colonie romaine dans les premiers
temps de l'Empire, elle conserva des magistrats particuliers,

---

*ceperint magistratum sint in senatu. — Quaeritur ergo, an qui minus triginta
annorum gessit magistratum possit a censoribus in senatum legi.*

(1) Cic., *Accus. in Verr.*, II, 2, 50, 199; II, 2, 55, 131.

(2) Plin., *Ep.*, X, 79 (83); 115 (113).

(3) On trouve un τιμητής à Prusias, en Bithynie (Waddington, n° 1116)
et à Prusa (*ibid.*, n° 1119).

(4) On rencontre un πολιτογράφος και βίος à Prusias, à côté du τιμητής
(Waddington, n° 1173); et en outre à Ancyra (C. I. Gr., n° 4016) et à Tarsus
(Dio Chrys., vol. II, p. 11, éd. R.). Dans une inscription de Mesambria
(C. I. Gr., n° 2053), les édiles ordonnent aussi à tous les étrangers de se faire
inscrire: ἀγορανόμοι — — παραγγελλέτωσαν πᾶσιν τοῖς παρεπιδημοῦσιν (voy.
p. 192, note 1, supra) τὴν αὐτῶν ἐγγραφὴν καὶ ἀπογραφὴν κατὰ τὸν νόμον τῆς
πόλεως καὶ τὸ ἔθος.

(5) Inscr. d'Ancyra (C. I. Gr., n° 4013) : καὶ τὴν βουλογραφίαν ἐν πλείω ἐν
ταῖς νομίμαις πρὸς λόγον ἀπηύθυνεν. Le début de l'inscription manque et on
ne voit pas à quel magistrat elle se rapporte.

tels que l'*honor demarchiæ* (1). Et, lorsque Caracalla eut fini
par étendre à tout l'Empire le bénéfice du droit de cité, il semble que le régime des décurions, tel que nous l'avons rencon-
tré au IVᵉ siècle, s'est généralisé et a été introduit même dans
les contrées où son acclimatation présentait des difficultés particulières, comme en Égypte et en Cappadoce (2); mais, même
alors, on se croyait obligé d'avoir quelque ménagement pour les
vieilles institutions locales, encore que leur maintien fût plus
nominal que réel. A Athènes, le στρατηγὸς ἐπὶ τὰ ὅπλα se rencontre, comme du temps de Démosthène, sous Constantin le
Grand, qui lui-même en revêtit les fonctions (3); mais ce magistrat avait alors des attributions très différentes de ce qu'elles
étaient autrefois; il avait la *cura annonæ* (4); même après
Constantin, le magistrat éponyme à Athènes est l'ἄρχων,
comme jadis (5); à Antiochia, en Syrie, le régime du décurionat
était depuis longtemps déjà en vigueur, à l'époque de Libanius, mais on y trouvait encore dix-huit phyles, qui n'étaient
peut-être autres, à cette époque, que des districts urbains sans
importance politique (6); l'usage des titres romains était une
cause particulière de confusion; car, si l'on rencontre parfois des
ὑπομελῖς (7), on donnait le plus souvent aux *duumviri*, même
dans les colonies romaines (8), le nom d'ἄρχοντες (9) ou de
στρατηγοί.

---

(1) Mommsen, *I. R. N.*, nᵒ 2111 [= *C. I. L.*, t. X, 1, nᵒ 1119]. Dans une
inscription rapportée par Mommsen (*I. R. N.*, nᵒ 2151 [= *C. I. L.*, t. X, nᵒ
1691]), il est dit d'un ancien ἐπίαρχος: *C. Herlavio Marc. Romano demarchi-
sauli.*

(2) Voy. Kuhn, *op. cit.*, t. II, p. 210.

(3) Julian., *Or.*, I, p. 8, éd. Spanh.; — comp. Spanheim, vol. II, p. 76.
— Libanius, vol. I, p. 127, éd. R.

(4) Philostr., *V. Soph.*, I. 23, 1 : II, 16; II. 20, 1.

(5) Voy. Marini, *Vita Procli*, c. 36, éd. Boissonade.

(6) Voy. Kuhn, *op. cit.*, t. II, p. 316.

(7) Ce terme grec se rencontre fréquemment, par exemple en Sicile, dans
la colonie romaine de Lilybeum (*C. I. Gr.*, nᵒ 5172. — [Voy., sur Lilybeum, Th. Mommsen, *C. I. L.*, t. X, 2, p. 712.]

(8) Ainsi à Corinthe (Libanius, vol. I, p. 129, éd. R.), et à Palmyre (Waddington, nᵒˢ 2597. 2601. 2606 et 2601).

(9) Par exemple à Neapolis (*C. I. Gr.*, nᵒˢ 5826. 5833. 5813).

Nouveaux magistrats urbains.

Une troisième circonstance, qui ne saurait être passée sous silence dans une histoire du régime municipal en Grèce, est l'établissement par le Gouvernement central de nouveaux magistrats urbains. Nous en connaissons déjà quelques-uns : le *curator* ou logiste (voy., ci-dessus, pp. 225 *in fine* et suiv.), et les censeurs; il faut y joindre divers officiers de police, le νυκτοστράτηγος (1) et l'εἰρήναρχος (2); ce dernier fonctionnaire doit être le même que le στρατηγὸς ἐπὶ τῆς εἰρήνης de Smyrne (3); il était choisi par le Gouverneur de la province, sur une liste de présentation de dix noms proposée par la ville (4), et il commandait un corps de sergents de ville ou de gendarmes (δορυφόροι) (5); on trouve aussi des *decemprimi* (δεκάπρωτοι), qu'il ne faut pas confondre avec la commission des *decem primi* (6), des *quindecim pri-*

---

(1) Arcad. Charis., L. 18 § 12, *De muner. et honor.*, D., L. 4. On le trouve à Tralles (C. I. Gr., n° 2930 : στρατηγήσαντα τὴν νυκτερινὴν στρατηγίαν. — Comp. n° 3089). Il correspond au *præfectus vigilum*, que l'on rencontre aussi à Nîmes (Orelli, n° 2137 (cette inscription n'est reproduite au t. XII du C. I. L., ni parmi les *inscriptiones falsæ*, ni parmi les inscriptions authentiques de Nîmes). — (Voy., sur ce *præfectus*, Herzog, Gall. Narb. hist., pp. 134. 220, et surtout pp. 223 et suiv., et Append., n°° 120. 121. 122. 123. 124. 125. 247; — Wilmanns, *Exempla*, t. II. n°° 2103. 2266. 2301. 2302; — C. I. L., t. XII, n°° 3602. 3219. *3213. 3223. 3242. 3267. 3259. 3271. 3296 = *præfectus vigilum et annonæ*; adde n°° 3165. *3242 ... *3303 = *præfectus vigilum*. — Voy. enfin, sur Neumausus, M. O. Hirschfeld, C. I. L., t. XII, pp. 381 et suiv.)

(2) Kuhn, op. cit., t. I, p. 13; — C. I. Gr., vol. II. p. 1123. n° 2930b; — Marcian., L. 6 pr., De custod. et exhib. reor., D., XLVIII. 3; — Arcad. Charis., L. 18 § 3, De muner. et honor., D., L. 1; — Const. unic., De irenarchis, C. Th., XII. 14; — C. Just., eod. tit., X. 77 (75). On rencontre fréquemment l'intervention de ce fonctionnaire dans les persécutions dirigées contre les Chrétiens (Augustini Ep., 159. 179; — Euseb., Hist. eccl., IV. 15; — Ruinart, Acta primorum mart., éd. 1713, pp. 31. 55. 62).

(3) C. I. Gr., n° 3151.

(4) Aristides, vol. I, p. 523, éd. Dind.

(5) Capitolinus (Vita M. Ant. phil., XXI) et Ammien Marcellin (XXVII. 9, 6) en font mention, et Waddington traite d'eux sur le n° 992.

(6) C'est à Rome et dans les villes italiennes un vieil usage de former une commission sénatoriale, composée de dix membres, en vue d'affaires particulières. Tite-Live (I. 17) et Denys d'Halicarnasse (II. 57) la mentionnent déjà lors de la mort de Romulus, et, dans les villes italiennes, on la trouve à toutes les époques (Tit. Liv., VIII. 3. 8 : *Ceterum Romani — decem principes Latinorum Romam evocaverunt, quibus imperarent, quæ vellent;* — XXIX. 15. 3 : *decreverunt, ut consules magistratus denique principes Nepete, Satrici, Ardeæ, Calibus, Alba, Carseolis, Sora, Suessa, Setia, Cerceiis, Narniæ*

mi (1), des *quinque primi* (2), que l'on rencontre souvent, dans les temps anciens, à Rome et dans les municipes; les *decem-primi* ne sont pas, en effet, dans les villes d'Asie (3), comme les *decem primi* des municipes italiens, les premiers sénateurs suivant l'ordre de leur inscription à l'*album*, mais une délégation de la βουλή (4), sujette à renouvellements, et à laquelle incombait un *munus patrimonii*, savoir la rentrée des contributions, et une responsabilité pécuniaire, en cas de déficit (5). Les

---

Interamna — Romani cœirent. — Cicéron (*Pro Rosc. Am.*, IX, 25) dit d'Ameria : *Itaque decurionum decretum statim fit, ut decem primi proficiscantur ad L. Sullam :* — Cic., *Ad Att.*, X, 13, 1 : (*Antonius*) *excucurrit litteris e municipiis decemprimos et Illviros*. On trouve ces mêmes fonctionnaires à Pisa (Orelli, n° 642 [= Wilmanns, *Exempla*, t. I, n° 89, I, p. 280 = *C. I. L.*, t. XI, 1, n° 1420, lin. 16; — sur Pise, voy. M. E. Bormann, *ed.*, pp. 252 *in fine* et suiv.]) et à Centuripæ (Cic., *Accus. in Verr.*, II, 67, 162 [voy., sur cette ville, Th. Mommsen, *C. I. L.*, t. X, 2, p. 719]); on les rencontre en outre dans des collèges de prêtres (*C. I. L.*, t. II, p. 1, n° 2010), d'*apparitores* (Mommsen, *Staatsrecht*, t. I, 2° éd., p. 325), de *lictores* (*ibid.*, p. 340), de *pracones* (*ibid.*, p. 348 [= dans la trad. fr. de M. P. F. Girard, t. I, pp. 383, 403, 413. — Voy. aussi la 3° éd. allemande, Leipzig, 1887, renvois du *Sachl. Register*). — [Sur les *Decem primi*, voy. M. G. Humbert, *Essai sur les finances et la comptabil. publiq. chez les Romains*, Paris, 1887, t. I, pp. 171, note 111, et suiv.; comp. p. 335, et t. II, pp. 25, 36, 303 *in fine* (note 129) et suiv.; voy. le même, dans le *Dict. des antiq. grecq. et rom.*, de MM. Daremberg et Saglio, mot *Decem primi*, t. II, pp. 39, col. 2, et suiv., et la bibliographie (II° fascic., Paris, 1887).]

(1) Strabo, IV, p. 179; — Cæsar, *Bell. civ.*, I, 35.

(2) Cic., *Accus. in Verr.*, II, 2, 67, 162.

(3) On en rencontre, par exemple, à Amorgos (*C. I. Gr.*, n° 2264); à Smyrne (*ibid.*, n° 3201); à Cius, en Bithynie (*ibid.*, n° 3732); à Iotapa, Cilicie (*ibid.*, n° 4413).

(4) C'est ce qui ressort déjà des titres de ἐξακοσιάρχαι que l'on trouve dans les inscriptions de Tralles (Waddington, n° 610), d'Iotapa (*C. I. Gr.*, n° 4413), de Thyatira (*C. I. Gr.*, n°° 3490, 3496, 3498), de Patara (*C. I. Gr.*, n° 4289), et de ἐξακοσιάρχαι (Inscr. de Philadelphia, *C. I. Gr.*, n° 3419). Il est toutefois douteux s'ils furent toujours élus annuellement, ainsi que l'admet Waddington (sur le n° 1176), parce qu'à Thyatira on rencontre un ἐξακοσιάρχης ἰερός (*C. I. Gr.*, n° 3490).

(5) Hermogen., L. 1 § 1, *De muner. et honor.*, D., L, 4 : *Patrimonii sunt munera rei vehicularis, item naviculacis : decemprimatus : ob istis enim periculo ipsorum exactiones sollonuium* [Marquardt, p. 214, note 1 : *solennium*] *celebrantur;* — Ulpian., L. 3 § 16, *eod. tit.* : *Decaprotos etiam minores annis viginti quinque fieri — propter plural, quia patrimonii magis onus videtur esse;* — Arcad. Charis., L. 18 (21), *eod. tit.* : *Mixta munera* [Marquardt, *ubi supra* : *sunt*] *decaprotiæ et icosaprotiæ, ut Herennius Modestinus — decrevit : nam decaproti et icosaproti tributa exigentes et corporale ministerium gerunt et pro*

ἐπίσκοποι sont donc des fonctionnaires, tandis que les *decem primi* italiens, au contraire, assistent les magistrats, comme représentants extraordinaires de la curie. — Enfin, il faut encore mentionner l'ἔκδικος; et le σύνδικος, que l'on désignait tous deux sous l'appellation latine commune de *defensor* (1). Cicéron nous parle déjà de l'ἔκδικος; (2); il semble avoir été alors un avocat chargé de soutenir au dehors les procès de la commune (3). Plus tard, il apparaît comme un magistrat régulier, représentant du Gouverneur dans une ville, et intermédiaire en toutes circonstances entre celui-là et celle-ci; c'est tout au moins en ces termes que nous en parle Pline, sous le règne de Trajan (4); au contraire, le σύνδικος n'est pas un magistrat, mais un mandataire extraordinaire, chargé par la ville de traiter certaines affaires particulières avec l'Empereur ou le Gouverneur (5); telle est la définition qu'en donne encore un jurisconsulte contemporain de Constantin (6). — Une institution toute nouvelle est celle du *defensor civitatis*, créé en l'an 364 par l'Empereur Valentinien Ier, pour donner aux classes inférieures des villes

---

omnibus [sic Mommsen; Marquardt, *ed.*, *pro muneribus de functorum fiscalia detrimenta resarciunt*....—Voy. Huschke, *Ueber den Census der früheren Kaiserzeit*, p. 143; — Roth, *op. cit.*, p. 71; — Rüdiger, *op. cit.*, p. 10: — Hegel, *op. cit.*, pp. 41. 51. 93. 96: — Kuhn, *op. cit.*, t. I, p. 55. — [Sur les *decaproti*, voy. M. G. Humbert, dans le *Dict. des Antiq. grecq. et rom.*, de MM. Daremberg et Saglio, t. II, à ce mot, p. 30, coll. 1 et suiv. (11e fascic., Paris, 1887), et la bibliographie; comp. le même, mot *Decem primi*. *ed.*, pp. 30, col. 2, et suiv., et MM. Roblou et D. Delaunay, *Les institut. de l'anc. Rome*, t. III, Paris, 1883, pp. 221. 263. 270.]

(1) Waddington traite d'eux excellemment sur le n° 623 et sur le n° 1173.

(2) Cic., *Ad famil.*, XIII, 56, 1.

(3) Voy. l'inscription de Cibyra (Waddington, n° 1212) : Κλέων Ὀλυμπίου — ἐπιδημήσαντα legato πρέσβεις πρὸς τοὺς Σεβαστοὺς εἰς Ῥώμην καὶ μεγάλων πραγμάτων ἕνεκεν, καὶ ἐγδικήσαντα ἐφ'αρία; δικαίως; πολλὰς καὶ μεγάλας.

(4) Plin., *Ep.*, X, 110 (111).

(5) C'est ainsi qu'on lit dans un rescrit de l'empereur Hadrien aux Athéniens (C. I. Gr., n° 355, lin. 55) : ἐὰν δὲ ἐκκαλέσηται τις ἢ ἐπὶ ἢ τῶν Ἀθηναίων χειροτονηθῆ σύνδικος; ὁ ἄρχων, et, dans Philostrate (*V. Soph.*, I, 23, 5) : Ἡρῴδης ὁ Σοφιστής ἔσχε τὸν υἱὸν καὶ τὸν ια' αἰῶνα Julien, σύνδικον καταστήσας τῶν Ἑλλήνων.

(6) Arcadius Charisius, L. 18 §13. *De muner. et honor.*, D., L, 4 : *Defensores quoque, quos Græci syndicos appellant, et qui ad certam causam agendam vel defendendam eliguntur, laborem personalis muneris adgrediuntur.*

(*plebs urbana*), contre les vexations des riches et des puissants (*potentiores*), l'appui qu'elles ne pouvaient trouver auprès du Gouverneur (1); mais son rôle se modifia bientôt à raison de l'attribution d'un droit de juridiction propre, qui lui fut con-

(1) Voy. Bethmann-Hollweg, *Röm. Civilprocess*, t. III, p. 101; — Walter, *Gesch. des Röm. Rechts* [3e éd., Bonn, 1860, t. II], § 394. — [Voy. encore, sur le *Defensor civitatis*, Godefroy, *Comment. du Code Théodosien*, ad tit. De defensor. civil., C. Th., I, 11, éd. Ritter. t. I, f° 67 et suiv.; — Schmidt, *De civil. defensor.*, Leipz., 1759: — de Savigny, *Geschichte des röm. Rechts, im Mittelalter*, t. I, Heidelberg, 1831, § 23, pp. 83 et suiv. (= dans la trad. fr. de M. Ch. Guenoux, t. I, pp. 71 et suiv.); — A. Desjardins, *De civil. defensor. sub Imperatoribus Romanis*, Thèse de Doct., Fac. des Lettres, Andecavis, 1813; — D. Serrigny, *Dr. publ. et admin. rom.*, Paris, 1862, t. I, n°° 263-266, et t. II, n° 1202; — A. Houdoy, *Le droit munic.*, t. I, Paris, 1876, pp. 613 et suiv.; — Fustel de Coulanges, *Hist. des instit. politiq. de l'ancienne France*, t. I, 2e éd., Paris, 1877, pp. 161 et suiv.: — Klippel, *Étude sur le régime municipal Gallo-Romain*, dans la *Nouv. Rev. hist. de dr. fr. et étr.*, 1879, pp. 502 et suiv.; — J.-B. Mispoulet, *Les instit. politiq. des Romains*, Paris, 1883, t. II, pp. 189 et suiv., et p. 168; — J. Ortolan, *Hist. de la législ. rom.*, 12e éd., par M. J. E. Labbé, Paris, 1884, p. 394; — Ch. Lécrivain, *Remarques sur les formules du Curator et du Defensor civitatis dans Cassiodore*, dans les *Mélanges d'Archéologie et d'histoire*, t. IV, Paris, 1884, pp. 133 et suiv.; — P. Willems, *Le dr. publ. rom.*, 5e éd., Paris, 1884, p. 603; — Otto Karlowa, *Röm. Rechtsgesch.*, t. I, Leipzig, 1885, pp. 856 et suiv.; — A. Bouché-Leclercq, *Manuel des instit. rom.*, Paris, 1886, p. 187; — G. Humbert, *Essai sur les finances et la comptabil. publiq. chez les Rom.*, Paris, 1887, t. II, renvois de l'index gén. et alphab. des mat., au mot *Defensor*, p. 410 sub fin.: — Abel Desjardins, *Defensor civitalis*, dans le *Dict. des antiq. grecq. et rom.*, de MM. Daremberg et Saglio, t. II, pp. 47. col. 1 in fine, et suiv. (11e fascic., Paris, 1887); — J. Kalindéro, *Étude sur le régime municipal romain*, Bucarest, 1887 (Extrait de la *Revue gén. du dr. et des sciences politiq.*, 3e livr., janv. 1887), pp. 43 et suiv.; — E. Glasson, *Hist. du dr. et des instit. de la France*, t. I, Paris, 1887, pp. 353 et suiv., et t. II, Paris, 1888, pp. 331 in fine et suiv. — Indépendamment des ouvrages précités, on pourra encore recourir, sur le *defensor civitatis* et relativement au rôle qu'il a joué, aux auteurs suivants: A. de Broglie, *L'Église et l'Empire romain au IVe siècle*, 3e partie, 4e éd., Paris, 1882, in-12. t. I (ou t. V de l'ouvrage), pp. 51 et suiv.; t. II (ou t. VI de l'ouvrage), pp. 112 et suiv. et 336; — Walter, *op. cit.*, §§ 328, 342, 361; — Bethmann-Hollweg, *op. cit.*, t. III, pp. 21. 163 et suiv.; — Hegel, *Städt. Verfassung*, pp. 91 et suiv.; — Guizot, *Essai sur l'histoire de France.*, t. I, pp. 11 et 42; — Aug. Thierry. *Considér.*, t. I, chap. 6, p. 231: — Raynouard, *Droit munic.*, t. I, p. 71; — Kuhn, *op. cit.*, t. I, p. 225; — Böcking, sur la *Notitia dignit.*, t. I, p. 167, — Rudorff, *Röm. Rechtsgesch.*, t. II, p. 15; — Zeller, *Hist. des empereurs.*, 4e éd., p. 508. 520 et suiv.; — V. Duruy, *Hist. des Romains*, Nouv. éd. illustrée, t. VII, Paris, 1885, pp. 405 et 331: — Em. Morlot, *Précis des instit. politiq. de Rome*, Paris, 1886, p. 142, in init.]

firmé, en 538, par une Novelle de Justinien, où le *defensor* porte le titre d'ἔκδικος, et non celui de σύνδικος; (1).

Nous nous étions proposé, dans ce chapitre, de donner une idée de l'importance que les villes romaines ont revêtue au point de vue de l'administration de l'Empire. Toutefois, nous n'avons pu y parvenir avec un égal succès pour toutes les périodes. Si, notamment, on ignore presque complètement, comme nous l'avons vu, la manière dont les institutions très diverses des villes se sont fondues dans le régime uniforme du décurionat, il ne faut voir dans cette lacune qu'un des points obscurs de l'histoire de ce troisième siècle, qui présente encore tant de difficultés insurmontables, touchant toutes les questions relatives au développement intérieur de l'Empire. Espérons que le zèle déployé aujourd'hui dans cet ordre d'études par de vaillants chercheurs, nous vaudra de nouvelles sources, et, par suite, des lumières nouvelles pour l'intelligence de cette période.

----

(1) Justinian., Novell. XV, Περὶ τῶν ἐκδίκων.

FIN DU TOME PREMIER.

TABLE DES MATIÈRES

DU TOME PREMIER.

CHAPITRE PREMIER

Développement des communes urbaines, 3. — *Pagi*, 4. — Communes non autonomes, 5. — *Pagi* à Rome, 6. — *Pagi* en Italie, 6. — Disparition des *pagi*, 7. — Villes, 7. — *Vici*, 8. — *Castella*, 11. — *Præfecturæ* (communes rurales), 12. — *Fora* et *conciliabula*, 13. — *Pagi* des villes, 15. — La ville considérée comme organe administratif, 18, — en Italie, 18, — dans la *Gallia cisalpina*, 18, — dans les provinces, 20. — Territoire de la ville, 20. — Localités attributes, 21. — Villes nouvelles fondées par le Gouvernement, 23. — *Canabæ*, 23.

Extension de la commune de Rome, 28. — Confédération latine, 31. — Pacte d'alliance de Spurius Cassius, 32. — Isopolitie, 31. — Droits électoraux des Latins à Rome, 33. — Disparition de la Confédération latine, 34. —État de l'Italie après cette disparition, 35. — *Municipia*, 35. — Nouvelle politique suivie par les Romains, 36.

Organisation de l'Empire romain. T. I. 21

ADDENDA

Pages 4 et suiv. — Sur le contenu de ces pages, voy. M. Th. Mommsen, *Römisches Staatsrecht*, t. III, 1re partie, Leipzig, 1887, pp. 111 et suiv., et p. 718, note 1.

Page 9, note 3. — Sur Ariminum (auj. Rimini), voy. encore M. E. Bormann, dans le *C. I. L.*, t. XI, 1, pp. 73 et suiv., et surtout pp. 76 et suiv.

Page 17, note 5. — Dans son compte-rendu mensuel à l'*Accademia dei Lincei* des fouilles exécutées en Italie au mois de novembre 1887, M. Fiorelli annonce qu'à Rome, près de l'église des SS. *Quattro Coronati*, on a relevé une inscription latine, malheureusement en fort mauvais état, où il est question de *magistri* d'un bourg, qualifiés *Hor[culanus]*, semble-t-il, lesquels ont été élus *primi* par le suffrage des *pagani*. M. Fiorelli rattache cette mention à la promulgation de la loi *Clodia*, c'est-à-dire à l'an 696 de Rome = 58 a. Chr. — (Voy. *Bulletin critiq.*, 1888, n° 2, 15 janvier, p. 35.)

Page 18, note 1. — Voy. aussi Dubois, *La table de Clès, inscription de l'an 46 après Jésus-Christ concernant le droit de cité romaine des Anauni, des Tulliasses et des Sinduni*, broch. in-12, Paris, 1872, extraite de la *Revue de législation française et étrangère*; — Mommsen, *Edict des Kaisers Claudius über das römische Bürgerrecht der Anaunier vom Jahr 46 nach Christus*, dans la *Zeitschr. f. Rechtsgesch.*, t. IX, p. 191.

Page 54, note 3. — Voy. encore Aug. Jal, *La flotte de César. Virgilius nauticus, Études sur la marine antique*, 1861, in-12. — Sur le livre de Breusing, voy. *Zur Nautik des Altertums, contra Breusing*, II, dans la *Berliner Philolog. Wochenschrift*, 1888, n° 2, 11 janvier. — Comp. Robiou, *Le recrutement de l'état-major et des équipages dans les flottes romaines*, dans la *Revue archéol.*, 1872, t. XXIV, pp. 95 et suiv., 112 et suiv.; —

Haupt, *Zur Gesch. der röm. Flotte*, dans *Hermes*, 1880, t. XV, pp. 151 et suiv.

Page 72, note 1. — Voy. aussi C. V. Dubois, *Du droit latin; De la nationalité d'origine*; Thèse de doct. en droit, Lille et Paris, Lefort, 1887.

Pages 77 et suiv. — Sur le *mogus* et le *nimus Latinus*, joindre aux auteurs cités M. E. Desjardins, *Géographie historiq. et administr. de la Gaule romaine*, t. III, Paris, 1885, pp. 222 et suiv.

Page 119, note 6. — Voy. encore, sur le *jus italicum*, MM. Alexandre Vladesco, *Essai sur les institutions judiciaires civiles en droit romain, en France et en Roumanie*, Paris, 1875, pp. 51 et suiv.; — Ernst Herzog, *Gesch. und System der röm. Staatsverf.*, t. II, 1, Leipzig, 1887, pp. 169 et suiv. — M. Beudant, fils de l'éminent doyen honoraire de la Faculté de Droit de Paris, prépare actuellement sa thèse de doctorat sur ce sujet.

Page 130, note 3. — Comp. aussi M. Th. Mommsen, *Röm. Staatsr.*, t. III, 1, pp. 823 et suiv.

Pages 173 et suiv. — Sur la *Colonia Genetiva . . .*, voy. M. E. Desjardins, *Géogr. hist. et admin. de la Gaule rom.*, t. III, Paris, 1885, pp. 102 et suiv. — Sur les tables de Malaga et de Salpensa, voy. le même auteur, col., pp. 313 et suiv.

Page 256, fin de la note des pages précédentes : le travail cité de M. Paul Guiraud a été publié *in extenso* dans le fascicule de juillet-août 1883 des *Séances et Travaux de l'Académie des sciences morales et politiques*, pp. 563 et suiv.

N. B. — I. Parmi les ouvrages cités et non encore terminés, il en est qui se sont augmentés, celui d'Otto Lenel entre autres (voy. *Préface des Traducteurs*, p. II, texte et note 3), dont le 6° fascicule vient d'être édité; il en est d'autres dont de nouvelles éditions ont paru, ceux de MM. Bernburg (*Pandekten*, t. I, 2° édit.), P. Villems (*Le Droit publ. rom.*, 6° éd.). et P. Namur (*Cours d'Institutes*, 1° éd.), notamment; il en est plusieurs enfin dont des éditions nouvelles sont en préparation et sont annoncées comme devant paraître prochainement; nous citerons tout spécialement ceux de MM. Fustel de Coulanges (*Hist. des Instit. politiq. de l'ancienne France*, 1re partie, 3° éd., en 2 vol.), et Mispoulet (*Les Instit. politiq. des Romains*, 2° éd.), etc.

II. Le lecteur trouvera d'utiles et précieux renseignements dans le t. II, actuellement sous presse, de l'ouvrage de M. P. Viollet. Ce volume, intitulé *Droit public*, contient une partie des plus instructives consacrée à l'époque gallo-romaine, dont l'éminent et savant auteur a eu l'extrême obligeance de nous communiquer les bonnes feuilles.

ERRATA.

P. 5, n. 1, ligne 3, *in fine* : lisez Voigt, au lieu de Voiz.

P. 13, n. 2, ligne 8 : effacez le : après le mot *fera.*

P. 16, n. 1, ligne 2, *in fine* : lisez : n° 3783 et non 378.

P. 30, suite de la note des pages précédentes, ligne 19 : au lieu de : Sur le droit de cite, lisez : Sur le droit de cité.

Ibid., ligne 33 : au lieu de : Paris, — 1885; L. Mayeras, lisez : Paris, 1885; — L. Mayeras.

P. 51, n. 2 : après le mot *Rom.* effacez le point.

P. 53, ligne 1 : fermez la) après = 191.

P. 71, n. 1, ligne 2, *in init.* : au lieu de : *Isproprie*, lisez : *is proprie.*

P. 72, première manchette : au lieu de : Limitation, lisez : Limitations.

P. 72, n. 1, ligne 11, *in init.* : effacez le point après le mot *Rom.*

P. 75, seconde manchette : au lieu de : connubium romains, lisez : du connubium.

P. 76, suite de la n. 1 de la p. 75, ligne 3 : effacez la virgule après n° 1363.

Ibid., ligne 1, *in init.* : au lieu de : éd., lisez : ed.

P. 77, n. 1, ligne 9 : au lieu de : t. II, 1. pp. 100 et suiv., lisez : t. II, 1, pp. 100 et suiv.

Ibid., au lieu de : éd. 5ᵉ, lisez : ed. 5ᵉ.

P. 78, n. 1, *in fine* : au lieu de : pp. 11-30.!, lisez : pp. 11-30).

P. 81, n. 5, ligne 9 : au lieu de : *Der kölnische Stammhaal*, lisez : *Der kölnische Stammbaal.*

P. 85, suite de la n. 3 de la page 81, ligne 8 : au lieu de : Roman et du Caillaud, lisez : Romanet du Caillaud.

P. 86, n° 5°, ligne 5 : au lieu de : P. Godegroy, lisez : P. Godefroy

P. 113, n. 2, *in fine* : au lieu de : pp, 30 *in fine* et suiv., lisez : pp. 31
in fine et suiv.

P. 130, suite de la n. 5 de la p. 119, ligne 19, *in fine* : au lieu de : t. II,
pp. 37, 70, lisez : t. II, pp. 37. 70.

P. 111, n. 5, ligne 2 : effacez le , après *legem*.

P. 159, n° 11, ligne 1 : au lieu de : [= C. I. L., t. XI, 1. n° 1079] —,
lisez : [= C. I. L., t. XI, 1, n° 1059].

P. 179, note 2, *in fine* : au lieu de : Voy., en surplus, pour la bibliographie relative à la *lex et aux Julii Genetiva*, etc., lisez : Voy., en surplus,
sur la ville d'Urso — — et, pour la bibliographie relative…, voy. aussi
Reims, etc.

P. 189, n. 3, ligne 4 : au lieu de : Q. Maeilius, lisez : Q. Mendius.

P. 191, n. 2, ligne 1 : suppléez une virgule après le dernier mot.

P. 216, n. 1, ligne 5 : au lieu de : dans la Rev. gén., lisez : dans la Rev.
gén.

P. 219, n. 1, ligne 30, dernier mot : au lieu de : e, lisez : et.

P. 231, n. 1ᵉ, ligne 11, *in fine* : au lieu de : Staatsrecht, lisez : Staatsrecht.

P. 240, n. 1ᵉ, ligne 5 : effacez St. ed., après les mots d's Instit. rom.

P. 245, note, ligne 35 : au lieu de : Röm. Staatsrecht., lisez : Röm.
Staatsrecht,.

Ibid., ligne 39 : au lieu de : Röm. Staatsrecht., lisez : Röm. Staatsrecht.

Ibid., même ligne, *in fine* : suppléez une virgule après 1576.

Ibid., ligne 41, *in fine* : au lieu de : R. Cagnat,, lisez : R. Cagnat,.

P. 248, note, ligne 23 : au lieu de : flamines, lisez : flamines.

P. 251, note, ligne 35, *in fine* : au lieu de : op. cit., lisez : op. cit.

P. 251, note, 2ᵉ alin., ligne 11, *in fine*, au lieu de : p. 129], lisez :
p. 129] : .

P. 253, 3ᵉ avant-dernière ligne de la note des pages précédentes : au
lieu de : Enfin, la *Revue générale du Droit* publiera cette année, etc.,
lisez : Enfin, la *Revue générale du Droit* publiera très prochainement…

P. 257 : suppléez aux lignes 1, 2 et 7 du texte quatre manchettes pas-
sées, savoir : *Praefecti. Apex. Fasces. Bisellii.*

P. 291, n. 1, ligne 7 : avant celui d'*Augustales*, remplacez le , par une
virgule.

Ibid., ligne 8 : au lieu de : n° 3936].), lisez : n° 3936.).

P. 303, ligne 19 : au lieu de : avénement, lisez : avénement.

P. 316, suite de la note 5 de la p. 315, 1ʳᵉ ligne : après les mots pro
municibus, fermez le crochet et lisez : pro *municibus] defunctorum*.

Ibid., même ligne : au lieu de : de *functorum*, lisez : *defunctorum*.

IMPRIMERIE GÉNÉRALE DE CHATILLON-SUR-SEINE. — A. PICHAT.

NOUVELLE PUBLICATION

HISTOIRE
DE LA LITTÉRATURE GRECQUE

par MM.

ALFRED CROISET | **MAURICE CROISET**
Membre de l'Institut | Professeur de langue et de littérature grecques
Professeur à la Faculté des Lettres de Paris | à la Faculté des lettres de Montpellier

TOME PREMIER

HOMÈRE. — LA POÉSIE CYCLIQUE. — HÉSIODE
Par MAURICE CROISET

Un beau volume in-8° . . . . 8 fr.

SOMMAIRE

Préface. — Introduction — Chapitre I. Les origines. — II. L'Iliade, analyse critique du poème. — III. Formation de l'Iliade. — IV. Le génie et l'art dans l'Iliade. — V. L'Odyssée, analyse du poème. — VI. Formation de l'Odyssée. — VII. Le génie et l'art dans l'Odyssée. — VIII. Homère et les bardes ioniens. — IX. La poésie cyclique. — X. Antécédents de la poésie hésiodique. Hésiode. — XI. Les travaux, les jours et la poésie gnomique. — XII. La théogonie et la poésie généalogique. — XIII. La fin de l'âge épique.

N. B. — L'ouvrage complet formera cinq volumes. Les tomes II et III sont sous presse.

Contraste insuffisant

NF Z 43-120-14

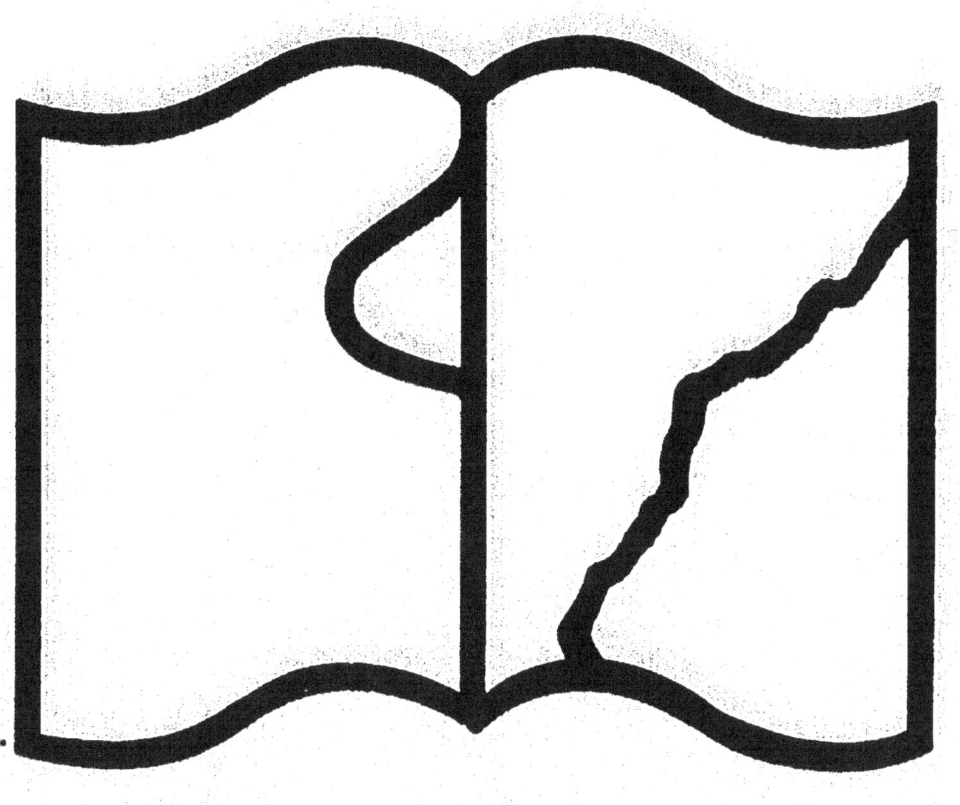

Texte détérioré — reliure défectueuse

NF Z 43-120-11

www.ingramcontent.com/pod-product-compliance
Lightning Source LLC
Chambersburg PA
CBHW051255060726
47596CB00001B/129